**Studien zur
Wirtschafts- und Sozialgeschichte
Schleswig-Holsteins**

Herausgeber:
Arbeitskreis für Wirtschafts- und Sozialgeschichte
Schleswig-Holsteins
und
Gesellschaft für Schleswig-Holsteinische Geschichte

Band 15

Schleswig-Holsteins Weg in die Moderne

Zehn Jahre Arbeitskreis für Wirtschafts- und Sozialgeschichte Schleswig-Holsteins

Hrsg. von Ingwer E. Momsen

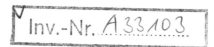
Karl Wachholtz Verlag Neumünster 1988

Der Druck dieses Buches wurde gefördert durch

Kultusministerium des Landes Schleswig-Holstein
Raiffeisenverband Schleswig-Holstein und Hamburg e. V.
Schleswag AG
Sparkassen- und Giroverband für Schleswig-Holstein
Studien- und Fördergesellschaft der Schleswig-Holsteinischen Wirtschaft

Übersetzung der Aufsätze von H. Fangel und L. N. Henningsen
aus dem Dänischen durch Carola Wittig, Kiel

ISSN 0-172-9152
ISBN 3-529-02915-7

Karl Wachholz Verlag 1988

Inhaltsverzeichnis

Zehn Jahre Arbeitskreis für Wirtschafts- und Sozialgeschichte Schleswig-Holsteins

Das vorliegende Buch ist eine Sammlung von zwanzig Aufsätzen über verschiedene Themen der Wirtschafts- und Sozialgeschichte Schleswig-Holsteins vom Ausgang des 18. Jahrhunderts bis zum Ende der Wilhelminischen Zeit. Während dieser Epoche legte Schleswig-Holstein, so wie das übrige Deutschland und der größere Teil Europas, den langen Weg vom Ancien régime zur Staats- und Gesellschaftsordnung des 20. Jahrhunderts zurück. Nicht die geschichtliche Entwicklung im ganzen oder in allen ihren Strängen – Politik, Gesellschaft, Wirtschaft, Kultur – soll hier das Thema sein. Vielmehr wurden bestimmte Fragen der schleswig-holsteinischen Wirtschaft und Gesellschaft ausgewählt, die bisher noch gar nicht oder nicht gründlich genug erforscht worden sind. Die Autoren zeichnen teils Bilder historischer Zustände, teils Skizzen eines sich vollziehenden Wandels, teils Linien einer langfristigen Entwicklung; einige behandeln auch grundsätzliche Fragen quellenkundlicher und methodischer Art. Auch wenn es so scheinen mag, daß einzelne Aufsätze wenig miteinander zu tun haben, stehen sie doch in Beziehung zueinander und zu früheren Forschungen des Arbeitskreises für Wirtschafts- und Sozialgeschichte Schleswig-Holsteins und bilden mit diesen Bausteine für eine geplante Gesamtgeschichte der schleswig-holsteinischen Gesellschaft und Wirtschaft in der Neuzeit.

Abgesehen von dieser inhaltlichen Zielsetzung ist der vorliegende Sammelband als Festschrift zum zehnjährigen Bestehen des Arbeitskreises für Wirtschafts- und Sozialgeschichte Schleswig-Holsteins gedacht. Die Idee einer Jubiläumsschrift und der Aufruf zur Mitwirkung wurden von einem Teil der Mitglieder des Arbeitskreises so positiv aufgenommen, daß der Sammelband in seiner thematischen Vielfalt und Farbigkeit auch als ein Blumenstrauß für einen Jubilar verstanden werden kann, der eigentlich zu jung ist, um schon gefeiert zu werden.

Der Arbeitskreis für Wirtschafts- und Sozialgeschichte Schleswig-Holsteins ist ein loser Zusammenschluß von etwa neunzig Historikern und geschichtlich interessierten Vertretern benachbarter Fachgebiete, die teils an Hochschulen, teils hauptberuflich im allgemeinbildenden Schulwesen, an Museen, Archiven und ähnlichen Einrichtungen tätig sind, teils als Studenten eine Abschlußarbeit über ein Thema der schleswig-holsteinischen Geschichte bearbeiten. Zwei Drittel der Mitglieder kommen aus Schleswig-Holstein, ein Drittel aus dem übrigen Norddeutschland und aus Dänemark. Das gemeinsame Ziel ist die Erforschung der schleswig-holsteinischen Wirtschafts- und Sozialgeschichte.

Der Arbeitskreis wurde gegründet, um seinen Mitgliedern neue Möglichkeiten und Formen wissenschaftlichen Arbeitens zu bieten, Einzelforschung auf dem Gebiet der schleswig-holsteinischen Geschichte zu fördern und die interessierte Öffentlichkeit noch besser über die Geschichte des Landes zu unterrichten. Welches sind die hauptsächlichen Arbeitsformen?

- Ein- und mehrtägige Veranstaltungen (Arbeitsgespräche, Kolloquien, Tagungen) bieten die Plattform für fachliche Information und Diskussion.
- Umfangreichere Themen oder Gebiete der schleswig-holsteinischen Geschichte können durch mehrere Arbeitskreismitglieder gemeinsam erforscht werden (Projektgruppen).
- Eine Zeitschrift verbreitet regelmäßig Nachrichten und erleichtert die Verbindung unter den Mitgliedern, namentlich außerhalb Schleswig-Holsteins[1].
- Um die Veröffentlichung umfangreicher Forschungsergebnisse in Buchform zu erleichtern, wurde eine neue Schriftenreihe gegründet[2].

Der Arbeitskreis für Wirtschafts- und Sozialgeschichte Schleswig-Holsteins entstand vor zehn Jahren, weil die traditionelle Geschichtsforschung in Schleswig-Holstein zwar erfolgreich die politische, Verfassungs- und Ideengeschichte des Landes erforscht, aber der Wirtschafts- und Sozialgeschichte weniger Beachtung geschenkt hatte. Demgegenüber war die wirtschafts- und sozialgeschichtliche Forschung in der Bundesrepublik Deutschland in den 1960er und 1970er Jahren weit vorangekommen. Zusätzliche Anregungen ergaben sich aus der lebhaften Diskussion über neue Theorien und Arbeitsmethoden, die in jenen Jahren in der deutschen Geschichtswissenschaft geführt wurde.

Der Arbeitskreis für Wirtschafts- und Sozialgeschichte Schleswig-Holsteins wurde am 26. 2. 1978 in Kiel gegründet. Zwei Jahre vorher, am 9. 5. 1976, war erstmals ein privater Gesprächskreis zusammengekommen, dessen sechs Teilnehmer in mehreren Treffen 1976 und 1977 allgemeine und regionale Fragen der Wirtschaftsgeschichte und der Sozialgeschichte erörterten, schließlich das Konzept eines Arbeitskreises entwarfen und die Initiative zu dessen Gründung ergriffen. Die 17 Teilnehmer an der Gründungsveranstaltung – überwiegend jüngere Historiker – verständigten sich über die Forschungslage in Schleswig-Holstein, unterrichteten einander über ihre Interessengebiete und laufenden Forschungsvorhaben, diskutierten das von den Initiatoren der Veranstaltung vorgelegte Konzept und faßten den Gründungsbeschluß[3].

Bereits im Herbst 1978 wurden das Grundsatzpapier „Aufgaben und Ziele des Arbeitskreises für Wirtschafts- und Sozialgeschichte Schleswig-Holsteins" verabschiedet, ein mittelfristiges Arbeitsprogramm beraten und die erste Tagung durchgeführt, deren Ergebnisse im ersten Band der neuen Schriftenreihe

1 Rundbrief des Arbeitskreises für Wirtschafts- und Sozialgeschichte Schleswig-Holsteins, Nr. 1 ff., 1978 ff.
2 Studien zur Wirtschafts- und Sozialgeschichte Schleswig-Holsteins, Bd. 1 ff., 1979 ff.
3 Rundbrief, Nr. 1, 1978, S. 2–6.

veröffentlicht worden sind[4]. Ebenfalls 1978 wurden die ersten Forschungsprojekte angeboten, an denen jeweils mehrere Arbeitskreismitglieder teilnahmen, und zwar über die „Gewerbliche Entwicklung in Schleswig-Holstein in vor- und frühindustrieller Zeit" und über die „Sozialgeschichte Schleswig-Holsteins 1867–1914".

Nirgends hat sich der Grundgedanke des Arbeitskreises in den vergangenen zehn Jahren so manifestiert wie in der gemeinsamen Arbeit der beiden genannten und der später folgenden Projektgruppen. Die Mitarbeiter nutzten die Möglichkeit, sich zu Arbeitsgesprächen zu treffen und ihre Forschungen koordiniert durchzuführen. Wenn sie sich am Ziel glaubten, stellten sie ihre Forschungsergebnisse auf Tagungen des Arbeitskreises zur Diskussion. In jedem Jahr fanden ein bis zwei große Tagungen und mehrere kleine Veranstaltungen statt[5]. Themen der Tagungen waren die Anfänge der Industrialisierung, die Geschichte der Binnenwanderung und der Auswanderung, die Sozialgeschichte der Erziehung und Bildung, des Armenwesens, der Arbeiterbewegung, des Nationalsozialismus, Fragen der historischen Sozialtopographie, zuletzt die Geschichte des Gewerbes (1986), der Seefahrt (1987) und der wirtschaftlichen Wechsellagen (1988). Tagungen über den „Stand der wirtschafts- und sozialgeschichtlichen Forschung", über „Bilder zur Wirtschafts- und Sozialgeschichte" und über „Sozial- und Wirtschaftsgeschichte im Museum" galten dem Forschungsstand, bildlichen Quellen und Fragen der Vermittlung an die Öffentlichkeit. Im Mittelpunkt stand immer Schleswig-Holstein in seiner jeweiligen historischen Ausdehnung, die Nachbarländer im Süden und Norden wurden vergleichend einbezogen. Wirtschafts- und Sozialgeschichte wurden niemals isoliert, sondern als Teil der ganzen Geschichte gesehen.

Die Forschungsergebnisse der Arbeitskreismitglieder wurden teilweise in Buchform, teilweise als Aufsätze in schleswig-holsteinischen und überregionalen Zeitschriften veröffentlicht. Die auf den Tagungen vorgestellten Forschungsergebnisse der Projektgruppen und Dissertationen einzelner Arbeitskreismitglieder bilden den Hauptinhalt der Schriftenreihe „Studien zur Wirtschafts- und Sozialgeschichte Schleswig-Holsteins"[6].

Forscher und Interessierte, die zu einer kooperativen Arbeitsweise bereit sind, haben im Arbeitskreis Förderung und Kollegialität erfahren. Der offene, vertrauensvolle Umgang in einem hierarchiefreien Raum, den der Arbeitskreis darstellt, schafft seinerseits Arbeitsbedingungen, die neue Mitglieder anziehen.

---

4 Regionale Mobilität in Schleswig-Holstein 1600–1900. Hrsg. von Jürgen Brockstedt. Neumünster, Wachholtz Verlag 1979 (Studien zur Wirtschafts- und Sozialgeschichte Schleswig-Holsteins, Bd. 1).

5 Über die Veranstaltungen und anderen Aktivitäten des Arbeitskreises ist regelmäßig ausführlich im Rundbrief berichtet worden (bisher erschienen Nr. 1, 1978 – Nr. 42, 1988), in zusammenfassender Form auch in den Mitteilungen der Gesellschaft für Schleswig-Holsteinische Geschichte (zuerst in Nr. 1, 1978, S. 5–7; zuletzt in Nr. 29, 1988, S. 29–30).

6 Eine Übersicht über die bisher erschienenen Bände ist auf der letzten Seite dieses Bandes abgedruckt.

Diese Art des Umgangs miteinander stammt aus der Zeit, als die Initiatoren des Arbeitskreises die ersten Gespräche führten, und erklärt den mühelosen Aufbau und das Funktionieren des Arbeitskreises, sie begründet den freundlichen Ton der Arbeitsveranstaltungen, sie machte es Neulingen und Gästen leicht sich einzuleben, sie ermöglichte auch den dänischen Kollegen, von Anfang an vorbehaltlos mitzuarbeiten.

Ein wichtiger Partner für den Arbeitskreis ist seit seinem Entstehen die traditionsreiche Gesellschaft für Schleswig-Holsteinische Geschichte. Der Arbeitskreis ist praktisch dort tätig geworden, wo die Tätigkeit der Geschichtsgesellschaft ihre Grenze hatte; damit ergänzen sich beide. Die meisten Arbeitskreismitglieder sind Mitglied in der Geschichtsgesellschaft, einzelne arbeiten in deren Vorstand und Beirat mit. Dadurch ist gesichert, daß die Vorhaben beider Einrichtungen koordiniert durchgeführt werden. Die Geschichtsgesellschaft ist Mitherausgeber der „Studien zur Wirtschafts- und Sozialgeschichte Schleswig-Holsteins" und hat den Arbeitskreis seit seiner Gründung projektgebunden unterstützt. Vom Arbeitskreis, der zu einem gewissen Sammelbecken moderner Landes- und Regionalgeschichtsforschung geworden ist, gehen Impulse aus, die über die Geschichtsgesellschaft oder Einrichtungen wie die Arbeitsgemeinschaft für Landesforschung in die Breite wirken.

Der Arbeitskreis für Wirtschafts- und Sozialgeschichte Schleswig-Holsteins hat seit seinem Bestehen zahlreiche Vorhaben in Angriff genommen und bereits mehrere erfolgreich abgeschlossen. Andere Forschungsprojekte laufen noch, neue werden geplant. Auf den Arbeitskreis wird es auch künftig ankommen, weil es an der schleswig-holsteinischen Landesuniversität in Kiel keinen Lehrstuhl für Wirtschafts- und Sozialgeschichte wie an anderen deutschen Hochschulen gibt.

Wenn die Geschichte der schleswig-holsteinischen Wirtschaft und Gesellschaft heute besser erforscht ist als vor zehn Jahren, ist dieses in starkem Maße das Verdienst des Arbeitskreises für Wirtschafts- und Sozialgeschichte. Erfreulicherweise wurden diese Leistungen von Anbeginn allgemein anerkannt: von den Fachkollegen in Deutschland und Dänemark, von der geschichtlich interessierten Öffentlichkeit, von den Förderern wissenschaftlicher und kultureller Vorhaben. Die Tagungen und Buchveröffentlichungen des Arbeitskreises wurden vielfach durch das Kultusministerium des Landes Schleswig-Holstein un-

---

7 Die Veröffentlichungen erschienen hauptsächlich im Karl Wachholtz Verlag, Neumünster, in der Schriftenreihe Studien zur Wirtschafts- und Sozialgeschichte Schleswig-Holsteins (vgl. Anm. 2 und 6). – Im Selbstverlag des Arbeitskreises für Wirtschafts- und Sozialgeschichte Schleswig-Holsteins erschienen die beiden folgenden Bücher: Urs Justus Diederichs: Eisern in die neue Zeit. Die metallverarbeitende Industrie der Provinz Schleswig-Holstein um 1900 im Spiegel zeitgenössischer Text- und Bildquellen. Kiel 1984. – Quellenkundliche Beiträge zur Wirtschafts- und Sozialgeschichte Schleswig-Holsteins. Hrsg. von Klaus Greve. Kiel 1985.

terstützt, einzelne Vorhaben durch die Deutsche Forschungsgemeinschaft, viele Veröffentlichungen durch Unternehmen der Wirtschaft und andere Einrichtungen in Schleswig-Holstein. Für die in zehn Jahren gewährte Förderung sei an dieser Stelle noch einmal gedankt[7].

Ingwer E. Momsen

Peter Wulf

Frühe schleswig-holsteinische Unternehmer

BEDINGUNGEN DER INDUSTRIALISIERUNG IN SCHLESWIG-HOLSTEIN

Unter Industrialisierung versteht man im allgemeinen den Übergang von der handwerklich-kleingewerblichen Wirtschaft zu der von Technik und Maschinen bestimmten großbetrieblichen Industrie, wie er sich in Deutschland im 18. und im 19. Jahrhundert vollzogen hat. Im einzelnen war dieser Vorgang durch folgende Merkmale gekennzeichnet: Neue Energiearten wurden eingesetzt: An die Stelle des Wassers, des Windes und der Tier- und Menschenkraft trat die vom Dampf getriebene Maschine. Neue Werkstoffe wurden verwendet: An die Stelle von Holz, Stein, Ton, Kupfer, Messing und Bronze traten Eisen und Stahl, an die Stelle von Wolle und Leinen zunehmend die Baumwolle. Neue Arbeitsorganisationen wurden entwickelt: An die Stelle der bisherigen handwerklich ganzheitlichen Arbeit trat die in einzelne Abschnitte gegliederte Arbeitsteilung. Vom Westen Europas ausgehend, von England, Belgien und Nordfrankreich dehnte sich dieser Vorgang vor allem im 19. Jahrhundert immer weiter aus und erfaßte immer größere Gebiete des Kontinents.

Schleswig-Holstein galt zu Beginn des 19. Jahrhunderts als ein für die Industrialisierung kaum geeignetes Land. Es fehlten industriegerechte Rohstoffe wie Kohle und Erz, und auch Energieträger wie Holzkohle und Wasserkraft gab es nur in beschränktem Umfang. Das Land war ganz überwiegend agrarisch geprägt, eine größere gewerbliche Tradition gab es kaum. Frühe Versuche des dänischen Staates, eine industrielle Tätigkeit anzuregen, hatten kaum Erfolg gehabt[1], und so bestand weithin die Ansicht, daß Schleswig-Holstein für eine Industrialisierung nach englischem oder auch mitteleuropäischem Muster ungeeignet sei. Im Jahre 1827 schrieb dazu ein zeitgenössischer Autor: „Es ist oft genug gehört worden, daß unsere Herzogtümer für Fabrikanlagen sich nicht eignen. Bald hat man die Menschen, bald die Materialien als Haupthindernisse genannt. Was nun aber auch die Ursache sein mag, Erfahrung ist es, . . . daß keine neue Industrieanlage zu einiger Reife hat gedeihen wollen"[2].

Zur gleichen Zeit kamen aber auch Nachrichten aus Preußen, aus Sachsen, aus dem Rheinland und aus Westfalen, daß das Industriewesen dort unaufhaltsam

1 Nicolai Haase, Das Aufkommen des gewerblichen Großbetriebes in Schleswig-Holstein, Kiel 1925 (QuFGSH, 11), S. 9–112.
2 Siehe dazu den Artikel ohne Verfasser »Fabrikstätten zu Rendsburg und Renneberg«, in: Schleswig-Holsteinische Provinzialberichte 1827, S. 735.

15

voranschritt, daß die Wirtschaftskraft dieser Länder anstieg und daß ein immer größerer Teil der Bevölkerung in der Industrie beschäftigt werden konnte. Der Import industrieller Waren nach Schleswig-Holstein nahm zu. Pflüge und Maschinen für die Landwirtschaft; Werkzeuge und Beschläge für das Gewerbe; Öfen, Herde, Töpfe und Pfannen für die breite Bevölkerung – alle diese Artikel wurden häufig nachgefragt. Hier waren geschäftliche Möglichkeiten gegeben, die am schleswig-holsteinischen Gewerbe zunächst einmal vorbeiliefen und von denen nur das Ausland profitierte.

Bei einigen beweglichen, weitschauenden und risikobereiten Männern des Landes entstand daher der Gedanke, daß sie, wenn sie nur schnell und zupackend genug wären, diese Industriegüter selbst herstellen könnten. Alle Rahmenbedingungen für ein solches Vorhaben waren außerordentlich günstig. Zwar waren die Rohstoff- und Energiefragen in den Herzogtümern auch weiterhin als außerordentlich schwierig anzusehen, aber es hatten sich im gesamtwirtschaftlichen und gesamtgesellschaftlichen Bereich Schleswig-Holsteins eine ganze Reihe von Wandlungen ergeben, die den Aufbau einer einfachen Grundlagenindustrie als aussichtsreich erscheinen ließen: Die Bevölkerungszahl war – wenn auch langsam – gewachsen, die schleswig-holsteinische Landwirtschaft hatte ihre Leistungsfähigkeit erheblich steigern können, beide Umstände zusammen hatten zu einem Ansteigen der Nachfrage geführt, und schließlich hatte sich auch das „industrielle Klima" geändert: die ehemalige Skepsis gegenüber industriellen Dingen wich einem vorsichtigen Optimismus und einer Bereitschaft zum Handeln. Die für jede Industrie so wichtigen atmosphärischen Bedingungen waren gegeben. Zu dieser neuen Einstellung schrieb im Jahre 1831 ein anderer Autor: „Ist gleich die Landwirtschaft die erste und sicherste Grundlage des Volkswohlstandes, so gehört doch dem Gewerbewesen neben ihr die nächste Stelle. Denn durch Manufakturen und Fabriken wird nicht nur der Wert der Naturerzeugnisse erhöht, sondern auch eine Masse von Erzeugnissen geliefert, deren Absatz rückwärts den hohen Ertrag der ländlichen Produktion sichert und steigert, und aufwärts den Geschäftskreis der Handeltreibenden begründet, vermehrt und erweitert"[3].

Zu einer solchen Industrialisierung bedurfte es neben der entsprechenden Nachfrage, dem notwendigen Kapital und den Arbeitskräften sowie einer leistungsfähigen Technik vor allem aber einer größeren Zahl von Einzelunternehmern. Denn weder Kollektive noch der Staat schienen unter diesen Umständen in der Lage zu sein, die Anfang des 19. Jahrhunderts in Schleswig-Holstein bestehenden Chancen erkennen, bündeln und ausnutzen zu können. Unternehmer aber werden nicht als Unternehmer geboren, noch treten Unternehmer gleichsam automatisch mit dem Vorhandensein bestimmter Rahmenbedingungen auf[4], sondern Unternehmertum besteht aus der Verbindung von individueller Entscheidung und dem Bestehen günstiger struktureller Voraussetzungen. Unternehmersein ist ein Typ eines Verhaltens[5], das nicht angeboren, sondern erlernt wird und das sich in ganz bestimmten Orientierungen und

3 Kieler Korrespondenzblatt Nr. 43 v. 28.5.1831.
4 Jürgen Kocka, Unternehmer in der deutschen Industrialisierung, Göttingen 1975, S. 8.
5 Wolfgang Zorn, Typen und Entwicklungskräfte deutschen Unternehmertums, in: Moderne deutsche Wirtschaftsgeschichte, hrsg. von Karl Erich Born, Köln 1966, S. 25–41.

Verhaltensmustern ausprägt. Unternehmer müssen technische, organisatorische, kaufmännische und psychologische Kenntnisse in ihrem Verhalten miteinander verbinden; das Fehlen eines dieser Elemente bedeutet schon Schwäche oder gar Scheitern.

Schon die ersten Industrieunternehmer in Schleswig-Holstein haben von dieser weitgespannten Aufgabenstellung eines Unternehmers durchaus einen Begriff gehabt. So schrieb der Neumünsteraner Textilindustrielle Detlef Anton Renck Anfang 1837 über die erforderlichen Unternehmereigenschaften: „Wer die Einrichtung und den Betrieb einer größeren Fabrik nur einigermaßen kennt, weiß es, daß der eigentliche Dirigent der Fabrik außer der gründlichen und bis ins Handwerksmäßige gehenden Kenntnis seines Faches nicht geringen Unternehmungsgeist und unerschütterlichen Gleichmut bei den Wechselfällen des Geschäfts und dem fortwährenden Zweifel der öffentlichen Meinung besitzen muß, daß er nicht geringe Energie in der Einübung und Leitung einer Menge ungebildeter Leute entwickeln, daß ihm kaufmännische Kenntnisse zum vorteilhaften Einkauf seiner Rohprodukte und zum leichtesten Absatz seines Fabrikats nötig sind, daß er Mechaniker genug sein muß, um in der Wahl seiner Maschinen richtig zu treffen, . . . daß er baukundig genug sein muß, um seine weitläufigen Gebäude ebenso stark, wohlfeil und zweckmäßig herzustellen als das Ausland . . . und daß endlich rastlose, unermüdliche Tätigkeit seine wesentlichste Haupteigenschaft sein muß"[6].

Einigen Fragen zu diesen frühen Industrieunternehmern in Schleswig-Holstein soll im folgenden nachgegangen werden: Welcher sozialen Schicht entstammten sie und welche Motive hatten sie bei ihrer Entscheidung, unternehmerisch tätig zu werden? Mit welchen Voraussetzungen fingen sie an und welche Ausbildung hatten sie? Und schließlich: Woher bekamen sie das Kapital für ihre Industriegründungen? Die Fragestellung ist eingeschränkt; im Mittelpunkt stehen vor allem die wirtschaftliche und soziale Herkunft der Unternehmer und ihre Entscheidung zur Unternehmertätigkeit. Wesentliche andere Fragen wie die nach der angewandten Technik, nach der Rolle der Arbeiterschaft, nach der Vertriebs- und Absatzorganisation und nach der Rolle des Staates bleiben dabei außer Betracht.

HERKOMMEN UND MOTIVE

Im Vergleich zu anderen deutschen Landschaften hatte Schleswig-Holstein keine ausgeprägte gewerbliche Tradition. Zwar gab es in allen Teilen des Landes ein breit differenziertes Handwerk, doch wurde nur für den heimischen Bedarf gearbeitet; ein überregionaler Absatz fand mit wenigen Ausnahmen nicht statt. In der zweiten Hälfte des 18. Jahrhunderts hatte der dänische Staat im Zuge seiner merkantilistischen Zielsetzung zwar Versuche unternommen, die Gründung von gewerblichen Großbetrieben voranzutreiben, aber die Erfolge waren nur gering gewesen[7]; die

6 Kieler Korrespondenzblatt Nr. 4 v. 14.1.1837.
7 Siehe dazu Haase, S. 9–78.

Rahmenbedingungen waren eher auf eine agrarische als auf eine gewerbliche Wirtschaft hin ausgerichtet. Wollte man ein Land wie Schleswig-Holstein industrialisieren, dann mußten zunächst einmal die Grundlagen geschaffen werden[8]. Aufgabe zukünftiger Unternehmer in Schleswig-Holstein mußte es also sein, zunächst einmal die schwierigen Ausgangsbedingungen zu meistern und zum anderen den Vorsprung anderer Gewerbelandschaften alsbald aufzuholen[9]. Unter den Bedingungen in Schleswig-Holstein mit seiner relativen Rückständigkeit im industriellen Bereich war der geforderte Typ der des innovativen Einzelunternehmers, der von der Kapitalbeschaffung über die Produktionsentwicklung und die Produktionstechnik bis hin zum Absatz alle Sparten unternehmerischer Tätigkeit zu beherrschen hatte. Vor allem aber mußte er Haltungen und Verfahrensweisen entwickeln, die der handwerklich-gewerblichen Mentalität und dem kleinräumigen Denken in diesem Lande bisher fremd gewesen waren.

Unternehmerisches Potenial, das sich in Fragen des Marktes, der Kalkulation, des Risikos, der Kosten und des Profits auskannte, war in Schleswig-Holstein außerhalb der Landwirtschaft am ehesten im kaufmännischen und gewerblichen Bürgertum der Städte zu finden. Diese Schicht war vertraut mit den Tätigkeiten des Handels, des Gewerbes und des Geschäfts, und sie war vor allem aufgeschlossen, neue Möglichkeiten wahrzunehmen und neue Wege zu gehen. Unternehmer aus dem bäuerlichen Bereich oder aus dem Adel gibt es in dieser frühen Phase der Industrialisierung dagegen nicht, obwohl deren finanzielle Voraussetzungen oftmals zu einer Unternemsgründung ausgereicht hätten. Kapital und Unternehmertalent aus dem Bereich der Landwirtschaft blieben in dieser frühen Phase der Landwirtschaft verhaftet. Aber auch Angehörige der unteren sozialen Schichten, Insten, Knechte oder Tagelöhner, findet man nicht unter den ersten Unternehmern. Für sie war die soziale Schwelle, die sie zu überschreiten hatten, einfach zu hoch[10].

Die frühen Unternehmer aus dem handwerklichen und gewerblichen Bürgertum der schleswig-holsteinischen Städte kamen in den meisten Fällen aus dem Lande selbst. Ausnahmen waren etwa der Itzehoer Zuckerfabrikant Charles de Vos aus Belgien[11] und der Neumünsteraner Baumwollweber Eyring, der aus dem Rheinland zugewandert war[12]. Im ganzen aber war Schleswig-Holstein aufgrund seiner Rohstoffknappheit und seines niedrigen Entwicklungsstandes kein Zuzugsland für Unterneh-

---

8 Zu den Bedingungen und Schwierigkeiten einer Industrialisierung in rückständigen Gebieten siehe Alexander Gerschenkron, Wirtschaftliche Rückständigkeit in historischer Perspektive, in: Industrielle Revolution. Wirtschaftliche Aspekte, hersg. von Rudolf Braun u.a., Köln-Berlin 1972, S. 59–78.

9 Simon Kuznets, Die wirtschaftlichen Vorbedingungen der Industrialisierung, in: Industrielle Revolution. Wirtschaftliche Aspekte, S. 17–34.

10 Diesen Bemerkungen liegen die Lebensläufe zugrunde, die in den Aufsätzen des Bandes von Jürgen Brockstedt enthalten sind. Siehe dazu: Frühindustrialisierung in Schleswig-Holstein, anderen norddeutschen Ländern und Dänemark, hrsg. von Jürgen Brockstedt, Neumünster 1983 (Studien zur Wirtschafts- und Sozialgeschichte Schleswig-Holsteins, 5).

11 Klaus-Joachim Lorenzen-Schmidt, Frühe Industrialisierung im Unterelbe-Raum, in: Frühindustrialisierung, S. 145.

12 Jürgen Brockstedt, Einleitung, in: Frühindustrialisierung, S. 61.

mertalente. Die Unternehmer aus dem Lande selbst kannten Land und Leute, sie kannten die Bedürfnisse der Region, und sie verfügten vielfach bereits über die Handelswege und die Handelsorganisation, mit denen sie die möglichen Kunden für Industriewaren erreichen konnten. Das Rekrutierungsgebiet dieser frühen Unternehmer waren die Hafen- und Handelsstädte im Osten des Landes und auf der Geest, für die die Öffnung über den eigenen Umkreis hinaus bereits Tradition war. Die großagrarischen Gebiete Ostholsteins und die Marsch an der Westküste waren dagegen weniger vertreten.

In der Regel wurde der Industriebetrieb dort gegründet, wo die Unternehmer geboren oder aber länger ansässig waren. Hier kannten sie den regionalen Markt am besten, hier besaßen sie möglicherweise Grundstücke und Häuser, und hier fanden sie die engen familiären und finanziellen Voraussetzungen, die zur Gründung eines Industriebetriebes erforderlich waren[13]. Dabei gingen Textilbetriebe und Ziegeleien aus kleineren, noch handwerklichen Betrieben hervor, während Eisengießereien und Maschinenbaubetriebe oftmals Neugründungen waren, mit denen eine industrielle Karriere erst begonnen wurde.

Vergleicht man die schleswig-holsteinischen Unternehmer in Hinsicht auf ihr soziales Herkommen mit den Unternehmern anderer Gewerbelandschaften, so ergeben sich keine großen Unterschiede. Überall war das handwerkliche oder kaufmännische Element vorherrschend, wenn auch in anderen Regionen der Adel oder ehemalige Beamte stärker als Unternehmer tätig wurden[14]. Unterschiede ergaben sich jedoch hinsichtlich der Art und der Dichte der Industriegründungen, der jeweiligen Standortbedingungen und der weiteren Entwicklung der Betriebe. Schleswig-Holstein wurde aufgrund seiner besonderen Ausgangsbedingungen ein Land der Klein- und Mittelindustrie, die eine besondere Ausrichtung auf den Schiffbau, die Textilindustrie und die Nahrungsmittelindustrie zeigte. Die späteren Problemindustrien des 20. Jahrhunderts deuteten sich hier bereits an.

Betrachtet man die nachteilige Startposition gegenüber anderen Gewerbegebieten, untersucht man die schwierige Rohstofflage und faßt man die nur sehr mäßigen Rahmenbedingungen für Unternehmensgründungen in dem überwiegend agrarisch ausgerichteten Land ins Auge, dann fragt man sich: Was mag diese Leute bewogen haben, die Mühsal und die anhaltende Plackerei einer Industriegründung auf sich zu nehmen? Es waren ja in der Regel Leute mit eigenen Handelsfirmen oder Handwerksbetrieben, die ihr vielfach gutes Auskommen hatten. Welche Motive mögen sie gehabt haben, gerade in dieser Zeit industrielle Unternehmungen aufzubauen, für die sie einen ungeheuren Arbeitseinsatz zu leisten hatten, deren Bestand allerdings höchst unsicher war?

Am ehesten war das noch bei den Kaufleuten zu verstehen, die aus dem Groß- und Fernhandel kamen. In diesem Beruf waren sie an das Streben nach Gewinn auf der Grundlage von Marktchancen und der systematischen Ausnutzung dieser Marktchancen gewöhnt. Die Industrietätigkeit von Kaufleuten war also eine Erweiterung ihrer bislang ausgeübten Tätigkeit, allerdings unter Einbeziehung der Produktionsebene

13 Siehe dazu im folgenden den Abschnitt „Das Kapital".
14 Kocka, S. 42 ff.

mit neuen Stoffen und neuer Technik. Die Unternehmer aus dem handwerklichen Milieu ihrerseits beherrschten die Produktionstechnik in Ansätzen, mußten aber nun ihrerseits das kaufmännische Element sehr stark ausbilden. Gewisse Vorbedingungen waren bei beiden Gruppierungen vorhanden, doch darf die Bereitschaft, den Schritt zur größeren Unternehmung zu machen, in beiden Fällen nicht gering geachtet werden. Viele wagten es nicht, diesen Schritt zu gehen, viele scheiterten auch bei einem solchen Vorhaben.

Ein Hauptmotiv dieser frühen Unternehmer ist sicher das Gewinnstreben gewesen. Es boten sich Gelegenheiten, die Umstände wurden als veränderbar angesehen, und man setzte soviel Vertrauen in die eigenen Fähigkeiten, daß man das Wagnis einer Industriegründung auf sich nahm. Doch ging es dabei nicht um den Gewinn allein, denn weder lohnten die Mühe und die unentwegte Anspannung das finanzielle Ergebnis, noch konnte man den Gewinn genießen. Der Gewinn hatte vielmehr eine den Einzelnen übergreifende Funktion: Gewinn bedeutete Schöpferfreude, Selbstverwirklichung, Selbstbestätigung und soziales Ansehen. Das Werk war *Versorgungs*unternehmen für die eigene Person und für die Familie über die Generationen hinweg[15], aber es war zugleich ein *Anschauungs*unternehmen für die eigene Umwelt, das über den rastlosen Einsatz des Unternehmers und seinen Erfolg Auskunft gab. Gewinnstreben und Erfolg waren nicht religiös motiviert, sondern es war mehr das Ideal einer unentwegt angestrengten Tätigkeit, die von einem moralisch gemeinten Pflichtgefühl und von der Treue zum Werk bestimmt wurde.

Zugleich sollte ein solches Unternehmen aber auch über die eigene Person und den eigenen Nutzen hinausweisen. Die frühen Unternehmer sahen in ihrem Unternehmen ein Werk, das der eigenen Stadt, den Menschen, dem Land und dem Staat dienen sollte[16]. Man wollte die Industrieentwicklung fördern, eine ausgebildete Arbeiterschaft heranziehen, den Wohlstand des ganzen Landes vermehren und den Fortschritt fördern. So beobachtet man bei einer ganzen Reihe dieser frühen Unternehmer eine Vielzahl von Tätigkeiten, die weit über den Bereich des eigenen Unternehmens hinausgingen: Sie errichteten Gewerbeschulen, um die Ausbildung zu fördern, sie waren an der Gründung von Sparkassen beteiligt, um die sozialen Folgen der Industrialisierung aufzufangen, und sie wurden im beginnenden Verbandsleben aktiv, das dem Austausch von Nachrichten und Kenntnissen diente. Persönliche und

---

15 Aus dieser Haltung sind die stetigen Versuche der frühen Unternehmer zu verstehen, die von ihnen gegründeten Werke an die eigenen Kinder weiterzugeben. In einer Reihe von Fällen hatte dies Erfolg (Anthon und Söhne, Flensburg), aber teilweise mußten andere auch zu ihrer Enttäuschung feststellen, daß ihre Kinder zur Führung eines Unternehmens ungeeignet waren (Holler, Rendsburg).

16 So schrieb der Rendsburger Unternehmer Marcus Hartwig Holler im Oktober 1828 über seine Absicht und sein Streben: „Es erregt dasselbe die Aufmerksamkeit beider Herzogtümer. Mit seinem künftigen glücklichen Fortgang dürfte das fast erloschene Vertrauen zu industrieller Unternehmung in diesen Gegenden zurückkehren, neuen Mut, neue Hoffnung beleben, neue Zuversicht, neue Kräfte zum Wohl des Landes entwickeln und verwenden." Peter Wulf, Marcus Hartwig Holler und die Anfänge der Carlshütte, in: Frühindustrialisierung, S. 233/34.

allgemeine Motive verbanden sich zu einem ganzen Motivbündel; nicht der ruhige Genuß des Erworbenen war das Ziel, sondern die Bestätigung aus dem Dienst an einem überpersönlich verstandenen Werk.

QUALIFIKATION UND AUSBILDUNG

Mochten etwa seit 1830 auch die Rahmenbedingungen für Industriegründungen in Schleswig-Holstein günstiger erscheinen und mochte vielfach bereits auch die individuelle Entscheidung für eine solche Gründung gefallen sein, so fehlten diesen frühen Unternehmern doch ganz offenbar noch die nötigen Qualifikationen, um den Schritt aus dem kaufmännischen oder handwerklichen Milieu in den industriellen Bereich machen zu können[17]. Der Umgang mit neuen Rohstoffen, neuen Herstellungsweisen, neuen Techniken und neuen Maschinen erforderte Kenntnisse und Fertigkeiten, über die die ersten Unternehmensgründer noch nicht verfügten. Es stellt sich also die Frage: Welche Strategien haben diese frühen Unternehmer entwickelt und welche Wege sind sie gegangen, um sich die fehlenden Kenntnisse zu verschaffen und die technische Rückständigkeit gegenüber anderen Gewerbegebieten aufzuholen?

Da jedes Industrieunternehmen eine fachlich-technische und eine kaufmännische Seite hat, lag es nahe, daß sich ein Handwerker und ein Kaufmann zu einer gemeinsamen Industriegründung zusammentaten. Das war etwa bei der Eisengießerei Petersen und Bonnischsen in Hadersleben der Fall, zu der sich der Tischlermeister Josua Petersen und der Kaufmann Andreas Peter Bonnichsen zusammentaten[18]. Auch bei der Flensburger Eisengießerei Dittmann und Jensen fanden sich ein Kaufmann (Andreas C. Jensen) und ein Techniker (Georg Dittmann) zusammen[19]. Die gleiche Kombination beobachtet man auch bei der Eisengießerei Petersen und Hansen in Hoyer[20]. In all diesen Fällen nahmen die Gründungsunternehmer also eine aus ihrem Herkommen bedingte fachlich gebotene Arbeitsteilung vor und minderten dadurch das Risiko des Scheiterns.

Untersucht man die berufliche Herkunft der erste Handwerksunternehmer näher, dann zeigt sich im Falle der Eisengießereien, daß dies Berufe waren, die für die angestrebte Industrietätigkeit besondere Vorkenntnisse oder Vortechniken bereitstellten. So rekrutierten sich die ersten Eisengießer häufig aus vormaligen Goldschmieden – Leuten also, die mit dem Schmelzen, dem Formen und dem Verarbeiten von Metallen vertraut waren. Dies war etwa der Fall bei Ulrik Stallknecht aus Apenrade, Peter Petersen aus Sonderburg und Wolfgang Petersen aus Hadersleben[21].

---

17 Siehe zu diesen Fragen allgemein Kocka, S. 59–65.
18 L. N. Henningsen, Eisengießereien und Maschinenfabriken in Nordschleswig 1840–1920, in: Frühindustrialisierung, S. 105.
19 G. Vaagt, Die Anfänge der Eisenindustrie in Flensburg, in: Frühindustrialisierung, S. 185/ 186.
20 Henningsen, in: Frühindustrialisierung, S. 114.
21 Ebd., S. 112, 110 u. 105.

Bei den Maschinenbauanstalten, die fast immer mit den Eisengießereien verbunden waren, fand man vor allem Tischler (Josua Petersen, Hadersleben[22]), Drechsler (Friedrich Wilhelm Anthon, Flensburg[23]) oder Orgelbauer (Hans Hansen Staugaard, Broager[24]) – Leute also, die es mit der Mechanik und der Übertragung von Kräften zu tun gehabt hatten. Doch trat an die Stelle des Holzes als Werkstoff nun das Eisen. Geradezu klassisch in diesem Sinne war der Zusammenschluß der Leute, die sich 1855 in Hadersleben zur Frederiks-Gießerei zusammenfanden: der „Mechanicus" Lauritz Frydenborg, der Kleinschmied Johan Johansen und der Mühlenbauer Jacob Mogensen[25]: Metallverarbeitung, Metallanwendung und Konstruktion gingen hier eine enge Verbindung ein.

Andererseits gab es aber auch Alleinunternehmer, die das Risiko einer Industriegründung ganz allein auf sich nahmen und die sich die fehlenden Kenntnisse selbsttätig aneignen mußten. Da war zunächst der Kaufmann Marcus Hartwig Holler aus Rendsburg, der Gründer der „Carlshütte", der sich mit der Eisenhüttentechnik im Rahmen eines anhaltenden und weit ausgedehnten Selbststudiums vertraut machte[26]. In Flensburg war es der Kaufmann Nicolaus Jepsen, der sich die technischen Kenntnisse als Administrator der Krusauer Kupfer- und Messingfabrik aneignete[27]. Und in Sonderburg war es der Kaufmann Nis Peter Lorenzen, der ohne erkennbare fremde Hilfe zum Eisengießer wurde[28]. Mochten diese Leute den allgemeinen Unternehmungsgeist und die Organisationsfähigkeit auch aus dem Handelsbereich mitbringen, so war ihre Leistung im technischen Bereich nur um so höher einzuschätzen. Allerdings war das Risiko eines solchen Weges auch erheblich größer; Umwege oder gar Fehlschläge[29] waren nicht zu vermeiden. Erst allmählich in der zweiten und dritten Generation begannen ausgebildete Fachleute in die Unternehmen einzuziehen.

Im Gegensatz zu den Eisengießereien und Maschinenbauanstalten, die neue Gewerbe waren und in denen eigentlich Berufsfremde tätig wurden, blieb die Textilindustrie in Neumünster in der Hand der alten herkömmlichen Textilgewerbe, der Weber, der Tuchmacher, der Appretierer, der Walker und Färber. Der Übergang zur industriellen Fertigung vollzog sich in diesem Falle dadurch, daß neue Maschinen eingesetzt wurden und daß Dampfmaschinen als Antriebskraft benutzt wurden. Weder aus dem Kaufmannsbereich noch aus anderen Berufszweigen wechselten Mitbewerber in den Textilbereich über. Der Grund mag darin gelegen haben, daß im Textilbereich schon ein leistungsfähiges heimisches Gewerbe bestand und daß die

---

22 Ebd., S. 105.
23 Vaagt, in: Frühindustrialisierung, S. 186.
24 Henningsen, in: Frühindustrialisierung, S. 118.
25 Ebd., S. 108.
26 Wulf, in: Frühindustrialisierung, S. 238.
27 Vaagt, in: Frühindustrialisierung, S. 185.
28 Henningsen, in: Frühindustrialisierung, S. 115.
29 So versuchte M. H. Holler als Rohstoff zunächst das Raseneisenerz, das in Schleswig-Holstein gefunden wurde, zu verwenden, doch scheiterte er damit. Wulf, in: Frühindustrialisierung, S. 250 ff.

auswärtige Konkurrenz vor allem aus England auf diesem Gebiet übermächtig war[30].
Wenn vor allem bei den aus dem kaufmännischen Bereich kommenden Unternehmern darauf hingewiesen wurde, daß sie die fehlenden Kenntnisse durch ein Selbststudium zu erwerben suchten, dann war das allerdings nicht nur eine theoretische Beschäftigung, sondern vor allem auch die Praxis. Besonders bei der ersten Unternehmergeneration ist zu beobachten, daß sie komplizierte technische Vorgänge durch Experimente zu bewältigen suchten. Bei den Eisengießereien etwa mit den anspruchsvollen Schmelz- und Gußvorgängen wurde häufig improvisiert und die Problemlösung jeweils durch Erfolg oder Scheitern herausgefunden. Das erforderte manchen Umweg, und der Erfolg dieser frühen Unternehmer bestand auch darin, daß sie diese Umwege möglichst kurz zu halten verstanden.

Insbesondere aber versuchte die erste Unternehmergeneration, diese technologische Lücke dadurch zu schließen, daß man Reisen unternahm, fremde Werke besichtigte und deren Lösung je nach Brauchbarkeit für den eigenen Betrieb zu übernehmen suchte. Man lernte durch eigene Arbeit, durch Anschauung oder manchmal sogar durch ein Studium. So arbeiteten Heinrich und Johann Anthon während ihrer Wanderschaft, die sie bis in die Schweiz führte, in verschiedenen Maschinenfabriken, bis sie dann nach Flensburg zurückkehrten und dort eine eigene Werkstatt gründeten[31]. Heinrich Jepsen, ein anderer Flensburger Maschinenbauer, arbeitete für ein Jahr in England, wo er sich vor allem mit dem Bau landwirtschaftlicher Maschinen beschäftigte[32]. Durch die Anschauung modernerer Industrien in anderen Ländern versuchte wiederum Detlef Friedrich Renck, ein Textilfabrikant aus Neumünster, sich einen Überblick zu verschaffen. Jedes Jahr bereiste er Preußen, Frankreich, Belgien und England, um sich über die neuesten Maschinen im Textilbereich zu unterrichten[33]. Und zwei Schleswig-Holsteiner fuhren sogar auf die Weltausstellung nach London (1851), um hier die Spitzenleistungen der Technik aus der ganzen Welt kennenzulernen[34]. Moderne Fertigungsmethoden und moderne Maschinen fanden auf diesem Weg Eingang in die schleswig-holsteinische Industrie. Mochte zu Beginn der Industrialisierung auch ein Rückstand gegenüber den anderen Gewerbelandschaften Deutschlands bestanden haben, so war man intensiv bestrebt, diese Lücke gegenüber der Konkurrenz zu schließen.

Obwohl das Schwergewicht in der mehr praktischen Tätigkeit lag, nahmen Einzelne auch schon ein technisch naturwissenschaftliches Studium auf. Es war die Einsicht, daß auf die Dauer eine nur praktische Fachkenntnis nicht genug sei, sondern daß sie mit einer mehr theoretischen Ausbildung verbunden werden müsse.

---

30 Siehe dazu Werner Blunck, Die Entwicklung der Industrie in Neumünster, Kiel 1927 (QuFGSH, 13); K. Tidow, Neumünster – Vom Tuchmacherhandwerk zur Textil- und Lederindustrie, in: Schleswig-Holsteins Weg ins Industriezeitalter, hrsg. von Urs Justus Diederichs, Hamburg 1986, S. 63–73.
31 Siehe dazu die Festschrift „Anthon und Söhne, Flensburg, 1865–1965", Flensburg 1965, S. 7–12.
32 Vaagt, in: Frühindustrialisierung, S. 185.
33 Blunck, S. 33.
34 Henningsen, in: Frühindustrialisierung, S. 109 u. 118.

Die übergreifenden Probleme waren nur aus einer Verbindung von Praxis und Theorie zu lösen. Der schon genannte Maschinenbauer Heinrich Jepsen aus Flensburg studierte an der Polytechnischen Hochschule in Hannover[35], und der ebenfalls aus Flensburg stammende Andreas Christiansen Jensen studierte Physik, Chemie und Technologie an der Sorbonne in Paris[36]. Die Kavalierstour des Adels, die diesen im 17. und 18. Jahrhundert an die Höfe Europas geführt hatte, war durch die Fabrik- und Technologietour des gewerblichen Bürgertums abgelöst worden. Nicht mehr höfisches Benehmen, diplomatische Fähigkeiten und die Beherrschung des Waffenhandwerks waren gefragt, sondern nun wurden rastlose, angestrengte Tätigkeit, nüchterner Geschäftssinn, technisches Wissen und praktischer Verstand verlangt.

KAPITAL

Die Einrichtung eines Industriebetriebes erforderte zu Beginn der Industrialisierung ein weitaus höheres Kapital als die Einrichtung eines herkömmlichen Handwerksbetriebes[37]. Vor allem die Erfordernisse der industriellen Technologie, die im Rahmen der Arbeitsteilung neuen Werkzeuge und die Maschinen ließen die Kapitalansprüche steigen. Hinzu kam, daß man nicht mehr für einen begrenzten bekannten Markt arbeitete, sondern daß man auf einen weitausgedehnten Absatz hinstrebte, dessen Größe und Stetigkeit nicht ohne weiteres zu kalkulieren waren. Eine gewisse Anlaufzeit und sicher zu erwartende Unregelmäßigkeiten beim Absatz mußten also kapitalsmäßig überbrückt werden.

Nur in wenigen Fällen war schon bei den Industriegründern selbst soviel Kapital vorhanden, daß sie nicht auf die Kapitalbeschaffung von anderer Seite angewiesen waren[38]. In den weitaus meisten Fällen mußte das erforderliche Kapital jedoch zunächst einmal beschafft werden. Die Bereitschaft möglicher Kapitalgeber aber, frei verfügbares Kapital für Industriefinanzierung einzusetzen, war nicht ohne weiteres gegeben. Diese Zurückhaltung hatte mehrere Gründe: Zum einen galt die Industriefinanzierung in dieser Anfangsphase als ein höchst risikoreiches Geschäft, das in seinen Unwägbarkeiten kaum eingeschätzt werden konnte. Zum anderen gab es vor

---

35 Vaagt, in: Frühindustrialisierung, S. 185.
36 Hans Friedrich Schütt, Die Familie Petersen Schmidt in Flensburg, in: Aus Flensburgs Geschichte im 19. Jahrhundert, Flensburg 1969, S. 72 f.
37 Siehe dazu insgesamt Harald Winkel, Kapitalquellen und Kapitalverwendung am Vorabend des industriellen Aufschwungs in Deutschland, in: Schmollers Jahrbuch, 90/I (1970), S. 275–301; E. Klein, Zur Frage der Industriefinanzierung im frühen 19. Jahrhundert, in: Öffentliche Finanzen und privates Kapital im späten Mittelalter und in der 1. Hälfte des 19. Jahrhunderts, hrsg. von Hermann Kellenbenz, Stuttgart 1971, S. 118–128; Kocka, S. 65–73; zur Frage des Kapitals bei der frühen Industrialisierung Schleswig-Holsteins siehe Brockstedt, Einleitung, in: Frühindustrialisierung, S. 61–65.
38 Ein Unternehmer „hängt in der Erzeugung seiner Waren fast gar nicht von Elementarereignissen und Zufällen ab, sondern nur von der eigenen Geschicklichkeit und von dem eigenen Capitale . . . " (Staatslexikon 1838), zitiert von Vaagt in: Frühindustrialisierung, S. 187.

allem seit dem Ende der Agrarkrise 1825 in der Landwirtschaft erfolgversprechen-dere Anlagemöglichkeiten, die kaum ein Risiko bedeuteten[39], und zum dritten war die rechtliche Sicherung der Kredite und die Haftung der Kreditnehmer noch nicht so weit fortgeschritten und formalisiert, daß die Gefahr im Falle eines Scheiterns begrenzt werden konnte[40]. So kam eine Industriefinanzierung in Schleswig-Holstein in den Jahren zwischen 1820 und 1860 nur zögernd in Gang.

Die Fremdfinanzierung von Industriegründungen erfolgt in der Regel durch Ban-ken, doch war diese Möglichkeit in Schleswig-Holstein in der ersten Hälfte des 19. Jahrhunderts überhaupt nicht gegeben. Zwar bestanden überall im Lande bereits Sparkassen, die zunehmend auch Geld ausliehen[41], doch geschah dies nicht zum Zweck der Industriefinanzierung. Banken im eigentlichen Sinn gab es erst seit den 1840er Jahren[42], doch befaßten sich auch diese bis etwa zur Reichsgründung nicht mit der Industriefinanzierung.

Eine andere Möglichkeit war der Kapitalimport aus anderen Ländern, doch blieb dieser aus, weil die anderen Länder unter den gleichen Schwierigkeiten litten und weil Schleswig-Holstein für eine Industrialisierung zunächst kaum aussichtsreiche Chancen bot. Und auch der Staat beschäftigte sich kaum mit der Industriefinanzie-rung, weil zum einen die Grenzen des Staatshaushalts sehr eng gezogen waren und weil zum anderen niemand in der Staatsverwaltung das Risiko einer Industriegrün-dung abschätzen konnte[43]. So blieb denn nur, daß sich die Industriegründer ihr Anfangskapital selbst verschafften.

Der beschwerlichste und langwierigste Weg war sicher das Sparen, wenn nicht bereits ein Grundstock an Kapital vorhanden war. Diesen Weg beschritten etwa die Gründer der Maschinenfabrik und Eisengießerei Anthon und Söhne in Flensburg, die mit gesparten 500 Reichsbanktalern und einer Werkstatt von 40 qm anfingen[44]. Unter den Einkommensverhältnissen um die Mitte des 19. Jahrhunderts bedeutete dies eine enge Beschränkung der eigenen Lebensansprüche und einen hohen eigenen Arbeits-einsatz, um überhaupt Sparkapital bilden zu können.

Einfacher war die Kapitalbildung schon für selbständige Handwerksmeister und Kaufleute, die über eigene Betriebe verfügten. Sie konnten aus den laufenden

39 Das starke Ansteigen der Kauf- und Pachtpreise für landwirtschaftlichen Grundbesitz in den Jahren 1830–1860 ist dafür ein deutliches Zeichen. Siehe dazu Wilhelm Seelig, Schleswig-Holstein und der Zollverein, Kiel 1865, S. 157 ff.
40 Siehe dazu P.C. Martin, Frühindustrielles Gewerbe in der Rechtsform der AG, in: Beiträge zu Wirtschaftswachstum und Wirtschaftsstruktur im 16. und 19. Jahrhundert, hrsg. von Wolfram Fischer, Berlin 1971, S. 195–214.
41 Siehe dazu Marlis Lippik, Die Entstehung des Sparkassenwesens in Schleswig-Holstein 1790–1864, Neumünster 1987 (Studien zur Wirtschafts- und Sozialgeschichte Schleswig-Holsteins, 10).
42 So die Filialbank in Flensburg (1844), die Ahlmannsche Bank in Kiel (1852), der Altonaer Credit-Verein (1863) oder die Vereinsbank in Kiel (1865) und Altona (1865). Siehe dazu Brockstedt, Einleitung, in: Frühindustrialisierung, S. 63–64.
43 Im einzelnen dazu: Haase, S. 62–66.
44 Vaagt, in: Frühindustrialisierung, S. 187. Ferner die Firmenfestschrift: Anthon und Söhne, Flensburg, 1865–1965, Flensburg 1965.

Geschäften einen stets wachsenden Anteil für Investitionen im Industriebereich verwenden und so den Übergang finanzieren. Diesen Weg beschritten viele Betriebe der Textilindustrie in Neumünster[45] wie auch kleinere Eisengießereien in Hoyer und in Tondern[46]. Handwerksbetrieb und Industriebetrieb liefen bei dieser Finanzierungsform zeitweilig nebeneinander her. Ihre Kapitalausstattung blieb jedoch gering, und ihr Bestehen bei einem wirtschaftlichen Rückgang war nicht gesichert.

Weitaus günstiger war die Kapitalausstattung bei solchen Betrieben, denen zur Gründung oder zur Zeit erhöhter Investitionen größere Kaptialmengen von außen zugeführt wurden. In solchen Fällen konnte das Geschäft schlagartig ausgeweitet werden. Das geschah vor allem bei Erbschaften und bei vorteilhaften Heiraten, aber auch dann, wenn wohlhabende Teilhaber in einen Betrieb aufgenommen wurden. So verwandte der Sonderburger Eisengießer Peter Petersen die bedeutende Mitgift seiner Frau, um die Gründung einer eigcnen Eisengießerei damit zu finanzieren. In Tondern investierte der Eisengießer Nis Peter Lorenzen die Erbschaft seiner Frau in eine Eisengießerei und Maschinenfabrik[47], und der Flensburger Nicolaus Jepsen erhielt einen Teil seiner Investitionen von seinem Schwiegervater F. W. Funke[48].

Für noch größere Industrievorhaben reichte aber auch das finanzielle Vermögen von Einzelpersonen nicht aus, und man begann nun, mehrere kapitalkräftige Personen für ein Vorhaben zu interessieren. Dabei wurden in der Regel Familienangehörige, Freunde und Bekannte zusammengeführt, die in einem engeren persönlichen Verhältnis zu dem Industriegründer standen. Auch in anderen Regionen waren solche auf familiärer oder freundschaftlicher Basis vermittelten Kapitalbeziehungen durchaus die Regel. Sowohl für die Kapitalgeber wie auch für die Kapitalnehmer war damit eine gewisse Sicherheit gegeben: Man kannte sich, man konnte sich als Person einschätzen, und man war bereit, die Risikoschwelle höher anzulegen als sonst üblich.

In die Gruppe der Unternehmen mit solchen familiären Kapitalbeziehungen gehörten etwa die Flensburger Eisengießer Nicolaus Jepsen und George Dittmann, die von ihren Schwiegervätern Geld erhielten, die zu den vermögenden Bürgern der Stadt zählten[49]. Sehr zielgerichtet nutzte diese Finanzierungsart auch der Rendsburger Unternehmer Marcus Hartwig Holler, der über insgesamt 10 kapitalgebende Verwandte und Bekannte insgesamt 64 000 Reichsbanktaler aufbrachte[50]. Manchmal wurden diese Kapitaleinlagen hypothekarisch, durch Wechsel oder auch im Rahmen von Gesellschaftsverträgen rechtlich abgesichert, aber vielfach war dies lediglich eine Kapitalhingabe auf Treu und Glauben. Keiner dieser Geldgeber konnte das technische und geschäftliche Risiko solcher Neugründungen abschätzen; ihr Vertrauen lag allein in der Person des Unternehmers.

Seit etwa 1850 sind dann vereinzelt auch Arten der Kredit- und Kapitalbeschaffung zu beobachten, die nicht mehr auf den engen familiären oder freundschaftlichen

45 Haase, S. 79; Blunck, S. 42.
46 Henningsen, in: Frühindustrialisierung, S. 114–115.
47 Ebd., S. 110 u. 115.
48 Vaagt, in: Frühindustrialisierung, S. 187.
49 Ebd., S. 187.
50 Wulf, in: Frühindustrialisierung, S. 239–247.

Beziehungen beruhten, sondern die eine mehr indirekte Form der Kapitalbeziehungen darstellten. Zwar war es durchaus möglich, daß man den Unternehmer kannte, aber wichtiger noch war die Aussicht auf einen möglichen höheren Gewinn. So lieh der Sonderburger Eisengießer Peter Petersen sich Geld von einem Bauern in der Umgebung, und der Eisengießer Niels Petersen aus Hoyer nahm wiederholt Kredite bei Bauern der Umgebung und bei Kapitänen auf Föhr auf[51]. Der Übergang zu mehr unpersönlichen Kredit- und Kaptialbeziehungen deutete sich an.

Direkte staatliche Kredite gab es in der ersten Hälfte des 19. Jahrhunderts nahezu überhaupt nicht. Lediglich die Tuchfabrik Renck in Neumünster erhielt 1813 eine Investitionsbeihilfe für neue Maschinen[52]. In den folgenden Jahrzehnten zog sich der Staat zunehmend aus der Finanzierung zurück und beschränkte sich darauf, im Einzelfall günstige Rahmenbedingungen für die Industrialisierung zu schaffen.

Zusammenfassend läßt sich feststellen, daß das Kapital für die frühen Industriegründungen in Schleswig-Holstein ganz überwiegend aus dem Handelsbereich kam. Die Landwirtschaft, insbesondere der Großgrundbesitz zeigten noch keine Neigung, im industriellen Bereich zu investieren. Das Schwergewicht lag bei der Eigenfinanzierung, doch machten anspruchsvolle kapitalintensive Techniken bald auch die Hereinnahme fremden Kaptials notwendig. Das geschah zunächst in der Form sehr enger, vor allem persönlich bestimmter Kapital- und Kreditbeziehungen, während seit etwa 1850 auch mehr indirekte Beziehungen zu beobachten waren. Banken und Sparkassen beschäftigten sich erst nach der Reichsgründung mit der Industriefinanzierung. So gesehen war die Industrialisierung in Schleswig-Holstein in der ersten Hälfte des 19. Jahrhunderts weniger durch Kapitalmangel bestimmt als vielmehr durch die Schwierigkeit, vorhandenes Kapital für industrielle Investitionen zu interessieren.

ZUSAMMENFASSUNG

Seit etwa 1825, seit dem Ende der großen Agrarkrise und seit dem Ende der wirtschaftlichen Schwierigkeiten nach den napoleonischen Kriegen, begann auch in Schleswig-Holstein eine erste Industrialisierung des Landes. Eisengießereien und Maschinenbauanstalten wurden gegründet und eine schon vorhandene Textilindustrie ausgebaut und modernisiert, während Werften und eine Nahrungsmittelindustrie erst in einem zweiten Schub hinzukamen. Die Rahmenbedingungen für Industriegründungen entwickelten sich günstig, so daß viele Unternehmertalente das Wagnis eines eigenen Betriebes auf sich nahmen. Sicher gab es auch unternehmerisches Potential in der Landwirtschaft, beim Adel und bei den Bauern, aber sie blieben dem Agrarwesen verhaftet. Die schleswig-holsteinischen Industrieunternehmer der ersten Generation kamen vor allem aus dem kaufmännischen und gewerblichen Bürgertum der Städte, in denen es geschäftliche Traditionen gab.

51 Henningsen, in: Frühindustrialisierung, S. 110 u. 114.
52 Blunck, S. 30.

Gleichzeitig mit diesen Industriegründungen und in stetiger Wechselwirkung mit ihnen wurde die Infrastruktur des weithin agrarisch bestimmten Landes modernisiert. Nachdem Ende des 18. Jahrhunderts bereits der „Schleswig-Holsteinische Kanal" gebaut worden war, wurden bis zur Mitte des 19. Jahrhunderts im Verkehrswesen neue Beförderungsmittel eingesetzt und neue Verkehrswege erschlossen. Dampfschiffslinien wurden eröffnet, Eisenbahnlinien errichtet und Kunststraßen gebaut. Im Jahre 1824 wurde in der Textilfabrik Renck in Neumünster die erste Dampfmaschine mit 8 PS aufgestellt, deren Zahl und Antriebskraft allerdings in den folgenden Jahrzehnten erheblich zunahm. Im Jahre 1847 waren es 42 Dampfmaschinen und im Jahre 1865 sogar 200 Dampfmaschinen mit 2000 PS[53]. 1828 wurde der erste Gewerbeverein in Schleswig gegründet, 1832 fand die erste Industrieausstellung in Kiel statt. Die Unternehmer und ihre Gründungen veränderten die Verhältnisse, wie diese wiederum auf die Unternehmer zurückwirkten. Industrie, Handel und Gewerbe belebten sich, wenn auch die Rohstoffknappheit, der Standortnachteil und die Stärke der schleswig-holsteinischen Landwirtschaft eine Vollindustrialisierung verhinderten. Andauernde Chancen und Nachteile einer Industrie in Schleswig-Holstein waren bereits hier zu erkennen.

---

53 Brockstedt, Einleitung, in: Frühindustrialisierung, S. 44–45.

Ulrich Lange

Ordnung und Freiheit – Zur Diskussion über die Einführung der Gewerbefreiheit in Schleswig-Holstein in den 1830er und 1840er Jahren

Die menschliche Industrie ist einer wunderbaren Höhe fähig, wenn sie sich frei erheben kann, und die fühlbare Notwendigkeit, welche die Concurrenz erzeugt, ist es allein, die mit liebevoller Strenge dieß Wunder bewirkt[1].

Die . . . gleichmäßige Gewerbefreiheit für Stadt und Land stellt sich als eine Idee dar, deren Ausführung für beide Theile gleich unheilbringend sein dürfte. Es ist eine durchaus unrichtige Ansicht, daß es in unserem Lande bei den bestehenden Verhältnissen an der gehörigen Concurrenz zur Erlangung ausgezeichneter Erzeugnisse und billiger Preise mangle und selbiges deshalb einer ausgedehnten Gewerbefreiheit bedürfe[2].

EINLEITUNG

Der Abgeordnete Hamkens aus Tating reichte auf der ersten schleswigschen Ständeversammlung im Jahre 1836 einen Antrag ein, in der Sprache seiner Zeit eine Privatproposition, die dahin lautete, „daß Se. Königliche Majestät geruhen wollen, unter Aufhebung der in Rücksicht des Gewerbewesens bestehenden Gesetze eine allgemeine Gewerbefreiheit unter Beobachtung der in Betreff der Gewerbsbildung festzusetzenden Modification allerhuldreichst zu verfügen"[3].

Nachdem schon in der holsteinischen Ständeversammlung 1835 eine ähnliche Privatvorlage eingegangen war, forderte mit Hamkens ein weiterer Ständeabgeordneter zu einer Diskussion heraus, die in den Ständeversammlungen von 1838 und 1840

---

1 1838 Oct 23, Zeitung für die Verhandlungen der zweiten Holsteinischen Ständeversammlung, 1838 und 1839 (= H 38), Itzehoe o.J., Sp. 654 ff., hier Sp. 655, der Abgeordnete Schröder von Grabau motiviert seine Proposition wegen Aufhebung der Beschränkungen, denen die Gewerbe in Hinsicht auf den Ort des Betriebs und des Absatzes unterliegen.

2 1840 Nov 21, Zeitung für die Verhandlungen der dritten Schleswigschen Ständeversammlung, 1840, Bd 2, Schleswig 1840 (= SL 40), Beilagenheft, 2. Abt., Sp. 108 ff., hier 151, Ausschußbericht betr. die Proposition (Privatproposition des Ratmannes Hamckens in Tating) wegen Einführung einer allgemeinen Gewerbefreiheit, Sondervotum des Ausschußmitglieds Berwald, deputierten Bürgers in Schleswig.

3 SL 36, S. 46, 1836 Apr 19, der Präsident teilt der Ständeversammlung mit, daß der Abgeordnete Hamckens eine Proposition eingereicht habe.

geführt wurde, aber weniger in der Presse als bei den potentiell Betroffenen in Stadt und Land eine rege Resonanz fand und schließlich die Kanzlei in Kopenhagen zur Vorlage eines Gesetzentwurfs einer Gewerbeordnung für die Herzogtümer Schleswig und Holstein veranlaßte. Die Regierungsvorlage nahm zwar alle parlamentarischen Hürden – wenn auch erst im zweiten Anlauf –, scheiterte aber dennoch an den ungünstigen politischen Ereignissen des Jahres 1846, als sich beide Ständeversammlungen aus Protest gegen die Gesamtstaatspolitik des dänischen Königs auflösten. Tatsächlich geschah die Einführung der Gewerbefreiheit erst unter preußischer Herrschaft, genauer: mit der Gewerbeordnung des Norddeutschen Bundes vom 21. Juni 1869, die auf den Grundsätzen der preußischen Verordnung vom 23. September 1867 über den Betrieb stehender Gewerbe in den Herzogtümern aufbaut. Im Falle dieser letzteren Verordnung handelt es sich um den Typ einer Notverordnung, die lapidar zentrale Grundsätze für das noch zu reformierende Gewerbewesen nennt, ohne so dedailliert zu sein, daß sie schon die Veränderung der bestehenden Verhältnisse bewirken könnte[4].

Erhalten sind die langwierigen und umständlichen Beratungen, die von dem großen Sachverstand der Beteiligten zeugen, von ihrer zum Teil intimen Kenntnis nationalökonomischer Anschauungen einerseits und der lokalen Wirklichkeit des Gewerbewesens andererseits. Erhalten sind auch die vielen Petitionen, die die Abgeordneten erreichten, und schließlich Zeitungsberichte, vor allem des Kieler Correspodenzblatts. So ist es möglich, auf dem einen oder anderen Gebiet – neben dem normativen, gesetzlichen Zustand – die tatsächliche Situation von Handel, Handwerk und Fabriken zu erkennen, das Wenn und Aber der Meinungen darzustellen und zu beurteilen, doch wird es im einzelnen schwerfallen, die Motive zu ergründen, die die Regierung, die königlichen Oberbeamten und die an der Diskussion beteiligten Abgeordneten damals in ihrem Handeln leiteten.

Im folgenden wird das Problem „Gewerbefreiheit", das ja immer auch das Problem einer Gewerbeordnung ist, unter mehreren Gesichtspunkten betrachtet: Zunächst wird der gesetzliche, der normative Zustand darzustellen sein, dann die Verwaltungspraxis der lokalen Oberbeamten, danach die Gewerbepolitik der Regierung und schließlich die kontroversen Meinungen der politischen Öffentlichkeit, wie sie sich vorzugsweise in den Beratungen der gesonderten Landtage für Schleswig und Holstein zeigen. Zur Entscheidung standen dabei nicht nur das Problem einer Gewerbeordnung im engeren Sinne an, der Ordnung des städtischen und ländlichen Handwerks, sondern darüber hinaus auch alle anderen Probleme, deren Lösung irgendwo in dem Kontinuum zwischen der Anwendung wirtschaftsliberaler Prinzipien einerseits und merkantilistischer Grundsätze andererseits lag; denn neben der Gewerbeordnung ging es auch um den Hausierhandel, um den Mühlenzwang, um das Malzen, Bierbrauen und Branntweinbrennen in den klösterlichen Distrikten und auf den adligen Gütern und endlich um eine neue Zollverordnung. Das waren Themen, die die Verhandlungen der dreißiger und vierziger Jahre über weite Strecken bestimmten

---

4 Ulrich Lange, Die Einführung der Gewerbefreiheit in Schleswig-Holstein 1867/69, Aufsatz-Manuskript, Kiel 1988 (Druck in Vorb.).

und die neben den Gesetzentwürfen für eine Städteordnung und eine Gesindeordnung oder neben der Diskussion um die allgemeine Wehrpflicht zu denjenigen Vorhaben gerechnet wurden, von denen man tiefe Eingriffe in das tägliche Leben erwartete.

GESETZLICHE GRUNDLAGEN

Als der Regierungsentwurf einer *Gewerbeordnung für die Herzogthümer Schleswig und Holstein* im Jahre 1844 in der schleswigschen Ständeversammlung zur Vorberatung kam, stellte der königliche Kommissar fest, daß das Grundübel, nämlich „daß die Interessen von Stadt und Land sich stets widerstritten und eigentlich nie zusammenfielen"[5], das dieses Grundübel schon mehr als ein Jahrhundert existiere[6].

Wir dürfen ihn ergänzen und hinzufügen, daß der Streit zwischen Stadt und Land um die bürgerliche Nahrung, also um städtischen Handel und städtisches Handwerk, sowohl in den hundert Jahren zwischen 1750 und 1850 als auch im 16. Jahrhundert einen ständigen Konfliktstoff bildete und jeweils Landesherrn und Stände zu Gesetzen und Verordnungen zwang, die häufig zum *Überfluß* publiziert und eingeschärft wurden und damit doch nur ihre Wirkungslosigkeit bewiesen.

Die Notwendigkeit ordnungspolitischer Eingriffe der Zentralgewalt scheint mir aufs engste mit der demographischen Entwicklung und der jeweiligen wirtschaftlichen Situation der Städte zusammenzuhängen. Das Problem des Handwerks auf dem Lande stellt sich, grob gesprochen, in Deutschland im 16. Jahrhundert und dann wieder seit der zweiten Hälfte des 18. Jahrhunderts, als die Bevölkerung jeweils einen neuen Höchststand erreichte und frühere Werte überstieg. Die Zahl von 14 Millionen Menschen, die vor der Großen Pest im Spätmittelalter lebten, wurde wohl erst um 1560 wieder erreicht und die der etwa 16 bis 17 Millionen Menschen zu Beginn des Dreißigjährigen Krieges erst in den Jahrzehnten nach 1750, um dann schnell übertroffen zu werden. In beiden Phasen dieser Bevölkerungszunahme ist das Phänomen zu beobachten, daß das Land die vielen Menschen nicht aufnehmen kann, d.h. es ist nicht in der Lage, den Zuwachs durch Schaffung bäuerlicher Vollexistenzen aufzufangen. Wo nicht das Erbrecht Realteilungen und damit die Einrichtung bäuerlicher Kleinbetriebe zuläßt, müssen diejenigen, die ohne eine Hofstelle bleiben, entweder in die Stadt abwandern oder einem ländlichen Gewerbe nachgehen. Das Pauperismusproblem, wie es sich im 16. und wiederum im 18. Jahrhundert stellt, wurde bekanntlich erst mit der Industrialisierung, der Entwicklung des inneren und des Weltmarktes und der Verbesserung der Realeinkommen überwunden[7].

---

5 SL 44, Sp. 1668 f.
6 Ebenda, Sp. 1668.
7 Siehe dazu Friedrich-Wilhelm Henning, Das vorindustrielle Deutschland 800 bis 1800, 2. Aufl., Paderborn 1976, S. 231 f.

Für Städte und Landesherrn wurde Handeln zum Gebot der Stunde, wenn es den Bürgern infolge abnehmender wirtschaftlicher Leistungsfähigkeit schwerer fiel, die landesherrlichen Lasten zu tragen. Die Regierung sah sich dann zu Maßnahmen gezwungen, die die bürgerliche Nahrung sicherstellen sollten, gegen die Konkurrenz der Kirchdörfer, wo sich vornehmlich Landhandwerker niederließen. Die *Gemeinschaftliche Verordnung wegen Abstellung der bürgerlichen Nahrung auf dem Lande* vom 8. April 1711 ist eine derartige Maßnahme, mehr noch, nach dem Urteil von Hähnsen bleibt sie bis zur Einführung der Gewerbefreiheit in preußischer Zeit – in Verbindung mit inhaltlich gleichen Verordnungen für den königlichen und großfürstlichen Anteil – das gewerbliche Grundgesetz der Herzogtümer[8]. Sie sichert den Städten Handel und Handwerk in einem Umkreis von jeweils drei Meilen auf der Geest und zwei Meilen in der Marsch, läßt pro Kirchspiel oder adliges Gut nur je einen Rademacher, Grobschmied, Bauernschneider und Schuster zu – später werden noch Böttcher, Zimmermann und Leineweber erlaubt – und verbietet das Beziehen der Jahrmärkte sowie den Verkauf in die Stadt. Die Möglichkeit von Ausnahmeregelungen, von Konzessionen, für die sog. verbotenen Landdistrikte erwähnt zuerst eine Verordnung von 1773 für den königlichen Anteil[9]. Die Vergabe von Konzessionen, ursprünglich ein Verwaltungsmittel im Interesse der Städte zur Abschaffung des unerlaubten Landhandwerks, entwickelte sich gegen Ende des 18. Jahrhunderts zu einem allgemeinen Konzessionssystem, das, 1805 offiziell eingeführt[10], durchaus nicht mehr das Landhandwerk zugunsten der Städte beschränkte, sondern offenbar nach dem tatsächlichen Bedarf im Zuge der konjunkturellen und der Bevölkerungsentwicklung gehandhabt wurde und praktisch schon als eine Art Gewerbesteuer fungierte. Seit 1812 schließlich hatten alle auf dem Lande betriebenen Handwerke und Gewerbe, die einen Teil der bürgerlichen Nahrung ausmachten, einen Rekognitionszins zu erlegen[11], der 1823 endlich nach dem Ertrage des jeweiligen Handwerks vierfach gestaffelt wurde[12]. Entschiedenes Festhalten an der Bannmeile – die Bestätigung der Verordnung von 1773 durch Reskripte des Jahres 1819[13] macht das deutlich –

8 Verordnung (= VO) von 1711 Apr 8, von 1711 Mai 11, von 1711 Jun 22: Systematische Sammlung (= Syst.Smlg) der für die Herzogthümer Schleswig und Holstein erlassenen Verordnungen und Verfügungen, 6. Bd, Kiel 1833, S. 137 f., 139 f., 141 f.; Fritz Hähnsen, Die Entwicklung des ländlichen Handwerks in Schleswig-Holstein, Leipzig 1923 (QuFGSH, 9), S. 18.

9 1773 Oct 20, VO wider das im Schwange gehende bürgerliche Gewerbe auf dem Lande, Syst.Smlg, Bd 6, S. 146 ff.

10 1805 Jun 5, Zirkularverfügung, daß überhaupt in den Landdistrikten niemand, ohne mit einer Königlichen Konzession versehen zu sein, ein Handwerk oder bürgerliches Gewerbe treiben dürfe, Syst.Smlg, Bd 6, S. 154.

11 1812 Feb 2, Kanzleischreiben, betr. die auf dem Lande anzulegenden Fabriken und Industrieanlagen und die dafür zu erlegende Rekognition, Syst.Smlg, Bd 6, S. 249 f.

12 1823 Jun 21, Zirkular über die Festsetzung der Rekognitionen in den Gewerbekonzessionen . . . , Syst.Smlg, Bd 6, S. 159 ff.

13 1819 Sept 7, Reskript an den Statthalter, betr. die Abstellung des bürgerlichen Gewerbes auf dem Lande, Syst.Smlg, Bd 6, S. 155.

und der Versuch der Regulierung des Konzesssionssystems im Jahre 1826[14] kennzeichnen die offizielle Gewerbepolitik der Regierung bis zum Ende der 20er Jahre.
Zunftzwang, Bannmeile und Konzesssionssystem bilden die normative Grundlage bis
zum Beginn der öffentlichen Diskussion um das Gewerbewesen.

PRAXIS DER KONZESSIONSVERGABE

Doch die gewerbepolitischen Normen und die gewerbepolitische Praxis, d.h. die
Praxis der Konzessionserteilung, stimmten offenbar nicht überein. Hähnsen gelangte
zu der Auffassung, daß die Entwicklung des Handwerks auf dem Lande um 1800 so
weit gediehen war, daß, ganz abgesehen von den rechtlich bevorzugten Gebieten, in
denen Gewerbefreiheit herrschte, vor allem Norder- und Süderdithmarschen, „ein
der Gewerbefreiheit gleichender wirtschaftlicher Zustand im Landhandwerk" festzustellen gewesen sei[15]. Das konnte durchaus verschiedene Ursachen haben, fiskal-,
sozial- oder wirtschaftspolitische, konnte aber auch an lokalen Exekutionsmängeln
liegen.

Die Vergabe einer Konzession an einen Handwerker, der innerhalb der verbotenen
Landdistrikte arbeiten wollte, war durch die schon erwähnten Erlasse geregelt, durch
Zirkularverfügung von 1805, Reskript von 1819 und Zirkular von 1823. Danach
bedurfte der Gewerbetreibende einer königlichen Konzession. Sein entsprechendes
Gesuch hatte er beim zuständigen Oberbeamten einzureichen, dieser wiederum
sandte es der Schleswig-Holstein-Lauenburgischen Kanzlei mit einem von ihm erstellten Gutachten ein. – Die Regelung galt bis 1834, denn seitdem lag die Aufsicht über
das Gewerbewesen und damit die Vergabe von Konzessionen bei der Königlichen
Schleswig-Holsteinischen Regierung mit Sitz auf Schloß Gottorf. – War dem Impetranten schließlich die Konzession zugestellt, mußte sich dieser zum Oberbeamten
begeben und dort eine Produktengebühr erlegen. Der Amtsweg war damit nicht
beendet, denn es blieb noch der Weg zur Amtstube, die die Konzession notierte, und
zu den Unterpolizeibehörden, wo die Konzession ebenfalls vorzuzeigen war[16]. Diese
Details, die der Königliche Kommissar der Schleswigschen Ständeversammlung zu
den Beratungen des Jahres 1844 beisteuerte, machen zweierlei sichtbar: einen
umständlichen Dienstweg, der die Frage nach der Möglichkeit wirksamer Kontrolle
aufkommen läßt, und die Bedeutung des Oberbeamten, dessen Gutachten und
Bedenken in der Regel den Ausschlag für die Entscheidung der Kanzlei gegeben
haben wird.

An der Wirksamkeit administrativer Kontrolle im allgemeinen und der Kontrolle
von gesetzlichen Maßnahmen im Bereich des Gewerbewesens im besonderen zweifel-
ten nicht wenige Abgeordnete der Ständeversammlungen, und die Vertreter der

---

14 Zirkulare vom 25. November und 19. Dezember 1826, Syst.Smlg, Bd 6, S. 164 ff., s. dazu
auch Hähnsen (wie Anm. 8), S. 90 f.
15 Hähnsen (wie Anm. 8), S. 89.
16 1844 Aug 31, SL 44, Vorberatung über den Entwurf einer Gewerbeordnung, Sp. 1893.

Regierung widersprachen dieser Auffassung nicht einmal. Die theoretisch möglichen Kontrollmittel waren allesamt irgendwie mangelhaft und blieben durchaus ohne Erfolg: Das Einreichen von distriktsweise geführten Handwerkerverzeichnissen und die Denunziation durch den Nachbarn, nach der Auffassung von Pastor Lorenzen aus Adelbye ein übles Auskunftsmittel, das von niedriger und gehässiger Gesinnung zeugte und bei dem Volk überhaupt nicht angesehen war[17]. Blieb noch die Polizei: Doch die Polizeiorgane, darin war man sich einig, und die Regierung bestätigte es, waren mangelhaft. Als Beispiel führte Pastor Lorenzen Angeln an, wo es so gut wie gar keine Polizei gebe, das Amthaus weit entfernt und der einzige Lokalpolizeioffizial ein Rechensmann in einem *Trint* von oft 2 bis 3 Meilen sei[18]. Ein fast vernichtendes Urteil über das lokale Polizeipersonal fällte der Abgeordnete Tiedemann, Advokat aus Glückstadt, der eine Petition des Kirchspiels Heide wegen verschärfter Kontrolle zur Aufrechterhaltung der Hausierverordnung von 1837 unterstützte und sich über die Qualität der lokalen Polizeidiener ausließ: „ . . . manches Kirchspiel hat nur einen einzigen, viele haben gar keinen, und, wenn ich auch einräumen will, daß manche Polizeidiener tüchtig und rechtschaffen sind, so wissen wir doch, wie es mit den meisten von ihnen steht. Die Mehrzahl dürfte aus abgelebten oder doch nicht mehr rüstigen Leuten bestehen, welche auf die Empfehlung ihrer Regimentschefs ihren Posten erhalten, aus dem Militair entfernt und zu dem letzteren befördert sind, weil sie betagt waren, Familie hatten und man aus Mitleiden ihnen ein bleibendes Auskommen verschaffen wollte[19]". Man kann also zu der Aussage gelangen, daß die bestehenden Verwaltungsmittel eine Kontrolle der Bestimmungen über das Gewerbewesen erschwerten, wenn nicht unmöglich machten. Der Ausschußberichterstatter P. Lüders, Regierungsrat der schleswig-holsteinischen Regierung, der von Amts wegen insbesondere mit Gewerbesachen befaßt war, berichtete der Schleswiger Ständeversammlung 1844, daß es wohl ebenso viele unkonzessionierte wie konzessionierte Handwerker geben möge, und in den Motiven der Regierung zum Gesetzentwurf einer Gewerbeordnung wurde eingeräumt, daß es schwierig sei, die Handwerker zu kontrollieren, und daß Kaffee, Tee, Zucker und ausländische Manufakturwaren von Hökern verkauft würden, obwohl das alles verboten sei. So plädierte man konsequenterweise für die Aufhebung von Verboten, die doch nicht durchzusetzen waren[20].

Ganz unproblematisch ist also die Feststellung, daß die damaligen Verwaltungsmittel im allgemeinen nicht ausreichten, um die gesetzlichen Normen und die Einzelfallentscheidungen durchzusetzen. Damit ist freilich noch keine Antwort gegeben auf die Frage nach der Genehmigungspraxis der Schleswig-Holstein-Lauenburgischen Kanz-

---

17 1844 Sept 5, SL 44, Sp. 2212, Schlußberatung des Gesetzentwurfs zur Gewerbeordnung, Pastor Lorenzen, Adelbye, über das Auskunftsmittel der Denunziation.
18 Ebenda, Trint = Rund, Umkreis.
19 1844 Nov 6, H 44, Sp. 361 ff., Motivierung der Petition des Vorsteherkollegiums des Kirchspiels Heide, betr. die Verfügung einer geschärften Kontrolle über die Aufrechterhaltung der Hausierverordnung von 1837 Oct 24 durch den Abgeordneten Tiedemann.
20 1844 Aug 30, SL 44, Sp. 1788, Vorberatung des Gesetzentwurfs einer Gewerbeordnung; Motive der Regierung zum Gesetzentwurf: H. 44, Beil. H. 1, Sp. 131.

lei und nach der Verfahrensweise der Oberbeamten, die, wie wir gesehen haben, zum Antrag eines Impretanten Stellung nehmen mußten und damit Einfluß auf das Verfahren nahmen. Sicher ist nur so viel, daß nicht alle beantragten Konzessionen auch bewilligt wurden, das ergibt die Einsicht von Akten der Kanzlei[21]. Die für die Beurteilung der Gewerbepolitik ebenso wichtige Frage, ob dessen ungeachtet die erteilten Genehmigungen den objektiven Bedarf an tüchtigen Handwerkern deckten und in welchem Umfang Gewerbepolitik auch oder gar ausschließlich sozialpolitischen Motiven folgte und dem Bedürfnis der Landbevölkerung nach einer Existenzchance entgegenkam, wird indessen keine befriedigende Antwort finden können. Wir sind auch hier im wesentlichen auf Meinungen angewiesen, wie sie in der parlamentarischen Beratung des Gesetzentwurfs zur Gewerbeordnung in großer Zahl geäußert wurden. Die Abgeordneten kannten aus eigener Anschauung die Gewerbeverhältnisse in ihrem Wahldistrikt, hatten eine gute Kenntnis der Bevölkerungsentwicklung aus der offiziellen Statistik und wurden etwa von dem schon erwähnten Abgeordneten Lüders über den durchschnittlichen Besatz der Herzogtümer mit bestimmten Handwerken informiert. So erfuhren sie, daß in Holstein auf je 200 Köpfe ein Schuster und ein Schneider kamen, in Schleswig auf je 200 ein Schneider und auf je 307 ein Schuster und daß diese Werte unterhalb der von der Regierung gesetzten Durchschnittszahlen für den Handwerkerbesatz der verbotenen Distrikte lagen[22], daß mithin das Land noch mehr – tüchtige – Handwerker aufnehmen konnte. Auch war ihnen geläufig, daß die Bevölkerung in den letzten Jahrzehnten enorm zugenommen hatte, um 33 % zwischen 1803 und 1840. Was schließlich die lokalen Verhältnisse anging, so erfuhren sie z.B., daß in einem kleinen Kirchspiel der Wieding- und Bökingharde 3 konzessionierte Glaser lebten, die nicht ohne den jährlichen Hagelschlag bestehen konnten, durch den alle Fenster zerschlagen wurden[23]; der Klage von Zunftmeistern der Schusterzunft entnahm man, daß es in den ungeschlossenen Zünften zu viele Meister gab, in Sonderburg einen Anstieg in 20 Jahren von 15 auf 50 und in Schleswig allein 150 Schustermeister[24]. Der Abgeordnete Löck, Itzehoe, konstatierte in kritischem Ton die Fülle der an Gewerbetreibende auf dem Lande erteilten Konzessionen: „in den Amtsregistern sind die Einnahmen aus desfälligen Rekognitionen von Hunderten zu so viel Tausenden und mehr angewachssen"[25]. Löck übertrieb zwar etwas, aber im großen und ganzen entprach seine Behauptung den Tatsachen: Weisen die Steinburger Amtsrechnungen für das Jahr 1822 noch 557 Rbt an Soll-Einnahmen aus Rekognitionsgebühren von Nahrungstreibenden aus und

---

21 Siehe etwa LAS, Abt. 65.2 Nr. 797 I–III.
22 1844 Aug 28, SL 44, Sp. 1682.
23 1836 Jun 5, Petition der Gevollmächtigten und Hauptinteressenten der Wiedingharde und Bökingharde um Aufhebung des Zunft- und Petitionswesens und um Einführung allgemeiner Gewerbefreiheit, LAS, Abt. 63 Nr. 658.
24 1836 Jul 1, Ständeversammlung Schleswig, Ausschußbericht betr. die Privatproposition wegen Einführung allgemeiner Gewerbefreiheit, LAS, Abt. 63 Nr. 631.
25 1838 Dec 17, H 38, Vorberatung, betr. die Regierungsvorlage zu einem Gesetzentwurf über das Malzen, Bierbrauen und Branntweinbrennen in den klösterlichen Distrikten und auf den adligen Gütern, Sp. 2622.

1823, im Jahre der Neufestsetzung der Rekognitionen, 915 Rbt, so sind es 1830 bereits 1424 Rbt und im Jahre 1842 1683 Rbt, ein kontinuierlicher Anstieg der Rekognitionen in den Jahren 1823–1842, wenn man nur alle Angaben berücksichtigt[26].

Geht man nun der Bewilligungspraxis der Lokalbehörden nach, wie sie sich in den Erfahrungsberichten der Abgeordneten darstellt, die sich ein Urteil aufgrund eigener Anschauung und des von der Regierung ihnen mitgeteilten Zahlenmaterials bilden konnten, wird man zu dem Ergebnis kommen, daß weder Tüchtigkeit des Impetranten noch der Bedarf eines bestimmten Jurisdiktionsbezirks, der allemal schwer zu ermitteln war und von jedem anders eingeschätzt wurde, ja nicht einmal der amtlich festgesetzte Durchschnittsbedarf als unverrückbarer Maßstab der Konzessionsvergabe galten. Die Erteilung einer Konzession setzte keinen Befähigungsnachweis voraus, es genügte, wenn die Fähigkeit im allgemeinen von der Obrigkeit bestätigt oder aber nicht in Zweifel gezogen wurde; der zunftmäßigen Erlernung des Handwerks schließlich wurde kein besonderer Vorzug gegeben; so weit die Aussage der Motive zum Entwurf der Gewerbeordnung[27].

Die Diskussionsbeiträge der Abgeordneten bestätigten diese Beschreibung, z.T. mit kräftigen Worten, indem etwa geäußert wurde, daß Konzessionen ohne Rücksicht auf die Person vergeben würden, ob es sich um „abgedankte Militärpersonen handele oder wer sonst ein Handwerk zu treiben versuchen will"[28]. An der Bewilligungspraxis wurde zu große Freigiebigkeit und Willkür bemängelt, und einzelne Abgeordnete bemerkten, daß es äußerst schwierig sei, Konzessionsgesuche, die sie entworfen hätten, zu begründen[29]. Beide Versammlungen stimmten darin überein, daß das Land mit Handwerkern überfüllt sei, daß es freilich an tüchtigen Handwerkern nach wie vor fehle. Das war ein zentraler Punkt, bei dem die neue Gewerbeordnung einsetzen mußte und der in den Debatten über den Gesetzentwurf viel Zeit beanspruchte. Deutlich wird aus der Fülle der Wortmeldungen nun auch – und ebenso aus den an die Ständeversammlungen gerichteten Petitionen –, daß Gewerbepolitik offenbar die Förderung des Landhandwerks und z.T. des Landhandels aus sozialpolitischen Gründen anstrebte. Häufiger findet sich das Argumentationsmuster, daß die Landwirtschaft den Bevölkerungszuwachs der letzten Jahrzehnte nicht mehr verkrafte und daß die Förderung des Gewerbes auf dem Lande dazu beitragen könne, des Armenproblems Herr zu werden. Daß die Bewilligungspraxis also auch von einem sozialpolitischen Motiv geleitet war, legt die Kritik der staatlichen Gewerbepolitik jedenfalls nahe. Vorhin war schon die Rede von abgedankten Militärpersonen, denen Konzessionen verschafft oder die als Polizisten eingesetzt wurden. An anderer Stelle heißt es, die Gründe für das Tolerieren der Landhandwerker ohne Konzession lägen „teils in Mitleidsrücksichten, teils in dem Mangel an gehöriger Aufsicht, teils in

26 LAS, Abt. 103 AR Nrn. 1800–1842.
27 H 44, Beil., H. 1, Sp.120 ff., hier 122.
28 1836 Jun 5, Petition der Gevollmächtigten der Wiedingharde und Bökingharde (wie Anm. 23).
29 1844 Dec 16, H 44, Sp. 1689, Vorberatung der Regierungsvorlage zur Gewerbeordnung; Wortmeldung des Abgeordneten Kirchhoff.

der Annehmlichkeit, welche dieser Zustand den Landbewohnern gewähre"[30], oder von seiten der betroffenen Schneiderzunft wird über die freigiebige Erteilung von Konzessionen an „Frauenzimmer" und Landschneider[31] geklagt. Der Herzog von Augustenburg vertrat in einer grundsätzlichen Kritik des Gesetzentwurfs einer Gewerbeordnung die Auffassung, die Regierung habe bei der Vergabe der Konzessionen nur daran gedacht, ob jemand sein Unterkommen finden dürfte, und habe so die Überfüllung des Landes mit schlechten Handwerkern bewirkt[32].

Die Regierung stand, das ergibt die klar zutage tretende Praxis der Konzessionserteilung, vor der Aufgabe, einen gesetzlichen Zustand, der sich bis dahin nicht hatte durchsetzen lassen, zu liquidieren, oder aber die Kontrolle entscheidend zu verbessern, d.h. die Verwaltungsmittel zu vermehren und zu reformieren. Außerdem aber mußte sie anstreben, die Vielzahl der Berechtigungen, aufgrund deren ein Handwerk in Stadt und Land ausgeübt werden durfte, zurückzuführen auf wenige überschaubare Grundsätze, nach denen in Zukunft zu verfahren war.

ORDNUNG UND FREIHEIT – KEIN WIRKLICHER GEGENSATZ

Die Initiativen zur Neuordnung des Gewerbewesens, die aus der Mitte der Ständeversammlungen an den König gerichtet wurden, 1835 die Privatproposition d'Aubert[33] und 1836 die Privatproposition Hamkens, zielten beide auf eine Gewerbeordnung. Der Antrag von Hamkens lautete zwar auf Herstellung allgemeiner Gewerbefreiheit, im umfassenden Sinne gemeint, „darunter eine, abgesehen von polizeilichen Rücksichten, völlig unbeschränkte Befugnis zum Gewerbebetriebe verstanden wird"[34], die darin bestand, „daß jeder ohne vorgängige Prüfung und ohne sonstige Beschränkung arbeiten könne, wo und wie er wolle[35]. Vielmehr ging es auch ihm in erster Linie – wie seinem Vorredner Dr. Gülich – um eine der Gewerbefreiheit zu

---

30 1844 Aug 30, SL 44, Sp. 1903, Vorberatung der Gewerbeordnung, Wortmeldung des Abgeordneten Esmarch.

31 1836 Jun 2, Petition der Schneiderzunft im Flecken Bredstedt, daß die Erteilung für Konzessionen für Landschneider im hiesigen Amte und für Frauenzimmer im hiesigen Flecken eingeschränkt und die Zunft aufrechterhalten werde, LAS, Abt. 63, Nr. 658.

32 1844 Aug 28, SL 44, Sp. 1666, Vorberatung der Gewerbeordnung.

33 1835 Nov 24, LAS, Abt. 63 Nr. 29.

34 1844, H 44, Beil., H. 1, Sp. 127, Motive zum Entwurf einer Gewerbeordnung . . .

35 1844 Aug 28, SL 44, Sp. 1691, Vorberatung des Gesetzentwurfs zur Gewerbeordnung, der Berichterstatter Lüders definiert *Gewerbefreiheit* im umfassendsten Sinn. Siehe dazu die übereinstimmende Definition von Friedrich-Wilhelm Henning, Die Industrialisierung in Deutschland 1800 bis 1914, 5. Aufl., Paderborn 1979, S. 60 (G. bestehe dann, wenn „jedermann . . . in jedem Umfang jeden Produktionszweig mit jeder Produktionstechnik eröffnen und betreiben kann"); vgl. damit die Definition von Karl Heinrich Kaufhold, Gewerbefreiheit und gewerbliche Entwicklung in Deutschland im 19. Jahrhundert: Blätter für deutsche Landesgeschichte, 118 (1982), S. 75.

unterlegende Ordnung, so jedenfalls wollte er seinen Antrag verstanden wissen[36]. Die überwältigende Mehrheit beider Ständeversammlungen strebte, so können wir sagen, mit einer Gewerbeordnung „wahre, durch das Gesetz geregelte Freiheit in allen Dingen" an, die allerdings Rücksicht nahm auf bestehende Rechte und Auflagen aus polizeilichen Gründen erforderte[37]. Es wird zu zeigen sein, daß die Abgeordneten in ihrer Mehrheit weniger wirtschaftsliberalen Prinzipien huldigten als die Regierung in ihrem Entwurf, daß die Furcht vor gesellschaftlichen Umwälzungen, vor einem Proletariat und vor Kommunismus das Denken und politische Handeln nicht weniger Abgeordneter beherrschte und daß die Ansichten über die zu erwartenden Auswirkungen einer Gewerbeordnung denkbar weit auseinandergingen.

DER GRUNDSATZ DER GLEICHEN BERECHTIGUNG VON STADT UND LAND

Die 104 Paragraphen des Gesetzentwurfs einer Gewerbeordnung für die Herzogtümer Schleswig und Holstein beseitigten das ausschließliche Recht der Städte auf die traditionelle bürgerliche Nahrung, d.h. auf bestimmte Gewerbezweige in Handwerk und Handel, aber gegen Zahlung einer Entschädigung. Diese Entschädigung für den Verlust städtischer Privilegien sollte aus einer künftig von dem Landhandwerk zu zahlenden „Gewerbsabgabe", einer Gewerbesteuer, bestritten werden. Die Zunftprivilegien und die ausschließlichen Gewerbeberechtigungen sollten ebenfalls gegen Zahlungen aus der Stadtkasse fortfallen. Die Niederlage eines Handwerkers schließlich sollte an einen zunftunabhängigen Befähigungsnachweis gebunden werden[38].

Der Entwurf kann als Versuch der Regierung gewertet werden, auf schonende Weise der Gewerbefreiheit den Weg zu bereiten. Die Zünfte wurden ja nicht verboten, sondern durften als freie Vereine und Genossenschaften fortbestehen, wenn sie auch ihre Zwangs- und Bannrechte verloren, und für die Inhaber der Amtsstellen geschlossener Zünfte war eine Entschädigung vorgesehen. Bis auf eine Viertelmeile vor der Stadt sollte sich eine Art Schutzzone erstrecken, quasi Reste einer Bannmeile, in der die dort angesessenen Handwerker erhöhte Gewerbeabgaben hätten leisten müssen, dies als Maßnahme gegen Wettbewerbsverzerrungen zwischen städtischem und ländlichem Gewerbe, das aufgrund geringer Abgaben kostengünstiger produzieren konnte. Wer sich schließlich als Handwerker niedergelassen hatte, ohne Meister zu sein, allein auf der Rechtsgrundlage einer Konzession, vermöge seines Bürgerrechts, oder wer als Landhandwerker seine Berechtigung von der bisherigen Gewerbeverfassung ableiten konnte, der behielt seine Gewerbebefug-

---

36 1840 Dec 1, SL 40, Sp. 380, Vorberatung der Privatproposition Hamckens.
37 1840 Nov 21, SL 40, Beil., H. 2, Sp. 122 f., Ausschußbericht, betr. die Privatproposition wegen Einführung einer allgemeinen Gewerbefreiheit.
38 Die kürzeste Zusammenfassung des wesentlichen Inhalts des Entwurfs lieferte der Etatsrat Esmarch, 1844 Sept 5, SL 44, Sp. 2153, Schlußberatung der Gewerbeordnung.

nisse, hätte sich also keinem Befähigungsnachweis unterziehen müssen. Die Anlage von Fabriken und Manufakturen, von Gerbereien, Mühlen, Bierbrauereien, Branntweinbrennereien und Malzdarren war zwar grundsätzlich freigegeben, sollte aber brand- und gesundheitspolizeilichen Anforderungen genügen und die öffentliche Sicherheit nicht gefährden. Hier blieb das Konzessionswesen in abgeschwächter, weil geregelter Form erhalten.

Die gewerbepolitische Intention des Gesetzentwurfs ging in Richtung auf eine Vereinheitlichung der gesetzlichen Grundlagen des Gewerbewesens und traf Vorkehrungen für eine freiere Ausübung des Handwerks und des Fabrikbetriebs in der Stadt, vor allem aber auf dem *platten Lande.*

Krasse Unterschiede gab es bei der Beurteilung der erwarteten Folgen der neuen Gewerbeordnung. Allgemein riet man zu noch vorsichtigerem Vorgehen, als es die Regierung ohnehin beabsichtigte. Einerseits bewerteten einzelne Abgeordnete die neue Gewerbeordnung als tiefen Eingriff in die wirtschaftlichen und gesellschaftlichen Verhältnisse des Landes, sie fürchteten eine „Umwälzung" des Bestehenden und den Ruin der Städte, vor allem der kleinen, anderen hingegen ging der Entwurf nicht weit genug: sie standen unter dem Eindruck der Modernisierung der Lebensverhältnisse und wollten, durch Beseitigung der finanziellen Altlasten der Städte, die Voraussetzungen schaffen für deren Lebensfähigkeit in einer Zeit zunehmender Kommunikation und Verflechtung. Das beste Zeugnis dieser Einstellung gibt der Abgeordnete Lüders, Regierungsrat, Mitglied der schleswig-holsteinischen Regierung und Deputierter der Stadt Schleswig, der den Entwurf auch in der durch den Ausschuß modifizierten Form nicht für zukunftsorientiert hielt und der in seinem Sondervotum u.a. anführte: „Die durch Chausseen, Eisenbahnen und Dampfschifffahrt vermehrten und erleichterten Communicationen, die fortwährend wachsende Intensivität, Zugänglichkeit und Verbreitung der industriellen Kenntnisse und ihrer Anwendung, ferner das rastlose Eindringen der Fabrication in das bisherige Gebiet der Handwerker, der sinkende Zinsfuß, die mit seiner Wohlhabenheit zunehmende und verfeinerte Consumtion des Landmannes, werden binnen wenigen Jahren ihren kaum zu erfassenden Einfluß auch in unsern Landen äußern, und die dermaligen Verhältnisse der Industrie, des Handwerksbetriebs und des Handels wesentlich verändern"[39]. Eine entgegengesetzte Auffassung vertraten die Abgeordneten Berwald, Kaufmann und Deputierter der Stadt Schleswig, und Klenze, städtischer Deputierter aus Uetersen, Justizrat und Klosterpropst. Dieser gab zu bedenken, ob nicht die geschlossene Zahl als Grundsatz für die Reform des Konzessionswesens gelten und die Zunftverfassung in zeitgemäßer Form erhalten bleiben sollte[40], jener wollte die traditionelle *Wechselwirkung* zwischen Stadt und Land erhalten wissen und setzte seine Hoffnung ganz auf die „Beförderung des Ackerbaues und der Viehzucht als Quellen unseres Wohlstandes"[41].

39 1844 Aug 23, SL 44, Beil., H. 1, Sp. 350 f., Ausschußbericht, Minoritätsvotum des Abgeordneten Lüders.
40 1844 Dec 16, H 44, Sp. 1663, Vorberatung des Ausschußberichtes betr. den Gesetzentwurf einer Gewerbeordnung.
41 1840 Nov 21, SL 40, Beil., 2. Abt., Sp. 151 f.

Berwald und diejenigen Abgeordneten, die so dachten wie er, neigten dazu, Preußen als abschreckendes Beispiel zu zitieren und Verarmung der Landhandwerker und Übersetzung des Handwerks für Folgen der Einführung der Gewerbefreiheit zu halten, Lüders und z.b. auch der Abgeordnete Schröder sahen blühendes Gewerbe als Resultat der Gewerbefreiheit und darin endlich die Voraussetzung für einen Rückgang der Armut[42].

Bei beiden Standpunkten wird die selektive, subjektiv bedingte Wahrnehmung der zeitgenössischen und historischen Wirklichkeit sichtbar: sie sahen, was sie sehen wollten. Je nach Standpunkt versprachen sich die Abgeordneten unterschiedliche Auswirkungen einer Gewerbeordnung, je nach dem Grad der durch sie gewährten Freizügigkeit: die Arbeitsteilung zwischen Stadt und Land aufrechtzuerhalten oder aber durch (gemäßigte) Gewerbefreiheit Ackerbau und Viehzucht als Grundlagen des schleswig-holsteinischen Wohlstands zu fördern, etwa im Sinne einer Veredelungswirtschaft[43], und schließlich die Industrialisierung des Landes im modernen Sinn, nach preußischem Vorbild. Zwischen diesen entgegengesetzten Erwartungshaltungen, die sich mit dem Gesetzentwurf und seiner Realisierung verbanden, existierte noch eine andere Auffassung, diejenige nämlich, daß sich durch die projektierte Gewerbeordnung kaum etwas ändern werde, daß das Normenwerk lediglich den faktisch erreichten Zustand festschreibe. Diese Einschätzung teilten mehrere Abgeordnete beider Ständeversammlungen, wenn auch nicht die Mehrheit, und ihren prägnanten Ausdruck findet sie in einer Bemerkung des königlichen Kommissars der holsteinischen Ständeversammlung von 1844: „Wenn der Herr Berichterstatter am Schlusse seines Vortrags gesagt hat, daß das Concessionswesen nach dem Entwurf beibehalten werden solle und der Unterschied nur darin bestehen werde, daß die Recognition wegfiele und statt deren eine Gewerbsabgabe eintrete, so kann ich dem freilich nicht beistimmen, da das Wesentliche der neuen Einrichtung darin bestehen wird, daß eine allgemeine Regel aufgestellt ist, nach welcher jeder zum Gewerbebetriebe zugelassen wird, während die Ertheilung der Concession früher in jedem einzelnen Falle einer besonderen Beurtheilung unterlag"[44].

Wie im vorigen schon erwähnt, beschlossen beide Ständeversammlungen Modifikationen des Gesetzentwurfs, die den von der Regierung gewollten Umfang der gleichen Berechtigung von Stadt und Land einschränkten. Gemeinsames Anliegen beider Versammlungen war, den Handel auf dem Lande nicht freigeben und das Hökerreglement von 1826 nicht aufheben zu lassen, sondern lediglich so zu erweitern, daß der bestehende Zustand festgeschrieben wurde. Ein Höker sollte zwar auch

---

42 1844 Dec 16, H 44, Sp. 1687 f., Vorberatung des Gesetzentwurfs für eine Gewerbeordnung, Wortmeldung des Abgeordneten Schröder von Grabau.

43 1840 Dec 21, SL 40, Beil., 2. Abt., Sp. 581, aus dem Gutachten betr. die Privatproposition wegen Einführung der Gewerbefreiheit: (Klagen), „daß . . . die Beschränkung der bürgerlichen Nahrung auf die Städte es den Landbesitzern unmöglich macht, denjenigen Vortheil aus ihren Wirthschaften zu ziehen, welcher sich durch Verbindung von Fabrikations- oder sonstigen Gewerbszweigen mit der Landwirthschaft erreichen läßt . . "

44 1844 Dec 16, H 44, Sp. 1680, Vorberatung des Gesetzentwurfs einer Gewerbeordnung. Berichterstatter: Graf F. Reventlou, Preetz.

Kaffee, Tee und Zucker feilbieten dürfen, – was er bisher schon tat –, und Waren direkt aus dem Ausland, vor allem aus Hamburg und daneben aus Lübeck, beziehen, aber sie nur auf den Jahrmärkten und nicht auch in den Städten und Flecken anbieten dürfen. Während die holsteinische Ständeversammlung hinsichtlich des Fabrikbetriebs dem Entschluß folgte, wünschte die schleswigsche, daß er nicht freigegeben werde. Des weiteren war der Schleswiger Ständeversammlung die Viertelmeilenregelung zu geringfügig, sie verlangte eine Schutzzone von einer halben Meile im Umkreis der Städte und Flecken. Die holsteinische Ständeversammlung forderte, daß auch Handwerksmeister Mitglieder der für die Meisterprüfung zuständigen Gewerbeausschüsse sein sollten und nicht lediglich „jeder sachverständige Bürger", wie es im Gesetzentwurf geschrieben stand. Daß die Wanderjahre der Gesellen fortfallen sollten, bedauerten einige Abgeordnete. Sehr umstritten waren schließlich die Grundsätze, nach denen die Entschädigung der Städte durchzuführen war. Hier neigten die Stände – verständlicherweise – dazu, den Geldwert der Privilegien, die verlorengingen, höher einzuschätzen als die Regierung und die Kosten der Staatskasse aufzubürden. Bei der Schlußabstimmung über den Gesetzentwurf votierten die Ständeversammlungen abweichend: Die schleswigschen Stände rieten zur Erhebung des Entwurfes zum Gesetz, unter Berücksichtigung der von ihnen gewünschten Modifikationen, während die holsteinische Ständeversammlung, wenngleich auch sie zu einem positiven Gesamturteil kam, wegen des erwarteten tiefen Eingriffs des Gesetzes in die Erwerbs- und Vermögensverhältnisse der Landeseinwohner mit deutlicher Mehrheit für die nochmalige Vorlage des nach den Vorschlägen der Versammlung modifizierten Entwurfs stimmte[45].

Die Änderungsvorschläge der Ständeversammlung fanden teils Zustimmung bei der Kanzlei in Kopenhagen, teils stießen sie auch auf Ablehnung. In jedem Fall regten sie die zuständigen Regierungskollegien in Kopenhagen – Rentekammer, Finanzdeputation, Generalzollkammer- und Kommerzkollegium –, zu weiteren Aktivitäten an. Ohne daß auf diesen internen Klärungs- und Meinungsbildungsprozeß in diesem Beitrag eingegangen werden soll, sei doch darauf hingewiesen, daß die steuerpolitische Problematik, konkret: die Frage der Entschädigung der Städte als Teilkomplex der Steuerverfassung des Landes, Gegenstand der Gutachten und Bedenken war. Sie war wiederum eng verknüpft mit der Frage, wie weit Handel, Hökerei und Fabrikbetrieb auf dem Lande freigegeben werden sollten, denn von dieser Entscheidung hing natürlich die Höhe und die Finanzierung der Entschädigung für die Städte ab. Gewerbepolitisch bedeutsam erscheint mir in diesem Zusammenhang das Festhalten der Kanzlei an dem Grundsatz, das Konzessionswesen aufzugeben, und das hieß, an die Stelle der Einzelfallentscheidung die allgemeine Regel zu setzen und die Genehmigung zum Gewerbebetrieb nicht weiter von Ermessensentscheidungen abhängig zu machen – über ein Bedürfnis konnte nur nach pflichtgemäßem Ermessen entschieden werden –, sondern nur von der Rücksicht auf allgemeine Interessen – in welchem Umfang durfte ein Gewerbe die Umwelt belasten, welche

45 1844 Dec 21, H 44, Beil., 2. H., Sp. 410 ff., Gutachten der holsteinischen Ständeversammlung, 1844 Sept 9, SL 44, Bd 2, Beil., Sp. 725 ff.

feuerpolizeilichen Rücksichten waren im konkreten Fall zu nehmen, welche Gewerbe erforderten im Interesse der Allgemeinheit einen Befähigungsnachweis[46]?

Die Beratung des modifizierten Entwurfs kam in den beiden Ständeversammlungen des Jahres 1846 unterschiedlich weit voran. Die holsteinischen Abgeordneten gelangten nicht über die Diskussion der Motive hinaus, erreichten also nicht einmal die Vorberatung, weil sie aus Protest gegen die Weigerung Christians VIII., in der Sukzessionsfrage eine Petition oder Adresse anzunehmen, und gegen sein Verbot, sich in dieser Sache an Dritte, speziell die deutsche Bundesversammlung, zu wenden, die Versammlung durch Fernbleiben am 4. August 1846 lahmlegten. Die schleswigschen Abgeordneten erstellten immerhin einen Ausschußbericht, aber auch diese Versammlung löste sich am 4. Dezember aus den gleichen Gründen wie die holsteinische auf. Der Gesetzentwurf blieb also unerledigt liegen.

Bis zur preußischen Zeit trat im Gewerbewesen nur noch eine bedeutsame Änderung ein, die die Situation staatlich sanktionierten Wildwuchses praktisch vollendete: die schleswig-holsteinische Provisorische Regierung übertrug in einem ihrer ersten Erlasse das Recht der Konzessionierung an die Distriktsobrigkeiten, also an die lokalen Herrschaftsträger. Das kam einem endgültigen Verzicht auf eine zentrale gesetzliche Regelung gleich.

SCHLUSSBEMERKUNG

Die Kanzlei in Kopenhagen verfolgte mit ihrem Gesetzentwurf einer Gewerbeordnung für die Herzogtümer Schleswig und Holstein nicht das Ziel einer radikalen Veränderung des Gewerbewesens, sondern das einer Anpassung der gesetzlichen Bestimmungen an die gegebenen Verhältnisse. Sie beabsichtigte die Abschaffung von Vorschriften, deren Durchsetzung sie nicht erzwingen konnte und seit den frühen 1830er Jahren nicht mehr erzwingen wollte, von Vorschriften, die der Intensivierung und „Industrialisierung" der Landwirtschaft zuwiderliefen und angesichts verbesserter Kommunikations- und Transportmittel und damit vordringenden modebedingten Konsums völlig veraltet waren. Der Staat zog sich damit nicht zurück, denn indem er das Konzessionswesen zu beseitigen trachtete, wollte er an die Stelle des diskretionären Ermessensspielraums die allgemeine Regel setzen, die von der Verwaltung ohne Ansehen der Person exekutiert wurde. In diesem Sinne erforderte Gewerbefreiheit, das Prinzip der gleichen Berechtigung von Stadt und Land, sogar einen starken Staat.

---

46 1845 Mai 9, Extrakt aus dem . . . Bedenken der Kanzlei zum Entwurf einer Gewerbeordnung, LAS, Abt. 65.2/802 II, ein weiteres Bedenken von 1846 Jun 19, betr. den den Ständen vorzulegenden modifizierten Entwurf einer Gewerbeordnung, ebenda, Nr. 800 I; Motive des modifizierten Entwurfs: H 46, 1. Beilagenh., Sp. 300 ff., SL 46, 1. Beilagenh., Sp. 291 ff.

Walter Asmus

Die verkehrs- und wirtschaftsräumliche Entwicklung Schleswig-Holsteins 1840–1914

Ein Beitrag zur Industrialisierung agrarischer Räume

1. VORBEMERKUNG

Die Auswirkungen der Entwicklung des Verkehrswesens und der Ausbau der modernen Massenverkehrsmittel seit Mitte des 19. Jahrhunderts bestimmen die wirtschaftsräumliche Differenzierung unserer industrialisierten Länder bis auf den heutigen Tag. Daher ist die Betrachtung der Verkehrsentwicklung für das Verständnis kulturräumlicher Zusammenhänge unerläßlich.

Verkehr ist immer zugleich Folge bestehender Verkehrsspannungen wie auch Ursache der Verflechtungen von Räumen. Seine technische, politische und ökonomische Entwicklung bewirkt sowohl eine Veränderung im Zusammenwirken der einzelnen Verkehrsarten und Verkehrsträger als auch einen räumlichen Strukturwandel. Als sekundäre Raumpotentiale[1] sind Verkehrsspannungen Auslöser dynamischer Entwicklungsvorgänge der Raumerschließung, die in der Auswirkung ambivalent ist: Sie kann zu kleinräumlicher Differenzierung wie zur Homogenisierung von Strukturen führen, Konzentrationstendenzen stehen Entleerungsprozesse gegenüber[2]. Diese Kausalgefüge zu beurteilen, erfordert die Zusammenschau verkehrsstruktureller Fragen mit anderen raumwirksamen Determinanten. Am regionalen Beispiel Schleswig-Holsteins soll die verkehrsräumliche Entwicklung als sichtbarer Ausdruck wirtschaftsräumlicher Dynamik dargestellt werden. Die Industrialisierung in Agrarräumen bedarf als regionale Fragestellung noch stärker der wissenschaftlichen Aufarbeitung.

---

1 Götz Voppel, Verkehrsgeographie, Darmstadt 1980 (Erträge der Forschung, Bd. 135), S. 15.
2 Fritz Voigt, Die Einwirkungen der Verkehrsmittel auf die wirtschaftliche Struktur eines Raumes, dargestellt am Beispiel Nordbayerns. In: Die Nürnberger Hochschule im fränkischen Raum, 1955, S. 110.

43

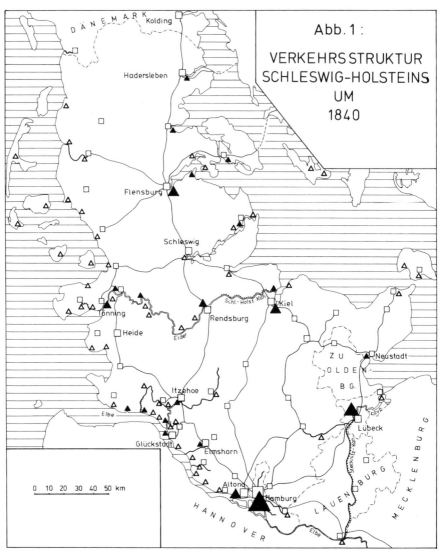

Quelle: Statistisches Tabellenwerk für Schleswig-Holstein, Warenverkehr 1839–1842, Kopenhagen 1843

44

2. ENTSTEHUNG UND ENTWICKLUNG DER VERKEHRSSYSTEME UND HERAUSBILDUNG EINES EINHEITLICHEN VERKEHRSNETZES IN SCHLESWIG-HOLSTEIN

2.1. Räumliche Voraussetzungen

Verkehrsräumlich ist Schleswig-Holstein um 1830 durch seine Lage als Landbrücke zwischen dem europäischen Kontinent und Skandinavien gekennzeichnet, aus der von je her ein recht bedeutender Transitverkehr herrührt. Die hervorragende Erschlossenheit des Landes für die Schiffahrt ist die Folge seiner langen Küstenlinien an Nord- und Ostsee und deren Gliederung in zahlreiche Inseln und Halbinseln sowie einer Reihe größerer und kleinerer Wasserstraßen. Unter diesen ist der Schleswig-Holsteinische Kanal zwischen Ostsee und Eider zu nennen, der 1784 für Seeschiffe zur Umgehung des Seeweges um Skagen sowie des Sundzolles angelegt worden ist und als damals größte künstliche Wasserstraße der Welt internationale Bedeutung als Transitweg hat, obwohl sein gewundener Verlauf, der geringe Tiefgang und zahlreiche Schleusen der Segelschiffahrt und den wachsenden Schiffsgrößen zunehmend Hindernisse entgegenstellen. Auch der im Grunde schon veraltete, noch aus dem Mittelalter stammende Elbe-Stecknitz-Trave-Wasserweg im Herzogtum Lauenburg wird als Transitverbindung für den bedeutenden Verkehr zwischen Hamburg und Lübeck benutzt (s. Abb. 1). Bis zum Bau der Eisenbahnen steht der Wasserweg für den Massenguttransport konkurrenzlos da. Lediglich eilige Güter werden über Land befördert.

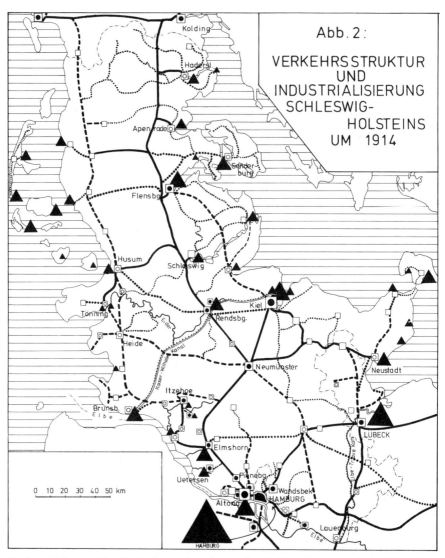

Abb. 2:

VERKEHRSSTRUKTUR
UND
INDUSTRIALISIERUNG
SCHLESWIG-
HOLSTEINS
UM 1914

Quellen: Beitr. zur hist. Statistik, a.a.O. – Stat. d. Dt. Reiches, hrsg. vom Kaiserlichen Stat.
Amt, Seeverkehr in den dt. Hafenplätzen, N.F., Bd. 204, 1910. – O. Hedrich, a.a.O. –
Urs.-Justus Diederichs (Hrsg.), Schleswig-Holsteins Weg ins Industriezeitalter, Ham-
burg 1986. – Henning Oldekop, Topographie des Herzogtums Holstein, Bd. 1 und 2,
Kiel 1908. – Ders. Topographie des Herzogtums Schleswig, Kiel 1906.

46

Legende zu Abb. 2:

▬▬▬	Haupt- und Nebenbahnlinie
▬▬▬	Kleinbahnlinie
▬▬▬	Bahnlinie eröffnet bis 1870
- - - - -	Bahnlinie eröffnet 1870 bis 1890
•••••••••••	Bahnlinie eröffnet 1890 bis 1914
- - - - -	Grenze
▬▬▬	Wasserstraße für Seeschiffsverkehr
▬▬▬	sonst. Wasserstraße
....	Kanal
▲	Hafen mit Umschlag von 10–25 000 t
▲	Hafen mit Umschlag von 25–50 000 t
▲	Hafen mit Umschlag von 50–100 000 t
▲	Hafen mit Umschlag von 100–500 000 t
▲	Hafen mit Umschlag von 500 000–1 Mio t
▲	Hafen mit Umschlag von 1–5 Mio t
▲	Hafen mit Umschlag über 20 Mio t
□	Gemeinde bis 5 000 Einwohner
□	Gemeinde mit 5–25 000 Einw.
□	Gemeinde mit 25–100 000 Einw.
□	Gemeinde mit 100–250 000 Einw.
⬠	Gemeinde mit über 250 000 Einw.
◻	Gemeinde mit hervortretender Industrialisierung
◼	Gemeinde mit starker Industrialisierung

Die landwirtschaftlichen Überschußgebiete im Westen und Osten des Landes, die seit dem 18. Jahrhundert und vermehrt seit den 30er Jahren des 19. Jahrhunderts Getreide, Vieh und Molkereiprodukte nach England, den Niederlanden und Nordeuropa exportieren, weisen durch ihre Meeresnähe eine günstige Lage zu den Absatzgebieten oder zu den außerhalb der Grenze gelegenen Handelsstädten Hamburg und Lübeck auf, über die ein Teil des schleswig-holsteinischen Exports abgewickelt wird.

Auf den unfruchtbaren Sandböden der nur dünn besiedelten und städtearmen Geest (Mittelrücken) trägt die Landwirtschaft dagegen stellenweise noch mittelalterliche Züge.

In vollständiger Abhängigkeit vom Agrarsektor steht, da Bodenschätze fast gänzlich fehlen, die gewerbliche Produktion. Was in den Städten, Flecken und größeren Dörfern produziert wird, wird zumeist im Nahbereich abgesetzt. Neben Altona mit

47

26 000 sowie Flensburg und Kiel mit je 12 000 Einwohnern um 1835[3] fehlen größere Städte und damit bedeutende überregionale Handelsplätze in den Herzogtümern Schleswig und Holstein.

2.2. Die Landverkehrsmittel

Nachdem infolge der steigenden Exportmöglichkeiten für landwirtschaftliche Produkte ab 1830 sich die gesamtwirtschaftliche Lage Schleswig-Holsteins nach der durch die Auswirkungen der Napoleonischen Kriege bis in die 20er Jahre andauernden Krise wieder erholt hat, wird das Interesse an einem neuzeitlichen Ausbau des bislang völlig unzureichenden Straßennetzes zunehmend laut. Die von widerstreitenden Auffassungen gekennzeichneten verkehrspolitischen Konzepte jedoch verzögern den Ausbau zunächst. Das gilt für den schon in den 1820er Jahren wiederholt geforderten Bau einer Chaussee zwischen Altona und Kiel, die als erste Kunststraße im Lande 1832 realisiert wird, wie für den Eisenbahnbau, dessen erste Strecke Altona – Kiel 1844 mit Abzweigungen von Elmshorn nach Glückstadt (1845) und von Neumünster nach Rendsburg (1845) in Betrieb genommen wird. Während die Kräfte der Wirtschaft für einen beschleunigten Ausbau plädieren und sich dabei an den bestehenden Hauptverkehrsspannungen, dem Transit zwischen Hamburg und Lübeck, orientieren, verfolgt der dänische Staat den Ausbau von Verkehrswegen zwischen Häfen, die innerhalb der Grenzen der unter dänischer Herrschaft stehenden Herzogtümer Schleswig und Holstein liegen, um das eigene Wirtschaftsgebiet auf Kosten der Hansestädte zu stärken, was insgesamt bis auf ein paar nachteilige Verzögerungen aber nicht gelingen kann. Eine direkte Straßenverbindung Hamburg – Lübeck kommt 1840, eine direkte Bahnverbindung erst 1865 zustande. Für Schleswig-Holstein führt dieses eigennützige Denken des dänischen Staates bis 1866 zu einem isolierten Verkehrsnetz ohne direkte Außenanbindung (s. Abb. 2)[4].

Ebenfalls als einseitige Förderung des inländischen Transits wird auch im Herzogtum Schleswig eine Eisenbahn Tönning – Husum – Flensburg 1854 gebaut, die durch eine Zweigbahn Anschluß an das Netz der Altona – Kieler Bahn bei Rendsburg erhält. Erst am Ende der dänischen Zeit kann durch die Anbindung der schleswig-holsteinischen Eisenbahnen an die Netze Dänemarks im Norden und Deutschlands durch den Bau der Hamburg – Altonaer Verbindungsbahn (1866) die bisherige Isolation beseitigt werden, wodurch die Eingliederung Schleswig-Holsteins in den deutschen Wirtschaftsraum nach der Einverleibung in Preußen 1867 erleichtert wird.

War das schleswig-holsteinische Eisenbahnnetz bis 1866 nur noch um einige Zweiglinien erweitert worden (s. Abb. 2), so erschließen bis 1880 zwei neugeschaffene Bahnlinien die bislang nicht an die Eisenbahn angeschlossenen intensiv landwirtschaftlich genutzten Marschgebiete der Westküste. Die eine Verbindung zwischen

---

3 Beiträge zur historischen Statistik Schleswig-Holsteins, hrsg. vom Statistischen Landesamt Schleswig-Holstein, Kiel 1967, S. 13–15.
4 Otto Hedrich, Die Entwicklung des schleswig-holsteinischen Eisenbahnwesens, Diss. Kiel 1915, S. 21–78.

Tab. 1: Die Entwicklung des Eisenbahnnetzes in Schleswig-Holstein 1847–1913
(in km)

Jahr	Strecken insg.	Staatsbahnen Haupt-	Nebenbahn	Privatbahnen Haupt-	Nebenbahn	Nebenbahn- ähnliche Kleinbahnen
1847	193	–	–	193		–
1867	610	–	–	610		–
1875	659	–	–	637		22
1880	834	–	–	666	145	22
1890	1 359	776	234	87	252	22
1900	1 693	752	359	87	252	243
1913	2 530	752	584	87	192	934

Quellen: Walter Asmus, Probleme, a.a.O. – Beitr. z. hist. Stat., a.a.O., S. 146.

Karolinenkoog, gegenüber Tönning an der Eider gelegen, und Neumünster führt über Heide und die Geest und ist als regionaler Transportweg für die zunehmend benötigte englische Importkohle angelegt, während die Marschbahn Heide und Dithmarschen über die Elbmarschen mit der Altona – Kieler Strecke verbindet (s. Abb. 2). In der Phase nach 1880 setzt sich bei der Konzeption neuer Eisenbahnlinien zunehmend die Bezugsebene der regionalen Binnenerschließung durch. Auch die nach 1880 beginnende Verstaatlichung der bedeutenderen Strecken und die Erhöhung der Stationsdichte zeigen dieses. Die staatliche Verkehrspolitik Preußens legt mit der Definition von Haupt- und Nebenbahnen neben technischen Details auch die räumliche Funktion der Bahnlinien fest. Nachdem das Grundgerüst von vorwiegend nord-südlich verlaufenden Hauptbahnlinien bereits 1880 deutlich in Erscheinung tritt, erfährt das Netz bis 1914 eine weitere Verdichtung. Die bedeutendsten Ausbauten sind die Verlängerung der Marschbahn an der schleswigschen Westküste bis zur dänischen Grenze sowie die Strecke Kiel – Eckernförde – Flensburg an der Ostseite der Provinz.[5]

Ein besonders hervortretendes Element des schleswig-holsteinischen Bahnnetzes sind die seit den neunziger Jahren entstehenden voll- oder schmalspurigen Kleinbahnen, die als kommunale oder private Einrichtungen zur dezentralen Verkehrserschließung besonderer Förderung unterliegen. Ihre technische Leistungsfähigkeit wie ihre wirtschaftliche Rentabilität liegen deutlich unter denen der Haupt- und Nebenbahnen und weisen ihnen von vornherein eine lokale Erschließungsfunktion zu. Die Tab. 1 und Abb. 2 zeigen ihren hohen Anteil am Gesamtnetz der Bahn in Schleswig-Holstein bis 1914.

5 Ders., S. 79–185. – Frank-Norbert Nagel, Die Entwicklung der Eisenbahnen in Schleswig-Holstein, Hamburg 1980.

Tab. 2: Die Entwicklung des Chausseenetzes in Schleswig-Holstein 1847–1912
(in km)

Jahr	Länge
1847	580
1867	1 239
1876	1 429
1891	3 555
1900	3 739
1912	5 892

Quellen: Wie Tab. 1.

Eine nicht minder dynamische Entwicklung wie der Eisenbahnbau zeigt der Ausbau des Chausseenetzes im Lande (Tab. 2). Jedoch tritt der anfängliche Ausbau der alten Durchgangs- und Fernstraßen bereits nach 1850 zugunsten der Schaffung befestigter Zufahrtsstraßen zu den Eisenbahnstationen zurück. Damit erhält der Straßenverkehr, seiner damaligen technischen Leistungsfähigkeit bezüglich Geschwindigkeit und Transportkapazität entsprechend, die Rolle eines sekundären Verkehrssystems neben der Eisenbahn, dem vor allem eine lokale Erschließungs- und Anbindungsfunktion zukommt. Diese wird neben der staatlichen auch zunehmend durch kommunale Investitionen gefördert, so daß das Netz der ausgebauten Hauptlandstraßen und Nebenlandstraßen schnell wächst (s. Tab. 2). Wie schon bei den Bahnen kann man auch beim Chausseebau um 1880 bereits von einem stärker verästelten Grundnetz sprechen, das bis 1914 dann vor allem im lokalen Bereich weiter ausgebaut wird[6].

2.3. Die Schiffahrt

Eine eindeutige Bewertung der Entwicklung des Verkehrsnetzes Schleswig-Holsteins ist aber erst möglich, wenn auch die Schiffahrt einbezogen wird. Ihre Bedeutung ist während des gesamten Beobachtungszeitraumes groß, wenngleich auch hier regionale Unterschiede zu berücksichtigen sind.

6 Andreas Paulsen, Das schleswig-holsteinische Straßennetz, Kiel 1963, Masch. (Examensarbeit). – Walter Asmus, Probleme der Verkehrsstruktur und Verkehrsentwicklung in Schleswig-Holstein und ihr Einfluß auf die gewerbliche Entwicklung 1800–1867, in: Gewerbliche Entwicklung in Schleswig-Holstein, anderen norddeutschen Ländern und Dänemark 1770–1870, hrsg. von Jürgen Brockstedt (Studien zur Wirtschafts- und Sozialgeschichte Schleswig-Holsteins), im Druck.

Bis 1840 ist das Schiff als Massentransportmittel konkurrenzlos. Die naturräumliche Situation erlaubt, den damaligen Bedürfnissen entsprechend, eine große Anzahl lokaler Hafen- und Ladeplätze (s. Abb. 1). Die Klein- und Küstenschiffahrt vermittelt alle bedeutenderen Transporte innerhalb des Landes über den Wasserweg. Vor allem an der Westküste und im Unterelberaum liegt eine große Anzahl von Kleinhäfen. Unzureichender Tiefgang wie auch die Gezeiten setzen einer Hafenentwicklung hier große Hemmnisse entgegen. Dennoch hat eine Reihe von ihnen einen lebhaften Export landwirtschaftlicher Erzeugnisse mit kleinen Schiffen über See betrieben. Als ausgesprochene Seehäfen an der Westküste können nur Altona an der Elbe und bis zum Aufhören der Viehexporte nach England 1889 auch Tönning an der verhältnismäßig tiefen Eidermündung gelten.

Infolge der größeren Tiefe und der Gezeitenunabhängigkeit ist die Ostseeküste günstiger für den Verkehr mit größeren Schiffen. Deshalb und auch aufgrund der infolge der Küstenform von vornherein begrenzteren Zahl hafengeeigneter Plätze (Fördenenden, Sunde) konnten sich hier Häfen von regionaler Bedeutung entwickeln, die durch die Nähe der Gegenküste der dänischen Inseln und Schwedens schon früh Bedeutung für den Fährverkehr hatten. Allerdings fehlt den Ostseehäfen eine Hinterlandverbindung über den Wasserweg, der an der Westküste Schleswig-Holsteins und im Unterelbegebiet infolge des vorhandenen Netzes kleiner Flüsse und Kanäle das Fehlen brauchbarer Landwege aufwiegen kann.

In den Gebieten intensiver Kleinschiffahrt (Unterelberaum, Eider, Schlei, Flensburger Förde/Alsen) sind besondere, den jeweiligen Revierbedingungen angepaßte Schiffstypen beheimatet. 1865 haben diese Schiffe mit bis zu 30 KL[7] einen Anteil von 25 % der schleswig-holsteinischen Handelsflotte. Steigender Außenhandel, vor allem die Exporte landwirtschaftlicher Produkte sowie wachsende Kohleimporte, läßt die Zahl größerer Seeschiffe ansteigen, die neben den traditionell bedeutendsten Reedereistandorten Flensburg und Altona auch in kleineren Orten wie Apenrade, Blankenese und Sonderburg beheimatet sind. Diese haben freilich kaum Einfluß auf den Verkehr mit und in der Region Schleswig-Holstein, sondern gehen meist von Hamburg aus auf Trampfahrt nach Übersee, denn, abgesehen von Flensburg und Altona, reichen die Hinterlandstrukturen auch der größeren schleswig-holsteinischen Häfen für einen Überseehandel nicht aus[8]. Die Schiffspassagen durch den Schleswig-Holsteinischen Kanal sind überwiegend Transitverkehr und haben auf die Häfen der Region nur wenig Einfluß.

Mit dem Wachstum der Handelsflotte nach 1870 beginnt sich zugleich ein Strukturwandel im Schiffbau bemerkbar zu machen. Dabei geht die Zahl der kleinen Schiffe unter 100 t (NRT) bis 1895 zurück; erst dann steigt sie im Zeichen des gestiegenen

7 Kommerzlast = 2,5 t.
8 Jürgen Brockstedt, Husums Überseebeziehungen in der ersten Hälfte des 19. Jahrhunderts, in: Jb. Nordfriesland, N. F., 13 (1977), S. 69. – Ders., Die Schiffahrt Schleswig-Holsteins 1800–1850, in: ZSHG 102/103 (1977/78), S. 143–154. – Häfen und Schiffahrt im Bereich der Industrie- und Handelskammer zu Flensburg, hrsg. anläßlich des 100jährigen Bestehens von der Industrie- und Handelskammer zu Flensburg, Heide 1971.

Massenguttransports industrieller und landwirtschaftlicher Roh- und Energiestoffe wieder an[9].

Die Umstellung vom hölzernen Segler zum eisernen Dampfschiff vollzieht sich in Schleswig-Holstein langsam, aber kontinuierlich. Hat das Dampfschiff 1873 erst einen Anteil von 3 % an der Handelsflotte der Provinz, sind es bis 1910 immerhin 32 %, das entspricht 80% der Gesamttonnage. Der Anteil der kleinen Schiffe unter 100 BRT beträgt 1910 immer noch 72 % der gesamten Flotte (13 % der Gesamttonnage)[11], worin sich die innerregionale Bedeutung der Klein- und Küstenschiffahrt nach wie vor zeigt. Die Gründung lokaler Schiffstransportgesellschaften (z. B. in Elmshorn und Itzehoe) sowie der Ausbau zahlreicher kleinerer Häfen bestätigen diese Feststellung ebenfalls. Selbst auf dem 1894 für die Großschiffahrt erbauten Kaiser-Wilhelm-Kanal (Nord-Ostsee-Kanal) nimmt neben dem Seeverkehr auch die Kleinschiffahrt einen beachtlichen Aufschwung[12]. Der Ausbau des Elbe-Trave-Kanals im Verlaufe des alten Stecknitz-Kanals, 1900 eröffnet, ermöglicht die Anbindung Lübecks an das deutsche Binnenwasserstraßennetz. Er hat aber außer auf den Hafen Lauenburg keine nennenswerten positiven Auswirkungen für den Regionalverkehr.

Gerade weil im Schiffsverkehr Schleswig-Holsteins die regionale Bezugsebene vorherrscht, muß die Konkurrenz des sich ausdehnenden Eisenbahnnetzes die Bedeutung der Schiffahrt zunehmend beeinträchtigen, da eine Transportmengensteigerung nicht in dem Maße wie bei der die Fläche besser bedienenden Eisenbahn eintritt (vgl. Abb. 3 und 5).

Der Transport kleinerer Massengutmengen sowie Stückgüter geschieht kostengünstiger mit der Bahn. Dadurch sinkt die Verkehrsbedeutung der meisten kleineren Häfen relativ ab, obwohl eine Reihe infrastruktureller Ausbaumaßnahmen (neue Kaimauern, Hafenbahnanschlüsse) zu ihrer Verbesserung getätigt werden. Die Abb. 2 zeigt, daß es im Hafenumschlag bis 1910 zu weiteren Konzentrationen kommt, wobei die großen Häfen bzw. die verkehrsgünstig gelegenen, industriell entwickelten Hafenstandorte immer stärker dominieren (s. a. Kap. 3.2). Neben den Seehäfen Flensburg und Altona entwickelt sich auch Kiel im Zusammenhang mit dem Ausbau des Kriegsmarinehafens nach 1867 und der Ansiedlung mehrerer Großwerften zu einer Seehafenstadt. Auch in Rendsburg, das nach Eröffnung des Kaiser-Wilhelm-Kanals für Seeschiffe erreichbar wird, läßt der Verkehr der dort angesiedelten vielseitigen Industrie den Umschlag stark ansteigen, während der gewaltig angewachsene Hafenumschlag Elmshorns auf die Küstenschiffahrt zurückzuführen ist, die überseeisches Importgetreide von Hamburg zu den Elmshorner Großmühlen transportieren, wodurch Elmshorn zum drittgrößten Getreideumschlagplatz Deutschlands

9 Beiträge zur hist. Stat., a.a.O., S. 156–157.

10 Infolge der unterschiedlichen Erfassung des Schiffsraumgehaltes in den statistischen Angaben (vor 1867 in KL, bis 1896 in NRT, ab 1896 in BRT) sowie diesen zugrunde liegenden unterschiedlichen Meßmethoden ist eine Vergleichbarkeit der einzelnen Jahrgänge nur bedingt möglich.

11 Beitr. z. hist. Stat., a.a.O., S. 156–157.

12 Ebd., S. 163.

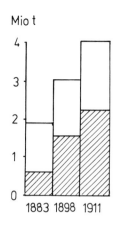

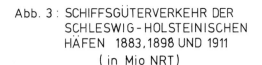

Mio t

Abb. 3 : SCHIFFSGÜTERVERKEHR DER SCHLESWIG - HOLSTEINISCHEN HÄFEN 1883, 1898 UND 1911 (in Mio NRT)

Verkehr mit deutschen Häfen

Auslandsverkehr

1883 1898 1911

Quelle: Beitr. zur hist. Statistik, a.a.O., S. 159.

vor dem Ersten Weltkrieg wird[13]. Tönnings Rolle als einziger schleswig-holsteinischer Nordseehafen mit bedeutenderem Seeverkehr hält nur solange an, wie die umfangreichen Viehexporte nach England andauern (1845–1889). Danach dient er wieder vorwiegend dem Küstenverkehr, wie auch die schleswig-holsteinischen Inselhäfen, deren hohe Umschlagszahlen dadurch zu erklären sind, daß hier der gesamte Versorgungsverkehr ausschließlich mit Schiffen abgewickelt wird.

Der stark angewachsene Umschlag ist also ein Beleg für ein insgesamt beträchtlich gestiegenes Verkehrsaufkommen während der Industrialisierungsphase.

Zur Bedeutungsverminderung der Kleinschiffahrt gegenüber der Eisenbahn trägt auch bei, daß kleine hölzerne Schiffe und Leichter aufgrund von zu geringer Ladekapazität und Überalterung den steigenden Transportstandards nicht gewachsen sind und aus Rentabilitätsgründen abgewrackt werden. Zwischen 1903 und 1908 werden allein im Störgebiet 88 von 221 Schiffen dieser Größenordnung aus dem Verkehr gezogen[14]. Dennoch macht hier der Anteil der Dampfschiffe auch 1910 gerade 10 % aus[15]. Einen erheblichen Rückschlag erleidet die Kleinschiffahrt im Eider- und Störgebiet auch durch die Zerschneidung des Binnenwasserwegenetzes beim Bau des Kaiser-Wilhelm-Kanals (Nord-Ostsee-Kanals), der zu einer starken Absenkung des Wasserspiegels in der Umgebung und damit zu einem gebietsweise fast völlig zum Erliegen kommenden Schiffsverkehr führt. Die Zunahme der mit Schiffen beförderten Gütermenge (s. Abb. 3) ist daher in erster Linie den größeren Schiffseinheiten zuzuschreiben.

13 Klaus-Joachim Lorenzen-Schmidt, Zwischen Landwirtschaft und Industrie, die holsteinische Unterelberegion, in: Schleswig-Holsteins Weg ins Industriezeitalter, hrsg. von Urs-Justus Diederichs, Hamburg 1986, S. 121.
14 LAS, Abt. 320, Nr. 1942.
15 Beitr. z. hist. Stat., S. 156–157.

3. DIE WECHSELWIRKUNGEN ZWISCHEN VERKEHRSNETZ UND RAUMSTRUKTUR

3.1. Die vorindustrielle Entwicklungsphase (bis 1830)

Bis zum Bau der ersten Eisenbahnlinie 1844 herrscht in Schleswig-Holstein eine vorindustrielle wirtschaftsräumliche Gliederung. Das Land besteht aus einer Vielzahl kleiner, wirtschafts- und verkehrsstrukturell weitgehend in sich abgeschlossener Agrarräume, deren wirtschaftlicher Entwicklungsstand entsprechend der naturräumlichen Ausstattung seiner Böden und der Verkehrslage an schiffbaren Wasserwegen zwischen neuzeitlicher Exportorientierung (Marschen der Westküste, Jungmoränenland im Osten) und kaum über mittelalterliche Subsistenzwirtschaft hinaus entwickelter Landwirtschaft des Mittelrückens der Geest eine große Spannbreite aufweist. Auch die gewerbliche Wirtschaft ist, von wenigen Anlagen abgesehen, überwiegend lokal orientiert. Der Export der landwirtschaftlichen Erzeugnissen erfolgt innerhalb des Landes dezentral oder über die außerhalb der Grenze liegenden Hansestädte Hamburg und Lübeck. In dieser vorindustriellen Phase dominieren, abgesehen von den genannten Küstengebieten, die lokalen Verkehrsspannungen. Das Postwesen ist noch mangelhaft entwickelt, zwischen den Städten bestehen zwar Frachtwagenverbindungen, jedoch sind diese von geringer Frequenz. Transit- und Fernverkehr zu Lande gibt es überhaupt nur auf wenigen Durchgangslinien, die von Hamburg und Altona nach Lübeck, Kiel sowie über Flensburg und Kolding nach Kopenhagen führen. Jedoch hat dieser Verkehr bis auf das Beherbergungsgewerbe und die Fuhrleute der berühten Orte keine räumlichen Auswirkungen[16].

Auch gibt es nur wenige Städte und Flecken, die aufgrund der regionalen Bedeutung ihrer mehrmals jährlich stattfindenden Märkte aus einem Umland mit einem Radius von mehr als 15 bis 20 km aufgesucht werden, in dem sich die Beziehungen zwischen zentralem Ort und ihrem Einzugsbereich zur damaligen Zeit im allgemeinen bewegen. Für den größten Teil der Bevölkerung bildet das Kirchspiel mit dem zentral gelegenen Kirchdorf, das zum Kirchgang regelmäßig aufgesucht wird, den allgemeinen Bezugsrahmen der über das eigene Dorf hinausgehenden Verkehrsbeziehungen der ländlichen Bevölkerung. Je nach Besiedlungsdichte sind auch in diesem Fall noch bis zu 15 km zurückzulegen[17]. Vor allem in dünnbesiedelten Gebieten wie der Geest bilden die Kirchdörfer als Zentralorte unterster Stufe mit dem umgebenden Kirchspiel wirtschaftlich, politisch und kulturell eine in sich geschlossene Raumeinheit aus[18].

16 Walter Asmus, Probleme, a.a.O.
17 Ders. Wirtschafts- und verkehrsstrukturelle Wandlungen ländlicher Gebiete Schleswig-Holsteins zur Zeit der Frühindustrialisierung (1830–1870), dargestellt am Beispiel der mittelholsteinischen Geest, in: Frühindustrialisierung in Schleswig-Holstein, anderen norddeutschen Ländern und Dänemark, hrsg. von Jürgen Brockstedt, Neumünster 1983 (Studien zur Wirtschafts- und Sozialgeschichte Schleswig-Holsteins, 5) S. 86.
18 Ders., Kirchdörfer als Zentralorte, in: Jb. Steinburg 24 (1980). – Klaus Greve, Zentrale Orte im Herzogtum Schleswig 1800, Hamburg 1982, Masch. (Examensarbeit).

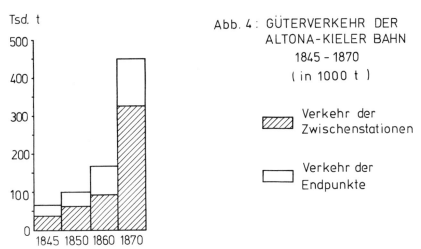

Tsd. t

Abb. 4 : GÜTERVERKEHR DER
ALTONA-KIELER BAHN
1845 - 1870
(in 1000 t)

Verkehr der
Zwischenstationen

Verkehr der
Endpunkte

Quelle: Geschäftsberichte der Altona – Kieler Bahn, veröff. bei Hedrich, a.a.O., S. 122.

3.2. Die frühindustrielle Entwicklungsphase (1830–1870)

Diese festgefügte räumliche Struktur, die in verkehrsgünstiger gelegenen Gebieten Deutschlands schon seit dem Ende des 18. Jahrhunderts in Auflösung begriffen ist, wird seit den 40er Jahren in Schleswig-Holstein durch die Dynamik eines Wirtschaftsaufschwunges schrittweise aufgebrochen, der getragen wird von der aufgrund des Druckes der stärker wachsenden Bevölkerung zunehmenden Arbeitsteilung, die sich in einer kontinuierlich steigenden Marktorientierung und Spezialisierung der Landwirtschaft (Auflösung der geschlossenen Hauswirtschaft) sowie einer Differenzierung des produzierenden Gewerbes in den Städten wie vor allem auf dem Lande äußert[19]. Die damit verbundene Nachfrage und Absatzlage landwirtschaftlicher und gewerblicher Produkte bedingt eine Verstärkung und Erweiterung der bestehenden Verkehrsbedürfnisse und ein Verkehrssystem, das diesen Veränderungen Rechnung trägt. Die Schiffahrt kann diese Ansprüche in Schleswig-Holstein am ehesten erfüllen, weswegen der wirtschaftliche Aufschwung in den Hafenstädten am schnellsten spürbar wird.

In diese binnenräumliche Eigendynamik hinein wirkt die raumerschließende Funktion der zur selben Zeit entstehenden ersten Eisenbahnlinien, die ja eigentlich vorwiegend dem Transit dienen sollen. Zwar begünstigt diese Transitfunktion auf der 1844 eröffneten Linie Altona – Kiel die Standortfaktoren der beiden Endpunkte entscheidend, jedoch stellt sich bald schon heraus, daß der Verkehr der Zwischenstationen, deren Zahl wegen der Fernverkehrsfunktion der Bahnstrecke zunächst gering gehalten wurde, den größeren Anteil am Beförderungsaufkommen stellt (s. Abb. 4).

19 Jürgen Brockstedt, Frühindustrialisierung in den Herzogtümern Schleswig und Holstein, Ein Überblick, in: Frühindustrialisierung, a. a. O., S. 19–79.

55

Diese Entwicklung verstärkt sich mit zunehmender Ausdehnung des Bahnnetzes, da, bedingt durch die Streckenführung der Bahnen, vorher wenig entwickelte Passivräume erschlossen werden, die auf einmal eine entscheidende Lageumwertung erfahren. Außerdem fördert der nach festen Fahrzeiten betriebene Bahnverkehr zunehmend einen fahrplanmäßigen Linienbetrieb im Anschlußverkehr bei Schiffahrt und im Lastfuhrwesen. Die Fuhrleute, die sich zunächst gegen den Eisenbahnbau gewehrt hatten, weil dadurch ihr Transportmonopol beseitigt wurde, profitieren jetzt vom lokalen und regionalen Bahnzulieferverkehr. Ihre Konzentration an bestimmten verkehrsgünstigen Orten wie Neumünster, wo es vor dem Eisenbahnbau bis zu 50 Frachtwagen gegeben hat, nimmt zwar ab, dezentral aber steigt die Zahl der Fuhrunternehmer stärker an, worin die lokale Erschließungsfunktion des neuen Verkehrsmittels Eisenbahn wiederum zum Ausdruck kommt (s. auch Abb. 6). Auch Orte, die aus lokalwirtschaftlicher Konkurrenzfurcht den Bahnanschluß zunächst abgelehnt hatten (Uetersen, Kellinghusen) bemühen sich bald darauf wenigstens um eine gute Straßenverbindung zur nächstgelegenen Station[20]. Hat das überörtliche Fuhrliniennetz vor der Eisenbahnzeit aus einer größeren Zahl schwach frequentierter Stadt-Stadt-Verbindungen bestanden, entwickelt sich nach Eröffnung der ersten Bahnlinien schnell ein engmaschiges Nahbereichssystem mit erhöhter, regelmäßiger Verkehrsbedienung zwischen Bahnstationen und ihrem Umland. Neben den Häfen und den größeren Städten bilden die Stationsorte der Eisenbahn weitere Verkehrszentren, die aufgrund ihrer günstigen Standortbedingungen eine stärkere gewerbliche Entwicklung aufweisen und auch zu ersten Ansatzpunkten der Industrialisierung und Innovationsvermittlung werden. Ein besonders anschauliches Beispiel dafür ist Pinneberg, ein Ort, der bis zur Eröffnung der Eisenbahn bedeutungslos war, sich dann aber in kurzer Zeit zu einem bedeutenden Industriestandort entwickeln kann. Auch das mittelholsteinische Nortorf kann innerhalb von 15 Jahren nach dem Bahnanschluß (1845) von einem abgelegenen Kirchdorf mit 700 Einwohnern zu einem gewerbereichen Flecken und lokalen Verkehrszentrum mit 1600 Einwohnern aufsteigen[21].

Vor allem in der Eisenbahnbauphase bis 1870 angeschlossene Stationsorte können einen erheblichen Funktionsgewinn und eine starke gewerbliche Aufwärtsentwicklung verzeichnen, die zunächst abseits gelegene Orte bei späterem Bahnanschluß nicht mehr erreichen können.

Eine unmittelbare Auswirkung auf den gewerblichen Sektor haben bis 1870 die Baumaßnahmen der Verkehrseinrichtungen selbst sowie die Instandsetzung ihrer Fahrzeuge gehabt (Baustoffproduktion, Eisenherstellung, Einrichtung von Eisenbahnreparaturwerkstätten, Schiffbau). Zahlreiche kleinere und mittlere Eisengießereien und Maschinenfabriken sind in dieser Phase in Schleswig-Holstein entstanden. Zum größten Teil liegen sie an den Massentransportwegen der Eisenbahn oder in Hafenstandorten, einige jedoch auch in direkter Lage zum lokalen Absatzmarkt

20 Walter Asmus, Probleme, a.a.O.
21 Ders., Wandlungen, a. a. O., S. 99. – Ders. und Klaus-Joachim Lorenzen-Schmidt, Das Landhandwerk in ausgewählten Regionen Schleswig-Holsteins zwischen 1700 und 1864, in: Gewerbliche Entwicklung, a. a. O.

abseits der Verkehrslinien, worin sich ebenfalls zeigt, daß die Fläche bereits im Ansatz vom Prozeß der Industrialisierung erfaßt ist.

Der Kaufkraftzuwachs im Bereich der aufstrebenden Landwirtschaft versetzt bäuerliche Betriebe und Haushalte zunehmend in den Stand, moderne eiserne Gerätschaften nachzufragen, was in der starken Zunahme der Metallhandwerker auf dem Lande abgelesen werden kann. Eine ähnliche Entwicklung erleben auch die übrigen Branchen des Sekundären Sektors. Regionale und lokale Untersuchungen geben auch in Schleswig-Holstein Beispiele für ein Entwicklungsgefälle an, das zwischen verkehrserschlossenen und abgelegenen Gebieten besteht[22]. Hat sich in den verkehrsfernen Bereichen ein zahlenmäßig starkes traditionelles Landhandwerk mit typischen Branchen je nach Bedarfslage der lokalen Bevölkerungsstruktur erhalten, expandiert und spezialisiert sich das produzierende Gewerbe der verkehrsgünstiger gelegenen Räume infolge der Verkehrslage, wobei die sich verstärkende Konkurrenzsituation zunehmend selektiv wirkt, da sich die Standortvorteile der bisherigen lokalen Abgeschiedenheit jetzt als unwirksam erweisen. Die Konkurrenz der billigeren und qualitativ hochwertigeren Fabrikwaren bringt z. B. die ländliche Textilherstellung (Weberei, Spinnerei) und die Tonwarenherstellung zum Erliegen. Aber auch die dezentralen Maschinenbau- und Gießereibetriebe sind zunehmender Konkurrenz der auswärtigen Großbetriebe durch die sich ständig verbessernden Transportmöglichkeiten ausgesetzt, was längerfristig zur Konzentration führt.

Eine stärkere Industrialisierung mit einer gewissen Branchenfächerung erleben in Schleswig-Holstein in der frühindustriellen Phase neben den Städten im Umland von Hamburg (Altona, Ottensen, Wandsbek, Pinneberg) nur der Unterelberaum (Elmshorn, Uetersen, Itzehoe), einige Fördestädte der Ostküste (Kiel, Flensburg, Hadersleben) sowie Rendsburg, alles zugleich auch Hafenstandorte. Im Binnenland kann nur Neumünster eine wirkliche industrielle Entwicklung verzeichnen. Außerhalb dieser genannten Gebiete, die ganz überwiegend im südlichen Landesteil Holstein lokalisiert sind, existieren nur wenige Industriebetriebe[24].

Die nach 1880 sich entwickelnde bedeutende Zementindustrie von Lägerdorf bei Itzehoe besteht ebenfalls schon in kleinen Anfängen, sie ist die einzige Industrie auf heimischen Bodenschatzvorkommen (Kreide, Ton). Auch diese Industrieansiedlung wird über einen neuen Zweigkanal zur Stör an das Binnenwasserwegenetz sowie mit einer Industriebahn an die Marschbahn angeschlossen (s. auch Abb. 2). Die stärkere großräumliche Orientierung der schleswig-holsteinischen Wirtschaft, vor allem der in den Anfängen begriffenen Industrie, auf den deutschen Markt nach dem Anschluß an Preußen 1867 schafft weitere Konkurrenzsituationen, jedoch profitiert das Land insgesamt von dieser Umorientierung, vor allem die Landwirtschaft, deren Dynamik fortan noch stärker als bisher als Schrittmacher der binnenwirtschaftlichen Entwicklung fungiert.

22 Ebd.

24 Jürgen Brockstedt, Frühindustrialisierung, a. a. O., S. 44–48. – Schleswig-Holsteins Weg ins Industriezeitalter, a.a.O.

3.3. Die Industrialisierungsphase (1870–1914)

Ist bis 1880 die bis heute wirksame verkehrs- und wirtschaftsräumliche Grundstruktur durch ein relativ dichtes Netz aufeinander bezogener Landverkehrslinien und Hafenstandorte sowie industrialisierter Ansatzpunkte gelegt, stellt die Entwicklung bis zum Beginn des Ersten Weltkrieges vor allem eine Verstärkung und Ausdifferenzierung dieser Grundstruktur dar. Diese Entwicklung wirkt sich in folgenden Punkten aus:

a) in der weiteren Verdichtung des Netzes der Eisenbahnlinien und Landstraßen durch Neben- und Kleinbahnen als Ursache und Folge weiterer Verkehrsbedürfnisse, die jetzt vor allem die Fläche des ländlichen Raumes erschließen,

b) in dem in diesem Zusammenhang wachsenden Individualverkehrsbedürfnis,

c) in der mit der Verkehrserschließung verbundenen Verbesserung der Versorgungs- und Vermarktungsmöglichkeit für die Landwirtschaft, die weitere Intensivierungsimpulse beinhaltet,

d) in der Entwicklung einer landwirtschaftlichen Aufbereitungsindustrie,

e) in Ausbau und Spezialisierung der vorhandenen Gewerbe und Industriezweige und ihrer Entwicklung zu Mittel- und Großbetrieben,

f) im Funktionsgewinn zentraler Orte höherer Stufe infolge besserer Verkehrsmöglichkeiten als Ausdruck einer sich abzeichnenden Entwicklung zu stärkerer Konzentration von Standorten gegenüber den ländlichen Siedlungen, die als Ergänzungsräume von Stagnation bzw. negativer gewerblicher Entwicklung gekennzeichnet sind.

Die 1882 in Schleswig-Holstein einsetzende Verstaatlichung der wichtigsten Bahnlinien ist bis 1900 weitgehend abgeschlossen. Mit dem Ziel, dem Bedürfnis von Bevölkerung und Wirtschaft mit einer möglichst flächendeckenden Verkehrsbedienung entgegenzukommen, wird die dezentrale Raumerschließung mit dem Bau weiterer Verbindungsbahnen zwischen den Hauptstrecken sowie der Einrichtung zusätzlicher Bahnstationen zur Steigerung des Regionalverkehrs vorangetrieben. Auf der Altona – Kieler Strecke erhöht sich die Zahl der Stationen von ursprünglich 10 auf 19.

Jedoch sind die geschaffenen Verbindungsbahnen durch ihre Klassifizierung als Nebenbahnen von vornherein in ihrer Verkehrsbedeutung und -frequenz von geringerer Bedeutung festgelegt. Träger des Hauptverkehrs sind die nord-südlich verlaufenden Durchgangslinien, deren Knotenpunkt weiterhin der Ballungsraum Hamburg bildet.

Unter den Industrien, die sich infolge der Lagegunst an der Eisenbahn nach 1890 meist aus handwerklichen Betrieben zu Großbetrieben mit mehreren 100 Beschäftigten entwickelten, ist vor allem die Lederfabrikation zu nennen, die ihre Hauptstandorte in Neumünster und Elmshorn sowie in Wandsbek, Wilster, Krempe und Nortorf hat. Die in großen Mengen benötigten Rohstoffe, überseeische Häute und tropische Hölzer zur Gerbstoffgewinnung, werden über Hamburg importiert und auf dem Schienenweg zu den Produktionsstätten transportiert, von wo auch die gegerbten Leder wiederum per Bahn zu den mittel- und süddeutschen weiterverarbeitenden Industrien sowie zu den Exporthandelsplätzen und ins Ausland versandt werden.

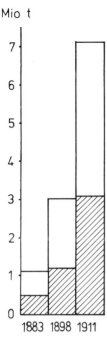

Mio t

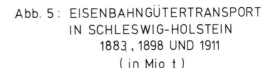 Verkehr innerhalb
Schleswig-Holsteins

Quelle: Stat. der Güterbewegung auf deutschen Eisenbahnen, nach Verkehrsbezirken geordnet, hrsg. v. Reichs-Eisenbahnamt (seit 1883).

Weiterhin schlägt sich der wirtschaftliche Wertwandel der an die Bahn angeschlossenen Gebiete nieder in Bevölkerungsanstieg, Steigerung der Bodenpreise und einer
deutlichen Anhebung der Steuerkraft dieser Gebiete[25].
Vor allem auf die im Intensivierungsprozeß fortschreitende Landwirtschaft wirkt
sich der weitere Ausbau des Bahnnetzes günstig aus, indem die zunehmend verwendeten Düngemittel sowie Saatgut und Importfuttermittel kostengünstiger herange-
führt werden können und der Absatz der landwirtschaftlichen Produkte in den schnell
wachsenden deutschen Großstädten und Industriegebieten erleichtert und beschleunigt wird, die seit 1867 zum wichtigsten Abnehmer der schleswig-holsteinischen
Landwirtschaft aufsteigen, wodurch der Eisenbahnverkehr wiederum eine zusätzliche
Steigerung im Frachtaufkommen verzeichnet (s. Abb. 5). Mit zunehmender Marktorientierung wird auch bereits um die Jahrhundertwende eine räumliche Spezialisierung in der Landwirtschaft deutlich. Während in Dithmarschen Zuckerrüben-, Kohl-
und Gemüsebau stärker hervortreten, intensivieren die Marschgebiete der schleswigschen Westküste die Rinderhaltung und begründen damit seit dem Anschluß an die

25 Georg Rieger, Die Auswirkungen der Gründerzeit auf das Landschaftsbild der Norder-
dithmarscher Geest, Kiel 1938 (Schriften des Kieler Geographischen Instituts), S. 40–41.

59

Marschbahn 1887 die überregionale Bedeutung des Husumer Viehmarktes[26]. Im Unterelberaum und im Einzugsbereich von Hamburg und Altona beginnen sich die Milchwirtschaft und der Anbau von Spezialkulturen zur Versorgung dieses Ballungsgebietes auszuprägen.

Die Schweinehaltung steigt infolge der wachsenden Nachfrage nach Fleisch und der durch die Verkehrslage erleichterten Anlieferung billiger Futterstoffe landesweit zwischen 1867 und 1913 um das Neunfache[27]. Die in den Molkereien zunehmend anfallenden Abfallprodukte begünstigen die Schweinemast. Diese wirtschaftliche Prosperität auf dem Lande setzt eine neue Welle der dezentralen Industrialisierung in Gang, die durch die Entstehung bzw. Erweiterung und Modernisierung der Betriebe der landwirtschaftlichen Aufbereitungsindustrie geprägt ist (Molkereien, Mühlen, Großschlachtereien und Zuckerfabriken), die sich wie auch die ersten Vermarktungseinrichtungen (Produktenhandel, Absatzgenossenschaften) bevorzugt an Bahnstationen ansiedeln. Der mit dem Ausbau des Bahnnetzes einhergehende lokale Straßenausbau fördert den Ausbau von Betrieben der landwirtschaftlichen Aufbereitungsindustrie auch in abseits der Bahn gelegenen Gebieten, so daß bereits um 1900 ein dichtes Netz von Dampfmeiereien besteht, die vorwiegend Butter für den Versand herstellen.

Aber dieser Ansiedlungsprozeß ist um die Jahrhundertwende so gut wie abgeschlossen.

Hat der Eisenbahnbau bis zu diesem Zeitpunkt eine dezentrale Differenzierung im Primären und Sekundären Sektor bewirkt, so gehen vom weiteren Ausbau des Bahnnetzes kaum noch augenfällige industrielle Auswirkungen aus (s. auch Abb. 2), da nach 1890 der gesamte Raum Schleswig-Holsteins schon weitgehend vom Industrialisierungsprozeß erfaßt ist, so daß der Bahnanschluß nicht mehr die Initialzündung für eine wirtschaftliche Entwicklung bedeutet.

Zur weiteren Erschließung bislang noch nicht angeschlossener ländlicher Gebiete wird durch das Preußische Kleinbahngesetz von 1892 ein Anreiz für kommunale und private Betreiber geschaffen, voll- und schmalspurige Ergänzungsbahnen zu bauen. Das kommunale Kleinbahnnetz dehnt sich, obwohl sein Betrieb in keinem Fall kostendeckend arbeitet, vor allem seit der Jahrhundertwende in Gebieten mit stark gestreuter Siedlungsstruktur aus (Nordschleswig, Angeln, Geestgebiete) und hat bis zum Beginn des Ersten Weltkrieges einen Anteil von knapp 40 % am gesamten Eisenbahnnetz Schleswig-Holsteins, das damit über eines der dichtesten Kleinbahnnetze in Deutschland überhaupt verfügt[28].

Neben der Landwirtschaft profitieren auch das lokale Handwerk sowie der Handel von der verbesserten Transportsituation.

Jedoch bedeutet der verbesserte Verkehrsanschluß zu diesem Zeitpunkt keinen so bedeutsamen Standortvorteil mehr wie in der ersten Ausbauphase des Verkehrsnet-

26 Ernst Hüttmann, Verkehrsgeographische Probleme am Beispiel der Eisenbahnen in Schleswig-Holstein, Hamburg 1949 (Veröffentlichungen des Wirtschaftsgeographischen Instituts der Universität Hamburg), S. 76 f.
27 Beiträge zur hist. Stat., a.a.O., S. 113.
28 Otto Hedrich, a.a.O., S. 161 ff.

zes (vgl. auch Abb. 2). Standortfördernd wirkt das lokale Bahnnetz allenfalls noch für die Endpunkte und die zentralen Orte, die von ihm berührt werden, indem deren Verkehrsgunst gegenüber dem Umland verstärkt wird. Wichtige Nutznießer der Kleinbahnen sind der Stückgut- und der Personenverkehr, mit denen diese Verkehrseinrichtungen einen bedeutenden Beitrag zum sozialen und wirtschaftlichen Ausgleich zwischen ländlicher und städtischer Lebensweise als einer wichtigen Voraussetzung für die Entstehung einer modernen Industriegesellschaft leisten.

Für den Agrarraum machen sich mit der Förderung des Arbeiterpendelverkehrs, des Schülerverkehrs zum Besuch der höheren Schule sowie mit regelmäßigeren Einkaufsfahrten in den zentralen Ort oder die Kreisstadt Funktionsverluste und Stagnation als erste Anzeichen zukünftig sich verstärkender Entleerungstendenzen bemerkbar, die sich in Abwanderung von Arbeitskräften und negativer Bevölkerungsbilanz äußern werden und die schon jetzt zu beobachtende Konzentration von Bevölkerung und Wirtschaft in den größeren Orten und Städten noch verstärken werden. Der in den ersten Jahren des Bestehens der Klein- und Kreisbahnen stark ansteigende Personen- und Güterverkehr ist also lediglich Ausdruck der gewachsenen lokalen und regionalen Austauschverhältnisse und insgesamt gestiegener individueller Verkehrsbedürfnisse, die im lokalen Bereich seit etwa 1890 in zunehmendem Maße auch durch die schnell wachsende Zahl von Fahrrädern als einem erschwinglichen Individualverkehrsmittel befriedigt werden. Die gewachsene Bedeutung der Städte und zentralen Orte für ihr Umland, die früher relativ selten aufgesucht wurden (vgl. Kap. 3.1.), wird auch durch die jetzt häufigeren, regelmäßig verkehrenden Fuhrwerkslinien unterstrichen, die, wie das Beispiel der Kreisstadt Itzehoe zeigt, das Umland in einem Radius bis zu 15 km flächendeckend erschließen (s. Abb. 6).

Der Verkehr der Kleinbahnen beeinträchtigt aufgrund seiner größeren Flexibilität in den Transportmengen wiederum die Kleinschiffahrt, wo sie mit dieser in Konkurrenz tritt, erheblich und bringt sie sogar teilweise zum Erliegen, wie am Beispiel der Eiderhäfen Delve und Pahlhude deutlich gezeigt werden kann[29].

Dennoch erweisen sich auch die Kleinbahnen schon bald nach dem Ersten Weltkrieg gegenüber dem sich schnell entwickelnden Kraftwagenverkehr der Straße nicht mehr als konkurrenzfähig, so daß bereits im dritten Jahrzehnt nach der Errichtung einzelner Strecken Stillegungspläne auftauchen.

4. ZUSAMMENFASSUNG UND AUSBLICK

Die wirtschafts- und verkehrsräumliche Entwicklung Schleswig-Holsteins zwischen 1840 und 1914 zeigt, daß dieses Agrarland trotz naturräumlicher Individuallage und infolge historisch-politischer Sondersituation verspätetem Eintritt in den Industrialisierungsprozeß in relativ kurzer Zeit andere vergleichbare deutsche Regionen entwicklungsmäßig eingeholt hat. In einem Zeitraum von nicht einmal 50 Jahren haben

29 Georg Rieger, a.a.O., S. 44.

Abb. 6 : STRUKTURWANDEL IM FUHRWERKSVERKEHR DURCH DIE EISENBAHN AM BEISPIEL DER VERFLECHTUNG VON ITZEHOE 1867–1893

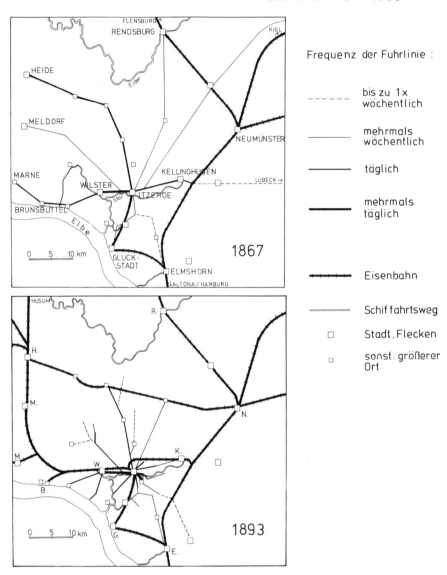

Quellen: Adreßbuch für Schleswig-Holstein und Eutin, Rendsburg 1867; Adreßbuch Itzehoe, 1894; zit. nach Hermann Bollhardt, Boten und Fuhrleute, Jb. Steinburg, 27 (1982), S. 140–144.

sich in bezug auf sein Verkehrssystem und seine wirtschaftsräumliche Differenzierung Leitstrukturen entwickelt, die bis in die Gegenwart prägend sind. Diese Entwicklung durchläuft drei typische Phasen:

- bis 1830 die vorindustrielle Phase, die, mit Ausnahme des Absatzes landwirtschaftlicher Produkte durch regionale und überregionale Schiffahrt, von kleinräumlicher Verflechtung innerhalb der Region gekennzeichnet ist.

- bis 1870 die frühindustrielle Phase, die durch binnenwirtschaftliche Dynamik und überörtliche Verkehrserschließung, vor allem durch die Eisenbahn, gekennzeichnet ist. Die bislang durch Kleinräumlichkeit und uneinheitlichen Entwicklungsstand gekennzeichnete wirtschaftsräumliche Gliederung erfährt schrittweise eine stärkere Vereinheitlichung sowie Industrialisierungsansätze, wozu die durch die Eingliederung Schleswig-Holsteins als Provinz in Preußen bedingte Einbindung in den deutschen Wirtschaftsraum maßgeblich beiträgt. Durch diese vor allem die Landwirtschaft positiv beeinflussende Situation setzt sich die wirtschaftliche Aufwärtsentwicklung auch im Sekundären Sektor schnell durch.

- bis 1914 die dezentrale Industrialisierung, die gekennzeichnet ist von einem weiteren Ausbau des Verkehrsnetzes, wodurch eine weitergehende Vereinheitlichung des Wirtschaftsraumes erreicht wird, von einem Ausbau der vorhandenen Industriestruktur sowie neuer landwirtlicher Aufbereitungsindustrien. Die räumliche Differenzierung macht bereits die Tendenz zur Trennung zwischen Konzentrations- und Zentralisierungstendenzen an verkehrsgünstigen Standorten (zentralen Orten) und den ihnen zugeordneten Ergänzungsgebieten deutlich, welche eine indifferente bzw. stagnierende Entwicklung aufweisen. Darin deuten sich erste Anzeichen von Entleerung und Abwanderung bereits an, Prozesse, die sich in der Folgezeit durch die Weiterentwicklung des Individualverkehrs mit dem Kraftfahrzeug verstärken.

Die echte Erschließungsfunktion der Verkehrslinien, vor allem der Eisenbahn, läßt seit 1880, dem Zeitpunkt des Vorhandenseins eines Grundnetzes von Hauptbahnlinien, immer mehr nach. Die zahlreichen später angelegten Strecken, insbesondere die lokalen Kleinbahnen, haben nur noch eine sekundäre Anbindungsfunktion, die zwar einer flächenhaften wirtschaftsräumlichen Intensivierung förderlich ist, gleichzeitig aber den Funktionsverlust des ländlichen Raumes gegenüber den Zentralorten und größeren Städten beschleunigt. Die Ansiedlung bedeutender Industrien in Schleswig-Holstein bleibt bis in die Zeit nach dem Zweiten Weltkrieg auf relativ wenige, verkehrsstrukturell bereits zwischen 1840 und 1880 erschlossene Standorte beschränkt (s. auch Abb. 2).

Bärbel Pusback

Volkswirtschaftliche Probleme Schleswig-Holsteins im Werk des Nationalökonomen Wilhelm Seelig (1821–1906)

1. EINLEITUNG

Von 1854 bis 1905 war Wilhelm Seelig Professor für Nationalökonomie, Finanzwissenschaft und Statistik an der Kieler Universität[1], bis 1872 sogar der einzige Fachvertreter, als auch auf sein Betreiben hin eine Professur für Landwirtschaft eingerichtet wurde[2]. Erst 1893 bekam er mit Wilhelm Hasbach einen prominenten Vertreter der historischen Schule als Kollegen der Staatswissenschaften im engeren Sinne[3]. Als Seelig im Jahre 1905 im Alter von 85 Jahren entpflichtet wurde, hatte der allgemeine Aufschwung der Nationalökonomie als Universitätswissenschaft auch der Universität Kiel einen dritten – außerordentlichen – Fachvertreter gebracht[4]. Doch Wilhelm Seelig war nicht nur Universitätslehrer, fast vierzig Jahre lang engagierte er sich auch politisch für die Belange Schleswig-Holsteins, davon etwa dreißig Jahre zusammen mit dem Staatsrechtslehrer Albert Hänel in der Liberalen Partei, in der Fortschrittspartei und zuletzt in der Freisinnigen Partei[5]. Von 1871 bis 1873 war er Mitglied des Reichstags und von 1873 bis 1893 Mitglied des preußischen Abgeordnetenhauses[6]. Insbesondere im preußischen Landtag vertrat er die Interessen der schleswig-holsteinischen Wirtschaft, vor allem der Landwirte im Zusammenhang mit der Gesetzgebung über die Umwandlung feudaler Abgaben in moderne Steuern[7]. Neben seiner

1 Friedrich Volbehr – Richard Weyl: Professoren und Dozenten der Christian-Albrechts-Universität zu Kiel 1665–1954, 4. Aufl., Kiel 1956, S. 141.

2 Seit 1872 war Hermann Backhaus ordentlicher Professor der Landwirtschaft an der Kieler Universität, vgl. Volbehr–Weyl, a.a.O., S. 145.

3 Volbehr–Weyl, a.a.O., S. 39. Vgl. Artikel Hasbach, in: HdSt., 3. Aufl., 5. Bd., Jena 1910, S. 402. Friedrich Hoffmann: Der Ausgang der Kameralistik und der erste Einsatz der Volkswirtschaftslehre, in: Festschrift zum 275jährigen Bestehen der Christian-Albrechts-Universität Kiel, Leipzig 1940, S. 154.

4 Zu Adler vgl. Artikel: Adler, Georg, in: HdSt., 4. Aufl., 1. Bd., Jena 1923, S. 44.

5 Vgl. den Nachruf von Albert Hänel: Wilhelm Seelig, in: Chronik der Universität Kiel für das Jahr 1906/07, Kiel 1907, S. 60.

6 Eduard Alberti: Lexikon der Schleswig-Holstein-Lauenburgischen und Eutinischen Schriftsteller von 1866–1882, 1. Bd., Kiel 1885, S. 255.

7 Zur Frage der „stehenden Gefälle" in Schleswig-Holstein. Gutachten von Albert Hänel und Wilhelm Seelig, 1. Bd., Kiel 1871; 2. und 3. Bd. nur von Wilhelm Seelig, Kiel 1872 und 1873.

wissenschaftlichen und politischen Tätigkeit war er auch ein bedeutender Obstzüchter, er gründete den Schleswig-Holsteinischen Gartenbau-Verein und förderte die Verbreitung veredelter Obstsorten unter den schleswig-holsteinischen Landwirten[8].

An Seeligs Tätigkeit als Obstbaumzüchter wird gelegentlich in der Presse erinnert[9], in der Geschichte der Volkswirtschaftslehre, die auf die Darstellung der theoretischen Entwicklungslinien konzentriert ist, findet er keine Ewähnung, da er weder die Theorie fortentwickelt noch in die methodischen Auseinandersetzungen des 19. Jahrhunderts eingegriffen hat[10]. Auch in der politischen Geschichte der Herzogtümer konzentriert sich die Aufmerksamkeit auf Albert Hänel[11], Seelig findet allenfalls als Angehöriger des politischen Umfelds von Hänel Erwähnung. Dabei hat er einen erheblichen Anteil an den in der Hänel-Literatur doch überwiegend diesem zugeordneten Gutachten zur Frage der „stehendenden Gefälle" in Schleswig-Holstein[12] gehabt, auf deren Ergebnisse hin vielen Landwirten in Schleswig-Holstein ein Teil der Grundsteuern erlassen wurde. Überhaupt ist Seeligs volkswirtschaftliches Werk sehr eng im Zusammenhang mit seinem politischen Wirken zu sehen, so daß sich in seinen ökonomischen Schriften Problemkonstellationen der Provinz Schleswig-Holstein beim Übergang in die moderne Wirtschaft in der zweiten Hälfte des 19. Jahrhunderts spiegeln. Auf zwei Gebiete hat Wilhelm Seelig seine wissenschaftliche und politische Aktivität besonders konzentriert: Zoll- und Handelspolitik und die Modernisierung der Agrarordnung – in bezug auf Schleswig-Holstein die Integration der neuen preußischen Provinz in den deutschen Zollverein und außer der Problematik der „stehenden Gefälle" auch Fragen der Verbesserung der landwirtschaftlichen Produktionsverfahren, der Verkoppelung, Gemeinheitsteilungen sowie der gutsherrlich-bäuerlichen Regulierungen u.ä. Beide Problemkomplexe sollen nach einer kurzen biographischen Vorstellung im Mittelpunkt dieser Arbeit stehen.

8 Eduard Lucas: Biographien verdienter Pomologen, Professor Dr. Wilh. Seelig in Kiel, in: Pomologische Monatshefte, Heft 8, 1881, S. 15 ff. Ders.: Nachruf, Geh. Regierungsrat Prof. Dr. Wilhelm Seelig in Kiel – Ehrenvorsitzender des Deutschen Pomologenvereins, in: Deutsche Obstbauzeitung, Heft 16, 1906, S. 257 ff.

9 Artikel: Ein Kieler Professor als Apfelforscher, in: Bauernblatt, vom 24.12.1964; Artikel: Über die Gartenarbeit vergaß er die Mahlzeiten. Professor Wilhelm Seelig: Gelehrter und Obstbaumzüchter – In der Brunswik schuf er sein grünes Paradies, in: Kieler Nachrichten vom 6.3.1982.

10 Zur Geschichte der Nationalökonomie im 19. Jahrhundert vgl. Harald Winkel: Die deutsche Nationalökonomie im 19. Jahrhundert, Darmstadt 1977.

11 Zu Hänel vgl. Wilfried Röhrich: Hänel, Albert Friedrich, in: Schleswig-Holsteinisches Biographisches Lexikon, 4. Bd., Neumünster 1976, S. 76 ff. mit Literaturangaben. Hans-Georg Hermann Kiehl: Albert Hänel und der Linksliberalismus im Reichstagswahlkreis Kiel – Rendsburg – Plön 1867–1884, Diss. Kiel 1966. Stephan Graf Vitzthum: Linksliberale Politik und materiale Staatsrechtslehre – Albert Hänel 1833–1918, München/Freiburg 1971. Manfred Friedrich: Zwischen Positivismus und materialem Verfassungsdenken. Albert Hänel und seine Bedeutung für die deutsche Staatsrechtswissenschaft, Berlin 1971.

12 Hänel anerkannt in seiner Trauerrede auf Wilhelm Seelig dessen Verdienst um die Gutachten. Die darauf zurückzuführende weitgehende Entlastung des bäuerlichen Besitzes von Abgaben sichere „dem Entschlafenen den Dank der Interessenten noch auf seiner Bahre". Vgl. Anm. 5 u. 7.

2. ZUR BIOGRAPHIE WILHELM SEELIGS

Entsprechend dem geringen Interesse, das Werk und Wirken Seeligs bisher gefunden haben, ist die biographische Literatur spärlich. Einige zeitgenössische Nachrufe, wenige Artikel in einschlägigen Lexika und – als ausführlichste Quelle – die Lebenserinnerungen seines Sohnes Geert Seelig[13]. Während das studentische und private Leben seines Vaters großen Raum in der Darstellung seines Sohnes einnimmt, fehlen außer dem Hinweis auf die Anziehungskraft, die der berühmte Rau in Heidelberg auf seinen Vater ausgeübt habe, weitere Angaben über akademische Lehrer und etwa bevorzugte Studienfächer[14]. Die verschiedenen Nachrufe würdigen entweder die Bedeutung Seeligs als Pomologen oder – wie der Nachruf Albert Hänels auf seinen Freund und politischen Weggefährten – dessen Arbeit als Lehrer, Wissenschaftler und Politiker[15]. Der wissenschaftliche Werdegang kann deshalb hier nur kurz skizziert werden.

Wilhelm Seelig stammte aus einer wohlhabenden hessischen Handwerkerfamilie, die in mehreren Generationen auch Bürgermeister in Hersfeld gestellt hatte[16]. Erst mit Wilhelm Seelig und einem seiner Brüder, die Söhne eines Seidenfärbers in Kassel waren, wurde in der Familie das akademische Studium aufgenommen und bis heute tradiert. Wilhelm Seelig wurde am 2.6.1821 in Kassel geboren, besuchte dort das Lyzeum und Gymnasium und begann 1839 in Marburg mit dem Studium der Rechts- und Staatswissenschaften. Von dort ging er nach Heidelberg, um bei Rau Nationalökonomie zu hören. Rau, der in der ersten Hälfte des 19. Jahrhunderts wohl der wichtigste Vertreter und Verbreiter der liberalen Wirtschaftstheorie in Deutschland war[17], dürfte auch für die grundsätzlich wirtschaftsliberale Überzeugung Wilhelm

---

13 Geert Seelig: Eine deutsche Jugend. Erinnerung an Kiel und den Schwanenweg, 2. Aufl. Hamburg, Berlin, Leipzig 1922. Außer den schon genannten Artikeln und Nachrufen vgl. Meitzel: Artikel Wilhelm Seelig, in: HdSt., 4. Aufl., 7. Bd., Jena 1926, S. 302 f.

14 So berichtet er, daß sein Vater nach Heidelberg ging, um den Romanisten v. Vangerow und „Nationalökonomie unter dem Berühmten Rau weiter zu hören". Geert Seelig, a.a.O., S. 22. Im übrigen verweist er an mehreren Stellen darauf, daß sein Vater im Kreis der Familie über die Inhalte seines Studiums und seiner Arbeit nicht viel sprach. So a.a.O., S. 30 f.

15 Hänel: Wilhelm Seelig, a.a.O.

16 Stammfolge der Familie Seelig aus Berka in Hessen, Sonderdruck aus dem 54. Bande des Deutschen Geschlechterbuchs (Genealogisches Handbuch Bürgerlicher Familien), 4. Hessischer Sonderband, Görlitz 1927, S. 556 ff. Ich danke Herrn Dr. Geert Seelig, dem Enkel Wilhelm Seeligs, und Herrn Dr. Geert Wolfgang Seelig, dem Urenkel, für die bereitwillige und großzügige Unterstützung meiner Arbeit durch die Erlaubnis, die im Besitz der Familie befindlichen Unterlagen einsehen und verarbeiten zu können. Leider scheint der wissenschaftliche handschriftliche Nachlaß verlorengegangen zu sein. Der noch im Besitz der Familie befindliche Bestand der Briefe Wilhelm Seeligs an seine Frau muß zu einem späteren Zeitpunkt durchgesehen werden.

17 Zur Bedeutung Raus vgl. Wilhelm Roscher: Geschichte der National-Oekonomik in Deutschland, München 1874, S. 847 ff. Marie-Elisabeth Vopelius: Die altliberalen Ökonomen und die Reformzeit, Stuttgart 1968. Volker Hentschel: Die Wirtschaftswissenschaften als akademische Disziplin an der Universität Heidelberg 1822–1924, Tagungsbeitrag zur

Seeligs von Bedeutung gewesen sein. Aber auch die empirisch orientierte Arbeitsweise dürfte er ihm vermittelt haben, stand doch Rau selbst noch als Hochschullehrer in der Tradition der Kameralistik, die ihre Systematik an den konkreten Problemen der Wirtschaftspolitik entwickelt hatte. Allerdings unterzog Rau die von ihm zusammengetragenen empirischen Materialien einer theoretischen Analyse, um an ihnen die allgemeinen Naturgesetze der Wirtschaft aufzuzeigen[18]. Insofern unterschied sich Rau von den anderen akademischen Lehrern Seeligs, die überwiegend der historischen Schule der Nationalökonomie zuzuordnen sind und für die die Relativität der ökonomischen Gesetze im Verhältnis zur geschichtlich gegebenen Gesellschaftsordnung im Vordergrund stand[19]. In der empirisch-realistischen Orientierung stimmten sie aber weitgehend mit Rau überein, so daß es nicht erstaunlich erscheint, daß Seeligs Arbeiten immer konkrete Probleme behandeln, die er mit dem theoretischen Rüstzeug der liberalen Ökonomie angeht, wobei stets auch die Relativität der historischen Konstellation betont wird. Wilhelm Roscher, bei dem er 1844 in Göttingen promoviert hat[20], hat ihm denn auch in seiner „Geschichte der National-Oekonomik in Deutschland" attestiert, daß bei ihm „die historische und die begrifflich dogmatische Seite viel mehr auseinander" fielen als z.B. bei Georg Hanssen, obwohl er beide zu den gegenwärtigen (1874) Vertretern der historischen Schule rechnete[21].

In seiner Berliner Studienzeit könnte Seelig als Staatswissenschaftler die Professoren Leopold von Henings, einen Hegelianer, Ernst Helwing, einen historisch orientierten Staatswissenschaftler, und den Statistiker K.F.W. Dieterici[22] gehört haben. Dieterici könnte insofern von Bedeutung gewesen sein, als er neben seinen Universitätsvorlesungen auch öffentliche Vorträge über den Zollverein hielt, eine Fragestellung, mit der sich Seelig sowohl in Göttingen als auch in Kiel beschäftigt hat. Möglicherweise ist in dieser Zeit auch die in Seeligs Arbeiten zum Ausdruck kommende Anerkennung der Führungsrolle Preußens im Zollverein angelegt worden.

Tagung: Die Institutionalisierung der Nationalökonomie an den Universitäten Deutschlands, Österreichs und Skandinaviens, 24.–27.2.1986, S. 5 ff.

18 Hentschel, a.a.O., S. 5.
19 Zur historischen Schule der Nationalökonomie vgl. Winkel, a.a.O., S. 82 ff. Gerhard Stavenhagen: Geschichte der Wirtschaftstheorie, 4. Aufl., Göttingen 1969, S. 191 ff. Gottfried Eisermann: Die Grundlagen des Historismus in der deutschen Nationalökonomie, Stuttgart 1956.
20 Als Seelig in Göttingen promovierte, war Wilhelm Rocher gerade ordentlicher Professor der Nationalökonomie geworden, nachdem er sich 1840 dort habilitiert hatte. Vgl. Götz von Selle: Die Georg-August-Universität zu Göttingen 1737–1937, Göttingen 1937, S. 293. Seelig kann sich also nicht, wie Friedrich Hoffmann: Der Ausgang der Kameralistik . . . , a.a.O., S. 149 behauptet, bei Georg Hanssen habilitiert haben. Hanssen kam erst 1848 nach Göttingen, nachdem Roscher 1847 nach Leipzig gegangen war. Vgl. v. Selle, a.a.O. Seelig war seit der gemeinsamen Göttinger Zeit mit Hanssen befreundet.
21 Roscher, a.a.O., S. 1037.
22 Norbert Waszek: Die Staatswissenschaften an der Universität in Berlin im 19. Jahrhundert, Beitrag zur Tagung: Die Institutionalisierung der Nationalökonomie . . . , S. 26 f. Zu Dieterici vgl. Artikel Dieterici, in: ADB, 5. Bd., Leipzig 1877, S. 159 ff.

Bevor er in Göttingen promovierte, legte Seelig in Marburg das Hessische Kameralexamen unter Bruno Hildebrand ab[23]. Promoviert hat er dann mit einer lateinisch geschriebenen Dissertation über Colberts Finanzverwaltung[24]. 1845 habilitierte er sich in Göttingen für Nationalökonomie, wurde 1849 Assessor der Philosophischen Fakultät und 1852 außerordentlicher Professor in Göttingen. 1853 erhielt er einen Ruf als außerordentlicher Professor der Staatswissenschaften nach Freiburg, wo er im Wintersemester 1853/54 Nationalökonomie vor – auch für Freiburger Verhältnisse vielen – 42 Hörern vorgetragen hat[25]. Solche Hörerzahlen sollte er in Kiel erst wieder an der Jahrhundertwende 1900/01 erleben; als er 1854 nach Kiel kam, studierten an der Kieler Universität etwa 140 Studenten, davon 55 in der Juristischen und 19 in der Philosophischen Fakultät[26]. Bis Anfang der 1880er Jahre sind immer wieder Vorlesungen Seeligs wegen Mangel an Hörern nicht zustandegekommen, die Hörerzahlen der besuchten Vorlesungen schwankten zwischen 3 und 12, im Durchschnitt waren es etwa 5[27].

Seelig war ungern aus Freiburg weggegangen, hatte aber aus politischen Gründen den Ruf nach Kiel angenommen, um zu verhindern, daß wieder ein prodänischer Fachvertreter berufen würde[28]. Aus seiner großdeutschen Einstellung heraus ist er in den sechziger Jahren Anhänger des Augustenburgers gegen Preußen geworden, und zusammen mit Albert Hänel hat er für die politische Propagierung der Erbansprüche des Augustenburgers in den Herzogtümern gearbeitet[29]. Zusammen mit Hänel hat er dann aber relativ schnell die preußischen Realitäten akzeptiert und mitgeholfen, die Schleswig-Holsteinische Liberale Partei auf den Weg der konstruktiven Mitarbeit im Reich zu bringen[30]. Noch unter der Übergangsregierung organisierte er in Zusammenarbeit mit dem Königlichen Statistischen Bureau in Berlin 1864 die Volkszählung in

---

23 Die Philipps-Universität zu Marburg 1527–1927. Fünf Kapitel aus ihrer Geschichte (1527–1866) von H. Hermelink und S.A. Kaehler, Marburg 1927, S. 555 ff. Zu Hildebrand vgl. Winkel, a.a.O., S. 96 f. mit Literatur.

24 De Colberti Administratione Aerarii. Dissertatio quam amplissimi Philosophorum Ordinis in Academia georgica Augusta, scripsit Guilielmus Seelig, Gottingae 1844.

25 Friedhelm Biesenbach: Die Entwicklung der Nationalökonomie an der Universität Freiburg i.Br. 1768–1896, Freiburg i.. Br. 1969, S. 104 f.

26 Friedrich Volbehr: Zur Geschichte der Frequenz der Christian-Albrechts-Universität von 1665–1876, in: Friedrich Volbehr: Beiträge zur Geschichte der Christian-Albrechts-Universität zu Kiel, Kiel 1876, S. 53 ff.

27 LAS, Abt. 47 I, 177, I, gehaltene Vorlesungen, ohne Fascikelangaben, ebenso 47 I, 177 II und 59,3, 183, I, gehaltene Vorlesungen ab Sommersemester 1866 (preußische Verwaltung). Für die fünfziger Jahre vgl. Abt. 47, I, Nr. 55 II, Fasc. 762, 793, 830, 868, 904, 953, 1022, 1046. Seit 1873 war er oft in den Wintersemestern wegen seiner Teilnahme an Reichs- und Landtagssitzungen nicht in Kiel.
Zur Lehrtätigkeit von Wilhelm Seelig an der Kieler Universität vgl. B. Pusback: Die Kameral- und Staatswissenschaften an der Universität Kiel bis zum Ende des 19. Jahrhunderts, Beitrag zur Tagung: Die Institutionalisierung der Nationalökonomie . . . , S. 28 ff.

28 Geert Seelig, a.a.O., S. 31.

29 Geert Seelig, a.a.O., S. 164 ff. Hänel, Nachruf auf Wilhelm Seelig, a.a.O. Vgl. auch Kiehl: Albert Hänel, a.a.O., S. 121 ff. Vitzthum, a.a.O., S. 22 ff.

30 Kiehl, a.a.O., S. 452 f. Vitzthum, a.a.O., S. 30 ff.

Holstein[31] und leitete das Schleswig-Holsteinische Statistische Bureau bis zu seiner Auflösung und Integration in das allgemeine preußische statistische Bureau im Jahre 1868[32]. Von 1871 bis 1873 ist er dann als Vertreter der Liberalen für den 9. schleswig-holsteinischen Wahlkreis Mitglied des Reichstags geworden[33] und von 1873 bis 1893 Mitglied des preußischen Abgeordnetenhauses für den Kieler Wahlkreis; 1871 wurde er auch Mitglied im Setzungs-Kollegium der Stadt Kiel und Deputierter der Universität zum Armendirektorium[34].

1863 heiratete Wilhelm Seelig Henriette Stahmer, geb. von Jeß, die trotz ihrer holsteinischen aristokratischen Herkunft seit 1848 „sich zeitlebens in demokratischen Allüren" gefiel und ihren Mann politisch oft entscheidend beeinflußte[35]. 1864 zogen sie an den Schwanenweg, wo Wilhelm Seelig seine riesige Obstbaumzucht anlegte, die einen großen Teil seiner Lebenszeit in Anspruch nahm, was aber bei der geringen Auslastung als Hochschullehrer durchaus mit seinen beruflichen und politischen Verpflichtungen in Einklang zu bringen war[36]. Über seine Aktivität im Schleswig-Holsteinischen Gartenbauverein integrierte er diese Tätigkeit in seine Bemühungen um die Modernisierung der Wirtschaft in den Herzogtümern, indem er – ähnlich wie die Kameralisten[37] – durch die Organisation von Gartenbau-Ausstellungen und die Veröffentlichung von Artikeln im Vereins-Organ, der „Schleswig-Holsteinischen Zeitschrift für Obst- und Gartenbau", über praktische und politische Probleme der Obstbaumzucht zur praktischen Verbesserung der intensiven Landwirtschaft beizutragen versuchte[38].

31 Wilhelm Seelig: Die Ergebnisse der Volkszählung im Herzogthum Holstein nach der Aufnahme vom 3. December 1864, Kiel 1867, S.V. Die Prinzipien der früheren Volkszählungen in den Herzogtümern wurden im wesentlichen beibehalten und ergänzt „nach denjenigen Grundsätzen . . , welche in den Staaten des Deutschen Zollvereins hierfür vorgeschrieben wären." Ebenda. Zu den Volkszählungen in dänischer Zeit vgl. Ingwer Ernst Momsen: Die allgemeinen Volkszählungen in Schleswig-Holstein in dänischer Zeit (1769–1860), Neumünster 1974.

32 Der Aktenbestand im Landesarchiv Schleswig enthält für diese Phase nur die Akten über die Auflösung des Statistischen Bureaus. LAS Abt. 309, Nr. 16156, Statistik, Generalia; Abt. 301, Nr. 3079, Akten des königlichen Oberpräsidiums für Schleswig-Holstein betr. Statistische Sachen.

33 Vgl. Alberti, a.a.O. 1873 gewannen die Sozialdemokraten den Ostholsteinischen Wahlkreis. Vgl. Holger Rüdel: Landarbeiter und Sozialdemokratie in Ostholstein 1872–1878, Neumünster 1986, S. 187 ff. 1871 hatte Seelig den Wahlkreis gegen die Konservativen gewonnen. Ebenda, S. 175 ff.

34 Vgl. Alberti, a.a.O., S. 255.

35 Geert Seelig, a.a.O., S. 51.

36 Noch aus den 1880er Jahren berichtet Geert Seelig, daß die Kieler Universität eher eine Universität der Professoren als der Studenten gewesen sei. „Man hörte eigentlich mehr von berühmten Professoren, die keine Zuhörer hatten, als von solchen mit Studenten." Geert Seelig, a.a.O., S. 167.

37 Für Schleswig-Holstein vgl. z.B. das Wirken von August Christian Heinrich Niemann und die von ihm herausgegebenen Provinzialberichte. Vgl. K.D. Sievers: Volkskultur und Aufklärung im Spiegel der Schleswig-Holsteinischen Provinzialberichte, Neumünster 1970.

38 Seelig verfügte seit seiner Jugend über ausgedehnte botanische Kenntnisse, vgl. Geert

Wilhelm Seelig gehörte wie sein Freund und Kollege Albert Hänel zu den „politischen Professoren" des 19. Jahrhunderts, die – politisch von der Zeit der 1848er Revolution geprägt – ihre wissenschaftliche und politische Aktivität zu integrieren wußten und deren politisches Ziel „die Fortentwicklung der halbfeudalen und halbkonstitutionellen deutschen Gesellschaft zu einer stärker von humanistischen Werten bestimmten liberal-demokratischen Gesellschaft mit einem größeren Spielraum für ihre antagonistischen Kräfte"[39] blieb. Die auch von Seelig geförderte gesellschaftliche Entwicklung nahm allerdings schon zu seinen Lebzeiten Formen an, die er bekämpfte[40], und ließ nach seiner Generation kaum noch Gelehrte seines Lebenszuschnitts entstehen[41].

3. DAS WISSENSCHAFTLICHE UND POLITISCHE WERK

Das gesamte Lebenswerk Wilhelm Seeligs, das sich über einen Zeitraum von etwa 60 Jahren erstreckt, kann hier nicht gewürdigt werden. Im Zentrum des Interesses stehen hier seine Beiträge zur Modernisierung der wirtschaftlichen Verhältnisse Schleswig-Holsteins. Dafür ist es notwendig, kurz seine ökonomische und politische Grundposition zu kennzeichnen, die im Laufe seines langen Lebens verhältnismäßig stabil geblieben ist. Da er keine theoretischen Schriften im engeren Sinne veröffentlicht hat, sondern seine Position immer nur im Zusammenhang mit der Behandlung konkreter Probleme entwickelt hat, muß diese hier aus solchen Schriften rekonstruiert werden. Erleichtert wird diese Rekonstruktion durch die Konzentration Wilhelm Seeligs auf zwei Themenbereiche, die sich seit seiner Dissertation durch sein Werk ziehen: Zoll- und Finanzpolitik einerseits und Agrarpolitik andererseits, wobei sich

Seelig, a.a.O., S. 31. Er schrieb eine Reihe von Artikeln über die Veredelung von Obstsorten, Schädlinge u.ä., die sowohl botanische als auch ökonomische Überlegungen enthalten. Vgl. z.B. in der Schleswig-Holsteinischen Zeitschrift für Obst- und Gartenbau: Die Obstausstellung in Hamburg, Nr. 10, 1897; Die San-José-Schildlaus, Nr. 4, 1898; Die Versammlung des Deutschen Pomologen-Vereins und die Jubiläums-Ausstellung in Dresden, Nr. 12, 1899; Der Gartenbau im 19. Jahrhundert, Nr. 1, 1900 und Nr. 2, 1900; Der Reformobstbaum, Nr. 5, 1900.

39 Manfred Friedrich, a.a.O., S. 23. Die hier formulierte Charakterisierung Albert Hänels kann weitgehend auf Wilhelm Seelig übertragen werden.

40 So führte z.B. die Privatisierung der Wälder in der Reformzeit am Anfang des 19. Jahrhunderts zu weitverbreiteten Abholzungen, gegen die im Preußischen Landtag ein Gesetzentwurf beraten wurde, der Wilhelm Seelig nicht weit genug im Hinblick auf den Schutz der Wälder vor weiterer Vernichtung führte. Vgl. Stenographische Berichte über die Verhandlungen des preußischen Abgeordnetenhauses, II. Session der 12. Legislaturperiode vom 16.1.–15.6.1875, zum Gesetzentwurf, betreffend die Erhaltung und Begründung von Schutzwaldungen, sowie die Bildung von Waldgenossenschaften, Bd. 1, S. 27.

41 Vgl. die Einschätzung von Geert Seelig, daß der alte Kieler „Gelehrtenstaat . . . den Todeskeim in sich getragen" habe. „Der Boden auf dem diese Triarier des Professorentums erwachsen waren, wurde mittels gründlicher Umarbeitung durch das Neupreußentum für solche Frucht künftighin untauglich gemacht." Geert Seelig, a.a.O., S. 170.

aus seinen frühen agrarpolitischen Schriften sowohl seine politische als auch seine ökonomisch liberale Grundposition am besten ableiten lassen. Daß beide Themen sich ergänzten, zeigen dann die Gutachten zur Frage der „stehenden Gefälle", die auf der Basis historisch-juristischer Studien den schleswig-holsteinischen Landwirten die Entlastung von Steuern brachten und die ökonomische Position insbesondere der Bauern stärken sollten. Bevor diese für Schleswig-Holstein wichtige Problematik dargestellt wird, soll hier zunächst seine liberale Grundposition entwickelt werden.

3.1. Zum Verhältnis von Staat und Wirtschaft

Schon in seiner Dissertation über die Colbertsche Finanzpolitik lag das Schwergewicht der Darstellung auf den Schäden, die sich aus der französischen Steuerpolitik für die Wirtschaft ergaben. Seine Kritik galt sowohl der Art der Steuern, als auch der Art der Steuererhebung durch Steuerpächter, die dazu führte, daß die Wirtschaft durch das Ausmaß der Steuern geschädigt wurde, ohne daß der Staat die Einnahmen in entsprechender Höhe erhielt[42]. Die meisten von Seelig durchaus positiv eingeschätzten Wirtschaftsförderungsmaßnahmen wurden auf diese Weise seiner Meinung nach zunichte gemacht. Ein weiterer, auf seine späteren Arbeiten verweisender Kritikpunkt war die Vernachlässigung der Landwirtschaft zugunsten der Handels- und Gewerbepolitik und die Konzentration der Belastung durch direkte Abgaben gerade auf die ärmere Landbevölkerung[43]. Die in seinen späteren agrarpolitischen Schriften gezogene Konsequenz war die Befürwortung einer möglichst weitgehenden Trennung von Staat und Gesellschaft.

Im Zusammenhang mit der Frage, ob der Staat zur Sicherung seiner Einnahmen noch Domänen besitzen sollte, nahm er insofern einen entwicklungsgeschichtlichen Standpunkt ein, als er für Staaten mit geringer Bevölkerung, niedrigem Entwicklungsstand der Volkswirtschaft und Mangel an Kapital Staatsbesitz für notwendig hielt. »In dichtbevölkerten, reichen Ländern ist dagegen ein solches Besitzthum nicht mehr nothwendig, da die Abgaben der Einwohner dann hinreichend sind, sowohl die ordentlichen als außerordentlichen Staatsausgaben zu bestreiten«[44]. Prinzipiell trat er für die Veräußerung der Domänen ein, da weder staatliche Verwalter noch Pächter so rationell wirtschafteten wie Eigentümer von Bauernstellen[45]. Weder volkswirtschaftlich noch finanzpolitisch[46] seien Domänen sinnvoll und politisch eher gefährlich, da es für ein „gesundes Staatsleben" erforderlich sei, „daß alle Staatsbürger, welche nicht als Beamte und öffentliche Diener in einer unmittelbaren Beziehung zu der

42 Seelig: De Colberti . . . , S. 3 ff.
43 Ebenda, S. 38 ff.
44 W. Seelig: Beiträge zur Domänenfrage, Sonderdruck aus dem Archiv der politischen Ökonomie, NF, Bd, IX (1851), S. 60.
45 Ebenda, S. 40, S. 61.
46 Ebenda, S. 62 ff. Anstatt auf die Einnahmen aus Domänen zu setzen, um den Staatskredit abzusichern, sollte man die Domänen verkaufen, um die Staatsschulden damit zu tilgen. Vgl. Ebenda, S. 68.

Regierungsgewalt stehn, von ihr durchaus unabhängig und frei leben können"[47]. Nur bei einer konsequenten Trennung von Staat und Gesellschaft sah er die Basis für Kritik und Gegenwehr der Staatsbürger gegen die Politik der Regierung gewährleistet – diese politisch notwendige Unabhängigkeit hätten aber Pächter von Staatsgütern nicht[48]. Eine andere politische Gefahr sah er in der möglichen Parteinahme des Staates für die Grundbesitzer, wenn der Staat selbst bedeutenden Grundbesitz hätte: die Regierung sollte "über den in dem Staate befindlichen Partheien erhaben stehn. Nur das Gesammt-Interesse aller Staatsangehörigen ist das Ziel, wornach sie zu streben hat." Auch der Anschein der Parteilichkeit des Staates müsse vermieden werden[49].

Auf der anderen Seite ergaben sich aus der Gemeinwohlorientierung des Staates auch Notwendigkeiten zum Eingreifen in die Wirtschaft und zur Übernahme von Staatseigentum. Wo die "Privatthätigkeit" der Bürger nicht ausreichte, um einen bestimmten Zweck zu erreichen, sei es aus Unwissenheit oder weil "die Sonderinteressen der Einzelnen untereinander oder mit den allgemeinen Interessen der Gesammtheit in unlösbarem Widerspruch" stehen, müßte der Staat eingreifen[50]. Insbesondere, wenn kurzfristiges Gewinninteresse der Privaten den langfristigen Interessen der Gesamtheit entgegenstanden, wie z.B. bei der Erhaltung der Wälder oder der Linienführung und Preisgestaltung der Eisenbahnen, sollte der Staat als Eigentümer für eine langfristig sinnvolle und sozial gerechte Nutzung sorgen[51]. Im preußischen Landtag setzte er sich konsequent für die Waldschutzgesetzgebung und die Verstaatlichung der Eisenbahnen ein[52].

Der Verkauf der Domänen hatte aber für ihn – ähnlich wie die Parzellierung großer Güter – den Zweck, den Stand der kleinen selbständigen Bauern als "nothwendige und sichere Grundlage eines gesundes Staatslebens"[53] zu fördern, da "politische Freiheit nur dann ihren vollen Werth hat, wenn sie mit wirthschaftlicher Unabhängig-

---

47 Ebenda, S. 66.
48 Ebenda, S. 66 f.
49 Ebenda, S. 66.
50 W. Seelig: Ueber die Geschlossenheit des Grundbesitzes, in: Zeitschrift für die gesamte Staatswissenschaft, 7. Bd. (1851), S. 558. Ähnlich auch in den Beiträgen zur Domänenfrage, a.a.O., S. 71 ff.
51 Seelig: Beiträge zur Domänenfrage, a.a.O., S. 69 ff.
52 Vgl. Stenographische Berichte über die Verhandlungen des preußischen Abgeordnetenhauses, II. Session der 12. Legislaturperiode vom 16.1.–15.6.1875, Bd. 1, S. 27, S. 128 f. III. Session vom 16.1.–30.6.1876, Bd. 2, S. 1085; II. Session, 15. Legislaturperiode vom 20.11.1883–19.5.1884, S. 866. I. Session der 16. Legislaturperiode vom 14.1.–30.6.1886, 3. Bd., S. 1703. III. Session der 16. Legislaturperiode vom 14.1.–26.5.1888, 2. Bd., S. 661. IV. Session der 17. Legislaturperiode vom 14.1.–23.6.1892, 3. Bd., S. 1775. Verschiedentlich auch zu Fragen der Tarifgestaltung der Eisenbahnen. – Bei der Literaturbeschaffung und der Durchsicht von zwanzig Jahrgängen der Stenographischen Berichte über die Verhandlungen des Preußischen Abgeordnetenhauses ist mir stud. sc. Sonja Zocholl behilflich gewesen.
53 Seelig: Ueber die Geschlossenheit des Grundbesitzes, a.a.O., S. 549.

keit verbunden ist"[54]. Noch 1876 propagierte er als Mittel gegen die Ausbreitung der Sozialdemokratie die Ansiedlung von Tagelöhnern und die Gründung ländlicher Genossenschaften[55], und selbst 1895 verwies er auf die Parzellierung der Domänen und adliger Güter im Zuge der schleswig-holsteinischen Agrarreformen am Anfang des 19. Jahrhunderts als mögliche Problemlösung für die Gegenwart von 1895[56].

Die Vorliebe für eine Gesellschaft aus möglichst vielen nicht zu großen selbständigen Eigentümern mag ihre soziale Begründung in der Herkunft Seeligs aus dem wohlhabenden Handwerk haben, zumal in seiner Familie die Wahrnehmung politischer Ämter in der kommunalen Selbstverwaltung zur Tradition gehörte, theoretisch leitete er die Begründung aus der Smithschen Ökonomie ab: „Für die Volkswirthschaft im Allgemeinen nämlich ist es das beste Verhältnis, wenn die Zufuhren von Lebensmitteln geregelt und gleichmässig erfolgen, und wenn die Preise derselben keinen allzu großen Schwankungen unterworfen sind. Das wird nun weit eher erreicht, wenn eine Menge kleiner Producenten vorhanden ist, welche den Markt versorgt, als wenn die Zufuhr und Preise ganz oder grösstentheils von einigen wenigen Bewirthschaftern grosser Güter abhängig sind"[57]. Insgesamt sah er die ökonomischen Vorteile der kleinen Bauerngüter – die allerdings groß genug sein sollten, um eine Familie zu ernähren und auch voll zu beschäftigen[58] – in der genaueren Kenntnis der Bodenbeschaffenheit und der Witterungsverhältnisse sowie in der größeren Flexibilität, auf konjunkturelle Änderungen reagieren zu können[59]. Große Güter sollten allerdings nicht gänzlich beseitigt werden. Abgesehen von den jeweils besonderen Produktionsbedingungen, die auch große Güter notwendig machen könnten[60], hatten sie als kapitalkräftigere Betriebe mit besser ausgebildeten Wirtschaftern eine wichtige Funktion als Neuerer und Vorbilder für die kleineren Güter[61]. Als optimale Verteilung des landwirtschaftlich benutzten Grundbesitzes

54 Ebenda, S. 590. „Das drohende Gespenst des aller Civilisation den Untergang bereitenden Communismus wird nur da gefährlich, wo sich eine zahlreiche Bevölkerung findet, welcher durch das Gesetz oder durch ungünstige volkswirthschaftliche Verhältnisse die Aussicht abgeschnitten ist, zu Besitz und den damit verbundenen Rechten und Genüssen zu gelangen. Will man communistische Ideen fernhalten oder unschädlich machen, so sorge man dafür, daß die Ursachen, welche ihnen den Ursprung und Unterstützung verleihen, sich nicht entwickeln können. Die Idee der Gleichberechtigung Aller ist nun einmal eine aus dem Volke nicht mehr zu verbannende geworden."
55 An die liberalen Wähler. Vier Reden von den Abgeordneten Dr. Hänel und Dr. Seelig, Segeberger Rede von W. Seelig vom 6.8.1876, Kiel 1876, S. 17 f.
56 W. Seelig: Die innere Colonisation in Schleswig-Holstein vor hundert Jahren, Rede zum Antritt des Rektorates der Christian-Albrechts-Universität am 5. März 1895, Kiel 1895, S. 3, S. 21.
57 Seelig: Ueber die Geschlossenheit des Grundbesitzes, a.a.O., S. 548.
58 Ebenda, S. 550 ff. Ähnlich auch in den Beiträgen zur Domänenfrage, a.a.O., S. 87. Auf keinen Fall sollten große Güter an Tagelöhner verteilt werden, da ihnen das nötige Wissen und Kapital fehlte. Ebenda, S. 90 f.
59 Seelig: Ueber die Geschlossenheit des Grundbesitzes, a.a.O., S. 542, S. 548 f.
60 Ebenda, S. 546.
61 Ebenda, S. 544 f.

erschien ihm die Mischung einer großen Zahl kleiner Güter mit einer beschränkten Anzahl mittlerer und größerer Güter[62].

Hielt er das Eingreifen des Staates für die Herbeiführung dieses optimalen Zustands auch für prinzipiell gerechtfertigt, warnte er doch vor einem zu raschen und weitgehenden Eingreifen des Staates[63]. Im wesentlichen sollte er sich auf die Verhütung neuer Übelstände, wie z.B. die weitere Ansammlung des Grundbesitzes in den Händen weniger Großgrundbesitzer, konzentrieren[64], wie denn konkrete Maßnahmen immer nur mit der größten Vorsicht und Rücksicht auf die gegebenen Umstände in Angriff genommen werden sollten[65]; selbst bei Aufhebung der Feudallasten und der für die moderne Landwirtschaft so sinnvollen Zusammenlegung der Grundstücke plädierte er für die Bewahrung von Verhältnissen, die auch in der Gegenwart Anwendung finden könnten[66]. Auf der anderen Seite begrenzte die liberale Auffassung vom Recht der einzelnen Bürger die Möglichkeiten des Staates, Verordnungen zu erlassen ohne Einwilligung der Bürger. „Nur ein allgemeines Gesetz kann das Aufgeben von Privatrechten der Einzelnen herbeiführen. Ueberwiegenden Forderungen des allgemeinen Besten muß aber das formelle Recht der Einzelnen weichen. Materiell dürfen sie indessen keine Beschädigung erleiden"[67]. Wurde dies Prinzip seiner Meinung nach bei der Hannoverschen Verkoppelungsgesetzgebung gewahrt, kämpfte er später im Preußischen Landtag vergebens für die Wahrung der Eigentümerinteressen bei der Gesetzgebung betr. die Ablösung der Servituten, die Theilung der Gemeinheiten und die Zusammenlegung der Grundstücke für die Provinz Schleswig-Holstein[68].

Sein Gesellschaftsmodell blieb das einer bürgerlichen Gesellschaft vieler kleiner Selbständiger. Von der Industrie sah er 1851 die Gefahren ausgehen, die Staat und Gesellschaft bedrohten: soziale Übelstände, die sich aus der massenhaften Anhäu-

---

62 Ebenda, S. 557. Ähnlich auch in den Beiträgen zur Domänenfrage, a.a.O., S. 83ff.

63 Seelig: Ueber die Geschlossenheit des Grundbesitzes, a.a.O., S. 557.

64 Ebenda, S. 558.

65 Seelig: Ueber die Geschlossenheit des Grundbesitzes, a.a.O., S. 539. „Die Bedeutsamkeit der mitwirkenden Nebenumstände ist es, welche die Bezugnahme auf ein bestimmtes Land verlangt. Die ganze volkswirthschaftliche Lage des Landes, nicht blos die landwirthschaftlichen, sondern auch die industriellen und Handelsverhältnisse, die Staats- und Rechtsverfassung, der Bildungsstand, die Sitten und der Charakter des Volkes werden für die Entscheidung der Frage in Anschlag gebracht werden müssen." Diese Position fand denn auch den Beifall des Agrarhistorikers Karl Grünberg: Agrarpolitik, XXI. Artikel in: Die Entwicklung der deutschen Volkswirtschaftslehre im neunzehnten Jahrhundert, Festschrift zum 70. Geburtstag von Gustav Schmoller, 2. Teil, Leipzig 1908, S. 43 f.

66 So plädierte er gegen die vollständige Aufteilung der Gemeinheiten, da nach wie vor gemeinsame Viehweide mehrerer Grundbesitzer sinnvoll sein könne. Ebenso sinnvoll seien gemeinsame Backöfen, größere gemeinschaftliche Ent- und Bewässerungsanlagen usw. Seelig: Die Zusammenlegung der Grundstücke, a.a.O., S. 15.

67 Ebenda, S. 27.

68 Stenographische Berichte über die Verhandlungen des preußischen Abgeordnetenhauses, III. Session der 12. Legislaturperiode, vom 16.1.–30.6.1876, 2. Bd., S. 987; 3. Bd., S. 1947 ff.

fung der Arbeitskräfte entwickelten[69]. Aber schon damals erwartete er von der Gründung von „Associationen" eine Lösung der Probleme und noch 1876 warf er der konservativen Regierung vor, zu lange „überhaupt jede Vereinigung zum Zwecke der Einwirkung auf Lohnverhältnisse oder ähnliche wirtschaftliche Ziele" verboten zu haben, wodurch die Arbeiter in ihren natürlichen Rechten gekränkt worden seien[70]. Gegen die Sozialdemokratie sollten keine Ausnahmegesetze erlassen werden, sondern mit Hilfe von Spar-, Konsum- und Produktionsgenossenschaften sollte der Sozialdemokratie einerseits und „der Uebermacht des Großkapitals andererseits" entgegengetreten werden[71]. Die wirksamste Verbesserung versprach er sich jedoch von einer auch staatlich unterstützten Ansiedlung von Arbeitern auf eigenem Grund und Boden, seien doch die französischen Kleinbauern für die sozialistische Bewegung unzugänglich geblieben[72]. Auf der anderen Seite wandte er sich gegen einen besonderen Schutz des Handwerks durch Rückkehr zum Zunftwesen und durch Schutzzölle. Wenn sich die Handwerker auf die moderne Situation einstellten und die Chancen nutzten, die die Gewerbefreiheit bot, könnte sich – wie das Beispiel Englands und Frankreichs zeigte – trotz großer Industrie und Eisenbahnverkehr ein wohlhabender Handwerkerstand entwickeln[73].

Daß schon in den 1870er Jahren die industrielle Entwicklung mit ihren politischen Folgen nicht mehr aufzuhalten war, zeigt der Verlust des ostholsteinischen Wahlkreises an die Sozialdemokraten[74].

3.2. Schleswig-Holstein und der Zollverein

Kann im nachhinein – angesicht des vollzogenen Industrialisierungsprozesses und der damit verbundenen politischen Veränderungen – die Unangemessenheit eines solchen kleinbürgerlich-demokratischen Gesellschaftsmodells konstatiert werden, waren die gesellschaftlichen Realitäten der fünfziger Jahre in den Herzogtümern Schleswig und Holstein doch stärker von der Landwirtschaft und einem Mangel an industriellem Kapital geprägt[75], so daß aus der Sicht der zeitgenössischen Problemkonstellation die zukünftige Entwicklung nicht unbedingt so abgeschätzt werden konnte, wie sie sich dann vollzog. Unter diesem Gesichtspunkt ist Wilhelm Seeligs Vortragszyklus über den deutschen Zollverein, den er auf Wunsch des Kieler

---

69 Seelig: Ueber die Geschlossenheit des Grundbesitzes, a.a.O., S. 550.
70 Seelig: Segeberger Rede an die liberalen Wähler, a.a.O., S. 16.
71 Ebenda.
72 Ebenda, S. 18.
73 Ebenda, S. 22 f.
74 Vgl. Rüdel, a.a.O., S. 187 ff.
75 W. Seelig: Schleswig-Holstein und der Zollverein, Kiel 1865, S. 138 ff., S. 172. Zur industriellen Entwicklung der Herzogtümer bis 1867 vgl. Jürgen Brockstedt: Frühindustrialisierung in den Herzogtümern Schleswig und Holstein. Ein Überblick, in: Frühindustrialisierung in Schleswig-Holstein, anderen norddeutschen Ländern und Dänemark, hg. von Jürgen Brockstedt, Neumünster 1983, (Studien zur Wirtschafts- und Sozialgeschichte Schleswig-Holsteins, Bd. 5), S. 19 ff.

Handels- und Industrievereins gehalten hat, von besonderem Interesse. In der Übergangsphase zwischen dänischer Herrschaft und Annexion der Herzogtümer durch Preußen erfüllt von der Hoffnung, daß es möglich sein werde, daß die Herzogtümer als selbständiger Staat eigene Politik treiben und selbständiges Mitglied des Zollvereins werden könnten, entwickelte er auf der Basis einer eingehenden Untersuchung der wirtschaftlichen Verhältnisse des Landes Vorstellungen für einen wirtschaftlichen Entwicklungspfad Schleswig-Holsteins als Mitglied des Zollvereins, der von den landeseigenen Möglichkeiten bestimmt war. Ausgangspunkt seiner Überlegungen war der erwünschte Anschluß an Deutschland einerseits und die Teilhabe an den günstigen Wirkungen der inneren Verkehrsfreiheit, die zu einer Entfaltung nicht nur von Handel und Industrie, sondern auch der Landwirtschaft in den am Zollverein beteiligten Ländern geführt habe[76]. Ausdrücklich anerkannte er in der Darstellung der bisherigen Entwicklungsgeschichte des Zollvereins die positive Rolle Preußens, insbesondere beim Anschluß Hannovers 1851, der wegen der Ausdehnung des Zollvereins bis an das Meer im allgemeinen Interesse des Zollvereins gelegen habe[77]. Doch sah er die Bedeutung des Zollvereins vor allem in der Förderung der ökonomischen Entwicklung Deutschlands, weitergehende politische Pläne hielt er eher für störend. In der politischen Konstellation, in der es um die Wahrung der schleswig-holsteinischen Selbständigkeit ging, mußte er hervorheben, daß der deutsche Zollverein „eine freie Vereinigung unabhängiger deutscher Staaten zu dem Zwecke, ein einheitliches Zollgebiet aus ihren Territorien zu bilden", sei[78].

Trotz seiner prinzipiellen Bevorzugung des Freihandels stand Seelig der Argumentation Friedrich Lists nahe, daß sich die Zölle nach dem volkswirtschaftlichen Entwicklungszustand des Landes richten müßten, insofern unter bestimmten Bedingungen auch Schutzzölle für weniger entwickelte Wirtschaften sinnvoll seien[79]. Um über das für Schleswig-Holstein sinnvollste Zollsystem ein Urteil abgeben zu können, hielt er es also zunächst für nötig, die volkswirtschaftliche Lage der Herzogtümer zu Beginn der 1860er Jahre zu charakterisieren. Der Bezeichnung der Herzogtümer als Ackerbauländer stimmte er insofern zu, als darin zum Ausdruck komme, daß die Ausfuhr fast ausschließlich in landwirtschaftlichen Produkten bestand[80]. Andererseits verwies er darauf, daß auch in Preußen noch 51 % der Bevölkerung von der Landwirtschaft lebten, während in Schleswig-Holstein selbständige Landwirte und Tagelöhner in der Landwirtschaft zusammen zwischen 52 % und 56 % der Bevölke-

---

76 Seelig: Zollverein, a.a.O., S. 30. Das Buch enthält auch eine ausführliche, sehr sachlich gehaltene Darstellung der bisherigen Entstehungs- und Entwicklungsgeschichte des deutschen Zollvereins. Die unterschiedlichen Interessenpositionen der Einzelstaaten werden dargestellt, ohne sie im einzelnen zu bewerten. Das gilt auch für die Einheitspläne des Paulskirchenparlaments. Vgl. S. 43 ff.
77 Ebenda, S. 58. Vgl. auch W. Seelig: Der Preussisch-Hannoversche Vertrag vom 7. September 1851 in seiner Bedeutung für Hannover beleuchtet. Göttingen 1852.
78 Seelig: Zollverein, a.a.O., S. 84.
79 Ebenda, S. 33 ff. Mit bezug auf Friedrich List. S. 73 stellte er dar, daß England erst dann zum Freihandel übergegangen sei, als es die Vorherrschaft auf dem Gebiet des Welthandels erreicht hatte.
80 Ebenda, S. 139.

rung ausmachten[81]. Von Handwerk und Industrie lebten in Holstein 26 % und in Schleswig 22 %[82]. Durch die früh vollzogene Verkoppelung und den hohen Ausbildungsstand der Landwirte herrschte in fast allen Bereichen der Landwirtschaft rationelle Betriebsführung, so daß überwiegend gut verdient würde und auch die Tagelöhner so hohe Löhne erhielten, daß sie sich Fleisch und Kolonialwaren leisten könnten[83]. Aufgrund der günstigen Exportlage für Getreide, Butter und Vieh konnte Schleswig-Holstein vergleichsweise große Mengen an Kolonialwaren wie Zucker, Kaffee und Tabak importieren, wobei der Verbrauch dieser Güter in den Unterschichten für Seelig als Wohlstandsindikator fortgeschrittener Nationen galt[84]. Er erwartete für die Zukunft sowohl ein weiteres Wachstum der Bevölkerung als auch eine Steigerung des Anspruchsniveaus in der Konsumgüterversorgung[85]. Insofern hielt er – trotz des gegenwärtigen agrarischen Wohlstands – die Situation der Herzogtümer für ungünstig, da das meiste Kapital in der Landwirtschaft gebunden sei, und zwar überwiegend aufgesogen durch erhöhte Verkaufs- und Pachtpreise und nicht als zusätzliche Investition[86]. Die unter dem Gesichtspunkt des notwendigen Wirtschaftswachstums erforderlichen Investitionen in Handel-, Verkehr und Industrie seien überwiegend ausgeblieben. Handel und Schiffahrt würden überwiegend von Ausländern betrieben, das Straßen- und Eisenbahnnetz sei ungenügend entwickelt und die Eisenbahnen weitgehend mit ausländischem Aktienkapital gebaut, überdies fehlten die nötigen Kreditinstitute, um das bei vielen Landwirten brachliegende Geld, das dort oft jahrelang unbeschäftigt aufbewahrt wurde, dem Wirtschaftskreislauf zur Verfügung stellen zu können[87]. Nach dem Vorbild des englischen Adels, der sich an Handels- und Bankgeschäften und allen Industriezweigen beteiligte, hätten auch in den Herzogtümern die Überschüsse aus der Landwirtschaft in Handel, Schiffahrt, Industrie und in öffentliche Unternehmungen der Infrastruktur investiert werden müssen[88].

Insbesondere da man in Zukunft mit der Konkurrenz der überseeischen Länder wie Australien und Kalifornien, aber auch der Vereinigten Staaten und Rußlands wegen der überall erfolgten Verbesserung der Transportmittel und -wege rechnen müßte und wegen Ausbau der landwirtschaftichen Produktion in allen diesen Ländern nicht mehr mit einer Zunahme der Absatzmöglichkeiten rechnen könnte[89], sei die Industrialisierung der Herzogtümer voranzutreiben.

81 Ebenda, S. 140 f.
82 Ebenda, S. 140.
83 Ebenda, S. 146 f.
84 Ebenda, S. 149.
85 Ebenda, S. 149 f.
86 Ebenda, S. 168 f. Andererseits war auch ein Teil der Gelder in die Drainage und die Verbesserung der landwirtschaftlichen Gebäude geflossen; vgl. S. 161 f. Ein Teil sei auch durch die hohen Steuern in der dänischen Zeit abgeschöpft worden, was auch z.T. zur Kapitalflucht geführt habe; vgl. S. 165.
87 Seelig, Zollverein, a.a.O., S. 170 f.
88 Ebenda, S. 169f.
89 Ebenda, S. 153 ff.

Als Ausgangspunkt einer Industrialisierung Schleswig-Holsteins sollte zunächst bei der Veredelung von im Lande angebauten landwirtschaftlichen Produkten angesetzt werden – angefangen bei der Verbreitung von Korndampfmühlen, der Fabrikation von Brot und Schiffsproviant, Rapsöl, Dünger aus Knochen, aber auch der Bierbrauerei und der Spiritusfabrikation[90]. Statt Felle und Häute auszuführen, sollte die Lederfabrikation ausgebaut werden – auch für die Baumwollproduktion mit Hilfe von Dampfmaschinen hielt er die Ausgangslage für günstig, da die Herzogtümer Baumwolle und Steinkohle billig importieren könnten[91]. Papier-, Glas- und Fayencenproduktion könnten ausgedehnt werden, wenn man anstelle des zu teuren Holzes Torf und Steinkohlen als Brennmaterial nutzte, und selbst die Eisenindustrie hielt er für ausbaufähig, da die Herzogtümer günstige Verkehrsbedingungen für den Import von Roheisen und Kohle hätten[92]. Wie die Kameralisten argumentierte er für den Ausbau von Handel und Gewerbe, die Entfaltung des einheimischen Schiffbaus, einheimischer Reedereien und die Übernahme des Im- und Exporthandels in einheimische Handelsfirmen[93]. Voraussetzung für eine erfolgreiche Entwicklung der Fabriken seien aber „intelligente Unternehmen und große Capitale, die sich ihnen zuwenden wollen und ein weiterer Absatzmarkt, als die gegenwärtigen Zollgrenzen des Landes ihnen darbieten"[94].

Unter der Prämisse, daß die Herzogtümer ihre wirtschaftliche und politische Selbständigkeit wahren wollten, prüfte Seelig dann unter finanzwirtschaftlichen und volkswirtschaftlichen Gesichtspunkten die Alternativen für die Zollpolitik und ihre möglichen Auswirkungen auf die wirtschaftliche Entwicklung. Unter finanzwirtschaftlichen Gesichtspunkten erschien die Aufrechterhaltung des gegenwärtigen, noch aus der dänischen Zeit stammenden Zollsystems am günstigsten, da das Verhältnis von Einnahmen zu Verwaltungs- und Grenzbewachungskosten positiv sei[95] und die Höhe der Zölle der gerade entstehenden Industrie den nötigen Schutz für ihre weitere Entwicklung gewährte[96]. Riet er so aus entwicklungspolitischen Gründen von einer gänzlichen Aufhebung der Zölle ab, anerkannte er auch die Notwendigkeit der Zölle als Staatseinnahmen, auf die der zukünftige Staat Schleswig-Holstein nicht verzichten

90 Ebenda, S. 173 ff.
91 Ebenda, S. 177 ff.
92 Ebenda, S. 182 ff.
93 Für die ähnlich gelagerten Vorschläge der Kameralisten vgl. A.C.H. Niemann: Von der Industrie, ihren Hindernissen und Beförderungsmitteln, Altona 1784; ders.: Ueber den einheimischen Manufakturfleis, ein Vorschlag, allen Manufakturisten und Fabrikanten in Schleswig-Holstein zur Erklärung vorgelegt, in: Schleswig-Holsteinische Provinzialberichte, 5. Jg., 2. Bd., Kiel und Kopenhagen 1791, S. 222 ff. B. Pusback: Kameralwissenschaft und liberale Reformbestrebungen, in: ZSHG, Bd. 101 (1976), S. 259 ff.
94 Seelig, Zollverein, a.a.O., S. 181.
95 Ebenda, S. 203 ff. Seelig untersuchte akribisch die einzelnen Posten an Einnahmen und Ausgaben für die Verwaltung und die Bewachung der Grenzen.
96 Ebenda, S. 195. Eine totale Aufhebung der Zölle, die aus Kostengründen für ein so kleines Land wie die Herzogtümer vielleicht sinnvoll erscheinen könnte, würde volkswirtschaftlich nur zu einer „passiven" Handelsfreiheit führen: es könnten auswärtige Güter billig importiert werden, aber die eigene Wirtschaft hätte keine Chancen, sich zu entfalten.

könnte, da die Zölle bisher ein Drittel des Staatshaushalts ausgemacht hätten[97]. Aus volkswirtschaftlichen Gründen aber erschien die Aufrechterhaltung eines eigenen Zollsystems der Herzogtümer für die weitere Entfaltung der Industrie wegen der mangelnden Absatzmöglichkeiten nicht sinnvoll[98]. Auch würden sich die Konsumenten auf die Dauer nicht mit dem Angebot der einheimischen Industrie zufriedengeben[99]. Deshalb empfahl er den Anschluß der Herzogtümer an ein größeres Zollgebiet, wobei er aus politischen, aber auch aus wirtschaftsstrukturellen Gründen von einer Zollunion mit Dänemark oder Mecklenburg abriet, da es in beiden Fällen zur Konkurrenz auf den Agrarmärkten kommen würde und Dänemark darüber hinaus zu hohe Schutzzölle für seine Industrie erhob[100]. So erschien als einzige Möglichkeit der Anschluß an den deutschen Zollverein empfehlenswert. Vom Anschluß an den Zollverein erwartete er die Verbesserung der Absatzmöglichkeiten der schleswig-holsteinischen Agrarprodukte, aber auch die weitere Entfaltung der bestehenden und die Anlage neuer Industriezweige[101] – trotz der Konkurrenz durch die schon weiter entwickelte Industrie im übrigen Zollvereinsgebiet. Bei der Überprüfung der Auswirkungen des Zollanschlusses auf die 16 wichtigsten Einfuhrartikel[102], die bisher 80 % der Zolleinnahmen der Herzogtümer aufbrachten, kam er einerseits zu dem Schluß, daß das Preisniveau für viele Artikel des täglichen Gebrauchs sinken würde, und zwar in der Weise, daß die Unterschichten stärker entlastet und die Oberschichten stärker belastet würden[103]. Die größte Zahl der benötigten Rohstoffe könnte in Zukunft zollfrei oder zu niedrigeren Tarifen eingeführt werden, insgesamt würde das Leben billiger werden[104]. Schwierigkeiten sah er vor allem bei der Einfuhr von Roheisen, das die Herzogtümer bisher aus England, Schweden und Rußland bezogen hatten – zu niedrigeren Zollsätzen als den im Zollverein geltenden[105]. Seine Hoffnungen setzte er darauf, daß „die Handelspolitik dieses Vereins in der nächsten Periode sich unzweifelhaft noch mehr in den Bahnen der Handelsfreiheit bewegen wird, eine Richtung, die den Interessen der Herzogthümer wohl die entschieden angemessenere ist"[106]. Bei der Abwägung der Vor- und Nachteile eines Beitritts der Herzogtümer zum Zollverein schienen ihm die Vorteile, die der Landwirtschaft aus der Aufhebung der Holz- und Steinkohlenzölle erwuchsen, allein schon die Nachteile aus der Erhöhung der Roheisenzölle aufzuwiegen. Für den Zollverein als ganzen sei die Erhaltung einer selbständigen Eisenindustrie von so großer Bedeutung, daß ihr Schutz durch hohe

97 Ebenda, S. 189 ff.
98 Ebenda, S. 215.
99 Ebenda, S. 216.
100 Ebenda, S. 216 ff.
101 Ebenda, S. 223 ff.
102 Ebenda, S. 225. Diese 16 Güter waren: Zucker, Kaffee, Wein, Branntwein, Tabak, Holz, Woll-, Baumwoll-, Leinen- und Seidenwaren, Eisen, Steinkohle, Fayencen, Salz, Glas und Tee.
103 Ebenda, S. 242.
104 Ebenda.
105 Ebenda, S. 234 ff.
106 Ebenda, S. 225.

Einfuhrzölle auch gegen die Interessen von Einzelstaaten zu rechtfertigen sei[107]. „Der ganze Zollverein ist gewissermaßen als eine Erwerbsgenossenschaft anzusehen, deren einzelne Glieder dem allgemeinen höheren Zwecke sich unterordnen und dafür selbst gewisse Opfer darbringen müssen"[108]. Auch die zu erwartenden Mindereinnahmen der schleswig-holsteinischen Staatskasse, die zum Teil über besondere Anrechnungsmodalitäten der Verwaltungs- und Grenzbewachungskosten ausgeglichen werden sollten[109], erschienen gerechtfertigt durch die politischen und volkswirtschaftlichen Vorteile, wenn Schleswig-Holstein als selbständiges und vollberechtigtes Mitglied in den Verein aufgenommen würde[110].

Die tatsächliche Integration in den Zollverein wurde dann unter preußischen Bedingungen vollzogen, wodurch die Entwicklung der schleswig-holsteinischen Wirtschaft stärker von der peripheren Lage zu den industriellen Zentren im Ruhrgebiet und in Mitteldeutschland bzw. von den militärischen Interessen Preußens bestimmt wurde[111]. Ob sich die schleswig-holsteinische Wirtschaft in Richtung auf eine gleichmäßige Industrialisierung des Landes hin entwickelt hätte, läßt sich kaum noch abschätzen; daß eine schleswig-holsteinische Industriegesellschaft mit der dazugehörigen Arbeiterschaft und einer politischen Arbeiterbewegung auf die gleichen Vorbehalte Seeligs gestoßen wäre wie die Sozialdemokratie, an die er 1873 sein Reichstagsmandat verloren hatte, kann wohl als sicher gelten.

3.3. Zur Frage der „stehenden Gefälle" in Schleswig-Holstein

Die Integration der annektierten Herzogtümer Schleswig und Holstein in den preußischen Staat 1867 stellte dann zunächst die Aufgaben, die Provinzialverfassung neu zu organisieren und die Verwaltung der Herzogtümer an preußische Grundsätze anzupassen: Justiz und Verwaltung zu trennen, Post- und Telegraphenwesen, Währung und Gewerbeordnung sowie die Steuern an die preußischen anzugleichen[112]. Besonders die Steuerreform, soweit sie den bäuerlichen Grundbesitz betraf, war Anlaß für Albert Hänel und Wilhelm Seelig, sich wissenschaftlich und politisch mit der Frage der „stehenden Gefälle" in Schleswig-Holstein auseinanderzusetzen.

Die unter diesem Namen erhobenen Abgaben brachten der dänischen Regierung vor der Annexion der Herzogtümer durch Preußen etwa 2,5 Millionen Mark an

---

107 Ebenda, S. 246.
108 Ebenda.
109 Ebenda, S. 248 ff. Die Verminderung der Zolleinnahmen wird für die wichtigsten Warengattungen durchgerechnet; eine Gegenüberstellung der schleswig-holsteinischen und der Zollvereinstarife findet sich auf S. 262. Ab S. 263 findet sich die Berechnung der Verwaltungs- und Grenzbewachungskosten unter den unterstellten neuen Bedingungen.
110 Ebenda, S. 299.
111 Vgl. z.B. Wilhelm Klüver: Schleswig-Holsteinische Geschichte seit 1866, Kiel 1972, S.23 ff.
112 Oswald Hauser: Staatliche Einheit und regionale Vielfalt in Preußen. Der Aufbau der Verwaltung in Schleswig-Holstein nach 1867, Neumünster 1967, S. 7 ff.

Einnahmen[113] – entsprechend groß war sowohl das preußische Interesse als auch das der schleswig-holsteinischen Landwirte an einer Klärung der Frage des steuerlichen Charakters dieser Abgaben. Die Preußen hatten mit großer Eile nach der Annexion der Herzogtümer ihr Steuersystem aus klassifizierter Einkommensteuer, Klassensteuer, Gewerbe-, Gebäude- und Grundsteuer[114] in Schleswig-Holstein eingeführt, um schon ab Juli 1867 hier die Steuern nach den neuen Grundsätzen erheben zu können. Dafür wurde mit der Verordnung vom 28. April 1867 der größere Teil der bisher in den Herzogtümern erhobenen direkten Steuern aufgehoben; die Kontribution und die Landsteuer von 1802 blieben bis zur geplanten Einführung der preußischen Grundsteuer im Jahre 1875 mit drei Viertel ihres bisherigen Betrages erhalten[115]. Die Weitererhebung der „stehenden Gefälle" als auf dem landwirtschaftlichen Grundbesitz haftende Abgaben war insofern strittig, als in ihnen steuerliche Anteile, die aufgrund staatlicher Autorität erhoben wurden, und feudalrechtliche Abgaben auf der Basis grundherrschaftlicher Abhängigkeiten gemischt waren, ohne daß in jedem Fall der rechtliche Ursprung der einzelnen Abgaben oder gar die Höhe der jeweiligen steuerlichen und domanialen Anteile bestimmt werden konnte[116]. Nach der preußischen Gesetzgebung sollten die grundsteuerartigen Anteile der stehenden Gefälle als Äquivalente der einzuführenden Grundsteuer in Zukunft entfallen, während die domanialen Anteile als nun im modernen Sinne privatrechtliche Abgaben auch nach Einführung der neuen Steuern weitergezahlt werden sollten[117]. Da sich die stehenden Gefälle in den einzelnen Gebieten Schleswig-Holsteins und oft auch bei den einzelnen Abgabepflichtigen auf unterschiedliche Weise zusammensetzten, wurde kein einheitliches Gesetz erlassen, sondern für einzelne Abgabenkategorien besondere Verordnungen erlassen und für jeden Abgabepflichtigen von der Regierung in Schleswig ein spezielles Resolut erlassen, gegen das Rekurs an das Finanzministerium und gegen dessen Entscheidung der Rechtsweg eröffnet wurde, wobei die Beweispflicht für den Charakter der jeweiligen Abgaben den Abgabepflichtigen aufgebürdet wurde, obwohl die Unterlagen sich in staatlichen Archiven befanden[118].

113 Stenographische Berichte über die Verhandlungen des preußischen Abgeordnetenhauses, III. Session der 15. Legislaturperiode vom 15.1.–9.5.1885, Berlin 1885, S. 205.

114 Hauser, a.a.O., S. 16.

115 Ebenda. Zur Frage der „stehenden Gefälle" in Schleswig-Holstein, Gutachten abgegeben für die Aemter Bordesholm, Neumünster, Reinbek und Cismar von Albert Hänel und Wilhelm Seelig, Kiel 1871, S. 1.

116 Zur Frage der „stehenden Gefälle", a.a.O., S. 2. Verhandlungen des preußischen Abgeordnetenhauses 1885, a.a.O., S. 205, S. 1138.

117 Zur Frage der „stehenden Gefälle", a.a.O., S. 4 f.

118 Verhandlungen des preußischen Abgeordnetenhauses 1885, a.a.O., S. 1138. Eine ausführliche Schilderung des bisherigen Verfahrensablaufes enthält der Kommissionsbericht für die Neuformulierung des Gesetzesvorschlags und die Begründung der einzelnen Paragraphen. Vgl. Anlagen zu den Stenographischen Berichten über die Verhandlungen des Hauses der Abgeordneten während der 3. Session der 15. Legislaturperiode 1885, 3. Bd., Berlin 1885, S. 1334 ff. Die Archivalien befanden sich außer in den Archiven der ehemaligen Amtmänner, Hausvögte und Hebungsbeamten, für einige Ämter und Landschaften im königlichen Staatsarchiv in Schleswig, in den Archiven der Landwesenbehörden, in Kopenhagen und

Gegen das für die ehemals großfürstlichen Ämter des Herzogtums Holstein erlassene gemeinschaftliche Resolut der Regierung vom 27. November 1869 in bezug auf das sogenannte „Prästandum", das als Grundabgabe seit 1768 an Stelle aller bisherigen Grundabgaben gezahlt wurde, das nach Auffassung der Schleswiger Regierung zu einem Drittel aus domanialen und zu zwei Dritteln aus Grundsteuern bestehen sollte[119], verfaßten Hänel und Seelig im Auftrag der Amtsvorsteher der Ämter Bordesholm, Neumünster, Cismar und Reinbek ihr erstes Gutachten zur Frage der stehenden Gefälle[120].

Ziel des Gutachtens war es, die klagenden Landwirte durch die Sichtung des Aktenmaterials in den amtlichen Archiven mit Beweismaterial auszustatten, vor allem aber durch die generelle Klärung der Frage nach dem rechtlichen Charakter der bisher als stehende Gefälle gezahlten Abgaben die politischen Entscheidungen in Richtung auf eine Änderung im Sinne der gewonnen Ergebnisse zu beeinflussen[121]. Die Problematik, die sich Hänel und Seelig bei der Abfassung ihrer Gutachten stellte, war die Auseinanderdividierung ehemals ungetrennter feudalrechtlicher Abgaben in nach modernen rechtlichen Gesichtspunkten öffentlich-rechtliche und privat-rechtliche[122]. Sie unterzogen sich der Aufgabe, indem sie die Entwicklung der Abgaben in den Herzogtümern bis ins 17. Jahrhundert – und teilweise noch weiter zurück – verfolgten, wobei sie als Kriterium für die Beurteilung einer Abgabe als Steuer sich auf den öffentlich-rechtlichen Verpflichtungsgrund bezogen, d.h. auf den Tatbestand, daß die Abgaben aufgrund des in den ehemaligen landesherrlichen Befugnissen enthaltenen Besteuerungsrechts erhoben worden seien. Als domanial und damit privatrechtlich im modernen Sinne wurden die Abgaben definiert, die sich aus dem Grundeigentum, der Leibeigenschaft oder besonderen Obligationsverhält-nissen ergeben hatten[123]. Da sich auch die preußische Regierung für die Festlegung der Anteile von domanialen und steuerartigen Abgaben im holsteinischen „Prä-standum" von 1768 auf davor geltende Abgabenregelungen bezogen hatte, wurden für die jeweiligen Ämter die Besitzverhältnisse der Abgabepflichtigen und die

für die ehemals großfürstlichen Ämter in Moskau und St. Petersburg. Vgl. Zur Frage der „stehenden Gefälle", a.a.O., S. II; Wilhelm Seelig; Das Herrengeld und der gesetzte Canon im ehemaligen Amte Gottorf, 3. Gutachten zur Frage der „stehenden Gefälle", Kiel 1873, S. III.

119 Zur Frage der „stehenden Gefälle", a.a.O., S. 8.
120 Ebenda, S. I.
121 Ebenda, S. 92; S. 140; S. 176; S. 251; Wilhelm Seelig: Die Domänen-Veräußerung und der sogenannte Domanial-Canon, 2. Gutachten zur Frage der „stehenden Gefälle", Kiel 1872. S. 59 f. Ders.: Das Herrengeld, a.a.O., S. III f, S. 82, S. 112.
122 Zur Frage der „stehenden Gefälle", a.a.O., S. 6. Zur Problematik der Behandlung mittelalterlicher Rechtsverhältnisse im 19. und 20. Jahrhundert vgl. Otto Brunner: Land und Herrschaft, 5. Auflage, Darmstadt 1965, S. 111 ff.
123 Zur Frage der „stehenden Gefälle", a.a.O., S. 4 f. Ähnlich verwies Johann Christian Ravit: Die Steuern in Schleswig-Holstein und das Preußische Steuersystem, Hamburg 1867, S. 9 darauf, daß die Abgaben und Naturalleistungen seit dem Mittelalter ihren Rechtsgrund nur im Untertanenverhältnis gehabt hätten, da die Schauenburger Grafen kein Erbgut in den Herzogtümern gehabt und sich auch keine Reichsdomänen in Holstein oder Stormarn gefunden hätten.

Rechtsgründe für die Erhebung der Abgaben im einzelnen untersucht. Schwierigkeiten ergaben sich insbesondere da, wo – wie im Amt Cismar – Landesherrschaft, Gerichtsbarkeit, Gutsherrschaft und Grundbesitz sich in einer Hand vereinigten und es den zeitgenössischen Beamten nicht in den Sinn gekommen war, zwischen den Leistungen der Untertanen aufgrund ihrer allgemeinen Steuerpflicht oder domanialer Ansprüche zu unterscheiden[124]. Die genaue Untersuchung der einzelnen Abgabenarten führte dann aber doch in allen untersuchten Ämtern zur Klärung der Frage und einer Reduktion des domanialen Anteils der Abgaben vor der Neuordnung von 1768 auf etwa 17 %[125].

Schon für den größten Teil der Abgaben vor 1600 und der Dienstleistungen wurden hoheitsrechtliche Befugnisse wie die Gerichtsbarkeit und die Landesherrschaft mit ihren Ansprüchen auf Einquartierung, Verpflegung, Transport, Jagd u.ä. als Rechtsgrund der Abgaben nachgewiesen[126]. Inbesondere für das Amt Cismar konnte Seelig nachweisen, daß Leibeigenschaft und Gutsherrlichkeit für sich allein nicht den Rechtsgrund für die Leistung von Diensten abgaben, sondern nur deren Ausmaß steigerten[127]. Die Dienstpflicht als solche wurde auf landesherrliche und gerichtsherrliche Gewalt zurückgeführt, da sie auch für die nicht-gutsuntertänigen Bauern galt[128].

Gegen das preußische Verfahren, für die Bemessung domanialer und steuerartiger Anteile in den stehenden Gefällen auf Abgabenregelungen aus dem 17. Jahrhundert zurückzugreifen, konnten Hänel und Seelig dann aber darauf verweisen, daß mit der Neuregelung der Abgaben durch das Setzungsregulativ von 1768 die Zusammenlegung und Einkoppelung der Grundstücke verbunden gewesen war, so daß sowohl die Lage als auch die Größe der Bauernstellen verändert und die alten Abgaben zugunsten des nun nach der Leistungsfähigkeit der Grundstücke erhobenen „Prästandums" aufgehoben worden waren. Eine Unterscheidung domanialer und steuerartiger Anteile könne für das nun gezahlte Prästandum nicht mehr vorgenommen werden[129]. Vielmehr sei die Setzung des Prästandums, die durch einen Staatsakt der damaligen Regierung vorgenommen worden sei, als eine Grundsteuerveranlagung im modernen Sinnen zu interpretieren und insofern forderten die beiden in ihrem ersten Gutachten die Anerkennung des Prästandums in voller Höhe als Grundsteuer[130]. Für das von ihm untersuchte Amt Cismar wies Seelig darüber hinaus nach, daß die ehemals leibeigenen Bauern im Zuge der Parzellierung der Meierhöfe und Vorwerke der Domänen die persönliche Freiheit und das freie Eigentum an den ehemals

124 Zur Frage der „stehenden Gefälle", a.a.O., S. 184.
125 Zur Frage der „stehenden Gefälle", a.a.O., S. 52 für das Amt Bordesholm; S. 128 für Neumünster; S. 168 für Reinbek; S. 230 für Cismar. Schon Georg Hanssen hatte in seiner statistischen Monographie über „Das Amt Bordesholm im Herzogthume Holstein", Kiel 1842, S. 213, einen verhältnismäßig niedrigen Anteil der domanialen Einnahmen aufgezeigt.
126 Zur Frage der „stehenden Gefälle", a.a.O., S. 41 ff. Die Dienstpflicht folgte in der Regel der Gerichtsherrschaft.
127 Ebenda, S. 241.
128 Ebenda, S. 217 f.
129 Ebenda, S. 54 ff.
130 Ebenda, S. 92.

dienstpflichtigen Hufen erhalten hatten, wofür sie ein „Kaufgeld" hatten zahlen müssen. Andererseits waren alle bis dahin geltenden Nutzungsrechte der Bauern an Wäldern, Mooren und Gemeinweiden entschädigungslos weggefallen, so daß alle früheren Verpflichtungen als abgelöst gelten konnten und der Staat keine Ansprüche auf domaniale Leistungen mehr erheben könne[131].

In ähnlicher Weise konnte Wilhelm Seelig in zwei weiteren Gutachten für den Landesteil Schleswig in bezug auf den im ehemaligen Amt Gottorf erhobenen sogenannten „Domanial-Canon" sowie das „Herrengeld" und den „gesetzen Canon" nachweisen, daß die preußische Regierung von falschen Voraussetzungen ausgegangen war, als sie unterstellte, daß diese Abgaben wegen ihres vertraglichen Charakters und ihrer inhaltlichen Bestandteile aus ehemaligen grundherrlichen Abgaben fast vollständig als domaniale anzusehen seien[132]. An Hand der Geschichte der Domänenveräußerungen in Schleswig-Holstein im 18. Jahrhundert zeigte Seelig den Gesamtzusammenhang von Agrarreformen und Neuregelung der Besteuerung des bäuerlichen Grundbesitzes auf. Waren bis in die Mitte des 18. Jahrhunderts noch ganze Bauerndörfer gelegt worden, um sie den großfürstlichen Ländereien zuzuschlagen, die dann insgesamt verpachtet wurden[133], ging man in der zweiten Hälfte des 18. Jahrhunderts dazu über, die großen Güter zu parzellieren und zu verkaufen, da die Pachteinnahmen aus den Gütern und die Abgaben der wenigen Bauern sich immer weiter verringert hatten[134]. Verbunden war damit die Aufhebung der Feldgemeinschaft und die Einkoppelung der Felder sowie die Aufhebung der Leibeigenschaft und der Frohndienste und die Umwandlung der „Feste-Güter" in freies Eigentum, um so einen wirtschaftlich unabhängigen Bauernstand zu schaffen[135]. Mit dieser Parzellierung und Veräußerung der Güter war dann die Grundsteuerregulierung der bisher dienstpflichtigen Gutsuntergehörigen verbunden. In der Regel mußten die Bauern für die Ablösung der Dienstpflicht, für die auf dem Lande befindlichen Gebäude, Vieh und Arbeitsgeräte, soweit sie ihnen nicht schon gehörten, sowie die Bäume, die sich auf den ihnen zugeteilten Ländereien befanden, bezahlen. Für die Umwandlung ihrer Ländereien in freies Eigentum mußten sie in den meisten Fällen entweder Land abgeben oder einen sogenannten „Kaufschilling" zahlen[136].

---

131 Ebenda, S. 200 ff., S. 208.
132 Das Resolut betreffend den Domanialcanon und die Erbpacht im früheren Amte Gottorf vom 31. Juli 1869 ist abgedruckt bei Wilhelm Seelig: Die Domänen-Veräußerung und der sogenannte Domanial-Canon, a.a.O., S. 2 ff.
133 Seelig, Die Domänen-Veräußerung, a.a.O., S. 7 ff. Vgl. auch den von Seelig bearbeiteten Teil über das Amt Cismar, in: Zur Frage der „stehenden Gefälle", a.a.O., S. 186 f.
134 Ebenda, S. 188 ff. Seelig verwies dabei auch auf die Verschlechterung der Lage der Bauern durch die Pächter; ebenda, S. 189.
135 Seelig, Die Domänen-Veräußerung, a.a.O., S. 14 f. Zu den Agrarreformen vgl. auch Ingeborg Ast-Reimers: Landgemeinde und Territorialstaat. Der Wandel der Sozialstruktur im 18. Jahrhundert dargestellt an der Verkoppelung in den königlichen Ämtern Holsteins, Neumünster 1965; Harald Behrend: Die Aufhebung der Feldgemeinschaften, Neumünster 1964; Christian Degn: Die Herzogtümer im Gesamtstaat 1773–1830, in: Olaf Klose/ Christian Degn: Die Herzogtümer im Gesamtstaat 1721–1830, Neumünster 1960 (Geschichte Schleswig-Holsteins, Bd. 6), S. 216 ff.
136 Seelig, Die Domänen-Veräußerung, a.a.O., S. 16 ff.

Die rechtliche Stellung der im Amt Gottorf nach 1768 entstandenen Parzellengüter lag zwischen adligem und bisher üblichem freien bäuerlichen Grundbesitz, insofern, als den Parzellisten nur ein einmalig festzulegender Canon als jährliche Abgabe auferlegt werden sollte, der in Friedenszeiten auch im Verkaufsfall nicht erhöht werden durfte und mit der Befreiung von der Land-Miliz verbunden war[137]. Finanzrechtlich wurde der Canon erhoben aufgrund des staatlichen Steuerhoheitsrechtes[138], und zwar von freien Bauern für freies Eigentum, und wurde deshalb von Seelig als Grundsteuer eingestuft[139].

Auch für das „Herrengeld", das freie wie gutsabhängige Bauern seit 1692 bzw. 1710 im Amt Gottorf zahlen mußten, konnte Seelig den überwiegend grundsteuerlichen Charakter nachweisen, indem er einerseits die vor der Steuerreform von 1692/1710 zu zahlenden Abgaben auf ihren hoheitsrechtlichen bzw. domanialen Abgabengrund überprüfte[140] und andererseits zeigte, daß die im engeren Sinn auf grundherrliche Verhältnisse zurückführbaren „Feste-Gelder" auch nach Einführung des Herrengeldes weitergezahlt werden mußten, Erbpachten im Amt Gottorf nicht vorkamen und die von den Preußen als domaniale Dienste und Naturallieferungen interpretierten Abgaben in Schleswig-Holstein auf das allgemeine Untertanenverhältnis zurückzuführen seien[141]. Da sich die von den Preußen unterstellten Rechtsverhältnisse bei der Einführung des Herrengeldes als falsch erwiesen hatten, verlangte Seelig auch in diesem Fall die Anerkennung des Herrengeldes insgesamt als Grundsteuer[142].

Ebenso verhielt es sich nach seiner Meinung mit dem „gesetzten Canon", den früher dienstpflichtige Untertanen landesherrlicher Güter nach der Umwandlung ihrer Feste-Stellen in freie Bauerngüter an Stelle des Herrengeldes zahlen mußten[143]. Während die Preußen unterstellten, daß der gesetzte Canon – analog zu den preußischen Sprachregelungen des 19. Jahrhunderts – für die Umwandlung der Feste- in Bondengüter sowie die damit verbundene Aufhebung der Dienste und sonstigen Naturalleistungen gezahlt würde und insofern als Domanialabgabe weiterzuzahlen sei[144], konnte Seelig auf die Königliche Deklaration vom 6. November 1780 verweisen, mit der u.a. für die ehemaligen Gutsuntertanen von Mohrkirchen in Verbindung mit der Neuregelung der Abgaben, aber rechtlich davon unabhängig die Befreiung von den Diensten und die Umwandlung in freie Bonden gewährt wurde[145]. Leibeigen-

137 Ebenda, S. 30.
138 Ebenda, S. 35.
139 Seelig, Die Domänen-Veräußerung, a.a.O., S. 27 ff., S. 38 ff. Bis 1764 wurden die Domänen im Veräußerungsfall in Erbpacht vergeben, ab 1764 an den Meistbietenden versteigert. Ab 1768 wurden die Grundstücke bonitiert und mit dem entsprechenden Canon belegt und dann zu einem festen, landesüblichen Preis verkauft.
140 Seelig, Das Herrengeld, a.a.O., S. 49 ff. Für die vor dem Herrenfeld zu zahlenden Abgaben im Amt Gottorf kam Seelig auf einen Anteil an domanialen Abgaben von 5 %. Ebenda, S. 77.
141 Ebenda, S. 80.
142 Ebenda, S. 82.
143 Ebenda, S. 84 f.
144 Ebenda, S. 86; S. 92 für Satrupholm, S. 96 für Mohrkirchen, S. 100 f. für Lindau.
145 Ebenda, S. 98 f.

schaft und Frohndienste waren auf den zu parzellierenden Domänen also durch königliche Deklaration unentgeltlich aufgehoben worden, während für den Erwerb der Bauernstellen als freies Eigentum in der Regel gezahlt werden mußte. In allen Fällen wurden dann die Abgaben, sei es als „Prästandum" in den holsteinischen Ämtern oder als „Herrengeld" bzw. als „gesetzter Canon" im Amt Gottorf so hoch angesetzt, daß die staatlichen Steuereinnahmen nach der Reform die früheren erheblich überstiegen, so daß die Bauern sogar teilweise auf die Umwandlung ihrer Stellen in Eigentum verzichtet hätten, wenn nur die Dienste von Naturalleistungen in Dienstgelder umgewandelt worden wären[146]. Maßstab war in allen Fällen die vermutete Leistungsfähigkeit der Stellen nach Größe und Bodenqualität[147]. Erhoben wurden die Abgaben aufgrund landesherrlicher Gewalt, und deshalb sei auch der gesetzte Canon als Steuer anzuerkennen[148].

Erst unter dem Einfluß der kriegerischen Auseinandersetzungen der napoleonischen Zeit wurde in den Herzogtümern im Jahre 1802 als neue allgemeine Grundsteuer die Landsteuer eingeführt[149], die als außerordentliche Steuer in den meisten Fällen zusätzlich zu den schon erhobenen gezahlt werden mußte. Bis in die dreißiger Jahre des 19. Jahrhunderts hatten die Dänen die drei in Schleswig gezahlten Hauptkatagorien an Grundabgaben: das Herrengeld, die Landsteuer von 1802 und die Kontribution als staatsrechtlich gleichartig behandelt[150]. Erst 1841 begann die dänische Regierung, die stehenden Gefälle, die in den Herzogtümern gezahlt wurden, als Domanialeinkünfte zu behandeln, um den Schein zu erwecken, daß von den Herzogtümern weniger Steuern gezahlt würden, als tatsächlich geleistet wurden[151]. Aus ähnlichen politischen Motiven – um die Gesamtstaatseinnahmen zu erhöhen – griff die dänische Gesamtstaatsregierung 1855 wieder auf diese Regelung zurück[152], auf die sich dann die Preußen für ihre Bewertung der stehenden Gefälle zunächst bezogen. Daß diese Annahmen für die ehemaligen großfürstlichen Ämter Bordesholm, Neumünster, Cismar, Reinbek und Gottorf falsch waren, konnten Albert Hänel und Wilhelm Seelig in ihren Gutachten nachweisen. Das von ihnen angewandte Kriterium staatlicher Steuersetzung kraft landesherrlicher Befugnis wurde zwar von der preußischen Verwaltung nie anerkannt[153], und die Gutachten führten deshalb auch nicht zu dem angestrebten Ziel, die preußischen Regelungen für die Umwandlung der stehenden Gefälle in moderne Abgaben generell zu ändern[154]; von den Gerichten aber, die die Prozesse der Abgabepflichtigen gegen den Fiskus

---

146 Ebenda, S. 106.
147 Ebenda, S. 108.
148 Ebenda, S. 109 f.
149 Seelig, Die Domänen-Veräußerung, a.a.O., S. 49 ff. Die Landsteuer wurde nach keinem einheitlichen Prinzip auferlegt. Trotz ihres anfänglichen Charakters als außerordentliche Steuer wurde sie auf Dauer weiter erhoben.
150 Seelig, Das Herrengeld, a.a.O., S. 42 f.
151 Ebenda, S. 44.
152 Ebenda, S. 45.
153 Vgl. Anlagen zu den Stenographischen Berichten über die Verhandlungen des Hauses der Abgeordneten . . . 1885, a.a.O., S. 1334 f.
154 Seelig, Das Herrengeld, a.a.O., S. III.

durchführen mußten – bis hin zum Reichsgericht –, wurde es angewandt: „ . . . dann, wenn der Landesherr die Setzung eigenbeliebig, ohne vorherige Einwilligung der Grundbesitzer, vorgenommen hatte, (sei) die Gesammtabgabe im ganzen Betrage als Steuer zu behandeln."[155].

Da die preußische Regierung an der individuellen Regelung für die einzelnen Abgabepflichtigen festhielt, kam es zu tausenden Resoluten der Regierung in Schleswig und des preußischen Finanzministeriums, gegen die viele hundert Prozesse geführt wurden[156]. Wegen der Beweispflicht der Abgabepflichtigen und der sehr kurz bemessenen Fristen für die Eröffnung der Einspruchsverfahren konnten angesichts der schwierigen Beweislage viele Bauern gar nicht oder nicht rechtzeitig Klage erheben[157]. Die daraus entstehende Situation, daß erfolgreich klagenden Bauern ehemals stehende Gefälle als Grundsteuern anerkannt und entsprechend aufgehoben wurden, ihren nicht klagenden Nachbarn aber die gleichen Abgaben als domaniale weiterhin abverlangt wurden, führte bis Mitte der 1880er Jahre immer wieder zu Petitionen der Betroffenen an den preußischen Landtag, wo sie meistens von Wilhelm Seelig, der Mitglied der Agrarkommission war, vor dem Landtag vertreten wurden[158].

155 Anlagen 1885, a.a.O., S. 1335.
156 Verhandlungen des preußischen Abgeordnetenhauses 1885, a.a.O., S. 206.
157 Vgl. die Begründung zum Gesetzentwurf vom 2. März 1885 in: Anlagen 1885, a.a.O., S. 1334.
158 Vgl. Stenographische Berichte über die Verhandlungen des preußischen Abgeordnetenhauses, I. Session der 12. Legislaturperiode, 1873/74, S. 146; II. Session der 12. Legislaturperiode, 1875, S. 1534 f. Da die Abgeordneten nicht zugehört hatten, konnte in dieser Sitzung über die Petitionen nicht entschieden werden! I. Session der 13. Legislaturperiode, 1877, S. 163. In vielen Prozessen war nach 6 Jahren noch keine Entscheidung gefällt worden, da die Gerichte die Entscheidungen dem Finanzministerium zuschoben. II. Session der 13. Legislaturperiode, 1877/78, S. 1228 ff. III. Session der 13. Legislaturperiode, 1879, S. 1199. Die Beschwerden richteten sich dagegen, daß die Provinzialregierung in Schleswig in Fällen, wo sie die Prozesse zu verlieren drohte, „Provokation auf Ablösung" einlegte, d.h. sie entzog den zivilen Gerichten die Entscheidung über die Frage der „stehenden Gefälle" und verlangte die Ablösung der ehemaligen Reallasten nach dem Gesetz betr. die Ablösung der Servituten, die Theilung der Gemeinheiten und und die Zusammenlegung der Grundstücke für die Provinz Schleswig-Holstein mit Ausschluß des Kreises Herzogthum Lauenburg, vom 17. August 1876, in: Preußisch-Deutsche Gesetz-Sammlung 1806–1895, zusammengestellt und herausgegeben von G.A. Grotefend, Düsseldorf 1896, S. 197 ff. Damit verlängerte sich der Schwebezustand in bezug auf die Entscheidungen um Jahre. Die preußische Zentralregierung reagierte zugunsten der Abgabepflichtigen und stoppte die Eröffnung solcher Provokationsverfahren. Die Prozesse schwebten auch 1880/81 noch. Vgl. II. Session der 14. Legislaturperiode, 1880/81, S. 1388, S. 1390. In der III. Session der 14. Legislaturperiode, 1882, S. 1631 ff., S. 1638 ff. erreichte Seelig in einer großen Rede, daß die eingereichten Petitionen zur Berücksichtigung an die Regierung überwiesen wurden. In der III. Session der 15. Legislaturperiode, 1885, S. 206 und S. 1140 ff. erfolgte dann im Anschluß an die Gesetzesvorlage noch einmal die Behandlung mehrerer Petitionen, da die Betroffenen zu sehr benachteiligt worden wären, wenn sie bis zum Erlaß des

Als nach fast 18 Jahren seit Erlaß der Verordnung zur Änderung der Grundsteuern in Schleswig-Holstein und nach 12 Jahren seit Anfertigung der Gutachten von Hänel und Seelig die Verfahren in bezug auf die stehenden Gefälle immer noch nicht abgeschlossen waren[159], taten sich unter Mitwirkung Wilhelm Seeligs alle Abgeordneten der Provinz Schleswig-Holstein im Preußischen Landtag zusammen und brachten am 28. Januar 1885 einen Gesetzentwurf ein „betreffend Ergänzung und Abänderung der Bestimmungen über die Aussonderung des steuerartigen Theils aus den sogenannten stehenden Gefällen in der Provinz Schleswig-Holstein"[160]. Das ursprüngliche Ziel des Entwurfs, für alle Abgabepflichtigen rückwirkend ab 1. Januar 1878 die gleiche Befreiung von als direkten Staatssteuern anerkannten Anteilen der stehenden Gefälle zu erwirken[161], wurde zwar nicht erreicht, aber die preußische Regierung, die schon 1878 eine Kabinettsordre erlassen hatte, die es ermöglichen sollte, die in Prozessen erwirkten Steuerbefreiungen auf analoge Fälle von nicht klagenden Bauern zu übertragen, zeigte doch insoweit Entgegenkommen, daß in dem dann als Gesetz verabschiedeten Kommissionsentwurf eine Revision des Verfahrens vorgenommen werden sollte, in der für die noch nicht entschiedenen Aussonderungsfälle von einer Kommission binnen zwei Jahren die steuerartigen Anteile bestimmt und den Pflichtigen rückwirkend ab 1. April 1885 zu erlassen seien[162].

Weder bei der Formulierung des Gesetzentwurfs und seiner Begründung noch in der endgültigen Fassung der Beratungskommission, an der auch Wilhelm Seelig beteiligt war, wurde auf die Gutachten von Hänel und Seelig Bezug genommen, doch das von ihnen angewandte Kriterium für die Bestimmung der steuerlichen Anteile in den stehenden Gefällen fand Eingang in das Gesetz: die einzusetzende Revisionskommission hatte die zu erlassenden Anteile in den stehenden Gefällen zu bezeichnen, „von denen nach den amtlichen Ermittelungen der Behörden und den etwa von den Abgabepflichtigen beigebrachten Unterlagen anzunehmen ist, daß sie einer einseitigen landesherrlichen Setzung unterzogen sind oder den Charakter einer direkten Staatssteuer im Sinne der preußischen Gesetzgebung an sich tragen"[163]. Die als Steuern anerkannten Beträge sollten auch den nicht klagenden Grundbesitzern erlassen werden, und zwar auch dann, wenn die Grundstücke inzwischen verkauft worden waren[164].

neuen Gesetzes hätten warten müssen und der neuen Regelung unterworfen worden wären. Nach der Verabschiedung des Gesetzes wollten die schleswig-holsteinischen Abgeordneten im preußischen Landtag keine Petitionen mehr vertreten.

159 Verhandlungen des preußischen Abgeordnetenhauses, 1885, S. 205.
160 Anlagen zu den Verhandlungen, 1885, S. 1041. Drucksache No 25.
161 § 1 des Gesetzentwurfs; ebenda, S. 1041.
162 Gesetz, betr. Ergänzung und Abänderung der Bestimmungen über die Aussonderung des steuerartigen Theils aus den sogenannten stehenden Gefällen in der Provinz Schleswig-Holstein, vom 25. Mai 1885. in: Preußisch-Deutsche Gesetz-Sammlung 1806–1895, 3. Bd.: 1875–1885, zusammengestellt und herausgegeben von G.A. Grotefend, Düsseldorf 1896, S. 856 f.
163 § 2 des Gesetzes vom 25. Mai 1885; ebenda, S. 856.
164 § 3 des Gesetzes vom 25. Mai 1885, ebenda.

So konnte Wilhelm Seelig, wenn auch mit sehr großer Verzögerung, doch noch den politischen Erfolg seiner gutachterlichen Bemühungen im preußischen Landtag erzielen. Daß er zwanzig Jahre lang immer wieder in den Landtag gewählt worden ist, hängt sicher auch mit seinen langjährigen Bemühungen um die Interessen seiner Wähler zusammen. Petitionen zur Frage der stehenden Gefälle sind nach 1885 im preußischen Landtag nicht mehr eingegangen. Wilhelm Seelig hat die agrarhistorischen und agrarpolitischen Ergebnisse seiner intensiven Aktenstudien für die Gutachten noch einmal in seiner Rektoratsrede von 1895 zusammengefaßt, in der er über „die innere Colonisation in Schleswig-Holsteien vor hundert Jahren" im Zusammenhang mit den Agrarreformen und der Bauernbefreiung sprach, um seinen Zeitgenossen ein Beispiel aufzuzeigen, wie man dem Problem der Auswanderung insbesondere von qualifizierten Arbeitskräften wenigstens teilweise begegnen könne[165]. Waren seine auf die Gegenwart gemünzten Überlegungen schon angesichts der quantitativen Ausmaße des Problems[166] zumindest unzureichend, sind seine historischen Forschungsergebnisse bis heute von der Forschung nicht überholt. In bezug auf die Geschichte der Industrialisierung und der agrarischen Steuerpolitik in den Herzogtümern können seine von der gegenwärtigen Forschung kaum genutzten Schriften noch eine Reihe von Informationen, aber auch von Beurteilungsgesichtspunkten für die wirtschaftliche Entwicklung der Herzogtümer liefern.

165 Seelig, Die innere Colonisation, a.a.O., S. 3.
166 Zur Auswanderung aus den Herzogtümern vgl. Kai Detlev Sievers: Schleswig-Holstein im Rahmen der deutschen Überseewanderung des 19. Jahrhunderts, in: ZSHG, Bd. 101 (1976), S. 300 f. Ders.: Stand und Aufgaben der Überseewanderungsforschung in Schleswig-Holstein, in: Die deutsche und skandinavische Amerikaauswanderung im 19. und 20. Jahrhundert, hg. von Kai Detlev Sievers, Neumünster 1981 (Studien zur Wirtschafts- und Sozialgeschichte Schleswig-Holsteins, Bd. 3), S. 91.

Rolf Gehrmann

Demographischer und wirtschaftlicher Wandel im ländlichen Schleswig-Holstein des 18. und 19. Jahrhunderts

Schleswig-Holstein im 18. und 19. Jahrhundert kann summarisch als Agrarland charakterisiert werden. Die Industrialisierung setzte erst nach der Reichsgründung in einigen städtischen Zentren ein, wenngleich sich punktuell bereits vorher Ansätze dafür zeigten[1]. Bedingt durch die natürliche Gliederung des Landes umfaßte die landwirtschaftliche Produktion ein relativ breites Spektrum, von der Rindermast in der Marsch über die gemischte Roggen- und Milchwirtschaft auf dem sandigen Mittelrücken bis hin zum Weizenbau mit ausgedehnter Meiereiwirtschaft im östlichen Hügelland. So stellt sich zumindest die Situation am Ende des Untersuchungszeitraums, um 1900, dar[2]. Damit war ein gewisser Endpunkt einer Phase agrarischen und demographischen Aufschwungs erreicht, die hier näher betrachtet werden soll. Aus Quellengründen wird es dabei nicht möglich sein, die Entwicklung des ganzen Landes nachzuzeichnen. Es muß eine Beschränkung auf drei größere Verwaltungseinheiten (Ämter) in Mittel- und Ostholstein erfolgen, in denen die meisten Bodengüteklassen vertreten waren, wenngleich die Marschgebiete keine Berücksichtigung finden konnten. In allen diesen Gebieten herrschten bäuerliche Mittelbetriebe vor.

Allgemein gesprochen kann man Intensivierung der Landwirtschaft als erhöhten Einsatz von Arbeit, Kapital, Technik und verbesserten Betriebsformen definieren. Für den untersuchten Zeitraum, in dem die Mechanisierung der Landwirtschaft noch nicht sehr weit fortgeschritten war, bedeutete Intensivierung in erster Linie einen erhöhten Arbeitskräfteaufwand und damit auch einen erhöhten Arbeitskräftebedarf. Eine positive Korrelation mit der Bevölkerungsentwicklung liegt also nahe. Die diesem Parallelismus zugrunde liegenden Wirkungsmechanismen können aber verschiedener Art sein. Boserup[3] sieht generell in der natürlichen Bevölkerungszunahme die treibende Kraft. Denkbar ist aber auch eine Abhängigkeit der Agrarproduktion vom Bedarf, der entweder nicht unmittelbarer Nahrungsbedarf ist[4] oder einem

---

1 Vgl. Frühindustrialisierung in Schleswig-Holstein, anderen norddeutschen Ländern und Dänemark, hrsg. von Jürgen Brockstedt, Neumünster 1983 (SWSG, Bd.5).
2 Th. H. Engelbrecht, Bodenanbau und Viehstand in Schleswig-Holstein nach den Ergebnissen der amtlichen Statistik, Bd. 1, Kiel 1905, S. 1 f.
3 Ester Boserup, Population and Technology, Oxford 1981.
4 Vgl. H. C. Brookfield, Intensification and Disintensification in Pacific Agriculture. A theoretical approach, in: Pacific Viewpoint 15, 1972, S. 30-48.

Nahrungsbedarf außerhalb der betrachteten Population entspricht. Zudem können Veränderungen der Besitzverhältnisse zu Intensivierungsschüben führen. Dies wurde beispielsweise von Stollt[5] bei der Parzellierung ostholsteinischer Güter beobachtet. Für das schleswig-holsteinische Beispiel soll versucht werden, die der Veränderung von Bevölkerungsdichte und Agrarintensität zugrunde liegenden Vorgänge genauer zu bestimmen.

ZUM VERHÄLTNIS VON BEVÖLKERUNGSDICHTE UND AGRARINTENSITÄT IN EINEM SCHEMATISCHEN ÜBERBLICK

Das von Boserup[6] entwickelte Schema, nach dem die Agrarintensität durch die Häufigkeit der Ernten pro Acker und Jahr gemessen und in Bezug zur Bevölkerungsdichte gesetzt wird, ist nützlich für einen ersten Überblick über die Entwicklung dieser beiden Faktoren. Diese Methode führt für die schleswig-holsteinischen Amtsbezirke, die um 1900 und vermutlich schon früher[7] die Verhältnisse im Landesdurchschnitt repräsentieren, zunächst offenbar in eine Sackgasse (Tab. 1). In der Landwirtschaft vollzog sich nämlich keine Intensivierung im Sinne einer grundlegenden Änderung des Fruchtwechsels. Um 1700 wie um 1900 herrschte die Kurzbrache vor, wobei sich leichte Veränderungen in den Quotienten nur ergeben, wenn man Klee und Futterpflanzen auf der Seite der Ernten in Rechnung stellt. Sowohl in den betrachteten Ämtern als auch im überwiegenden Teil des Landes beharrte man auf dem System der Feldgraswirtschaft mit ihrem regelmäßigen Wechsel zwischen Getreidebau und Ackerweide.

Diese Beharrung scheint zunächst in krassem Gegensatz zur Entwicklung der Bevölkerung zu stehen (Tab. 2), die im beobachtetn Zeitraum alle Phasen der demographischen Transition durchlief und an der Wende des 20. Jahrhunderts bereits

---

5 Oskar Stollt, Die Verteilung und Entwicklung der Bevölkerung in Schleswig-Holstein, Gütersloh 1938, S. 112.

6 Boserup, a.a.O., S. 23.

7 Vgl. Heinz Klug, Die Entwicklung der schleswig-holsteinischen Landwirtschaft in Zahlen, Kiel 1948.

8 Angaben zu 1700 und 1766 aus Hans-Christian Steinborn, Abgaben und Dienste holsteinischer Bauern im 18. Jahrhundert, Neumünster 1982, S. 15; zu 1900 aus Engelbrecht, a.a.O., Bd. 2, 1907, Tab. über Baujahre in den Erntebezirken; zu 1883 und 1913 Klug, a.a.O., S. 7.

9 Fläche und Einwohnerzahl 1905 nach: Die Bevölkerung der Gemeinden in Schleswig-Holstein 1867-1970 (Historisches Gemeindeverzeichnis), hrsg. vom Statistischen Landesamt Schleswig-Holstein, Kiel 1972, und Henning Oldekop, Topographie des Herzogthums Holstein, 2 Bde, Kiel 1908. Einwohnerzahl 1766 nach Mannzahlregister Neumünster vom 24.7.1766 (Flecken: 30.7.1765) im Landesarchiv Schleswig (LAS), Abt. 8.2; Mannzahlregister Bordesholm 1765 nach Georg Hanssen, Das Amt Bordesholm im Herzogthume Holstein, Eine statistische Monographie auf historischer Grundlage, Kiel 1842, S. 44; Mannzahlregister Cismar vom 24.2.1766 nach LAS, Abt. 107, Nr. 96.

Tab. 1: Anteil der bebauten Fläche am Ackerland[8]

Amt	1700	1766	1883	1900	1913
Neumünster	0.5	0.5		0.52	
Bordesholm	0.57	0.5		0.53	
Cismar	0.5-0.62	0.5		0.55	
Schleswig-Holstein			0.51(0.60)		0.64(0.71)

Tab. 2: Bevölkerungsdichte[9]

Amt	Fläche (km²)	Einwohnerzahl 1766	1905	E/km² 1766	1905	Dichteklasse 1766	1905
Neumünster	265.9	4 740	39 018	17.8	146.8	6	9
Nms-Land	246.4	2 331	7 579	9.5	30.8	5	6
Bordesholm	196.4	3 750	8 286	19.1	42.2	6	7
Cismar	83.1	3 091	4 912	37.2	59.1	7	7
Schleswig-Holstein				30.1	73.0	6	8

ein neues Stagnationsniveau erreicht hatte. Allerdings läßt sich dieses Phänomen durchaus noch mit dem angeführten Modell vereinbaren, denn das System der Kurzbrache wird schließlich den Bevölkerungsdichtegruppen 6 und 7 zugeordnet[10]. Lediglich das Landgebiet von Neumünster um 1700 und Schleswig-Holstein unter Einbeziehung seiner Städte um 1900 stehen außerhalb dieser Klassifizierung. Der qualitative Sprung von einer mittleren zu einer dichten Bevölkerung wurde auf Landesebene in der zweiten Hälfte der 1880er Jahre vollzogen, während im Amt Cismar dies nur um 1845 vorübergehend geschah[11].

Obwohl also im allgemeinen die erwarteten Relationen auch für das Beobachtungsgebiet zutreffen, ist das Ergebnis doch recht unbefriedigend. Man hätte sich eine deutlichere Anlehnung der Entwicklung der Agrarintensität an die Bevölkerungsdichte, die sich schließlich mit dem Übergang zur nächsthöheren Klasse verdoppelte, erhofft. Zudem scheint das Rotationssystem zu den seltenen Indikatoren gehört zu haben, in denen die Landwirtschaft um 1900 mit der um 1700 übereinstimmte. Es muß also gefragt werden, ob nicht andere Parameter einen höheren Erklärungswert haben.

10 Boserup, a.a.O., S. 23.
11 S. Johannes Schröder und Hermann Biernatzki, Topographie der Herzogthümer Holstein und Lauenburg, des Fürstenthums Lübeck und des Gebiets der freien und Hanse-Städte Hamburg und Lübeck, 2 Bde, 2. Aufl., o.O. 1855/56.

VERSUCH EINER QUANTIFIZIERUNG DER AGRARPRODUKTION

Der naheliegendste Maßstab für eine Intensivierung der Landwirtschaft ist eine Steigerung der Erntemenge auf einer gleichen Fläche. Für das 18. und 19. Jahrhundert konnte es aber entscheidender sein, Dauerweiden und Ödländereien, die bis dahin nicht in die Rotation einbezogen worden waren, unter den Pflug zu nehmen. Diese extensive Form der Erhöhung der Agrarproduktion muß berücksichtigt werden, da auch sie Auswirkungen auf die Bevölkerungsdichte haben konnte.

Die sowohl die Intensivierung als auch die Extensivierung der Landwirtschaft in den ausgewählten Ämtern widerspiegelnde Zusammenstellung (Tab. 3) birgt allerdings eine ganze Reihe von Quellenproblemen, die die Zahlen vor dem Einsetzen der Reichsstatistik nur schwer miteinander vergleichbar machen. Die geringste Fehlerquelle dürfte dabei noch in der Rückberechnung der Grundflächen aus der Saatgutmenge liegen. Auch daß es sich bei dem Fünfjahresdurchschnitt 1840-1845 um keine amtliche Erhebung handelte und die Ergebnisse für 1700 und 1766 auf den Angaben aus den Erdbüchern zur Ertragsfältigkeit des Korns beruhen, ist ein für diesen Zeitraum zu akzeptierender Unsicherheitsfaktor. Für eine Beschreibung des allgemeinen Trends besonders problematisch sind dagegen die Zahlen aus den 1820er Jahren, da in dieser Zeit die Landwirtschaft in einer Überproduktionskrise mit niedrigen Agrarpreisen steckte, was auch zu einer Reduzierung der Anbauflächen geführt haben mag[12]. Letzteres war allerdings in der Nähe großer Städte offenbar nicht immer der Fall[13]. Erschwerend kam bei dieser offiziösen Erhebung hinzu, daß die Bauern die Produktion zu niedrig veranschlagten, so daß die tatsächlichen Werte in manchen Gebieten doppelt so hoch lagen wie die vorgeblichen[14]. Glücklicherweise gibt es Korrekturmöglichkeiten[15]. Aufgrund dieser kann gesagt werden, daß die Zahlen für Bordesholm korrekt zu sein scheinen, die für Neumünster hingegen zu niedrig.

12 Vgl. Wilhelm Abel, Geschichte der deutschen Landwirtschaft vom frühen Mittelalter bis zum 19. Jahrhundert, 2. Aufl., Göttingen 1967, S. 340.

13 S. LAS, Abt. 400I, Nr. 267, S. 128.

14 S. ebd, S. 88 und S. 128.

15 Mit Hilfe der Nachforschungen v. Rosens (LAS, Abt. 400I, Nr. 267) und einem Vergleich des Bodenwertes läßt sich die Wahrscheinlichkeit der Richtigkeit von Angaben einschätzen.

Tab. 3: Kennziffern zur Getreideproduktion in den Ämtern[16]

Amt	Jahr	Saatfläche/Hufe		Hektarertrag		Amtsertrag	
		ha	% der LN*	to	dz	dz	Index**
Neumünster	1700	8.4	37.1	4.6	4.3	(8 158)	61
	1766	11.0	40.0	5.8	5.4	(13 334)	100
	1825	11.1	20.8	6.1	5.4	13 298	100
	1845					26 470	199
Bordesholm	1700	8.0	44.6	6.5	5.3	(10 032)	56
	1766	11.5	41.3	8.2	6.6	(17 896)	100
	1825	12.7	23.3	11.4	8.9	26 654	149
	1845					46 701	261
Cismar	1700	7.4	45.0	10.7	7.9	(6 188)	63
	1766	10.9	47.1	11.3	8.4	(9 758)	100
	1825	17.3	32.4	17.1	15.6	28 655	294
	1845					30 185	309

* landwirtschaftliche Nutzfläche   **Index (1766=100)

Dies alles gestattet nur eine grobe Interpretation der Entwicklungsphasen. So läßt sich generell feststellen, daß die Getreideproduktion sich in der ersten Phase des demographischen Aufschwungs, von 1766 bis 1845, verdoppelte bis verdreifachte. Dies ging einher mit Hektarerträgen, die noch nicht dem Handelsdünger zu verdanken waren. Allerdings erhöhten sich die Erträge damit nur soweit, daß die Prokopfproduktion sich in den beiden weniger fruchtbaren Gebieten um ungefähr 10 % steigerte. Erstaunlicherweise konnte das am stärksten bevölkerte Cismar noch die größten Zunahmen verzeichnen, so daß die beiden fruchtbareren Ämter 1845 schließlich 510-530 kg Getreide pro Einwohner produzierten. Das waren deutlich mehr als die 360 kg, die Bittermann[17] als Eigenverbrauch bei hundertprozentiger vegetabilischer Ernährung annimmt. Dabei muß aber berücksichtigt werden, daß der Anteil der nicht unmittelbar der menschlichen Ernährung zukommenden Getreidesorten (Hafer, Gerste) verhältnismäßig stark anstieg. Aus der Produktion von Weizen, Roggen und Buchweizen lassen sich daher nur noch in Cismar Fortschritte erkennen (1766 170 kg, 1825 270 kg, 1845 260 kg), während sonst das 18. Jahrhundert den Höhepunkt der Brotgetreideproduktion pro Kopf darstellte. Die Verschiebung des Produktionsspektrums hatte übrigens auch zur Folge, daß in Schleswig-Holstein 1879/

16 Zahlen zu 1700 und 1766 nach Steinborn, a.a.O., S. 43 ff; zu 1825 nach LAS, Abt. 400I, Nr. 257, S. 12, Nr. 258, S. 23 und Nr. 261, S. 22; zu 1845 nach Schröder/Biernatzki, a.a.O., S. 44.

17 Eberhard Bittermann, Die landwirtschaftliche Produktion in Deutschland 1800-1950, in: Kühn-Archiv 70, 1956, S. 129.

1880 nur 304 kg Getreide pro Kopf geerntet wurden, unter Einbeziehung der anderen Bodenprodukte betrug das Ergebnis dagegen 495 kg[18].

Eine Vergleichsbasis für Deutschland im 19. Jahrhundert bieten die Zahlen Bittermanns[19]. Demnach sollen die Hektarerträge an Brotgetreide von 1800 bis 1850 um etwa 20% gestiegen sein und bis 1870 um etwa 50 %, um bis zur Jahrhundertwende 180 % des Ausgangswerts erreicht zu haben. In diesen Rahmen fügen sich auch die vorliegenden Angaben für Schleswig-Holstein ein. Allerdings ist der von Bittermann gewählte Ausgangszeitraum 1800 sehr problematisch. Es kann nämlich für Schleswig-Holstein keineswegs angenommen werden, wie Henning dies allgemein tut[20], daß die Ertragsfähigkeit zwischen 1750 und 1800 stagnierte und erst danach eine Entwicklung einsetzte. Um 1800 war in mancher Hinsicht eher ein vorläufiges Ende der Entwicklung erreicht (s.u.).

FAKTOREN DES WANDELS DER AGRARPRODUKTION

Die regionalen Unterschiede der Erträge lassen sich zu einem großen Teil aus der Differenz der Bodengüte erklären. Während sich die Werte der Reichsbodenschätzung im Amt Neumünster um 20 bewegten, lagen sie in Bordesholm um 40 und in Cismar um 60[21]. In den Ernteangaben des 19. Jahrhunderts läßt sich diese Relation durchaus wiedererkennen, während sie sich im 18. Jahrhundert nicht in der erwarteten Weise bemerkbar machte. Damit wird auch klar, warum Cismar solche erstaunlichen Produktionszuwächse verzeichnen konnte: den Angaben nach zu urteilen wurde im 18. Jahrhundert überdurchschnittlich nachlässig gewirtschaftet. Dies muß, wenn auch in geringerem Maße, auf Bordesholm ebenfalls zugetroffen haben, während die Bauern des Geestamts Neumünster größere Anstrengungen unternehmen mußten, um auch nur die Selbstversorgung der Dörfer zu sichern.

Der Wandel zu einer angemesseneren Bearbeitung des Bodens setzte in den 1760er Jahren ein. Das sichtbarste Merkmal dafür waren die Verkoppelungen, die im großfürstlichen Anteil Holsteins 1766 in Angriff genommen wurden. Der gemeinsamen Bewirtschaftung der Felder und dem Flurzwang wurde ein Ende gesetzt und das Gemeindeland wurde verteilt, so daß die gesamte Flur in Privatbesitz überging. Die Hufner konnten auf diese Weise die Größe ihrer Anwesen verdoppeln, während die ländlichen Unterschichten leer ausgingen. Die neugeschaffenen Felder konnten mit den Knicks umgeben werden, die das Landschaftsbild Schleswig-Holsteins nachhaltig prägen sollten. Eine verbesserte Düngung durch das Mergeln und einen vergrößerten

18 Jahrbuch für die amtliche Statistik des preußischen Staates, 5, 1883, S. 198.
19 Bittermann, a.a.O., S. 21 und S. 38.
20 Friedrich-Wilhelm Henning, Phasen der landwirtschaftlichen Entwicklung unter besonderer Berücksichtigung der Ertragsverhältnisse, in: Zeitschrift für Agrargeschichte und Agrarsoziologie 30, 1982, S. 3 und S. 11.
21 Deutscher Planungsatlas, Bd. 3: Schleswig-Holstein, Bremen 1960, S. 15 f.

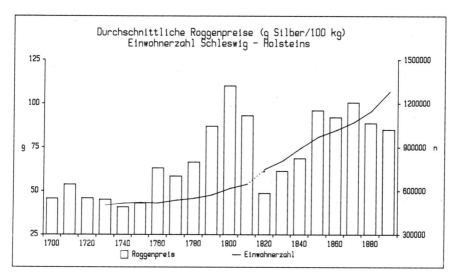

Quellen zu Abb. 1:
Roggenpreise: Wilhelm Abel, Agrarkrisen und Agrarkonjunktur: Eine Geschichte der Land- und Ernährungswirtschaft Mitteleuropas seit dem hohen Mittelalter, Hamburg/Berlin 1978, S. 308;
Bevölkerung: A. C. Gudme, Die Bevölkerung der beiden Herzogthümer Schleswig und Holstein in früheren und späteren Zeiten, Altona 1819, Tab. 5; Beiträge zur historischen Statistik Schleswig-Holsteins, Kiel 1967, Tab. 4

Viehbestand tat das ihrige, um zu Beginn des 19. Jahrhunderts reichere Ernten zu ermöglichen.

Es wäre allerdings eine verkürzte Perspektive, in dieser Privatisierung die letzte Ursache für die Erhöhung der Agarproduktion zu sehen. Dazu bedurfte es vor allem attraktiver Getreidepreise, wie sie im gleichen Zeitraum gegeben waren (Abb. 1). Der Erfolg der Verkoppelungsmaßnahmen kann als eine Auswirkung dieses Impulses gesehen werden – etwa im Sinne der These Strykers[22], daß ein solcher Anreiz notwendig ist, um die Bauern dazu zu bringen, auch Außenfelder mit langen Anfahrtswegen unter den Pflug zu nehmen. Die Veränderungen im Bereich der Agrarpreise waren beachtlich. So entsprachen 100 kg Roggen in den 1740er Jahren noch einem Äquivalent von 41 g Silber, während in der Dekade 1801-1810 schließlich mit 110 g der höchste Stand seit Einsetzen der historischen Quellen in Norddeutschland gegen Ende des 14. Jahrhunderts erreicht wurde[23]. Solche Preise waren auch im ganzen 19. Jahrhundert nicht mehr zu erzielen.

22 J. Dirck Stryker, Population Density, Agricultural Technique, and Land Utilization in a Village Economy, in: The American Economic Review 66, 1976, S. 352.
23 Wilhelm Abel, Agrarkrisen und Agrarkonjunktur. Eine Geschichte der Land- und Ernährungswirtschaft Mitteleuropas seit dem hohen Mittelalter, Hamburg/Berlin 1978, S. 308.

Ohne daß damit schon eine generelle Aussage zum Verhältnis zwischen Bevölkerungszunahme und landwirtschaftlicher Intensivierung getroffen werden soll, läßt sich angesichts der in Schleswig-Holstein um 1770 erst langsam einsetzenden Veränderung der Einwohnerzahlen doch sagen, daß der Hauptanreiz für eine Steigerung der Produktion von den Exportmärkten kam. Die Handelsströme lassen sich noch nicht genügend genau nachzeichnen, wenn man vom Fernhandel Hamburgs absieht. Sicher ist aber, daß von dort eine gewisse Menge Weizen nach England verschifft wurde[24]. Vor allem betätigten sich aber die Holländer als Zwischenhändler für Frankreich und die Mittelmeerländer. Mit der französischen Nachfrage erreichte daher die Getreideausfuhr Hamburgs 1789 einen vorläufigen Höhepunkt[25]. Neben Weizen wurden Roggen und Hafer, die Anbauprodukte des mittleren Holstein, nach Amsterdam verschifft. Die 1820er Jahre stellten auch für den Export einen Rückschlag dar. Der darauf folgende Aufschwung stand dann bereits in einem engeren Zusammenhang mit einer verstärkten Binnennachfrage durch eine gestiegene Bevölkerung.

Für die betrachteten Gebiete war es in der entscheidenen Phase ab 1770 noch ohne Bedeutung, daß Schleswig-Holstein auch einige Molkereierzeugnisse exportierte[26]. Erst nach der Jahrhundertwende begann man auch auf der Geest und in Ostholstein, außerhalb der großen Güter mehr auf die Milchwirtschaft zu setzen. Dies begünstigte, neben den erwähnten konjunkturellen Gründen, die bezogen auf die gesamte landwirtschaftliche Nutzfläche relative Einschränkung der Getreidefläche in den 1820er Jahren. Andere Produkte, die Anzeichen für eine intensivere Landwirtschaft sind, wie beispielsweise der Kartoffel- und vor allem der Rübenbau, waren im Beobachtungszeitraum so gut wie nicht vertreten.

DEMOGRAPHISCHE VERÄNDERUNGEN ALS MÖGLICHE URSACHE AGRARISCHEN WANDELS

Vor der Mechanisierung der Landwirtschaft stellte das Vorhandensein einer genügenden Anzahl von Arbeitskräften eine Bedingung für eine Intensivierung der Landwirtschaft dar[27]. Die Verfügbarkeit von Arbeitskräften kann, bei Abwesenheit einer nennenswerten gewerblichen Produktion, aus der Bevölkerungsdichte geschlossen werden. Hierbei wird man aber nur zu einer allgemeinen Aussage über die positive Korrelation von Bevölkerungsdichtegruppen und Agrarintensitätsklassen gelangen, wie sie auch für die untersuchten Ämter zutreffen (s.o.).

24 W. Freeman Galpin, The Grain Supply of England during the Napoleonic Period, New York 1925, Appendix No. 8.

25 Frauke Röhlk, Schiffahrt und Handel zwischen Hamburg und den Niederlanden in der zweiten Hälfte des 18. und zu Beginn des 19. Jahrhunderts, Wiesbaden 1973, S. 131.

26 Röhlk, a.a.O., S. 134.

27 Vgl. Boserup, a.a.O., S. 99.

Einen direkteren Zugang zur Arbeitskräfteproblematik bietet die Heranziehung von zeitgenössischen Beobachtungen und von Migrationsstatistiken. Letztere geben Auskunft darüber, ob Arbeitskräfte nachgefragt wurden oder überschüssig waren. Bisher liegen für den ländlichen Bereich Schleswig-Holsteins dazu nur wenige Fallbeispiele vor[28]. Demnach war die Periode der darniederliegenden Landwirtschaft um die Mitte des 18. Jahrhunderts von Abwanderung geprägt. Diese kam mit der Verkoppelungsbewegung zum Stehen, und gegen Ende des 18. Jahrhunderts wurde schließlich sogar über den Arbeitskräftemangel geklagt. Mit den 1820er Jahren trat dann eine Wende zu einer generellen Unterbeschäftigung ein, aus der nach der Jahrhundertmitte eine durch die Bevölkerungszunahme gespeiste Auswanderungsbewegung resultierte. Es läßt sich daraus entnehmen, daß der Arbeitskräfteüberhang zwar die Verkoppelungsbewegung begünstigte, daß von ihm aber später keine Intensivierungsimpulse ausgingen, wenn dem niedrige Agrarpreise entgegenstanden. Das Vorhandensein von relativ großen Betrieben im größten Teil des Untersuchungsgebietes setzte einer maximalen Ausnutzung der Arbeitskraftreserven ohnehin Grenzen.

Der Vergleich der Bevölkerungsverhältnisse mit der Ackerfläche (s. Tab. 2 und Tab. 3) führt angesichts der Konstanz der Anbauformen zu dem Schluß, daß eine erhöhte Bevölkerungsdichte ebensogut eine Extensivierung der Landwirtschaft zur Folge haben konnte wie eine Intensivierung. Ein fruchtbarer Boden ermöglichte dabei mit dem gleichen Arbeitsaufwand eine größere Bevölkerungsdichte. Im Gegensatz zu anderen Ämtern wurde in Cismar die Vergrößerung der Anbaufläche zusätzlich dadurch begünstigt – und die Reduzierung in den 1820er Jahren dadurch gebremst –, daß durch die Niederlegung der königlichen Vorwerke eine relativ große Anzahl von Kleinbauernstellen entstanden war. Durch das Zusammenspiel dieser Faktoren wurde ein Gleichklang mit der Bevölkerungsentwicklung hergestellt, so daß 1825 2,8 Einwohner gegenüber 1766 2,7 Einwohner auf einen Hektar Saatfläche kamen (Tab. 4). Die Verbesserung der Hektarerträge drückte sich deshalb unmittelbar als erhöhte Pro-Kopf-Produktion aus. In Bordesholm und Neumünster war dies nicht der Fall[29]. Nach der Mitte des 19. Jahrhunderts war dann der Ausbau der Landwirtschaft schon soweit abgeschlossen, daß die Bevölkerungsdichte stagnierte, während sie auf der Geest weiterhin zunahm[30].

28 Vgl. Rolf Gehrmann, Leezen 1720-1870. Ein historisch-demographischer Beitrag zur Sozialgeschichte des ländlichen Schleswig-Holstein, Neumünster 1984, (SWSG, Bd. 7), S. 282 ff; vgl. Regionale Mobilität in Schleswig-Holstein 1600-1900. Theorie, Fallstudien, Quellenkunde, Bibliographie, hrsg. von Jürgen Brockstedt, Neumünster 1979 (SWSG, Bd. 1).

29 Im Landgebiet von Neumünster wäre allerdings eine Steigerung der Pro-Kopf Produktion anzunehmen, wenn man die für 1825 angegebenen Werte nach Maßgabe einer Hektarproduktion korrigiert, wie sie im nach Bodenqualität vergleichbaren Kirchspiel Bramstedt (LAS, Abt. 400I, Nr. 267, S. 118) erzielt wurden.

30 Vgl. Stollt, a.a.O., S. 116 und S. 119.

Tab. 4: Verhältnis zwischen Einwohnerzahl und Saatfläche

Amt		Ein-wohner	ha Saat-fläche	E/ha Sf	kg Getreide/Einwohner
Neumünster	1766	2 331	2 190	1.1	510
(nur Land)	1825	2 920	2 204	1.3	410 (-580*)
Bordesholm	1766	3 750	2 705	1.4	480
	1825	6 566	2 988	2.2	410
Cismar	1766	3 091	1 160	2.7	320
	1825	5 175	1 834	2.8	550

*vgl. Anmerkung 29

AGRARISCHER WANDEL ALS MÖGLICHE URSACHE DEMOGRAPHISCHER VERÄNDERUNGEN

Der agrarische Wandel läßt sich als mögliche Ursache demographischer Veränderungen für Schleswig-Holstein unter zwei Aspekten betrachten. Zum einen kann in den Vitalstatistiken für das Land nach Parallelen zum agrarischen Aufschwung vom letzten Drittel des 18. Jahrhunderts an gesucht werden, zum anderen können die auf lokaler Ebene zusammengestellten Daten zu verschiedenen Mortalitätsindikatoren, vor allem der Säuglings- und Kindersterblichkeit, in dieser Hinsicht ausgewertet werden.

Der erste Weg wird methodisch am sinnvollsten über einen Vergleich zwischen der Bewegung der Getreidepreise und der Sterblichkeit beschritten. Die Weizenpreise sind dabei in einem weiteren Sinne als Indikator für die Lebensmittelpreise zu verstehen und damit als ein entscheidender Bestandteil der Lebenshaltungskosten überhaupt[31]. Dieser Vorgehensweise liegt die Annahme zugrunde, daß schlagartig ansteigende Getreidepreise zu einer Mangelernährung breiter Bevölkerungsschichten führen können, die wiederum, gegebenenfalls mit einer gewissen zeitlichen Verzögerung, Auswirkungen auf die Mortalität hat. Dies würde vor allem dadurch geschehen, daß Krankheiten auf geschwächte Widerstandskräfte stoßen[32].

Nach dem Kriterium der Korrelation zwischen Mortalität und Getreidepreisen läßt sich die schleswig-holsteinische Geschichte in zwei Perioden unterteilen (Abb. 2): die

---

31 Vgl. E. A. Wrigley und R. S. Schofield, The Population History of England 1541-1871, A Reconstruction, London 1981, S. 357.
32 Vgl. Thomas McKeown, The Modern Rise of Population, London 1976; Andrew B. Appleby, Disease or Famine? Mortality in Cumberland and Westmoreland 1580-1640, in: Economic History Review 26, 1973, S. 403-432; Wrigley/Schofield, a.a.O; François Lebrun, Les crises démographiques en France aux 17e et 18e siècles, in: Annales E.S.C. 35, 1980, S. 205-234.

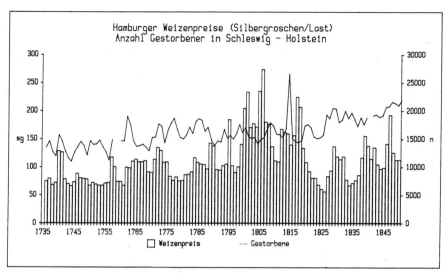

Quellen zu Abb. 2:
Weizenpreise: Adolf Soetbeer, Beiträge zur Statistik der Preise, Hamburg 1858;
Gestorbene: A. C. Gudme, Die Bevölkerung der beiden Herzogthümer Schleswig
und Holstein in früheren und späteren Zeiten, Altona 1819, Tab. 5; Quellen zur
Bevölkerungs-, Sozial- und Wirtschaftsgeschichte Deutschlands 1815 – 1875, Bd. 1:
Quellen zur Bevölkerungsstatistik Deutschlands 1815 – 1875, Boppard 1980, S. 123 ff.

Zeit bis 1789 und die Zeit danach[33]. Vor diesem Zeitpunkt herrschte das von Wrigley/
Schofield[34] beobachtete klassische Muster vor, daß besonders starke Steigerungen der
Getreidepreise eine Erhöhung der Mortalität in demselben Jahr nach sich ziehen,
während weniger ausgeprägte Teuerungsjahre ihre Folgen in einem Ansteigen der
Mortalität mit einer Verschiebung von ein bis zwei Jahren zeigen. Eine unter den
Durchschnitt abfallende Sterblichkeit in der Folgezeit läßt sich ebenfalls bereits aus
der Graphik entnehmen, so daß der Augenschein dafür spricht, daß die Krisen
gewissermaßen eine Vorausnahme der Sterbefälle bedeuteten.

Nicht alle Mortalitätskrisen standen allerdings in einem Zusammenhang mit
Getreidepreissteigerungen. So lassen sich die insgesamt nicht sehr heftigen Krisen in

33 Für den Zweck genügt vorläufig die Aussage, die bereits aus einer graphischen Auswertung
   zu gewinnen ist. Anders als beim englischen Beispiel (Wrigley/Schofield, a.a.O., S. 372)
   sind keine Bereinigungen und Glättungen notwendig, um die Effekte der Getreidepreise
   deutlich werden zu lassen. Die Geburtenzahlen schwankten in Schleswig-Holstein von Jahr
   zu Jahr nicht so sehr, daß sie einen Einfluß auf plötzliche Mortalitätsschwankungen hätten
   haben können.
34 Wrigley/Schofield, a.a.O., S. 372.

der ersten Hälfte der 1750er Jahre anhand von Kirchenbuchunterlagen und zeitgenössischen Zeugnissen als durch die Pocken verursacht nachweisen oder doch mit hoher Wahrscheinlichkeit vermuten. Der durch die Truppenbewegungen des Siebenjährigen Krieges verbreiteten „Ruhr" 1762 entspricht ebenfalls kein Ausschlag der Getreidepreiskurve, ebensowenig wie der als „Fleckfieber"[35] bezeichneten Epidemie von 1777.

Trotz dieser Einschränkungen bleibt doch die enge Verbindung zwischen Mortalität und Getreidepreisen überraschend, da Schleswig-Holstein generell als ein Gebiet mit Nahrungsmittelüberschüssen galt. Offenbar litt aber doch ein Teil der Bevölkerung in der Folge von Teuerungen unter Nahrungsmangel. Dazu konnten, nach den Darlegungen Henningsens[36], trotz ausreichender Ernten die Gesetze des Marktes führen. Ihm zufolge provozierte die starke Auslandsnachfrage, die oft nicht allein im Zusammenhang mit Mißernten, sondern auch mit Kriegsvorbereitungen stand und die Preise in die Höhe trieb, den Export von Getreide. Die Regierung entschloß sich in der Regel erst spät und im Zuge der in den 1770er Jahren einsetzenden Freihandelspolitik häufig gar nicht, Ausfuhrverbote für die Grundnahrungsmittel zu erlassen. Die Schlüsselrolle der Auslandsnachfrage, die auch schon als möglicher Impuls für die Verbesserungen in der Verkoppelungszeit angesprochen wurde, wird hier erneut deutlich.

Von den 1770er Jahren an, mit einem halben Jahrhundert Verspätung gegenüber Großbritannien[38], war der Zusammenhang zwischen Getreidepreisen und Mortalität gebrochen. Dank der Vollbeschäftigung in der Landwirtschaft und der allgemein für Schleswig-Holstein günstigen Konjunktur durch die Neutralitätspolitik Dänemarks verfügte die Bevölkerung nun auch bei hohen Preisen noch über genügend Kaufkraft, damit sich diese nicht in Mangelerscheinungen niederschlugen. Im Laufe des 19. Jahrhunderts verschwanden dann auch im Zuge der Entwicklung des weltweiten Austauschs und der Diversifizierung der landwirtschaftlichen Produktion die katastrophalen Teuerungen. Insgesamt kann also der agrarische Wandel insofern als Ursache für den demographischen angesehen werden, als die schleswig-holsteinische Landwirtschaft nun auch bei einem ausländischen Nachfragedruck in der Lage war, die Bevölkerung besser zu ernähren. Es muß aber hinzugefügt werden, daß dieser Druck selbst auch abnahm.

Die Verbesserungen der Lebensverhältnisse spiegelten sich auch in der allgemeinen Lebenserwartung und der Kindersterblichkeit wider. Anhand einer Parochialstu-

35 Christian Kuß, Jahrbuch denkwürdiger Naturereignisse in den Herzogthümern Schleswig und Holstein vom eilften bis zum neunzehnten Jahrhundert, 2 Bde, Altona 1825/26, S. 155.
36 Lars N. Henningsen, Misvækst og kornspekulation i Sønderjylland 1698-1847. En studie i dyrtids- og hungerår og krisepolitik, in: Sønderjyske Årbøger 1981, S. 5-56.
37 Weizenpreise aus Adolf Soetbeer, Beiträge zur Statistik der Preise, Hamburg 1858; Mortalität aus A. C. Gudme, Die Bevölkerung der beiden Herzogthümer Schleswig und Holstein in früheren und späteren Zeiten, Altona 1819, und Quellen zur Bevölkerungs-, Sozial- und Wirtschaftsgeschichte Deutschlands 1815-1876, hrsg. von Wolfgang Köllmann, Bd. 1, Boppard 1980, S. 123 ff.
38 S. Wrigley/Schofield, a.a.O., S. 399.

die läßt sich nachweisen[39], daß die mittlere Lebenserwartung der 1780-1839 Geborenen mit 40,6 Jahren um 3,5 Jahre höher lag als die der 1720-1779 Geborenen, was allein durch die größeren Überlebenschancen in den Kinder- und Erwachsenenaltern bedingt war. Die Säuglingssterblichkeit ging in Leezen erst in den 1820er Jahren zurück, in einigen anderen Gegenden Schleswig-Holsteins schon früher. Dieser Bereich scheint sehr empfindlich für mikroregionale Unterschiede und zudem wesentlich mehr von anderen Faktoren als der Ernährungssituation abhängig gewesen zu sein. Zum Beispiel war die Arbeitsbelastung der Frau als eine Folge der Intensivierung der Landwirtschaft und des Arbeitskräfteangebotes bedeutsam. Hingegen spielte der Ernährungsstatus für die Kinder zwischen 1 und 15 Jahren eine gewichtige und regional weit weniger differenzierte Rolle. Hinweise auf dessen Bedeutung lassen sich dabei, unter Berücksichtigung der Veränderung des Krankheitsspektrums, besonders aus dem saisonalen Muster der Sterblichkeit entnehmen. Für die Erwachsenen war schließlich das Verschwinden der Krisen selbst schon wichtiger als die Veränderung des Mortalitätsmusters außerhalb der Krisenjahre.

In zwei weiteren Bereichen, nämlich dem Heiratsverhalten und der Fertilität, lassen sich die Folgen des Aufschwungs in der Landwirtschaft im letzten Drittel des 18. Jahrhunderts nachweisen. So stiegen die Wiederverheiratungshäufigkeit und die eheliche Fertilität kurzfristig, während das Heiratsalter vorübergehend sank. Auf diese Weise erhöhte sich die Nettoproduktionsrate.

Die günstigeren Erwerbsmöglichkeiten können auch als Erklärung für die steigende Illegitimität herangezogen werden. Hier wird der Begründungszusammenhang angesichts anderer Forschungsergebnisse allerdings schon ziemlich schwach[40].

SCHLUSS

Am Beispiel Schleswig-Holsteins zeigt sich, wie an der ganzen wissenschaftlichen Diskussion, der dieser Beitrag sein Entstehen verdankt und die noch andauert[41], daß die Zusammenhähge zwischen Demographie und Agrarsystem alles andere als eindeutig sind. So spricht einiges gegen das Vorhandensein von Kausalbeziehungen. Vielmehr scheinen Einflüsse des Marktes sowohl auf den einen als auch auf den anderen Faktor gewirkt zu haben, ohne daß eine eigenständige Wechselbeziehung zwischen Bevölkerungsdichte und Umfang und Intensität der landwirtschaftlichen Produktion entstand. Die Besitzverhältnisse taten ein übriges, so daß in Schleswig-

39 Die folgenden Angaben aus Gehrmann, a.a.O., S. 89, S. 133, S. 169, S. 95, S. 120, S. 121, S. 295, S. 296, S. 180.

40 Vgl. Bastardy and its Comparative History, Studies in the History of Illegitimacy and Marital Non-Conformism in Britain, France, Germany, Sweden, North America, Jamaica and Japan, hrsg. von Peter Laslett, Karla Oosterveen und Richard Smith, London 1980.

41 Evolution agraire et croissance démographique, hrsg. von Antoinette Fauve-Chamoux, Liège 1987 (darin auch eine französische Fassung des vorliegenden Beitrags); Hans Chr. Johansen, Folk og produktion på fynske gårde gennem to århundreder (für 1988 angekündigt in der dänischen Zeitschrift „Historie").

Holstein um 1900 nach wie vor eine Landwirtschaft betrieben wurde, die unter dem Gesichtspunkt des Anbauzyklus eher als extensiv denn als intensiv zu bezeichnen ist, da mit der Feldgraswirtschaft nach wie vor das System der Kurzbrache dominierte. Insgesamt zeigte sich im 18. und 19. Jahrhundert im regionalen Rahmen des Landes eine Entwicklung, die den theoretischen Vorgaben Boserups zu widersprechen scheint: einerseits fand der agrarische Wandel unterhalb der Schwelle einer Ände-rung des Rotationssystems statt, andererseits erfolgten die sehr wohl stattfindenden Umwälzungen im Agrarbereich vor dem starken Ansteigen der Bevölkerung. Im überregionalen Rahmen konnten dabei zugleich demographische Impulse wirksam werden, die sich dann über die Marktbeziehungen auch in Schleswig-Holstein aus-wirkten, so daß das aufgezeigte Paradoxon sich durchaus in eine umfassendere Logik integrieren ließe.

Klaus-Joachim Lorenzen-Schmidt

Ein Verlaufsmodell für konjunkturbedingte Bodenmobilität

Bei meinen Forschungen zur Agrargeschichte der holsteinischen Elbmarschen bin ich auf ein Phänomen gestoßen: Die Zahl der Bauernstellen hat sich seit dem Hochmittelalter, also seit der Zeit der ersten planmäßigen Besiedlung dieser marginalen Zone, verringert, und zwar in einem ganz erheblichen Ausmaße. Bis heute kann davon ausgegangen werden, daß nahezu ein Drittel aller ursprünglich angelegten Hufenstellen aufgegeben wurde. Damit ist aber kein Wüstungsprozeß einhergegangen (der trifft höchstens für die Hofstätten mit Wohn-/Wirtschaftsgebäuden zu). Vielmehr fand eine Übernahme der Hofländereien durch benachbarte und/oder verwandte Bauern mittels Kaufs oder Erbschaft statt. Dieser Prozeß ist nicht gleichförmig verlaufen. Bei genauerer Betrachtung dieses Phänomens stellen sich sogar scheinbar widersprüchliche Verläufe und Erscheinungen dar.

Die Klärung dieser scheinbaren Widersprüche hat mich dazu gebracht, mir anhand eines Verlaufsmodells die konjunkturellen Bewegungen der Bodenmobilität deutlich zu machen. Voraussetzung für eine solche Mobilität ist die freie Disponibilität über den Boden, die – in den Elbmarschen gang und gäbe – in den landesherrlich regierten Geestgebieten und Teilen des östlichen Hügellandes mit der Verkoppelung (im wesentlichen zwischen 1680 und 1810), im gutsherrlich bestimmten Gebiet mit der Parzellierung der Güter (seit ca. 1750) und der Aufhebung der Leibeigenschaft (seit ca. 1790) einsetzte.

Mit der Frage der Bodenmobilität haben sich indirekt bereits mehrere Forscher befaßt. Ich denke dabei an die Väter der schleswig-holsteinischen Agrargeschichtsforschung G. Hanssen[1] und M. Sering[2], aber auch an eine ganze Reihe zeitgenössischer Autoren, von denen in erster Linie W. Prange[3] und V. v. Arnim[4] zu nennen sind[5].

1 G. Hanssen, Agrarhistorische Abhandlungen, 2 Bde., Leipzig 1880 und 1884.
2 M. Sering, Erbrecht und Agrarverfassung in Schleswig-Holstein auf geschichtlicher Grundlage. Mit Beträgen von R. Lersch, P. Petersen u. O. Büchner, Berlin 1908.
3 W. Prange, Siedlungsgeschichte des Landes Lauenburg im Mittelalter, Neumünster 1960; ders., Holsteinische Flurkartenstudien. Dörfer und Wüstungen um Reinbek, Neumünster u. Schleswig 1963; ders., Flur und Hufe in Holstein am Rande des Altsiedellandes, in: ZSHG, 101 (1976), S. 9–72.
4 V. v. Arnim, Krisen und Konjunkturen der Landwirtschaft in Schleswig-Holstein vom 16. bis zum 18. Jahrhundert, Neumünster 1957.
5 Die anderen sollen nicht vergessen werden: K.-H. Looft, Die mittelalterlichen Wüstungen zwischen Eider und Schwentine, in: ZSHG, 99 (1974), S. 197–254; W. Budesheim, Die

Denn die Frage nach der Bodenmobilität ist äußerst eng mit der Frage nach der Entwicklung der Bauernstellen, vor allem deren Zahl und Größe in den vergangenen Jahrhunderten verbunden[6]. Und die Lösung der damit verbundenen Probleme gibt Antwort auf eine Reihe weiterer offener Fragen, von denen ich nur ganz global die nach der Entwicklung des modernen Staates und seiner fiskalischen Grundlagen[7] oder die der sozialstrukturellen Dynamik des vorindustriellen Schleswig-Holstein[8] mit Auswirkungen bis auf unsere Tage[9] nenne.

Allerdings ist selbst die explizit auf die Untersuchung der Wechsellagen in der Landwirtschaft ausgerichtete Arbeit von v. Arnim dem Problem der Verlaufsdynamik der Bodenmobilität nicht weiter gefolgt und hat auch keine Erklärung der damit verbundenen Phänomene versucht, wenn man einmal davon absieht, daß hier davon ausgegangen wurde, daß „die Steigerung in den Einnahmen der Landwirtschaft . . . ihren Niederschlag in den höheren Preisen [fand], die für Kauf oder Pacht landwirtschaftlich genutzten Grund und Bodens bezahlt wurden"[10]. Diese zunächst so selbstverständlich erscheinende Feststellung muß schon durch die Frage nach dem Vorhandensein eines Bodenmarktes in ganz Schleswig-Holstein schwer erschüttert werden. Gab es denn in allen Teilen des Landes zu allen Zeiten einen Bodenmarkt wie den heutigen? Zur Beantwortung dieser Frage bedarf es einiger Bemerkungen.

Das holsteinische und schleswigsche Altsiedelland dürfte seit dem Spätmittelalter[11] bis zum Beginn des 19. Jahrhunderts von der Feldgemeinschaft geprägt gewesen sein,

Entwicklung der mittelalterlichen Kulturlandschaft des heutigen Kreises Herzogtum Lauenburg unter besonderer Berücksichtigung der slawischen Besiedlung, Hamburg 1984.

6 W. Prange, Landesherrschaft, Adel und Kirche in Schleswig-Holstein 1523. Die Zahl der Bauern am Ende des Mittelalters und nach der Reformation, in: ZSHG, 108 (1983), S. 51–90.

7 F. Schwennicke, Die holsteinische Elbmarschen vor und nach dem Dreißigjährigen Kriege, o. O. 1914.

8 K.-J. Lorenzen-Schmidt, Hufner und Kätner. Ein Versuch zur sozialstrukturellen Entwicklung in den holsteinischen Elbmarschen, in: Archiv f. Agrargeschichte d. Holst. Elbmarschen, 8 (1986), S. 53–107.

9 Z.B. Landvolkbewegung und Nationalsozialismus. Vgl. S. Heim, Die Landvolkbewegung in Schleswig-Holstein 1928/29. Eine Analyse ihrer sozioökonomischen Entstehungsbedingungen und politischen Aktionsform, Dipl. Arb. Soz. Univ. Hamburg 1980 (masch. schr.) mit weiterer Literatur; K.-J. Lorenzen-Schmidt, Landwirtschaftspolitik und landwirtschaftliche Entwicklung in Schleswig-Holstein 1933–1945, in: ‚Wir bauen das Reich‘. Aufstieg und erste Herrschaftsjahre des Nationalsozialismus in Schleswig-Holstein, hrsg. v. E. Hoffmann und P. Wulf, Neumünster 1983, S. 273–308.

10 v. Arnim, S. 19.

11 Seit dem späten Mittelalter deshalb, weil der Flurzwang wohl doch schon ein Reflex auf die Verknappung der Bodenressourcen aufgrund steigender Bevölkerungszahlen gewesen sein dürfte. Mit der Regeneration der Bevölkerung nach dem „Schwarzen Tod" und den Folgeepidemien/-hungerkrisen rechnet man für etwa 1450.Vgl. W. Rösener, Bauern im Mittelalter, München 1985. Übrigens setzt die Überlieferung von Willküren und Beliebungen erst – passend! – im 16. Jahrhundert ein – vgl. E. Wohlhaupter, Beiträge zur rechtlichen Volkskunde Schleswig-Holsteins, in: Nordelbingen, 16 (1940), S. 74–160; 17/18 (1941/42), S. 51–88.

das heißt: von einer starken Einbindung des einzelnen Bauern in die Dorfgenossen-schaft. Dieser Feld- und Flurzwang beruht auf dem kollektiven Eigentum an der Flur, und zwar sowohl an Acker- und Weideflächen wie auch den überwiegenden Ödflä-chen (Moore, Heiden)[12] und Waldungen. Ein Privateigentum an Grund und Boden gibt es nicht oder kaum: Zumeist wurde nur die Hofstelle selbst als Eigentum behandelt. Der Grundherr oder der Landesherr (als Grundherr) konnte ebenfalls Eigentumsrechte wahren oder erwerben, so daß der Bauer hier in rechtlicher Hinsicht als Pächter (Fester) auftrat, in agrarverfassungsmäßiger Hinsicht jedoch in die Genossenschaft zusammen mit den Freien, Eigentümern oder Bonden integriert blieb. Es gab also kein Privateigentum am Boden, sondern nur Nutzungsrechte.

Andere Verhältnisse herrschten in den Kolonisationsgebieten der Westküste und des östlichen Hügellandes. Die Eindeichung und Urbarmachung der Marschdistrikte an Nordsee und Elbe geschah – wenngleich unter Einflußnahme des Landesherren und kirchlicher Institutionen[13] – weitgehend genossenschaftlich. Die neuen Siedler jedoch erhielten Landzuweisungen eigentümlich, und zwar – in der zweiten Schicht[14] – nach hollischem Recht, das ein auf die Bedürfnisse dieser Neu-Urbarmachungen zugeschnittenes Besitz- und Eigentumsrecht enthielt[15].

In Ostholstein und teilweise auch in Ostschleswig erfolgte die Besiedlung unter stärkerem Einfluß von (ritterlichen? ministerialen?) Lokatoren, was zu größerem Anteil des grundherrlichen Organisationsprinzips führte und schließlich – in längerer Folge – Grundlage zur Ausbildung der Gutsherrschaft (seit 1524) wurde. Auch die Hufensiedlungen Ostholsteins waren genossenschaftlich organisiert und kannten seit dem Spätmittelalter Flurzwang und Feldgemeinschaft. Dasselbe gilt für Lauenburg. Diese sächsisch-westfälisch-holländisch neu geformten Siedlungsgebiete waren aller-dings auf freies Eigentum der Bauern/Hufner an den von ihnen bewirtschafteten Ländereien ausgerichtet.

Boden, der genossenschaftlicher Nutzung unterliegt, ist im Grunde genommen marktförmig immobil: Er kann nicht auf einen Grundstücksmarkt gebracht werden. Erst eine langsame Ausweitung der landwirtschaftlich intensiv nutzbaren Fläche (etwa durch Rodung, Trockenlegung, Eindeichung) bietet Möglichkeiten für die Ansiedlung von mehr Hufnern. Und erst eine langsam steigende Ertragsfähigkeit der landwirtschaftlichen Fläche bietet Teilungsmöglichkeiten für Land, ohne dabei die Subsistenzfähigkeit zu zerstören. Denn die ursprünglichen Hufen waren auf reine Subsistenz angelegt; erst die Einschaltung feudaler Verhältnisse macht eine Über-

---

12 Sie wachsen, wie Magers Untersuchungen exemplarisch zeigen, durch die extensive Aus-beutungswirtschaft der Menschen an – vgl. F. Mager, Entwicklungsgeschichte der Kultur-landschaft des Herzogtums Schleswig in historischer Zeit, 2 Bde., Breslau 1930, Kiel 1938.

13 Eine Ausnahme bilden hier die alten Landschaften Dithmarschen und Eiderstedt, die genossenschaftlich und ohne feudale Einflußnahme bereits sehr früh ihre Marschen urbar machten – vgl. Sering, S. 23 f.

14 Auch hier gab es eine erste Schicht holsteinischer/sächsischer Siedler, die, ähnlich wie in Dithmarschen, ihren vom Altsiedland geprägten Rechtsnormen treu blieben.

15 W. C. Kersting, Das Hollische Recht im Nordseeraum, aufgewiesen besonders an Quellen des Landes Hadeln, in: Jahrbuch der Männer vom Morgenstern, 34 (1953), S. 18–86; 35 (1954), S. 28–102.

schußproduktion zur Unterhaltung des Feudalherren nötig. Dabei stieß die hofinterne Ausweitung der Nutzfläche für Ackerbau und Winterstallfuttergewinnung sowohl auf die Grenze, die durch das Kollektiv der Genossen gezogen wurde, wie auf solche, die durch die immanenten Begrenztheiten der Produktionsmittel bedingt waren. Das sah in den Marschgebieten, also den jüngeren Siedelzonen anders aus: Hier war das urbare Land innerhalb eines Neukooges bis auf die letzten Quadratfüße verteilt. Eine Ausweitung der Nutzfläche war nur durch die Bildung neuer Köge möglich – ein Verfahren, das mit der Kraft einer Siedlergemeinschaft allein nur selten und dann in geringem Umfang bei hohen Kosten realisiert werden konnte. Solche Köge finden sich in Dithmarschen ebenso wie in Nordfriesland[16]. Die großen planmäßigen Neuköge sind fast alle mit der Finanzkraft des frühmodernen Staates gewonnen oder doch ermöglicht worden.

Die freie Verfügbarkeit über Grund und Boden in den Marschen ließ schon früh einen funktionierenden Grundstücksmarkt entstehen. Die Hufe, die ursprünglich ein Maß von 24 Morgen[17] hatte, blieb hier das Teilungsmaß für die Kommunalverfassung. Es gab allerdings schon im 15. Jahrhundert, vermutlich auch bereits im 14. Jahrhundert kaum noch „Hufen", die diesem Maß entsprachen. Durch Zu- und Verkäufe waren Stellen gewachsen oder geschrumpft, entstanden oder verschwunden.

Ganz anders auf der Geest und im östlichen Hügelland, wo die Feldgemeinschaft und die gemeinsame Lösung feudalherrlicher Ansprüche die Parzellierung von Hufen in großem Umfang verhinderten. Hufen wurden dann unter zunehmendem Bevölkerungsdruck besonders im 16. und 17. Jahrhundert teilbar – und zwar ohne daß ein landesherrliches Gebot hier regulierend, das heißt: besitzgrößenfixierend (wie etwa in anderen deutschen Landschaften) eingriff. Die Teilung erfolgte zunächst in Hälften, später in Viertel, Achtel, Sechzehntel und so fort, je nach der Zunahme der dörflichen Bevölkerung, wobei jedoch immer auch ein Teil der Erben absank in die Kätner-, später Instenschicht. Diese von der gleichberechtigten anteiligen Nutzung der Flur ausgeschlossenen Unter-Hufner-Schichten der Ärmeren entstanden sowohl in der Marsch als auch auf der Geest und im östlichen Hügelland, wobei besonders in der Marsch wegen des leichteren Zugangs zu Bodenparzellen die Landausstattung der Katen bisweilen beträchtlich war und die Grenzen zwischen sehr kleiner Hufenstelle und großer Katenstelle besonders im 19. Jahrhundert in der Grauzone der „Landstellen" verwischt wurden.

Diese Veränderungen der ländlichen Sozialstruktur geschehen durchaus im Rahmen der alten Agrarverfassung, doch setzen sich seit Mitte des 17. Jahrhunderts mehr und mehr Anstöße zur Privatisierung von Grund und Boden außerhalb der Marschen durch, die durch die landesherrlichen Verkoppelungsverordnungen von 1766 und 1771[18] beschleunigt werden und schließlich zu einem neuen Verhältnis zum Grund-

16 Z. B. in der Arlau-Bucht nördlich von Husum vor Hattstedt, Bohmstedt u.s.w.
17 Der Morgen zu etwa 1 Hektar.
18 H. Behrend, Die Aufhebung der Feldgemeinschaften. Die große Agrarreform im Herzogtum Schleswig unter Mitwirkung der Schleswig-Holsteinischen Landkommission 1768–1823, Neumünster 1964; I. Ast-Reimers, Landgemeinde und Territorialstaat. Der Wandel der Sozialstruktur im 18. Jahrhundert, dargestellt an der Verkoppelung in den Königlichen Ämtern Holsteins, Neumünster 1965.

besitz führen. Nun bleiben nur wenige Bestandteile der Dorfländereien gemeinschaftlich. Die wichtigsten Ländereien (Äcker, Wiesen) werden privatisiert, und zwar nach Bodengüte einerseits (erste Bonitierungen) und Anteilsberechtigungen andererseits. Damit ist auch hier der Prozeß der Schaffung von Privateigentum im Gange, der – über den Umweg von Zeit- und Erbpacht oder aber direktem eigentümlichem Erwerb auch in den mit 1805 endgültig von der Leibeigenschaft gesäuberten Gutsbezirken – schließlich im 19. Jahrhundert zur Herausbildung einer recht einheitlichen Bauernklasse in Schleswig-Holstein führte.

Der Bodenmarkt, bislang nur in den Marschen und für die Güter als ganzes in Kraft, erfaßt die gesamten Herzogtümer.

Und ein zweites Element muß hinzutreten, um der Bodenmobilität in wirtschaftlicher Hinsicht überhaupt Gewicht zu verleihen: die Produktion für den Markt – nicht ausschließlich, aber doch so, daß sie Abhängigkeit für die Produzenten erzeugt. Marktproduktion spielte für die Bauern der Geest bis in das 17. Jahrhundert hinein kaum eine Rolle. Im östlichen Hügelland waren die gutsuntertänigen Bauern mittelbar, in den Marschen alle Bauern unmittelbar und zum Teil sogar in eigener Regie[19] für den Fernabsatz tätig. Das Anziehen landesherrlicher Geldnachfrage über alle Steuer- und anderen Einnahmeinstrumente zunächst im 16., dann mit größerer Dynamik und Reichweite im 17. Jahrhundert[20] zwang auch den Geestbauern zu stärkerer Vermarktung seiner Produkte. Damit drang hierher überhaupt erst in größerem Maßstabe die Geldwirtschaft vor; sie erzwang als Monetarisierungsinstrument, als Umschlagplatz von Ware zu Geld den Markt. War in den Marschen der Geldverkehr und das Geldgeschäft – etwa in Form von Rentenkrediten – etwas Altgewohntes, so entwickelte sich nun erst der Geldumlauf unter den Bauern der Geest[21]. Das Geld trat mehr und mehr an die Stelle von Naturalien, und der Kredit[22] ward ebenso bedeutsam wie die Steuer- und Abgabenschuld, die zu Beginn des 18. Jahrhunderts auf erstaunlich vielen Geesthöfen in erdrückender Höhe lastete[23].

Beide Prozesse: Privatisierung von Grund und Boden und Einbeziehung in Marktstrukturen sind die Voraussetzung dafür, daß konjunkturelle Wechsellagen bis auf den einzelnen Hof spürbar werden. Solange es nämlich keine Markteinflüsse auf die Bauernwirtschaft gibt, machen sich Schwankungen der Nachfrage nach Agrarprodukten und von diesen ausgelöste Bewegungen des Bodens durch Kauf und Verkauf nicht bemerkbar. Nur erbrechtliche Bodenübertragungen finden statt. Der Boden hat auch

19 H. Kellenbenz, Die unternehmerische Betätigung der verschiedenen Stände während des Übergangs zur Neuzeit, in: VSWG, 44 (1957), S. 1–25. Neuerdings die sehr gute Untersuchung von B. Poulsen, Land – by – marked. To økonomiske landskaber i 1400-tallets Slesvig, Flensborg 1988.

20 Vgl. W. Buchholz, Die Domänenwirtschaft im Amt Gottorf unter Herzog Johann Adolf (1590–1616), in: ZSHG, 110 (1985), S. 53–107; Schwennicke.

21 Hinweise darauf geben vor allem Inventare mit Bargeld-Verzeichnissen, die ab 1750 auch für die Geest vermehrt vorliegen.

22 Die Einrichtung der Schuld- und Pfandprotokolle um 1650 ist dafür ein wichtiger Indikator.

23 Siehe dazu H.-C. Steinborn, Abgaben und Dienste holsteinischer Bauern im 18. Jahrhundert, Neumünster 1982.

einen Preis, doch ist er konstant und niedrig. Die Verschuldung der Höfe durch Hypothekenkredite ist ebenfalls gering.

Sobald aber ausgehend vom Markt die Agrarpreise steigen – Ursache kann eine erheblich gesteigerte Nachfrage (Mißernten in anderen Gebieten, überhaupt niedriger Ernteausfall, Kriegsverluste etc.) oder ein erheblich gesunkenes Angebot (Mißernten im eigenen Gebiet) sein[24] – kommt Bewegung auch in die Bereiche der Bodenpreise, der Bodenmobilität und der Verschuldung (siehe Abb.).

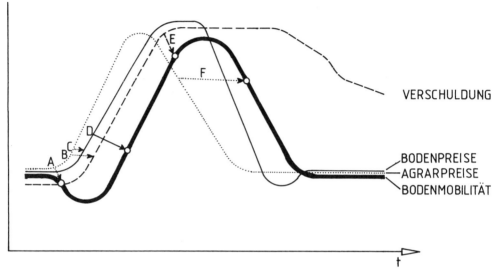

Abb.: Bodenmobilität im Zusammenspiel von Agrarpreisen, Bodenpreisen und Verschuldung

A steigende Agrarpreise lassen Bodenmobilität sinken;
B steigende Agrarpreise lassen Ausgaben steigen und bewirken Verschuldung;
C steigende Agrarpreise bewirken Steigerung der Bodenpreise;
D hohe Bodenpreise bewirken Steigerung der Bodenmobilität;
E hohe Verschuldung wirkt bei fallenden Agrarpreisen bodenmobilisierend;
F sinkende Agrarpreise führen zu verspäteter Senkung der Bodenmobilität

Steigende Agrarpreise führen zu steigenden Einnahmen und diese wieder zu gesteigerten Ausgaben der Produzenten. Die konsumierenden oder investierenden Bauern neigen dazu, die über ihre direkten Einnahmen hinausgehenden Ausgaben in Erwartung weiter steigender Einnahmen durch anhaltend gute Absatzlage ihrer Produkte mit der Aufnahme von Personal-, meistens aber Hypothekenkrediten zu finanzieren. Infolgedessen „steigt der Kredit", wie es in zeitgenössischen Quellen

24 W. Abel, Agrarkrisen und Agrarkonjunkturen. Eine Geschichte der Land- und Ernährungswirtschaft Mitteleuropas seit dem hohen Mittelalter, 3. neubearb. u. erw. Aufl., Hamburg u. Berlin 1978.

110

heißt[25]. Die Kreditoren geben gern in einen Bereich, in dem ihre Gelder verlustsicher zu liegen scheinen und der ihnen gute Verzinsung verspricht. Die Nachfrage nach Krediten läßt die Zinsen leicht ansteigen, doch war – wenigstens solange ein nationaler oder gar internationaler Kreditmarkt dem Landwirt nicht eröffnet war (in Schleswig-Holstein geschieht das vereinzelt ab etwa 1850, verstärkt seit den 1870er Jahren) – die Nachfrage nie so groß, daß die Zinsen pro anno über 4 % stiegen.

Steigende Agrarpreise führen aber auch zur Nachfrage nach bewirtschaftbarem Boden. Landwirte wollen ihre Betriebsflächen – immer im (bisweilen engen) Rahmen des technisch bei vertretbarem Arbeitskrafteinsatz Möglichen – ausweiten, um mehr produzieren zu können und damit höhere Einnahmen zu realisieren. Nichtlandwirte wollen profitable Landflächen erwerben, die sich rentierlich verpachten oder nutzen lassen. Gleichzeitig entsteht eine Verknappung von Boden, da weniger Eigentümer geneigt sind, das einnahmeträchtige Produktionsmittel aus der Hand zu geben. Doch gibt es ab einer bestimmten Höhe der Bodenpreise auch eine Neigung zur Kapitalisierung des bäuerlichen Besitzes. Der Verkauf von Höfen in Zeiten agrarwirtschaftlicher Prosperität brachte dem Verkäufer enorme Gelder und eröffnete die Aussicht auf ein sorgenfreies Leben als Rentier – ein Phänomen, das in Schleswig-Holstein vornehmlich aus der Zeit zwischen 1880 und 1914 bekannt ist. Damit kommen aber Bodenangebote auf den Markt: Hohe Bodenpreise steigern somit die Bodenmobilität.

Sobald die Agrarpreise bei Normalisierung der Marktverhältnisse fallen, stellen sich Schwierigkeiten ein. Recht schnell, dabei jedoch gegenüber der Agrarprodukt-Preisentwicklung verzögert, fallen auch die Bodenpreise. Die Verzögerung rührt daher, daß zunächst jeder Landwirt glaubt, es handele sich nur um ein vorübergehendes Nachgeben der Preise. Die Möglichkeiten der heutigen Landwirtschaft zur Stabilisierung der Einnahmeseite bei Preisverfall durch Mehrproduktion stoßen an die Grenzen der Produktionsmittelentwicklung. Sie können erst eingesetzt werden, wenn dafür die agrartechnischen Lösungen (Düngemitteleinsatz, Vergrößerung des Maschinenparks usw.) bereitstehen.

Macht sich langfristiger Produktpreisverfall deutlich bemerkbar, rapidisiert sich auch der Fall der Bodenpreise: Niemand will den wenig gewinnbringenden Ackerbau, die verlustträchtige Viehwirtschaft betreiben. Nur der Bauer, dem jetzt der Absprung in das „Capitalisten"-Dasein versperrt wird, muß „auf der Scholle" bleiben. Er hat keine Wahl, wenn er nicht mit Verlusten verkaufen will.

Der Fall der Einnahmen durch den Fall der Agrarpreise trifft den Kreditnerv der Landwirtschaft hart. Alle Welt hat sich hoch verschuldet – nun sollen Verzinsung und Tilgung aus geschrumpften Einnahmen gedeckt werden. Das ist extrem schwierig. Da zudem der Bodenpreis gesunken ist und im schlimmsten Fall weiter sinkt, „sinkt der Credit". Relativ zum Wert hoch belastete Höfe stellen kaum noch den Gegenwert der Kreditsummen dar, weil niemand mehr so viel für Land ausgeben will. Die Folge: Boden wird kräftig mobilisiert, um die drückende Hypotheken- oder doch wenigstens

---

25 K.-J. Lorenzen-Schmidt, Eine landwirtschaftlich-strukturelle Beschreibung von Sommerland und Grönland in der Kremper Marsch aus dem Jahre 1828, in: Heimat, 82 (1975), S. 149–154; 83 (1976), S. 81–87, S. 187–191.

die Zinslast abzufangen. Je mehr Boden auf den Markt drängt, umso heftiger ist der Preisverfall für ihn. Geraten die Kreditoren in Panik und sehen sie sich, wie sie ihr Geld verlieren, dann kann es zum Konkurs kommen: Der Hof wechselt für die „haftenden Schulden" den Besitzer und wird verauktioniert.

Mit der Mobilisierung des Bodens sinkt die Schuldenlast insgesamt, doch kann mit den längst gesunkenen Bodenverkaufserlösen eine echte und durchgreifende Entschuldung nicht gelingen. Diese wäre erst durch den Anstieg der Produktpreise möglich. Sobald er einsetzt, wird der Gesamtablauf erneut in Gang gesetzt. Solange allerdings die Talfahrt der Preise anhält, gibt es eine Reihe von Krisengewinnern – auch unter den Landwirten. Wer mit einer relativ geringen Neuverschuldung in die Krise ging oder vielleicht aufgrund günstiger Vermögenslage (etwa durch Zusammenfall von Vermögen bei Heirat und verbundener Mitgift) ganz auf Neukredite verzichten konnte, dem bieten sich große Möglichkeiten für den Zuerwerb von Land, ganzen Stellen oder Parzellen zerlegter Höfe. Diese Chance nutzen nicht nur Bauern, sondern auch Interessenten der unterbäuerlichen Schicht, sofern sie an Kaufgeld kommen können. Der Verfall der Agrarpreise und die damit verbundenen konjunkturellen Erscheinungen zeitigt also ein ambivalentes Resultat: Einerseits reduziert er die Zahl der Höfe bei steigender Durchschnittsgröße, andererseits ermöglicht er das schubhafte Anwachsen von Klein- und Kleinstellen.

Der hier relativ konkret geschilderte Prozeß ist in seinen Einzelheiten in historischer Ausformung noch nicht empirisch untersucht worden. Quellen stünden dafür in den Amtsbüchern, den Schuld- und Pfandprotokollen, den Zertenprotokollen u.ä. zur Verfügung. Allerdings ist die summarische Auswertung dieser Quellen in quantitativer Absicht bis zur Einführung des preußischen Katasters und der Grundbücher ein recht mühsames Unternehmen. Es wäre lohnend, der Geschichte der Bodenmobilität und damit auch des bäuerlichen Realkredits in der wirtschaftsgeschichtlichen, speziell der agrarhistorischen Forschung gesteigerte Aufmerksamkeit zu widmen.

Henrik Fangel

Wandel der Sozialstruktur und Viertelbildung in Hadersleben 1880–1914

Untersuchungen über die Entwicklung und die Veränderungen der sozialen Verhältnisse in Schleswig-Holstein in der Wilhelminischen Zeit werden durch das Fehlen von quantitativ relevantem Quellenmaterial erschwert, das es ermöglichen würde, diese Verhältnisse sowohl innerhalb eines größeren als auch kleineren und stärker begrenzten Raumes zu studieren.

Für die Zeit vor 1864 ist ein solches Quellenmaterial durch das Grundmaterial der Volkszählungen erhalten[1]. Auf dieser Grundlage ist es möglich, Untersuchungen der Bevölkerungsstruktur und der Sozialstruktur zu einem bestimmten Zeitpunkt vorzunehmen und deren Veränderungen zu verfolgen. Nach und nach sind auch eine Reihe von Untersuchungen dieser Art für das Gebiet der Herzogtümer Schleswig und Holstein durchgeführt worden[2].

---

1 Ingwer Ernst Momsen: Die allgemeinen Volkszählungen in Schleswig-Holstein in dänischer Zeit (1769–1860), Neumünster 1974 (QuFGSH 66). Vgl. auch Momsens Übersicht in: Studien zur Wirtschafts- und Sozialgeschichte Schleswig-Holsteins, Bd. 1, 1979, S. 207–212.

2 Von größeren Untersuchungen müssen genannt werden: Ingwer Ernst Momsen: Die Bevölkerung der Stadt Husum von 1769 bis 1860. Versuch einer historischen Sozialgeographie. Kiel 1969 (Schriften des Geographischen Instituts der Universität Kiel, Bd. 31). – Rolf Gehrmann: Leezen 1720–1870. Ein historisch-demographischer Beitrag zur Sozialgeschichte des ländlichen Schleswig-Holstein, Neumünster 1984 (Studien zur Wirtschafts- und Sozialgeschichte Schleswig-Holsteins, Bd. 7). – In den Mitteilungen der Gesellschaft für Kieler Stadtgeschichte, Bd. 69, Heft 1/2, 1983, S. 1–56, behandelt Jürgen Brockstedt u.a. auf der Grundlage des Grundmaterials der Volkszählungen die soziale und ökonomische Entwicklung der Stadt Kiel und spricht hier eine Reihe von sozialtopographischen Problemen an, die auch in vorliegender Untersuchung behandelt werden. – Peter Dragsbo: Mennesker og huse i Aabenraa – et etnologisk studie af kvarterudvikling i en nordslesvigsk købstad 1850–1920, analysiert aus einem ethnologischen Blickwinkel heraus u.a. das Volkszählungsmaterial aus Apenrade 1885–1910, aber die Methode, die hier angewandt wird, unterscheidet sich nicht wesentlich von denen der oben genannten Werke. Umfassende Studien des Grundmaterials zu den Volkszählungen von 1803, 1835 und teilweise 1860 liegen außerdem zugrunde für: Henrik Fangel: Haderslev bys historie 1800–1945, Bd. 1, 1975.

113

Für die Zeit nach 1864 ist das Grundmaterial der Volkszählungen nicht erhalten[3], und es ist notwendig, anderes Quellenmaterial, das u.a. über Haushaltsstruktur, Beruf und Wohnsitz Aufschluß geben kann, zu benutzen. Es liegt nahe, auf Adreßbücher und Steuerlisten zurückzugreifen, aber diese Quellenarten ziehen enge Grenzen, was den Umfang der Analyse betrifft.

Die Adreßbücher umfassen nur die Haushaltsvorstände, d.h. das Gesinde ist nicht mit aufgeführt, und es ist nicht erkennbar, wo Gesinde (Dienstboten) im Haushalt vorhanden war. Oft werden auch die Untermieter nicht aus den Adreßbüchern hervorgehen, die ebenfalls nichts darüber aussagen, wieviele Personen in einem Haushalt oder einer Straße wohnen. Nur die Anzahl der Haushalte ist aus ihnen ersichtlich[4]. Die Steuerlisten (Gemeindesteuerlisten) umfassen nur diejenigen, die Steuern bezahlen, d.h. auch hier taucht das Gesinde nicht auf. Hinzu kommt das Problem, daß ein Teil der untersten sozialen Schicht keine Steuern bezahlte.

KLASSENSTEUERROLLEN UND HAUSLISTEN[5]

In Verbindung mit meinen Untersuchungen zur Geschichte der Stadt Hadersleben (Haderslev) nach 1864 war ich ständig auf der Suche nach Quellenmaterial, das sowohl die soziale Entwicklung der Stadt in ihrer Gesamtheit als auch von einzelnen Vierteln beleuchten konnte. Bei meiner Suche bin ich auf zwei Quellentypen gestossen, die einen Großteil der gleichen positiven Eigenschaften wie die Volkszählungen besitzen und die in allen Gebieten, die der preußischen Verwaltung unterstellt waren, zu finden sein müssen.

Die zwei Quellentypen sind: 1. Klassensteuerrollen und 2. Hauslisten. Mit der Eingliederung in den preußischen Staat 1867 wurde in Schleswig-Holstein die Einkommensteuer, die in Preußen seit 1850 bezahlt wurde, eingeführt. Sie wurde „Klassensteuer" oder „klassificirte Einkommensteuer" genannt und war eine Steuer auf Einkommensbasis. (In Dänemark wurde die Einkommensteuer erst 1903 eingeführt.)

---

3 Hans H. Worsøe: Folketællinger i Nordslesvig 1864–1919, in: Sønderjyske Årbøger, 1964, S. 393–402. Hier wird u.a. aufgezählt, was an Archivmaterial von den Volkszählungen von 1864–1919 erhalten ist. Es handelt sich hauptsächlich um Zählungslisten. Nur für einzelne Gebiete gibt es bewahrtes Grundmaterial oder entsprechende Kopien. Das gilt für Apenrade, wo Listen von den Volkszählungen 1885–1910 erhalten sind. Sie wurden von Peter Dragsbo in „Mennesker og huse i Aabenraa" ausgeschöpft, vgl. Anm. 2.

4 Zum Inhalt und Quellenwert der schleswig-holsteinischen Adreßbücher des 19. Jahrhunderts siehe Gunner Lind: Adreßbücher, in: Quellenkundliche Beiträge zur Wirtschafts- und Sozialgeschichte Schleswig-Holsteins, hrsg. von Klaus Greve, Kiel 1985, S. 19–33.

5 Diese Quellengruppe wird in dem vorliegenden Sammelband auf S. 379 eingehend beschrieben durch Lars N. Henningsen: Die preußischen Landgemeindearchive in Nordschleswig als Quellen zur Wirtschafts- und Sozialgeschichte.

Aus Hadersleben sind diese Klassensteuerrollen von 1868 bis 1892 bewahrt, wenn auch teilweise lückenhaft, doch findet sich eine geschlossene Reihe von 1879 bis 1892. Das Material umfaßt auch Abgangs- und Zugangslisten[6]. Mit der sogenannten Miquelschen Steuerreform von 1891 wurde die Klassensteuer von einem neuen Steuersystem abgelöst, und daher verschwinden diese Steuerlisten mit dem Jahr 1892.

Die Steuerlisten geben pro Haushalt Auskunft über alle Personen, die ein Einkommen haben, und zeigen – sicher etwas schematisch – die Einkommenshöhe der Personen an. Weiter wird die Anzahl der Personen, die zum entsprechenden Haushalt gehören, mitgeteilt. Die Dienstboten werden als selbständige, steuerpflichtige Personen angeführt; aber in den meisten Fällen ist es möglich auszumachen, welchem Haushalt die einzelnen Dienstboten angehören. Es ist ebenfalls möglich, aufgrund von Addition Informationen über die Bewohnerzahl eines Hauses, einer Straße oder eines Viertels, ja sogar der gesamten Stadt zu erhalten.

Zum jetzigen Zeitpunkt kann nichts darüber gesagt werden, in welchem Umfang diese Steuerlisten erhalten sind. Auf Grundlage solcher Listen für den Kreis Sonderburg, die sich im Landesarchiv in Apenrade befinden, sind Untersuchungen über die Lebensbedingungen von Dienstboten durchgeführt worden[7]. Weiter sind Klassensteuerlisten aus den Jahren 1878–1887 für die Gemeinde Borsfleth (Kreis Steinburg) im „Gemeinsamen Archiv des Kreises Steinburg und der Stadt Itzehoe" gefunden worden[8].

Die Listen sind auf Vordrucken vom Gemeindevorsteher geführt; sie wurden in einem Band zusammengefaßt. Eine Abschrift wurde den Steuerbehörden zugeschickt, und nach einigen Jahren sind die Originallisten vermutlich in vielen Orten vernichtet worden. Dies ist sicher eine Erklärung dafür, daß es so stark dem Zufall überlassen ist, in welchem Umfang die Listen erhalten sind. Jedoch liegt die Vermutung nahe, daß ein Teil dieser Listen „überlebt" hat und in den Gemeindearchiven wiedergefunden werden kann. Ob sie ebenfalls bei den zentralen Behörden erhalten sind und falls, in welchem Maße, ist nicht untersucht worden.

Auch die Hauslisten dienten dem Ziel der Steuererhebung. Für die Gemeinde Hadersleben sind sie aus den Jahren 1910–1913 und 1915 erhalten[9]. Sie beinhalten im Prinzip die gleichen Auskünfte wie die Klassensteuerrollen, nur daß hier noch ausführlichere Informationen enthalten sind. Für jeden Haushalt sind die Namen aller Personen, die im Haus wohnen, sowie Geburtstag und -ort, Beruf, Einkommens- und Vermögensverhältnisse, Hausmiete u.v.m. angegeben. Die Listen wurden von den Haushaltsvorständen im einzelnen Haus ausgefüllt und sind daher nicht in allen Punkten vollständig. Die Informationen, die sich normalerweise ebenfalls in den Volkszählungen finden lassen, sind jedoch immer angeführt. Somit können sie bei

6 Haderslev Rådstuearkiv, 1864–1920, acta 65.
7 Vorläufige Resultate dieser Untersuchung, die von Archivar Jørgen Witte vorgenommen wurde, sind publiziert in: Pluk fra forskning i Sønderjylland, Nr. 2, 1983, S. 11–15.
8 Klaus-Joachim Lorenzen-Schmidt: Einkommensnachweisungen aus preußischer Zeit als Quellen zur Erforschung der ländlichen Sozialstruktur, in: Rundbrief des Arbeitskreises für Wirtschafts- und Sozialgeschichte Schleswig-Holsteins, Nr. 38, 1987, S. 30–34.
9 Haderslev Rådstuearkiv, 1864–1920.

statistischen Untersuchungen an die Stelle des Volkszählungsmaterials treten. Hauslisten sind auch aus anderen nordschleswigschen Gemeinden (u.a. Christiansfeld und Gravenstein) bekannt. Sie sind im Landesarchiv in Apenrade zu suchen.

HADERSLEBEN IM 19. JAHRHUNDERT[10]

Hadersleben, die nördlichste Stadt im Herzogtum Schleswig, erlebte in der ersten Hälfte des 19. Jahrhunderts ein beträchtliches Anwachsen der Bevölkerung. Sie stieg von 3 384 im Jahre 1803 auf 8 012 im Jahre 1860. Gebietsmäßig wuchs die Stadt in dieser Periode nur in sehr begrenztem Umfang; das bedeutete, daß die Bevölkerungsdichte stark zunahm.

In der Zeit nach 1840 wurden eine Reihe größerer Betriebe gegründet, u.a. einige Eisengießereien, Wagenfabriken und ein paar Schiffswerften. Es lassen sich u.a. auf Grundlage des Volkszählungsmaterials wesentliche Veränderungen in der sozialen Struktur dieser Zeit feststellen. Das Wachstum geriet um 1860 ins Stocken, und die Eingliederung in den Staat Preußen 1867 verschlechterte die Verhältnisse. Eine bedeutende Abwanderung führte zu einem direkten Rückgang der Bevölkerungszahl, die 1871 und 1880 auf dem gleichen Niveau lag wie 1860. 1890 war sie auf 7855 gefallen (exkl. Militär).

Im Laufe der 1890er Jahre stieg die Bevölkerungszahl wieder an, und gleichzeitig begann die Stadt über ihre bisherigen Grenzen hinauszuwachsen. Die Bevölkerungszahl betrug in den „Vororten", die hierdurch entstanden, ca. 870 im Jahre 1890 und 2 457 im Jahre 1905. Zum Zeitpunkt der Eingemeindung der Vororte 1910 hatte die ursprüngliche Stadt ca. 9 350 Einwohner, während die Bevölkerungszahl inkl. der eingemeindeten Vororte 12 485 betrug.

Dieses starke Wachstum von ca. 50 % im Laufe von 20 Jahren wurde von einem wirtschaftlichen Wachstum begleitet. Es wurden eine Reihe neuer, größerer Betriebe geschaffen, und gleichzeitig fand eine Modernisierung in vielen gesellschaftlichen Bereichen statt. Ein Elektrizitätswerk wurde 1899 in Betrieb genommen, der Hafen wurde ausgebaut und die Förde 1904–1907 vertieft. Stadt und Umland wurden mit Hilfe eines Netzes schmalspuriger Eisenbahnen (Kleinbahnen), die 1899–1910 angelegt wurden, enger miteinander verbunden. Das bedeutete, daß die Zufuhr von Rohwaren und Verbrauchsgütern für die Landbezirke über die Stadt lief, die sich auch der Ausfuhr der Waren, insbesondere der landwirtschaftlichen Produkte aus den ländlichen Bezirken, annahm.

10 Eine Zusammenfassung der ökonomischen und sozialen Entwicklung ca. 1800–1870 ist gegeben in: Henrik Fangel: Die Anfänge der Industrie in Hadersleben zwischen 1840 und 1870, in: Frühindustrialisierung in Schleswig-Holstein, anderen norddeutschen Ländern und Dänemark, hrsg. von J. Brockstedt, Neumünster 1983 (Studien zur Wirtschafts- und Sozialgeschichte Schleswig-Holsteins, Bd. 5), S. 203–226. Für die Zeit nach 1864 wird hingewiesen auf: Olav Christensen: Blade af Haderslev bys historie omkring århundredskiftet, 1952, S. 9–30; die räumliche Entwicklung der Stadt ist außerdem behandelt durch Henrik Fangel in: Huse i Haderslev, Bd. 1, S. 31–40.

Hadersleben sah 1913 ganz anders aus als 1890. Gebietsmäßig war die Stadt in diesem Zeitraum weit über ihre jahrhundertealten Grenzen hinausgewachsen. Der alte, aus dem Mittelalter stammende Stadtkern wurde von neuen Vierteln umsäumt (auf der Karte S. 124, Viertel Nr. 1, 2, 3, 10, 12 und 13), insbesondere von ausgedehnten Einzelwohnhausvierteln. Auch in der Innenstadt (Viertel Nr. 4–9 und 11) prägte die neue Zeit und ihr Baustil mit seinen großen, markanten Gebäuden das Stadtbild. Der national-romantische Stil (Historismus), der besonders den 1890er Jahren seinen Stempel aufdrückte, der Jugendstil, der das Bauwesen in den Jahren nach der Jahrhundertwende prägte, und die stärker heimatlich geprägte Bauweise, die sich ab ca. 1910 entwickelte, beeinflußten vor allem die neuen Stadtteile.

Für denjenigen, der sich von Süden her der Stadt näherte, wirkte sie äußerlich deutsch und unterschied sich nicht von anderen deutschen Kleinstädten. Alle Beschilderung war deutsch, ebenso die Sprache in den öffentlichen Amtsstuben. Personen in deutschen Uniformen, u.a. Post- und Bahnbeamte, waren im Stadtbild zu sehen.

Abb. 1: Hadersleben um 1900 von Süden gesehen. Die große preußische Kaserne, erbaut in den 1880er Jahren, beherrscht das Bild. Rechts davon Vor Frue Kirke (Marienkirche). Foto: Haderslev byhistoriske Arkiv.

Für den Besucher, der sich nicht mit einem oberflächlichen Eindruck begnügte, stand dagegen schnell fest, daß die Stadt doch nicht so deutsch war. Die Sprache, die

117

auf der Straße und in den Geschäften gesprochen wurde, war vor allem Dänisch (oder Plattdänisch), und ging man den Verhältnissen genauer nach, zeigte die Stadt sich national und politisch geteilt.

Die Stadt wurde von deutschgesinnten Beamten und Gewerbetreibenden verwaltet, und weder sozialdemokratische Arbeiter noch die dänischgesinnte Bevölkerungsgruppe der Stadt waren an maßgeblichen Entscheidungen beteiligt. Nur bei den Reichstagswahlen kamen die realen politischen Unterschiede zum Ausdruck. Ca. 30 % der Wähler stimmten für die dänischen Reichstagskandidaten bei den Wahlen, während der Anteil der sozialdemokratischen Stimmen im Steigen begriffen war, und zwar von ca. 8 % im Jahre 1902 auf ca. 13 % im Jahre 1912. Der Anteil der Stimmen für die deutschen Kandidaten fiel dagegen – trotz der wachsenden Bevölkerungszahl. Die tatsächlichen nationalen Verhältnisse zeigten sich jedoch erst vollständig bei der Volksabstimmung 1920, wie aus der Tabelle 1 ersichtlich ist.

Tabelle 1: Stimmen bei den Reichstagswahlen 1902–1912 und der Volksabstimmung 1920

Wahl	Wähler insg.	Anzahl				Prozent			
		dän.	dt.	soz. dem.	pas- sive	dän.	dt.	soz. dem.	pas- sive
1902	1722	462	811	139	310	26,8	47,1	8,1	18,0
1903	1671	565	772	146	188	33,8	46,2	8,7	11,3
1906	1683	488	751	159	285	19,0	44,6	9,4	17,0
1907	1740	501	823	153	263	28,7	47,3	8,8	15,2
1912	2641	777	1141	335	388	29,4	43,2	12,7	14,7
1920	6970	4006	2314		650	57,5	33,2		9,3

Quelle: Aksel Larsen: Valg mellem dansk og tysk, 1976, Tabelle P, 3a, S. 422.
Anm.: Für 1902–1907 sind die Zahlen ohne die 1910 eingemeindeten Gebiete.

Die Entwicklung, die hier skizziert ist, hatte große Veränderungen in der Sozialstruktur der Stadt und in der sozialen Zusammensetzung der Bevölkerung in den einzelnen Vierteln mit sich geführt. Ein Teil dieser Veränderungen soll im folgenden aufgrund der Informationen, die die genannten Klassensteuerrollen und Hauslisten liefern können, analysiert werden.

VERÄNDERUNGEN IN DER BERUFSSTRUKTUR 1860–1930

In diesem Abschnitt soll die Entwicklung über einen längeren Zeitraum geschildert werden, und es ist daher notwendig, Zahlen von der letzten Volkszählung in dänischer Zeit (1860) und von der Berufszählung aus dem Jahr 1930 einzubeziehen.

Diese Zahlen sind mit den Zahlen der Klassensteuerrollen von 1883 und Hauslisten von 1913 in Tabelle 2–4[11] zusammengestellt.

Der Bevölkerungsrückgang ca. 1860–1890 hatte wesentliche Veränderungen in der erwerbsmäßigen und sozialen Struktur der Bevölkerung zur Folge (Tabelle 2–4). Die unsicheren ökonomischen Verhältnisse nach 1864 bedeuteten, daß die Beschäftigungsmöglichkeiten für Facharbeiter und ungelernte Arbeiter abnahmen. Ihr Anteil an der Bevölkerung fiel daher 1860–1883 von ca. 47 % auf 37 % der Beschäftigten, während sich die Zahl der Selbständigen von 34,5 % auf 37,5 % der Erwerbstätigen erhöhte. In den folgenden Jahren ist die Entwicklung genau umgekehrt: von 1883 bis 1913 wächst der Anteil der gelernten und der ungelernten Arbeiter von ca. 37 % auf 50 % der Erwerbstätigen. Rechnet man die Hausangestellten mit, machten die Arbeiter 1913 ca. 61 % der Erwerbstätigen aus. Insbesondere die Anzahl ungelernter Arbeiter war gestiegen, ein klarer Ausdruck für das wirtschaftliche Wachstum dieser Zeit. Dagegen war der Anteil der Selbständigen im gleichen Zeitraum von 37,5 % auf 21,3 % gefallen; aber diese Zahlen beinhalten eine bedeutende Fluktuation innerhalb der verschiedenen Gruppen der Selbständigen. Es war vor allem das traditionelle Handwerk, das zurückging, während andere Gruppen Selbständiger, insbesondere innerhalb von Handel, Transport und Kommissionstätigkeiten, anwuchsen. Ihr Anteil an den selbständigen Gruppen vergrößerte sich stark.

Tabelle 2: Einteilung der Erwerbstätigen in Hauptgruppen 1860–1930

Erwerbstätige	Anzahl				Prozent			
	1860	1883	1913	1930	1860	1883	1913	1930
Selbständige Gewerbetreibende	1099	977	985	1218	34,5	37,5	21,3	20,4
Angestellte	101	232	817	1383	3,2	8,9	17,6	23,1
Facharbeiter	878	450	1044	1169	27,5	17,3	22,5	19,6
ungelernte Arbeiter	612	530	1301	1043	19,2	20,3	28,1	17,4
Hausangestellte	498	419	488	1165	15,6	16,0	10,5	19,5
Erwerbstätige insgesamt	3188	2608	4635	5978	100,0	100,0	100,0	100,0
% der Bevölkerung					39,8	35,4	36,7	41,3
Ohne Erwerb	460	552	1044	1726	5,7	7,5	8,3	11,9
hiervon Rentiers u.ä.	137	332	900	1396	1,7	4,5	7,1	9,6
Versorger insgesamt	3648	3160	5679	7704	45,5	42,9	45,0	53,2
Versorgte insgesamt	4364	4209	6947	6783	54,5	57,1	55,0	46,8
Bevölkerung insgesamt	8012	7369	12626	14487	100,0	100,0	100,0	100,0

11 Außer den in Anm. 6 und 9 angeführten Quellen, die vom Verfasser behandelt und analysiert wurden, wurden folgende Quellen zur Ausarbeitung von Tabelle 2–4 hinzugezogen: Statistisk Tabelværk, 3. Række, Bd. 1, København 1863 (Volkszählung 1860) und Statistisk Tabelværk, 5. Række, Litra A, Nr. 20, Tabel VIII b (Volkszählung 1930).

Tabelle 3: Einteilung der selbständigen Gewerbetreibenden in Hauptgruppen
1860–1930

Selbständige	Anzahl				Prozent			
	1860	1883	1913	1930	1860	1883	1913	1930
Landwirtschaft, Gartenbau, Fischerei	70	25	49	54	6,4	2,6	5,0	4,4
Handwerk und Industrie	717	581	392	508	65,2	59,5	39,8	41,7
Handel	159	233	308	387	14,4	23,8	31,3	31,8
Gastwirtschaft	92	84	93	61	8,4	8,6	9,4	5,0
Transport und Kommission	34	32	81	91	3,1	3,3	8,2	7,5
Dienstleistungsbetriebe (Gesundheitspflege)	4	10	19	54	0,4	1,0	1,9	4,4
Freie Berufe	23	12	43	33	2,1	1,2	4,4	5,2
Insgesamt	1099	977	985	1218	100,0	100,0	100,0	100,0
% der Erwerbstätigen					34,5	37,5	21,3	20,4

Diese Veränderungen veranschaulichen die Entwicklung, die sich in dieser Periode
vollzog: Die Industrialisierung setzte sich nun endgültig durch und traf damit die alten
Handwerksberufe, während die Distribution der vielen fertigproduzierten Waren in
Verbindung mit der Entwicklung der Kommunikationsmittel den Bedarf für Betriebe
im Bereich Handel, Transport und Kommission verstärkte.

Die Entwicklung innerhalb des Handwerks ging indessen nicht einheitlich vonstat-
ten. Die Beschäftigungszahlen im Bauwesen und in der Eisen- und Metallverarbeitung können als Indikator für die ökonomische Entwicklung in Hadersleben genommen werden, und hier sah es sehr schlecht aus, wenn man die Anzahl der Beschäftigten von 1860 und 1883 miteinander vergleicht. Das Bauwesen beschäftigte 1860 204
Personen, 1883 dagegen nur noch 126. Innerhalb der Eisen- und Metallverarbeitung
waren 1860 314 Personen beschäftigt, davon 74 Schmiedegesellen und -lehrlinge samt
76 Former u.ä. in den Eisengießereien der Stadt. 1883 wurden 134 Personen in der
Eisen- und Metallverarbeitung beschäftigt, hiervon 24 Schmiede und acht Former.

In den Handwerksbetrieben der Textil- und Bekleidungsherstellung sowie der
Holzverarbeitung (Möbelherstellung) verstärkte sich die Entwicklung, die bereits in
der ersten Hälfte des Jahrhunderts begann. Die Zahl der Beschäftigten in der
Bekleidungsherstellung betrug 1860 489, 1883 aber nur noch 254, während 1860 247 in
der Holzverarbeitung arbeiteten und nur 142 im Jahre 1883. Betrachtet man die
Entwicklung genauer, zeigt sich, wie eine Reihe handwerklicher Berufe fast ganz
verschwindet. Seiler, von denen es 1860 15 gab, reduzierten sich bis 1883 auf fünf,
und 1895 gab es überhaupt keinen mehr[12]. 1860 existierten 12 Stuhlmacher, 1883 nur

12 Die Informationen für 1895 wurden dem Adreßbuch der Stadt Hadersleben und nächsten
Umgebung, hrsg. von H. P. Festersen, Haderslev 1895, entnommen.

noch vier und 1895 keiner. Die Weber gingen von 18 im Jahre 1860 auf 12 im Jahre 1883 und sieben 1895 zurück. 1860 gab es sechs Hut- und Mützenmacher, 1883 einen und 1895 keinen. Die Handschuhmacherei, ein altes traditionelles Handwerk in Hadersleben, bestand 1860 aus 16 Ausübenden, 1883 aus vier. Der letzte Handschuhmacher starb 1903[13].

Ein entsprechender Rückgang kann auch bei der Anzahl der Gehilfen beobachtet werden. Hier hatten die Seiler 1860 15 Gesellen und 1883 nur einen; die Weber hatten 1860 19 Gesellen und Lehrlinge und 1883 keinen, die Stuhlmacher sechs im Jahre 1860 und einen 1883.

Bei anderen Handwerkszweigen zeigt sich der Rückgang nicht so deutlich, wenn man die Zahl der Selbständigen betrachtet. Allerdings läßt sich auch hier ein starker Rückgang bei den Gehilfen feststellen. Es gab 1860 43 Schneider in der Stadt, 1883 waren es immer noch 40, während die Anzahl an Gesellen und Lehrlingen von 30 auf 10 sank. Die Zahl der Schuhmacher betrug sowohl 1860 als auch 1883 ca. 70; unterdessen reduzierten sich die Gehilfen von 79 auf 31. Auch die Zahl der Tischler blieb ziemlich konstant (ca. 40), während die Anzahl der Gehilfen von 84 auf 23 zurückging.

Die Gruppen, die ihren Anteil an der Bevölkerung 1860–1913 am stärksten vergrößern, sind die Angestellten und die Gruppe der Ruheständler und Kapitalisten (Tabelle 2). Der Angestelltenbegriff entwickelte sich erst um die Jahrhundertwende, aber schon 1860 kann von Personen gesprochen werden, die auf Angestelltenbasis arbeiten. Hierbei handelt es sich um im privaten und im öffentlichen Sektor beschäftigte Büroangestellte, Schreiber, Bevollmächtigte u.ä.. Mit der Erweiterung der preußischen Verwaltung sowie der Modernisierung und Entwicklung des Bahn- und Postwesens wächst diese Gruppe stark an. Während sie 1883 232 Personen umfaßt bzw. 8,9 % der Berufstätigen, steigt sie 1913 auf 817, d.h. 17,6 % an und vergrößert sich weiter in der darauffolgenden Zeit.

Hadersleben zeichnete sich von jeher durch eine ziemlich große Gruppe Rentiers oder Personen, die von einer Pension oder Kapitalanlagen lebten, aus. Die Anzahl der Ernährer vergrößerte sich in dieser Gruppe stark in dem Zeitraum 1883–1913. 1883 gab es 332 Rentiers u.ä.; dagegen betrug die Anzahl 1913 900 bzw. 7,1 % der Bevölkerung. Das Anwachsen in dieser Gruppe wurde dadurch vorangetrieben, daß viele ehemalige Landwirte aus dem Umland – vor allem nach 1900 – in die Stadt zogen, wo sie ein kleines Einzelwohnhaus kauften.

Das Wachsen der Angestelltengruppe, insbesondere des Beamtenstandes, und der Gruppe der Ruheständler und Rentiers stellt wohl die wesentlichste Veränderung in der berufsmäßigen und sozialen Struktur in Hadersleben zwischen ca. 1890 und 1914 dar. Eine Aufstellung aufgrund des Adreßbuchs von 1911[14] zeigt, daß die beiden Gruppen wohl ungefähr 40 % aller Haushalte ausmachten, und es ist klar, daß sie dazu beitrugen, der Stadt ein ausgeprägt bürgerliches oder kleinbürgerliches Gesicht zu verleihen. Das Leben innerhalb dieser Gruppen richtete sich nach strengen Normen, und größere Abweichungen davon wurden negativ bewertet. Politisch

---

13 Dannevirke, den 30. April 1903.
14 Adreßbuch der Stadt Hadersleben 1911, hrsg. von W. L. Schütze, Haderslev.

bedeutete dies, daß konservative Kräfte in der Stadt ein großes Gewicht hatten, hierunter auch die Kräfte, die wünschten, daß die politischen Verhältnisse in Nordschleswig unverändert blieben. In diesen Kreisen fand das Deutschtum seine wichtigste Stütze.

Tabelle 4: Einteilung der Beschäftigten im Handwerk und in der Industrie
in Hauptgruppen 1860–1930

Gewerbe	Anzahl				Prozent			
	1860	1883	1913	1930	1860	1883	1913	1930
Nahrungs- u. Genußmittelherst.[1]	146	134	390	330	9,9	15,4	27,1	25,6
Bekleidungsherstellung[2]	489	254	285	320	33,2	29,1	19,8	24,8
Holzverarbeitung, Möbelherst.	247	142	172	147	16,8	16,3	11,9	11,4
Papier-, Ton-, Glas-, Lederverarb.	64	78	94	82	4,4	8,9	6,5	6,4
Metallverarbeitung[3]	314	134	185	136	21,3	15,4	12,8	10,6
Baugewerbe	204	126	304	270	13,9	14,4	21,1	21,0
Ohne Angabe oder anderes	7	4	11	3	0,5	0,5	0,8	0,2
Insgesamt	1471	872	1441	1288	100,0	100,0	100,0	100,0

Anm.: Die Aufstellung umfaßt nur Selbständige und fachlich Ausgebildete; es sind keine Maurerarbeiter, Tiefbauarbeiter, Schmiede- und Maschinenarbeiter einbezogen. Ihre Zahl ist für 1930 (ca. 190) bekannt, kann aber nicht für die anderen 3 Jahre ausgemacht werden.
[1] 1883 sind die Brauereiarbeiter nicht mitgerechnet, 1913 und 1930 beinhalten auch Schlachterei-, Tabak- und Brauereiarbeiter.
[2] Inkl. Näherinnen; 1913 und 1930 auch inkl. Textilarbeiter.
[3] Umfaßt auch Wagenfabrikation, Radmacherei und Schiffsbau (nur 1860 und 1883), Uhrmacher, Optiker und Orgelbauer.

VERÄNDERUNGEN IN DER HAUSHALTSSTRUKTUR

Eine andere wesentliche Veränderung kann innerhalb der Haushaltsstruktur beobachtet werden. Zu Anfang des 19. Jahrhunderts war es üblich, daß Gesellen, Handlungsgehilfen und Lehrlinge in den Haushalt des Meisters oder Prinzipals aufgenommen wurden. Diese patriarchalischen Verhältnisse lösten sich allmählich auf, und gegen Ende des Jahrhunderts ist es, was die Handwerksgesellen angeht, eher die Ausnahme als die Regel, daß sie beim Meister wohnen. Während 1883 176 von 250 Gesellen und Lehrlingen (70 %) beim Meister wohnten, gilt dies 1913 für nur 100 von 746 (13,4 %). Für Handlungsgehilfen oder Lehrlinge, die bei einem Kaufmann oder Händler angestellt waren, war es dagegen noch 1913 üblich, daß sie beim Prinzipal lebten. Das gilt 1883 für 105 von 119 (88 %) und 1913 für 103 von 178 (58 %).

Die Dienstmädchen bilden 1913 immer noch einen integrierten Teil des Haushalts, in dem sie angestellt sind. Aber auch hier kann konstatiert werden, daß sie in großer Zahl aus den Handwerkerhausständen verschwinden und teilweise auch aus den Haushalten der Händler. 1913 ist ca. ein Drittel aller Dienstmädchen bei Angestellten, Beamten und Rentiers beschäftigt.

Diese Entwicklung bedeutet, daß sich die Haushalte zum einen verkleinern und zum anderen homogener werden. Besonders kann festgestellt werden, daß Haushalte, die nur aus einer Person bestehen, zunehmen, wie aus Tabelle 5 hervorgeht. Während Einpersonenhaushalte (Untermieter inbegriffen) 1803 nur ungefähr 17 % aller Haushalte ausmachten, waren es 1913 schon 32 %. Gleichzeitig sank der Anteil der großen Haushalte mit neun Personen und mehr (von 9 % auf 2,4 %). Dies hängt u.a. damit zusammen, daß das Gesinde, vor allem die Handwerksgesellen und -lehrlinge, wie erwähnt aus den zusammengesetzten Haushalten verschwand.

Eine Untersuchung der Haushaltszusammensetzung von 1913 in ausgewählten Straßen verschiedener Viertel – sowohl alten als auch neuen – mit insgesamt 1 068 von 3 730 Haushalten der Stadt zeigt klar, daß der Einzelfamilienhaushalt, d.h. das, was man unter der Kernfamilie oder der zerbrochenen Kernfamilie, wo nur ein Elternteil zurückgeblieben ist, versteht, zwei Drittel (705) der Haushalte ausmacht. Hiervon haben jedoch 115 (ca. 16 %) Gesinde. Erweiterte Familien, d.h. Familien, die um einen Verwandten oder Untermieter erweitert sind, machen 13 % (140) aus, die Alleinstehenden (Einpersonenhaushalte) dagegen 18 % (192) der untersuchten Haushalte (Untermieter sind hier nicht als selbständiger Haushalt gerechnet).

Tabelle 5: Haushaltsstruktur 1803–1913 (ganz Hadersleben)

Haushaltsgröße	Anzahl				Prozent			
	1803	1835	1883	1913	1803	1835	1883	1913
Untermieter	78	206	57[1])	347[2])	16,7	21,2	27,1	31,9
1 Person	23	67	556	952				
2 Personen	85	165	472	747	14,1	12,8	20,8	18,3
3–4 Personen	168	310	637	1108	27,9	24,1	28,1	27,1
5–6 Personen	120	262	346	591	19,9	20,4	15,3	14,5
7–8 Personen	75	160	134	235	12,4	12,4	5,9	5,8
9 Personen und mehr	54	117	65	97	9,0	9,1	2,9	2,4
Haushalte insgesamt	525	1081	2208	3730				
inkl. Untermieter	603	1287	2265	4077	100,0	100,0	100,0	100,0

[1]) Ein Teil Untermieter muß zu den Einpersonenhaushalten gerechnet worden sein. Es ist nicht in allen Fällen möglich, die Untermieter aus den Klassensteuerrollen herauszutrennen.

[2]) Hiervon sind 109 Seminaristen und Gymnasiasten.

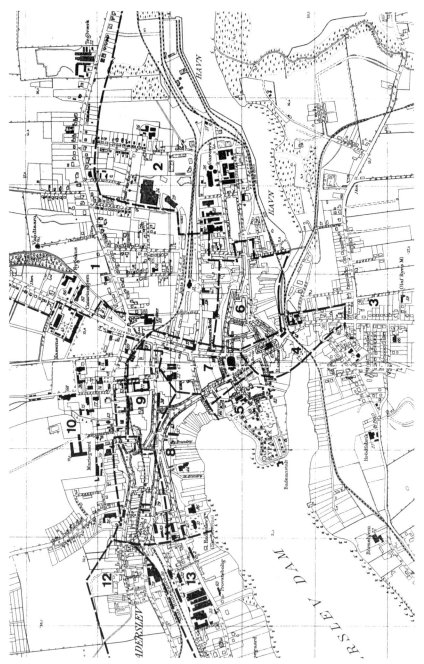

Karte: Ausschnitt einer Karte von Hadersleben 1925, Maßstab 1 : 15 000, mit der im Text benutzten Einteilung in Viertel oder Stadtteile.
1 = Villenviertel Nordwest. 2 = Arbeiterviertel Ost. 3 = Villenviertel Süd (Sønder Otting). 4 = Zentraler Teil Süd. 5 = Zentraler Teil West. 6 = Zentraler Teil Ost. 7 = Zentraler Teil, Hauptstraßen. 8 = Storegade. 9. = Zentraler Teil Nord. 10 = Villen- und Institutionenviertel Nord. 11 = Bøndergårdene. 12 = Villenviertel, Gammel Haderslev.

SOZIALE UND BERUFSMÄSSIGE STRUKTUR IN DEN EINZELNEN VIERTELN

Die drei Vorgänge, die hier beschrieben wurden – 1. das räumliche Wachstum der Stadt mit der Erweiterung der alten Stadtgrenzen, 2. die Veränderungen in der berufsmäßigen und sozialen Zusammensetzung der Bevölkerung und 3. die Veränderungen in der Haushaltsstruktur – haben wesentliche Folgen für die Zusammensetzung der Bevölkerung in den einzelnen Vierteln der Stadt.

1. Die alten Viertel

Das Wachsen der Stadt über die alten Grenzen hinaus, bedeutete nicht, daß sich die Bevölkerungsdichte im älteren Teil der Stadt verringerte, im Gegenteil. In den sieben Vierteln, in die der ältere Teil der Stadt hier eingeteilt ist, wohnten 1883 6 531 Personen und 1913 6 969, das entspricht einem Wachstum von 438 bzw. 6,7 %.

Tabelle 6: Einwohnerzahl in den Vierteln des alten Teils der Stadt 1883 und 1913

Viertel	1883	1913	Änderung in %
4. Zentrum südlicher Teil	782	800	+ 2,3
5. Zentrum westlicher Teil	533	551	+ 3,4
6. Zentrum östlicher Teil	1338	1637	+ 22,3
7. Zentrum Hauptstraßen	997	960	− 3,7
8. Storegade innerer Teil	988	1063	+ 7,6
9. Zentrum Nord	666	727	+ 9,2
11. Westliches Arbeiterviertel	1227	1231	+ 0,3
Insgesamt	6531	6969	+ 6,7

Fast das ganze Wachstum beschränkt sich indessen auf e i n e n Stadtteil, nämlich das Quartier östlich von Vor Frue Kirke (Nr. 6), wo die Bevölkerungszahl von 1 338 auf 1 637 steigt, d.h. um 299 Personen bzw. 22,3 %. Die 1 637 Bewohner sind auf 561 Haushalte verteilt, hiervon sind 34,4 % Einpersonenhaushalte (inkl. Untermieter) und 55,2 % Arbeiterhaushalte.

Man kann also von einem sehr starken Abstieg des sozialen Status in diesem Stadtteil, der zu Anfang des 19. Jahrhunderts durch das solide Bürgertum der Beamten, Kaufleute und Handwerker geprägt wurde, reden. Diese Entwicklung kann mit Hilfe einer Analyse des sozialen Status einzelner Straßen näher beleuchtet werden, wobei die Slotsgade als Beispiel für dieses Viertel hier gewählt werden soll. Zum Vergleich werden andere Straßen aus dem zentralen Teil der Stadt herangezogen (Tabelle 7).

Die Analyse besteht aus einer Berechnung des Anteils an Dienstboten in der Straße. Selbst, wenn wie gesagt eine generelle Tendenz besteht, daß das Gesinde aus den Haushalten zunehmend verschwindet, kann der Anteil an Dienstboten – insbe-

Tabelle 7: Sozialer Status in ausgewählten Straßen des Zentrums der Stadt 1803–1913

Straße		Anzahl bewohnter Häuser		Anzahl Bewohner			Anzahl Haushalte								
		insg.	zwei Etagen	insg.	Gesinde Anzahl	%	insgesamt	1	1-2	2	2-3	3	4	ohne Ang.	Durchschnitt
Slotsgade	1803														
	1835	30	17	382	78	20,4	67	9	9	19	19		10	1	2,2
	1860	29	22	415	61	14,7	97	4	11	26	19	9	25	3	2,6
	1883	29	22	342	28	8,2	124	2	13	24	28	20	31	6	2,8
	1913	31		438	15	3,4	158		8	30	25	36	57	2	3,0
Torvet	1803	14	13	93	33	35,5	18	6	5	4	3				1,6
	1835	12	11	164	48	29,3	25	3	12	6		1	3		1,9
	1860	14	13	213	61	28,6	49	3	12	15	6	2	9	2	2,3
	1883	14	13	209	39	18,7	62	6	10	22	7	4	8	5	2,2
	1913	13	13	198	19	9,6	72		9	20	6	20	13	4	2,7
Nørregade Süd	1803	22	15	193	58	30,0	33	7	9	13	2		1	1	1,7
	1835	24	18	306	102	33,3	41	7	12	13	4	2	3		1,9
	1860	23	21	318	89	28,0	63	7	18	17	10	4	7		2,1
	1883	24	22	287	72	25,1	68	16	15	10	13	9	5		2,0
	1913	22		247	58	23,5	75	13	25	9	11	10	5	2	2,0
Nørregade Nord	1803	8	2	69	26	37,7	12	2	4	3	2		1		1,9
	1835	16	6	150	52	34,7	22	9	6	5	1	1			1,5
	1860	31	11	235	74	31,5	44	9	13	12	6		3	1	1,8
	1883	26		305	67	22,0	78	17	12	14	11	8	8	8	2,1
	1913	25		298	63	21,1	93	10	18	28	17	9	8	3	2,2
Storegade Nr. 1-41	1803	21	13	161	57	35,4	24	9	9	4	2				1,5
	1835	20	14	208	74	35,6	32	9	12	9	2				1,6
	1860	20	15	247	87	35,2	56	4	15	17	12	2	5	1	2,1
	1883	21		275	48	17,5	65	8	15	13	9	9	5	6	2,1
	1913	21		252	44	17,5	71	5	16	24	10	5	11		2,3

Anm.: 1803 ist die Slotsgade nicht einbezogen, da ein Teil der Straße zum Slotsgrunden gehörte, von dem keine Zahlen vorhanden sind.

Nørregade Süd bedeutet Nørregade südlich von Gravene/Jomfrustien.

Nørregade Nord bedeutet Nørregade nördlich von Gravene/Jomfrustien und inkl. Gammelting Nr. 1-5 (Westseite).

Bei der Berechnung des durchschnittlichen sozialen Status der Straße sind die „ohne Angabe" nicht mitgerechnet.

126

sondere Dienstmädchen – noch immer als Indikator für den sozialen Status einer Straße benutzt werden. Als zweiter Indikator soll hier eine Berechnung des durchschnittlichen sozialen Niveaus auf Grundlage der Berufe der Bewohner dienen[15].

Aus der Tabelle geht hervor, daß die Hauptstraßen der Stadt den hohen sozialen Status leidlich beibehielten, der sie zu Anfang des 19. Jahrhunderts charakterisierte. Das gilt vor allem für den südlichen Teil der Nørregade, wo das Gesinde noch 1913 ungefähr ein Fünftel der Bewohner ausmacht und wo die höhere Mittelklasse dominierte. Der nördliche Teil der Nørregade und die Südseite der Storegade waren in der Mitte des Jahrhunderts ganz klar die vornehmsten Straßen der Stadt; das war 1913 nicht mehr so eindeutig.

Daß die Slotsgade zu einer vom Arbeitermilieu geprägten Straße wurde, geht deutlich aus den Zahlen der Tabelle hervor, aber auch die Entwicklung des Torvet (Markt) ist interessant. Der Torvet mit seinen großen, vornehmen Giebelhäusern wird noch zu Beginn des 19. Jahrhunderts durch die höchste soziale Schicht der Stadt geprägt, 1913 aber durch die niedere Mittelklasse und die Arbeiterklasse. Der Torvet ist zu einem Randgebiet geworden.

Die Tabelle illustriert, wie sich das Zentrum der Stadt mit den größten und führenden Geschäften im Laufe der zweiten Hälfte des 19. Jahrhunderts nach Norden verschiebt. Das Stadtzentrum liegt 1913 bei Gravene und den angrenzenden Teilen der Straßen Storegade/Bispegade und Nørregade. Daß bei Gravene 1880 ein neuer Marktplatz angelegt wurde und daß die Märkte der Stadt zugleich vom Torvet verlegt wurden, hat sicher dazu beigetragen. Hinzu kam, daß um 1900 die Verbindungsstraße von der Nørregade zum neuen Kleinbahnhof der Stadt in der Verlängerung der Gravene angelegt wurde. Ecke Jomfrustien und Nørregade errichtete die führende Bank der Stadt 1913/14 ihr großes, neues Bankgebäude, und an der gegenüberliegenden Ecke war die Sparkasse für Haderslev und Umgebung seit 1891 zu Hause.

Der Torvet wurde also zu einem Randgebiet, aber noch schlimmer erging es der Slotsgade. Diese Straße und das gesamte Viertel östlich von Vor Frue Kirke (Nr. 6) entwickelte sich in der zweiten Hälfte des 19. Jahrhunderts zu einem Arbeiterstadtteil, aber auch im Viertel westlich von Vor Frue Kirke (Nr. 5, die Straßen Klosteret, Hægersgade, Jomfrugang, Præstegade) und im nordwestlichen Viertel (Nr. 11, Vestergade, Pladsgade, Brøndstræde und Slagtergade) war der Arbeiteranteil an den Bewohnern sehr hoch. Diese Stadtteile (Nr. 5, 6 und 11) sind 1913 die Viertel im alten Stadtkern, die am stärksten durch Arbeiter geprägt werden, wie aus Tabelle 8 hervorgeht. Hinzu kommen zwei weitere Stadtteile außerhalb des Stadtkerns.

---

15 Bei der Berechnung des durchschnittlichen Sozialstatus der Straße wurde folgende Methode angewandt: Auf Grundlage der Sozialgruppeneinteilung, die aus der Beilage hervorgeht, wird die Anzahl jeder der vier Sozialgruppen mit den beiden gleitenden Übergangsgruppen (1–2 und 2–3) in der entsprechenden Straße oder dem Straßenzug aufgerechnet. Die gesammelte Anzahl in jeder Gruppe wird mit dem „Wert" der Sozialgruppe multipliziert (1, 1,5, 2, 2,5, 3 und 4), und die Summe dieser Zahlen wird mit der Anzahl Haushalte dividiert (exkl. Haushalte, wo die Sozialgruppe nicht angegeben ist). Je niedriger die Durchschnittszahl, desto höher der soziale Status – und umgekehrt. Im übrigen wird auf folgendes Werk verwiesen: Henrik Fangel: Haderslev bys historie 1800–1945, Bd. 1, 1975, S. 68 ff., Tabelle 17, wo diese Methode angewandt wurde.

Abb. 2: Die Hauptstraße – Nørregade – um 1905 nach Norden gesehen. Rechts die Einmündung der Slotsgade, links der Smedegade. Große Geschäftshäuser links Nørregade 16, erbaut 1893, und Nørregade 20, Kaufhaus M. C. Brincken, erbaut 1901.
Foto: Historiske Samlinger, Aabenraa.

Tabelle 8: Verteilung der Haupterwerbsgruppen auf die einzelnen Viertel 1913

Erwerbsgruppe	Zentrum Vt. 4, 7, 8, 9		Arbeiterviertel Vt. 2, 5, 6, 11, 12		Einzelwohn- hausviertel Vt. 1, 3, 10, 13		gesamte Stadt	
	Anzahl	%	Anzahl	%	Anzahl	%	Anzahl	%
Selbständige	438	23,7	354	15,1	193	13,0	985	17,3
Angestellte	174	9,4	228	9,8	359	24,1	761	13,4
Arbeiter	727	39,3	1301	55,6	373	25,0	2401	42,3
Hausarbeit	211	11,4	106	4,5	171	11,5	488	8,6
Ohne Erwerb	300	16,2	351	15,0	393	26,4	1044	18,4
Insgesamt	1850	100,0	2340	100,0	1489	100,0	5679	100,0

2. Die neuen Viertel

Die Straßen Allegade, Østergade und Skibbrogade (Teil des Viertels Nr. 2 und unmittelbar östlich von Viertel Nr. 6) nördlich des Hafens wurden in den 1850er Jahren zu einem stark von Arbeitern geprägten Stadtteil. Nordöstlich von hier entwickelte sich nach der Jahrhundertwende das neue Arbeiterviertel der Stadt längs

128

Abb. 3: Lindedal im Viertel Nr. 1, bebaut 1903–1908.
Postkarte, Poststempel 1908, Haderslev byhistoriske Arkiv.

Lindedal und Dalgade (Viertel Nr. 2). Hier wurden in den Jahren nach 1900 die ersten Sozialwohnungen einschließlich einer Reihe Wohnungen für Kleinbahnangestellte errichtet. Dieser Wohnungsbau trug natürlich dazu bei, daß diese Straße als eine ausgesprochene Arbeiterstraße mit einem großen Einschlag an kleinen Beamten, deren Status nicht viel höher als der von Facharbeitern war, bezeichnet werden muß. Insgesamt gab es hier 1913 115 Haushalte mit neun Untermietern, alles in allem 463 Personen. Von den 115 waren 56, d.h. ungefähr die Hälfte, gelernte oder ungelernte Arbeiter. Hiervon waren 13 bei den Kleinbahnen angestellt. Darüber hinaus gab es 24 Lokomotiv- und Zugführer samt Heizer und andere niedere Beamte bei den Kleinbahnen. Nur 13 waren selbständige Gewerbetreibende und nur zehn Rentiers (vgl. Tabelle 9).

Lindedal schloß sich eng an das Arbeiterviertel aus den 1850er Jahren in der Allegade, Østergade und Skibbrogade an. In diesen Gebieten findet man auch eine Reihe von den großen Betriebsstätten der Stadt, u.a. die Werkstatt und das Depot der Kleinbahnen (1911 errichtet), Paulsens Sägewerk und Holzhandel (Ende der 1890er Jahre gegründet), die Brauerei Hansborg (1900 gegründet), Hansborg Sägewerk (1897 gegründet), Hadersleben Maschinenfabrik (1907 gegründet, in älteren Eisengießereigebäuden), das Gaswerk (1857 gegründet) und den Hafen mit Kohlenlagern, Korn- und Futtermittelfirmen.

Auch Simmerstedvej (Stadtviertel Nr. 12) ist stark von Arbeitern geprägt. Hier waren 22 von 52 Hausständen Arbeiterhaushalte, allerdings wohnten hiervon zehn in den Sozialwohnungen, die vom Arbeiterwohlfahrtsverein gebaut wurden. Die Bøn-

129

Abb. 4: Lindevej in Sønder Otting (Viertel Nr. 3) mit Villen, erbaut 1904–1908.
Postkarte, Poststempel 1908, Haderslev byhistoriske Arkiv.

Tabelle 9: Die neuen Viertel 1913 (ausgewählte Straßen)

Straße	Ren-tiers	Ange-stellte	freibe-rufl.	Selb-ständige	Arbei-ter	Sem., Gymn.	ohne Angabe	ins-gesamt
Jomfrustien 8–40	17	32	5	14	3	6	2	79
Åstrupvej 1–75	29	34	3	11	6	13	6	102
Lindevej 1–16	18	11	1	5	6	1	3	45
Insgesamt	64	77	9	30	15	20	11	226
Lindedal 1–52	10	35		13	61		4	123
hiervon bei den Klein-bahnen angestellt		25			14			39

Anm.: Sem., Gymn. = Seminaristen und Gymnasiasten, die zur Miete wohnen.

dergårdene (Bauernhöfe) nördlich des Simmerstedvej, die einen Rest des alten Dorfes Alt-Hadersleben darstellten, waren 1911 ebenfalls stark durch Arbeiter beeinflußt, die 47 von 86 Haushalten ausmachten.

Das Stadtviertel Nr. 12 mit Bøndergårdene und Simmerstedvej fügte sich so in Hinblick auf die soziale Struktur klar an das nordöstliche Viertel (Nr. 2) der Stadt. Im Stadtviertel Nr. 12 gab es die Fuglsang Brauerei und Malzfabrik (1865 gegründet, erweitert in den 1880er und 1890er Jahren), Schaumanns Tuchfabrik (in diesem

130

Stadtteil 1909 etabliert) sowie den Bahnhof der Staatsbahn; sie stellten hier die großen Arbeitsstätten dar und drückten daher dem Viertel ihre Prägung auf. Auch wenn der Ribe Landevej (Viertel Nr. 13) ein Weg mit Einzelwohnhäusern war, wurde er überhaupt nicht in dem Maße von Beamten, Angestellten und Rentiers geprägt wie z. B. Åstrupvej (Stadtteil Nr. 1). Der Ribe Landevej war nicht so vornehm wie der Åstrupvej.

Auch wenn die große und wachsende Gruppe der Angestellten und Rentiers über die ganze Stadt verteilt wohnte, waren es doch vor allem die neuen Stadtteile, die von dieser Gruppe beeinflußt wurden (Tabelle 8). Wie bereits erwähnt, war das Personal der Kleinbahnen im Lindedal stark repräsentiert, aber auch im Åstrupvej wohnten viele Angestellte. Von 108 Haushalten gehörten hier 41 zu den Angestellten- und 37 zu den Rentiershausständen. In dem neuen Viertel zwischen Åstrupvej und dem Bahnhof der Kleinbahn und zwischen Teaterstien im Westen und Lindedal im Osten gehörten insgesamt 120 der 163 Haushalte der Angestellten- und Rentiersgruppe an.

In dem neuen Stadtteil südlich der Stadt, Sønder Otting (Nr. 3), waren die Rentiers die am stärksten dominierende Gruppe. Von 507 Haushalten waren 166 Rentiershaushalte und 86 Angestelltenhaushalte, d.h. insgesamt ca. 50 % aller Haushalte.

Arbeiter gab es nur sehr wenige in den neuen Einzelwohnhausvierteln (Tabelle 8), und die Zahlen zeigen klar, daß vor allem Rentiers und Angestellte in Ein- oder Zweifamilienhäusern wohnten. Die selbständigen Gewerbetreibenden waren weit

Abb. 5: Sønder Otting um 1912, das neue Villenviertel der Stadt, von Norden gesehen. Im Vordergrund der Haderslebener Damm / Mühlenstrom.
Foto: Historiske Samlinger, Aabenraa.

weniger geneigt, in Einzelwohnhäuser zu ziehen. Im Åstrupvej 1–75 machten die Selbständigen nur elf von 102 Hausständen aus und im Lindevej (Viertel Nr. 3) nur fünf von 45 (Tabelle 9). Bei den selbständigen Handwerkern und Händlern blieben Wohnung und Arbeitsplatz eng miteinander verbunden, und nur bei ganz wenigen löste sich diese Verbindung, indem sie vom Geschäft in der Stadt wegzogen.

Eine der Straßen, wo die selbständigen Gewerbetreibenden etwas stärker anzutreffen sind, ist der Jomfrustien (Viertel Nr. 1 im Süden). Diese Straße wurde nach der Errichtung des Bahnhofs der Kleinbahnen 1899 angelegt und bebaut und umfaßt eine Reihe großer Mietshäuser mit 3–4 Stockwerken, viele im Jugendstil gebaut, der die Straße heute wohl zur schönsten Straße aus der Zeit macht. Es gab hier 14 Häuser, und hiervon gehörten fünf selbständigen Gewerbetreibenden, die selbst hier wohnten. Insgesamt wohnten hier 14 selbständige Gewerbetreibende.

Tabelle 10: Hausbesitzer 1913 (ausgewählte Straßen)

Straße	Ren-tiers	Ange-stellte	freibe-rufl.	Selb-ständige	Maurer, Zimmerm.	Arbei-ter	Gesellsch., Bank	ohne Angabe	ins-ges.	Hiervon im Haus
Jomfrustien	3		1	6	1		3		14	8
Åstrupvej	28	11	1	8	4	2	2		56	40
Lindevej	3	2		2	6	2	1		16	8
Lindedal	3	2		7	9		8		29	10
Ny Allegade	2	3			6		2		13	
Mariegade	3	2		5	1		1	2	14	
Insgesamt	42	20	2	28	27	4	17	2	142	

Anm.: Hiervon im Haus = die Hausbesitzer, die in dem Haus, das ihnen gehört, wohnen.

SCHLUSSBEMERKUNGEN

Nicht nur physisch hatte Hadersleben sich im Laufe der letzten ca. 25 Jahre vor dem 1. Weltkrieg verändert. Gleichzeitig mit dem Wachstum der Stadt über die alten Grenzen hinaus und dem Anwachsen von großen Einzelhauswohngebieten fand eine Umformung der sozialen Struktur von Hadersleben statt. Die Stadt zeichnete sich 1914 durch eine wesentlich differenziertere Sozialstruktur aus als noch 25 Jahre vorher. Während Hadersleben früher keine eigentlichen Arbeiterviertel hatte, gab es 1913 mehrere Gebiete, die als Arbeiterviertel charakterisiert werden können. Weiter ist charakteristisch, daß gerade die ehemaligen vornehmen Gegenden, z.B. Slotsgade und Torvet, 1913 den Glanz der früheren Zeit verloren haben.

Die neuen sozialen Gruppen oder Klassen, zum einen die stark wachsende Rentiers- und Kapitalistengruppe, zum anderen die neue Klasse der Angestellten, gaben

Abb. 6: Jomfrustien 1908, die neue Verbindungsstraße von der Nørregade zum Kleinbahnhof, von Osten gegen Nørregade gesehen.
Foto: Haderslev byhistoriske Arkiv.

besonders den neuen Einzelwohnhausvierteln ihre Prägung. Gleichzeitig findet im zentralen Teil der Stadt eine Verlagerung des Schwerpunktes nach Norden statt.

Diese ganze Entwicklung hat viele Parallelen zur Entwicklung in Apenrade, wie sie von Peter Dragsbo in „Mennesker og huse i Aabenraa" geschildert wird. Auch hier läßt sich verfolgen, wie die früheren vornehmen Viertel zu dicht bevölkerten Arbeiterstadtteilen wurden. Ebenso kann eine Verlagerung von führenden Geschäften und Dienstleistungsbetrieben im Zentrum der Stadt ausgemacht werden. Weiter lassen sich die gleichen Veränderungen der Haushaltsstruktur in Richtung auf eine einfachere Haushaltszusammensetzung in Apenrade feststellen. Die Veränderungen vollzogen sich in Apenrade auch im gleichen Zeitraum wie in Hadersleben, und Hadersleben und Apenrade unterscheiden sich in diesem Punkt nicht von anderen dänischen Städten, wo die stärksten Veränderungen in bezug auf Milieu und Struktur in der Zeit ca. 1890–1910 stattfanden[16]. Die Königsau-Grenze machte hier keinen Unterschied, was diese Entwicklung angeht. Denn sie muß als eine generelle Entwicklung angesehen werden, die viele Städte im nordeuropäischen Bereich betraf, wo sich die Industrialisierung in genau diesem Zeitraum durchsetzte.

Das Hadersleben, das man 1913 vorfand, und die bis dahin gewachsene Struktur hielten sich ohne größere und wesentliche Veränderungen in den folgenden fünfzig Jahren. Erst mit dem starken Wachstum der 1960er Jahre im Parzellenhausbau und den wachsenden Anforderungen des Autoverkehrs erfolgten Veränderungen in der Struktur der Stadt, die man mit denen aus den Jahren ca. 1890–1914 vergleichen kann.

16 Dragsbo, S. 125.

Beilage: Sozialgruppeneinteilung in Hadersleben 1803–1913

	1803, 1835, 1860		1883, 1913	
Beruf Stellung		Sozial-gruppe Nr.	Beruf Stellung	Klassen-steuer 1883
Höhere Beamte		1	Übergeordnete Beamte u. Angestellte	über 50 Mk
Akademiker (Ärzte, Rechtsanwälte)		1	Akademiker u. Freiberuflichc	oder
Offiziere, Beamte bcim Militär		1		Ein-
Kaufleute, Fabrikanten, Apotheker		1	Kaufleute, Fabrikanten Witwen, Rentiers	kommen-steuer
Gastwirte und Brenner mit Gesinde		1–2	Gastwirte	
Handwerksmeister mit Gesinde		1–2	Handwerksmeister	alle
Händler (exkl. Kaufleute) mit Gesinde		1–2	Händler, kleine Kaufl.	mit 18–48 Mk
			Beamte u. Angestellte	Gesinde
			Handwerksmeister ohne Gesinde	24–48 Mk
			Pensionäre u. Rentiers, Witwen	18–48 Mk
Kleine Beamte		2	Kleine Beamte u. Angestellte	
Nicht-Akademiker (freiberuflich)		2	Handwerker	alle 9–18 Mk
			Händler	ohne
			Gastwirte	Gesinde
Pensionäre und Rentiers		2	Pensionäre, Rentiers, Witwen	6–12 Mk
Landwirtschaft, Seefahrt, Fischerei		2–3		
Handwerker ohne Gesinde		2–3	Handwerker	ohne
Schankwirte, Fuhrleute u.ä. ohne Gesinde		2–3	Schankwirte, Fuhrleute	Gesinde 3–6 Mk
Höker u.a. Kleinhändler		2–3	Niedrigste Beamte u. Angestellte	3–6 Mk
			Handwerker (selbständige)	0 Mk
Gesellen mit eigenem Haushalt		3	Handwerksgesellen (Facharbeiter)	0–3 Mk
Gesellen u. Lehrlinge beim Meister		3		
Andere Dienstboten beim Meister		3		
			Arbeiter	6 Mk
			Witwen, Rentiers, Pensionäre	3 Mk
			Näherinnen	3 Mk
Soldaten		4		
Tagelöhner		4	Arbeiter	0–3 Mk
Näherinnen, Wäscherinnen,		4	Näherinnen	0 Mk
alleinstehende Frauen			Witwen	0 Mk

Die Klassensteuersätze von 1883 entsprechen folgenden Jahreseinkommen
(Betrag in Mark):

Klassensteuerstufen 1883

Stufe	Jahreseinkommen	Steuer	Stufe	Jahreseinkommen	Steuer
–	unter 420	0	7	1500–1650	30
1	420–660	3	8	1650–1800	36
2	660–900	6	9	1800–2100	42
3	900–1050	9	10	2100–2400	48
4	1050–1200	12	11	2400–2700	60
5	1200–1350	18	12	2700–3000	72
6	1350–1500	24	–	über 3000	Ein-kommen-steuer

Die Übersicht gibt die Sozialgruppen an, die sich aus den Analysen der Volkszählungen von 1803, 1835 und 1860 sowie der Klassensteuerrollen von 1883 und der Hauslisten von 1913 ergeben. In den Volkszählungen ist es nur die Berufsbezeichnung samt Anzahl an Gesinde, die als Indikator benutzt wurden, während 1883 und teilweise auch 1913 ebenfalls Steuererklärungen, die auf Einkommenserklärungen aufbauen, hinzugezogen worden sind, wie aus der obigen Tabelle hervorgeht.
Auf der Basis dieser Aufstellung ist eine Einteilung in 6 Klassen vorgenommen worden:

    1   Oberklasse
    1–2 Höhere Mittelklasse
    2   Mittelklasse
    2–3 Niedere Mittelklasse
    3   Unterklasse (u.a. Facharbeiter)
    4   Niedere Unterklasse (u.a. ungelernte Arbeiter)

Ausgangspunkt ist also eine sehr einfache Einteilung in drei Hauptklassen: Ober-, Mittel- und Unterklasse. In dieser Einteilung ist der Mittelklasse eine höhere und eine niedere Mittelklasse hinzugefügt, während die Unterklasse in zwei Gruppen aufgespalten ist, und zwar mit dem Hauptunterschied Facharbeiter und ungelernte Arbeiter. Diese Erweiterung wurde vorgenommen, um eine etwas differenziertere Einteilung zu erhalten, die die gleitenden Übergänge andeutet, die notwendigerweise zwischen den einzelnen Gruppen stattfinden.

Eine Einteilung in diese Sozialgruppen ist nur für die Stadt als Gesamtheit auf der Grundlage der Volkszählungen von 1803 und 1835 erfolgt. Das Resultat ist folgendes:

Sozialgruppe	1803 %	1835 %
1	12,6	10,7
1–2	23,4	22,1
2	7,4	5,3
2–3	15,0	12,5
3	22,5	25,2
4	19,1	24,2
Anzahl	2650	5497

Quelle: Henrik Fangel: Haderslev bys historie 1800–1945, Bd. 1, Tabelle 8 (S. 38) und Tabelle 39 (S. 254)

Es ist also eine Tendenz zu beobachten, die in Richtung Anwachsen des Anteils der Unterklasse an der Bevölkerung geht.

Bei einem Vergleich der Berufsgruppen 1803–1860 und 1883–1913 wird ersichtlich, daß die Berufsgruppen 1883–1913 differenzierter sind, was damit zusammenhängt, daß es auf Grundlage der Steuererklärungen möglich ist, eine Berufsgruppe, z. B. Handwerker ohne Gesinde, verschiedenen Sozialgruppen zuzuordnen. Aus der Einteilung 1883 und 1913 geht auch hervor, daß die neue Klasse, die Angestelltengruppe, einen stärker herausragenden Platz einnimmt und in alle vier oberen Gruppen eingeht. Das hängt mit der Entwicklung, die in der Abhandlung geschildert ist, zusammen.

Die Einteilung in soziale Klassen wirft eine Reihe von Problemen auf, u.a. in der Definition und Abgrenzung der einzelnen sozialen Klassen oder Gruppen. In dieser Beziehung sind eine Reihe Untersuchungen vorgenommen worden, teilweise auf einer breiteren, übergeordneten Ebene mit Bezug auf die gesamte Gesellschaft, teilweise auf einem niedrigeren Niveau, wo ein kleiner Teil der Gesellschaft einbezogen wird, z.B. eine Stadt oder eine bestimmte Gegend. Die Blickwinkel sind recht unterschiedlich gewesen, und daher bleibt es schwierig, direkte Vergleiche der Sozialstruktur in verschiedenen Gebieten oder Städten auf Basis dieser Untersuchungen vorzunehmen. Die Problematik wird für dänisches Gebiet u.a. in Ole Degn: „Urbanisering og industrialisering. En forskningsoversigt", København 1978, S. 75–80, diskutiert, wo insbesondere auf Theodor Geigers Arbeiten hingewiesen wird und auf die soziale Gruppierung, mit der Wolfgang Köllmann, u.a. von Geiger inspiriert, in „Sozialgeschichte der Stadt Barmen im 19. Jahrhundert", Tübingen 1960, arbeitet.

Die obige Übersicht und die Bemerkungen, die an sie geknüpft sind, zeigen klar, daß sowohl die Klassensteuerrollen als auch die Hauslisten zu dem Quellenmaterial gehören, das besonders geeignet ist, Untersuchungen zur Sozialstruktur in der Wilhelminischen Gesellschaft vorzunehmen.

Ingwer E. Momsen

Der schleswig-holsteinische Schiffbau um 1800

1. EINLEITUNG

Aufgrund der Lage Schleswig-Holsteins an Nord- und Ostsee und der zusätzlichen
Erschließung des Landes durch Kanäle und schiffbare Flüsse, besonders die Elbe, hat
die Schiffahrt hier eine lange Tradition. Das Schiff war durch Jahrhunderte das
leistungsfähigste und gleichzeitig billigste Transportmittel[1]. Es beförderte Güter
zwischen den Küstenorten, verband die schleswigsche Ostküste mit den dänischen
Inseln und der Hauptstadt Kopenhagen, die schleswigsche Westküste mit den vorgelagerten Inseln, die gesamte Nordseeküste und den Unterelberaum mit den großen
Hafenstädten an der Elbe, Altona und Hamburg. Neben der küstennahen Kleinschiffahrt und der Flußschiffahrt entwickelte sich von den Hafenstädten aus die
Großschiffahrt zu entfernteren Zielen an den Gegenküsten der Ostsee und Nordsee,
des Nordatlantiks und Mittelmeers, im 19. Jahrhundert auch zunehmend nach
Übersee. Diese Schiffe beförderten ursprünglich Waren für ortsansässige Kaufleute,
suchten später aber auch auswärtige Frachtaufträge.

Mit der Schiffahrt eng verbunden war der Schiffbau. Auf vorübergehend errichteten Schiffbauplätzen oder ständigen Werften wurden neue Schiffe gebaut und ältere
Schiffe überholt und repariert, bisweilen auch umgebaut. Die Größe und Bauart der
Fluß-, Küsten- und Hochseeschiffe war der jeweiligen Zweckbestimmung und den
verschiedenen Gewässerbedingungen angepaßt.

Jürgen Brockstedt hat kürzlich die sogenannte Werftenkrise, die wir gegenwärtig in
Schleswig-Holstein und den anderen norddeutschen Küstenländern erleben, in den
weltwirtschaftlichen und zugleich in den historischen Zusammenhang gestellt[2]. Es
handelt sich um einen langfristigen Umstellungsprozeß der Schiffbauindustrie, der in
den nächsten Jahren weitere Betriebsstillegungen und zusätzlichen Kapazitätsabbau
der verbleibenden Werften fordern wird. Mit dem Niedergang dieses klassischen

---

1 Die Bedeutung der Schiffahrt für Handel und Verkehr wird in diesem Sammelband auch
  gewürdigt durch Walter Asmus: Die verkehrs- und wirtschaftsräumliche Entwicklung
  Schleswig-Holsteins 1840-1914, S. 43-63.
2 Jürgen Brockstedt: Industrial and shipbuilding policy in the Federal Republic of Germany.
  Aspects of historical, current and future developments. In: Proceedings of the 4th interna-
  tional shipbuilding and ocean engineering conference, Hanasaari, Helsinki, Finland, 7-10
  september 1986, ed. by Anthony Slaven and Fred. M. Walker, Göteborg 1987, S. 154-159.

Industriezweiges der Küste wird die Wirtschaftslandschaft Schleswig-Holsteins ihr Gesicht nachhaltig verändern.

Wer geschichtlich denkt, muß die gegenwärtige Strukturkrise des Schiffbaus als Teil einer langen Entwicklung sehen, als einen Vorgang, der heute vor unseren Augen abläuft, tatsächlich aber von der Vergangenheit zur Zukunft führt. Ein derartiger „historischer" Vorgang kann Anlaß sein, sich der Entstehung und geschichtlichen Entwicklung des schleswig-holsteinischen Schiffbaus zu erinnern.

Die Geschichte des schleswig-holsteinischen Schiffbaus ist bisher nicht geschrieben. Es fehlt nicht nur eine Gesamtdarstellung, es gibt auch keine Überblicksdarstellungen, die den Schiffbau des ganzen Landes in einzelnen Epochen beschreiben. Eine Ausnahme bildet die kürzlich erschienene Geschichte des Schiffbaus in Dänemark im 18. Jahrhundert von K. Klem, die auch die Herzogtümer Schleswig und Holstein berücksichtigt[3]. Daneben sind nur einige inhaltsreiche Lokaldarstellungen[4] und Jubiläumsschriften[5] erwähnenswert. In Veröffentlichungen zur Stadtgeschichte der Hafenplätze finden sich verstreute Informationen; doch lassen die lokalgeschichtlichen Darstellungen in der Regel eine landesweite Einordnung und gültige Würdigung vermissen.

Dieser Aufsatz soll – im Anschluß an das dänischsprachige Werk von Klem, dessen Kapitel über Schleswig-Holstein ebenfalls lokalgeschichtlich ausgerichtet ist[6] – einen vergleichenden Überblick über den Schiffbau in Schleswig-Holstein um 1800 geben. Die Wende vom 18. zum 19. Jahrhundert markiert einerseits einen Höhepunkt des traditionellen einheimischen Schiffbaus, andererseits den Eintritt in das Jahrhundert, das mit dem Übergang vom Holz- zum Eisenschiffbau und der Ablösung des Segels durch den Dampfantrieb auch dem Schiffbaugewerbe die Industrialisierung gebracht hat.

3 Knud Klem: Skibsbyggeriet i Danmark og Hertugdømmerne i 1700-årene. Om skibsbygning og handelskompagnier i den florissante periode. Bd. 1-2. København 1985-1986 (Handels- og Søfartsmuseet på Kronborg, Søhistoriske Skrifter, 13-14).
4 Otto Hintze: Geschichte der Schiffswerft zu Tönning. Garding 1932. – Chr. Kock: Holzschiffbau in Eckernförde. In: Jahrbuch Schwansen, 5 (1940), S. 68-109; 6 (1941), S 57-76; 10 (1952), S. 182-183. – Jürgen Meyer: Segelschiffsbau und Segelschiffahrt an der Kieler Förde im 18. und 19. Jahrhundert. Dissertation (Maschinenschrift). Kiel 1949. – Klaus Köster: Schiffbau in Nübbel. In: Jahrbuch Rendsburg, 11 (1961), S. 145-153. – J. H. Koch: Hafenverkehr, Schiffsbau und Packhäuser in Neustadt. In: Jahrbuch Oldenburg, 9 (1965), S. 123-145.
5 Hermann J. Held: 100 Jahre Howaldt. Kiel / Hamburg 1938. – 100 Jahre Flensburger Schiffsbau-Gesellschaft. 1872 - 1972. Eine Dokumentation. Darmstadt 1972. – Gert Uwe Detlefsen: Flensburger Schiffbau-Gesellschaft 1872-1982. Hamburg 1982.
6 Klem, Bd. 2, S. 176-263.

2. UNTERSUCHUNGSGEBIET UND QUELLENLAGE

Um 1800 waren die Herzogtümer Schleswig und Holstein Bestandteile des sogenannten dänischen Gesamtstaates, der aus dem eigentlichen Dänemark, Norwegen,
Island und den zwei deutschen Herzogtümern bestand. Die größte Stadt des Reiches
war Kopenhagen, die zweitgrößte Altona. Zum Herzogtum Schleswig gehörte auch
das heute dänische Nordschleswig mit den Ostseeinseln Alsen und Ärö; Holstein
umfaßte auch Altona, Ottensen und Blankenese. Dagegen war die Stadt Lübeck mit
Travemünde politisch selbständig und bleibt deswegen im folgenden unberücksichtigt.

Beeinflußt vom Gedankengut des Merkantilismus, beobachtete die Regierung in
Kopenhagen in der zweiten Hälfte des 18. Jahrhunderts aufmerksam die Entwicklung
der Wirtschaft in den einzelnen Ländern des Reiches und griff vielfach regulierend
ein, um den verschiedenen Wirtschaftszweigen günstige Entwicklungsbedingungen zu
verschaffen. Um zu erfahren, wie die Wirklichkeit aussah, welche Kapazitäten
vorhanden waren, was die bisherige Entwicklung behindert hatte und welche Maßnahmen künftig förderlich sein könnten, unternahmen Regierungsbehörden Umfra-
gen bei den Lokalbehörden. So führte z. B. das Finanzkollegium 1771 eine Erhebung
über die Lage der Schiffahrt mit Einschluß des Schiffbaus, Hafen-, Lotsen- und
Navigationsschulwesens durch[7]. Am 7. 5. 1803 forderte die oberste Wirtschaftsbe-
hörde, das Generallandesökonomie- und Kommerzkollegium, die Magistrate ausgewählter Hafenstädte in den Herzogtümern Schleswig und Holstein zu einem Bericht
über den dortigen Schiffbau auf. Der Zweck dieser Untersuchung läßt sich aus den
erhaltenen Akten der Zentralbehörde herauslesen: Die Verwicklung der großen
westeuropäischen Seemächte in den Napoleonischen Krieg bot eine günstige Aus-
gangssituation für Dänemarks Handel und Schiffahrt unter neutraler Flagge. Die
Umfrage sollte klären, ob die Schiffbaubetriebe des Gesamtstaates in der Lage
waren, eine erhöhte Nachfrage nach Schiffsneubauten zu befriedigen[8]. Um vergleichbare Informationen zu erlangen, hatte die Zentralbehörde sechs Fragen formuliert,
die beantwortet werden sollten[9]:

„Promemoria
Da hiesiges Collegium eine genaue Nachricht von dem jetzigen Zustande der einländischen Schiffsbauerey zu erhalten wünscht, um darnach die Mittel in Erwägung zu
ziehen, durch welche dieser wichtige Zweig gemeinnütziger Industrie mehr belebt
und in besseren Flor gebracht werden könnte, so ersuchen wir zu dem Ende den
Magistrat der Stadt . . . . . . hiedurch ganz dienstlich, über folgende Punkte soviel
möglich genaue Auskunft zu verschaffen, und anhier einzusenden.

---

7 Ingwer E. Momsen: Die Berichte über den Zustand der Schiffahrt in den Städten der
Herzogtümer Schleswig und Holstein 1771. In: Rundbrief des Arbeitskreises für Wirt-
schafts- und Sozialgeschichte Schleswig-Holsteins, Nr. 6 (1980), S. 12-14.

8 RAK, Komm. Koll., Handels- og Konsulatsfaget,Forestillingsprotokol 1804, Nr. 19.

9 Zitiert nach dem Exemplar im Stadtarchiv Flensburg, Altes Archiv, Nr. 326. Konzepte in:
RAK, Komm. Koll., Handels- og Konsulatsfaget, Journalsager ang. Skibsbyggerierne i
Danmark, Norge og Hertugdømmerne, 1797-1813.

1. Wie viele neue Schiffe in den letzt verflossenen fünf Jahren auf den in . . . . . .
   befindlichen Schiffswerften gebauet sind, nebst Angabe der Trächtigkeit jedes
   Schiffes nach Commerzlasten und der Bauart desselben, ob es nemlich aus
   Eichen- oder Föhrenholtz, oder aus beiden zugleich erbauet sey?
2. Wie viel beym dortigen Schiffsbau an einländischen und wie viel an ausländischen
   Materialien verbraucht werde, so weit sich dieses in Erfahrung bringen läßt?
3. Wie viele feste Arbeiter bei den Schiffswerften angesetzt sind?
4. Ob bey den dortigen Werften sich ein Construkteur oder Schiffs-Baumeister
   befindet, der nach eigener Erfindung oder doch nach Zeichnungen zu bauen
   verstehet?
5. Wie theuer die Commerzlast in neugebauten Schiffen im Allgemeinen nach
   dortigen Preisen zu stehen kömmt?
6. Ob dort alleine auf Bestellungen im Lande, oder auch auf Spekulation zum
   Verkauf an Fremde gebauet wird?
Über diese Fragen sieht man einer gefälligen Aufklärung baldmöglichst entgegen."

Das Ökonomie- und Kommerzkollegium forderte die schleswig-holsteinischen
Hafenstädte Apenrade, Sonderburg, Flensburg, Eckernförde, Kiel, Tönning und
Itzehoe zur Beantwortung dieser Fragen auf. Ebenfalls am 7.5.1803 sandte es die
gleiche Aufforderung an die zuständigen Behörden in Dänemark[10]. Erst ein gutes
halbes Jahr später, am 20.12.1803, wandte sich die Zentralbehörde in derselben
Angelegenheit an die norwegischen Behörden[11], ferner noch einmal nach Schleswig-
Holstein, um die gewünschten Auskünfte jetzt auch aus Altona und den übrigen
Hafenstädten der Herzogtümer zu erlangen. Der Oberpräsident der Stadt Altona
wurde unmittelbar angeschrieben, während der Statthalter für die Herzogtümer auf
Schloß Gottorf gebeten wurde, die Nachrichten aus den anderen Orten einzuholen[12].
Dieser forderte am 28.12.1803 folgende Hafenplätze zur Berichterstattung auf:
Hadersleben, Ärösköping und Marstall, Schleswig, Amt Gottorf (wegen Arnis), Gut
Roest (wegen Kappeln), Heiligenhafen, Burg auf Fehmarn, Neustadt, Husum,
Friedrichstadt, Rendsburg, Glückstadt.
Die zwanzig angesprochenen Lokalbehörden lieferten zwischen dem 31.5.1803 und
dem 27.3.1804 den erbetenen Bericht. Der Umstand, daß sieben schleswig-holsteini-
sche Hafenplätze im Mai und die übrigen 13 erst im Dezember 1803 zur Berichterstat-
tung aufgefordert worden sind, hat zu einer unterschiedlichen Beantwortung der
Frage 1 geführt, die nach den „in den letztverflossenen fünf Jahren" gebauten
Schiffen fragte. Die erste Gruppe berichtete über die Jahre 1798 bis 1802, die zweite
über die Jahre 1799 bis 1803. In den aus Hafenstädten der Nordseeküste und
Unterelbe stammenden Berichten finden sich zudem die ersten Auswirkungen der
Elbblockade, die England im Mai 1803 gegen Napoleon verhängte und die bis zum

10 RAK, Komm. Koll., Handels- og Konsulatsfaget, Kopibog 1803, Nr. 281.
11 Ebenda, Nr. 917.
12 Ebenda, Nr. 915 und 916.

Oktober 1805 dauern sollte[13]. Die Originalberichte sind im dänischen Reichsarchiv erhalten und sollen weiter unten ausgewertet werden[14].

3. SCHIFFSBESTAND UND SCHIFFAHRT UM 1800

Während die Innenpolitik des dänischen Gesamtstaates darauf gerichtet war, die Wirtschaft zu entwickeln, gelang es der dänischen Außenpolitik, das Land in der zweiten Hälfte des 18. Jahrhunderts aus den Kriegen der anderen europäischen Staaten herauszuhalten. Dieses kam dem Außenhandel und der Schiffahrt zugute. Besonders während des nordamerikanischen Unabhängigkeitskrieges (1776-1783), in dem sich Engländer und Franzosen gegenüberstanden, blieb Dänemark strikt neutral. Der dänische Handel erlebte eine Blüte und die Handelsflotte Dänemarks und Schleswig-Holsteins verdoppelte in diesen Jahren ihre Tonnage (Tab. 1). Auf das

Tab. 1: Die Handelsflotte der Herzogtümer Schleswig und Holstein 1770 – 1815

Jahr	Tragfähigkeit der Schiffe in KL	Quellen
1770	17 019	RAK, Mallingiana, Skibsfart
1777	15 059	Ebenda
1781	21 336	Ebenda
1783	30 195 1/2	Ebenda
1788	26 087	RAK, Komm. Koll., Danske Forestillinger og Resolutioner 1789, Nr. 8 b
1791	28 817	RAK, Mallingiana, Skibsfart
1803	34 105 1/2	RAK, Komm. Koll., Handels- og Konsulatsfaget, Forestillingsprotokol 1806, Nr. 8
1806	47 109 1/2	LAS, Abt. 68, Nr. 341
1815	24 928 1/2	Ebenda

Abkürzung: KL = Kommerzlast

Anmerkung: Die Zahlenangaben beruhen auf den jährlich erstellten Verzeichnissen der an den einzelnen Hafenplätzen beheimateten Schiffe. Sie sind nicht ganz zuverlässig, weil von ländlichen Liegeplätzen häufig keine Nachrichten eingesandt wurden, Altona die Schiffe unter 10 KL Tragfähigkeit grundsätzlich nicht aufführte und die Zentralbehörde schließlich bei der statistischen Aufbereitung der Zahlen bisweilen alle Schiffe unter 5 KL Tragfähigkeit fortließ. Die Zahlen in der Tabelle sind damit nur Mindestwerte, lassen aber dennoch die Entwicklung in ihrer Tendenz erkennen.

13 Axel Linvald: Bidrag til Oplysning om Danmark-Norges Handel og Skibsfart 1800-1807. In: Historisk Tidsskrift, R. 8, Bd. 6 (1915-1917), S. 387-478; hier S. 448-452.
14 RAK, Komm. Koll., Handels- og Konsulatsfaget, Journalsager ang. Skibsbyggerierne i Danmark, Norge og Hertugdømmerne, 1797-1813.

Kriegsende folgte erwartungsgemäß ein gewisser Abschwung, doch behielt der Schiffsbestand in den 1780er und 1790er Jahren ein vorher nicht gekanntes Volumen (Tab. 1). 1784 wurde der Schleswig-Holsteinische Kanal (Eiderkanal) eröffnet, der die Untereider bei Rendsburg mit der Kieler Förde und damit die Nordsee mit der Ostsee verband.

Während der Napoleonischen Kriege versuchte Dänemark wiederum, neutral zu bleiben und daraus kommerziellen Vorteil zu ziehen. Diese Rolle war jetzt schwerer durchzuhalten, das Risiko für die Handelsflotte und ihre Ware erheblich größer. Dennoch war diese Politik viele Jahre erfolgreich – das starke Wachstum der Handelsflotte um 1800 bestätigt es (Tab. 1) –, bis das zweite Bombardement Kopenhagens durch die Engländer 1807 Dänemark endgültig an die Seite Napoleons und damit in den Krieg trieb. Der Vorteil der neutralen Flagge entfiel von nun an, der Krieg mit der Seemacht England wurde verlustreich. Infolgedessen war der Schiffsbestand nach dem Ende des Krieges (1814) auf das Niveau der 1780er Jahre zurückgefallen.

Tab. 2: Der Schiffsbestand 1803 nach Häfen

| Region | Schiffe: Zahl und Tragfähigkeit | | | | | |
| | 10 KL und größer | | kleiner als 10 KL | | zusammen | |
Hafen	Zahl	KL	Zahl	KL	Zahl	KL
Ostküste Schleswigs						
Hadersleben	2	64 1/2	13	80	15	144 1/2
Apenrade	36	2 147 1/2	2	5 1/2	38	2 153
Sonderburg	54	1 590	15	95	69	1 685
Ärösköping	27	464 1/2	30	192	57	656 1/2
Marstall	?	?	?	?	?	?
Flensburg	247	13 936 1/2	28	200	275	14 136 1/2
Kappeln	?	?	?	?	?	?
Arnis	?	?	?	?	?	?
Schleswig	–	–	4	28	4	28
Eckernförde	6	249 1/2	2	18 1/2	8	268
Zwischensumme	372	18 452 1/2	94	619	466	19 071 1/2
Ostküste Holsteins						
Kiel	11	379 1/2	2	18 1/2	13	398
Heiligenhafen	2	31	18	138 1/2	20	169 1/2
Burg auf Fehmarn	7	102	4	20 1/2	11	122 1/2
Neustadt	1	18	1	5	2	23
Zwischensumme	21	530 1/2	25	182 1/2	46	713

Westküste Schleswigs						
Husum	10	231	8	44	18	275
Friedrichstadt	7	111	–	–	7	111
Tönning	11	259	3	26 1/2	14	285 1/2
Eiderstedt und						
Pellworm	–	–	8	21 1/2	8	21 1/2
Langeness	2	27 1/2	1	9	3	36 1/2
Nordmarsch	2	126 1/2	–	–	2	126 1/2
Zwischensumme	32	755	20	101	52	856
Westküste Holsteins						
Rendsburg	?	?	?	?	?	?
Zwischensumme	?	?	?	?	?	?
Unterelbe						
Itzehoe	–	–	30	220	30	220
Glückstadt	17	1 144	1	9 1/2	18	1 153 1/2
Altona	155	11 447 1/2	?	?	155	11 447 1/2
Herrschaft						
Pinneberg	–	–	265	Ewer	265	?
Uetersen	–	–	32	99	32	99
Klostersande	–	–	65	235	65	235
Vormstegen	–	–	35	124	35	124
Wisch	–	–	12	43 1/2	12	43 1/2
Wewelfleth	–	–	8	54	8	54
St. Margarethen	1	10	17	78 1/2	18	88 1/2
Zwischensumme	173	12 601 1/2	465	863 1/2	638	13 465
Summe	598	32 339 1/2	604	1 766	1 202	34 105 1/2

Quelle: RAK, Komm. Koll., Handels- og Konsulatsfaget, Forestillingsprotokol 1806, Nr. 8

Anmerkung: 1803 liegen keine Angaben aus Marstall, Kappeln, Arnis und Rendsburg vor. 1807 liegen Angaben für Marstall, Kappeln und Rendsburg vor, nicht für Arnis. Sie lauten (tabellarisch geordnet wie oben):

Marstall	61	1 013 1/2	88	646 1/2	149	1 660
Kappeln	11	159	28	192 1/2	39	351
Rendsburg	1	14 1/2	5	19	6	33 1/2

Quelle: RAK, Komm. Koll., Handels- og Konsulatsfaget, Originale Forestillinger ang. den danske Handels og Skibsfarts Tilstand 1803 – 1805 med Bilage af Tabeller m. v. 1803 – 1807 (1811)

Wie verteilte sich der Schiffsbestand der Herzogtümer Schleswig und Holstein im Jahre 1803, dem Jahr der Schiffbauerhebung, auf die einzelnen Hafenplätze? Tabelle 2 läßt deutlich erkennen, daß Flensburg an der Ostsee und Altona an der Unterelbe bzw. Nordsee die größten Flotten besaßen. Mit erheblichem Abstand folgten an der Ostsee Apenrade und Sonderburg, an der Elbe Glückstadt. Wiederum weit hinter diesen rangierten Kiel und Eckernförde an der Ostsee sowie Tönning und Husum an der Nordsee. In allen genannten Häfen dominierte das große seegängige Frachtschiff von 30 bis 120 Kommerzlasten (KL)[15] Tragfähigkeit. Demgegenüber waren die Flotten in Ärösköping und Marstall auf der Insel Ärö sowie in Kappeln an der Schlei von einem Schiffstyp geprägt, der nur zwischen 7 und 15 KL maß und vorwiegend die Frachtfahrt an der Ostseeküste sowie zu den dänischen Inseln und nach Kopenhagen wahrnahm. In diese Gruppe gehören auch die kleinen Flotten der Ostseehäfen Hadersleben und Heiligenhafen. Noch kleinere Schiffe bevölkerten die Hafenplätze an der Unterelbe und ihren Nebenflüssen, während an der Nordseeküste und auf den nordfriesischen Inseln sowohl kleine als auch mittlere Schiffsgrößen anzutreffen waren.

Verfolgen wir die Entwicklung der Flotten der einzelnen Hafenplätze während des Zeitraums 1777 bis 1815, so zeigt sich, daß nur die beiden größten, Flensburg und vor allem Altona, die konjunkturellen Auf- und Abschwünge voll mitmachten, während die kleineren Flotten, die gleichfalls am Fernhandel teilnahmen, weniger stark reagierten, und solche Flotten, die vorwiegend inländische Fahrt trieben, von den wirtschaftlichen Wechsellagen am wenigsten berührt wurden (Tab. 3).

Tab. 3: Die Flotten ausgewählter Häfen 1777 – 1815

Hafen	Tragfähigkeit der Schiffe (Kommerzlasten)							
	1777	1781	1783	1788	1791	1803	1806	1815
Flensburg	3 986	5 988	7 047	8 102 1/2	8 327 1/2	14 136 1/2	15 456	7 408
Altona	3 996	7 396	14 209	8 296 1/2	7 895	11 447 1/2	12 456 1/2	4 303 1/2
Apenrade	2 446	2 461 1/2	2 148	2 637 1/2	2 523 1/2	2 153	2 106 1/2	1 152 1/2
Sonderburg	1 753	1 815	1 784	1 716 1/2	1 807	1 685	2 497	1 221 1/2
Glückstadt	207 1/2	572	1 139	1 019	1 257	1 153 1/2	2 156 1/2	1 593
Kiel	216	214	214	560 1/2	636	398	887 1/2	938
Eckernförde	295	396 1/2	456	596	540 1/2	268	457	305 1/2
Tönning	163	172 1/2	158	125	148	285 1/2	644	546 1/2
Ärösköping	402 1/2	549	714 1/2	851 1/2	839	656 1/2	840	556 1/2
Kappeln	311	316	280	494	760 1/2	?	823 1/2	617 1/2

Quellen und Anmerkung: Wie Tab. 1

15 Kommerzlast (Commerzlast) = Maß für die Tragfähigkeit von Schiffen. 1 KL (CL) = ca. 2 500 kg. – Das Messen und Berechnen wurde nicht überall und immer gleichartig gehandhabt. Siehe dazu Anders Monrad Møller: Skibsmålingen i Danmark 1632-1867. In: Handels- og Søfartsmuseet på Kronborg, Årbog, 1974, S. 16-47.

144

4. DER SCHIFFBAU UM 1800

Nach diesem Überblick über den Schiffsbestand und die Schiffahrt um 1800 folgt nun die Darstellung der schleswig-holsteinischen Schiffbautätigkeit auf der Grundlage der in Abschnitt 2 vorgestellten Quelle. Aus praktischen Gründen ist die Beschreibung der einzelnen Hafenplätze nicht an den Anfang, sondern an den Schluß gestellt (s. Anhang). Aus diesen Einzeldarstellungen lassen sich die nachfolgenden allgemeinen Erkenntnisse gewinnen (Abschnitt 4.1 bis 4.4).

4.1 Schiffbauproduktion, Schiffbauregionen, Rangfolge der Schiffbaustandorte

Das Ökonomie- und Kommerzkollegium hatte insgesamt zwanzig Hafenorte in den Herzogtümern Schleswig und Holstein aufgefordert, über den örtlichen Schiffbau zu berichten. Vermutlich ging die Aufforderung an diejenigen Hafenplätze, die dem Kollegium oder der Statthalterschaft – vielleicht aufgrund der jährlichen Verzeichnisse des Schiffsbestandes – als Plätze von einiger Bedeutung bekannt waren. Von den zwanzig angeschriebenen Orten meldeten fünf, daß dort kein Schiffbau getrieben werde, während fünfzehn Orte der Standort eines oder mehrerer Schiffbaubetriebe waren. Die Berichte dieser Hafenplätze lassen insgesamt 37 Schiffbaubetriebe oder Schiffbaumeister erkennen (Tab. 4).

Untergliedert man die Herzogtümer politisch in die beiden Landesteile Schleswig und Holstein sowie geographisch in die Ostseeküste, die Nordseeküste und die Elbe, so ergeben sich fünf Regionen ganz unterschiedlicher Schiffbauintensität. Die Hälfte aller Schiffbaustandorte lag an der Ostseeküste Schleswigs; an ihnen schuf während des fünfjährigen Berichtszeitraums ebenfalls die Hälfte der Werftbetriebe der Herzogtümer zwei Drittel der Schiffsneubauten, die zusammen sogar drei Viertel der Neubautonnage Schleswig-Holsteins ausmachten (Tab. 4). Mit Abstand der bedeutendste Werftstandort in der Region Ostschleswig und in den Herzogtümern überhaupt war Flensburg. Auf Platz zwei folgte in der Region und im Lande Eckernförde. In Flensburg (4 Werften) und in Eckernförde (3 Werften) wurde hauptsächlich Großschiffbau getrieben, ebenso in Sonderburg (3 Werften) und Apenrade (1 Werft). Die vier Städte lagen an Förden der Ostsee, die einen Tiefgang hatten, der noch den Ansprüchen heutiger Seeschiffe genügt. Demgegenüber war an den drei anderen Standorten Ostschleswigs – Arnis, Kappeln und Marstall – der Bau der kleinen Frachtsegler der westlichen Ostsee beheimatet (Tab. 4).

Die Ostküste Holsteins würde in einer gedachten Rangfolge der fünf Schiffbauregionen nur den dritten Platz einnehmen, und auch dieses nur, weil Kiel an der Kieler Förde mit 7 Schiffbaubetrieben nach Flensburg und Eckernförde die meiste Neubautonnage an der Ostseeküste produzierte (Tab. 4). In Neustadt gab es nur 1 Werft[15a].

15a In Lübeck wurden nach Baasch in den fünf Jahren 1798-1802 insgesamt 10 Schiffe von zusammen 711 KL Tragfähigkeit gebaut. In der Rangfolge der Schiffbauorte an der holsteinischen Ostseeküste würde Lübeck damit nach Kiel auf Platz zwei liegen, unter sämtlichen Werftorten der schleswig-holsteinischen Ostseeküste auf Platz fünf. – Ernst Baasch: Beiträge zur Geschichte des deutschen Seeschiffbaues und der Schiffbaupolitik, Hamburg 1899, S. 48 und 62.

Tab. 4: Der Schiffbau 1803 nach Standorten

| Region | Betrieb | Neubauten in den letzten fünf Jahren | |
Bauort	/Meister	Schiffe	KL
Ostküste Schleswigs			
Apenrade	1	6	374
Sonderburg	3	14	789
Marstall	4	9	130 1/2
Flensburg	4	75	5 748 1/2
Kappeln	1	7	120
Arnis	2	13	357
Eckernförde	3	22	1 882 1/2
Zwischensumme	18	146	9 401 1/2
Ostküste Holsteins			
Kiel	7	30	1 059
Neustadt	1	2	107
Zwischensumme	8	32	1 166
Westküste Schleswigs			
Husum	1	4	24 1/2
Tönning	1	1	18 1/2
Friedrichstadt	2	–	–
Zwischensumme	4	5	43
Unterelbe			
Itzehoe	1	12	258 1/2
Glückstadt	2	12	139
Altona	4	12	1 302 1/2
Zwischensumme	7	36	1 700
Summe	37	219	12 310 1/2

Die zweitwichtigste Schiffbauregion war der Unterelberaum mit dem Schwerpunkt Altona (4 Werftbetriebe) und kleineren Standorten in Glückstadt (2 Werften) und Itzehoe (1 Werft).

An der Westküste Schleswigs trat der Schiffsneubau in Husum (1 Werft), Tönning (1 Werft) und Friedrichstadt (2 Werften) stark hinter dem Reparaturgeschäft zurück. An der Westküste Holsteins befand sich, wenigstens nach der Umfrage von 1803, überhaupt kein Schiffbaubetrieb.

Wenn man die 1798-1802 bzw. 1799-1803 an den einzelnen Hafenplätzen produzierten Schiffsneubauten (Tab. 4) mit der Flotte vergleicht, die 1803 in diesen Häfen beheimatet war (Tab. 2), ergibt sich eine relative Rangfolge, die von Eckernförde und Kiel angeführt wird. Die Neubautonnage Eckernfördes übertraf das Volumen der dortigen Flotte um das Siebenfache, diejenige Kiels die Tonnage der Kieler Flotte nahezu um das Dreifache. Dieses Zahlenverhältnis deutet schon darauf hin, daß an beiden Orten für auswärtige Auftraggeber, möglicherweise auch „auf Spekulation" im Sinne der Frage 6 des Fragenkatalogs der Zentralbehörde gebaut wurde. Flensburgs und Sonderburgs Neubauvolumen erreichte beinahe die halbe Tonnagezahl der dort beheimateten Flotten.

Es ist anzunehmen, daß das Ökonomie- und Kommerzkollegium durch seine Umfrage Informationen über die leistungsfähigsten Schiffbauplätze, vielleicht über sämtliche Orte erlangen wollte, an denen Seeschiffe gebaut wurden. Bloße Reparaturwerften waren jedenfalls nicht gemeint. Es kann jedoch nicht ausgeschlossen werden, daß auch mehrere kleine Orte, an denen Schiffe oder wenigstens Boote gebaut wurden, unberücksichtigt blieben. – Im Jahre 1807 sandte der Kieler Professor August Niemann, der ein forstwirtschaftliches Handbuch ausarbeitete, ein Rundschreiben an die Lokalbehörden in Schleswig-Holstein und fragte nach den dort vorhandenen Schiffbauaktivitäten[16]. In seinem 1809 veröffentlichten Buch erwähnt er außer den bedeutenden Orten, die uns schon durch die Umfrage des Kommerzkollegiums bekannt sind, eine Anzahl ländlicher Schiffbauplätze an der Flensburger Förde (Steinberghaf, Eckersund, Stranderoth, Randeshöft, Insel Oxenoe), an der Küste Ostholsteins (Howacht, Sehlendorf), an der Elbe und ihren Nebenflüssen sowie an der Eider: „An der Stör einer, von keiner Bedeutung; am Rhin einer, wo Schalupen und kleine Ever gebaut werden; zu Elmshorn zwei; zu Uetersen einer; einer zu Haselau, zwei in Schulau; einer in Wittenbergen und zwei zu Teufelsbrück. Auf allen diesen Plätzen werden fast nur Ever gebaut. – Mehrere solcher kleinen Schiffbauereien sind auch an der nördlichen Westseite, besonders an der Eider, im Gute Hannerau, in Dithmarschen zu Schülp und Delve, im Amte Rendsburg zu Nübbel, Borgstedt, Breiholz, Klint, Westerrönnfeld und in der Stadt Rendsburg; im Amte Hütten zu Hohenholm, Königshügel, Hamendorf"[17]. Da Niemann seine Umfrage vier Jahre nach der des Kommerzkollegiums durchführte und da er neben diesen aktuellen Informationen auch ältere Nachrichten und Veröffentlichungen verarbeitet hat, ist nicht sicher, ob alle von ihm genannten Plätze um 1800 in Betrieb waren. Die Erwähnung Rendsburgs widerspricht jedenfalls der Antwort der Stadt Rendsburg im Rahmen der Umfrage von 1803. Nach Klems Angaben war der Schiffsneubau um 1800 nur in Steinberghaff und Ekensund von Bedeutung[18]. – Andere Werften könnten gewöhnlich Reparaturen und nur ausnahmsweise einen Neubau ausgeführt haben. Dieses scheint um 1800 in der Stadt Ärösköping auf Ärö der Fall gewesen zu sein. Das dortige Stadt- und Landgericht berichtete 1804 dem Kommerzkollegium, daß –

16 Niemanns Rundschreiben ist erhalten im Stadtarchiv Burg auf Fehmarn, VI, 12.
17 August Niemann: Forststatistik der dänischen Staaten, Altona 1809, S. 356-371 und 656-664.
18 Klem, Bd. 2, S. 206-207.

im Gegensatz zum benachbarten Marstall – in Äräsköping während der letzten fünf Jahre kein neues Schiff gebaut worden sei. Diese Auskunft schloß nicht aus, daß dort eine Werft existierte. Niemann und Klem rechnen Äräsköping jedenfalls zu den Werftstandorten und sprechen von gelegentlichen Neubauten[19]. – Auf wieder anderen Werften dürften regelmäßig oder auch nur zeitweilig, nämlich bei Bedarf, Reparaturarbeiten ausgeführt, indes grundsätzlich kein neues Schiff gebaut worden sein.

In den Berichten an das Ökonomie- und Kommerzkollegium finden sich nur beiläufig Hinweise auf die Reparatur oder den Umbau alter Schiffe, weil hiernach nicht gefragt war. Neustadt teilte mit, daß neben den Neubauten einige Schiffe verlängert, andere neu verzimmert worden sind. Der Tönninger Werftbesitzer schrieb am 17.5.1803, daß zwei Schiffe neu verzimmert wurden, die in der Eider auf Grund geraten waren, und daß im Jahre 1803, über das eigentlich nicht zu berichten war, schon an sechs Schiffen ähnliche Schäden auszubessern waren. Die beiden Friedrichstädter Schiffszimmermeister haben mit ihren Arbeitern während der fünfjährigen Berichtszeit überhaupt keinen Neubau, demnach ausschließlich Reparaturarbeiten ausgeführt. Die vier Altonaer Schiffbaumeister gaben trotz ihrer ansehnlichen Neubauleistung zu Protokoll, „daß ihr Betrieb weit mehr in Reparatur alter als Erbauung neuer Schiffe bestehe". Generell kann angenommen werden, daß die meisten Neubauwerften Schleswig-Holsteins im Reparieren und Warten, gelegentlich auch Umbauen von Schiffen ihre Grundauslastung besaßen.

Die Form oder der Typ der neu gebauten Schiffe hing von ihrer Zweckbestimmung, aber auch von den jeweiligen Gewässerbedingungen ab. Unter den großen Seeschiffen herrschten um 1800 die Galeasse, die Brigantine und die Fregatte vor, unter den kleineren Seeschiffen eindeutig die Jacht. Demgegenüber waren in den Flachwassergebieten der Nordseeküste und Unterelbe Ewer und Prahm besonders verbreitet. Ausführliche Angaben über die Schiffstypen finden sich im Anhang.

Daß der Schiffbau auch dem technischen Wandel unterlag, der seinerseits von wirtschaftlichen Gesichtspunkten beeinflußt wurde, hat O. Ventegodt kürzlich am Beispiel Flensburgs gezeigt. Um 1750 bestand Flensburgs Handelsflotte überwiegend aus bauchigen, flachbodigen Schiffen (z.B. Galeote), um 1800 dagegen aus schlank gebauten mit größerem Tiefgang (z.B. Galeasse). Die „flachgehenden" Schiffe konnten mehr laden, die „scharfgehenden" segelten stattdessen sicherer und schneller[20].

4.2 Schiffbau auf Bestellung oder eigene Rechnung

Mit seiner Frage 6 wollte das Ökonomie- und Kommerzkollegium von den Lokalbehörden erfahren, „ob dort alleine auf Bestellungen im Lande oder auch auf Spekulation zum Verkauf an Fremde gebaut wird". Die Frage war unpräzise

19 Niemann, S. 358. – Klem, Bd. 2, S. 178. – Zu dem gleichen Ergebnis kommt Liselotte Mygh: Ærøskøbings maritime milieu omkring år 1800. In: Arbog, Handels- og Søfartsmuseet på Kronborg, 1978, S. 47-73; hier S. 59 und 71, Anm. 20.
20 Ole Ventegodt: Tausend Schiffe aus Flensburg. In: Flensburg 700 Jahre Stadt, Bd. 1, Flensburg 1984, S. 230-256.

gestellt, weil sie nur zwischen zwei und nicht den denkbaren vier Möglichkeiten unterschied: Bau auf Bestellung oder auf eigene Rechnung („Spekulation"); Wohnsitz des Käufers im Inland („im Lande") oder Ausland („Fremde")[21]. Dementsprechend unklar fielen die meisten Antworten aus. Dennoch läßt sich ihnen entnehmen, daß im ganzen gesehen die kleinen Schiffbaubetriebe nur auf Bestellung neue Schiffe bauten (Marstall, Neustadt, Husum, Tönning, Friedrichstadt, Itzehoe), die mittleren und großen Betriebe aber sowohl auf Bestellung als auch auf eigene Rechnung produzierten (Apenrade, Sonderburg, Kappeln, Arnis, Eckernförde, Kiel, Glückstadt, Altona)[22]. Von diesen machten Sonderburg und Kappeln die Einschränkung, daß der Bau auf Bestellung aus dem Inland überwiege. Dagegen läßt sich aus den Berichten Altonas und Glückstadts ablesen, daß dort die Hälfte der Schiffe auf Bestellung gebaut wurde, die andere Hälfte auf eigene Rechnung, um bei Gelegenheit an Interessenten verkauft zu werden. Der hohe Anteil der auf Rechnung der Werfteigner gebauten Schiffe wirft ein Schlaglicht auf die Konjunkturen im Seehandel des dänischen Gesamtstaates um 1800[23].

Auch bei einem hohen Anteil inländischer Bestellungen kamen diese keineswegs nur von Käufern am Ort. Der Verbleib der Neubauten läßt sich dem Bericht Kiels entnehmen: Von dreißig Schiffen blieb ein Drittel in Kiel, ein weiteres Drittel ging an andere Hafenplätze Schleswig-Holsteins, das dritte Drittel wurde in Häfen Norddeutschlands (besonders Lübeck), Dänemarks (besonders Kopenhagen) und Norwegens verkauft.

Da es auch in Dänemark und Norddeutschland leistungsfähige Werften gab, muß man davon ausgehen, daß Bestellungen von dort oder Verkäufe schleswig-holsteinischer Neubauten dorthin im ganzen selten waren. Eine Ausnahme bildete der Verkauf von Altonaer Neubauten nach Hamburg. – Eine andere Sache ist, daß Schiffe, die in Schleswig-Holstein gebaut worden waren, durch Wiederverkauf nach Jahren oder Jahrzehnten an andere, z.T. weit entfernte Hafenplätze gelangten. Der Anteil schleswig-holsteinischer Schiffe am Gesamtbestand auswärtiger Flotten spiegelt in diesem Sinne die Verkehrsbeziehungen wider, die zwischen den schleswig-

21 Wegen der politischen Zugehörigkeit der Herzogtümer galten Dänemark und Norwegen als Inland, Hamburg, Lübeck oder Bremen als Ausland.

22 Flensburg bleibt hier deshalb außerhalb der Betrachtung, weil die Beantwortung der Frage 6 möglicherweise falsch ist. Die Aussage des Flensburger Waage- und Brückenmeisters O. F. Owesen „Auf Speculation oder für fremde Rechnung sind hier keine Schiffe gebaut" paßt nicht zum größten Schiffbauort der Herzogtümer. Vielleicht hat Owesen seinen Bericht allein auf die Flensburger Handelsflotte gegründet und von den vier Schiffbaubetrieben gar nicht die in den letzten fünf Jahren nach auswärts verkauften Schiffe erfragt. In diesem Fall würden auch die Angaben über die Gesamtproduktion (Tab. 4 und Anhang) zu niedrig sein.

23 Der Schiffszimmermeister Michael Voigt (Borby) baute von November 1802 bis Juni 1803 in Eckernförde im Auftrage des Herrn Johann Detlef Kruse (Eckernförde) für Rechnung des Herrn Christian August Thamsen (Kiel) eine Brigantine, die den bezeichnenden Schiffsnamen „Der Speculant" erhielt (Bielbrief im Stadtarchiv Eckernförde, Abt. VI C, Nr. 6).

Tab. 5: Schiffe der Kopenhagener Handelsflotte, die in Schleswig-Holstein gebaut
wurden (Stand 1803)

Bauort	Schiffe insgesamt		Schiffe erworben im Jahr der Fertigstellung	
	Zahl	KL	Zahl	KL
Apenrade	6	439 1/2	2	116
Sonderburg	11	550 1/2	3	169 1/2
Ärö	1	34	1	34
Flensburg	26	1 173 1/2	2	100 1/2
Kappeln	1	49	1	49
Arnis	2	104 1/2	–	–
Eckernförde	13	815 1/2	3	231
Kiel	3	142 1/2	1	47
Itzehoe	1	24	–	–
Altona	1	56	–	–
Holstein (ohne nähere Angaben)	9	319	–	–
Summe	74	3 708	13	747

Quelle: Wie Anm. 25

holsteinischen und auswärtigen Häfen bestanden haben. Als Beispiel sei Kopenhagen
betrachtet.

Die Handelsflotte Kopenhagens zählte am Schluß des Jahres 1803 312 Schiffe von
zusammen 20 260 1/2 Kommerzlast (KL) Tragfähigkeit[24]. Im Laufe des Jahres waren
36 Schiffe abgegangen (21 Verkäufe, 2 Beschlagnahmungen im Ausland, 13 Ver-
luste), dafür durch Ankauf oder Neubau 37 Schiffe hinzugekommen. Von den 312
Schiffen waren 74 (23,7%) mit einer Kapazität von 3 708 KL (18,3%) ursprünglich in
Schleswig-Holstein gebaut. Die meisten dieser Schiffe waren nicht mehr neu, als
Kopenhagener Reeder sie erwarben. Nur 13 (747 KL) der insgesamt 74 Schiffe
gelangten bereits im Jahr ihrer Fertigstellung nach Kopenhagen; von ihnen waren 11
Schiffe (650 KL) in den Jahren 1798 bis 1802 gebaut, die anderen älter. Wieviele
Schiffe auf ausdrückliche Kopenhagener Bestellung geliefert wurden, läßt sich aus
der Quelle, der Schiffsliste Kopenhagens, nicht erkennen. – Kommen in der Gesamt-
zahl von 74 Schiffsbauten schon die Beziehungen zwischen den Herzogtümern und
der Hauptstadt und größten Handelsstadt des Reiches zum Ausdruck, so werden

24 Nicht mitgerechnet sind die 11 Schiffe der „Asiatischen Compagnie" von zusammen 2 930
   1/2 KL.

diese noch deutlicher, wenn man die Bauorte einzeln betrachtet. Die meisten Schiffe waren in Flensburg gebaut worden, es folgten dem Range nach Eckernförde, Sonderburg und Apenrade (Tab. 5)[25].

Bewertet man die 13 Schiffe gesondert, die bereits im Jahr der Fertigstellung nach Kopenhagen gelangt sind und von denen wenigstens ein Teil von dortigen Reedern in Auftrag gegeben sein dürfte, so lautet die Rangfolge anders, nämlich: Eckernförde, Sonderburg, Apenrade, Flensburg (Tab 5). Diese Feststellung scheint die Antworten der genannten Städte auf die Frage 6 der Schiffbauerhebung zu bestätigen; die Werften in Eckernförde, Sonderburg und Apenrade nahmen mehr auswärtige Aufträge an als die Flensburger Werften[26].

4.3 Unternehmer und Beschäftigte

Mit der Frage 4 wollte das Ökonomie- und Kommerzkollegium etwas über die Fähigkeiten der Schiffbaumeister erfahren. Ob diese „nach eigener Erfindung" oder „nach Zeichnungen" bauen konnten, soll hier allerdings nicht eingehender behandelt werden; der interessierte Leser sei auf den Anhang verwiesen. Aus den Antworten auf diese Frage läßt sich jedoch auch etwas über die Unternehmensform der Schiffbaubetriebe ersehen.

In der bisherigen Darstellung ist nicht zwischen Schiffbaumeister, Schiffszimmermeister und Werftbesitzer unterschieden worden. Allgemein galt die Regel, daß der Inhaber eines Schiffbaubetriebes ein fachkundiger Handwerksmeister war, ein Schiffszimmermeister oder Schiffbaumeister. An den schleswig-holsteinischen Hafenplätzen überwog um 1800 diese Unternehmensform des selbständigen Schiffbauers deutlich. Daneben gab es einige Fälle, in denen ein unternehmender Kaufmann oder Reeder eine Werft übernommen oder neu angelegt hatte und auf seine Rechnung betrieb. Er übertrug die technische Leitung einem Schiffszimmermeister. Die größte Kieler Werft hatte diese „moderne" Unternehmensform (Eigner: Kaufmann Jacob Arend Diederichsen), in Eckernförde scheint sie einmal vertreten gewesen zu sein (Kaufmann Anton Christian Grage), in Tönning hatte sie erst kürzlich einen traditionellen Kleinbetrieb abgelöst (Kaufmann Joachim Lexow). Auch die zweite Werft in Glückstadt besaß diese Betriebsform, allerdings ist dort über den Hauptberuf der Unternehmer nichts gesagt (Gebrüder Schröder). Weitere Fälle sind nicht auszuschließen, aus der Quelle aber nicht ersichtlich.

Die Zahl der Beschäftigten richtete sich nach der Auftragslage oder sonstigen Auslastung des Betriebes. Sie konnte konjunkturbedingt schwanken, im Reparaturbereich aber auch jahreszeitlich. Die Antworten auf die Frage 3 des Kommerzkolle-

---

25 RAK, Komm. Koll., Handels- og Konsulatsfaget, Fortegnelser over de i København hjemmehørende Skibe og Fartøjer 1797-1815. – Zu einem ähnlichen Ergebnis kommt F. S. Grove-Stephensen: den københavnske skibsfart og Slesvig-Holsten 1786-1830. In: Sønderjysk Månedsskrift, 54, (1978), S. 358-366. Grove-Stephensen hat die Protokolle des Kopenhagener Schiffergelags ausgewertet und schleswig-holsteinische Bauorte in folgender Rangfolge ermittelt: Flensburg, Apenrade, Sonderburg, Eckernförde, Arnis und Kappeln.
26 Ebenda.

giums nach der Zahl der „festen Arbeiter" weisen durchgehend auf die starken Schwankungen hin und stellen im übrigen richtig, daß es – außer den Lehrlingen – im Schiffbau grundsätzlich keine fest angestellten, sondern nur auf der Grundlage des sog. Tagelohns beschäftigte Arbeiter gab. Betreiber kleiner Werften mit ungleichmäßiger Auftragslage „mieten die erforderlichen Arbeiter, sobald sie den Bau eines Schiffes übernehmen, und entlassen sie, wenn der Bau vollendet ist" (Marstall). Große Schiffbaubetriebe verfuhren grundsätzlich nicht anders: „Kein Schiffbauer hat eine feste und bestimmte Zahl Arbeiter, sondern er richtet sich damit nach seiner Arbeit. Übrigens sind in Altona überhaupt ca. 200 bis 300 Schiffszimmergesellen. Oft werden sie bei weitem nicht alle gebraucht; oft ist ihre Zahl auch bei weitem nicht hinreichend, da sodann Arbeiter vom Hamburgischen und Hannöverischen zugenommen werden" (Altona). Periodische Arbeitslosigkeit war demnach üblich. Eckernförde berichtete, daß die Schiffszimmergesellen „von dem Meister jede acht Tage respektive ihren Abschied erhalten oder nehmen können".

Die meisten Beschäftigten waren Schiffszimmerleute. Die in andere Sparten fallenden Arbeiten (Tischler, Schmied, Schlosser, Drechsler, Reepschläger, gegebenenfalls auch Kupferschmied, Maler, Glaser, Bildhauer) konnten an ortsansässige Handwerksbetriebe vergeben, auf großen Werften aber auch durch angestellte Fachkräfte ausgeführt werden, weil der Schiffbau ein sogenanntes freies Gewerbe war und nicht dem Zunftzwang unterlag.

4.4 Herkunft des Baumaterials

Hinter der Frage 2 des Ökonomie- und Kommerzkollegiums nach der Menge der verbrauchten in- und ausländischen Baumaterialien stand vermutlich das Interesse der Regierung an der ausgeglichenen Handelsbilanz. Mit der Angabe genauer Mengen und Preise waren die Berichterstatter aber offensichtlich überfordert. Was bleibt, sind allgemeine, dennoch aufschlußreiche Aussagen über die Art und die Herkunft des zum Schiffbau benötigten Materials.

Der Rumpf des Schiffes oder der eigentliche „Schiffskörper" (Sonderburg) wurde überall aus einheimischem Eichenholz gebaut, lediglich der Kiel der größeren Schiffe aus Buchenholz. Niemann ergänzt, daß die Flensburger Werften das Eichenholz aus Angeln und von den adeligen Gütern in Schwansen, im Dänischen Wohld und um Kiel bezogen, die Sonderburger Werften aus Angeln und der Gegend am Kanal, die Schiffbauer in Arnis und Kappeln von den benachbarten Gütern Krieseby, Bienebek, Olpenitz und besonders Rundhof und Roest, die Eckernförder Schiffbauer ebenfalls von den nahen Gütern in Schwansen und im Dänischen Wohld, Neustadt von den Gütern aus der Umgebung, Glückstadt teilweise aus der Gegend um Itzehoe, aus dem Amt Bordesholm und von Gütern Ostholsteins, überwiegend aber aus Hamburg[27]. Die Altonaer Werftbesitzer berichteten, daß sie sich in Hamburg versorgten, „wo die Niederlagen von Preußischen und Hannöverischen Holz sich befinden".

27 Niemann, S. 358-366.

Kam das Eichenholz fast ausnahmslos aus Schleswig-Holstein, mußte das Föhren-holz eingeführt werden. Es wurde für die Decksplanken, die Schotten, für Masten, Bugspriet und die übrigen Rundhölzer verwendet, in Itzehoe und Glückstadt auch für den Boden der kleinen Schiffe. Es stammte aus dem Ostseeraum, als engere Her-kunftsgebiete werden Pommern, Schweden und Riga genannt.

Überwiegend aus den Ländern um die Ostsee kamen auch die übrigen Materialien: aus Preußen und Rußland Segeltuch und Hanf für das Tauwerk, aus Schweden und Norwegen Eisen, Teer und Pech. Lediglich Husum und Eckernförde erwähnten, daß sie Segeltuch und Hanf nicht nur aus dem Ostseeraum, sondern auch aus Holland bezogen.

Zum Wert der Materialien, die für den Bau eines Schiffes benötigt wurden, machten nur wenige Orte Angaben. Danach übertraf der Wert der aus dem Ausland eingeführten Waren den des einheimischen Holzes deutlich.

Die Frage 5 des Kommerzkollegiums nach den durchschnittlichen Gesamtkosten für den Bau eines Schiffes ist verhältnismäßig allgemein oder gar nicht beantwortet worden. Wahrscheinlich waren die meisten Berichterstatter mit dieser Frage überfor-dert. Hier kann noch einmal auf Niemann verwiesen werden, der detaillierte Kosten-berechnungen aus Flensburg und Kiel erlangt und veröffentlicht hat[28].

Die Berichte aus Husum und Glückstadt brachten in diesem Zusammenhang zum Ausdruck, daß wegen der Waldarmut im westlichen Schleswig-Holstein der Schiffbau dort mit höheren Materialkosten produzierte als in den Häfen der Ostseeküste. Da der Transportweg der aus dem Ostseeraum eingeführten Baumaterialien an die Nordseeküste oder Unterelbe weiter war und teilweise ein zusätzlicher Umschlag und Landtransport – z. B. über Flensburg nach Husum – notwendig wurde, mußte auch dieser Kostenfaktor höher ausfallen. Unterschiedliche Standortbedingungen solcher Art erklären teilweise, warum sich der schleswig-holsteinische Schiffbau an der Ostseeküste zwischen Apenrade und Kiel konzentrierte. Wesentlicher dürfte aber die stärkere Nachfrage am Ort und in der Region gewesen sein, die von den ansehnlichen Flotten der Ostseehäfen ausging und in den gewachsenen Handelsbeziehungen der dortigen Schiffseigner mit dem Ostseeraum und darüber hinaus begründet war. Im übrigen Schleswig-Holstein war ein vergleichbarer Impuls sonst nur in Altona wirksam.

28 Niemann, S. 658-664.

ANHANG:

DER SCHIFFBAU AN DEN EINZELNEN HAFENPLÄTZEN

Zur Entlastung der vorhergehenden Abschnitte, deren Aufgabe die Zusammenschau, die Gesamtdarstellung des schleswig-holsteinischen Schiffbaus um 1800 war, folgt hier die quellenmäßige Grundlage: die Darstellung der Schiffbautätigkeit an den einzelnen Hafenplätzen. Von Norden nach Süden vorgehend, werden die Schiffbauplätze der Ostseeküste, ihres Hinterlandes und der vorgelagerten Inseln beschrieben, danach in der gleichen Abfolge die der Nordseeküste und Unterelbe. Die jeweilige Ortsbeschreibung hält sich an die sechs Fragen, die durch das Erhebungsschema des Ökonomie- und Kommerzkollegiums von 1803 vorgegeben waren, und gibt die wesentlichen Aussagen der Lokalbehörden inhaltsgetreu wieder[29].

1. Schiffsneubauten 1798-1802 (bzw. 1799-1803[30]):
   Anzahl, Schiffstyp, Größe in Kommerzlasten (KL)
2. Menge des in- und ausländischen Baumaterials
3. Anzahl der festen Arbeiter
4. Fähigkeiten des Schiffbaumeisters
5. Durchschnittliche Baukosten in Reichstalern (Rtlr.)
6. Schiffbau auf Bestellung oder eigene Rechnung („Spekulation")

Hadersleben   Bericht vom 15.1.1804

Hier gibt es keine Schiffbauereien.

Apenrade   7.12.1803

1. 1798: 1 Galliatze (30 KL)
   1799: 1 Bark-Schiff (58 KL), 1 dreimastiges Schiff (104 1/2 KL)
   1800: 1 Schiff (63 KL)
   1801: 1 Brig-Schiff (42 1/2 KL)
   1802: 1 Bark-Schiff (76 KL)
2. Alle diese Schiffe sind von inländischem Eichenholz gebaut, nur die Decksplanken sind von ausländischem Föhren- oder Tannenholz.
3. Das kann unmöglich bestimmt werden. Teils hängt dies von der Menge der Arbeit, teils von der Jahreszeit ab. Denn ein Teil der gewöhnlichen Arbeiter auf den Schiffswerften sind Seefahrende, die nur, wenn sie zu Hause sind und auf der See nichts verdienen können, als Zimmerleute arbeiten.
4. Es ist hieselbst ein Konstrukteur oder Schiffsbaumeister namens Erich Paulsen, der nach allen Arten von Zeichnungen baut und bauen kann, ein in seinem Fache sehr geschickter und tätiger Mann.
5. –
6. Der hiesige Schiffsbaumeister E. Paulsen baut sowohl auf Bestellung wie auch auf Spekulation.

---

29 Die Quelle ist auf S. 139-140 beschrieben.
30 Die unterschiedliche Berichtszeit ist auf S. 140 erklärt.

Sonderburg

1. 1798: 3 Brigantinen (60, 50, 70 KL)
   1799: 1 Barkschiff (100 KL), 2 Brigantinen (86, 72 KL)
   1800: 1 Galliasse (42 KL), 1 Brigantine (78 KL), 1 Fährschmake (17 KL)
   1801: 2 Brigantinen (80, 46 KL), 1 Jagd (19 KL)
   1802: 1 Galliasse (44 KL), 1 Jagd (25 KL)
2. Schiffskörper stets aus inländischem Eichenholz, jedoch Kiel von inländischem Buchenholz und Verdeck von ausländischem Föhrenholz. Zu Masten, Bugspriet und Rundhölzern Föhrenholz, das, wie auch Segeltuch und Hanf zum Tauwerk, aus den fremden Häfen der Ostsee kommt. Die meisten Anker aus Schweden. Eisen und Teer aus Schweden und Norwegen.
3. Die Zahl der Arbeiter auf den Werften richtet sich nach der Anzahl der auf dem Stapel stehenden Schiffe und ist also ganz verschieden. Vor einigen Jahren, da 5 bis 6 Schiffe allhie zur Zeit auf dem Stapel standen, arbeiteten täglich 50 bis 60 Menschen; jetzt, da nur 2 kleine da stehen, täglich nur 13 bis 15.
4. Hier sind 3 Schiffsbaumeister. Thomas Petersen Godt ist selbst Konstrukteur und hat bisher 18 neue Schiffe nach aus Kopenhagen zugesandten Zeichnungen erbaut. Die anderen 2 Schiffsbaumeister bauen nicht nach Zeichnung.
5. –
6. Der Regel nach wird hier auf Bestellung und nur, wenn solche fehlt, auf Spekulation – und dann gewöhnlich klein – gebaut. In bald 20 Jahren hat hier kein Ausländer ein neugebautes Schiff gekauft.

Ärösköping und **Marstall**

30.1.1804

Bei hiesiger Stadt *Ärösköping* sind in den letzten fünf Jahren keine neuen Schiffe erbaut worden, welches auch jetzt nicht der Fall ist.
Dahingegen sind auf den bei *Marstall* befindlichen Schiffsbauplätzen in den letzten fünf Jahren 9 neue Schiffe gebaut worden.
1. 9 Schiffe (21, 19, 18, 17 1/2, 17 1/2, 14, 11, 8, 4 1/2 KL)
2. –
3. Feste Arbeiter sind bei den Schiffswerften nicht angesetzt. Die Konstrukteure mieten die erforderlichen Arbeiter, sobald sie den Bau eines Schiffes übernehmen, und entlassen sie, wenn der Bau vollendet ist.
4. Es befinden sich in Marstall 4 Konstrukteure, die nach eigener Erfindung zu bauen verstehen.
5. –
6. Es wird in Marstall nicht auf Spekulation zum Verkauf an Fremde, sondern allein auf Bestellung im Lande gebaut.

Flensburg

31.5.1803

1. 1798: 14 Brigantinen (69 1/2, 89, 84, 91 1/2, 84, 85, 94 1/2, 82 1/2, 81 1/2, 76, 82 1/2, 83 1/2, 69 1/2, 81 KL), 2 Fregatten (90, 94 KL), 3 Galleassen (50, 72 1/2, 49 KL), 1 Jacht (11 KL)
   1799: 2 Brigantinen (64, 87 1/2 KL), 6 Fregatten (91, 101 1/2, 112, 118, 95 1/2, 93 KL), 6 Galleassen (44, 30 1/2, 52 1/2, 58, 19, 28 1/2 KL), 1 Jacht (7 1/2 KL)
   1800: 6 Brigantinen (66, 72, 84, 91, 51, 90 1/2 KL), 9 Fregatten (90, 74, 123 1/2, 102 1/2, 104 1/2, 118, 97, 103 1/2, 112 KL)

1801: 1 Brigantine (68 1/2 KL), 6 Fregatten (106, 96, 118 1/2, 110 1/2, 120, 104 KL),
    3 Galleassen (30, 35, 61 KL), 1 Jacht (10 KL)

1802: 4 Brigantinen (67, 55, 82, 88 KL), 6 Fregatten (93 1/2, 97, 91 1/2, 97, 97, 82 KL),
    4 Galleassen (36, 24, 24, 52 1/2 KL)

2. Zum Bau der unter Punkt 1 verzeichneten Schiffe an inländischen Materialien ca. 1/5 des
    Werts verbraucht.
3. Bei den Schiffswerften werden teils Bürger, teils in der Nähe wohnende Landleute für
    Tagelohn bedungen und keine festen Arbeiter angesetzt.
4. Die hiesigen 4 Schiffsbaumeister bauen alle nach eigener Erfindung.
5. Die KL der neu gebauten Schiffe von ca. 100 KL steht auf etwa 160 Rtlr. S. H. C. im Preise.
6. Auf Spekulation oder für fremde Rechnung sind hier keine Schiffe gebaut.

Kappeln   25.2.1804

1. 1799: 1 Jagd (11 KL)
    1800: 2 Jagden (12 1/2, 12 KL)
    1801: 1 Galeasse (31 KL)
    1802: 1 Jagd (14 KL)
    1803: 2 Jagden (19, 20 1/2 KL)
2. Alle Schiffe aus Eichenholz, nur die Decksplanken aus Föhrenholz. Zu den 7 Schiffen für
    ca. 4 200 Rtlr. inländische und für ca. 8 400 Rtlr. ausländische Materialien verbraucht.
3. Feste Arbeiter sind bei den Kappelner Schiffswerften nicht angesetzt und nimmt ein jeder,
    der ein Schiff bauen läßt, die Schiffszimmerleute, welche er entweder hier oder in der
    benachbarten Gegend erhalten kann; wobei ich zugleich bemerken muß, daß hier im Orte,
    da der Schiffsbau bis jetzt von keiner Erheblichkeit ist, sich nur 4 Schiffszimmerleute
    befinden.
4. Bei den hiesigen Schiffswerften befindet sich gegenwärtig kein Konstrukteur oder Schiffs-
    baumeister. Jedoch ist hier ein Schiffer mit Namen Peter Schwenzen, der für eigene
    Rechnung und für andere – nicht nach Zeichnungen, sondern nach eigener Erfindung –
    Schiffe erbaut.
5. –
6. Die meisten Schiffe werden zum eigenen Betrieb, jedoch auch einige zum Verkauf an
    Fremde gebaut.

Arnis   20.1.1804

1. 1799: 2 Jagdschiffe (19, 18 KL), 1 zweideckte Brigantine (67 KL)
    1800: 2 Jagdschiffe (10, 14 KL), 1 zweideckte Brigantine (87 KL)
    1801: 3 Jagdschiffe (9 1/2, 18, 8 KL)
    1802: 2 Jagdschiffe (25, 9 1/2 KL)
    1803: 1 Jagdschiff (12 KL), 1 Galeas-Schiff (noch nicht gemessen und gebrannt, ca. 60 KL)
2. Alle Schiffe von Eichenholz, bis auf die Verdecke, die jederzeit von Föhrenholz gelegt
    werden. Das Föhrenholz kommt aus Pommern. Das Eisenwerk sind nordische Produkte.
    Segeltuch und Hanf sind preußische Produkte.
3. Die Zahl der Arbeiter richtet sich nach der Größe der im Bau befindlichen Schiffe: bei
    großen Schiffen etwa 16 bis 18, bei kleinen 8 bis 12 Mann.
4. Es befindet sich bei hiesigen Werften ein Baumeister, der nach Zeichnung zu bauen
    versteht, und ein anderer, welcher nach eigener Erfindung baut.
5. –
6. Es wird hieselbst teils zum eigenen Gebrauch, teils auf Bestellungen im Lande und teils auf
    Spekulation zum Verkauf an Fremde gebaut.

Schleswig 24.2.1804

Hier wird überhaupt kein Schiffbau betrieben. In Kappeln und Arnis sind seit dreißig und mehr Jahren alle Schiffe, welche den Stadteinwohnern gehören, gebaut und gekauft worden.

Eckernförde 3.6.1803

1. 1798: 2 zweideckte Brigantinen (182 1/2, 93 KL), 1 zweideckte Fregatte (119 1/2 KL), 1 Barck (121 KL)
   1799: 2 Fregatten (125, 131 1/2 KL), 2 Brick-Schiffe (108, 98 KL), 1 Kuf-Schiff (37 KL)
   1800: 1 eindeckte Brick (44 KL), 2 zweideckte Brick-Schiffe (93 1/2, 100 Kl), 2 eindeckte Galliarcen (60, 62 1/2 KL)
   1801: 2 eindeckte Galliarcen (60 1/2, 57 KL), 1 zweideckte Brick (115 1/2 KL), 1 Jagd (27 1/2 KL)
   1802: 2 eindeckte Brick-Schiffe (78, 84 KL), 1 Schoner (68 1/2 KL), 1 Jagd (16 KL)
2. Nach der hieselbst üblichen Bauart wird gemeiniglich der Kiel von Buchen-, der Rumpf von Eichen- und das Deck von Föhrenholz verfertigt. Die hiesigen Schiffsbaumeister müssen größtenteils die Masten aus Pommern, Riga pp., Eisen, Teer, Pech und Föhrenbretter aus Schweden und den Hanf und das Segeltuch aus Rußland und Holland kommen lassen oder anschaffen.
3. Auf den Schiffsbauwerften dieser Stadt sind gar keine festen Arbeiter angestellt, sondern es bestehen die Arbeiter teils aus hiesigen Bürgern und Schiffszimmermeistern und Gesellen oder auch anderen, teils in Borby, teils in den umliegenden Gegenden auf dem Lande oder in den benachbarten Städten wohnenden Schiffszimmergesellen, die der Baumeister nach eigener Wahl annimmt, welche letztere alle von dem Meister jede acht Tage respektive ihren Abschied erhalten oder nehmen können; so wie auch der Schiffsbaumeister selbst von dem Bauherrn nach beschaffter Ablieferung des zum Bauen oder zur Verfertigung über-nommenen Schiffes seine Dimission erhalten kann. – Die Anzahl der gegenwärtig auf den hiesigen drei Bauwerften arbeitenden Meister und Gesellen beträgt ungefähr 60 Mann, welche Anzahl sich aber den eintretenden Umständen nach entweder vermindert oder vermehrt.
4. Bei den hiesigen Werften befindet sich kein bestellter Konstrukteur oder Schiffsbaumeister; vielmehr erkiest sich der Schiffsbauherr aus den hieselbst wohnenden Schiffsbaumeistern einen, dem er den Bau seines Schiffes anvertrauen will, und kommt mit diesem über die Bezahlung des Lohnes überein. Gegenwärtig sind auf den hiesigen Werften drei Schiffsbau-Meister vorhanden, welche alle drei auf Verlangen nach Rissen bauen können. Gemeinig-lich aber bauen sie teils nach eigener Erfindung, teils aber nach der Aufgabe ihrer Schiffsbauherren oder der Entrepreneure des Baues.
5. –
6. Es wird hieselbst teils auf Bestellung im Lande wie auch von Fremden, teils aber auch auf Spekulation zum Verkauf an Einheimische und Fremde, teils aber auch zur eigenen Fahrt gebaut, je nachdem es das Interesse des Bauherrn erheischt.

Kiel 15.10.1803

1. A. Werft des deputierten Bürgers und Kaufmanns *Jacob Ahrend Diederichsen*
   1798: 1 Brigantine (51 KL), 1 Chaloupe (17 1/2 KL)
   1799: 1 Brigantine (42 1/2 KL), 1 Fregatte (118 KL)

1800: 1 Brigantine (59 KL), 1 Galeasse (29 KL), 1 Jagd (12 1/2 KL)

1801: 1 Bark-Schiff (83 KL), 1 Brigantine (77 1/2 KL)

1802: 2 Galeassen (42 1/2, 58 KL), 1 Brigantine (61 KL), 1 Chaloupe (4 1/2 KL)

B. Die anderen Werften in und bei der Stadt Kiel

Hinrich Scheel: 1 Brigantine (47 KL), 1 Galeasse (45 1/2 KL), 3 Jagden (16 1/2, 14, 11 KL), 1 Ewer-Jagd (11 KL)

Claus Scheel: 1 Brigantine (51 KL), 4 Jagden (17 1/2, 14 1/2, 12, 9 1/2 KL), 1 Fischerquast (9 KL)

Siemsen: 2 Galeassen (29, 24 KL), 1 Jagd (7 1/2 KL)

P. Schütt: 1 Galeasse (36 KL)

C. H. Scheel: 1 Schoner (48 KL)

2. Die bereits vollendeten sowie die noch auf dem Stapel befindlichen Schiffe sind und werden mit Ausnahme des Kiels und der äußeren Bekleidung im Flach von den Barghölzern bis an den Kiel, welche aus inländischem Buchenholz bestehen, von inländischem Eichenholze gezimmert. Die Tischlerarbeit und die Decken werden aber, wie bei allen Schiffen üblich, von Föhrenholz verfertigt. Dieses aber samt dem zu gebrauchenden Eisen, Hanf, Segeltuch, Pech und Teer muß größtenteils vom Auslande verschrieben werden. Hiernach würde also der Wert des zu verbrauchenden ausländischen Materials den Wert des verwandten inländischen Holzes übersteigen. Wird aber der Arbeitslohn für Zimmer-, Schmiede-, Tischler-, Reepschläger-, Segelmacher- und Maler-Arbeit, wie billig, angeschlagen, so übersteigen diese Kosten den Wert der eingeführten rohen Produkte um vieles.

3. Dazu bemerken wir gehorsamst, daß die Schiffbaukunst bei uns nicht zünftig, sondern ein freies Gewerbe ist. Die Zahl der arbeitenden Zimmerleute und übrigen Handwerker ist daher auch bald mehr, bald weniger, je nachdem mehr oder weniger Schiffe verlangt werden. Der Kaufmann Diederichsen als Hauptentrepreneur der hiesigen Schiffsbauerei hat nicht selten 40 bis 60 freie Zimmerleute bei seinen Schiffen gebraucht.

4. Ein eigentlicher Konstrukteur oder Schiffsbaumeister, der alle Schiffsbauten dirigierte, befindet sich bei den hiesigen Schiffswerften nicht. – Der Schiffszimmermeister *Jürgen Christoph Schröder,* der beständig für mehrgedachten Kaufmann Diederichsen arbeitet, hat indes von einem Kopenhagener Konstrukteur, welcher bei dem Bau der hier für Königliche Rechnung erbauten Kanalschiffe die Aufsicht gehabt hat, die Rißarbeit erlernt und ist vollkommen im Stande, jeden beliebigen Riß zu verfertigen und nach einem ihm vorgelegten Risse akkurat zu arbeiten. Er hat auch bereits einige Schiffe nach Kopenhagener Rissen verfertigt. In der Regel finden indes die nach eigener Erfindung gebauten den meisten Abgang. Alle von diesem Meister erbauten Schiffe erhalten das einstimmige Lob der Schönheit und außerordentlich guten Segellage. – Von diesem erlernt der Schiffszimmermeister *Claus Hinrich Scheel* diese Kunst und gibt nach den bereits abgelegten Proben die Hoffnung, daß er seinen Meister vielleicht noch übertreffen werde. – Weniger empfehlungswürdig ist der Schiffszimmermeister *J. Prüss.* Er hat zwar auch angefangen, nach Rissen zu arbeiten; indes sind die von ihm bis jetzt erbauten Schiffe nur klein, und übertreffen die Arbeiten der vorgenannten beiden Meister sowohl in der Ansehung der Form wie auch der Güte der Arbeit die seinigen um vieles. – Die übrigen unter Nr. 1 B genannten Meister bauen noch nach alter Weise auf Klampen.

5. –

6. Die hier erbauten Schiffe sind teils auf Bestellung im Lande, teils aus der Fremde, teils auch auf eigene Spekulation gebaut worden.

Zur Erläuterung dieser Aussage führte das Kieler Brückendepartement den Heimathafen („Wohnort des Schiffers") der unter Punkt 1 verzeichneten 30 Neubauten auf: 9 Schiffe in Kiel, 3 Flensburg, 1 Süderhoff (Süderhaff?), 1 Arnis, 1 Heiligenhafen, 2 Fehmarn, 2 Glückstadt; 2 Kopenhagen, 1 Castrup, 1 Bergen; 5 Lübeck, 2 Bremen.

Heiligenhafen 18.1.1804

Hier sind bisher überhaupt keine Schiffe gebaut worden. Die hierher gehörigen Schiffe werden beständig anderwärts, hauptsächlich zu Kiel oder Eckernförde gebaut.

Burg auf Fehmarn 9.2.1804

Hier wird kein Schiffbau getrieben. Vielmehr die Kommerzierenden und zum Teil Schiffer die zum eigentümlichen Gebrauch etwa benötigten Schiffe außerhalb Fehmarns, entweder in den Königlichen Reichen und Ländern oder sonstwo, nach ihrer befindenden Konvenienz anzukaufen und auf solche Art zu erlangen suchen.

Neustadt 4.1.1804

1. 1 Heckbortschiff (85 KL), 1 Jagd (22 KL)
   Ferner sind einige Schiffe verlängert und andere verzimmert worden.
2. Alle aus Eichenholz. Masten, Stangen, Deck und Rohr pp. aber aus Fichtenholz, welches aus Pommern und Schweden. Aus Schweden auch das Eisen.
3. An Arbeitern sind bei der hiesigen Schiffswerft ca. 25 Mann, und nimmt der Baumeister oder Entrepreneur, so viele er zum Bau für nötig erachtet.
4. Der Baumeister baut nach eigener Erfindung. Es ist aber ein Meister, der nach Konstruktionen baut, leicht und jederzeit zu haben.
5. –
6. Auf Spekulation zum Verkauf an Fremde wird nicht gebaut, sondern nur auf Bestellung, wenn einer mit dem Entrepreneur einig werden kann. Das Heckbortschiff ist für Lübecker Rechnung gebaut.

Husum 11.2.1804

1. 1 Coff-Schiff (9 KL), 1 Ewer-Schiff (7 1/2 KL), 2 Schuten (4, 4 KL)
2. Alle aus Eichenholz gebaut. Von Föhrenholz ist hier wohl nie ein Schiff gebaut. Das Eichenholz wird aus der Gegend von Rendsburg und aus Holstein auf hier gebracht. Das erforderliche Eisen wird hier fast durchgängig über Flensburg aus Schweden dazu genommen. Die Taue, die von einem hier wohnenden und geschickten Reifschläger vorzüglich gut gemacht werden, werden aus Hanf gemacht, den wir über Flensburg aus der Ostsee erhalten. Auch die Segeltücher dazu kommen mehrenteils aus Holland, auch aus Flensburg, und sind ausländische Produkte. Die Quantitäten lassen sich nicht genau bestimmen.
3. Der hiesige einzige Schiffszimmermeister hat 5 bis 6 Mann feste Arbeiter, die er jedoch im Sommer, wenn er keine neuen Arbeiten hat, nur mit Mühe beschäftigen kann. Im Herbste und Winter, besonders wenn bei stürmischer Witterung Schiffe, um den ersten besten Hafen zu suchen, hier aus Not einlaufen, könnte er hier wohl mehrere zugleich beschäftigen.
4. Wir haben hier einen jungen und – wir glauben – geschickten Schiffszimmermeister, der nach seiner Versicherung nicht nur nach einer Zeichnug zu bauen versteht, sondern auch nach seiner eigenen Erfindung bauen oder Risse von Schiffen nach seiner Idee verfertigen kann.
5. Nach der Angabe des hiesigen Schiffszimmermeisters kosteten obige Schiffe:
   Nr. 1: ohne Segel, Anker und Taue 900 Rtlr., mit diesen 1733 Rtlr.
   Nr. 2: der Rumpf mit Mast und Schiffsboot 1000 Rtlr., mit Segeln, Anker und Tauen 1733 Rtlr.
   Nr. 3 und 4: ohne Segel, Anker und Taue je 510 Rtlr., mit diesen 700 Rtlr.

Etwas Genaues läßt sich hierüber nicht bestimmen, da platte und scharfe Schiffe, Einrichtung der Takelage, ihre Bestimmung und sonstige Umstände die Preise verändern. Einige Schiffe werden für ein ganzes Jahrhundert, einige auf weniger Zeit, andere zum Lastentragen, andere zum Segeln und andere um geschwind am Markt zu kommen, gebaut. Ein Fuß tiefer macht auf das ganze Schiff einen erheblichen Unterschied, und die Progressionen der Größe können keinen sichern Maßstab, um den Preis zu bestimmen, abgeben. Es ist fast wie mit dem Bauen der Häuser.

6. Es werden und sind auf den hiesigen Werften nur Schiffe auf Bestellung gebaut. Wenn ein großes Schiff hier gebaut worden, hat noch der Schiffszimmermeister von den Resten des übrig gebliebenen Holzes, und um dieses gut und geschwind anzubringen, eins zum Verkauf gebaut, wie z.B. dieses mit den beiden letztgenannten Schiffen der Fall ist. – Übrigens sind die Reeder der hier gebauten Schiffe fast mehrenteils hiesige Einwohner. Unsere holzarme Gegend und der kostbare Transport des Holzes auf hier sind hier nicht wenig große Hindernisse im Schiffsbauen. Daß die Schiffe hier unter den Augen der Eigentümer auf Treue und Glauben gebaut werden, ist wohl die Veranlassung, daß in den letzten 10 bis 12 Jahren hier mehrere Schiffe neu erbaut worden. Es hätte aber dieses wohl wohlfeiler in Kiel, Neustadt, Eckernförde und Flensburg geschehen können.

Tönning   17.5.1803

1. 1 Koffe (18 1/2 KL)
   In den letzten fünf Jahren ist hier nur ein neues Schiff, und zwar eine kleine Koffe mit Schwertern, für den hiesigen Schiffer Henning Dühr gebaut. Dies ist zugleich das erste ganz neue Schiff, welches jemals in Tönning gebaut ist. Zwei Galleassen, welche in der Eider auf den Sand kamen, habe ich in den letzten fünf Jahren abbringen und neu verzimmern lassen.

2. Die Schiffe werden hier von inländischem Holze gebaut. Takelage, Segel und Eisen sind fremde Produkte, werden jedoch alle roh hieselbst verarbeitet.

3. Bericht vom 17.5.1803: Gegenwärtig sind bei der hiesigen Schiffswerft 10 feste Arbeiter.
   Nachtrag des Magistrats vom 22.11.1803: Indem wir dieses schon unterzeichnet, erfahren wir von dem Herrn Lexow, daß jetzt 54 Mann auf der Zimmerwerft und bei der Reparatur alter Schiffe arbeiten, wovon allein 25 bis 30 Mann zur Ausbesserung der Heringsbuysen und Grönlandfahrer, die dem Königlichen Fischerei- und Handelsinstitut in Altona gehören, gebraucht werden.

4. –

5. –

6. –

Ergänzende Bemerkungen des Werftbesitzers, Kaufmann Joachim Lexow: Die Schiffshelling oder der Zimmerplatz, welcher hier war, bevor ich selbigen voriges Jahr antrat, war in einer elenden Verfassung, und es konnte nur zur Not ein kleines Schiff darauf kalfatert werden. Holz zu Hauptreparaturen war gar nicht vorhanden, weswegen sogar unsere eigenen Schiffer ihre Schiffe an fremden Plätzen reparieren ließen, und an Erbauung neuer Schiffe war gar nicht zu denken. Der Zimmermeister hielt 2 Leute und hatte zuweilen kaum Arbeit für diese. Ungern sah ich diesen so wichtigen Erwerbszweig so ganz danieder liegen und vereinigte mich mit dem Schiffszimmermeister Joh. Corn. Jans, um solchen zu erweitern und empor zu helfen. . . Gleich nach Abschluß des Vertrages legte ich Plätze zur Ausbesserung alter Schiffe an und setzte eine neue Galliote auf den Stapel von 68 Fuß im Kiel, welche für meine alleinige Rechnung gebaut wird. Die Konstruktion dieses Schiffes ist nach meiner eigenen Erfindung. Es wird etwa 30 KL groß, bekommt keine Schwerter, sondern einen Kiel, und wird mit der Ladung nur 7 Fuß tief stechen, damit es mit Vorteil den Kanal befahren kann. . . Auf der Zimmerwerft sind bereits in

160

diesem Jahre 6 alte Schiffe repariert, welche sämtlich auf dem Lande gesessen, und ein neues Schiff wie auch ein neues Signal-Boot stehen auf dem Stapel.

Friedrichstadt   27.3.1804

1. In den vergangenen fünf Jahren ist hier kein Schiff neu gebaut worden.
2. –
3. Ohne Lehrlinge 7.
4. Die beiden Schiffsbaumeister Momm und Jürgens bauen sowohl nach eigener Erfindung als auch nach Zeichnungen.
5. –
6. Nur auf Bestellung, da zu Spekulations-Bauten der Verlag fehlt.

Rendsburg   18.1.1804

Hier ist keine Schiffswerft.

Itzehoe   14.7.1803

1. 2 Kuff-Schiffe (38, 25 1/2 KL), 1 Grönlandfahrer (148 KL), 6 Ewer (6, 6, 4, 4, 3 1/2, 3 1/2 KL), 3 Prahmen (8, 8, 4 KL)
2. In der Regel alles aus inländischem Eichenholz. Nur das Deck bei den Schiffen und der Boden bei den Ewern und Prahmen aus Föhrenholz.
3. Bei der hiesigen Schiffswerft sind gegenwärtig 10 feste Arbeiter angestellt. Nach Beschaffenheit der Arbeit sind noch mehr zu erlangen.
4. Der Schiffsbaumeister Hermann Wulff auf der hiesigen Schiffswerft versteht sowohl nach eigener Erfindung als auch nach Zeichnung zu bauen.
5. Kann nicht beantwortet werden, da der Besteller dem Baumeister in der Regel das Material oder einen Teil desselben liefert und dies also mit zu verrechnen ist.
6. Nur auf Bestellung.

Glückstadt   17.1.1804

1. A. *Schiffswerft Peter Meinerts*
   Ich habe in den letzten fünf Jahren folgende 11 Schiffe gebaut: 1 Brigg (ist noch nicht gemessen, ca. 50 KL), 1 Fährschiff (11 1/2 KL), 5 Ewer (3 1/2, 4 1/2, 6, 6 KL; ein Ewer ist noch nicht gemessen, ca. 5 KL), 4 Prahmen (11, 7 1/2, 8 1/2, 19 KL)
   B. *Schiffswerft Gebrüder Schröder*
   Unsere Zimmerwerft ist erst vor ca. drei Jahren angelegt. Darauf ist gebaut: 1 Ewer (6 1/2 KL laut hiesigem Meßbrief, 4 1/2 KL laut Kopenhagener Meßbrief). Ferner ist 1 Ewer in Arbeit, der erst im Frühjahr fertig wird.
2. *Meinerts:* Die Bodenplanken, das Verdeck, die Schotten, Masten und übrigen Rundhölzer sind Föhren-, alles übrige ist Eichenholz. Am Brigg-Schiff sind jedoch auch die Bodenplanken aus Eichenholz. Vor der Blockade der Elbe verbrauchte ich ungefähr jährlich für 20 000 bis 25 000 Mark Holz, wovon ca. die Hälfte inländisch und die andere Hälfte ausländisches Holz war; hier ist aber das Holz mit inbegriffen, was zur Reparatur an alten Schiffen gebraucht ist.
   Schröder: –
3. *Meinerts:* Die Anzahl der festen Arbeiter auf meiner Werft ist gewöhnlich ca. 20 Gesellen

und 5 bis 6 Lehrburschen. Wegen der Blockade der Elbe, da die hiesigen grönländischen und andere beschädigte Schiffe nicht haben auf hier kommen können, und da die neuen Schiffe jetzt nicht abzusetzen sind, habe ich seit 4 Monaten keine von meinen Leuten in Arbeit halten können.

Schröder: Feste Arbeiter haben wir keine außer 6 Lehrlingen.

4. *Meinerts:* Ich baue nach eigener Erfindung und Zeichnung, verstehe also auch nach fremden Zeichnungen zu bauen.

Schröder: Wir haben bei unserer Werft 1 Konstrukteur, der sowohl nach eigener Erfindung wie auch nach Zeichnungen zu bauen versteht.

5. *Meinerts:* Die Kommerzlast kommt jetzt auf 100 Rtlr. S.H.C. zu stehen, worunter Holz und Arbeitslohn zu verstehen ist. Da hieselbst das Holz und Arbeitslohn 20 bis 25 p.C. höher zu stehen kommt als in den Häfen an der Ostsee, so kann man hier nicht so wohlfeile Schiffe liefern wie dort, folglich auch nicht mit so gutem Erfolg auf Spekulation arbeiten.

Schröder: Da, wie oben durch angezeigte Meßbriefe von einem und dem nämlichen Fahrzeuge, das Maß einer Kommerz-Last eine ungewisse Größe ist, so läßt sich hierauf nicht wohl antworten.

6. *Meinerts:* Ich habe unter vorgenannten Schiffen 5 auf Spekulation zum Verkauf gebaut, wowon noch 1 Ewer von ca. 5 KL, 1 Prahm von 19 KL und 1 Brigg von ca. 50 KL unverkauft sind. Die übrigen waren alle im Lande bestellt.

Schröder: Der oben genannte Ewer ist auf Spekulation gebaut, um ihn, wenn er fertig, an Einheimische oder Fremde zu verkaufen.

Altona   21.2.1804

1. Hier in Altona befinden sich im ganzen 4 Schiffbauereien. Deren Eigner sind folgende:
   Otto Dolck: 1 Buyse für Rechnung des Fischerei- und Handlungsinstituts (31 KL); 1 Brigg, noch in Arbeit befindlich, für Rechnung des hiesigen Kaufmanns Cord Rode (ca. 110 KL)
   Johann Beenck: 2 Schiffe für Rechnung des hiesigen Kaufmanns Lion (121, 133 1/2 KL); 3 Schiffe auf Spekulation gebaut, die beiden ersten noch unverkauft, das letzte an den Kaufmann Duncker in Hamburg verkauft (140, 130, 105 KL)
   Johann Hinrich Christian Wordtmann: 1 Brigg, auf Spekulation gebaut und an den hiesigen Kaufmann Dede verkauft (99 KL); 1 dreimastige Fregatte, auf Spekulation gebaut und an den hiesigen Kaufmann Lopez verkauft (103 KL); 1 dreimastige Bark, auf Spekulation gebaut und an den Hamburger Kaufmann de Jager verkauft (115 KL); 1 dreimastige Bark für Rechnung des hiesigen Kaufmanns Agent Becker (155 KL)
   Johann Hinrich Reich (ist erst seit 3 Jahren Eigentümer seiner Besitzung): 1 Bark für Rechnung der hiesigen Kaufleute Claus Dreyer & Sohn (60 KL)
2. Sämtliche Schiffe sind aus Eichenholz, nur jeweils das Deck ist aus Föhrenholz gebaut. Das Schiffsbauholz ist bekanntlich im Lande nicht zu haben; es wird auf dem Hamburger Stadtdeich, wo die Niederlagen von Preußischen und Hannöverischen Holz sich befinden, in Bäumen angekauft und hieselbst zu Planken und Schiffsbauholz gesägt und verfertigt. Das Eisen, das zum Schiffsbau gebraucht wird, ist größtenteils schwedisches Eisen, welches aber ebenfalls nur roh aus der Fremde eingeführt und hier verarbeitet wird. Die übrigen Materialien an Pech, Werg usw. werden sämtlich hier und im Lande genommen.
3. Kein Schiffbauer hat eine feste und bestimmte Zahl Arbeiter, sondern er richtet sich damit nach seiner Arbeit. Übrigens sind in Altona überhaupt ca. 200 bis 300 Schiffs-Zimmer-Gesellen. Oft werden sie bei weitem nicht alle gebraucht, oft ist ihre Zahl auch bei weitem nicht hinreichend, da sodann Arbeiter vom Hamburgischen und Hannöverischen zugenommen werden.

4. Besondere Konstrukteure befinden sich auf den hiesigen Werften nicht. Jeder der 4 oben genannten Schiffsbaumeister baut nach seinen eigenen Rissen und Anschlägen sowie nach der Aufgabe der Kaufleute, die die Bestellung gemacht haben.
5. –
6. Es ist Punkt 1 zu entnehmen, wieviel auf Spekulation gebaut wird.

Ergänzende Bemerkung: Schließlich müssen die hiesigen Schiffsbaumeister bemerken, daß ihr Betrieb weit mehr in Reparatur alter als Erbauung neuer Schiffe besteht und daß besonders in den letzten Jahren die Erbauung neuer Schiffe hieselbst seltener geworden. Vielleicht liegt der Grund darin, weil so viele Prisenschiffe und Schiffe der Krieg führenden Mächte zum Handel gebracht werden.

Peter Danker-Carstensen

Gerbereigewerbe und Lederindustrie in Elmshorn 1830–1918

1. EINFÜHRUNG

Neben der Schiffbauindustrie ist die Elmshorner Lederindustrie der zweite Produktionszweig, der in diesem Jahrhundert sowohl seine Blütezeit wie auch den Niedergang bis zum völligen Verschwinden der Produktionsbetriebe erlebte. Nur einige leerstehende Fabrikgebäude im Ortsteil Vormstegen erinnern heute noch an dieses blühende Gewerbe, das in den ersten Jahrzehnten des Jahrhunderts den größten Teil der Elmshorner Industriearbeiterschaft beschäftigte. In dem folgenden Beitrag soll versucht werden, den Übergang dieses Gewerbezweiges von einer handwerksmäßigen Produktionsweise hin zum industriell organisierten Großbetrieb beispielhaft aufzuzeigen.

Die Produktion von Schusterarbeiten war schon während der ersten Hälfte des 19. Jahrhunderts in Elmshorn ein bedeutender Gewerbezweig. Um 1840 wohnten fast 250 Schuhmachermeister, die 140 Gesellen und über 100 Lehrjungen beschäftigten, im Ort. Die Elmshorner Schuhmacher waren auf allen Märkten des Herzogtums und Hamburgs mit ihren Produkten vertreten. Ein Teil der Schuhmacher betrieb die kleingewerbliche Gerberei für den Eigenbedarf, so daß man in Elmshorn eine Zeitlang von sogenannten Schustergerbern sprach.

Die Gerber kauften von den Schlachtern am Ort und der Umgebung Häute und Felle und verarbeiteten diese Rohwaren zu verschiedenartigen Ledern. Abnehmer für Leder waren Schuhmacher, Sattler und Täschner. Bei diesem Handel, wie auch beim Einkauf von Häuten durch die Gerber trat zunehmend der Lederhändler als spezialisierter Gewerbezweig in Erscheinung und brachte es in Elmshorn zu einer gewissen Bedeutung.

Bei den Firmengründungen des 19. Jahrhunderts handelte es sich durchweg um handwerksmäßig produzierende Familienbetriebe. Dabei unterschied man die Weißgerbereien von den Lohgerbereien. In der Weißgerberei wurden die Felle mit den Haaren bzw. der Wolle zu Pelzen gegerbt, während in der Lohgerberei die Haare aus den Häuten herausgelöst werden und diese dann auf verschiedene Art und Weise zu Leder unterschiedlicher Qualität gegerbt werden.

Bis zum Ende des 19. Jahrhunderts war es üblich, die sogenannten Zurichtereien von den eigentlichen Gerbereien zu unterscheiden. In den Zurichtereien wurden die schon gegerbten Häute weiter bearbeitet, um ihnen besondere Eigenschaften oder ein besonderes Aussehen zu verleihen. Diese Eigenheiten waren für bestimmte Lederqualitäten charakteristisch. Zu den Arbeitsgängen in einer Zurichterei zählten zum Beispiel das Spalten, Walzen, Dichten und Schlichten.

Am Ende des 19. Jahrhunderts – im Jahre 1896 – gab es in Elmshorn 20 Lohgerbereien, 6 Weißgerbereien und 12 Lederzurichter. Zu diesem Zeitpunkt hatte der Konzentrationsprozeß im Gerbereigewerbe schon voll eingesetzt (vgl. Tab. 1). Wie sich dieser durch die Industrialisierung hervorgerufene Strukturwandel in der Elmshorner Lederfabrikation abspielte und welche sozialen Umwälzungen damit verbunden waren, soll im folgenden aufgezeigt werden.

2. DAS GERBEREIGEWERBE BIS 1830

Nach der Erhebung Elmshorns zum zunftberechtigten Flecken im Januar 1737 suchten bald alle am Orte vertretenen Handwerke um Genehmigung ihrer Amtsrollen (Satzungen) nach. Unter den ersten Antragstellern noch im selben Jahre waren auch die Elmshorner Schuster und Lohgerber. Diese Gesuche wurden meist nach einer relativ kurzen amtlichen Bearbeitung auch genehmigt und das entsprechende Amt (Zunft) dann vom Administrator der Grafschaft Rantzau eingeführt. Die Elmshorner Schuhmacher erhielten ihre Amtsgerechtigkeit am 31. März 1738. Die Gerber hingegen konnten kein eigenes Amt bilden, da sie in Elmshorn nur mit drei Meistern[1] vertreten waren.

Da das Gerben schon seit jeher auch von Schuhmachern sozusagen für den Eigenbedarf betrieben wurde, wollten sich diese den Gerbereibetrieb nicht gern aus den Händen nehmen lassen. Da der Elmshorner Scharfrichter außer der Abdeckerei auch noch die Gerberei betrieb, nahm das Elmshorner Schusteramt dies zum Anlaß, um ein Privileg zur Lohgerberei nachzusuchen. Dieses wurde im Oktober 1746 erteilt. In der Urkunde heißt es unter anderem: „Nur das Schusteramt zu Elmshorn und zu Barmstedt soll hinführo allein das rohe Leder zu gerben berechtigt seyn und darin von niemandem, wer es auch sey, bei Strafe nachdrücklicher Ahndung beeinträchtigt werden. Jedoch soll einem jeden Einwohner des Fleckens gestattet sein, mit lohgarem resp. präpariertem Leder zu handeln, oder auch rohes Leder, ohne an das Schusteramt gebunden zu seyn, zu verkaufen."[2]

Im Jahre 1751 wurde noch eine Verfügung in diesem Zusammenhang nachgeschoben, in der der Scharfrichter und Abdecker darauf verpflichtet wird, seine Rohhäute zunächst dem Schuster- und Sattleramt zum Kauf anzubieten. Es durfte ihm aber nicht verwehrt werden, danach auch Auswärtigen Häute anzubieten[3].

Dieses alleinige Privileg der Elmshorner und Barmstedter Schuhmacher zum Gerben blieb das ganze 18. Jahrhundert hindurch bestehen. Bei der Volkszählung im Jahre 1803 werden in Elmshorn unter dem Handwerk „Loh- und Weißgerberei" je

---

1 Konrad Struve, Die Geschichte der Stadt Elmshorn, Teil II, Elmshorn 1936–1956, S. 57.
2 Konrad Struve, Über die Gerberei in Elmshorn, in: Aus der engeren Heimat (AdeH), Jg. 6 (1928), Nr. 12.
3 Ebd.

sechs Meister und Gesellen aufgeführt[4], so daß die Gerberei offensichtlich nicht nur von Schuhmachern ausgeführt wurde. Deren Gerb-Privileg wurde 1808 auch zum ersten Male offiziell angetastet, als Abraham Isaac Sussmann um die Anlegung einer Gerberei in Elmshorn nachsuchte. Dieses Ansuchen erneuerte Sussman in den folgenden Jahren mehrmals ohne Erfolg. Erst 1822 wurde ihm gegen eine Rekognition von 16 Rtl die Erlaubnis zum Betreiben einer Gerberei erteilt und diese daraufhin an der Flamweger Hinterstraße begründet[5].

In diesem Zusammenhang soll hier auch die Versorgung der Elmshorner Gerber mit Gerberlohe angesprochen werden. Die Lohmühlen unterlagen in den Städten und zunftberechtigten Flecken der Herzogtümer keinerlei Beschränkungen wie zum Beispiel die Kornmühlen. Lohmühlen wurden in den kleineren Städten und Flecken oft als Nebenbetrieb einer Sägemühle oder anderer Mühlen geführt. Im Dezember 1774 bat der Müller Hinrich Lafrenz, Besitzer der Graupenmühle am Flamweg, um Erlaubnis, bei seiner Mühle einen Lohgang anlegen zu dürfen[6]. Der Elmshorner Kirchspielvogt Bornemann befürwortete dieses Gesuch und wies darauf hin, daß durch die Anlegung eines Lohganges sich verschiedene Vorteile ergäben, da dann die Schuster und Lohgerber die Eichenrinde nicht mehr aus dem weit entfernten Weddelbrook bei Bramstedt beziehen müßten[7]. Der Administrator der Grafschaft Rantzau schloß sich dieser Aussage in seiner Stellungnahme an[8] und meinte, die Anlegung neuer Gewerbe „verdiene alle mögliche Aufmunterung". Da aber die Errichtung einer solchen Anlage sehr kostenträchtig sei und der Erfolg ungewiß, sollte man den Müller zunächst mit einer Angabe verschonen[9]. Die königliche Rentekammer war bereit, eine Konzession zu erteilen, wenn nach sechs Freijahren eine Rekognition gezahlt würde. Diese geforderte Abgabe schien dem Müller aber zu hoch und er weigerte sich, sie zu zahlen. Die Rentekammer ließ mit sich handeln und ermäßigte die Gebühr für die Konzession auf 6 Rtl unter Gewährung von sechs Freijahren[10].

Diese Elmshorner Lohmühle scheint aber zunächst tatsächlich wenig ausgelastet gewesen zu sein, da der Lohgang eine ganze Reihe von Jahren stillgelegt war. Um 1805 wird berichtet, daß eine Abgabe von 4 Rtl genüge, da der Lohgang wenig abwerfe. Von 1808 bis 1811 ruhte der Lohgang wieder[11].

---

4 Ernst Hoffmann, Altersaufbau und Berufsgliederung der Elmshorner Bevölkerung im Jahre 1803, in: Konrad Struve, Geschichte, II, S. 115–117.
5 Struve, Gerberei.
6 Schreiben vom 20.12.1774; vgl. Struve, Gerberei.
7 Schreiben vom 21.12.1774; vgl. Struve, Gerberei.
8 Schreiben vom 27.12.1774; vgl. Struve, Gerberei.
9 Ebd.
10 Verfügung vom 26.9.1775; vgl. Struve, Gerberei.
11 Ebd.

3. DIE ANFÄNGE EINER ELMSHORNER LEDERINDUSTRIE

Ein eigenständiges Gerbereigewerbe entsteht in Elmshorn erst mit Beginn der dreißiger Jahre auf dem Hintergrund, daß 1827 die Lederbearbeitung zum freien Gewerbe erklärt worden war und im Zusammenhang mit einer allgemein günstigen Wirtschaftsentwicklung in den Herzogtümern. Außer der Sussmann'schen Gründung wird noch über eine 1814 gegründete Loh- und Weißgerberei eines Herrn Fleischhauer berichtet[12], die 1835 10 000 Stück Schaffelle verarbeitete und vier Gesellen beschäftigte. Um 1830 werden für Elmshorn schon 16 Gerbereien mit ca. 50 Beschäftigten gezählt, die etwa 19 000 Felle und Häute im Jahr verarbeiteten[13].

Um 1835 beschäftigte die „Lederfabrik" Sussmann sieben Arbeiter. Jährlich wurden in diesem Betrieb 2 000 Stück Sohlleder, 3 000 Stück Kalbleder, 2 000 Stück Schafleder, 800 Stück Roßleder, 1 200 Stück Kuhleder und „etwas Wildleder" hergestellt[14]. Der Verbrauch an Betriebs- und Hilfsstoffen betrug 3 000 t Lohe, 12 t Kalk, 10 t Teer und 300 Pfund Öl im Werte von zusammen 42 000 Mark[15]. Der Absatz des Leders erfolgte in erster Linie in Hamburg. Diese Gerberei war damit 1838 die größte in den Herzogtümern[16].

Im Jahre 1840 werden in Elmshorn, Vormstegen und Klostersande die ja seit 1757 in wirtschaftlicher Hinsicht kombiniert waren, in einer Statistik der Gewerbetreibenden 20 Gerbermeister und sieben Gehilfen und Gesellen aufgeführt[17]. Diese Zahl für die unselbständig Beschäftigten erscheint auf dem Hintergrund der oben genannten Zahlen viel zu niedrig. Eine mögliche Erklärung ist, daß nur die Betriebe gezählt wurden, die die Gerberei noch in handwerksmäßigem Maßstab betrieben. Zur gleichen Zeit gab es im kombinierten Flecken 180 Schuhmachermeister, die 241 Gesellen und Lehrlinge beschäftigten[18]. Diese schon länger vorhandene hohe Zahl von schuhproduzierenden Betrieben führte auch zu einer starken Nachfrage nach Leder, da die meisten Schuhmacher aufgrund ihrer prekären Konkurrenzsituation gar nicht mehr in der Lage waren, als „Schustergerber" für ihren Eigenbedarf zu gerben. Die sich zunehmend bemerkbar machende wirtschaftliche Not im Elmshorner Schuhmacheramt führte aber auch zu einer Abwanderung von Schuhmachern aus ihrem notleidenden Handwerk ins Gerbereigewerbe, das auf diese Weise zu ausgebildeten Fachkräften kam.

Auch wenn die Gerbereien in der zeitgenössischen Literatur als „Lederfabriken" bezeichnet werden, werden die meisten Betriebe dennoch auch noch um 1850 in

---

12 Statistik des Handels, der Schiffahrt und der Industrie . . ., Schleswig 1835, S. 84/85.
13 Klaus-Joachim Lorenzen-Schmidt, Frühe Industrialisierung im Unterelberaum, in: Frühindustrialisierung in Schleswig-Holstein . . ., hrsg. von Jürgen Brockstedt, Neumünster 1983 (SWSG 5), S. 140.
14 Statistik des Handels, S. 87.
15 Matthias T. H. Rauert, Die Grafschaft Rantzau, Altona 1840, S. 77.
16 Lorenzen-Schmidt, Industrialisierung, S. 148.
17 Klaus-Joachim Lorenzen-Schmidt, Die Erhebung Elmshorns zum zunftberechtigten Flecken im Jahre 1737, in: Beiträge zur Elmshorner Geschichte, Bd. 1, Elmshorn 1987.
18 Ebd.

kleingewerblichem Maßstab produziert haben. Die Bezeichnung „Fabrik" wurde allgemein für Betriebe verwendet, die außerhalb der Zunftordnung produzierten. Ein Hinweis auf die relativ unzureichende Entwicklung des Gerbereigewerbes in den Herzogtümern ist die Tatsache, daß Häute und Felle in bedeutendem Umfang unbearbeitet exportiert wurden, da nur ein Teil der anfallenden Häute im Lande selbst verarbeitet werden konnte[19]. Auch der Einsatz der Dampfkraft, der in den vierziger und fünfziger Jahren schon in verschiedenen Elmshorner Betrieben zu beobachten war, ließ im Gerbereigewerbe noch lange Zeit auf sich warten. Einzelheiten über die Entwicklung der Elmshorner Gerbereien sind aus dieser Zeit nicht bekannt. Gründungsdaten sind überliefert von der Lederfabrik Strecker (Königstraße) im Jahre 1856 und 1862 von der Lederfabrik Wörtmann am Flamweg[20].

Erst aus dem Jahre 1864 liegen wieder statistische Angaben über die Elmshorner Gerbereien vor. Danach waren im Flecken 252 „Fabriken" vorhanden. Allein 51 dieser Betriebe waren Gerbereien und Lederfabriken[21]. Seit 1830 hatte sich also die Zahl der Gerbereibetriebe verdreifacht. Zur selben Zeit gab es in den Herzogtümern zusammen 328 Gerbereien, so daß sich in Elmshorn 15 % aller schleswig-holsteinischen Betriebe befanden[22].

4. DER ÜBERGANG VON DER GEWERBLICHEN ZUR INDUSTRIELLEN PRODUKTIONSWEISE

Nach der Einverleibung der ehemaligen Herzogtümer und Umwandlung in eine preußische Provinz Schleswig-Holstein 1867 sowie der Verleihung des Stadtrechts für Elmshorn im Jahre 1870 läßt sich eine Reihe von Gerberei-Gründungen feststellen. Schon 1866 wurde die Lederfabrik Johann Bielefeldt in der Mühlenstraße gegründet. In den siebziger Jahren folgten dann die Betriebe von Christian Rostock, Mühlenstraße (1870); Wilhelm Knecht, Friedrichstraße (1873); Jakob Piening, Bauerweg (1875); Jacob Schmidt, Kaltenweide (1879). Von den folgenden Neugründungen läßt sich das exakte Datum nicht mehr feststellen; sie erfolgten aber alle zwischen 1880 und 1890:

Ferdinand Wördemann, Kaiserstraße 23
Diedrich Petersen, Königstraße 49
Wilhelm Lubeseder, Sandberg 15
Friedrich August Huch, Reichenstraße 23
Achilles Andreas Kühn, Osterfeld 19
Gebr. Thormählen, Kaltenweide 28
Philipp Mendel, Neue Straße 29[23]

19 Thomas Jebens, Die wirtschaftliche und soziale Entwicklung und Verflechtung der Stadt Elmshorn, Diss. Hamburg 1935, S. 25.
20 Karl Meyerhof, Elmshorn als Industriestadt, Elmshorn o.J. (1954), Masch. (S. 8).
21 Statistische Mittheilungen aus der schleswig-holsteinischen Zolldirection für 1864/65, Heft 2, Flensburg 1865, S. 42–51..
22 Jebens, S. 52.
23 Meyerhof, (S. 8/9).

Tabelle 1: Gerbereigewerbe und Lederindustrie in Elmshorn 1830–1912

Jahr	Anzahl der Betriebe	Beschäftigte*	
1830	16		
1840	20	7	
1864	51		
1872	28	73	
1890	31		
1896	27		
1902	19	ca. 500	
1907	19		
1910	12	603	
1912	14	ca. 650	527 Arbeiter

Quellen: Statistik des Handels; Statistische Mittheilungen aus der schleswig-holsteinischen Zolldirection für 1864/65; Adreßbücher der Stadt Elmshorn; Chr. Rostock, Elmshorn und seine Lederindustrie, in: Jb. Pinneberg, 1967, S. 111–116; Verwaltungsbericht der Stadt Elmshorn für das Jahr 1872.

* ohne Meister bzw. Unternehmer.

Trotz dieser Fabrikgründungen ging die Zahl der lederverarbeitenden Betriebe in Elmshorn, aber auch allgemein in Deutschland seit 1865 zurück[24]. Es ist im gesamten Gerbereigewerbe ein fortschreitender Konzentrationsprozeß zu beobachten. Immer weniger Unternehmen beschäftigten immer mehr Arbeiter. Zugleich wachsen die verbliebenen Unternehmen absolut. Um 1890 gab es in Elmshorn noch 31 Gerbereien und Lederfabriken[25]. Zehn Jahre später waren es nur noch 19 Betriebe. Hinzu kamen aber elf Lederzurichtereien, die sich auf einen Teilbereich der Lederherstellung beschränkten[26]. 1910 finden sich noch zwölf Unternehmen in der Stadt[27].

Das letzte Drittel des 19. Jahrhunderts brachte für das Gerbereigewerbe eine völlige Umstrukturierung mit sich und läutete in diesem Wirtschaftszweig innerhalb kürzester Zeit das Industriezeitalter ein. Für diesen raschen Strukturwandel gab es mehrere Gründe: Zunächst einmal konnten neue, das heißt schnellere Gerbmethoden wie die kombinierte Faß- und Grubengerbung nur im Fabrikmaßstab eingeführt werden, da sie eigene Betriebsgebäude erforderten. Auf diese Weise konnte der Gerbvorgang von mehreren Monaten auf einige Tage reduziert werden. Ein weiterer Schritt war die Einführung der Chromgerbung, die zunächst in den USA patentiert

24 Vgl. Tab. 1; Jebens, S. 60/61.
25 Christian Rostock, Elmshorn und seine Lederindustrie, in: Jb. Pinneberg 1967, S. 111–116; vgl. Tab. 4.
26 Adreßbuch der Stadt Elmshorn 1900.
27 Adreßbuch der Stadt Elmshorn 1910; vgl. Tab. 5.

worden war und ab der Jahrhundertwende auch in den deutschen Lederfabriken Anwendung fand. Bei diesem Verfahren, das verschiedene Salze der Chromsäure als Gerbstoff verwendet, erreichte man in einigen Stunden – bei den stärksten Häuten in ein bis zwei Tagen – ein chromgares Leder. Das Chromleder hatte eine sehr gute Qualität und wurde für fast alle Verwendungen hergestellt. Zudem war es widerstandsfähig gegenüber Nässe und Hitze. Das Chromgerbeverfahren erforderte aber eine recht aufwendige technische Ausrüstung der Betriebe, die nur im industriellen Maßstab genutzt werden konnte. Auch die industrielle Fleischverwertung in den großen Fleischextrakt- und Fleischkonservenfabriken Südamerikas brachte riesige Mengen von Wildhäuten auf den deutschen Markt, die von den großen Lederfabriken günstig eingekauft werden konnten. Der kleine Gerbereibetrieb mußte dagegen diese Häute teuer bei Zwischenhändlern einkaufen. Auf diese Weise hat – so merkwürdig das klingen mag – Liebigs-Fleischextrakt das Entstehen der deutschen Lederindustrie mit gefördert[28].

Ein dritter Grund für die Zurückdrängung des Kleinbetriebes in der Gerberei war der zunehmende Einsatz von Maschinen. Dabei war es nicht nur die Dampfmaschine, die in Elmshorn erst relativ spät – Ende der achtziger Jahre in der Knecht'schen Fabrik – erste Rationalisierungseffekte auslöste, sondern eine Reihe von Spezialmaschinen für die Lederbearbeitung[29], deren Investitionskosten nur von Unternehmen mit einer größeren Kapitaldecke getragen werden konnten. Die Zeit von der Jahrhundertwende bis zum Ersten Weltkrieg war in Elmshorn die Periode, in der sich die industrielle Produktionsweise endgültig durchsetzte und der handwerklich betriebene Gerbereibetrieb von der Bildfläche verschwand.

5. DIE ENTWICKLUNG AUSGEWÄHLTER ELMSHORNER UNTERNEHMEN

Zur Verdeutlichung des rasanten Strukturwandels soll hier anhand zweier Unternehmen die Entwicklung in der Elmshorner Lederindustrie beispielhaft geschildert werden. Bei dem ersten Beispiel handelt es sich um die 1856 von Johann Hinrich Strecker gegründete Fabrik. Strecker war als Schuhmacher Ende der vierziger Jahre von Altona nach Elmshorn gekommen und hatte hier das Gerberhandwerk erlernt. Er betrieb zunächst die Weißgerberei in handwerklichem Maßstab. Bald danach gründete er die Lederfabrik in der Königstraße 51. Während des deutsch-französischen Krieges 1870/71 kaufte er von Barmstedter und Elmshorner Schuhmachern Militärstiefel auf und verkaufte diese mit hohen Gewinnen an das Militär. Während der achtziger Jahre wurde die Fabrik erweitert und auf das Südufer der Krückau verlegt. Nach der Inbetriebnahme der neuen Städtischen Gasanstalt an der Wester-

---

28 Vgl. Otto Kettemann, Handwerk in Schleswig-Holstein, Neumünster 1987, S. 199.
29 Vgl. Inventarisierungskartei des Projektes „Sicherung industriegeschichtlicher Zeugnisse Elmshorns" im Städtischen Museum Elmshorn.

straße im Jahre 1900 wurde ein Teil der Gebäude der ehemaligen Gasanstalt an der Kaiserstraße (Damm) in die im Ausbau befindliche Strecker'sche Fabrik mit einbezogen. Johann Hinrich Strecker starb 1912. Seine Nachfolger Heinrich und Friedrich Strecker übernahmen 1914 die benachbarte Lederfabrik des Diedrich Petersen, Königstraße 49, der ebenfalls direkt südlich der Au eine Fabrik errichtet hatte. (Das heutige „Torhaus" war das Verbindungsgebäude zwischen den beiden Fabriken.)

Durch diesen Unternehmenszusammenschluß wurde die Firma Strecker zu einer der größten Lederfabriken in Elmshorn. Während des Ersten Weltkrieges spezialisierte sich das Unternehmen auf die Herstellung von Lederhelmen aus schwerem Bodenleder für die Deutsche Armee. Die Helmleder wurden von der Lederlackierfabrik Otto Sachau im Lohnauftrag schwarz lackiert. Es kam zu einer starken Abhängigkeit der Firma Strecker von der Kriegsproduktion. Nach Ende des Krieges waren die Absatzmärkte der deutschen Lederindustrie stark geschrumpft, so daß die Produktionskapazität bis in die zwanziger Jahre hinein nicht ausgelastet war. Wurden während des Krieges bei der Firma J. H. Strecker Söhne noch bis zu 120 Leute beschäftigt, so fanden nach Kriegsende nur noch ca. 50 Arbeiter Beschäftigung. Wohl in Erwartung besserer Zeiten wurde Anfang der zwanziger Jahre in den zum Teil mit Gerbereiabfällen aufgeschütteten Krückauwiesen eine große Lagerhalle zur Aufnahme der Rohhäute errichtet (heute Markthalle). Dieses stattliche Gebäude wurde jedoch nie seiner eigentlichen Bestimmung zugeführt, da die Firma J. H. Strecker Söhne Mitte der zwanziger Jahre Konkurs anmeldete. Heinrich Strecker gründete als Nachfolgeunternehmen die Heinrich Strecker jun. GmbH mit einer stark verringerten Produktionskapazität. Aber auch dieser Firma war kein Erfolg beschieden. Sie brannte 1927 aus und wurde 1929 endgültig liquidiert[30].

Als zweites Beispiel wurde die Firma Knecht ausgewählt. Johann Knecht, der aus dem Schwäbischen nach Elmshorn gekommen war, gründete 1873 auf Klostersande (Friedrichstraße 1–3) eine Gerberei, die wohl noch im kleingewerblichen Maßstab betrieben wurde. Schon bald genügte dieser Betrieb den Anforderungen nicht mehr und Knecht erwarb 1878 die Gerberei von Isaac Sussmann in der Neuen Straße. Dieser Betrieb war die erste Gerberei, in der Ende der achtziger Jahre eine Dampfmaschine in Betrieb genommen wurde. Neue Gerbverfahren mit Quebrachorinde als Gerbstoff erforderten ein Auslaugen der Rinde mit Wasserdampf. Daß Knecht beispielgebend war, erfahren wir aus dem Verwaltungsbericht der Stadt Elmshorn für das Jahr 1896, in dem es heißt: „Die Inhaber der Gerbereien haben ihren Betrieb vielfach durch Anlegung von Dampfkraft erweitert." Um 1900 hatten die Knecht 'schen Fabriken bereits eine Produktionskapazität von 500 Wildhäuten pro Woche, die durch Betriebserweiterungen bis 1905 auf 800 Wildhäute pro Woche gesteigert wurde. 1904 wurde die Gerberei des Ferdinand Wördemann (des Schwiegervaters von Wilhelm Knecht, eines der Söhne Johann Knechts) auf Vormstegen (Kaiserstraße 23) übernommen und der Hauptbetrieb hierher verlagert. Alle folgenden Erweiterungen des Unternehmens geschahen von nun an an diesem Standort an der Schloßstraße. 1914 stellte die Firma Joh. Knecht & Söhne schon 2500 Stück Unterle-

---

30 Gespräch des Verfassers mit Herrn Hans Strecker, Elmshorn, am 4.3.85 sowie Akten des Lederfabrikanten-Vereins Elmshorn im Archiv des Städt. Museums Elmshorn.

Abb. 1: Die Lederfabrik von Johann Knecht & Söhne, Elmshorn, Neue Straße 1–3. Der Gebäudeteil in der Bildmitte hinter dem Schornstein ist die ehemalige Weißgerberei von Rudolf Bluhm, Neue Straße 7. Aufnahme um 1920. (Foto: Städtisches Museum Elmshorn)

der und 1500 Stück Oberleder in der Woche her. Mit dieser Kombination der Herstellung beider Lederarten war das Unternehmen in Elmshorn einzigartig, da die anderen Unternehmen entweder reine Unterlederfabriken oder Oberlederfabriken waren. In Schleswig gab es einen Filialbetrieb Knecht & Wördemann, der nur Oberleder herstellte. Die Lederwerke Knecht existierten bis zum Jahre 1953[31].

31 Jebens, S. 64. – Verwaltungsbericht der Stadt Elmshorn für die Jahre 1896–1902, Elmshorn 1903. – Akten des Lederfabrikanten-Vereins.

Abb. 2: Die Belegschaft der Lederfabrik Nathan Fink, Elmshorn 1909. Rechts und
links außen zwei Gerber mit ihrem Handwerksgerät: Scherbock (mit Haut)
und Scherdegen. (Foto: Städisches Museum Elmshorn)

6. DIE ELMSHORNER LEDERARBEITER

Mit dem Entstehen von industriell organisierten Großbetrieben ging die Herausbildung einer eigenen sozialen Gruppe von Industriearbeitern einher. Der Arbeitskräftebedarf der neuen Fabriken wurde in den Herzogtümern bis etwa 1870 zum großen
Teil durch Handwerker gedeckt, die vorher in ähnlichen Berufen tätig gewesen
waren. Besonders in der frühen Phase der Industrialisierung fanden sich unter den
Elmshorner Gerbereiarbeitern viele Schuhmachermeister, die ihren Handwerksbetrieb nicht mehr halten konnten und deshalb zu Fabrikarbeitern wurden. Hier
konnten sie oft eine besser entlohnte Position finden als vorher in ihrem selbständigen
Handwerk. Dasselbe gilt für die vielen Schuhmachergesellen, die ohne Aussicht auf
eine Meisterstelle in den Lederfabriken eher eine berufliche Zukunft für sich sahen.
    Diese Arbeiter wurden entsprechend ihren Arbeitsaufgaben angelernt oder auch
richtiggehend ausgebildet. Außerdem wurden in den neuen Industrieberufen Lehr-

32 Jürgen Brockstedt, Frühindustrialisierung in den Herzogtümern Schleswig und Holstein, in:
    Frühindustrialisierung in Schleswig-Holstein . . ., S. 66.

Tabelle 2: Organisation der Elmshorner Lederarbeiter im Deutschen Lederarbeiterverband

Jahr	Mitgliederzahl
1894	143
1895	224
1897	233
1906	275
1908	373
1911	539
1912	468

Quelle: Jahres-Berichte des Zentral-Verbandes der Lederarbeiter und -Arbeiterinnen Deutschlands für die entsprechenden Jahre.

linge ausgebildet, die ihre Kenntnisse dann als Wandergesellen erweitern konnten
und nach ihrer Rückkehr bei entsprechender Qualifikation zu Werkmeistern aufsteigen konnten.[33] Aber auch eine große Anzahl ungelernter Arbeitskräfte, die sich aus
den ländlichen und städtischen Unterschichten rekrutierte, fand in den Elmshorner
Fabriken Arbeit.

Über den Umfang und die Berufsgliederung der Elmshorner Industriearbeiter
liegen keine Angaben vor. Die Lederarbeiter stellten aber um die Jahrhundertwende
und bis in die zwanziger Jahre hinein eine gewichtige Gruppe innerhalb der Gruppe
der Industriearbeiter dar. 1895 waren von 705 Mitgliedern, die das Elmshorner
Gewerkschaftskartell zählte, allein 224 Gerbereiarbeiter[34]. Das heißt, die in den
Lederfabriken beschäftigten Arbeiter machten ein knappes Drittel aller organisierten
Elmshorner Arbeiter aus und waren damit die stärkste Gruppe im Gewerkschaftskartell.

Der schon erwähnte Konzentrationsprozeß in der Elmshorner Lederindustrie läßt
sich auch an den Mitgliederzahlen der zuständigen Gewerkschaft, dem Deutschen
Lederarbeiterverband, feststellen: Diese Arbeiter-Organisation konnte die Zahl ihrer
Mitglieder von 1900 bis 1910 mehr als verdoppeln[35]. Der Organisationsgrad der
Lederarbeiter war in der Elmshorner Arbeiterschaft der höchste. Von gut 600 in den
Gerbereien beschäftigten Arbeitern gehörten 1910 über 500 dem Lederarbeiterver-
band oder dem Verband der Fabrik- und Hilfsarbeiter an[36]. Dieser hohe Organisa-

33 Ebd., S. 65.
34 Correspondenzblatt der Generalkommission der Gewerkschaften Deutschlands, Jg. 8
(1898), Nr. 26.
35 Zentral-Verband der Lederarbeiter und Lederarbeiterinnen Deutschlands, Jahres-Bericht
des Zentral-Vorstandes für das Jahr 1910, Hamburg o.J., S. 32/33.
36 Ebd., S. 33.

Tabelle 3: Löhne der Elmshorner Lederarbeiter 1910

Maschinenart	Wochenlöhne in Elmshorn (im Akkord) (M)	Wochenlöhne in Deutschland (im Akkord) (M)
Ausreck- und Auswaschmaschinen	kein Akkord	21–37
Ausstoß- und Stoßmaschinen	31	21–35
Blanchier- und Narbenabziehmaschinen	30	24–36
Chagriniermaschinen	30	16–35
Entfleischmaschinen	k.A.	18–36
Enthaar- und Glättmaschinen	28–33	18–33
Falzmaschinen	30–34	20–37
Glanzstoßmaschinen	30–32	17–36
Satinier- und Bügelmaschinen	15 *	16–32
Sohl- und Vachelederwalzen	30**	22–33
Spaltmaschinen	32	19–32

Quelle: Zentral-Verband der Lederarbeiter und -Arbeiterinnen Deutschlands, Jahres-Bericht des Zentral-Vorstandes für das Jahr 1910, Berlin o.J., S. 73 ff.

* für Arbeiterinnen ohne Akkord;

** in der Quelle sind durch einen Druckfehler 90 M angegeben.

tionsgrad und eine unermüdliche und wohl auch erfolgreiche Agitationstätigkeit vor Ort waren die Hauptursache dafür, daß die Elmshorner Lederarbeiter mit ihren Wochenlöhnen in der Spitzengruppe der deutschen Lederarbeiter lagen[37].

Auch auf dem Gebiet der Arbeitszeitverkürzung waren die Elmshorner Lederarbeiter und ihre Organisation ganz erfolgreich. 1895 wurde nach harten Arbeitskämpfen der 10-Stunden-Arbeitstag (üblich waren bis dato 11 Stunden) durchgesetzt. 1908 wurde auf dem Verhandlungswege eine weitere Arbeitszeitverkürzung von einer

37 Vgl. Tab. 3.

halben Stunde erreicht[38]. Dieser 9½-Stunden-Tag entsprach einer Wochen-Arbeitszeit von 57 Stunden. Damit lagen die Elmshorner Lederarbeiter wiederum in der Spitzengruppe, da an den meisten Orten noch 60 Stunden in der Woche gearbeitet wurde[39]. Die verschiedenen sozialen Verbesserungen sowie die Verbesserungen der Arbeitsbedingungen in den Lederfabriken in den Jahren vor dem Ersten Weltkrieg sind sicherlich auch nur auf dem Hintergrund einer gut organisierten und schlagkräftigen Arbeitnehmer-Organisation erreicht worden. Die Arbeitgeber in der Elmshorner Lederindustrie waren von sich aus zu keinerlei Zugeständnissen bereit und mußten oft erst durch Warnstreiks an den Verhandlungstisch gebracht werden[40].

7. DIE ELMSHORNER LEDERFABRIKANTEN

Eine Folge der ersten großen Streiks in der Elmshorner Lederindustrie, die der Deutsche Lederarbeiterverband und der Verband der Fabrik- und Hilfsarbeiter seit 1890 zur Durchsetzung des 10-Stunden-Tages führten, war der Zusammenschluß der Elmshorner Gerbereibesitzer und Lederfabrikanten zu einer Interessenorganisation. Das Protokoll der Gründungsversammlung vom 31. März 1890 enthält die Unterschriften von 31 Gründungsmitgliedern[41].

Man kann davon ausgehen, daß dieser Zusammenschluß mit dem etwas umständlichen Namen „Vereinigte Gerbereibesitzer und Lederzurichter zu Elmshorn" die meisten der Elmshorner Gerbereien und Zurichtereien repräsentierte. Die Verhandlungen wurden damals nicht auf örtlicher Ebene geführt, sondern die beiden betroffenen Gewerkschaften verhandelten auf Bezirksebene mit dem Nordischen Gerberverband in Hamburg[42]. Diese Verhandlungen über ihre Köpfe hinweg waren den Elmshorner Gerbereibesitzern ein Dorn im Auge, weil sie nur unzureichend über die aktuellen Vereinbarungen informiert waren und vor Ort nicht entsprechend reagieren konnten. Als die Arbeiter 1895 nach langwierigen und harten Auseinandersetzungen die 10stündige Arbeitszeit durchgesetzt hatten, waren die Elmshorner Arbeitgeber an diesem Ergebnis direkt nicht beteiligt gewesen. Die Besitzer der größeren Gerbereien wie Knecht, Petersen und Strecker drängten nun darauf, ihren Verein zu einer eigenen Arbeitgeber-Organisation zu machen. Am 3. Oktober 1904 wurde der Verein beim Amtsgericht Elmshorn unter der Nr. 5 eingetragen[43]. Auf der außerordentlichen Mitgliederversammlung am 4. Juli 1904 wurde Philipp Mendel zum ersten Vorsitzen-

38 Zentral-Verband, Geschäftsbericht des Zentral-Vorstandes für das Jahr 1908, Hamburg o.J.
39 Jahresbericht 1910, S. 75.
40 Vgl. Kapitel 8.
41 Rostock, S. 113.
42 Ebd.
43 Ebd., S. 112. – Vereinssatzung bei den Akten des Lederfabrikanten-Vereins.

Tabelle 4: Gerbereien und Lederfabriken in Elmshorn 1890 und 1900

		1890
1	Gebr. Bluhm	Neue Straße 7
2	H. Fleischhauer	Marktstraße 15
3	C. Fleischhauer Wwe	
4	H. Haase	
5	A. H. Harder	
6	F. A. Huch	Reichenstraße 23
7	A. Jebe	
8	Johannes Keller	Feldstraße 1
9	Johann Knecht	Neue Straße 1–3
10	Achilles A. Kühn	Osterfeld 19
11	Wilh. Lubeseder	Sandberg 15
12	Johannes Mangels	Mühlenstraße 2
13	Philipp Mendel	Neue Straße 29
14	Niels Nielsen	Peterstraße 7
15	Sally Oppenheim	Am Markt 16
16	Diedrich Petersen	Königstraße 49
17	Jakob Piening	Bauerweg 11–13
18	Christian Rostock	Mühlenstraße 18
19	Jacob Schmidt	Kaltenweide 9
20	Johs. Schwerinski	Reeperbahn 1
21	Heinrich Strüven	Norderstraße 3
22	Hermann Schnohr	Sandberg 3
23	Johann H. Strecker	Königstraße 51
24	Gebr. Thormählen	Kaltenweide 28
25	Martin Willms	Mühlenstraße 32
26	Johann H. Wörtmann	Flamweg 73
27	Ferdinand Wördemann	Kaiserstraße 23
28	Johann Bielefeldt	Mühlenstraße 37
29	Hermann Witt	Königstraße 39
30	Adolf G. Hillers	Friedenstraße 3
31	Gebr. Rostock	Reichenstraße

		1900
1	Johann Bielefeldt	Mühlenstraße 37
2	Friedrich A. Huch	Reichenstraße 23
3	Johann Knecht	Neue Straße 1–3
4	Achilles A. Kühn	Osterfeld 19
5	Wilhelm Lubeseder	Sandberg 15
6	Philipp Mendel	Neue Straße 29

178

7	Diedrich Petersen	Königstraße 49
8	Jakob Piening	Bauerweg 11–13 und Friedenstraße 7
9	Christian Rostock	Mühlenstraße 18
10	Franz Rostock	Kaiserstraße 31
11	Jacob Schmidt	Kaltenweide 9, Inh. Johann Metzger
12	Hermann Schnohr	Sandberg 3
13	Johannes Schwerinski	Reeperbahn 1
14	Johann H. Strecker	Königstraße 51
15	Ferdinand Wördemann	Kaiserstraße 23
16	Hinrich Wörtmann	Flamweg 73
17	Rudolf Bluhm	Neue Straße 7 (Weißgerber)
18	Johannes Hölterling	Flamweg 116 (Weißgerber)
19	Johannes Wigand	Kaiserstraße 36 (Weißgerber)

Quelle: Adreßbuch für die Stadt Elmshorn 1900; Protokoll der Gründungsversammlung der „Vereinigten Gerbereibesitzer und Lederzurichter zu Elmshorn" vom 31.3.1890.

den gewählt[44]. Dieser Verein war nicht nur eine Interessenvertretung der Elmshorner Lederfabrikanten, sondern hatte mit seiner Satzung auch ein Instrument zur alleinigen Verhandlung und Schlichtung bei Auseinandersetzungen mit den Arbeitern. Der § 19 verpflichtete die Vereinsmitglieder, den Vereinsvorstand „unverzüglich unter Angabe der vorliegenden Tatsachen" über „Differenzen" zu unterrichten und während der Dauer der Verhandlungen oder eines Streiks ihn über alle Informationen und Mitteilungen in Kenntnis zu setzen. Ohne Einwilligung des Vorstandes durften den Arbeitern auch keine Zugeständnisse gemacht oder ihnen ablehnende Bescheide erteilt werden. Für den Fall, daß die Verhandlungen des Vorstandes mit den Arbeitern scheitern sollten, mußten die Vereinsmitglieder das Einarbeiten von Rohhäuten bis zur nächsten, nach acht Tagen einzuberufenden Mitgliederversammlung einstellen (eine Maßnahme, die heute wohl als Aussperrung bezeichnet würde). Sollten die „Differenzen" bis dahin noch nicht erledigt sein, so sollte innerhalb der folgenden zwei Wochen die Hälfte aller von den Vereinsmitgliedern Beschäftigten entlassen werden[45]. Diese Bestimmungen der Vereinssatzung hatten also offensichtlich die Funktion, bei Tarifauseinandersetzungen sofort den Verein als Verhandlungspartner auftreten zu lassen, um Vereinbarungen auf Betriebsebene, die nicht im

---

44 Protokollbuch der „Vereinigten Gerbereibesitzer und Lederzurichter zu Elmshorn" im Archiv des Städt. Museums Elmshorn.

45 Vereinssatzung des Fabrikanten-Vereins, § 19.

Sinne der Arbeitgeber ausfielen, möglichst auszuschalten. Daß bei Entscheidungen des Vereins die Interessen der größeren Unternehmen im Vordergrund standen, war ebenfalls durch die Satzung abgesichert. Der § 5 (Beitrag und Stimmrecht) bestimmte, daß bei allen Abstimmungen die Vereinsmitglieder für jeweils 25 Beschäftigte je eine Stimme, höchstens jedoch drei Stimmen hatten[46].

Diese Satzung mit den darin enthaltenen Verhaltensvorschriften erwies sich in den folgenden Jahren als ein sehr wirksames Instrument während der häufigen Arbeitskämpfe; wenn es galt, den Forderungen der Elmshorner Lederarbeiter mit Härte und Standfestigkeit zu begegnen.

8. ARBEITSKÄMPFE IN DER ELMSHORNER LEDERINDUSTRIE

Die ersten Jahrzehnte der Industrialisierungsphase in der Elmshorner Lederproduktion waren von harten und langwierigen Arbeitskämpfen gekennzeichnet. Im 19. Jahrhundert stand in Elmshorn, wie im übrigen Deutschland, der Kampf um den 10-Stunden-Tag im Vordergrund der Auseinandersetzungen.

Ende März 1890 forderten die Elmshorner Gerbereiarbeiter die 10stündige Arbeitszeit und traten am 8. April – nachdem die Gerbereibesitzer diese Forderung zurückgewiesen hatten – in den Streik. Dieser Arbeitskampf war der erste „Angriffsstreik", der von Arbeitern in fast allen Elmshorner Gerbereibetrieben getragen wurde. Die Berichte vermelden 150 Streikende, davon sechs Minderjährige, und heben die Beteiligung der Sozialdemokratie bei den Streikversammlungen hervor, auf denen „socialistische Führer (Klüß u. Cons.) das Hauptwort" führten[46a].

Ein Erfolg war diesen Arbeitskämpfen allerdings noch nicht beschieden. Erst 1895, nach einer Reihe von „Differenzen" erreichten die Gewerkschaften ihr Ziel der einstündigen Arbeitszeitverkürzung. Danach entspannte sich die Situation in Elmshorn wieder für einige Zeit. 1896 und 1897 gab es kleinere Streiks in der Lederfabrik Knecht[47].

Wie schnell sich die Situation zuspitzen konnte, zeigt ein Beispiel aus dem Jahre 1897: Bei der Firma Knecht sollten die Löhne für die Arbeiter gekürzt werden. Als diese dagegen protestierten, erhielten zwei Arbeiter ihre Entlassung. Daraufhin legten alle Arbeiter die Arbeit nieder. Nach einigen Streiktagen wurden die früheren Löhne weiter gezahlt und die Entlassenen wieder eingestellt[48].

Nicht immer jedoch waren die Löhne der direkte Anlaß für die Arbeitskämpfe. 1905 streikten 61 Arbeiter bei Knecht sechs Wochen lang, weil ihrer Meinung nach die verschiedenen Häute absichtlich falsch sortiert wurden und sich deshalb der

---

46 Ebd., § 5.

46a Elmshorner Nachrichten vom 12.4.1890.

47 Correspondenzblatt 1898, unter der Rubrik „Jahresberichte örtlicher Gewerkschaftskartelle für 1897".

48 Ebd.

Akkord verschlechterte. Eine Einigung über das Sortiment und die entsprechenden Löhne wurde erzielt[49].

Ein Jahr später gab es eine „Differenz" bei der Firma Jakob Piening. 22 Beschäftigte erhielten hier schließlich eine Erhöhung ihrer Akkordlöhne um 5 %[50].

Im Februar 1907 stellten die Lederarbeiter aller Elmshorner Betriebe folgende Forderungen auf: Verkürzung der täglichen Arbeitszeit auf 9 1/2 Stunden pro Tag, allgemeine Lohnerhöhung um 10 %, für Überstunden um 20 %. Erreicht wurde – diesmal auf dem Verhandlungswege – die halbstündige Arbeitszeitverkürzung ab 1. März und ein 10 %iger Aufschlag für Überstunden. Die allgemeine Lohnerhöhung wurde von den Arbeitgebern abgelehnt[51]. Jedoch gab es in den Firmen Knecht & Söhne und Diedrich Petersen neue Tarifabschlüsse, die Lohnerhöhungen enthielten[52]. Die Kräfteverhältnisse in der Elmshorner Lederindustrie waren zu dieser Zeit nicht deutlich auf die eine oder die andere Seite ausgerichtet. Anfang des Jahres 1909 wurden in mehreren Betrieben die Akkordsätze gesenkt. Durch Verhandlungen wurde das Ausmaß der Lohnsenkungen etwas verringert; verhindert werden konnten sie jedoch nicht[53].

Das Jahr 1910 wurde allgemein, aber besonders in der Lederindustrie als ein Jahr mit einer anhaltend guten Konjunktur bezeichnet[54]. Vor diesem Hintergrund stellten die in den Elmshorner Gerbereien beschäftigten Hilfsarbeiter die Forderung nach einem Mindestlohn von 40 Pf/Stunde sowie Erhöhung der Stundenlöhne um 10 bzw. 15 %. Außerdem forderten sie höhere Zuschläge für Überstunden sowie Nacht- und Feiertagsarbeit. Der Fabrikantenverein lehnte jedoch jegliche Verhandlungen ab. Die Arbeiter blieben bei ihren Forderungen und erreichten schließlich auf dem Verhandlungswege eine Erhöhung der Stundenlöhne um durchschnittlich 2 Pf[55].

Eine andere Auseinandersetzung entzündete sich im selben Jahr an der Frage der sogenannten Freizügigkeit. Die Elmshorner Lederfabrikanten hatten eben diese Freizügigkeit aufgehoben, indem sie beschlossen, alle freiwillig ausgeschiedenen Arbeiter innerhalb von vier Wochen in keinem Mitgliedsunternehmen wieder einzustellen. Der Lederarbeiterverband verhängte daraufhin eine Sperre über diejenigen Betriebe, die die Freizügigkeitsbeschränkung durchführten. Außerdem sollten alle Überstunden verweigert werden. Eine Vollversammlung der Elmshorner Lederarbeiter beschloß den Arbeitskampf, falls der Beschluß der Unternehmer nicht rückgängig gemacht würde. Eine Verhandlungsrunde mit den Arbeitgebern führte schließlich zur Verständigung, so daß die beiderseitigen Sperren aufgehoben wurden[56].

Am Ende des Jahres kam es bei der Firma Knecht & Söhne zu einem Arbeitskampf, als die Arbeiter der Lohgerberei Anfang Dezember termingerecht den bestehenden Tarifvertrag kündigten und die Erhöhung einzelner Akkordsätze forder-

49 Jahresbericht des Zentral-Vorstandes für die Jahre 1905–1907, Hamburg o.J., S. 18.
50 Ebd., S. 24.
51 Ebd., S. 26.
52 Ebd., S. 33.
53 Jahresbericht des Zentral-Vorstandes für das Jahr 1909, Hamburg o.J., S. 13.
54 Vgl. Jahresbericht 1910, S. 7–11.
55 Ebd., S. 46.
56 Ebd., S. 53.

ten. Die Firma lehnte diese Forderungen ab und bestand auf der Erneuerung des Tarifvertrages mit den alten Bedingungen. Die Arbeiter lehnten dieses „Angebot" ebenfalls ab, worauf die Firma das Einarbeiten einstellte und die Regelung des Konfliktes an den Fabrikantenverein übergab. Daraufhin stellten die übrigen Mitgliedsfirmen ebenfalls das Einarbeiten ein, um die Arbeiter unter Druck zu setzen; denn diese verloren ja nach und nach ihre Arbeit. Nach achttägigen Verhandlungen wurde dann eine Regelung gefunden, die den Forderungen der Arbeiter entsprach. Am 8. Februar 1911 wurde in den betroffenen Betrieben die Arbeit wieder aufgenommen. Am Streik waren insgesamt 276 Arbeiter beteiligt. Der Streik kostete dem Lederarbeiterverband 6 579 Mark[57].

Ebenfalls 1911 war Elmshorn Schauplatz des bis dahin längsten Streiks der Lederarbeiter. Im März stellten diese eine Reihe von Forderungen an die Unternehmer. Diese enthielten nicht nur eine Erhöhung der Stundenlöhne und der Überstundenzuschläge, sondern auch Verbesserungen der Arbeitsbedingungen und einige andere soziale Forderungen, wie das Gestellen von Schutzhandschuhen in der Bleiche und das Auszahlen des Wochenlohns während der Arbeitszeit.

Die allgemeinen Forderungen wurden von den Unternehmern mit Entgegenkommen aufgenommen; die Lohnforderungen hingegen als unannehmbar zurückgewiesen. Am 12. April beschloß eine Vollversammlung der organisierten Lederarbeiter, den Fabrikanten bis zum 18.4. ein Ultimatum zu stellen, die Lohnforderungen anzuerkennen oder zumindest in Verhandlungen darüber einzutreten. Da die Unternehmer eine erste Verhandlung erst für den 20.4. in Aussicht stellten, legte ein Teil der Arbeiter am 18.4. die Arbeit nieder, um deutlich zu machen, daß es ihnen ernst mit ihren Forderungen sei. Dieses kämpferische Vorgehen der Arbeiter führte zu einer völligen Verhärtung der Fronten. Die Unternehmer lehnten alle Vermittlungsversuche der Streikleitung, der Ortsverwaltung, des Zentralvorstandes der Lederarbeiter und sogar des 2. Bürgermeisters ab. Erst nach 17wöchigem Streik kam es Mitte August zu einer ersten Verhandlung unter Beteiligung des Zentralvorstandes, die aber ergebnislos verlief, obgleich die Arbeiter die Forderung nach Mindestlöhnen schon vorher fallengelassen hatten. Den Vorschlag, alle Stundenlöhne um 2 Pfennig zu erhöhen, lehnten die Unternehmer rundweg ab, erneuerten dagegen aber ihr Angebot vom April, das eine Aufbesserung der Leistungslöhne vorsah. Ein weiterer Vermittlungsvorschlag der Gewerkschaft, der eine Erhöhung der Stundenlöhne in das Ermessen der Arbeitgeber stellte, wurde von dieser Seite ebenfalls zurückgewiesen. Ende August riefen die Streikenden die Schiedsstelle des Gewerbegerichts an. Diese Vorgehensweise wurde aber von den Unternehmern wiederum nicht akzeptiert. Da die Opferbereitschaft der meisten Streikenden jetzt völlig erschöpft war – statt eines Durchschnitts-Wochenlohns von zirka 30 Mark erhielten diese nur 10 bis 12 Mark Streikunterstützung pro Woche –, nahmen die Elmshorner Lederarbeiter das Angebot der Fabrikanten an, die Löhne nach Leistung zu erhöhen.

Am 9. September 1911 ging der längste Arbeitskampf in der Elmshorner Industrie nach 21 Wochen zu Ende. Fast 32 500 Streiktage waren verloren gegangen. Über 134 000 Mark betrug der Verdienstausfall der Arbeiter. Die Streikkasse des Lederar-

57 Jahresbericht des Zentral-Vorstandes für das Jahr 1911, Berlin o.J., S. 26/27.

beiterverbandes zahlte 91 747 Mark Unterstützung an die Streikenden[58]. Die Gaulei-
tung der Lederarbeiter-Gewerkschaft verteilte 9 000 Flugblätter und verschickte
3 450 Drucksachen, um über den Streik der Elmshorner Kollegen aufzuklären[59].

Die Elmshorner Arbeitgeber reagierten auf den Streik mit der Anwerbung von
auswärtigen Arbeitnehmern. Fast 300 Arbeiter, darunter auch 60 Russen, übernahmen die Arbeit in den Elmshorner Lederfabriken. Diese „Gastarbeiter" wurden von
ihren norddeutschen Kollegen nicht gerade freundlich empfangen. Zahlreiche Schlä-
gereien zwischen Streikenden und „Arbeitswilligen" waren Ausdruck der gespannten
Lage. Die Polizei hatte alle Hände voll zu tun, die Ruhe wieder herzustellen[60]. Als ein
Gerbergeselle einen „arbeitswilligen" Kollegen als „Streikbrecher" bezeichnet, wird
er wegen Beleidigung zu einer Geldstrafe von 10 Mark ersatzweise zwei Tage Haft
verurteilt[61].

Schon Ende Mai hatten die Lederfabrikanten auf einer Generalversammlung den
Bau eines Hauses für die auswärtig angeworbenen Arbeiter beschlossen. Im Laufe
des Sommers kam es dann zur Gründung der sogenannten „Arbeiterheim G.m.b.H."
unter Beteiligung aller Elmshorner Lederfabrikanten und einiger anderer Unterneh-
mer. Diese Gesellschaft errichtete in der Lessingstraße ein kasernenmäßiges großes
Gebäude, in dem die „Streikbrecher" zunächst untergebracht wurden, da sie in
Elmshorn kaum Wohnraum erhielten[62]. Auch die Firma Johann Metzger nahm sich
des Wohnungsproblems der angeworbenen Arbeiter an. Sie errichtete auf dem
Werksgelände mehrere Wohnungen und ließ in der Fritz-Reuter-Straße mehrere
Wohnblocks mit Werkswohnungen bauen[63].

Auf den Einsatz der Streikbrecher in den Lederfabriken reagierten die Gewerkschaften mit Solidarisierungsappellen an die übrigen Elmshorner Arbeiter. Ende
April verweigerten die Hafenarbeiter das Löschen einer Schute, die mit Häuten
beladen war[64]. Ende Juni richtete das Elmshorner Gewerkschaftskartell einen Aufruf
an die Einzelhändler, keine Waren an die Arbeitswilligen in den Lederfabriken zu
liefern[65].

Den Arbeitgebern gelang es jedoch, immer mehr Arbeitskräfte von außerhalb in
die Fabriken zu bringen und damit den Streik ins Leere laufen zu lassen. Ende Juni
arbeiteten schon wieder zirka 400 Leute in den bestreikten Betrieben[66]. Auf diesem
Hintergrund verschlechterte sich die Position der Gewerkschaft von Tag zu Tag. Am
7. September faßten die Streikenden daher den Beschluß, alle ihre Forderungen
fallen zu lassen und die Arbeit wieder aufzunehmen. Der Arbeitskampf des Jahres

58 Ebd. sowie S. 41/42 und S. 108.
59 Ebd., S. 108.
60 Elmshorner Nachrichten vom 29.5.1911.
61 Elmshorner Nachrichten vom 11.8.1911.
62 Rostock, Lederindustrie, S. 115; Elmshorner Nachrichten vom 31.5.1911 und vom
   25.7.1911.
63 Rostock, Lederindustrie, S. 115.
64 Elmshorner Nachrichten vom 27.4.1911.
65 Elmshorner Nachrichten vom 24.6.1911.
66 Ebd.

Tabelle 5: Lederfabriken in Elmshorn 1911 und 1918

	1911	
1	Johann Bielefeldt	Mühlenstraße 37
2	August Huch*	Reichenstraße 23
3	Johann Knecht & Söhne	Kaiserstraße 23 und Neue Straße 1
4	Heinrich J. W. Kruse*	Reichenstraße 9
5	Wilhelm Lubeseder	Sandberg 15
6	Johann Metzger	Kaltenweide 9
7	Hermann Petersen*	Königstraße 49
8	Jakob Piening AG*	Friedenstraße 7
9	Christian Rostock	Mühlenstraße 18
10	Johann Hinrich Strecker	Königstraße 51
11	Weinknecht & Co.*	Kaltenweide 28
12	Johannes Wörtmann	Flamweg 73
13	Rudolf Bluhm*	Neue Straße 7 (Weißgerber)
14	Johannes Wiegand*	Kaiserstraße 36 (Weißgerber)

	1918	
1	Johann Bielefeldt	Mühlenstraße 37
2	Nathan Fink	Bauerweg 13
3	Johann Knecht & Söhne	Kaiserstraße 23
4	Wilhelm Lubeseder*	Sandberg 15
5	Johann Metzger	Kaltenweide 9
6	Christian Rostock	Mühlenstraße 18
7	Hermann G. Schmid	Friedenstraße 7
8	Franz A. Schuster	Kleine Gärtnerstraße 1
9	Johann Hinrich Strecker	Königstraße 51
10	Hinrich Wörtmann	Flamweg 73

* = nicht Mitglied der „Vereinigten Lederfabrikanten"

Quelle: Adreßbuch der Stadt Elmshorn 1911; Rostock, Lederindustrie, S. 115; Akten des
Lederfabrikantenvereins.

1911 mit den bitteren Erfahrungen für die beteiligten Arbeitnehmer führte über Jahre
hinweg zu einer negativ belasteten Atmosphäre in der Elmshorner Lederindustrie[67].

67 Rostock, Lederindustrie, S. 115.

9. AUSBLICK

War die Zeit der Jahrhundertwende bis zum ersten Weltkrieg eine Phase des raschen Aufschwungs in der Lederindustrie gewesen, so bedeutete die Kriegszeit mit ihren schwerwiegenden wirtschaftlichen Folgen einen starken Einbruch. Es gab mehrere Betriebsschließungen und Umfirmierungen. 1918 hatte der Verein der Lederfabrikanten nur noch acht Mitglieder[68]. Drei dieser Firmen entwickelten sich in der Folgezeit zu Großbetrieben (Knecht, Metzger, Schmid) mit jeweils mehreren hundert Beschäftigten. Diese Unternehmen, beziehungsweise deren Rechtsnachfolger waren es auch, die das Erscheinungsbild Elmshorn als schnell und planlos gewachsener Industriestandort bis in die sechziger Jahre hinein prägten. Ende 1963 wurde die letzte Elmshorner Lederfabrik stillgelegt.

68 Vgl. Tabelle 5.

Klaus Tidow

Neumünsters Baumwollindustrie im 19. Jahrhundert

1. EINLEITUNG

Über die Anfänge der Baumwollverarbeitung in Schleswig-Holstein im späten 18. und frühen 19. Jahrhundert ist bereits mehrfach berichtet worden. So schreibt Degn, daß schon 1782 in einer Manufaktur in Ahrensburg Baumwolle mit einer Maschine versponnen wurde[1]. Hansen hat sich in den letzten Jahren intensiv mit der Hanerauer „Ellenwaarenfabrike" befaßt[2]. Er stellte bei seinen Recherchen fest, daß 1809 in Hanerau Kratz- und Spinnmaschinen angeschafft wurden, um Baumwolle zu verspinnen. Bis 1818 wurde die Spinnerei manufakturmäßig betrieben, danach hat man nur noch mit Handspinnrädern im Verlag gearbeitet. Später, während der Zeit der Kontinentalsperre, bezog man Baumwollgarne über Tönning und Altona, die zu Baumwollzeug verwebt wurden. So berichtet Haase, daß z. B. 1826 in Hanerau 2250 Ellen Baumwollzeug hergestellt worden sind[3]. Auch in Altona wurde zu Beginn des 19. Jahrhunderts Baumwolle versponnen und verwebt. Später gab es auch in anderen Orten Schleswig-Holsteins Baumwollspinnereien und -webereien, die aber oft mit anderen Textilbetrieben (z.B. mit einer Leinenweberei) verbunden waren. Schließlich ist noch auf die Kattundruckereien im Hamburger Raum hinzuweisen, deren älteste sich schon für das frühe 18. Jahrhundert nachweisen lassen[4].

Die Verarbeitung von Baumwolle, sei es zu Garnen oder Geweben, sowie das Bedrucken von Baumwollgeweben war also zu dem Zeitpunkt, als in Neumünster die ersten Baumwollgewebe gefertigt wurden, nichts Außergewöhnliches. Über die Anfänge der Baumwollweberei in Neumünster sind wir allerdings bei weitem nicht so gut unterrichtet wie über die Tuchproduktion, obwohl die Baumwollindustrie zeitweise Neumünsters zweitwichtigster Industriezweig war. So heißt es in einem zeitgenössischen Bericht von 1848: „Neben den Tuchfabriken ist auch die Baumwollweberei hier ziemlich bedeutend geworden und in Aufnahme gekommen. Schon seit

1 Christian Degn, Die Schimmelmanns im atlantischen Dreieckshandel, Neumünster 1974, S. 98.
2 Hinrich Hansen, Die Hanerauer „Ellenwaarenfabricke", in: Mitteilungen der GSHG 25, 1986, S. 20–21.
3 Nicolai Haase, Das Aufkommen des gewerblichen Großbetriebes in Schleswig-Holstein bis zum Jahre 1845, Leipzig 1925 (QuFGSH 11), S. 222.
4 Johannes Hugo Koch, Mit Model, Krapp und Indigo, Hamburg 1984, S. 45–54.

einigen Jahren fingen einige Linnenweber damit an, Baumwollgewebe zu verfertigen, bis es 1840 durch die Gebrüder Eyring mehr Schwung erhielt. Seitdem gibt es mehrere der früheren Linnenweber, die sich fast ausschließlich mit den Baumwollgeweben beschäftigen und alle Sorten Hosen- und Schürzenzeug, Halbleinen, Buckskin, Bettzeug, Bettüberzüge usw. verfertigen. Aber diese Woll- und Baumwollfabriken, welche sich hier immer mehr vervollkommnen und ausbilden, sind es nicht allein, die den Ort heben und blühend machen; . . . "[5].

Auch in einem anderen Bericht aus dem vorigen Jahrhundert wird die Bedeutung der Neumünsteraner Baumwollindustrie herausgestellt: „Die Anfertigung von Wollwaren ist bis in die neueste Zeit der bei weitem überwiegende Gegenstand der Neumünsterschen Fabriktätigkeit gewesen; aber er ist nicht der einzige Gegenstand solcher Tätigkeit gewesen. Ist erst einmal an einem Ort Arbeitslust und Unternehmergeist durch so günstige Umstände angeregt, so wird man nicht in einer, allerdings stets vorhandenen Hauptrichtung sich bewegen, sondern sich eben nach allen Richtungen, welche ausgebeutet werden können, zu wenden versuchen. Gedacht ist vorhin schon der mit der Wollmanufaktur nahe verwandten Baumwollwarenfertigung. Ein Ausländer begann in den vierziger Jahren auf etwa 20 Webstühlen; dies Geschäft ging zwar zu Anfang der fünfziger Jahre unter, statt dessen aber entstanden bald sechs neue, teilweise umfassende Geschäfte, welche zwei Altneumünsteraner, zwei aus anderen Orten Holsteins und zwei resp. aus Westfalen und Sachsen Eingewanderten gehörten . . . Daneben gab und gibt es aber noch eine ziemliche Anzahl von Webermeistern, die vom Linnenweben zum Baumwollweben übergingen, oder beides zusammen betrieben . . . "[6]

2. DIE ANFÄNGE DER NEUMÜNSTERANER BAUMWOLLINDUSTRIE

Baumwolle war als Rohstoff billiger als der mit sehr zeitaufwendigen Vorbereitungsarbeiten zu gewinnende Flachs (Lein). Gewebe aus Baumwolle wurden im Laufe des 19. Jahrhunderts immer häufiger für Zwecke verwendet, die früher Leinengeweben vorbehalten waren. Die Leinenweber Neumünsters, die von 1668 bis 1866 in einer Zunft zusammengeschlossen waren, haben bereits in den 20er Jahren des 19. Jahrhunderts Baumwollgarne verwebt. Dies geschah jedoch zunächst in einem sehr bescheidenen Umfange. So wissen wir, daß die 15 Zunftmitglieder z.B. im Jahre 1827 außer 32 210 Ellen Leinwand und 4 363 Ellen Drell nur 400 Ellen Baumwollzeug mit ihren elf Gesellen und 18 Lehrlingen hergestellt haben[7]. In diesem Jahr hatte einer der fortschrittlichsten Leinenweber Neumünsters, Jürgen Caspar

5 Claus Riepen, Ein Wort über Industrie, in: Karl Biernatzki (Hrsg.), Volksbuch auf das Jahr 1848 für Schleswig, Holstein und Lauenburg, Altona 1848, S. 32.
6 Adolf Ipsen, Neumünster. Ein holsteinischer Fabrikort in seiner Entwicklung während der Jahre 1852–1863. Kiel 1870, S. 15–16.
7 Georg Helmer, Neumünster – wie es wurde und was es ist, Neumünster 1925, S. 56.

Junge, drei seiner alten Leinenwebstühle mit sogenannten Schnelladen und Schnell-schützen ausgerüstet, was zu einer erheblichen Mehrproduktion führte. Er verwebte nicht nur Leinengarne, sondern auch Baumwollgarne. Immerhin entwickelte sich sein Unternehmen so gut, daß er 1833 bereits sieben Webstühle mit Schnellvorrichtungen in seiner Werkstatt hatte. Er stellte auf diesen Webstühlen unter anderem Bettdrelle aus Leinen und Baumwolle her. Sie waren 14/4 Ellen breit. Auf den alten Webstühlen ohne Schnellvorrichtung konnte man nur Drellgewebe bis zu einer Breite von 12/4 weben. Junge besaß für damalige Verhältnisse eine sehr große Leinenweberei, denn die meisten Neumünsteraner Leinenweber hatten im allgemeinen nur einen oder zwei Webstühle in ihren Werkstätten. Die besondere Stellung von Junge in Neumünster wird auch noch dadurch unterstrichen, daß man ihm am 22.1.1834 auf die Einfuhr von Baumwollgarnen eine Zollermäßigung gewährte. Später (1838) soll er dann eine Fabrik für Baumwoll- und Wollwaren erbaut haben, doch ist darüber leider nichts bekannt[8].

Die Leinenweber Neumünsters, sowohl die zünftigen als auch die unzünftigen, haben sicherlich bis in die 40er Jahre des 19. Jahrhunderts überwiegend Leinengarne für die hiesige Bevölkerung verwebt, ehe sie dann nach und nach mehr Baumwoll-garne für die Neumünsteraner „Baumwollfabrikanten" verarbeiteten. Immerhin fühl-ten sich die hiesigen Baumwollweber 1860 so stark, daß 33 von ihnen um die Einrichtung einer Zunft baten, doch waren die Mitglieder des Leinenweberamtes dagegen. 1862 wurde dann erneut ein Gesuch eingereicht, das wiederum abgelehnt wurde. Jedoch wollten die Leinenweber ihre Zunftartikel dahingehend ändern, daß nunmehr auch Baumwollweber aufgenommen werden könnten[9].

3. KAUFLEUTE UND BAUMWOLLFABRIKANTEN

Der erste Unternehmer, der in Neumünster im größeren Umfange Baumwollge-webe produzierte, war Arnold Ludwig Eyring, der „hier im Herbst 1841 eine Baumwollweberei" eingerichtet hatte[10]. Über die Geschichte dieses Unternehmens sind wir durch die sogenannten Fabrikberichte verhältnismäßig gut unterrichtet. So waren für Eyring 1842 bereits 48 Weber sowie 28 Frauen und Kinder tätig. Es geht aus dem Fabrikbericht für dieses Jahr allerdings nicht hervor, ob es sich um Leinen-weber und deren Angehörige handelt, die im Lohnauftrag für ihn webten. Verarbei-tet wurden damals immerhin 10 000 Pfund Twist zu 24 482 Ellen Hosenzeug und 2 466 Ellen Kleiderzeug (eine Brabanter Elle = 69,5 cm). Die meisten Baumwollge-

8 Werner Blunck, Die Entwicklung der Industrie in Neumünster bis zum Anschluß Schleswig-Holsteins an den deutschen Zollverein, Kiel 1927 (QuFGSH 12), S. 46–47.
9 StA Neumünster, FL 70.
10 Chronik von Neumünster, StA Nmstr. 311 und 312.
   Die für diesen Beitrag benutzten Fabrikberichte befinden sich im Reichsarchiv Kopenhagen bzw. im Landesarchiv in Schleswig, Kopien davon im Textilmuseum Neumünster.

webe wurden in den Herzogtümern abgesetzt, nur gut ein Viertel der Produktion ging nach Dänemark. Eyring schreibt dazu: „Eine Norm für die regelmäßige Fabrikation läßt sich nach obiger Aufstellung nicht annehmen, da Anfang des Jahres nicht der dritte Theil Arbeiter beschäftigt und das Geschäft nach Dänemark erst in den letzten 3 Monaten eingeleitet wurde." Doch setzte sich der Aufschwung 1843 fort. Eyring beschäftigte nunmehr 56 Weber und 38 Frauen und Kinder. Verarbeitet wurden jetzt bereits 16 000 Pfund Twist zu 32 300 Ellen Hosenzeug und 6 300 Ellen Kleiderzeug, von denen über die Hälfte in Dänemark abgesetzt wurde. Auch in den folgenden Jahren stieg die Produktion an. So verbrauchte man 1845 z. B. 28 000 Pfund Twist. Für Eyring arbeiteten in diesem Jahr 100 Leute.

Nicht viel später haben in Neumünster zwei weitere Unternehmer die Baumwollproduktion aufgenommen. Das genaue Gründungsdatum dieser Firmen läßt sich allerdings nicht ermitteln. August Neubert (Am Teich Nr. 15), ein Webmeister, kam aus Sachsen, während Johann Heinrich Roth (Großflecken Nr. 3) in der größten Neumünsteraner Tuchfabrik von H. L. Renck Söhne und Co. Tuchmacher gelernt hatte.

J. H. Roth leitete das Unternehmen zusammen mit seinem Bruder Lorenz Jürgen Roth. Als vierter kam der Leinenweber Markus Heinrich Bühse hinzu.

Über diese vier Baumwollfabrikanten wird dann im Fabrikbericht für das Jahr 1849 ausführlich berichtet: „In den 4 Baumwollfabriken des Fleckens waren nach Ausweis der 4 Beilagen im Laufe des Jahres außer den Fabrikanten und Meistern beschäftigt: 96 Arbeiter (davon bei Eyring 62, bei Neubert 10, bei Roth und Bühse jeweils 12). Die Maschinenzahl dieser Fabriken ist von den Fabrikanten nicht angegeben, nach mündlichen Berichten der letzteren haben sie aber im Jahre 1849 mit denselben Maschinen wie im Jahre 1848 gearbeitet, also mit 6 Dampfwebstühlen, 25 Handwebstühlen und einigen Doublier- und Spulmaschinen (Roth und Bühse besaßen je eine Doubliermaschine, Neubert eine Doublier- und eine Spulmaschine). Verarbeitet wurden in diesen Fabriken 64 700 Pfund Twist, 800 Pfund Wolle, welche Stoffe in Verbindung mit dem verbrauchten Öl, Leim, Mehl etc, einen Gesamtwert von 52 232 R.T." ausmachen. Hergestellt wurden insgesamt 183 150 Ellen Baumwollzeug, von denen allein 149 100 Ellen Futterzeug waren. Dazu heißt es im Fabrikbericht: „Ein Vergleich der Übersichten des Betriebes der Baumwollfabriken im Jahre 1848 mit den anliegenden Übersichten des Jahres 1849 ergibt, daß dieser Fabrikationszweig erfreuliche Fortschritte gemacht hat, indem im Jahre 1849 mehr Arbeiter Beschäftigung fanden und bedeutend mehr verbraucht und verfertigt wurde." Das damals hauptsächlich produzierte Unterfutter eignete sich besonders gut für die Fütterung der „Waffenröcke". Im letzten Abschnitt dieses Fabrikberichtes finden wir dann die Bestätigung, daß sowohl in Neumünster als auch in den umliegenden Dörfern für die Fabrikanten Baumwolle verwebt wurde: „ . . . Daneben ist zu bemerken, daß aufgeführte Arbeiter nicht alle in Neumünster ansässig sind, sondern auch in großer Zahl Landweber, im weiten Umkreis um Neumünster . . . , so namentlich in Nortorf, Seedorf, Holdorf usw. und inbesondere durch die Herren A. L. Eyring und Comp. bei Lieferungen betheiligt gewesen sind . . . "

1851 war für die Neumünsteraner Baumwollindustrie ein sehr schlechtes Jahr. Nachdem die 1848 ausgebrochene schleswig-holsteinische Erhebung gegen Dänemark gescheitert war, konnten auch keine Baumwollgewebe mehr für Militärzwecke

Tab.: Beschäftigte, verbrauchtes Material und gefertigte Produkte in Neumünsters Baumwoll-industrie 1842–1863

Jahr	Fabrikant	Beschäf-tigte	Woll-garn in Pfund	Baumwoll-garn in Pfund (Twist)	Baumwoll-zeug in Ellen	Halbwoll-zeug in Ellen	Woll-zeug in Ellen
1842	A. L. Eyring	76	–	10 000	26 900[a]	–	–
1849	A. L. Eyring	62	–	48 500	149 100[b]	–	–
	Gebr. Roth	12	500	3 500	8 250	–	2 500
	A. Neubert	10	300	7 700	. . .	–	. . .
	M. H. Bühse	12	–	10 000	14 500[c]	–	–
1851	A. L. Eyring	52	–	5 370	16 802	–	–
	Gebr. Roth	4	–	1 600	4 800	–	–
	A. Neubert	11	–	4 610	. . .	–	–
	M. H. Bühse	14	. . .	7 200	5 900[d]	4 200	–
1863	E. Neumann	100–180	16 000	60 000	135 000[e]	140 000	–
	Gebr. Roth	60	5 000	24 000	50 000	16 000	–
	A. Neubert	110	2 200	64 000	176 000[f]		–
	A. Voß	10	800	4 000	5 000[g]	10 000	–
	H. Wille	26	–	35 000	. . .[h]	–	–
	M. H. Bühse	15	1 500	2 000	15 000[j]	3 200	–

a Davon: ca. 24500 Ellen Hosenzeug und 2500 Ellen Kleiderzeug (Brabanter Elle = 69,5 cm)
b Futterzeug
c Davon 1600 Ellen Hosenzeug (Außerdem: Drell und Parchent: 2200 E.)
d Davon 4500 Ellen Futterzeug (Außerdem: andere Produkte und Leineng.)
e Hosen und Rockzeug
f Baumwoll- und Halbwollzeug
g Hosenzeug
h fertige Stouts (keine Angaben in Ellen)
j Davon 12 Ellen Hosenzeug

Quelle: Fabrikberichte (vgl. Anm. 10)

gefertigt werden. Wenn auch die Arbeiterzahl nur von 99 auf 81 in den vier Betrieben zurückging, so spiegelt sich die katastrophale Wirtschaftslage in den Produktionszahlen wider: 1851 wurden 19 180 Pfund Twist, Leinen- und Wollgarn gegenüber 72 000 Pfund im Vorjahr und nur 55 102 Ellen Baumwollwaren gegenüber 207 300 Ellen im Jahr 1850 verbraucht bzw. gewebt. Es heißt deshalb abschließend: „Der Absatz fand fast ausschließlich nach dem Herzogtum Holstein statt, und wegen der großen Beschränkung des Absatzgebietes die ungeheure Abnahme der Fabrikation leicht zu erklären, um so mehr als Militärwaren in diesem Jahr gar nicht gefertigt worden waren."

Die Baumwollindustrie Neumünsters, die sich seit 1841 vielversprechend entwikkelt hatte, konnte die Rückschläge aus den Jahren 1851/52 ab 1854 überwinden[11].

Jedoch mußte Eyring 1857 Konkurs anmelden. Das „Neumünstersche Wochenblatt" berichtet mehrfach über die Konkursmasse. In der Ausgabe vom 28.6.1858 (Nr. 51) lesen wir, daß sechs sächsische mechanische Webstühle mit Zubehör, zwei englische mechanische Webstühle mit Zubehör, eine große Doubliermaschine von 108 Spindeln mit Zubehör, eine hölzerne Doubliermaschine mit 96 Spindeln mit Zubehör, eine hölzerne Doubliermaschine mit 14 Spindeln, eine Blattbindemaschine, eine Aufbäummaschine für Ketten, ein Schärrahmen, außerdem Webgeschirre, Kämme, Blätter u.ä. sowie Baumwollgarne zu verkaufen waren. Die angebotenen Maschinen hat wahrscheinlich sein Nachbar Joachim Detlev Renck (Großflecken Nr. 54) übernommen, da im Hause des „Färbers" Renck die Maschinen zum Kauf angeboten wurden. J. D. Renck stellte um 1860 nach und nach seinen Betrieb auf eine Baumwollweberei um. In den Fabrikberichten für diese Jahre wird er allerdings noch nicht unter den Baumwollfabrikanten geführt, sondern als Inhaber einer Färberei (1863: 4 Arbeiter) und einer Weberei und Walkerei (1863: 27 Arbeiter). Wann er also genau mit der Baumwollweberei begonnen hat, läßt sich nicht ermitteln. Die Lohnweber, Spuler u.a., die bis zum Konkurs von Eyring für diesen gearbeitet haben, wurden scheinbar von E. Neumann übernommen. Neumann soll zu Beginn der 60er Jahre des vorigen Jahrhunderts fast 200 Weber, Spuler und Handlanger beschäftigt haben. 1863 wurde für ihn auf 140 Webstühlen produziert[12].

Über die anderen in Neumünster Baumwolle verarbeitenden Unternehmen wissen wir nicht allzuviel. Zwar geben uns die Fabrikberichte Auskünfte über die Anzahl der Arbeiter, der verbrauchten Materialien und der gefertigten Waren, doch können wir nicht in jedem Fall entscheiden, ob es sich um Verleger oder um Besitzer einer Fabrik handelt.

Insgesamt gab es in Neumünster 10 Baumwollwebereien bzw. -fabriken[13]. Außer Junge haben nur wenige Leinenweber den Schritt zum selbständigen Baumwollfabrikanten geschafft. Zu ihnen gehören Hinrich Markus Bühse und August Voß, die allerdings nur in einigen Jahren mehr als 30 Arbeiter beschäftigten[14]. Wann sie die Baumwollweberei aufgaben, ließ sich leider nicht ermitteln. Größere Unternehmen waren in den Jahren zwischen 1851 und 1866 die von A. Neubert, der Gebrüder Roth und, wie bereits erwähnt, von E. Neumann. Wahrscheinlich haben diese drei 1867 oder kurz danach ihr Geschäft aufgeben müssen. Nur die alten Leinenweber Bühse und Voß konnten noch einige Jahre weiter Baumwolle verarbeiten.

Nach 1860 war außer der Baumwollfabrik von J. D. Renck nur noch eine Baumwollweberei entstanden, nämlich die „Mechanische Stoutsweberei" von Hermann Wille im Gasweg (Mittelstraße Nr. 15). H. Wille vermietete auch „Dampfkraft", wie

---

11 Blunck, S. 140, Tab. VII.
12 Blunck, S. 49.
13 Klaus Tidow, Neumünsters Textil- und Lederindustrie im 19. Jahrhundert, Neumünster 1984 (Veröffentlichungen des Fördervereins Textilmuseum Neumünster e.V., Heft 9), S. 77.
14 Blunck, S. 48.

wir aus Anzeigen im Neumünsterschen Wochenblatt aus dem Jahre 1862 (Nr. 95 und 98) entnehmen können. Der Betrieb von Wille existierte bis 1878 und hatte nie mehr als 40 Mitarbeiter (der zweite Baumwollfabrikant in diesen Jahren, J. D. Renck, beschäftigte maximal 65 Arbeiter). 1879 übernahmen Theodor Bartram und Julius Sager die Fabrik von Wille und führten sie bis 1914 weiter. Bartram und Sager stellten 1888 einen neuen Dampfkessel auf, den sie aus der Carlshütte bei Rendsburg bezogen hatten[15]. Auch in den besten Jahren dieser Baumwollfabrik waren dort selten mehr als 80 Arbeiter tätig.

Außer den Baumwollfabriken von Sager und Bartram und von J. D. Renck, der 1885 seinen Betrieb einstellte, gab es zwischen 1875 und 1891 noch eine kleine Baumwollweberei, die des „Stoutsfabrikanten" F. Böttger in der Mittelstraße Nr. 7. Böttger hatte nur zwei bis sechs Arbeiter. Scheinbar hat er zu Beginn der 90er Jahre das Baumwollweben aufgegeben und nur noch ein Textilwarengeschäft betrieben.

4. BETRIEBSFORMEN

Aus den derzeit zur Verfügung stehenden Quellen lassen sich für Neumünsters Baumwollindustrie folgende Betriebsformen nachweisen:

Leinenweberwerkstätten

In den Werkstätten der Neumünsteraner Leinenweber, die auch Baumwollgarne verwebten, standen Handwebstühle, die vermutlich mit Schnellvorrichtungen ausgerüstet waren. Außerdem gehörten zu einer solchen Werkstatt ein Schärrahmen und Spulräder sowie sonstige Hilfsgeräte.

Zu dieser Betriebsform gehörten die Werkstatt von Junge und später die von Bühse und Voß, die allerdings Spul- und Doubliermaschinen besaßen, die für Junge nicht nachweisbar sind.

Baumwollfabriken mit Lohnwebern (Verleger)

Solche Unternehmen waren von Kaufleuten oder Webmeistern gegründet worden. Im Fabrikgebäude waren immer Spul- und Doubliermaschinen aufgestellt. Die Baumwollgarne wurden im Verlag von Leinenwebern in und um Neumünster verwebt. Verleger waren Roth, Neubert und Neumann sowie Eyring, der sich allerdings von den drei zuerst genannten dadurch unterschied, daß er außerdem noch mechanische Webstühle und Schärgeräte in seinem Fabrikgebäude hatte.

Baumwollfabriken

In einer Neumünsteraner Baumwollfabrik waren alle für die Produktion von Baumwollgeweben nötigen Maschinen und Geräte (manchmal auch noch eine Färberei) untergebracht. Die mechanischen Webstühle wurden von einer Dampfmaschine bzw. einem Dampfkessel angetrieben. Zu den Baumwollfabriken dieses Typs gehören die Unternehmen von Renck, Wille und Sager und Bartram.

15 Schleswig-Holsteinische Zeitung, 1888, Nr. 278.

Baumwollgeschäft mit Weberei

Die Kombination Baumwollweberei und Geschäft hat es in dem uns hier interessierenden Zeitraum in Neumünster nur einmal gegeben (Böttger). Ob auf Hand- oder mechanischen Webstühlen produziert wurde, ist nicht überliefert.

5. ZUSAMMENFASSUNG

Die Tuchindustrie war im 19. Jahrhundert Neumünsters bedeutendster Gewerbezweig, während die Baumwollindustrie nur zeitweise ein bemerkenswerter Wirtschaftsfaktor war. Zwar hatten einige Leinenweber schon in den 20er Jahren Baumwollgarne verwebt, doch begann die Großproduktion von Baumwollgeweben erst nach 1840, als sich hier ein Kaufmann aus Viersen niederließ. Er ließ im Verlagssystem Leinenweber in und um Neumünster importierte Baumwollgarne für sich verarbeiten. Die Leinenweber benutzten ihre alten Handwebstühle, während im Hause des Verlegers ein Teil der Webereivorbereitung (Doublieren, Spulen) ausgeführt wurde. Das Unternehmen gedieh so gut, daß man sich sogar mechanische Webstühle anschaffen konnte. Im Laufe der 40er Jahre begannen noch weitere Webmeister mit der Herstellung von Baumwollgeweben. 1851, nach dem Ende der Erhebungskriege gegen Dänemark, war für die Neumünsteraner Baumwollfabrikanten ein großes Krisenjahr, da die Lieferung von Militärwaren an die provisorische Regierung in Kiel aufgehört hatte. Die Baumwollgewebeproduktion sank auf ein Viertel des Wertes aus dem Vorjahr. Ab 1852/53 setzte dann ein allgemeiner Konjunkturaufschwung ein, der noch einmal durch die Handelskrise von 1856/58 unterbrochen wurde. Der bis dahin größte Unternehmer der Neumünsteraner Baumwollindustrie überstand diese Krise allerdings nicht. In einem der wirtschaftlich guten Jahren, nämlich 1863, gab es in Neumünster sechs Baumwollfabrikanten, die zeitweise 419 Arbeiter beschäftigten. In der Tuchindustrie waren in diesem Jahr nur 578 Menschen tätig.

Nach dem Anschluß Holsteins an den deutschen Zollverein verlor die Baumwollindustrie Neumünsters immer mehr an Bedeutung. 1875 gab es noch drei Baumwollwebereien und -fabriken mit 101 Beschäftigten, 1890 nur noch eine Baumwollfabrik mit 82 Arbeitern, während in den 20 Tuchfabriken in jenem Jahr 1384 Arbeiter beschäftigt waren. An zweiter Stelle rangierte jetzt die Lederindustrie mit sechs Fabriken und 219 Arbeitern. Die letzte Baumwollfabrik Neumünsters schloß 1914.

Hans-Kai Möller

Schützengrabenlöffelbagger und Schrebergärten

Rüstungsproduktion und „Kriegsfürsorge" der Ottensener Maschinenfabrik Menck & Hambrock während des Ersten Weltkrieges

1. ZUM FORSCHUNGSSTAND UND ANSATZ

„Wo sonst an den Bänken nur Teile unserer . . . Maschinen lagerten, sind jetzt große Stapel von Granaten . . . angehäuft. Wie wir schon in der ersten Ausgabe berichteten, sind wir jetzt auch in unserem Werk I zur Granatendreherei übergegangen. Es werden auch auf Werk II gußeiserne 15 cm-Granaten und auf Werk I 13 cm-Granaten hergestellt."[1]

Dieses Zitat aus der Kriegszeitung der Firma Menck & Hambrock für ihre im Felde stehenden Angestellten und Arbeiter „Grüße aus der Heimat" weist auf ein von der Forschung zur Industriegeschichte Schleswig-Holsteins wenig beachtetes Thema, die Rüstungsproduktion während des Ersten Weltkrieges, hin. Auch in neueren sozialgeschichtlich orientierten Untersuchungen findet dieses Gebiet wenig Beachtung: So enthält der 1986 veröffentlichte Sammelband „Schleswig-Holsteins Weg ins Industriezeitalter" nur wenige, allerdings sehr bemerkenswerte Passagen zur Kriegsproduktion im Lande[2]. Neuere Untersuchungen zum genannten Themenbereich liegen lediglich für die großen Dynamit- und Sprengstoffabriken bei Geesthacht vor[3].

Im folgenden Aufsatz soll versucht werden, auf der Grundlage der Erforschung von Art, Umfang und Organisation der Rüstungsproduktion in einer der größten Maschinenfabriken des Landes die Veränderungen in den Arbeits- und Lebensbedingungen der Rüstungsarbeiter und Rüstungsarbeiterinnen zu untersuchen. Im Vordergrund wird dabei die in diesem Betrieb außerordentlich vielseitig entwickelte „Kriegsfürsorge" der Firmenleitung stehen und die Fragestellung, inwieweit diese Maßnahmen, die eine möglichst reibungslose Produktion fördern sollten, im Interesse der Unter-

---

1 Stadtteilarchiv (künftig abgekürzt: StA) Ottensen, Bestand Menck & Hambrock 3.1, „Grüße aus der Heimat", Kriegszeitung der Firma Menck & Hambrock G.m.b.H., Altona, für ihre im Felde stehenden Angestellten und Arbeiter, Nr. 2 (1915).
2 Urs J. Diederichs (Hrsg.), Schleswig-Holsteins Weg ins Industriezeitalter, Hamburg 1986, S. 18, 40, 70, 80, 88, 107 f., 150 f., 154 f.
3 K.. Gruber, Die Pulverfabrik Düneberg, Geesthacht 1983. Ders., Der Krümmel, Geesthacht 1980.

nehmer erfolgreich waren und welche Auswirkungen sie auf die soziale Lage und das Bewußtsein der Beschäftigten hatten.

Der Untersuchung dieser Problematik sind durch die Quellenüberlieferung jedoch enge Grenzen gesetzt. Hinsichtlich der Firmenunterlagen ist die Situation noch relativ günstig, da für den Untersuchungszeitraum die Auftragsbücher vollständig vorhanden sind und nahezu ein Drittel der Ausgaben der bereits erwähnten Kriegszeitung[4]. Schriftliche und mündliche Äußerungen von Betroffenen sowie Tonbandinterviews, private Briefwechsel, Tagebuchaufzeichnungen usw. fehlen fast vollständig.

2. DIE FABRIK UND IHRE GRÜNDER

Auf einem Weidegrundstück im holsteinischen Dorf Ottensen, das im Gegensatz zu Hamburg-Altona zum Zollvereinsgebiet gehörte, gründeten 1868 Johannes A. Menck und sein Freund Dieter Hambrock eine Maschinenfabrik, die in den ersten Jahren Transmissionen, transportable Dampfmaschinen und Rammen herstellte[5]. Die aus dem wohlhabenden Bürgertum stammenden jungen Männer verkörperten den neuen Typus des Techniker-Unternehmers, der sowohl über eine solide handwerkliche Ausbildung – beide lernten Schiffsschmied – als auch über ein abgeschlossenes Ingenieurstudium verfügte.

In den folgenden Jahren, die Firma expandierte kontinuierlich, wurde das Produktionsprogramm erheblich erweitert: In den ständig vergrößerten Fabrikgebäuden wurden nun u.a. auch Winden, Zentrifugalpumpen, Dampfbärrammen, elektrische Laufkräne und Dampfkräne hergestellt[6]. Um die Jahrhundertwende war die Firma mit 460 Beschäftigten und einem Umsatz von über 1,5 Mill. Mark mit Abstand die größte Maschinenfabrik und Gießerei in der damals beachtlichen Metallindustrie von Altona-Ottensen[7].

Nach einem vergeblichen Versuch in den neunziger Jahren nahm Menck & Hambrock 1901 als erste deutsche Firma die Produktion von Löffelbaggern auf und stellte bis 1914 über 500 dieser vielseitig einsetzbaren Geräte her. Die Bagger wurden nicht nur in der aufstrebenden Bauwirtschaft, sondern auch in Braunkohlegruben, Erzgruben, Hüttenwerken, Steinbrüchen usw. eingesetzt. Mit der Ausweitung der Produktion von Löffelbaggern ging eine stärkere Spezialisierung der Firma auf Baumaschinen und die Einstellung der Produktion von Dampfmaschinen, Haspeln und Luftkompressoren einher[8].

---

4 Staatsarchiv Hamburg (künftig abgekürzt: SAH), Auftragsbücher 1, Hauptaufträge der Firma Menck & Hambrock, Band 38–58 (1914–1918).

5 StA Ottensen, Bestand Menck & Hambrock 4./2, 70 Jahre Menck & Hambrock GmbH Hamburg-Altona, (Altona), 1938, S. 3.

6 Ebenda.

7 StA Ottensen, Bestand Menck & Hambrock 6.1/1, Umsätze 1868–1961.

8 70 Jahre Menck, S. 15–17.

Johannes Menck war nicht nur ein erfolgreicher Unternehmer, sondern neben dem Hamburger Werftbesitzer Hermann Blohm der einflußreichste Arbeitgeberführer in Norddeutschland. Von seinen zahlreichen Funktionen können hier nur einige genannt werden:

– Mitbegründer und Vorstandsmitglied des Verbandes der Eisenindustrie 1888
– Vorsitzender des Arbeitgeberverbandes Unterelbe
– Stellvertretender Vorsitzender des „Vereins Deutscher Arbeitgeberverbände"
– Vorsitzender des „Verbandes Deutscher Metallindustrieller"
– Präsident der Handelskammer zu Altona 1904–1918[9].

Aus der Feder von Peter Theodor Zeise, dem Besitzer der Menck & Hambrock direkt benachbarten Schiffsschraubenfabrik Zeise, stammt die folgende Charakterisierung Blohms und seiner „rechten Hand" Johannes Menck:

> „Hermann Blohm . . . war ein Autokrat und Reaktionär von reinstem Wasser und seinen Arbeitern und Untergebenen gegenüber zu allem fähig, um bei ihnen seinen Willen und seine Gewaltherrschaft durchzusetzen. – Den Sozialdemokraten hatte er den Kampf bis aufs Messer angesagt . . . Im Arbeitgeber-Verband und Verband der Eisenindustrie führte er allein das Zepter. Alle diesen Verbänden angeschlossenen Firmen mußten sich seinem Willen unterordnen, worin ihm Herr Kommerzienrat Menck . . . , ein aus dem gleichen Holz geschnitzter Mann, ein treuer Mitarbeiter und Helfer war."[10]

So forderte Menck von den Arbeitgebern, den offenen Kampf gegen die Sozialdemokratie und die freien Gewerkschaften, die er als verlängerten Arm der SPD betrachtete, aufzunehmen. Wirkungsvoll allein sei das Niederkämpfen aller Streiks, die doch nur durch die „Aufregung der Geister infolge der Sozialdemokratischen Bewegung" hervorgerufen würden[11]. Als Mittel zur Bekämpfung der Streiks und zur Schwächung der Gewerkschaften propagierten Menck und die von ihm geführten Verbände immer wieder die Massenaussperrung und die Monopolisierung der Arbeitsvermittlung durch Arbeitsnachweise in den Händen der Arbeitgeber. Dieses seit 1890 vom Verband der Eisenindustrie in Hamburg-Altona praktizierte „Hamburger System" zielte darauf ab, die Nichteinstellung streikender oder ausgesperrter Arbeiter im gesamten Verbandsgebiet zu ermöglichen. Außerdem diente es dazu, während eines Arbeitskampfes effektiv und problemlos Streikbrecher anzuwerben und einzustellen. Die Arbeitgebernachweise, bei den Metallarbeitern als „Maßrege-

---

9 Heinrich Hoebel, Das organisierte Arbeitgebertum in Hamburg-Altona, Diss. Staatswiss., Hamburg 1923, S. 28 f., 137 f. – Klaus Saul, „Verteidigung der bürgerlichen Ordnung" oder Ausgleich der Interessen? Arbeitgeberpolitik in Hamburg-Altona 1896 bis 1914, in: Arbeiter in Hamburg, Unterschichten, Arbeiter und Arbeiterbewegung seit dem ausgehenden 18. Jahrhundert, hrsg. von Arno Herzig, Dieter Langewiesche und Arnold Sywottek, Hamburg 1983, S. 264 und 277.
10 SAH, Geschäftsakte 216-1, Firma Zeise, 137/1.
11 Bericht über die Verhandlungen der Arbeitsnachweis-Konferenz zu Leipzig am 5.9.1898, hrsg. v. Arbeitgeber-Verband Hamburg-Altona, Hamburg 1898, S. 100 ff.

lungsbüros" verhaßt, hatten neben ihren Funktionen bei Arbeitskämpfen auch die Aufgabe, gewerkschaftlich und politisch aktive Arbeiter mit Hilfe „Schwarzer Listen" von den Betrieben fernzuhalten und die Arbeiter dazu zu zwingen, koalitionsfeindliche Reverse zu unterschreiben[12]. Außerdem sollten die Arbeiter nach Leistungsfähigkeit, Fleiß, Disziplin usw. ausgesiebt werden. Johannes Menck bezeichnete 1898 die Arbeitgebernachweise in diesem Zusammenhang sehr treffend als eine „Art Zentral-Einkaufsstelle für die Ware Arbeitskraft"[13].

Zur „Peitsche" kam aber bei Menck zumindest in seinem eigenen Betrieb auch das „Zuckerbrot". Als eine der ersten Fabriken Altona-Ottensens gründete die Firma 1872 eine Betriebskrankenkasse, die ihren Mitgliedern im Vergleich zu den Kassen anderer Betriebe Ottensens recht gute Leistungen gewährte[14]. Die attraktive Betriebskrankenkasse, jährliche Betriebsausflüge unter Teilnahme der Familie Menck bis in die neunziger Jahre hinein und großzügige Ausrichtungen von Jubiläumsfeiern sollten dazu beitragen, daß die oftmals hochqualifizierten Facharbeiter sich im Betrieb wohlfühlten und dem Betrieb „die Treue hielten"[15]. Der Erfolg dieser und anderer sozial-patriarchalischer Maßnahmen kommt u.a. durch folgende Zahlen zum Ausdruck: Während des fünfzigjährigen Firmenjubiläums im Februar 1918 arbeiteten 48 Angestellte und 109 Arbeiter zehn und mehr Jahre im Betrieb, davon 21 Beschäftigte sogar dreißig und mehr Jahre[16]. Auch die Tatsache, daß nicht selten drei Generationen einer Familie in der Fabrik arbeiteten, obwohl es in den zahlreichen Maschinenfabriken Altona-Ottensens ein umfangreiches Arbeitsplatzangebot für Metallarbeiter gab, ist ein weiteres Indiz für die Wirksamkeit der betrieblichen Sozialleistungen.

3. KRIEGSPRODUKTION BEI MENCK:
VON „ERNA-LIESE" BIS ZUM SCHÜTZENGRABENLÖFFELBAGGER

3.1. Die Umstellung auf die Rüstungsproduktion

Bei Ausbruch des Krieges beschäftigte die Fabrik 1171 Arbeiter und Angestellte, von denen bis Ende 1915 ca. 350 eingezogen wurden[17]. In den ersten Kriegsmonaten

12 Hans-Kai Möller, Die Ottenser Metallindustrie, in: Austellungsgruppe Ottensen – Altonaer Museum, Ottensen, Zur Geschichte eines Stadtteils, Hamburg 1982, S. 119–123. – Saul, 267/268.
13 Saul, S. 266.
14 SAH, Altona 40, Nr. 107a, Acta des Magistrats zu Ottensen betr. Krankenversicherung der Arbeiter 1878–1889.
15 Vgl. „Grüße aus der Heimat", Nr. 36, Febr. 1918. – Walter Cordes, Die Fabrik und mein Leben, mschr., unveröffentl. Manuskript (Hamburg 1987). – StA Ottensen, Interview mit Friedrich Gössing und Hans Stadermann, 19.8.1981.
16 „Grüße aus der Heimat", Nr. 36, Febr. 1918. Angaben zur Beschäftigungszahl: Vgl. Tabelle 1.
17 „Grüße aus der Heimat", Nr. 1, Febr. 1915. Diese Angabe aus dem in der Kriegszeitung veröffentlichten Verzeichnis der Kriegsteilnehmer erscheint realistischer, als die in der Jubiläumsschrift genannte Zahl von 490 Eingezogenen. Vgl. 70 Jahre, S. 23.

entstand trotz dieser umfangreichen Einziehungen noch kein Mangel an Arbeitskräften, da die Firma im Gegensatz zu vielen anderen Ottensener Metallbetrieben fast ausschließlich für den zivilen Bereich produzierte. Da mit dem Kriegsausbruch ein erheblicher Teil des bedeutenden Exportgeschäfts wegfiel und die Firma noch keine Rüstungsaufträge erhielt, konnten die vorhandenen Aufträge mit der stark reduzierten Belegschaft problemlos abgewickelt werden. Erst mit Beginn der anfangs jedoch schleppend eingehenden Rüstungsaufträge entwickelte sich allmählich ein Arbeitskräftebedarf. Diese Nachfrage verstärkte sich Anfang 1915, als mit einiger Zeitverzögerung zum Abbau des Munitionsmangels des Heeres umfangreiche Aufträge zur Granatenherstellung eintrafen[18].

Als Reserve wurde nun die Arbeitskraft von Frauen und Mädchen mobilisiert. Dabei wurden Frauen von einberufenen Menck-Arbeitern bevorzugt eingestellt[19]. Diese Maßnahme der Firmenleitung erwies sich als sehr weitsichtig, denn zum einen wurde so die über viele Arbeiterfamilien hereingebrochene finanzielle Not gelindert und zum anderen konnte die Firma davon ausgehen, daß diese Frauen eine hohe Arbeitsdisziplin haben würden, da sie durch gute Arbeitsleistungen ihren aus dem Krieg heimkehrenden Männern den Arbeitsplatz erhalten wollten. Auch die Kinder von eingezogenen Arbeitern wurden bevorzugt als Lehrlinge eingestellt[20]. Besonders ältere Lehrlinge, die vorwiegend in der Produktion eingesetzt werden konnten, waren ein wichtiger Ersatz für die Einberufenen. Da sie noch keine 18 Jahre alt waren, konnten sie noch nicht zum Kriegsdienst herangezogen werden. Die Firma hatte deshalb ein großes Interesse daran, während des Krieges relativ viele Lehrlinge auszubilden, da dies die einzige Möglichkeit war, qualifizierte, männliche Arbeitskräfte zu bekommen[21]. Eine weitere wichtige Arbeitskräftereserve stellten Kriegsgefangene dar, die Menck & Hambrock ebenso wie andere wichtige Rüstungsbetriebe vom Kriegsministerium zugewiesen bekam[22].

Da sich einerseits der Zustrom von Frauen und Kriegsgefangenen verhältnismäßig schleppend entwickelte, andererseits aber bis Ende 1915 fast 700 Arbeiter eingezogen worden waren, sank die Durchschnittliche Beschäftigtenzahl von 889 im Jahre 1914 auf 692 im darauffolgenden Jahr[23]. Trotz dieses Rückgangs an Beschäftigten wurde der Umsatz in diesem Zeitraum um 0,6 Mill. auf 5,6 Mill. Mark gesteigert[24]. Die Umstellung auf die Kriegsproduktion war offensichtlich nicht nur ohne größere Schwierigkeiten gelungen, sondern versprach auch ein profitables Geschäft zu werden.

18 SAH, Auftragsbücher Menck & Hambrock 1, Bde. 41 und 42 (1914/15).
19 70 Jahre, S. 23.
20 „Grüße aus der Heimat", Nr. 2, März 1915.
21 Vgl. u.a.: „Grüße aus der Heimat", Nr. 7, August–September 1915.
22 70 Jahre, S. 23.
23 Umsätze 1868–1961.
24 Ebenda.

3.2. Die Produkte: Von der Handramme bis zum Schützengrabenlöffelbagger

Nachdem die „Blitzkriegs-Strategie" der kaiserlichen Generäle mit dem Ausgang der Marneschlacht gescheitert war und sich ein spürbarer Mangel an Munition und anderem Kriegsmaterial bemerkbar machte, wurde auch Menck & Hambrock in die Kriegsproduktion mit einbezogen. Am 7.10.1914 orderte die Königliche Artillerie-Werkstatt Spandau 45 Munitionswagen. Ca. 400 dieser sogenannten „Protzen" wurden bis 1917 in der Fabrik hergestellt[25].

Bei der im Dezember 1914 anlaufenden Granatenproduktion entwickelte sich eine enge Arbeitsteilung zwischen drei Ottensener Metallbetrieben, in die zeitweise zwei weitere holsteinische Fabriken einbezogen wurden. Aus dem nur wenige Meter von Menck entfernten Ottensener Eisenwerk (OEW) wurden die Granaten-Rohlinge mit Pferd und Wagen angeliefert und dann bei Menck gereinigt, geglättet und abgedreht. Die bearbeiteten Granaten wurden vom OEW abgeholt und im Geschoß-Füllwerk seiner Tochterfirma „Sprengstoffwerke Glückauf A.G." gefüllt. Den nicht bearbeitungsfähigen Ausschuß lieferte Menck an die Gießerei Schwägermann, die zeitweilig im Auftrag des Eisenwerks Granaten goß[26]. Außer dieser Firma lieferten noch die Gießereien Michaelsen (Bahrenfeld), Meins (Wandsbek) und Moll & Rohwer (Neumünster) im Auftrag vom OEW Rohlinge für 13- bzw. 15-cm-Granaten zur Bearbeitung an Menck[27]. Der Umfang der Granatenherstellung läßt sich auf Grundlage der Auftragsbücher nicht genau ermitteln, da nicht alle Einzelaufträge exakte Mengenangaben enthalten. Die Firma bearbeitete im Rahmen dieses Gesamtauftrags während des Jahres 1915 mindestens 10 000 Granaten-Rohlinge, vermutlich jedoch deutlich mehr.

Im Herbst 1916 forderte die neue Oberste Heeresleitung (OHL) die Verdoppelung der Produktion von Munition und Minenwerfern bis zum Frühjahr 1917. Im Rahmen dieser Zielstellung bekam auch Menck einen weiteren umfangreichen Rüstungsauftrag, der zusammen mit dem Folgeauftrag zum größten Rüstungsgeschäft der Fabrik während des Ersten Weltkrieges wurde. Das Waffen- und Munitionsbeschaffungsamt in Berlin bestellte für den Februar 1917 4000 und für den Zeitraum von März bis einschließlich September 1917 monatlich 8000 Hüllen der leichten Sprengmine Nr. 16, insgesamt also 60 000 Stück[28]. Die wichtigsten Rohstofflieferanten für diesen lukrativen Auftrag waren der Aachener Hüttenverein und das Eisen- und Stahlwerk Hoesch, die 20 bzw. 60 t gewalzten Minenstahl in Blöcken oder Stangenform nach Ottensen lieferten. Bei der Auftragsabwicklung geriet Menck offensichtlich auf Grund von Verzögerungen bei der Rohstofflieferung und durch Arbeitskräftemangel in Lieferschwierigkeiten. Das Kriegsamt forderte deshalb am 26.4.1917 von der Firma: „Wegen dringenden Frontbedarfs muß die Herstellung und Lieferung der

---

25 Auftragsbücher Bd. 41, 42, 43 und 48.
26 Vgl. SAH, Auftragsbücher, Bd. 41, Auftrag 7562. – SAH, Städtische Bahnanlagen, Altona 52, Ottensener Eisenwerke.
27 Auftragsbücher, Bd. 41–43.
28 Auftragsbücher, Bd. 48.

Sprengminen aufs Höchste gesteigert werden. Die abgenommenen Hüllen sind sofort als Eilgut den Füllstellen zuzuleiten"[29]. Einen Monat später erreichte eine fast gleichlautende Ermahnung des Kriegsamtes die Firma, die außerdem folgende Anordnung enthielt: „Feierschichten zu Pfingsten sind bis auf das geringste Maß einzuschränken"[30]. Da in der Folgezeit keine Mahnungen mehr eingingen, ist anzunehmen, daß die Firmenleitung diese Anordnung, die im übrigen nicht unerhebliche zusätzliche Einnahmen bescherte, durchführte. So bekam die Firma nicht nur bei Mehrlieferungen einen Aufpreis von 10%, sondern sogar auch beim „Ausgleich von Minderlieferungen" einen Preisaufschlag in Höhe von 5 % vom Beschafffungsamt ausgezahlt[31]. Die leichten Sprengminen, die den schönen Namen „Erna-Liese" erhielten, wurden fast vollständig bei Menck hergestellt und danach bei der Securitas Sprengstoff-Vertriebsgesellschaft m.b.H., Abteilung A in Nüssau bei Büchen abgefüllt[32].

Während sich die Belegschaft noch darum bemühte, diese Großbestellung erfolgreich abzuwickeln, bekam die Firma am 26.5.1917 den Auftrag, wöchentlich 3000 von der Wandsbeker Maschinenfabrik Bruno Fischer & Co., Abt. Geschoßfabrik, hergestellte Preßrohlinge für Sprengminen weiter zu bearbeiten[33]. Am 24.8.1917 wurde diese Anzahl von Kriegsamt auf 10 000 monatlich gesenkt. Spätestens im April 1918 wurde die Bearbeitung der Sprengminen beendet, denn im Mai 1918 verkaufte Menck & Hambrock drei gebrauchte Spezial-Hochleistungs-Geschoßbohrmaschinen Type 35bs an das Bergedorfer Eisenwerk und einen gebrauchten elektrischen Anwärmofen für die Zinkbäder der leichten Sprengmine[34]. Auf Grund verschiedener Zusatzaufträge und Nachträge ist zu vermuten, daß die leichte Sprengmine nicht bis April 1918 in der im August 1917 angegebenen Zahl von monatlich 10 000 Stück, sondern in niedrigerer Stückzahl produziert worden ist[35]. Neben den außerordentlich profitablen Großaufträgen für die „Erna-Liese" erhielt die Firma am 15.8.1917 vom Waffen- und Munitionsbeschaffungsamt noch eine kleinere Bestellung über 500 leichte Anschußminen[36].

Im Juli 1917 erteilte das Königl. Ingenieur-Komitee Menck & Hambrock einen militärischen Geheimauftrag. Als führender Baggerhersteller Deutschlands sollte die Firma für das Heer einen leistungsfähigen, geländegängigen Löffelbagger für den schnellen Aushub von Schützengräben entwickeln. Für diese Aufgabe kam nur ein auf Raupenbändern fahrendes Gerät in Betracht. Die beiden Raupenbänder mußten relativ weit voneinander entfernt sein, damit der auszuhebende Schützengraben überspannt werden konnte. Das Gehäuse des Baggers und die Raupenbänder sollten

29 Ebenda.
30 Ebenda.
31 Ebenda, Vertragsbedingungen, 30.3.1917.
32 Auftragsbücher.
33 Auftragsbücher, Bd. 50.
34 Auftragsbücher, Bd. 52.
35 Auftragsbücher, Bde. 50–52.
36 Auftragsbücher, Bd. 50.

Abb. 1: Der Schützengrabenlöffenbagger der Firma Menck & Hambrock während des Probe-
betriebes in Frankreich, August 1918 (Privatbesitz W. Cordes)

zum Schutz gegen feindlichen Beschuß durch Spezialbleche gesichert sein[37]. Bei
Menck & Hambrock hatte man bis zu diesem Zeitpunkt ausschließlich Bagger mit
Schienen- oder Straßenrädern hergestellt. Die Konstruktion und Herstellung von
Raupenbändern zur Fortbewegung im Gelände war für die Firma offensichtlich eine
schwer zu lösende Aufgabe. Da sich die Militärs durch den Einsatz von Schützengra-
benlöffelbaggern besonders in Frankreich große militärische Vorteile versprachen,
drängte das Königl. Ingenieur-Komitee bereits in einem Schreiben vom 1.12.1917 auf
die Fertigstellung des neuartigen Kriegsgerätes, das das mühselige Ausheben der
Schützengräben mit Spaten, Hacke und Schaufel erheblich beschleunigen sollte: „Im
Interesse der Landesverteidigung muß der bestellte Raupenbandbagger unbedingt bis
zum 15. April 1918 probefahrbereit fertiggestellt sein. Es wird deshalb hiermit
angeordnet, daß sowohl im technischen Büro als auch in allen Werkstätten die
Arbeiten für diesen Bagger allen anderen Arbeiten, seien sie, welche sie wollen,
unter allen Umständen vorgezogen werden. Ferner sind Überstunden und Nachtar-
beiten soweit wie irgend möglich heranzuziehen. Es darf kein Mittel unversucht
gelassen werden, um die Arbeiten an diesem Bagger auf das alleräußerste zu

37 StA Ottensen, Bestand Menck & Hambrock 4./5., W. Schättiger, Menck-Erzeugnisse einst
und jetzt!, handschriftliches Manuskript, Hamburg 1953. – Auftragsbücher, Bd. 50.

beschleunigen. Es wird jedem Beamten zur besonderen Pflicht gemacht, für die allerschnellste Herstellung des Baggers sein äußerstes zu tun"[38].

Zur Einarbeitung in die Funktionsweise und Bedienung des Schützengrabenlöffelbaggers wurden zwei Kraftfahrer vom Pionier-Ersatz-Bataillon I, Berlin, für zehn Wochen nach Ottensen abkommandiert. Die geheime Fracht wurde Mitte Juli 1918 in Begleitung der beiden Baggerführer, eines militärischen Begleitmannes und eines Richtmeisters der Firma mit der Reichsbahn in Bewegung gesetzt. Zielort war die Minenwerferschule I, Haulchin, S.W., Valenciennes[39]. – Die Darstellung von Ober-Ingenieur Schättiger, daß der Bagger auch tatsächlich eingesetzt wurde, wird durch zwei Aufträge des Königl. Ingenieur-Komitees über Ersatzteile und Hebezeuge für den Schützengrabenlöffelbagger bestätigt[40]. Weitere Exemplare dieses Baggers sind, vertraut man den Auftragsbüchern, nicht mehr hergestellt worden. Beim Rückzug der Truppen aus Frankreich mußte das neuartige Kriegsgerät aufgegeben werden. Der Bagger wurde gesprengt, um die neue Technik nicht den feindlichen Truppen zu überlassen[41].

Am 10.9.1918 erteilte das Königl. Ingenieur-Komitee der Fabrik einen Auftrag zur „Anfertigung eines auf Raupenbändern fahrbaren Lastkranes"[42]. Ob dieses Gerät jemals produziert wurde, ließ sich nicht ermitteln. Da sich die Fortbewegung mit Hilfe von Raupenbändern als für Kriegszwecke besonders geeignet erwies, konstruierte Menck & Hambrock im August 1918 für die Artillerie-Prüfungskommission ein Modell eines „Wagen mit Raupenkettenantrieb". Für das Modell und die Zeichnungen wurden besondere Sicherheitsvorkehrungen getroffen, da sie als militärische Geheimsache behandelt wurden[43]. Über die Funktion und die geplante Ausstattung dieses Fahrzeuges sind bisher keine Unterlagen aufgetaucht.

Die Steigerung der Flugzeugproduktion im Rahmen des Hindenburgprogramms der OHL bescherte Menck & Hambrock im Mai 1918 einen weiteren großen Rüstungsauftrag. Bis zum letzten Kriegstag wurden verschiedene Flugzeugteile aus S.M. Stahl, u.a. Holmteile im Auftrag der Altonaer Maschinenfabrik Joh. Krause, bearbeitet[44].

Die Fabrik war auch über die umfangreiche Munitions- und Kriegsgeräteherstellung hinaus ein wichtiger Faktor in der Kriegswirtschaft: „Außer Kriegsmaterial haben wir auch während dieser Zeit unsere Friedensfabrikate weiter hergestellt, da viele für die Gewinnung wichtiger Rohstoffe, für den Umschlagverkehr und für die Herstellung von Kriegsbauten notwendige Hilfsmittel waren. Gerade in der Kriegszeit hat die Anwendung handarbeitsparender Maschinen besondere Wichtigkeit erlangt, woraus sich die dauernde starke Nachfrage nach unseren Erzeugnissen auch

38 Auftragsbücher, Bd. 50.
39 Ebenda.
40 Vgl. Schättiger, Menck-Erzeugnisse. – Auftragsbücher, Bd. 52, Aufträge vom 18.7. und 12.8.1918.
41 Schättiger, Menck-Erzeugnisse.
42 Auftragsbücher, Bd. 52.
43 Ebenda.
44 Ebenda.

während des Krieges erklärt. Neben dem Bau neuer hat aber im Kriege die Instandhaltung vorhandener Maschinen hier im Lande und draußen im Felde größte Wichtigkeit erlangt, da nur hierdurch die Ausnutzung der vorhandenen Maschinen ermöglicht werden konnte. Die hierfür schon in Friedenszeiten geschaffene Abteilung unseres Geschäftes und ihre wohlausgebaute Organisation hat sich dabei besonders bewährt und es der Firma ermöglicht, auch in dieser Beziehung wichtige Kriegsarbeit zu leisten."[45]

Die Auftragsbücher belegen, daß diese Einschätzung aus der Jubiläumsschrift von 1938 keineswegs übertrieben ist. So wurden zum Beispiel hölzerne und eiserne Handrammen, die Pioniertruppen hauptsächlich zum Bau von Behelfsbrücken benutzten, zu einem großen „Verkaufserfolg" während der gesamten Kriegszeit[46]. Das gilt auch für Querrohrdampfkessel, die an der Ostfront vorwiegend für Entlausungsanlagen eingesetzt wurden[47].

4. VIEL ARBEIT UND WENIG ESSEN:
DIE ARBEITS- UND LEBENSBEDINGUNGEN DER „MENCKER"

Mit der Übernahme der umfangreichen Rüstungsaufträge veränderten sich bei Menck & Hambrock die Arbeitsbedingungen grundlegend. Die seit dem 15.10.1911 geltende tägliche Arbeitszeit von 9,5 Stunden – sonnabends 7,5 Stunden – wurde auf Grund von Termindruck und ökonomischem Anreiz bei der Mehrproduktion von Munition nicht mehr eingehalten[48]. Zusätzlich verlängerte man die Wochenarbeitszeit auch noch durch die Einführung von Nacht-, Sonn- und Feiertagsarbeit[49]. Mit der Ausdehnung der Arbeitszeit ging außerdem eine erhebliche Intensivierung der Arbeit durch den Einsatz neuer Maschinen für die Munitionsherstellung und die Ausdehnung der Akkordarbeit einher[50].

Auf der Grundlage dieser Entwicklungen gelang es so, während des Zeitraumes 1914–1918 den Jahresumsatz pro Beschäftigen von 5 626 auf 10 134 Mark zu steigern. Anzumerken ist in diesem Zusammenhang, daß der Umsatzanstieg von 80 % mit wesentlich schlechter qualifizierten und entlohnten Arbeitskräften als zur Friedens-

---

45 70 Jahre, a.a.O., S. 23.

46 Während des Krieges wurden über 300 Geräte verkauft. Auftragsbücher Bde. 41–52. – StA Ottensen, Bestand Menck & Hambrock 4./11, C. Petersen, Werdegang der Firma Menck & Hambrock 1868–1943, Manuskript, Hamburg 1943, S. 33.

47 Auftragsbücher, Bde. 42–52. – Petersen, S. 35.

48 Vgl. Altonaer Museum, Allgm. Kulturgeschichte 1982/461, 210, Sammlung der von der Firma Menck & Hambrock GmbH Altona für ihre Betriebe erlassenen Dienstvorschriften, Ottensen 1913. – Auftragsbücher Bd. 48. – Volker Ullrich, Die Hamburger Arbeiterbewegung am Vorabend des ersten Weltkrieges bis zur Revolution 1918/19, Diss. phil., Hamburg 1976, Teil 1, S. 244.

49 Auftragsbücher, Bde. 48 und 50.

50 Auftragsbücher, Bd. 52.

Tab. 1: Entwicklung des Umsatzes pro Beschäftigten 1912–1918

Jahr	Beschäftigte	Umsatz (in Mill.)	Umsatz pro Kopf
1912	1 029	5,6	5 418,06
1913	1 048	6,5	6 251,60
1914	889	5,0	5 626,60
1915	692	5,6	8 130,45
1916	722	5,6	7 708,45
1917	934	8,0	8 595,31
1918	871	8,8	10 134,26

Quelle: Eigene Berechnung auf der Grundlage von: StA Ottensen, Bestand Menck & Hambrock 6.1/1, Umsatz-Buch

Tab. 2: Betriebsunfälle der Mitglieder der Betriebskrankenkasse

Jahr	Männer	Frauen	Gesamt-mitgliedschaft	Deutsche Beschäftigte	Unfälle
1913	982	58	1 040	1 048	153
1914	912	67	979	889	164
1915	844	90	844	ca. 500	184
1916	817	151	968	ca. 520	155

Quellen: Grüße aus der Heimat, Nr. 13, März 1916; ebd., Nr. 25, März 1917; Umsatz-Buch 1868–1961

zeit erzielt wurde[51]. Der Nettozuwachs war allerdings erheblich geringer, da während des Krieges auch die Preise für Rüstungsgüter, wenn auch nicht so stark wie die allgemeinen Lebenshaltungskosten, anstiegen. Die überlangen Arbeitszeiten und der Einsatz von ungelernten männlichen und weiblichen Arbeitskräften an teilweise schnell laufenden, komplizierten Maschinen führte zu einem erheblichen Anstieg der Betriebsunfälle mit anschließender Arbeitsunfähigkeit[52].

Die Differenz zwischen der Zahl der Krankenkassenmitglieder und der Anzahl tatsächlich Beschäftigter erklärt sich aus der Regelung, daß alle verheirateten Männer, die eingezogen wurden, freiwillig weiterversichert waren.

Für die starke Zunahme der Betriebsunfälle und des Krankenstandes bei den Arbeiterinnen, der aus der Tabelle 2 nicht direkt hervorgeht, hatte die Kriegszeitung „Grüße aus der Heimat" eine zynische Begründung: „Das wird darauf zurückzuführen sein, daß eine ganze Anzahl Frauen früher nicht erwerbstätig war und jetzt eine

51 Eigene Berechnung auf der Grundlage von M & H 6.1/1 Umsatz-Buch.
52 Eigene Berechnung auf der Grundlage von: „Grüße aus der Heimat" Nr. 13, März 1916, Nr. 25, März 1917 und Umsatzbuch.

Tätigkeit übernommen hat, der sie nicht gewachsen war"[53]. Der tatsächliche Grund für den hohen Krankenstand bei den weiblichen Beschäftigten ist in ihrer extrem hohen psychischen und physischen Belastung zu suchen. Zur Sorge um das Schicksal des Ehemannes, Freundes, Bruders, Vaters oder Sohnes kam die harte Akkordarbeit an den Maschinen, die für sie völlig ungewohnt war. Die Frauen und Mädchen wurden u.a. an Drehbänken, Bohr- und Fräsmaschinen eingesetzt. Ihre Löhne waren jedoch wesentlich niedriger als die Löhne vergleichbarer angelernter Männer. So erhielten die Arbeiterinnen in den sogenannten Landbetrieben der Metallindustrie Hamburg-Altonas, zu denen auch Menck & Hambrock zählte, im März 1918 zwischen 25 und 40 Pfg., in Akkord 42 bis 64 Pfg. die Stunde[54]. Qualifizierte Metallarbeiter dieses Bereichs erzielten bereits Anfang 1917 Stundenlöhne zwischen 1,20 und 1,40 Mark[55]. Für die Fabrikherren stellten somit die neu in die Produktion eingegliederten weiblichen und jugendlichen Arbeitskräfte eine profitable Ausbeutungsquelle dar. Viele Arbeiten, die Frauen anstelle von Männern ausführten, wurden um die

53 „Grüße aus der Heimat", Nr. 25, März 1917.
54 Hamburger Echo, Nr. 64, 16.3.1918.
55 Ullrich, S. 243.

Hälfte schlechter entlohnt als vorher. Erst im letzten Kriegsjahr, als auch die weiblichen Arbeitskräfte knapper wurden, begannen sich die Unterschiede zwischen Frauen- und Männerlöhnen zu verringern[56].

Bereits kurz nach Kriegsbeginn setzten erhebliche Preissteigerungen bei Nahrungsmitteln ein. So berichtete das „Hamburger Echo" im Sommer 1915, daß Brot, Butter, Eier, Fleisch und Gemüse so teuer geworden seien, „daß sie für alle, die nicht über hohe Einkommen verfügen, kaum noch erschwinglich sind"[57]. Beispielsweise hatten sich Brot und Butter während des Zeitraumes Juni 1914–Juli 1915 um jeweils 75 % verteuert[58]. Nach vorsichtigen Schätzungen stiegen die Nahrungsmittelpreise im Reich während des Krieges um 150 %[59]. Die Versorung mit Lebensmitteln und Brennstoff verschlechterte sich mit der Dauer des Krieges immer mehr. Viele Nahrungsmittel waren auf Grund von tatsächlicher Knappheit oder spekulativer Hortung nur noch auf dem Schwarzen Markt zu bekommen und somit für Arbeiterinnen, die eine Familie zu versorgen hatten, unerschwinglich.

Im Laufe des Krieges wurden immer mehr Lebensmittel rationiert und nach und nach die Rationen wichtiger Nahrungsmittel wie Fett und Kartoffeln herabgesetzt. Während sich die Oberschichten auf dem Schwarzmarkt mit Lebensmitteln versorgen konnten, mußten die Arbeiterfrauen nach ihrer Arbeit oftmals stundenlang um Lebensmittel anstehen oder aufreibende Hamsterfahrten aufs Land unternehmen, um ihre Familien einigermaßen satt zu bekommen. Die Verbitterung über diese Situation führte Ende Februar 1917 auch in Altona-Ottensen ebenso wie in den Nachbarstädten Hamburg, Harburg und Wandsbek zu Hungerunruhen. Hauptsächlich Arbeiterfrauen und Jugendliche versammelten sich vor Brotläden. Falls die Inhaber sich weigerten, Brot zu verteilen, wurden die Geschäfte oftmals gestürmt[60].

Die Beschäftigten der Rüstungsindustrie waren allerdings nicht nur bezüglich der Lohnverhältnisse – so erhielten die Arbeiter und Angestellten bei Menck seit November 1915 unregelmäßig Teuerungsbeihilfen –, sondern auch hinsichtlich der Ernährungssituation besser gestellt: Sie erhielten seit 1916 Sonderzulagen an Lebensmitteln[61].

Die unterste Gruppe in der Hierarchie der Arbeiter waren die ca. 200 Kriegsgefangenen. Über ihre Arbeits- und Lebensverhältnisse gibt es in den vorliegenden Quellen nur sehr spärliche Angaben. So erinnert sich der Enkel des Firmengründers und spätere Geschäftsführer der Firma, W. Cordes, daß sich die Unterkünfte der Kriegsgefangenen unter dem Dach des ehemaligen Schulgebäudes, das als Werkhalle

56 Ebenda, S. 244.
57 Hamburger Echo, Nr. 179, 3.8.1915.
58 Der Zimmerer, Organ des Zentralverbandes der Zimmerer und verwandten Berufsgenossen Deutschlands, Nr. 46, 13.11.1915.
59 Hans Mottek, Walter Becker, Alfred Schröter, Wirtschaftsgeschichte Deutschlands, Ein Grundriß, Band III, 2. Auflage, Berlin 1975, S. 202.
60 LAS, Abt. 309, Nr. 8306, Polizeiamt Altona an Regierungspräsident Schleswig, 27.2.1917.
61 StA Ottensen, Bestand Menck & Hambrock 6.1/2 Betriebsstatistik, Arbeiter-Unterstützungskasse August 1914 – Juni 1919. – Ullrich, S. 246.

genutzt wurde, befanden[62]. Die Kriegsgefangenen, Angehörige verschiedener Nationalitäten, arbeiteten hauptsächlich in der Fabrik, wurden aber auch bei der Errichtung und Bewirtschaftung der firmeneigenen Kleingartensiedlung eingesetzt. Ihre Verpflegung erhielten sie im Werk[63].

Über die Qualität der Ernährung und die Unterbringung dieser Menschen enthält der Firmennachlaß keinerlei Angaben. Es ist auf Grund der firmeneigenen Lebensmittelbeschaffung zu vermuten, daß die Ernährung der Kriegsgefangenen bei Menck besser war als in den Stammlagern. Von der relativ niedrigen Bezahlung – Gefangene arbeiteten nicht im Akkord – erhielten die Kriegsgefangenen nur etwa 25 % tatsächlich ausgezahlt[64].

5. SCHREBERGÄRTEN, SCHWEINEMAST UND KRIEGSPROPAGANDA: DIE BETRIEBLICHE „KRIEGSFÜRSORGE"

Unmittelbar nach Ausbruch des Krieges berief die Firmenleitung den Arbeiterausschuß ein und beriet mit ihm gemeinsam Maßnahmen zur Erleichterung des Schicksals der Familien, die durch die Einberufung ihres Hauptverdieners in Not geraten waren. Als Sofortmaßnahme wurde allen Familien, die durch die Anschaffung von „Ausrüstungsgegenständen für den in den Krieg ziehenden Ernährer" in finanzielle Schwierigkeiten geraten waren, durch Zahlungen aus der Arbeiter-Unterstützungskasse und die kostenlose Lieferung von Lebensmitteln geholfen.

Nach der Bekanntgabe der Reichs-Unterstützung für Angehörige der Kriegsteilnehmer beschloß die Firmenleitung, auf diese sehr niedrigen Leistungen ebenso wie die Gemeinden einen freiwilligen Zuschuß in Höhe von 67 % des Unterstützungssatzes zu zahlen. Dieser als „Kriegsunterstützung" bezeichnete Zuschuß wurde an die Witwen auch bei Bezug einer Hinterbliebenenrente während des gesamten Krieges weiterbezahlt. Hauptsächlich zur Beratung der Ehefrauen von einberufenen Arbeitern wurde von der Firma eine Beratungsstelle eingerichtet. Sie beriet und unterstützte die Frauen u.a. bei der Regelung von Mietangelegenheiten, Nachforschungen über Vermißte, Korrespondenz mit Behörden und der Durchsetzung von Rentenansprüchen[65].

Diese Sofortmaßnahmen wurden während des Krieges durch zahlreiche Regelungen zugunsten der Beschäftigten und der Soldatenfamilien ergänzt. Außerdem wurden verschiedene neue Einrichtungen geschaffen, die insbesondere der Versorgung der Belegschaft mit Brennstoff und Nahrungsmitteln dienten. Träger dieses Netzes

---

62 StA Ottensen, Interview J.P. Finkhäuser mit Walter Cordes am 18.12.1984. – Cordes, Die Fabrik und mein Leben. Das ehemalige Ottensener Schulgebäude befand sich auf dem Werksgelände und wurde als Werkshalle genutzt.

63 70 Jahre, a.a.O., S. 23 und 25.

64 Ulrich Herbert, Fremdarbeiter, Politik und Praxis des „Ausländereinsatzes" in der Kriegswirtschaft des Dritten Reiches, Berlin/Bonn 1985, S. 28.

65 „Grüße aus der Heimat", Nr. 2.

von Maßnahmen, die im folgenden näher dargestellt und untersucht werden, waren die Arbeiter-Unterstützungskasse, die bei Kriegsausbruch neu gegründete Beamten-Unterstützungskasse, die Betriebskrankenkasse und die sogenannte Wohlfahrtsabteilung der Firma.

5.1. Krankenfürsorge

Alle eingezogenen, verheirateten Beschäftigten wurden freiwillig in der Betriebskrankenkasse weiterversichert. Die Beiträge zahlte anfangs die Firma, später die beiden Unterstützungskassen. Durch diese Regelung hatten die Familienangehörigen der Eingezogenen nicht nur Anspruch auf ärztliche Versorgung, sondern auch die Möglichkeit, bei Verwundung oder Krankheit des Kriegsteilnehmers sich sein Krankengeld auszahlen zu lassen. Darüber hinaus erhielt die Familie durch diese Regelung im Todesfall auch den Anspruch auf das Sterbegeld[66]. – Da besonders die Kranken unter der einsetzenden Teuerung litten, beschloß der Kassen-Vorstand, das Tagegeld ab 1.2.1917 um 50 Pfennige zu erhöhen. Dieser Beschluß wurde allerdings nicht wirksam, da die Aufsichtsbehörden ihn annullierten. Dagegen gab es bei der Zeichnung einer Kriegsanleihe von 7 000 Mark durch die Krankenkasse keinerlei Beanstandungen von Seiten der Behörde[67].

5.2. Lebensmittel- und Brennstoffversorgung

Mit teilweise sehr unkonventionellen Maßnahmen bemühte sich die Firma, die Auswirkungen der sich mit der Dauer des Krieges ständig verschlechternden Versorgungslage auf die Beschäftigten abzumildern. So wurden waggonweise Brennstoffe und Lebensmittel eingekauft, die mit Hilfe der Industriebahn bis auf das Werksgelände transportiert werden konnten. Eine Warenverkaufsstelle auf dem Werksgelände verkaufte die begehrten Waren sehr preisgünstig an die Beschäftigten und die Angehörigen der Kriegsteilnehmer. Neben Steinkohlenbriketts wurden u.a. Kartoffeln, Steckrüben, Mohrrüben und Weißkohl umgesetzt[68]. Besonders bedürftigen Krieger-Familien überließ man Lebensmittel sogar unentgeltlich. Durch diese Aktion erhielten die Beschäftigten nicht nur preiswert die begehrten Lebensmittel und Briketts, sondern sparten auch die Zeit für das Schlangestehen ein.

Da im Laufe des Jahres 1916 sich auch für die Firma die Möglichkeiten für den Bezug der Hauptnahrungsmittel Kartoffeln und Kohl immer mehr verschlechterten, schritt man zur Selbsthilfe. Die Firma pachtete von der Stadt ein 9 ha großes Gelände in Bahrenfeld und ließ dort von Kriegsgefangenen unter der Leitung eines landwirtschaftlichen Inspektors eine Kleingartensiedlung mit 250 Parzellen anlegen. Das Kriegsministerium stellte Pferde und Wagen zur Verfügung. Das Gartenland bekamen die Arbeiter und Angehörigen von Kriegsteilnehmern kostenlos von der Firma. Hauptsächlich wurden Kartoffeln angebaut. Die erforderlichen Düngemittel, Saat-

---

66 Ebenda.
67 Ebenda, Nr. 25, März 1917.
68 70 Jahre, a.a.O. – „Grüße aus der Heimat", Nr. 24, Febr. 1917.

kartoffeln und anderes Saatgut wurde von Menck & Hambrock in größeren Mengen bezogen und an die Siedler zum Selbstkostenpreis abgegeben. Da die Nachfrage nach Parzellen beträchtlich war, vergrößerte die Firma die Siedlung um weitere 250 Schrebergärten. Die Schaffung dieser Gartenkolonie, die viele Familien vor dem Hungern bewahrte, hatte bei den Arbeitern und ihren Familien eine sehr positive Resonanz, die noch Jahrzehnte später nachwirkte[69].

Ebenfalls 1916 wurde auf dem Werksgelände eine Schweinemastanstalt eingerichtet, die im Februar 1917 38 Schweine beherbergte und auf die Haltung von 60 Schweinen erweitert werden sollte. Für die Schlachtung und die Weiterverarbeitung des Fleisches baute die Firma auf dem Fabrikgelände eine Schlachterei mit Räucheranlage[70]. Die so erzeugten Fleischwaren wurden an die Beschäftigten und die Familien der Soldaten verkauft. Für viele von ihnen war es die einzige Möglichkeit, ein Stück Fleisch über die seit dem 3.12.1916 auf wöchentlich 200 g herabgesetzte Fleischration hinaus zu bekommen[71].

5.3. „Unsere im Felde stehenden . . . Arbeiter wurden von Herrn Carl Menck laufend mit Liebesgaben bedacht[72]"

Während der vier Kriegsweihnachten sandte die Firma ihren eingezogenen Arbeitern und Angestellten ein Weihnachtspaket ins Feld. Das Paket 1917 enthielt Schokolade, Seife, Weihnachtskerzen, Schreib- und Rauchmaterialien und eine mit Widmung versehene Zigarrentasche im Gesamtwert von ca. 15 Mark. Den Kriegsgefangenen wurde dieser Betrag über das Rote Kreuz in die Lager überwiesen[73]. An der Aufbringung der Kosten für diese Weihnachtsgratifikation, die bei den Beschenkten große Freude aulöste, wurden zumindest 1914 die Arbeiter und Angestellten direkt beteiligt[74]. Der amtierende Firmenchef, Carl Menck, ließ laut Kriegszeitung auf eigene Kosten den Soldaten zusätzlich mindestens zweimal jährlich Päckchen mit Zigarren und Tabak zukommen, die von den Empfängern, wie zahlreiche, in der Kriegszeitung abgedruckte Dankesbriefe anschaulich dokumentieren, überaus dankbar aufgenommen wurden[75]. Amanda Menck, die Ehefrau des Firmengründers Johannes Menck, die ihre Kriegsbegeisterung bereits durch die Veröffentlichung eines schwülstigen Kriegsgedichtes dokumentiert hatte, schenkte zur „Erinnerung an die große Zeit" allen während des Krieges geborenen Kindern der Einberufenen ein Sparkassenbuch über 20 Mark[76]. Schwiegertochter Agnes Menck „ließ aus Anlaß der Konfirmation ihres Sohnes Werner allen Kindern unserer Kriegsteilnehmer, die die

69 StA Ottensen, Interview mit Friedrich Gössing und Hans Stadermann am 19.8.1981.
70 „Grüße aus der Heimat", Nr. 24, Febr. 1917. – Cordes, Die Fabrik und mein Leben.
71 Ullrich, S. 351.
72 „Grüße aus der Heimat", Nr. 24, Febr. 1917.
73 Ebenda.
74 Ebenda, Nr. 1, Februar 1915.
75 Ebenda, Nr. 1, Nr. 13, Nr. 24, Nr. 25, Nr. 36, Nr. 37.
76 Ebenda,, Nr. 2, März 1915, und Nr. 3, April 1915.

Schule verließen, ein Geldgeschenk überreichen"[77]. Zu Pfingsten erhielten die Soldaten-Familien von der Firma eine Zuwendung von 10 Mark[78]. Anläßlich des fünfzigsten Jubiläums stiftete Menck im Februar 1918 „als Grundstock für die Fürsorgetätigkeit nach dem Kriege" 100 000 Mark[79]. Diese Stiftung hat bis auf kleine Beträge nie etwas ausgezahlt, da sie nach Angabe der Firmenfestschrift durch die Inflation fast vollständig aufgezehrt wurde[80].

5.4. Teuerungszulagen als Bestandteil der „Kriegsfürsorge"

Angesichts der bereits erwähnten erheblichen Preissteigerungen seit Kriegsbeginn begann die Firma ab November 1915 regelmäßig an die Arbeiter eine geringe Teuerungsbeihilfe von 2 Mark monatlich zu zahlen, die bis zum Juli 1918 auf ca. 16 Mark monatlich anstieg. Auffällig ist das erhebliche Anwachsen der monatlichen Aufwendungen für diese „freiwillige Leistung" während des Jahres 1916 von 2 032 Mark im Januar auf 4 505 Mark im Dezember[81]. Vermutlich wurde die Erhöhung der Beihilfe auch unter dem Eindruck der wachsenden Unzufriedenheit der Bevölkerung über die katastrophale Versorgungslage, die sich im August 1916 in Hamburg in Hungerunruhen und im Oktober desselben Jahres in einem Werftarbeiterstreik entlud, beschlossen[82]. Ebenso werden die bereits erwähnten Hungerunruhen im Februar 1917 in Altona, der Werftarbeiterstreik im März 1917 und der Januarstreik 1918, an dem sich Hunderte von Ottensener Metallarbeitern beteiligten, Einfluß auf den kontinuierlichen Anstieg der Teuerungszulage bis zum Oktober 1918 gehabt haben. Da es sich bei der Teuerungsbeihilfe nicht um eine von den Arbeitern oder vom Metallarbeiterverband erkämpfte, tariflich abgesicherte Zulage handelte, konnten die Mencks die Zahlung einerseits als großzügige Schenkung darstellen und somit scheinbar beweisen, daß die Gewerkschaften höchst überflüssig seien. Andererseits konnten sie diese Beihilfe nach Gutdünken wieder streichen. Dies geschah auch tatsächlich während der Revolution im Dezember 1918[83].

Auf Grund der Extra-Profite aus dem lukrativen Rüstungsgeschäft und eines erheblich gesunkenen Lohnkostenanteils – Kriegsgefangene und Frauen verdienten wesentlich weniger als angelernte oder gelernte Metallarbeiter – konnte die Firma diese Zahlungen, die ausschließlich zur elementaren Reproduktion der Arbeitskraft ihrer Belegschaft dienten, sogar ohne Gewinneinbußen bestreiten. Darüber hinaus ist zu berücksichtigen, daß die „freiwilligen" Zahlungen an die Menck-Arbeiter weit hinter den tariflichen abgesicherten Zulagen auf den Werften zurückblieben[84]. Inter

---

77 Ebenda, Nr. 24, Febr. 1917.
78 Ebenda.
79 Ebenda, Nr. 36, Febr. 1918.
80 Vgl. 70 Jahre, a.a.O., S. 25.
81 Betriebsstatistik 1868–1967.
82 Vgl. Ullrich, a.a.O., S. 258–282.
83 Vgl. Betriebsstatistik 1868–1967.
84 Vgl. Ullrich, a.a.O., S. 242, 267, 363–371.

Tab. 3: „Freiwillige" Teuerungsbeihilfen: Jährliche Gesamtausgaben (in Mark)

Jahr	Arbeiter	Angestellte
8/1914 - 12/1915	2 968,50	–,–
1916	38 939,60	23 298,39
1917	74 070,54	77 147,51
1918	74 608,80	201 147,51
Gesamt	190 587,44	301 915,20

Tab. 4: Zusammensetzung der Einnahmen der Arbeiter- und der Beamtenunterstützungskasse von August 1914 – Dezember 1918 (in Mark)

Einnahmen	Arbeiter-Kasse	Beamten-Kasse
Firmenzuschuß	174 602,24	194 005
Beiträge	50 311,64	57 950
Strafgelder	5 293,85	–
Alt-Bestand	1 110,54	–
sonst. Einnahmen	7 133,54	–
Gesamt	238 451,81	251 595

Quelle: Eigene Berechnung auf der Grundlage der Betriebsstatistik 1868–1967, Kriegsfürsorge

essant ist auch das Verhältnis zwischen dem Umfang der Teuerungsbeihilfen für Arbeiter und für Angestellte: Die Angestellten, die schätzungsweise ein Fünftel der Belegschaft ausmachten, erhielten im Kriege insgesamt 301 915 Mark Teuerungsbeihilfe, während sich die Arbeiter mit 190 587 Mark begnügen mußten[85]. Es ist zu vermuten, daß die Ausweisung der Teuerungsbeihilfe als „Kriegsfürsorge" bzw. kriegsbedingte Sozialleistung nicht nur der Imagepflege der Firma dienen sollte, sondern auch darüber hinaus handfeste steuerliche Vorteile als Hintergrund hatte.

Alle Maßnahmen der Kriegsfürsorge – außer den Teuerungszulagen und den persönlichen Schenkungen – wurden über die Arbeiter-Unterstützungskasse bzw. die Beamten-Unterstützungskasse finanziert. Den bei weitem größten Anteil der monatlichen Ausgaben machte die Beihilfe für die Kriegerfamilien aus. Die Tabelle 4 dokumentiert deutlich das Ungleichgewicht zwischen den Firmenzuschüssen für Arbeiter und Angestellte: Die relativ kleine Anzahl von Angestellten erhielt einen größeren Firmenzuschuß als die ca. 80 % der Belegschaft zählende Gruppe der

85 Eigene Berechnung auf der Grundlage der Betriebsstatistik 1868–1967.

Arbeiter. Die relativ engen Grenzen der stärker auf Integration der Arbeiter orientierten Firmenpolitik während des Krieges zeigen sich u.a. darin, daß auch während des Krieges die diskriminierende Regelung der Arbeitsordnung von Menck & Hambrock, bei Arbeitsversäumnis, Zuspätkommen und anderen „Verfehlungen" für die Arbeiter Strafgelder zu verhängen, aufrechterhalten wurde[86]. Diese Beträge flossen in die Arbeiter-Unterstützungskasse.

5.5. Die Kriegszeitung

Sowohl ein wichtiger Bestandteil als auch ein öffentlichkeitswirksamer Propagandist der sozialpatriarchalischen Kriegsfürsorge war die seit Februar 1915 in einer Auflage von 2 000 Exemplaren monatlich erscheinende „Kriegszeitung der Firma Menck & Hambrock GmbH.", Altona, für ihre im Felde stehenden Arbeiter und Angestellten: „Grüße aus der Heimat". Sie wurde nicht nur den Soldaten, sondern auch allen Belegschaftsmitgliedern, staatlichen Behörden und einigen nicht genauer benannten Interessenten kostenlos zugesandt. Die Kriegszeitung, die somit zugleich auch Werkszeitung war, erschien bis zum Kriegsende in einem Umfang von vier bis acht Seiten. Verantwortlicher Schriftleiter war der Prokurist Ferdinand Fricke[87]. Die Herausgabe einer derartigen Kriegszeitung war zumindest für die Metallindustrie Altonas einmalig. Entsprechend der Doppelfunktion der Zeitung wechselte zumeist monatlich der Schwerpunkt der Leitartikel zwischen betrieblichen Themen und Informationen über das Schicksal der im Felde stehenden Beschäftigten, die zumeist mit extrem optimistischen Einschätzungen der militärischen Lage verbunden waren. Unter der ständigen Rubrik „Kriegsfürsorge" erschienen teilweise auch ganzseitige Leitartikel, in denen bis in die kleinste Einzelheit hinein die betrieblichen „Sozialmaßnahmen" wortreich dargestellt wurden[88]. Diese Veröffentlichungen dienten zum einen der Imagepflege der Firma gegenüber den Behörden und der Öffentlichkeit und zum anderen der Beruhigung der Soldaten über das Schicksal ihrer Familiien. Ihnen sollte der Eindruck vermittelt werden, daß sich die Firma – allen voran der alte Firmenchef Johannes Menck und seine Söhne Carl und Hans höchstpersönlich – um das materielle Wohlergehen ihrer Familien in der Heimat aufopfernd bemühten. Diesem Zweck dienten auch die zahlreichen, bereits erwähnten persönlichen Schenkungen einzelner Mitglieder der Menck-Familie. – Neben den ausführlichen Jahresberichten der Betriebskrankenkasse erschienen auf den hinteren Seiten unter den Rubriken „Verschiedenes" und „Zur Beachtung" Mitteilungen über betriebliche Probleme.

Den weitaus größten Raum in der Zeitung nahmen die verschiedenen Formen der Kriegsberichterstattung ein. In den Leitartikeln zur militärischen Lage dominierte primitiver Hurra-Patriotismus:

86 Altonaer Museum, Sammlung Dienstvorschriften Menck & Hambrock.
87 70 Jahre, S. 23.
88 Vgl. „Grüße aus der Heimat", Nr. 24, Febr. 1917.

„Grüße aus der Heimat"

Kriegszeitung der Menck & Hambrock G.m.b.H., Altona-Ottensen
für ihre im Felde stehenden Angestellten und Arbeiter

Nummer 37.	Altona, im März 1918.	Jahrg. 1918.

Unser Jubiläum.

Die Feier des 50jährigen Bestehens unseres Geschäfts konnte mit Rücksicht auf die ernste Zeit nur eine schlichte sein. Durch die herzliche Anteilnahme vieler Freunde, befreundeter Firmen, der Angestellten und Arbeiter sowie der Kriegsteilnehmer und ihrer Angehörigen nahm sie einen schönen Verlauf.

Die Geschäftsräume waren von den Angestellten der Firma mit Blumen geschmückt worden. Eine Abordnung der Angestellten überreichte bei der Übermittelung ihrer Glückwünsche ein von Herrn Professor Bottermann in Altona geschaffenes Gemälde, welches die Fabrik in ihrem jetzigen Zustande darstellt. Im Anschluß hieran überbrachten der Angestelltenausschuß, der Arbeiterausschuß, der Krankenkassenvorstand und eine Abordnung der Lehrlinge ihre Glückwünsche.

Die Handelskammer in Altona überreichte Herrn Kommerzienrat Menck mit ihren Glückwünschen in künstlerisch ausgestatteter Mappe die Urkunde über seine Ernennung zum Ehrenpräsidenten. Der Verein Ottenfener Industrieller überbrachte mit seinen Glückwünschen Herrn Kommerzienrat Menck eine Urkunde über seine Ernennung zum Ehrenmitglied des Vereins.

Leider konnten wir unseren Mitinhaber, Herrn Hans Menck, nicht in unserer Mitte sehen. Herr Hans Menck, der sich zurzeit als technischer Berater bei einem Armeeoberkommando befindet, konnte aus militärischen Rücksichten keinen Urlaub erhalten.

Lungenheilanstalt Geesthacht. Im Oktober 1917 wurde er in ein Hamburger Lazarett verlegt. Ende Dezember 1917 schrieb uns Lemke noch, daß er seiner baldigen Entlassung vom Militär entgegensehe.

Von seinem Vater erhielten wir nunmehr die traurige Mitteilung, daß Lemke am 10. Februar 1918 seinem langen Leiden erlegen ist. —

Der früher in der Schloßerei Werk II beschäftigt gewesene Schlosser Bernhard Stöcker fand am 12. Januar 1918 den Heldentod fürs Vaterland.

Stöcker wurde schon nach 14tägiger Beschäftigung bei unserer Firma im Januar 1917 zum Kriegsdienst eingezogen. Er wurde bei einem Pionierbataillon in Harburg ausgebildet und kam nach beendigter Ausbildung zu einer Pionierkompagnie im Westen.

Bei den schweren Kämpfen bei Cambrai wurde Stöcker am 31. Dezember 1917 durch Bauchschuß verwundet. Am 12. Januar 1918 ist er in einem Feldlazarett seiner schweren Verwundung erlegen.

Gefangenenlager in Frankreich befindet. Von Philippi selbst ist bisher weder bei seiner Frau, noch bei uns Nachricht eingegangen, doch hoffen wir, daß auch von ihm in den nächsten Tagen Nachricht eingeht.

Von einigen der in Kriegsgefangenschaft befindlichen Werkangehörigen empfingen wir im vergangenen Monat Nachricht. Der Arbeiter W. Müller bestätigt aus französischer Gefangenschaft den Empfang der ihm übersandten Weihnachtsunterstützung.

Desgleichen empfingen wir von den Arbeitsburschen Karl Rothermundt, Karl Süll und dem Schlosser Manfred Sperling die Bestätigung, daß sie die Weihnachtsunterstützung erhalten haben.

Von dem in russischer Gefangenschaft befindlichen Monteur Otto Schleider empfingen wir zwei Postkarten, aus denen wir ersehen, daß es ihm gut geht.

Altona, im März 1918.

Menck & Hambrock G. m. b. H.

Ehren-Tafel

Es fanden den Tod für das Vaterland:

Handlungsgehilfe Hans Lemke,
Schütze bei einem Inf.-Regt.

Feldpostgrüße.

Feldpostbriefe gingen ein von:

Oskar Adler, Carl Ahrendt, Friedrich Ahrens, Max Baasch, Friedrich Baalcke, Julius Baalhorn, Wilhelm Baasch, Emil Vollschweil, Gustav Bandixen, Siegfried Bandmann, Ernst Bartels, Carl Baumbach, Paul Becker, Walter Behnke, Emil Behrendt, Wilhelm Behrens, Albert Benthien, Otto Beßmann, W. Blan...

Abb. 3: Titelseite der firmeneigenen Kriegszeitung (Stadtteilarchiv Ottensen)

„Gott war mit uns und unserer gerechten Sache, er wird auch ferner unsere Fahnen zum Siege führen ... Es wird noch harte Kämpfe und viel Arbeit kosten, um den Feind ganz niederzuzwingen. Bis dahin darf es kein Zurücksehen und keine Rücksicht geben in diesem Kampfe; keine Rücksicht auf andere, auch keine Rücksicht auf uns selbst. Bis dahin wollen wir mit unserem Kaiser ausharren ohne Wanken ...[89]"

Ähnliche Aussagen befinden sich auch in den anderen Leitartikeln. Eine differenzierte, auf die mehrheitlich sozialdemokratisch orientierte Belegschaft abgestimmte Argumentationsweise ist in keinem der Artikel auszumachen. Entsprechend der politischen Position der Familie Menck propagierte die Zeitung seit April 1915 immer wieder die Notwendigkeit eines Siegfriedens mit Annexionen[90]. Lediglich in einem im Februar 1918 anläßlich des Firmenjubiläums veröffentlichten umfangreichen Leitartikel wird vermutlich auch unter dem Eindruck der Januarstreiks 1918 etwas geschickter argumentiert:

„Richten wir den Blick in die Zukunft, so steht allen Wünschen der nach einem baldigen siegreichen und kraftvollen Frieden voran. Aber nur ein siegreicher und kraftvoller Friede darf es sein. Solange wir einen solchen Frieden nicht erreichen können, müssen wir draußen und drinnen weiterkämpfen ... Zeigen wir beim Frieden keine entschlossene Kraft, so werden wir nicht die Bedingungen durchsetzen, die wir zu einer erfolgreichen Betätigung auf dem Weltmarkt, auf den die deutsche Industrie und der deutsche Handel angewiesen sind, brauchen.
In dieser Frage geht es in höchstem Maße um das ‚Gemeinwohl'. Denn wenn die deutsche Industrie erfolgreich tätig sein kann, wird sie in der Lage sein, reichliche Arbeitsgelegenheiten zu bieten, ausreichende Gehälter und Löhne zu zahlen und die steigenden sozialen Lasten wie bisher zu tragen. Unternehmer und Angestellte sind hierin untrennbar miteinander verbunden. Es kann letzteren nicht gut gehen, wenn die Industrieunternehmen nicht blühen."[91]

Auf jeder Titelseite veröffentlichte die Kriegszeitung eine „Ehrentafel", die die Namen der Gefallenen enthielt, und ein fortlaufendes Verzeichnis der Kriegsteilnehmer. In einer weiteren festen Rubrik wurden sämtliche Auszeichnungen und Beförderungen der Kriegsteilnehmer bekanntgegeben.
Den weitaus größten Raum, mehr als zwei Drittel in der Zeitung, nahmen die Feldpostbriefe der Soldaten ein. Über diese vom Juniorchef Hans Menck initiierte Einrichtung heißt es in der 1938 veröffentlichten Jubiläumsschrift:

„Dadurch blieb eine ständige Verbindung zwischen den an den verschiedenen Fronten kämpfenden Werksangehörigen untereinander und mit dem in der Heimat zurückgebliebenen Teil der Belegschaft erhalten, und jedem war die Möglichkeit gegeben, das Ergehen und das Schicksal seiner Kameraden zu verfolgen."[92]

89 Ebenda, Nr. 7, August–September 1915.
90 Ebenda, Nr. 3, Nr. 4, Nr. 7, Nr. 17, Nr. 35.
91 Ebenda, Nr. 35, Febr. 1918.
92 70 Jahre, S. 23.

Obwohl nur ausgewählte Feldpostbriefe, die den politischen Positionen der Firmenleitung entsprachen, abgedruckt wurden, enthält nur eine geringe Minderheit der Briefe primitive, chauvinistische Töne:

„Ich hatte nur die allgemeine Aufsicht und brauchte die Kerle nicht anzufassen. Jetzt sehen sie schon ganz manierlich aus. Meine Schneider und Schuster haben auch etwas nachgeholfen, um sie menschenwürdig zu machen. Als Zusatz zur Fütterung bekommen sie Zuckerrüben . . . Bei der hiesigen schweren Arbeit müssen sie nun erst einmal in einen guten Futterzustand versetzt werden . . . Die Russen haben mir schon manch heitere Stunde bereitet."[93]

Diese Passagen aus einem Feldpostbrief des Juniorchefs und Leutnants der Reserve Hans Menck stellen eine Ausnahme dar, sind jedoch sehr aufschlußreich für die Geisteshaltung der auch politisch einflußreichen Altonaer Unternehmerfamilie. So veröffentlichte seine Mutter, Amanda Menck, wie bereits erwähnt in den „Grüßen" ein hurra-patriotisches Kriegsgedicht und der amtierende Firmenchef Carl Menck verschickte an alle Kriegsteilnehmer der Firma die Propagandabroschüre „Wenn sie siegten" und unterstützte die Arbeit der militaristischen Jugendkompanien durch die Finanzierung der Ausrüstung für 65 Lehrlinge und Jungarbeiter der Firma[94]. Die geringe Resonanz auf derartige Propagandaaktionen in den Feldpostbriefen macht deutlich, daß es nicht gelang, mit Hilfe nationalistischer Parolen die Kriegsbegeisterung der Soldaten und Arbeiter anzufachen. Durch die regelmäßige Veröffentlichung der Feldpostbriefe gelang es dagegen, ein Medium zu schaffen, das den Zusammenhalt der auf den verschiedenen Kriegsschauplätzen verstreuten Menck-Arbeiter förderte und somit auch die Identifikation mit der Firma Menck verstärkte. Da die Arbeiter und Angestellten im Felde durch die Kriegszeitung einerseits über jede kleine Maßnahme der „Kriegsfürsorge" ausführlich informiert wurden, andererseits aber über die Finanzierung der Maßnahmen kaum etwas erfuhren, entstand bei vielen von ihnen der Eindruck, daß die Firma sich ihren Beschäftigten gegenüber außerordentlich großzügig verhielt. Daraus entwickelte sich, wie die Feldpostbriefe zeigen, bei zahlreichen Arbeitern und Angestellten ein Gefühl großer Dankbarkeit gegenüber der Firma[95].

Die Kriegszeitung stieß zwar als Propagandainstrument für den Krieg und für einen Sieg-Frieden offensichtlich bei den Menck-Beschäftigten in der Fabrik und im Felde auf wenig Resonanz, dagegen erzielte sie als Medium zur Vermittlung einer von der Firmenleitung während der Krieges propagierten Partnerschaftsideologie eine nicht zu unterschätzende Wirkung[96].

---

93 „Grüße aus der Heimat", Nr. 3, April 1915.
94 Vgl. „Grüße aus der Heimat", Nr. 2, Nr. 17, Nr. 25.
95 Ebenda, Nr. 1, Nr. 37.
96 Ebenda, Nr. 36.

6. ZU DEN AUSWIRKUNGEN DER BETRIEBLICHEN „KRIEGSFÜRSORGE"

Durch den gezielten Einsatz der verhältnismäßig geringen Summe von knapp 90 000 M für die Maßnahmen der Kriegsfürsorge und deren öffentlichkeitswirksame Publikation gelang es der Firma, überraschende Ergebnisse zu erzielen. So konnten auf der Grundlage eines erheblich niedrigeren Lohnkostenanteils als zu Friedenszeiten Umsatz und Gewinn beträchtlich gesteigert werden. Trotz Verlängerung der Arbeitszeit, Überstunden, Feiertagsarbeit, Intensivierung der Arbeit und eines starken Anstiegs der Betriebsunfälle kam es zu keinerlei Protest- und Streikaktionen der Belegschaft[97]. Das ist um so erstaunlicher, da sowohl bei den eng mit Menck & Hambrock kooperierenden Betrieben OEW und Michaelsen als auch bei den benachbarten Ottensener Maschinenfabriken Bauermeister, Gutmann und Seidler & Spielberg im Januar 1918 teilweise mehrere Tage lang gestreikt wurde[98].

Im Gegensatz zu den Werften und anderen Rüstungsbetrieben, die trotz riesiger Gewinnsteigerungen nur auf Grund von Streiks oder Streikandrohungen Teuerungszulagen oder Lohnerhöhungen zahlten, zeigte sich in dieser Konfliktsituation die Wirksamkeit der neuen, sozial-integrativen Firmenpolitik. Die „freiwilligen" Sozialleistungen und Teuerungszulagen trugen nicht nur zur Verhinderung von Streiks bei, sondern erwiesen sich auch als ein wirksames Mittel, die gesuchten Metallarbeiter an den Betrieb zu binden und somit einer starken Fluktuation vorzubeugen. Diesen Aufgaben dienten auch zwei weitere außerordentlich geschickte Maßnahmen der Firmenleitung: die Ankündigung einer Stiftung über 100 000 M zugunsten der Beschäftigten für die Zeit nach dem Kriege und die bevorzugte Einstellung von Ehefrauen der einberufenen Arbeiter. Die Frauen, die als „Stellvertreter" für ihre Männer fungierten, konnten nach der Rückkehr ihrer Männer ohne große Probleme wieder entlassen werden[99]. – Auch die bereits genauer dargestellte Schaffung von 500 Schrebergärten für die Beschäftigten gehört zu den Maßnahmen, die die Firma wenig kostete, jedoch die Belegschaft stark beeindruckte, ihr konkret half und sie stärker an den Betrieb band.

Im Gegensatz etwa zu Hermann Blohm, der noch am 28.1.1918 durch eine Rede des führenden Mitgliedes der rechtsradikalen Vaterlandspartei, Gottfried Traub, vor seinen Arbeitern und Angestellten Proteste und Demonstrationen provozierte, verzichtete die Firmenleitung auf jegliche unnötige Konfrontation mit ihren Arbeitern[100]. So befinden sich zum Beispiel in der Kriegszeitung zwar primitiv-chauvinistische Karikaturen der Kriegsgegner, Angriffe auf die Sozialdemokratie oder die Gewerkschaften sucht man jedoch vergeblich. Zur Durchsetzung dieses gegenüber den Arbeitern flexibleren Verhaltens der Firmenleitung trug neben der Burgfriedenspoli-

---

97 Ebenda, Nr. 37.
98 LAS, Abt. 309, 8306, Polizeiamt Altona an Regierungspräsident Schleswig, 29.1., 30.1. und 31.1.1918.
99 70 Jahre, S. 25.
100 Ullrich, S. 519.

tik der Sozialdemokratie und der Gewerkschaften nicht zuletzt auch das Ausscheiden des schwer herzkranken Firmengründers Johannes Menck aus der Firmenleitung bei[101].

Während auf den Schlachtfeldern des Krieges Hunderttausende auch durch Granaten und Sprengminen von Menck starben, gelang es der Firma mit Hilfe einer sozialintegrativen Betriebspolitik, ungestört Rüstungsgüter zu produzieren und hohe Profite zu erzielen.

Aber auch für die Zeit nach dem Krieg war man gut gerüstet. Auf Grund der hohen Kriegsgewinne und durch besondere Vorzugskredite als Rüstungsbetrieb war die Fabrik in der Lage, umfangreiche Investitionen durchzuführen und auf dieser Basis nach dem Krieg mit modernen Maschinen und dem bewährten Facharbeiterstamm wieder verstärkt die Baumaschinenproduktion aufzunehmen[102].

---

101 StA Ottensen, Betand Menck & Hambrock 14.1/1 Familiengeschichtliche Aufzeichnungen von Amanda Wolff, geb. Menck, „Was ich von den Vorfahren weiß", (Hamburg) 1936.
102 Vgl. Festschrift aus Anlaß des 50jährigen Bestehens der Firma Menck & Hambrock GmbH Altona – Hamburg am 1. Februar 1918, Altona (1918), S. 20. – Mottek, S. 215.

Claus-Hinrich Offen

Hohe Schule auch für Handwerker und Heringspacker?
Zur Sozialstruktur der Schülerschaft
des Lübecker Katharineums im Jahre 1830

Die These, das humanistische Gymnasium des Vormärz – und insonderheit das preußische – sei nicht grundständige Eliteanstalt, sondern multifunktionale Einheitsschule gewesen, ist in den zurückliegenden Jahren durch empirische Analysen erhärtet worden, die überspitzende Bezeichnung als Gesamtschule blieb jedoch nicht ohne Widerspruch[1].

Gestützt auf eine breit angelegte Untersuchung zur Entwicklung des preußischen Schulsystems, wie sie sich in den Städten und vor allem in Berlin während des 19. Jahrhunderts vollzog, hat Müller für die Mehrheit der Gymnasien einen Wandel „von differenzierten Gesamtschulen am Beginn des 19. Jahrhunderts zu grundständigen Eliteschulen" an dessen Ende konstatiert[2]. Bis in die vierziger Jahre habe „der Begriff Gymnasium das eigentliche Gymnasium mit den Klassen Tertia bis Oberprima und die Schulen mit den Klassen Sexta bis Quarta" umfaßt[3]. Diese „Schulen", so Müller, seien „als Typ Regelanstalt für die männlichen Schulpflichtigen der städtischen Bevölkerung" gewesen[4]. Auch wenn die offizielle Kulturpolitik seit den dreißiger

1 Detlef K. Müller, Sozialstruktur und Schulsystem. Aspekte zum Strukturwandel des Schulwesens im 19. Jahrhundert, Göttingen 1977. – In der Einleitung zur gekürzten Studienausgabe (unter gleichem Titel, Göttingen 1981, S. 6) räumt der Autor gegenüber seinen Kritikern ein, sie wehrten „zu Recht den inzwischen . . . ideologisch beladenen Terminus ,Gesamtschule' ab", in der Sache erfolgt jedoch keine Rücknahme. Zur Diskussion vgl. etwa: Peter Lundgreen, Die Bildungschancen beim Übergang von der ,Gesamtschule' zum Schulsystem der Klassengesellschaft im 19. Jahrhundert. Überlegungen zur Reichweite und Interpretationsmöglichkeit schulgeschichtlicher Befunde anläßlich des Buches ,Sozialstruktur und Schulsystem' von Detlef K. Müller, in: Zeitschrift für Pädagogik 24 (1978), S. 101–115. – Hans-Jürgen Apel, Das preußische Gymnasium in den Rheinlanden und Westfalen 1814–1848. Die Modernisierung der traditionellen Gelehrtenschulen durch die preußische Unterrichtsverwaltung, Köln, Wien 1984 (Studien und Dokumentationen zur deutschen Bildungsgeschichte, 25), S. 257–263.
2 Müller, S. 54.
3 Müller, S. 41. – So auch Peter Lundgreen, Sozialgeschichte der deutschen Schule im Überblick, Teil 1: 1770–1918, Göttingen 1980, S. 43–44.
4 Müller, S. 41.

Jahren die Grundständigkeit der Gesamtanstalt Gymnasium betont habe, seien tatsächlich jedoch „Quinta- und Quartaabgang systemimmanente Abschlußmöglichkeiten der allgemeinen Bildung" gewesen: Die „Mehrheit der Schüler erlernt einen handwerklichen oder kaufmännischen Beruf, nur ein kleiner Teil wird Gymnasiast, ein noch geringerer Abiturient"[5]. Diese „Frühabgänger" hätten als breiter schulgeldzahlender Unter- und Mittelbau die Existenz des Gymnasiums in der ersten Hälfte des 19. Jahrhunderts überhaupt ermöglicht.

Die Auffassung, die preußischen Gymnasien seien in der ersten Jahrhunderthälfte multifunktionale Einheitsschulen für das städtische Bürgertum gewesen, stützen auch die Ergebnisse der Untersuchung von M. Kraul über die Gymnasien in sechs Städten der preußischen Provinzen Rheinland und Westfalen während des Vormärz[6]. Zwar muß Kraul anhand der sozialen Herkunft und der Schullaufbahn der Schüler feststellen, daß die soziale Rekrutierung der Schüler an den untersuchten Gymnasien sich „je nach Lage und Wirtschaftsstruktur des Schulorts und nach der Konfession der Bevölkerung" unterschied[7]. Gleichwohl kann sie das Gymnasium zusammenfassend eher als eine „städtische Schule für alle männlichen Schulpflichtigen" denn als „elitäre Anstalt für wenige" charakterisieren[8]. Ebenso wie Müller sieht Kraul den Frühabgänger bzw. den Schüler mit kurzer Verweildauer als das Gymnasium des Vormärz prägend an[9]. Innerhalb des Gymnasiums zeichnet sich eine schichtenspezifische Differenzierung des Bildungsverhaltens ab. Wenn auch die Verwendung des Begriffs „Gesamtschule" in diesem Zusammenhang wiederholt – und, wie ja auch Müller inzwischen einräumt, zu Recht – auf Ablehnung gestoßen ist, so scheint doch die Aussage über die beschriebene Struktur des preußischen Gymnasiums weithin akzeptiert zu sein[10]. Es wird nicht als lediglich elitebildende, vielmehr als polifunktionale Anstalt beschrieben, die trotz kleiner Schülerzahlen und angesichts der Bedeutung von Frühabgang und Repräsentanz der Mittelschicht, auch unter den Abiturienten, sozial nicht als Eliteschule zu charakterisieren sei[11].

Wenn das Lübecker Katharineum in den dreißiger Jahren des 19. Jahrhunderts etwa als die „Pflanzschule unseres höheren Standes"[12] bezeichnet wurde, so scheint

---

5 Ebd.

6 Margret Kraul, Gymnasium und Gesellschaft im Vormärz. Neuhumanistische Einheitsschule, städtische Gesellschaft und soziale Herkunft der Schüler, Göttingen 1980 (Studien zum Wandel von Gesellschaft und Bildung im Neunzehnten Jahrhundert, 18). – In der Untersuchung berücksichtigt sind die Städte Recklinghausen, Coesfeld, Minden, Hamm, Trier und Düsseldorf.

7 Ebd., S. 147.

8 Ebd.

9 Ebd., S. 147–148.

10 Vgl. Lundgreen, Sozialgeschichte, etwa S. 48, 69–70; Apel, S. 259; Peter Lundgreen, Institutionalisierung des höheren Schulwesens, in: Enzyklopädie Erziehungswissenschaft, Bd. 5: Organisation, Recht und Ökonomie des Bildungswesens, hrsg. v. Martin Baethge, Knut Nevermann, Stuttgart 1984, S. 98–113, hier S. 100, 112.

11 Lundgreen, Institutionalisierung, S. 112; Apel, S. 260, dort allerdings auch Hinweis auf Zugangsbeschränkungen.

12 Unser Schulwesen, in: Neue Lübeckische Blätter (=NLBll.) 1837, S. 65–68, hier S. 66.

dies darauf hinzudeuten, daß die von Müller und Kraul für das preußische humanistische Gymnasium nachgewiesenen Charakteristika die „hohe Schule"[13] der Hansestadt nicht oder zumindest nicht in gleichem Maße kennzeichneten. Andererseits hatte der Direktor der Anstalt es drei Jahrzehnte zuvor für notwendig gehalten, daß „die Catharinenschule . . . nicht mehr Schüler aus allen und für alle Stände erhält"[14]. Es soll versucht werden, zu klären, ob die These von der multifunktionalen Einheitsschule mit sozial heterogener Schülerschaft auch in bezug auf das Katharineum während der Jahre um 1830 plausibel erscheint. Dazu werden u.a. Daten jener Schüler ausgewertet, die mindestens im ersten Schulhalbjahr 1830, also von Ostern bis Michaelis des Jahres, dem Katharineum angehörten. Material, das eine breiter angelegte und an umfassenderen Fragestellungen orientierte quantitative Analyse zu Sozialstruktur und Schulbesuchsverhalten der einheimischen und auswärtigen Schülerschaft des Katharineums im 19. Jahrhundert zuließe, liegt vor[15].

Zu Beginn des 19. Jahrhunderts war die Notwendigkeit einer Reform der 1531 eingerichteten Schule zu St. Katharinen unübersehbar geworden. Angesichts des Erfolges privater Institute bei wohlhabenden Eltern, die insbesondere jene den Kaufleuten nötigen Kenntnisse am Katharineum nicht vermittelt sahen, angesichts auch der dort gesunkenen Schülerzahl erhob sich die Forderung nach einer Schule, „worin jeder künftige Bürger, er sey dem Gelehrten-Stande oder einem andern gewidmet, ohne allen Privat-Unterricht" die nötigen Kenntnisse erwerben könnte[16]. Die Forderung basierte auf der Überlegung, daß beide, der zukünftige Gelehrte wie der zukünftige Kaufmann, „zu brauchbaren Bürgern erzogen" werden sollten, beide

13 Christian Julius Wilhelm Mosche, Bemerkungen über die Bestimmung und den Umfang unserer Schule, Lübeck 1815, S. 4.

14 StAL 15205, Bl. 109–119 r, C. J. W. Mosche, Ueber die in unserer Stadt zu organisirenden Bürgerschulen [Ms. 1808], hier Bl. 111 r. – Diese Akte (nach dem Wincklerschen Supplementregister im AHL: Altes Senatsarchiv, Ecclesiastica, Schulsachen: Andere Schulen C 2) gehört zu jenen Beständen des Archivs der Hansestadt, die im 2. Weltkrieg auf das Gebiet der heutigen DDR ausgelagert worden waren. Zwar befinden sie sich seit April 1987 wieder in Lübeck, sind aber wegen der notwendigen Lagerungs-, Ordnungs- und Verzeichnungsarbeiten noch nicht benutzbar. Ein Teil der Ecclesiastica konnte 1985 im Staatsarchiv Magdeburg eingesehen werden; dortige Signatur: Stadtarchiv Lübeck, z. Zt. Archivdepot Barby (= StAL).

15 AHL, Katharineum, 1 (Schüleraufnahmebuch 1750–1877), 2 (Klassenbestand 1806–42), 3 (Klassenbestand 1842–80), 4 (Schülerlisten 1880–89), 5 (Schülerlisten 1890–99), 6 (Hauptbuch 1891–1902). – Im Archiv der Schule verblieben Conduitenlisten, die in Zweifelsfällen evtl. weitere Klärung ermöglichen. – Eine tabellarische Übersicht mit Angaben zu Abgangstermin, Name, Geburtsjahr, Geburtsort, Stand des Vaters sowie Beruf und Verbleib des Schülers bietet Hermann Genzken, Die Abiturienten des Katharineums zu Lübeck (Gymnasium und Realgymnasium von Ostern 1807 bis 1907), Lübeck 1907 (Beilage zum Jahresbericht 1907).

16 Entsprechende Überlegungen trug der Subrektor Heinrich Kunhardt am 4.3.1800 der Gesellschaft zur Beförderung gemeinnütziger Tätigkeit vor: AHL, Gemeinnützige 19.2, Über die Unentbehrlichkeit einer wohleingerichteten Bürgerschule, hier S. 3–4. – Zur Entwicklung der Schülerzahlen am Katharineum vgl. Bernhard Eschenburg, Das Katharineum in Lübeck, o. O. u. J. [Lübeck 1912], S. 9.

müßten daher „bis zu einem gewissen Grade *die* Kenntnisse mit einander theilen, welche zum Charakter des gebildeten Bürgers als wesentliche Merkmale" gehörten[17].

Orientiert an „den heutigen allgemeinen Fortschritten der Cultur und der Pädagogik, und um die Jugend nicht für eine vergangene Welt, sondern für Zeit und Ort, worin sie leben sollen, zu bilden", verstand sich der Senat 1801 schließlich dazu, die veraltete Ordnung der Schule aus dem Jahre 1755 durch eine neue zu ersetzen und „in Stelle etlicher ausgedienten und zur wohlverdienten Ruhe gesetzten Lehrer, junge rüstige Männer [zu] berufen"[18]. Das Katharineum sollte „nicht mehr eine bloß lateinische Sprach- und Gelehrten-Schule [sein], sondern eine, nach dem Geist der Zeiten organisirte Real- und zugleich Bürger-Schule, worin alles gelehret wird, was ein Knabe von seiner ersten Jugend an, so bald er lesen kann, und der Jüngling bis zum gereiften Alter, lernen muß und will"[19]. Gymnasium und Bürgerschule zu St. Katharinen waren, so ihr Direktor Christian Julius Wilhelm Mosche 1808, gedacht als Schule jener „Art von Ständen und Gewerben, mit welchen sich nicht nur eine höhere und die höchste Geistesbildung verträgt, sondern welche auch gewisse und mehrere Arten von wissenschaftlichen Kenntnissen, theils als Bedürfnisse erfordern, theils als Erleichterung ihrer besondern Bedürfnisse, oder doch als Zierde wünschenswerth machen, überdieß auch innere Fähigkeiten und äußere Verhältnisse erfordern, welche mit dem, was dieser Art zu den eigentlichen wissenschaftlichen Ständen erforderlich ist, so parallel laufen daß es für die Sache und die Individuen sehr wohlthätig ist, wenn sich die Wege derer, die für diese Stände – und derer, welche für die eigentlich gelehrten Stände bestimmt sind, erst spät trennen"[20].

An dieser Bestimmung, nämlich die „Haupt-Schule" Lübecks zu sein, „die frühe schon diejenigen einander nahe bringe, die dereinst als Kaufleute oder Gelehrte sich hier so nahe stehen sollten", änderte sich auch im Zuge der schärferen Kontourierung von Gymnasium und Bürger- bzw. Realschule grundsätzlich nichts[21].

Der besonderen Aufgabe der Anstalt entsprachen eine besondere Verwaltung[22] und eine sichere materielle Ausstattung[23], die durch das nicht unerhebliche Schulgeld

---

17 AHL, Gemeinnützige 19.2, Kunhardt, S. 3–4.
18 Eines Hochedlen und Hochw. Raths der Kaiserl. und des Heil. Röm. Reichs freyen Stadt Lübeck revidirte Verordnung wegen des neuorganisirten Gymnasiums und der Bürger-Schule zu St. Catharinen samt den Schulgesetzen im Jahre 1801, in: Werner Dedekind, Die Schulordnungen des Katharineums zu Lübeck von 1531 bis 1891, Lübeck 1911 (Beilage zum Jahresbericht 1911), S. 58–68, hier S. 58.
19 Ebd., S. 59.
20 StAL 15205, Bl. 111.
21 Zit. aus: Unser Schulwesen, NLBll. 1837, S. 66.
22 Für das Katharineum zuständige Behörde waren bis 1837 die „Scholarchen", die beiden ältesten Bürgermeister, denen seit 1755 eine „perpetuierliche Schulcommission" beigegeben war. Seit dem 14. Oktober 1837 unterstand es der „Schuldeputation für die Verwaltung des Katharineums".
23 Die erforderlichen Mittel wurden zu einem ganz erheblichen Teil aus der Staatskasse bereitgestellt. Das Katharineum erhielt den Löwenanteil dessen, was der Staat zur Finanzierung der Schulen insgesamt aufbrachte. In den dreißiger Jahren verwandte er für 1 500 Kinder in 12 Volksschulen 2 000 Mark und für ungefähr 150 einheimische Kinder im Katharineum 19 000 Mark (Unsere Volksschulen, in: NLBll. 1837, S. 60–61).

aufgestockt wurde[24]. Die fest angestellten Lehrer waren überwiegend akademisch gebildet.

Die zunächst horizontale Gliederung des Katharineums in Gymnasium und Bürgerschule wurde seit 1834 in eine vertikale gewandelt:

Während der ersten drei Jahrzehnte bildeten die drei oberen Klassen, Tertia bis Prima, das Gymnasium, die vier unteren, Septima bis Quarta, die Bürgerschule. Beide Abteilungen blieben jedoch eng miteinander verbunden, und zwar durch die „Fesseln des Parallel- oder Lectionssystems, nach welchem derselbe Gegenstand gleichzeitig in den verschiedenen Classen unterrichtet wurde, so daß ein Schüler mehreren Classen zugleich angehören und z.B. im Lateinischen Primaner, im Französischen Tertianer und in der Mathematik Quartaner sein konnte"[25]. Insbesondere in den mittleren Klassen, Tertia bis Quinta, ergaben sich Probleme, fanden sich doch dort „sowohl diejenigen Schüler, welche den Gymnasialkursus bis zum Übergang zur Universität vollenden, als diejenigen zusammen, welche aus IV und III zu bürgerlichen Gewerben übergehen sollten. Für die gleichzeitige Ausbildung beider suchte man durch Dispensation vom griechischen Unterricht und von einem Theile des lateinischen und durch Aushilfestunden in praktischen Fertigkeiten und in den neueren Sprachen für die vom Unterricht in den klassischen Sprachen Dispensierten, so gut es gehen wollte, Sorge zu tragen"[26].

Ab Ostern 1834[27] ersetzte man dieses Parallelsystem durch ein Jahrgangs-Klassensystem im weiteren Sinne. Alle Schüler einer Klasse erhielten jetzt Unterricht in denselben Gegenständen, auf demselben Niveau. Tertia, Quarta und Quinta wurden jeweils in a- und b-Klassen gegliedert, die „gelehrte" bzw. „bürgerliche" Bildung vermitteln sollten. Damit ergab sich eine deutlich veränderte Struktur des Katharineums (Abb. 1)[28]. Gymnasium und Bürgerschule waren zu eigenständigen Zweigen der Anstalt geworden. Ein Wechsel zwischen ihnen war wegen des unterschiedlichen Fächerangebotes allenfalls unter erheblichen Schwierigkeiten möglich.

Die „Selecta" der Bürgerschule bestand seit Michaelis 1834[29], stellte jedoch bis 1856 im Grunde lediglich eine besondere Abteilung der Tertia b dar. Erst seit 1857 ist sie als eine eigenständige Klasse anzusehen, die der Gymnasialsekunda entsprach[30]. Bis 1856 verbarg sich hinter der Bezeichnung „Selecta" nicht mehr, „als daß im praktischen Rechnen die Schüler [der III b] in zwei getrennten Abtheilungen unterrichtet wurden, in deren erste die weiter Fortgeschrittenen aufgenommen wurden"[31].

24 Bis 1854 floß das Schulgeld nach einem bestimmten Schlüssel dem Direktor sowie einem Teil der Lehrer als Ergänzung des Gehaltes zu, später ging es an die Schulkasse (vgl. Eschenburg, S. 41–43).
25 Christian Scherling, Unsere Realschule, was sie war, geworden ist und werden muß, Lübeck 1865, S. 1.
26 Eschenburg, S. 7–8.
27 Vgl. AHL, Katharineum 2 (Klassenbestand 1806–42).
28 Dazu Eschenburg, S. 8; Scherling, S. 2. – Abb. 1 verdeutlicht lediglich die Struktur; zum Umfang der einzelnen Bereiche innerhalb der Gesamtanstalt vgl. Tab. 1 und Anm. 32.
29 Vgl. AHL, Katharineum 2 (Klassenbestand 1806–42).
30 Eine Prima wurde der Realschule 1868 hinzugefügt (Eschenburg, S. 23).
31 Scherling, S. 4.

1801 - 1834:   1834 - 1867:

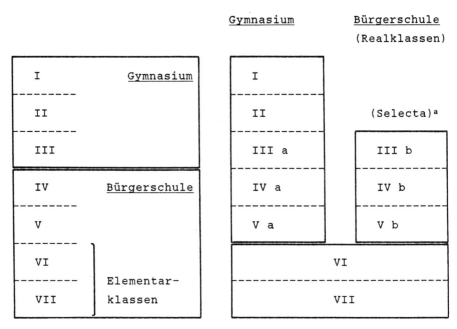

                                Gymnasium   Bürgerschule
                                                 (Realklassen)

Vorbereitungsklassen

ª Selecta 1834-56 obere Abteilung der Klasse III b, seit
1856 vier Realklassen.

Abb. 1:   Die Struktur des Katharineums in Lübeck während der 1. Hälfte des 19. Jahrhunderts

Im hier genauer betrachteten ersten Schulhalbjahr 1830, also noch vor der vertikalen Separierung des Gymnasiums und der Bürgerschule, besuchten 280 Schüler die sieben Klassen des Katharineums (Tab. 1)[32].

32 Nach den Angaben bei H[einrich] L[udwig] und C[arl] G[eorg] Behrens [Hrsg.], Topographie und Statistik von Lübeck und dem mit Hamburg gemeinschaftlichen Amte Bergedorf. Ein Beitrag zur topographisch-statistisch-historisch-politischen Beschreibung der Freien Hansestadt Lübeck und dem Landgebiete derselben, 2 Bde., Lübeck 1829–1839, hier Bd. 2, S. 278, lassen sich für die Jahre 1830 bis 1833 die folgenden gerundeten Durchschnittsfrequenzen errechnen: Für Klasse I 22 Schüler, II 27, III 52; Gymnasium insgesamt 101; IV 72, V 73, VI + VII 24; Bürgerschule insges. 169; Katharineum insges. 270.

Nicht einmal zwei Drittel (61,4 %) von ihnen konnten als im lübeckischen Staate beheimatet nachgewiesen werden[33]. Während in der Bürgerschule nur rund ein Drittel (32,6 %) der Knaben nicht aus Lübeck stammte, machte der Anteil der Auswärtigen im Gymnasium nahezu die Hälfte (48,6 %) aus; von nur 20 % in Septima stieg er auf 62,5 % in Prima. So läßt sich feststellen, daß in der Tendenz der Anteil der auswärtigen Schüler mit zunehmendem Rang der Klasse wuchs.

Tab. 1: Die Schüler des Katharineums in Lübeck, Ostern – Michaelis 1830

Klasse	Schüler einheimische		Schüler auswärtige		Schüler insgesamt	
I	9	(37,5 %)	15	(62,5 %)	24	(100 %)
II	12	(48,0 %)	13	(52,0 %)	25	(100 %)
III	33	(58,9 %)	23	(41,1 %)	56	(100 %)
Gymnasium	54	(51,4 %)	51	(48,6 %)	105	(100 %)
IV	49	(67,1 %)	24	(32,9 %)	73	(100 %)
V	40	(60,6 %)	26	(39,4 %)	66	(100 %)
VI	21	(80,8 %)	5	(19,2 %)	26	(100 %)
VII	8	(80,0 %)	2	(20,0 %)	10	(100 %)
Bürgerschule	118	(67,4 %)	57	(32,6 %)	175	(100 %)
Summe	172	(61,4 %)	108	(38,6 %)	280	(100 %)

33 Zunächst waren die Schulkarrieren der in AHL, Katharineum 2 (Klassenbestand 1806–42) für Ostern bis Michaelis 1830 klassen- und abteilungsweise aufgeführten 280 Knaben jeweils individuell durch die vorangegangenen Jahre bis zum Schuleintritt zurückzuverfolgen. Auf diese Weise wurde es möglich, im Album der Anstalt, AHL, Katharineum 1 (Schüleraufnahmebuch 1750–1877), folgende Angaben zu ermitteln: Vorname, Geburtsjahr, Geburtsort, Beruf des Vaters, Wohnung des Schülers, Datum des Schuleintritts, Eingangsklasse und Abteilung. Damit jeweils Abgangsklassen und Datum des Schulabganges festgestellt werden konnten, war anschließend der weitere Verlauf des Schulbesuchs nach 1830 im einzelnen nachzuvollziehen. Dazu mußte zum Teil auch AHL, Katharineum 3 (Klassenbestand 1842–80), herangezogen werden. Für Mithilfe in dieser Auswertungsphase habe ich Stephanie Claussen zu danken. – Behrens, Bd. 2, S. 278, gibt die Zahl der einheimischen Schüler des Katharineums im Ostersemester 1830 mit 175, die der fremden mit 100 an. Aus den dort ebenfalls publizierten Zahlen für die Jahre bis einschließlich 1838 ist ein durchschnittlicher Anteil Einheimischer von 61,3 % zu errechnen.

Quinta bis Prima waren jeweils in vier Abteilungen oder auch Ordnungen gegliedert, denen die Schüler in der Regel für die Dauer eines Schulhalbjahres angehörten, so daß eine dieser Klassen normalerweise im Laufe zweier Schuljahre absolviert wurde. Sexta umfaßte zwei solcher Abteilungen, Septima nur eine[34]. Ein Knabe, der in Septima eintrat, hätte die Anstalt also bei regulärem Besuch nach elfeinhalb Jahren aus Prima verlassen können. Eine solche Schulkarriere kann jedoch nicht als der Normalfall gelten, denn es wurden nicht selten Abteilungen übersprungen oder – auch mehrfach – wiederholt. Zudem durchlief nicht jeder Schüler alle Klassen bzw. Abteilungen.

Schon ein Blick auf die Klassenfrequenzen des ersten Schulhalbjahres 1830, genauer auf die Differenzen zwischen den Stärken der aufeinanderfolgenden Klassen, erlaubt vorsichtige Rückschlüsse darauf, aus welchen Klassen die Schüler die Anstalt verließen[35]. Demnach wäre die wichtigste Abgangsklasse Tertia gewesen, gefolgt von Prima und Quarta; Sekunda hätte in dieser Hinsicht untergeordnete Bedeutung gehabt. Bei der Ermittlung der wichtigsten Eingangsklassen ist zu bedenken, daß Sexta und vor allem Septima schneller zu durchlaufen waren[36]. Unter Berücksichtigung dieser Tatsache dürfte als wichtigste Eintrittsklasse Septima gelten, gefolgt von Sexta und Quinta. Dieses vergleichsweise grobe Verfahren verdeckt allerdings die Tatsache, daß aus den unteren Klassen natürlich auch Schüler abgingen, ebenso wie in den oberen späte Eintritte erfolgten. Gleichwohl erlaubt es offensichtlich zumindest die Feststellung der wichtigsten Eingangs- und Abgangsklassen. Die genauere Auswertung der 280 Fälle zeigt jedenfalls kein in der Tendenz anderes Ergebnis (Tab. 2).

Nennenswerte nicht bereits vorher erkannte Abgänge aus unteren Klassen sind nicht festzustellen. Doch lassen sich aus diesen Zahlen insbesondere hinsichtlich der Eintrittsklassen wesentliche Unterschiede zwischen einheimischen und auswärtigen Schülern erkennen. Während der Schuleintritt bei Lübecker Schülern vor allem in Septima, dann aber auch in den anderen bereits in dieser Hinsicht genannten Klassen erfolgte, begannen die auswärtigen ihren Besuch des Katharineums überwiegend später: Sexta bis Quarta waren die wesentlichen Eintrittsklassen, mit übrigens annähernd gleichen Zugangszahlen. Und immerhin etwas mehr als 20 % dieser

---

34 Die Verweildauer in den beiden Elementarklassen betrug bei jenen 73 Schülern (der hier betrachteten insgesamt 280), die VII und anschließend VI durchliefen, tatsächlich mindestens 2 und höchstens 10 Halbjahre; 53,4 % verweilten 3 Halbjahre in den insgesamt 3 Abteilungen, 8,2 % nur 2, 38,4 % mehr als 3; der Durchschnittswert liegt bei 3,6.

35 Die Überlegungen gehen aus von der Annahme annähernd gleicher Jahrgangsstärken potentieller Schüler sowie der oben genannten durchschnittlichen Verweildauer; es ergibt sich als Differenz zwischen Tertia und der folgenden Sekunda: 56 − 25 = 31; entsprechend für I 24, IV 17, II 1. – Auf der Basis der nach Behrens, Bd. 2, S. 278, gerundeten Durchschnittsfrequenzen der Klassen für 1830–1833 (vgl. Anm. 32) gelangt man zu derselben Reihenfolge der Abgangsklassen.

36 Berücksichtigt man dieses und multipliziert daher die Werte für VII (nur 1 Abt.) mit 4 und für VI (nur 2 Abt.) mit 2, so ergeben sich für IV bis VII folgende Differenzwerte, die als Indikator für den Eintritt neuer Schüler gewertet werden können: 7, 14, 12, 40.

Tab. 2: Die Eintritts- und Abgangsklassen aller im 1. Halbjahr 1830 das Katharineum besuchenden Schüler

Klassen	Eintrittsklassen			Abgangsklassen		
	einheim. Schüler	auswärt. Schüler	Schüler insges.	einheim. Schüler	auswärt. Schüler	Schüler insges.
I		3	3	45	33	78
II		9	9	20	13	33
III		12	12	67	32	99
IV	14	21	35	35	25	60
V	39	25	64	5	5	10
VI	46	22	68			
VII	73	16	89			
Summe	172	108	280	172	108	280

Schüler traten noch später, also direkt in die Klassen des Gymnasiums ein. Die hier berücksichtigten einheimischen Gymnasiasten erreichten diese Stufe der Anstalt demgegenüber ausnahmslos nach vorangegangenem Besuch der Bürgerschule. Als Abgangsklasse dominierte bei den Lübecker Schülern des Katharineums – wie auch insgesamt – unverkennbar Tertia (39,0 %) und nur gut ein Viertel (26,2 %) von ihnen verließ aus Prima die Schule. Demgegenüber gingen auswärtige Schüler in stärkerem Maße aus Prima (30,6 %) ab; nur ein etwa gleich großer Teil bevorzugte Tertia (29,6 %) als Abgangsklasse.

Die Beantwortung der Frage nach der Partizipation einzelner Gruppen oder Schichten am Bildungsangebot der Schule wirft einige Probleme auf, die in diesem Rahmen nicht befriedigend zu lösen sind. Gleiche Teilhabe wäre dann gegeben, wenn in den Klassen von Bürgerschule und Gymnasium Schüler aus allen Gruppen und Schichten in jeweils angemessener Größenordnung festgestellt werden könnten. Daten zur Sozialstruktur der städtischen Bevölkerung in dieser Zeit böten – jedenfalls für die einheimischen Schüler – den angemessenen Bezugsrahmen[37]. Die Verortung der Schüler in einer sozialen Hierarchie kann an dieser Stelle lediglich über das Kriterium Beruf des Vaters vorgenommen werden. Das Schaubild zeigt Berufsgrup-

37 Entsprechende auf Lübeck bezogene Untersuchungen für die erste Hälfte des 19. Jahrhunderts liegen nicht vor. Es erscheint nicht sinnvoll, Schichtungsschemata, die im Zusammenhang anderer Untersuchungen entwickelt wurden, unbesehen auf Lübeck anzuwenden. Vgl. etwa: Konrad H. Jarausch, Frequenz und Struktur. Zur Sozialgeschichte der Studenten im Kaiserreich, in: Bildungspolitik in Preußen zur Zeit des Kaiserreichs, hrsg. v. P. Baumgart, Stuttgart 1980 (Preußen in der Geschichte, 1), S. 119–149, hier S. 135. – Kraul, S. 49–72.

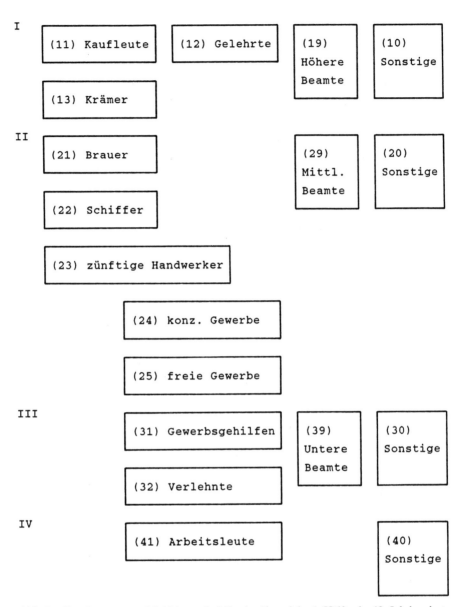

Abb. 2: Berufsgruppen und Schichtung in Lübeck während der 1. Hälfte des 19. Jahrhunderts

pen, die sich nach im damaligen Lübeck sozial relevanten Kriterien bestimmen und im Sinne einer sozialen Hierarchie anordnen lassen (Abb. 2)[38].

Es sind leider nur wenige Größenangaben für einige wesentliche Berufsgruppen greifbar. Für 1829 können der Topographie der Brüder Behrens folgende Zahlen entnommen werden: Kaufleute 185, Krämer 263, Brauer 127, Schiffer 90, zünftige Handwerker 1 122, konzessionierte Gewerbetreibende ca. 860, Verlehnte 330[39]. Die Gruppe der Gelehrten wurde für das Ende des 18. Jahrhunderts auf etwa 120 Angehörige beziffert[40]. Eine Liste lübeckischer Beamter und Angestellter nennt 1825 allein für die Stadt etwa 180 Personen[41].

Die Sozialstruktur der einheimischen Schülerschaft – und nur auf diesen Teil der Schüler des Katharineums beziehen sich die folgenden Ausführungen – war 1830 geprägt durch den hohen Anteil (72,7 %) der oberen Bürgerklasse (Tab. 3). Die Söhne der Kaufleute stellten die größte Einzelgruppe (41,3 %), erst mit Abstand folgte als nächst größere die der Gelehrtensöhne (9,9 %). Im Gegensatz zur unverhältnismäßig stark vertretenen ersten war die zweite Schicht von Bürgern mit 23,8 % eindeutig unterrepräsentiert. Bezeichnend hierfür ist, daß die Söhne der zünftigen Handwerker, der größten bürgerlichen Berufsgruppe, nicht stärker vertreten waren als die Söhne der vergleichsweise wenigen, aber in der ständischen Hierarchie höher rangierenden Brauer. Ohne Zweifel überrepräsentiert waren in diesem Bereich auch die Söhne der mittleren Beamten. Knaben aus Familien von Gewerbsgehilfen, Verlehnten – etwa Kornträger, Bierspünder oder Heringspacker – und Arbeitsleuten, also aus jenen Berufsständen, die im wesentlichen die unteren Schichten der Bevölkerung ausmachten, fanden sich 1830 nicht unter den Schülern des Katharineums. Der vierten Schicht gehörte keiner an, und von jenen lediglich fünf (=2,9 %), die der dritten zuzurechnen waren, stammten bezeichnenderweise drei aus Familien unterer Beamter. Es zeigt sich, daß das Katharineum zwar prinzipiell auch Söhnen der unteren sozialen Schichten zugänglich war, doch muß es ohne Zweifel eher als Ausnahme gewertet werden, wenn Knaben dieser Herkunft die Anstalt besuchten.

---

38 Die Hierarchie dieser Berufsgruppen (Kennziffer 10–40) und „Schichten" (Kennziffer I–IV) wurde bereits am 7.12.1984 in einem Arbeitsgespräch vorgestellt und begründend erläutert (vgl. Mitteilung von Klaus-Joachim Lorenzen-Schmidt in: Rundbrief des Arbeitskreises für Wirtschafts- und Sozialgeschichte Schleswig-Holsteins 31 (1985), S. 8). Sie steht im Zusammenhang meiner Untersuchung zur Sozialgeschichte der Volksschule in der Stadt Lübeck, die sich vornehmlich auf die erste Hälfte des 19. Jahrhunderts bezieht. Die Arbeit wird sowohl eine bereits im Manuskript vorliegende Begründung des Schemas als auch Erläuterungen zur Zuweisung der einzelnen Berufe enthalten. – Tab. 3–5 zur sozialen Differenzierung der Schülerschaft beziehen sich in der Kopfzeile auf die Kennziffern in Abb. 2; Kennziffer 01 steht dort für sonstige Berufe, die nicht genauer zuzuordnen waren.
39 Behrens, Bd. 1, S. 122–135.
40 Ahasver von Brandt, Das Lübecker Bürgertum zur Zeit der Gründung der „Gemeinnützigen" – Menschen, Ideen und soziale Verhältnisse, in: Der Wagen 1966, S. 18–33, hier S. 19.
41 Claus-Hinrich Offen, Diensteinkünfte lübeckischer Beamter und Angestellter um 1825, in: Rundbrief des Arbeitskreises für Wirtschafts- und Sozialgeschichte Schleswig-Holsteins 27 (1983), S. 11–18, hier S. 15–17.

Tab. 3: Die einheimischen Schüler des Katharineums in Lübeck, Ostern – Michaelis 1830, nach Klassen und sozial differenziert

Schicht[a]:	01	I						II								III					IV			Summe
Klasse		10	11	12	13	19	I	20	21	22	23	24	25	29	II	30	31	32	39	III	40	41	IV	
I			2	3	1		7	1						1	2									9
II			6	2	1		9	2						1	3									12
III		4	16	4	1	3	28	1	1	1	1				4				1	1				33
IV	1	6	23	6	1	1	37	2	1		3		1	2	9	1			1	2				49
V		4	15		1	3	23		3	1	2	1	3	5	15	1			1	2				40
VI		3	7	2	3	1	16						1	4	5									21
VII			2		1	2	5		1					2	3									8
Summe	1	18	71	17	9	10	125	6	6	2	6	1	5	15	41	2			3	5				172

Tab. 4: Die Eintrittsklassen aller im 1. Halbjahr 1830 das Katharineum in Lübeck besuchenden einheimischen Schüler – sozial differenziert

Schicht[a]:	01	I						II								III					IV			Summe
Klasse		10	11	12	13	19	I	20	21	22	23	24	25	29	II	30	31	32	39	III	40	41	IV	
I																								
II																								
III																								
IV		2	6	3	1	2	14																	14
V		8	15	6	1		30	1	1		1	1	1	4	9									39
VI		5	18	5	2	3	33	1	2		1		2	5	11	1			1	2				46
VII	1	3	32	3	5	5	48	4	3	2	4		2	6	21	1			2	3				73
Summe	1	18	71	17	9	10	125	6	6	2	6	1	5	15	41	2			3	5				172

a Vgl. Abb. 2.

Die Dominanz der oberen und die deutlich nachrangige Stellung der zweiten Schicht prägten unverkennbar das Sozialprofil sowohl der Bürgerschule als auch des Gymnasiums, allerdings war die obere bürgerliche Schicht in den gymnasialen Klassen, also in Tertia bis Prima mit 81,5 % der Schüler noch deutlich stärker vertreten.

Läßt sich mithin bereits hier innerhalb der Gesamtanstalt eine schichtenspezifische Differenzierung des Bildungsverhaltens erkennen, so wird dieses Ergebnis durch einen genaueren Blick auf die Eintritts- und Abgangsklassen noch unterstrichen (Tab. 4 und 5).

Mit der Position der Schicht innerhalb der sozialen Hierarchie nahmen ganz offensichtlich auch die Zahl und damit der Rang möglicher Eintrittsklassen zu. Und es zeigt sich, daß aufs Ganze gesehen die Angehörigen der oberen Schicht eher dazu neigten, ihre Söhne erst in höhere Klassen der Bürgerschule eintreten zu lassen. Mit zunehmendem Rang der Eintrittsklasse wächst jedenfalls der Anteil der Schüler aus dieser Schicht. Zwar begannen immerhin auch 38,4 % der aus ihr stammenden Knaben ihre Laufbahn am Katharineum bereits in Septima, doch waren sie hier – gemessen am Sozialprofil der einheimischen Schülerschaft der Gesamtanstalt – unterrepräsentiert, während sie drei Viertel der in Quinta und alle der in Quarta Eintretenden stellten.

In bezug auf den Schulabgang bietet sich ein insgesamt entsprechendes Bild. Für die wenigen Schüler, die der dritten Bevölkerungsschicht haben zugeordnet werden können, war der in Septima oder Sexta begonnene Besuch der Anstalt spätestens schon in Tertia beendet. Und jene beiden, die Tertia erreichten, beendeten deren Besuch zudem bereits nach einem halben bzw. einem Jahr in einer der unteren Abteilungen. Auch die Söhne aus Familien der zweiten Schicht gingen in geringerem Maße aus Gymnasialklassen ab, als es ihrem Anteil an der einheimischen Schülerschaft der Anstalt entsprochen hätte. In den unteren Abgangsklassen vergleichsweise stärker und als aus Tertia sowie Sekunda Abgehende schwächer vertreten, finden sie sich in Prima und als Abiturienten allerdings durchaus entsprechend ihrem Anteil an der Gesamtheit. Rund 27 % aller überhaupt aus dieser Schicht in das Katharineum eingetretenen einheimischen Schüler verließen die Anstalt als Abiturienten. Damit war ein Anteil erreicht, der auch bei den Kindern aus der oberen Bürgerklasse nicht überschritten wurde. Dort zeigen sich in dieser Hinsicht aufschlußreiche Unterschiede. Während nämlich 52,9 % aller Söhne von Gelehrten, die im ersten Halbjahr 1830 das Katharineum besuchten, später als Abiturienten abgingen, lag der entsprechende Prozentsatz für die Söhne der Kaufleute bei 12,7. Ihre bevorzugte Abgangsklasse war Tertia (46,5 %). In diesem Falle wird man sicher davon ausgehen dürfen, daß in einer großen Zahl von Fällen von vornherein ein anderer Abschluß nicht angestrebt wurde.

Aussagen zur sozialen Einordnung der fremden Schüler lassen sich nur mit großem Vorbehalt machen. Denn die den städtischen Verhältnissen Lübecks angemessene Hierarchie der Berufsgruppen erweist sich schon zur Verortung jener als wenig geeignet, die in den wirtschaftlich und gesellschaftlich anders strukturierten unmittelbar angrenzenden Staaten beheimatet waren (ca. 50 % der Auswärtigen). Und ob dieses Schema hinsichtlich der aus Städten in Skandinavien, Rußland, Großbritannien und Frankreich stammenden Schüler (ca. 25 % der Auswärtigen) den geeigneten Bezugsrahmen bietet, steht dahin – auch wenn es sich bei den Vätern überwie-

Tab. 5: Die späteren Abgangsklassen aller im 1. Halbjahr 1830 das Katharineum in Lübeck besuchenden einheimischen Schüler – sozial differenziert

Schicht:[a]	01						I								II					III			IV	Summe
Klasse		10	11	12	13	19	I	20	21	22	23	24	25	29	II	30	31	32	39	III	40	41	IV	Summe
I		6	13	10	3	2	34	3					2	6	11									45
(Abitur)		(6)	(9)	(9)	(3)	(2)	(29)	(3)					(2)	(5)	(10)									(39)
II		1	10	3	1	2	17	1						2	3									20
III		8	33	4	3	4	52	2	2	1	2		2	3	12	2			1	3				67
IV		3	15		1	1	20		4	1	3		1	4	13				2	2				35
V	1				1	1	2				1	1			2									5
VI																								
VII																								
Summe	1	18	71	17	9	10	125	6	6	2	6	1	5	15	41	2			3	5				172

Tab. 6: Die auswärtigen Schüler des Katharineums in Lübeck, Ostern – Michaelis 1830, nach Klassen und sozial differenziert

Schicht:[a]	01						I								II					III			IV	Summe[b]
Klasse		10	11	12	13	19	I	20	21	22	23	24	25	29	II	30	31	32	39	III	40	41	IV	Summe
I	2	3	2	5	1		11						1	1	2									15
II	2	3	2	2	1		8							1	1									11
III	3	4	9	2	2		17				1			1	2									22
IV	3	2	14		2		18							1	1									22
V	7	4	7	3			14	2	1						3									24
VI		2	1		1		4																	4
VII	1				1		1																	2
Summe	18	18	35	12	8		73	2	1		1		1	4	9									100

[a] Vgl. Abb. 2.

[b] Hierzu kommen 8 Fälle ohne Berufsangabe; in II 2, III 1, IV 2, V 2, VI 1.

232

gend um Kaufleute gehandelt hat. Will man gleichwohl die lübeckischen Maßstäbe anlegen, so ergeben sich Schwierigkeiten vornehmlich bei der Zuordnung der Berufsbezeichnungen Pächter und Landmann. Denn anders als die Gutsbesitzer wird man sie nicht ohne weiteres der Oberschicht (I, Gruppe 10) zuordnen dürfen. Der damit im Vergleich zur heimischen Schülerschaft große Anteil nicht näher zu verortender Berufsangaben (Gruppe 01: 18 %) reduziert den Wert der Ergebnisse zusätzlich (Tab. 6). Immerhin aber kann festgestellt werden: Unter den auswärtigen Schülern des Katharineums fand sich keiner, der aus Lübecker Sicht den unteren Ebenen der sozialen Hierarchie zuzuordnen gewesen wäre – was allerdings schon eingedenk der erforderlichen Aufwendungen für Schulgeld sowie zusätzlich für Kost und Logis nicht überrascht. Der Anteil der Söhne aus solchen Familien, die man in der Hansestadt der Oberschicht zugerechnet hätte, lag unter den auswärtigen Zöglingen der Anstalt nicht niedriger als unter ihren einheimischen (73 % bzw. 72,7 %). Es handelte sich aber vergleichsweise seltener um Söhne von Kaufleuten (35 % gegenüber 41,3 %), und Krämer wurden bei den nicht aus Lübeck stammenden Schülern überhaupt nicht als Väter genannt. Die relativ größere Gruppe sonstiger Berufsangaben (Gruppe 10: 18 % gegenüber 10,5 %) mindert das Gewicht des Anteils der Oberschichtfamilien nicht, denn die Väter der dort zusammengefaßten vornehmlich adeligen Schüler (14 von 18) waren etwa Gutsbesitzer (9), Kammerherr, Domherr, Generalconsul. So gestatten es diese Zahlen zumindest, jetzt auch für die gesamte – einheimische wie auswärtige – Schülerschaft von Gymnasium und Bürgerschule ein Sozialprofil zu konstatieren, das durch die unverkennbare Dominanz der Oberschicht geprägt war. Und es spricht einiges dafür, daß diese Prägung durch die nicht in Lübeck beheimateten Schüler noch verstärkt wurde.

Wesentliche der für die preußischen Gymnasien des Vormärz betonten Charakteristika lassen sich also für die Jahre um 1830 auch in bezug auf das Gymnasium der Hansestadt Lübeck belegen. Schon angesichts der Struktur und des differenzierten Bildungsangebotes ist es durchaus berechtigt, das Katharineum als eine multifunktionale Einheitsschule zu bezeichnen. Denn auch hier fungierte – ehe 1834 die bis dahin horizontale Gliederung durch eine vertikale Differenzierung in zwei separate Zweige ersetzt wurde – die „Bürgerschule" als eine Stufe des vollausgebauten Gymnasiums, auf die dann als eigentliches „Gymnasium" die Klassen Tertia bis Prima folgten. In einem komplizierten Fachklassensystem mit Parallelunterricht in Niveaukursen versuchte man allen Schülern gerecht zu werden, den potentiellen Abiturienten ebenso wie der großen Zahl von „Frühabgängern". Die Abschlüsse dieser Schüler stellten auch in Lübeck „systemimmanente Abschlußmöglichkeiten der allgemeinen Bildung" (Müller) dar. Während aber Müller Quinta und Quarta als frühe Abgangsklassen betont, sind hier – jedenfalls zu Beginn der dreißiger Jahre – Tertia und dann Quarta zu nennen. Und anders als an den von Kraul behandelten preußischen Gymnasien ist in Lübeck Tertia sogar als die wesentliche Abgangsklasse anzusehen (35,4 %), erst mit Abstand gefolgt von Prima (27,9 %) – nicht zu reden von Sekunda (11,8 %), der in dieser Hinsicht geringe Bedeutung zukam[42]. Auch dieses unterstreicht, daß das

---

42 Nach Kraul, S. 144, gingen an den untersuchten Gymnasien aus I 34,3 % ab, aus III 20,6 %, II ca. 15 %, IV ca. 15 %.

Katharineum als multifunktionale Einheitsschule zu sehen ist. Gleichwohl hatte die Gesamtanstalt ganz sicher nicht den „Charakter einer städtischen Schule für alle männlichen Schulpflichtigen"[43]. Wenn sie auch als Einheitsschule mit mehreren Funktionen zu sehen ist, so war sie dies doch in erster Linie für Söhne des Besitz- und Bildungsbürgertums.

43 So Kraul, S. 147, für das preußische Gymnasium des Vormärz.

Wolfgang Kopitzsch

Zur Sozialstruktur der Schüler der Meldorfer Gelehrtenschule und des Matthias-Claudius-Gymnasiums in Wandsbek während des Kaiserreichs

In den letzten Jahren sind in Schleswig-Holstein einige Schulgeschichten von Gymnasien erschienen, die Einsichten in die schulische Realität vermitteln[1]. In seiner kürzlich erschienenen Übersichtsdarstellung hat Wolfgang Weimar grundsätzliche Entwicklungen dokumentiert[2]. Für eine eingehende Auseinandersetzung mit der Bildungsgeschichte sind jedoch tiefergehende sozialgeschichtliche Analysen erforderlich, die bisher für Schleswig-Holstein, aber auch für andere Gebiete der Bundesrepublik nur in begrenztem Maße vorliegen[3]. Daneben müssen vermehrt Arbeiten entstehen, die grundsätzliche Bedingungen von Erziehung in Zusammenhang mit gesellschaftlichen und wirtschaftlichen Wandlungen darstellen; dazu soll dieser Aufsatz einen Beitrag leisten.

Eine wichtige Quelle für solche Forschungen stellen Schülerlisten dar, die Informationen über die Berufe der Väter und die von den Schülern gewählten Ausbildungsgänge enthalten und damit zeigen, welche sozialen Schichten Zugang zur Gymnasial-

---

1 Unter anderem: 50 Jahre Königlich-Preußisches Lehrerseminar. 60 Jahre Ludwig-Meyn-Schule zu Uetersen, Uetersen 1985. – Jürgen Plöger, Geschichte der Humboldt-Schule in Kiel, Neumünster 1986 (MKStG, Bd. 71). – Jens Godber Hansen, Schule – Spiegel ihrer Zeit. Die Geschichte der Ricarda-Huch-Schule in Kiel 1861–1986, Neumünster 1986 (MKStG, Bd. 72). – Auguste-Viktoria-Schule Flensburg 1886–1986. Bearb. von Hans-Jörg Herold, Klaus-Ove Kahrmann, Jörn-Peter Leppien, Claus-Peter Schmidt, Husum 1986 (SFSt, Kleine Reihe, H. 13). Vgl. dazu auch meine Rezension in der ZSHG, 112 (1987), S. 386–392.

2 Wolfgang Weimar, Geschichte des Gymnasiums in Schleswig-Holstein, Rendsburg 1987.

3 Zum Beispiel: Hilke Günther-Arndt, Geschichtsunterricht in Oldenburg 1900–1930, Oldenburg 1980. Für Schleswig-Holstein u.a. Wolfgang Kopitzsch, Untersuchungen zur Binnenwanderung von Volksschullehrern in Schleswig-Holstein im Kaiserreich, in: Regionale Mobilität in Schleswig-Holstein 1600–1900, hrsg. von Jürgen Brockstedt, Neumünster 1979 (Studien zur Wirtschafts- und Sozialgeschichte Schleswig-Holsteins, 1), S. 185–205. – Ders., Zur „Politisierung" des Geschichtsunterrichts in Schleswig-Holstein nach dem 1. Mai 1889, in: Erziehungs- und Bildungsgeschichte Schleswig-Holsteins von der Aufklärung bis zum Kaiserreich, hrsg. von Franklin Kopitzsch, Neumünster 1981 (Studien zur Wirtschafts- und Sozialgeschichte Schleswig-Holsteins, 2), S. 149–192.

bildung hatten. Für die Gymnasien in Meldorf und Wandsbek liegen solche Listen in unterschiedlichen Quellen vor[4].

Meldorf, eine Kleinstadt mit einer Einwohnerzahl von 3 232 Einwohnern (1871; 1910: 4 076 Einwohner), war der zentrale Ort Süderdithmarschens und damit auch der kulturelle und politische Mittelpunkt dieser agrarisch geprägten Region[5]. Demgegenüber war Wandsbek (1871: 11 005 Einwohner, 1910: 35 112 Einwohner) als unmittelbare Nachbarstadt von Hamburg ein stärker gewerblich und industriell geprägter Ort, zugleich Arbeiterwohnort und Wohngebiet wohlhabenderer Schichten (z.B. im Stadtteil Marienthal). In unmittelbarer Nähe der Stadtgrenze lagen mehrere rasch wachsende Dörfer, von denen einige noch im Kaiserreich eingemeindet wurden[6].

Die Meldorfer Gelehrtenschule, entstanden als Lateinschule 1540, war eine traditionsreiche Anstalt und durch ihre zentrale Lage – neben Husum – ein Mittelpunkt des geistigen Lebens an der Westküste. Demgegenüber war das Gymnasium in Wandsbek eine „junge" Anstalt (1872 gegründet), das allerdings viele Schüler aus dem benachbarten Hamburg anzog und bald über einen guten Ruf unter den Hamburger Bürgerfamilien verfügte. Ein Kennzeichen der Schülerschaft der Meldorfer Gelehrtenschule war der große Einzugsbereich. Zahlreiche Schüler wohnten als Pensionsgäste in Meldorf und waren damit ein zu beachtender wirtschaftlicher

4 Für Meldorf: Prof. Dr. Niemeyer, Die Abiturienten der Meldorfer Gelehrtenschule. Von Ostern 1767 bis 1910, Meldorf 1910. – Ewald Harder, Walter Rietz, Die Abiturienten der Meldorfer Gelehrtenschule. Von Herbst 1910 bis Ostern 1962, Meldorf 1962. Vgl. auch: Franklin Kopitzsch, Die Schularchive des Christianeums in (Hamburg-)Altona und der Gelehrtenschule in Meldorf – Quellenhinweise und -beispiele, in: Erziehungs- und Bildungsgeschichte Schleswig-Holsteins von der Aufklärung bis zum Kaiserreich, hrsg. von Franklin Kopitzsch, Neumünster 1981 (Studien zur Wirtschafts- und Sozialgeschichte Schleswig-Holsteins, 2), S. 213–223. Für Wandsbek: Archiv des Matthias-Claudius-Gymnasiums Wandsbek, Jahresberichte 1874–1918, 3 Bände. – Festschrift zur Feier des 25jährigen Bestehens des Matthias-Claudius-Gymnasiums mit Realanstalt und Vorschule zu Wandsbek am 15. Oktober 1897, hrsg. vom Lehrerkollegium, Wandsbek 1897.

5 Für Meldorf: Alfred Kamphausen, Meldorf, Kr. Süderdithmarschen, in: Deutsches Städtebuch, Handbuch städtischer Geschichte, Band I Norddeutschland, hrsg. von Erich Keyser, Stuttgart/Berlin 1939, S. 427–428. – Brockhaus' Konversations-Lexikon, 14. Aufl., 11. Bd., Leipzig / Berlin / Wien 1902, S. 743. Für Wandsbek: Wilhelm Jensen, Wandsbek, Stadtkreis, in: Deutsches Städtebuch, Handbuch städtischer Geschichte, Band I Norddeutschland, hrsg. von Erich Keyser, Stuttgart/Berlin 1939, S. 452–453. – Brockhaus' Konversations-Lexikon, 14. Aufl., 11. Bd., Leipzig / Berlin / Wien 1902, S. 493. Im Brockhaus' Konservations-Lexikon finden sich noch folgende ergänzende Angaben: Meldorf 1900 3 803 Einwohner, davon 21 Katholiken, Wandsbek 1885 17 760 Einwohner, 1895 21 666, 1900 27 966 (darunter 838 Katholiken und 203 Israeliten). Zu den allgemeinen Strukturen auch: Paul Hambruch, Landeskunde von Schleswig-Holstein, Helgoland und der Freien und Hansestadt Hamburg, Leipzig 1912.

6 Marienthal 1878, Hinschenfelde 1900, vgl. die in Anmerkung 5 genannte Literatur für Wandsbek.

Faktor[7]. Der Einzugsbereich der Gelehrtenschule umfaßte nicht nur die schleswig-holsteinische Westküste, sondern ging bis vor die Tore Hamburgs (Tab. 12).

Hans-Ulrich Wehler stellt in seinem Buch „Das Deutsche Kaiserreich 1871–1918" fest: „Durch das Nadelöhr des Zugangs zum Gymnasium trat nur ein geringer Prozentsatz in das höhere Bildungssystem ein: 1885 z.B. gab es bei 47 Mill. Einwohnern und 7,5 Mill. Volksschülern im Reich nur 238 000 ‚Pennäler', davon allein 133 000 in Preußen (84 300: Gymnasien, 24 700: Realgymnasien, 5 100: Oberrealschulen). Diese Gymnasiasten stammten ganz überwiegend aus dem Bildungsbürger- und Beamtentum. Die Schicht der Gebildeten reproduzierte sich mithin stets aufs neue[9] . . ." Diese grundsätzliche Feststellung soll im folgenden am regionalen und lokalen Beispiel näher verfolgt und untersucht werden.

1. ZUR SOZIALSTRUKTUR DER SCHÜLER DER MELDORFER GELEHRTENSCHULE

Grundlage für die Darstellung dieses Teils ist das gedruckt vorliegende Verzeichnis der Abiturienten der Meldorfer Gelehrtenschule[10]. Die Daten sind unter bestimmten Gesichtspunkten zusammengefaßt worden, um sie einer intensiveren Auswertung zugänglich zu machen. Die Darstellung und die Tabellen erheben keinen Anspruch auf Vollständigkeit, sondern möchten ganz bewußt zu eigenen Überlegungen und weiterführenden Fragestellungen anregen. Aus diesem Grund wird auch weitgehend darauf verzichtet, die einzelnen Tabellen detaillierter zu interpretieren. Wegen ihres Umfangs folgen die Tabellen nach dem Text.

Auffallend bei der Untersuchung der Berufe der Väter der Schüler der Meldorfer Gelehrtenschule ist die niedrige Zahl von Handwerksberufen und der geringe Anteil der Beamten. Es dominieren eindeutig die Berufe des agrarischen Bereichs, hier zusammengefaßt (Landmann, Bauer, Hofbesitzer u.a.), Lehrberufe und Geistliche (Tab. 1).

Mit der Tabelle 2 soll versucht werden, die Frage der „Selbstrekrutierung" einer Klärung näherzubringen. Auffallend ist, daß gerade bei den agrarisch geprägten Berufen diese Quote äußerst niedrig ist. Bei den stärker akademisch ausgerichteten Berufen (Geistliche, Lehrer, Ärzte) ist sie deutlich höher.

Die folgende Tabelle 2a macht deutlich, daß die Zahl der Abiturienten sich über den gesamten Untersuchungszeitraum in einem begrenzten Rahmen hielt. Eine auffallend größere Zahl von Abiturienten ist nur 1914 festzustellen, hervorgerufen

---

7 Für Husum hat dies Harboe Kardel, Mein Husumer Tagebuch. Erlebnisse eines Husumer Gymnasiasten in der Zeit von 1911–1914, Husum 1975, geschildert.

9 Hans-Ulrich Wehler, Das Deutsche Kaiserreich 1871–1918, Göttingen 1973 (Deutsche Geschichte, Band 9), S. 126. Weitere Materialien finden sich unter anderem in: Sozialgeschichtliches Arbeitsbuch. Materialien zur Statistik des Kaiserreichs 1870–1914, hrsg. von Gerd Hohorst, Jürgen Kocka und Gerhard A. Ritter, München 1975.

10 Vgl. die in Anmerkung 4 genannte Literatur. Für Meldorf außerdem die umfassenden Bestände des Archivs der Meldorfer Gelehrtenschule, u.a. G 4 (Reifeprüfungen), G 8 und G 9 (Abschlußprüfungen), H 8 (Programme), Primaneralbum 1816–1874 und 1875–1913, Jahresberichte (hier: 1864–1915).

durch das Ausscheiden von Kriegsfreiwilligen. Für heutige Entwicklungen im gymnasialen Bereich mag es unvorstellbar sein, daß in einem Zeitraum von über fünfzig Jahren lediglich 292 Abiturienten die Schule verließen. Auch an dieser Zahl wird die ausgesprochene Elitefunktion der Bildungseinrichtung Gymnasium im Kaiserreich deutlich. Dieser Trend setzte sich im übrigen auch in der Weimarer Republik fast ungebrochen fort[11].

Die Berufswahl – in der Regel handelt es sich um die später tatsächlich ausgeübten Berufe der Schüler – macht den sozialen Aufstieg deutlich (Tab. 3). Es dominieren eindeutig Berufe mit einer akademischen Ausbildung (Pastor, Arzt, Lehrer). Auffallend ist die geringere Zahl von technischen Berufen. Inwieweit die ländliche Herkunft den späteren Berufswunsch beeinflußt hat, ist sicher nicht genau zu beantworten; es darf aber darauf verwiesen werden, daß gerade die stärker konservative Grundhaltung aus diesem Bereich den Berufswunsch geprägt haben dürfte. So ist insbesondere bei Geistlichen die konservative Wertorientierung mit dieser Überlegung begründet worden[12].

2. ZUR SOZIALSTRUKTUR DER SCHÜLER DES MATTHIAS-CLAUDIUS-GYMNASIUMS IN WANDSBEK

Für das Matthias-Claudius-Gymnasium liegen umfassende Daten vor, die auch den Vergleich zwischen zwei Schultypen des Gymnasiums ermöglichen, zwischen dem Realprogymnasium (später: Realschule) und dem Gymnasium[13]. In beiden Tabellen (Tab. 4 und 5) wird die stärkere städtische Prüfung der Berufe der Väter deutlich, z.B. durch den Anteil von Handwerkern, Gewerbetreibenden, Verwaltungsbeamten.

11 Weiterführend: Rainer Bölling, Sozialgeschichte der deutschen Lehrer. Ein Überblick von 1800 bis zur Gegenwart, Göttingen 1983. – Das wilhelminische Bildungsbürgertum. Zur Sozialgeschichte seiner Ideen, hrsg. von Klaus Vondung, Göttingen 1976. – Margret Kraul, Das deutsche Gymnasium, Frankfurt 1984. Umfassende Literaturhinweise für Schleswig-Holstein finden sich im übrigen bei Weimar, Geschichte, S. 235–267.
12 Georg Denzler, Volker Fabricius, Die Kirchen im Dritten Reich. Christen und Nazis Hand in Hand? 2 Bände, Frankfurt/Main 1984. – Karl Hammer, Deutsche Kriegstheologie 1870–1918, München 1974.
13 Zur Präzisierung der Schultypen u.a.: Plöger, Geschichte, S. 44 ff. – Weimar, Geschichte, S. 60 ff. und S. 240 ff. und S. 240 ff. Umfassender aber: Paul Barth, Die Geschichte der Erziehung in soziologischer und geistesgeschichtlicher Beleuchtung, Leipzig 1916, S. 688 ff. und die entsprechenden Artikel in den zeitgenössischen Nachschlagewerken. Angaben über die jeweils gültige Schulgliederung sind aus den Jahresberichten der Schulen zu entnehmen. Danach handelte es sich bei der Realschule des Matthias-Claudius-Gymnasiums in Wandsbek um eine sechsstufige Schule (Klassen 6 bis 1), dazu kamen 3 Vorschulklassen, insgesamt also neun Klassen bis zum Abschluß. Demgegenüber bestand das Gymnasium aus drei Vorschulklassen und neun weiteren Stufen (Sexta, Quinta und Quarta je ein Jahr, Tertia, Sekunda und Prima je zwei Jahre), insgesamt also 12 Jahre bis zum Abschluß. Ein wesentlicher Unterschied war, daß in der Realschule kein Latein unterrichtet wurde. Die Berechtigung zum »Einjährigen« (d.h. zum Militärdienst von nur einem Jahr) nach Abschluß der Realschule war auch von einer besonderen gesellschaftlichen Bedeutung. Vgl. Wehler, Kaiserreich, S. 127.

Die Daten des Matthias-Claudius-Gymnasiums ermöglichen auch eine Feststellung der Religionszugehörigkeit[14]. Beide Tabellen zeigen eine eindeutige Spitzenposition für den Beruf des Kaufmanns. Im Gegensatz zu den Meldorfer Daten ist auch der größere Anteil von technischen Berufen auffallend; beide Feststellungen finden ihre Begründung in der anderen Struktur der Orte, wobei für Wandsbek der hohe Anteil von Schülern aus Hamburg zu berücksichtigen ist[15].

Im Vergleich mit der Zahl der Absolventen der Meldorfer Gelehrtenschule ist in Wandsbek die deutlich größere Zahl von Schulabgängern (Realschule und Gymnasium) hervorzuheben, die sich natürlich durch die andere Lage des Schulortes bzw. seine größere Einwohnerzahl und sein Einzugsgebiet erklären lassen (Abb. 2a). Festzustellen ist auch hier die Höchstzahl der Schulabgänger im Jahre 1914 (Kriegsbeginn)[16].

Der Vergleich der Berufe (Studienwünsche) der Schüler zeigt den Unterschied zwischen den beiden Schultypen. Die Realschule führte ihre Schüler überwiegend in die Richtung eines „praktischen" Berufes, während das Gymnasium eindeutig eine akademische Zielrichtung hatte. Bei den Berufen der Schüler der Realschule dominiert der Kaufmann, sicher auch bedingt durch die Lage Wandsbeks und die engen Verflechtungen mit Hamburg (Tab. 6). Bemerkenswert ist der Anteil der Schüler, die auf eine weiterführende Schule (Oberrealschule) wechseln und sich damit im Anschluß für eine akademische Laufbahn entscheiden. Bei den Schülern des Gymnasiums mußte aufgrund der Quellen eine Trennung in zwei Tabellen vorgenommen werden (Tab. 7 und 8). In der Zusammenfassung zeigt sich ein deutliches Übergewicht der juristischen Ausbildung[17]. Bemerkenswert ist hier – auch im Vergleich mit Meldorf – der Anteil technischer Berufe[18].

Bei der Gegenüberstellung der Berufe der Väter und Söhne ist der soziale Aufstieg deutlich zu erkennen (Tab. 9). Auffallend ist der hohe Anteil der „Selbstrekrutierung" beim Beruf des Kaufmanns (79,49 %).

Bei der Gegenüberstellung der Berufe der Väter und Söhne für das Gymnasium ist für die Zeit von 1880 bis 1897 auch ein Vergleich zwischen Berufswunsch und tatsächlicher späterer Berufsausübung möglich; dies ist für die Frage der Aussagefähigkeit derartiger Daten von Bedeutung (Tab. 10)[19].

---

14 Siehe Tabelle 4 und 5.

15 Vgl. Tabelle 11.

16 Diese Tatsache wird auch in der Häufung der Nennung des Militärdienstes bei der weiteren Berufsperspektive deutlich. Für die Meldorfer Gelehrtenschule lassen sich im übrigen Angabe über die gefallenen Abiturienten machen, danach fiel im Kriege 1870/71 ein Absolvent der Schule, im 1. Weltkrieg fielen 16 und im 2. Weltkrieg 5 ehemalige Schüler aus dem Untersuchungszeitraum 1864 bis 1918.

17 Vgl. Tabelle 8. Die Erstellung von zwei Tabellen erkärt sich durch die Benutzung der Jahresberichte und der Festschrift, vgl. die Angaben in Anmerkung 4.

18 Vgl. Tabelle 3 und Tabelle 8.

19 Dies erklärt sich durch die unterschiedlichen Quellen, vgl. Anmerkung 17. Es ist darauf hinzuweisen, daß in den Jahresberichten „Externe" nicht bei den Abiturienten aufgeführt wurden, während sie in der Festschrift berücksichtigt sind.

Die Herkunft der Schüler wird in den beiden folgenden Tabellen dargestellt. Dabei zeigt sich für Wandsbek ein deutlicher Unterschied der Schultypen (Tab. 11). Während bei der Realschule der Anteil von Schülern aus Wandsbek größer ist als der aus Hamburg, ist das Bild für das Gymnasium genau umgekehrt. Über 50 % der Abiturienten des Gymnasiums kamen aus Hamburg. Dies erklärt sich zum Teil durch die enge Verflechtung beider Städte und aus dem attraktiven Wohnort Wandsbek für Familien aus Hamburg, zum anderen möglicherweise auch aus dem Ruf der Wandsbeker Anstalt als einem „modernen" preußischen Gymnasium, das zudem für Schüler interessant war, die später an einer preußischen Universität studieren wollten. Es darf hinzugefügt werden, daß sich die traditionsreichen Hamburger Gymnasien (Johanneum und Wilhelm-Gymnasium) ihre Schüler sehr sorgfältig aussuchten und ihren Elitecharakter noch stärker betonten, d.h. der Hamburger Bedarf wurde zu einem Teil durch preußische Lehranstalten in den Nachbarstädten (Altona und Wandsbek) gedeckt[20].

Für Meldorf wird das bereits eingangs erwähnte große Einzugsgebiet durch die Daten bestätigt (Tab. 12). Der Anteil von Schülern aus dem Ort Meldorf ist gering. Neben der Unterbringung in Privatquartieren mag sicher für Meldorf die zentrale Verkehrslage eine Bedeutung gehabt haben. Die Meldorfer Gelehrtenschule war für Dithmarschen bis in die zwanziger Jahre dieses Jahrhunderts die zentrale Bildungseinrichtung, auch dies wird durch die Zahlen bestätigt[21].

3. ZUSAMMERNFASSUNG

Die vorliegenden Daten aus zwei unterschiedlich strukturierten Orten bestätigen die Feststellungen von Hans-Ulrich Wehler, die eingangs zitiert wurden, in ihren wesentlichen Zügen. Die „Selbstrekrutierung" der Eliten ist bei beiden Schulen unverkennbar, daneben ist sozialer Aufstieg über Gymnasium und Universität deutlich zu erkennen. Wer eine gymnasiale Ausbildung im Kaiserreich absolvierte, durfte von vornherein mit einer entsprechenden Karriere rechnen; Abweichungen sind kaum festzustellen. Besonders zu beachten ist daher ein Vergleich zwischen den Berufen der Väter und denen der Söhne. Die vielfältigen Interpretationsmöglichkeiten konnten im Rahmen dieses Beitrages nur in Ansätzen angedeutet werden. Weitere Forschungen für andere Orte und Lehranstalten müssen folgen und die Materialbasis erweitern.

20 Vgl. auch die Angaben für Altona bei Weimar, Geschichte, S. 269. Detaillierte Informationen finden sich auch im Bestand der Abt. 302 (Königliches Provinzialschulkollegium) im LAS, dazu auch: Wolfgang Kopitzsch, Quellen zur Schul- und Bildungsgeschichte Schleswig-Holsteins im Kaiserreich, in: Erziehungs- und Bildungsgeschichte Schleswig-Holsteins von der Aufklärung bis zum Kaiserreich, hrsg. von Franklin Kopitzsch, Neumünster 1981 (Studien zur Wirtschafts- und Sozialgeschichte Schleswig-Holsteins, 2), S. 225–231.
21 Dazu auch die Angaben bei Weimar, Geschichte, S. 268 ff. über die Einrichtung von Gymnasien in anderen Orten Dithmarschens. Die Angaben in Tabelle 12 sind als vorläufig zu betrachten, da es sich als sehr schwierig erwies, alle Ortsangaben genau zu lokalisieren (Eingemeindungen, Zusammenfassungen im Zuge von Gebietsreformen usw.).

Tabelle 1: Berufe der Väter der Schüler der Meldorfer Gelehrtenschule 1864–1918

Beruf	1864–1910	1910–1918	Gesamt	%
Landmann, Bauer, Hofbesitzer	67	17	84	28,77
Lehrer	39	14	53	18,15
Pastor, Geistlicher	17	4	21	7,19
Rentner	11	4	15	5,14
Kaufmann, Händler	12	3	15	5,14
Arzt	8	1	9	3,08
Schuhmacher	6	–	6	2,05
Justizrat	3	2	5	1,71
Maurer	5	–	5	1,71
Kirchspielvogt	4	–	4	1,37
Fabrikant	2	2	4	1,37
Schmied	4	–	4	1,37
Lohgerber	3	–	3	1,03
Offizier	2	1	3	1,03
Schreiber	2	–	2	0,68
Glaser	2	–	2	0,68
Gärtner	2	–	2	0,68
Bäcker	2	–	2	0,68
Postmeister	2	–	2	0,68
Sekretär	2	–	2	0,68
Zimmermann	2	–	2	0,68
Gastwirt	2	–	2	0,68
Tierarzt	2	–	2	0,68
Richter	2	–	2	0,68
Bürgermeister	1	1	2	0,68
Schlachter	2	–	2	0,68
Zahnarzt	2	–	2	0,68
Oberamtsrichter	1	–	1	0,34
Maler	1	–	1	0,34
Brauer	1	–	1	0,34
Schneider	1	–	1	0,34
Tischler	1	–	1	0,34
Mühlenbesitzer	1	–	1	0,34
Baumeister	1	–	1	0,34
Vollmacht	1	–	1	0,34
Organist	1	–	1	0,34
Musiker	1	–	1	0,34
Polizeidiener	1	–	1	0,34
Steinhauer	1	–	1	0,34
Drechsler	1	–	1	0,34
Schlosser	1	–	1	0,34
Postkondukteur	1	–	1	0,34

Kontrolleur	1	–	1	0,34
Obertelegraphenassistent	1	–	1	0,34
Steuerinspektor	1	–	1	0,34
Hotelbesitzer	1	–	1	0,34
Revisor	1	–	1	0,34
Apotheker	1	–	1	0,34
Hauptzollassistent	1	–	1	0,34
Kapitän	1	–	1	0,34
Tapezier	1	–	1	0,34
Oberbahnassistent	–	1	1	0,34
Auktionator	–	1	1	0,34
Eichmeister	–	1	1	0,34
Oberpostassistent	–	1	1	0,34
Vermesssungsinspektor	–	1	1	0,34
Postdirektor	–	1	1	0,34
Prokurist	–	1	1	0,34
Landmann/Rentner	–	1	1	0,34
Händler/Rentner	–	1	1	0,34
Bankdirektor	–	1	1	0,34
Meiereiverwalter	–	1	1	0,34
	232	60	292	

Tabelle 2: Gegenüberstellung der Berufe der Väter und der Schüler der Meldorfer Gelehrtenschule 1864–1918

Landmann, Bauer, Hofbesitzer = 84
Stud. jur.: 2, Amtsrichter: 2, Amtsgerichtsrat: 1, Oberlandesgerichtsrat: 1, Landesrat: 1, Referendar: 4, Rechtsanwalt: 4, Gymnasiallehrer: 8, Prof. Geographie: 1, Prof. Tierzucht (Max-Planck-Institut): 1, Literat: 1, Steuerbeamter: 2, Zollbeamter: 3, Bankbeamter: 2, Kaufmann: 2, Offizier: 1, Gefallen, ohne Beruf: 1, Seminardirektor: 1, Stud. cand. phil.: 2, Stud. math. / Buchhalter: 1, Baumeister: 1, Tierarzt: 4, Arzt: 5, Stud. med.: 1, Stud. cand. dent.: 2, Arzt/Tierarzt: 1, Pastor: 18, Vikar: 1, Stud. theol. / Beamter: 1, Superintendent: 1, Theol. / Kaufmann / ausgewandert: 1, Elektrotechnik: 1, Jura / ausgewandert: 1, Syndikus: 1, Oberpostkassierer 1, *Bauer / Landmann: 3*

Gymnasiallehrer = 9
Arzt: 1, Offizier: 2, *Gymnasiallehrer: 1,* Gerichtsassessor: 1, Vikar: 1, Referendar: 1, Reg.rat: 1, Kaufmann: 1

Rektoren = 7
Arzt: 1, Gymnasiallehrer: 1, Stud. theol.: 2, Referendar:1, Agrarbiologe: 1, Dipl.-Ing.: 1

übrige Lehrer = 37
Pastor: 9, Arzt: 4, Prof. theol.: 1, Assessor: 1, *Gymnasialprof.: 7*, Stud. med.: 2, Stud. theol.: 2, Stud. phil.: 4, Jurist: 1, *Volksschullehrer: 1,* Baurat: 1, Jurist / Bürgermeister: 1, Vikar: 1, Kaufmann: 1, Stud. theol. / Photograph: 1

Pastoren = 21
Pastoren: 4, Gym.-Lehrer: 2, Steuerinsp.: 1, Rechtsanwälte: 2, Arzt: 2, Dipl.-Ing.: 1, Zahnarzt: 1, Universitätssyndikus: 1, Tierarzt: 1, Offizier: 1, Stud. theol. / Bauer: 1, Stud. theol.: 1, Stud. med.: 2, Stud. jur.: 1

Rentner = 15
Justizrat: 1, Arzt: 2, Stud. jur.: 4, Stud. phil.: 2, Tierarzt: 1, Baufach: 1, Stud. med.: 1 Stud. theol.: 1, Dr. jur.: 1, Rechtsanwalt: 1

Kaufmann = 11
Justizrat: 1, Rechtsanwalt: 1, Gym.-Lehrer: 1, Stud. jur.: 2, ohne Beruf / gefallen: 1, Stud. phil.: 1, Arzt: 2, Buchhändler: 1, Referendar / Dr. jur.: 1

Arzt = 9
Arzt: 3, Ingenieur: 1, Dipl.-Ing.: 1, Dr. jur. / Bibliothekar: 1, Baufach: 1, Stud. jur. / Kaufmann: 1, Stud. med.: 1

Schuhmacher = 6
Hauslehrer: 1, Pastor: 2, Arzt: 1, Rechtsanwalt: 1, Stud. phil.: 1

Justizrat = 5
Stud. med.: 2, Stud. jur.: 1, Arzt: 1, Stud. jur. et med.: 1

Maurer = 5
Pastor: 3, Arzt: 1, Tierarzt: 1

Fabrikant = 4
Stud. jur.: 1, Baufach: 1, ohne Beruf / gefallen: 1, Amtsgerichtsrat: 1

Kirchspielvogt: 4
Arzt: 1, ausgewandert: 1, Pastor: 1, Amtsgerichtsrat: 1

Händler: 4
Arzt: 1, Stud. med.: 1, Zahnarzt: 1, Referendar: 1

Schmied = 4
Arzt: 1, Pastor: 1, Stud. phil.: 1, Stud. theol.: 1

Lohgerber = 3
Dr. phil. / Gymnasiallehrer: 1, Stud. theol.: 1, Arzt: 1

Offizier: 3
unbekannt: 1, *Offizier: 1,* Assessor: 1

Schreiber = 2
Stud. jur.: 1, Chemiker: 1

Glaser = 2
Pastor: 2

Gärtner = 2
Gymnasiallehrer: 1, Pastor: 1

Bäcker = 2
Stud. phil.: 1, Dipl.-Ing.: 1

Postmeister = 2
Posteleve: 1, Gymnasiallehrer / Dr. phil.: 1

Gastwirt = 2
Stud. theol. / Rentner: 1, Referendar: 1

Sekretär = 2
Stud. med.: 1, Stud. jur. / Journalist: 1

Zimmermann = 2
Dr. phil.: 1, Pastor: 1

Tierarzt = 2
Gymnasiallehrer: 1, Stud. phil.: 1

Richter = 2
Stud. med.: 1, Rechtsanwalt: 1

Bürgermeister = 2
Rechtsanwalt: 1, Stud. med.: 1

Schlachter = 2
Referendar: 2

Zahnarzt = 2
Referendar: 1, Stud. jur.: 1

Oberamtsrichter = 1	Stud. jur. et phil.
Maler = 1	Postbeamter / stud. theol.
Brauer = 1	Rechtsanwalt
Schneider = 1	Gymnasiallehrer
Tischler = 1	Stud. theol.
Mühlenbesitzer = 1	Arzt
Baumeister = 1	Referendar / Kunstmaler
Vollmacht = 1	Rechtsanwalt
Organist = 1	Ingenieur
Musiker = 1	Arzt
Polizeidiener = 1	Pastor
Steinhauer = 1	Gymnasiallehrer
Drechsler = 1	Gymnasiallehrer
Schlosser = 1	Referendar
Postkondukteur = 1	Stud. theol.
Kontrolleur = 1	Gymnasiallehrer
Obertelegraphenassistent = 1	Oberpostpraktikant
Steuerinspektor = 1	Dipl.-Ing. / Architekt
Hotelbesitzer = 1	Referendar
Revisor = 1	Elektrotechniker
Apotheker = 1	Stud. Naturwissenschaften
Hauptzollassistent = 1	Stud. med.
Kapitän = 1	Stud. math. / Naturwissenschaften
Tapezier = 1	Stud. phil.
Oberbahnassistent = 1	Stud. jur.
Auktionator = 1	Tierarzt
Eichmeister = 1	unbekannt
Oberpostassistent = 1	ohne Beruf / gefallen
Vermessungsinspektor = 1	ohne Beruf / gefallen
Postdirektor = 1	unbekannt
Prokurist = 1	Offizier (?)
Landmann/Rentner = 1	Stud. med./dent / gefallen
Händler/Rentner = 1	Stud. jur. et rer. pol. / gefallen
Bankdirektor = 1	Bankfach
Meiereiverwalter = 1	Dr. jur. / Landgerichtspräsident

Tabelle 2a: Abiturienten und andere Absolventen der Meldorfer Gelehrtenschule und des Matthias-Claudius-Gymnasiums in Wandsbek

| | Gelehrtenschule | Matthias-Claudius-Gymnasium | |
Jahr	Meldorf	Gymnasium	Realschule
1864	4	–	–
1865	6	–	–
1866	5		
1867	4		
1868	4		
1869	5		
1870	3		
1871	4		
1872	6		
1873	1		
1874	7		
1875	4		
1876	7		
1877	4		
1878	5		
1879	4	–	–
1880	5	2	–
1881	7	3	–
1882	4	3	–
1883	9	2	2
1884	2	5	1
1885	4	6	–
1886	3	11	–
1887	4	11	–
1888	5	5	–
1889	4	6	–
1890	2	14	–
1891	4	11	–
1892	3	7	–
1893	3	12	19
1894	5	7	14
1895	6	11	11
1896	5	7	–
1897	5	1	2
1898	2	14	10
1899	6	13	13
1900	7	12	22
1901	6	15	17
1902	7	19	25
1903	8	15	16

1904	1	16	22
1905	8	11	19
1906	5	14	23
1907	6	17	24
1908	6	22	25
1909	10	10	28
1910	10	17	19
1911	6	12	19
1912	9	20	14
1913	12	18	26
1914	16	25	29
1915	6	2	15
1916	5	–	–
1917	3	–	–
	292	396	415

Tabelle 3: Berufe der Schüler der Meldorfer Gelehrtenschule 1864–1918

Beruf	Anzahl	%
Pastor	43	14,73
Arzt	30	10,27
Gymnasiallehrer	28	9,59
Referendar	14	4,79
Stud. med.	14	4,79
Stud. phil.	14	4,79
Stud. jur.	14	4,79
Rechtsanwalt	13	4,45
Tierarzt	8	2,79
Offizier	6	2,05
Kaufmann	5	1,71
ohne Beruf / gefallen	5	1,71
Bauer	4	1,37
Dipl.-Ing.	4	1,37
unbekannt	3	1,03
Baufach	3	1,03
Vikar	3	1,03
Justizrat	3	1,03
Zollbeamter	3	1,03
Ingenieur	2	0,68
Elektrotechniker	2	0,68
Amtsgerichtsrat	2	0,68
Zahnarzt	2	0,68
Amtsrichter	2	0,68
Steuerbeamter	2	0,68
Bankbeamter	2	0,68
Seminardirektor	2	0,68
Assessor	2	0,68
ausgewandert	2	0,68
Postbeamter / stud. theol.	1	0,34
Oberpostpraktikant	1	0,34
Stud. Naturwissenschaft	1	0,34
Stud. jur./rer. pol./gefallen	1	0,34
Landgerichtspräsident	1	0,34
Chemiker	1	0,34
Journalist	1	0,34
Stud. jur. et phil.	1	0,34
Landesrat	1	0,34
Prof. Tierzucht	1	0,34
Baumeister	1	0,34
Stud. theol. / Beamter	1	0,34
Theol./Kaufmann/ausgewandert	1	0,34

Syndikus	1	0,34
Oberpostkassierer	1	0,34
Regierungsrat	1	0,34
Prof. Theologie	1	0,34
Volksschullehrer	1	0,34
Jurist / Bürgermeister	1	0,34
Steuerinspektor	1	0,34
Dr. jur.	1	0,34
Dr. jur. / Bibliothekar	1	0,34
Kunstmaler	1	0,34
Dipl.-Ing. / Architekt	1	0,34
Stud. med. dent/gefallen	1	0,34
Bankfach	1	0,34
Stud. jur. et med.	1	0,34
Posteleve	1	0,34
Stud. theol. / Rentner	1	0,34
Oberlandesgerichtsrat	1	0,34
Prof. Geographie	1	0,34
Buchhalter	1	0,34
Arzt / Tierarzt	1	0,34
Superintendent	1	0,34
Jura / ausgewandert	1	0,34
Dr. phil.	1	0,34
Gerichtsassessor	1	0,34
Agrarbiologe	1	0,34
Jurist	1	0,34
Baurat	1	0,34
Stud. theol. / Photograph	1	0,34
Universitätssyndikus	1	0,34
Buchhändler	1	0,34
Hauslehrer	1	0,34

Tabelle: 4: Berufe der Väter der Schüler des Realgymnasiums / Realschule des Matthias-Claudius-Gymnasiums in Wandsbek 1883–1915

Beruf	Anzahl	%
Kaufmann	156	37,59
Lehrer, Oberlehrer	22	5,30
Landmann	21	5,06
Rentier	19	4,58
Fabrikant	15	3,61
Gastwirt	15	3,61
Gärtner	13	3,13
Oberpostassistent	10	2,41
Schlachter	6	1,45
Arzt	5	1,21
Maurer	5	1,21
Privatier	4	0,96
Uhrmacher	4	0,96
Bäcker	4	0,96
Ingenieur	4	0,96
Gutspächter	4	0,96
Zollbeamter	3	0,72
Tischler	3	0,72
Schneider	3	0,72
Stallmeister	2	0,48
Maschinenbauer	2	0,48
Gerichtssekretär	2	0,48
Pastor	2	0,48
Buchhalter	2	0,48
Makler	2	0,48
Polizeikommissar	2	0,48
Lehrer bapt. Predig. sem.	2	0,48
Fabrikdirektor	2	0,48
Bankbeamter	2	0,48
Hausmakler	2	0,48
Eisenbahnsekretär	2	0,48
Lokomotivführer	2	0,48
Musiklehrer	2	0,48
Ziegeleibesitzer	2	0,48
Obertelegraphenassistent	2	0,48
Brauereidirektor	2	0,48
Steuersekretär	2	0,48
Mechaniker	2	0,48

Die folgenden Berufe werden je einmal genannt (= 0,24 %):
Bauunternehmer, Offizier a.D., Bahnbeamter, Standesbeamter, Postsekretär, Hauptsteueramtsassistent, Schriftsteller, Zimmermeister, Kirchenrechnungsführer, Gutsbesitzer, Wasserbauinspektor, Baumeister, Mühlenbesitzer, Zeichenlehrer, Hauptzollassistent, Agent, Buchbinder, Kapitän, Schriftsetzer, Bankier, Büchsenmacher, Barbier, Beamter a.D., Stadtbaurat, Lithograph, Stationsassistent, Büroassistent, Polizeioffiziant, Gütervorsteher, Sekretär Hamburger Rennverein, Malermeister, Milchhändler, Zollamtsassistent, Versicherungsassistent, Bleicher, Polizeisergeant, Stadtkassierer, Sparkassenrendant, Stadtbauführer, Obermusikmeister, Generaldirektor, Architekt, Mutter, Fabrikobermeister, Gefängnisaufseher, Baumaterialhändler, Gerichtsvollzieher, Postverwalter, Prediger, Baumschulbesitzer, Bahnhofsvorsteher, Kaibeamter, Güterbahnhofsvorsteher, Straßenbahnführer, Telegraphensekretär, Obertelegraphensekretär, Hotelbesitzer, Bürochef, Wäschereibesitzer, Ziegelmeister.

Religionszugehörigkeit:

Evangelisch-lutherisch	390	=	93,98 %
Reformiert:	1	=	0,24 %
Mosaisch:	13	=	3,13 %
Katholisch:	9	=	2,17 %
Baptistisch:	1	=	0,24 %
Dissident:	1	=	0,24 %
	415		

Tabelle 5: Berufe der Väter der Schüler des Matthias-Claudius-Gymnasiums in Wandsbek 1880–1915

Beruf	Anzahl	%
Kaufmann	127	32,07
Lehrer, Oberlehrer u.a.	62	15,57
Pastor, Propst. Superintendent	28	7,07
Arzt	10	2,53
Fabrikant	8	2,02
Rentier	8	2,02
Architekt	6	1,52
Landmann	6	1,52
Direktor (Fabrik-, General-)	5	1,26
Apotheker	5	1,26
Advokat, Rechtsanwalt	5	1,26
Oberlandesgerichtsrat	4	1,01
Zollbeamter	3	0,76
Kapitän	3	0,76
Hausmakler	3	0,76
Gutsbesitzer	3	0,76
Bürgermeister	3	0,76
Senatssekretär	3	0,76
Hauptsteueramtsrendant	3	0,76
Sanitätsrat	3	0,76
Bankdirektor	3	0,76
Postsekretär	2	0,51
Gärtner	2	0,51
Beamter	2	0,51
Schuhmacher	2	0,51
Landrichter	2	0,51
Amtsvorsteher	2	0,51
Tierarzt	2	0,51
Postdirektor	2	0,51
Amtsgerichtsrat	2	0,51
Ingenieur	2	0,51
Posthalter	2	0,51
Lehrer bapt. Predigerseminar	2	0,51
Bäcker	2	0,51
Baumeister	2	0,51
Stadtkassierer	2	0,51
Zahnarzt	2	0,51
Justizrat	2	0,51
Auktionator	2	0,51
Kommerzienrat	2	0,51
Schlosser	2	0,51

Oberzollkontrolleur	2	0,51
Syndikus	2	0,51
Gastwirt/Wirt	2	0,51

Die folgenden Berufe werden je einmal genannt (= 0,24 %):
Offizier a.D., Gerichtsscheiber, Privatier, Tischler, Schneider, Gutspächter, Hotelbesitzer, Bürovorsteher, Gesanglehrer, Schiffsmakler, Bildhauer, Direktor Irrenanstalt, Stauer, Inspektor HAPAG, Tonkünstler, Stadtrat, Graveur, Assistent naturhistorisches Museum, Senatssyndikus, Prokurist, Zahntechniker, Optiker, Geh. Reg.-Rat., Reg.-Schulrat, Oberstabsveterinär, Oberbriefträger, Direktor Handelsstatistisches Büro, Bankier, geistlicher Lehrer (mosaisch), Notar, Förster, Arbeiter, Ökonomierat, Beigeordneter/Drucker, Verwaltungsinspektor, Klempner, Polizeisekretär, Müller, Gutsverwalter, Zollamtsassistent, Weinhändler, Admiralitätsrat, Telegraphensekretär, Polizeikommissar, Oberpostassistent, Bierbrauereibesitzer, Assekuranzmakler, Oberamtsrichter, Baurat.

Religionszugehörigkeit:

Evangelisch-lutherisch:	382	=	96,46 %
Reformiert:	3	=	0,76 %
Mosaisch:	4	=	1,01 %
Katholisch:	6	=	1,52 %
Baptistisch:	1	=	0,25 %

396

Tabelle 6: Berufe der Schüler des Realprogymnasiums / Realschule des
Matthias-Claudius-Gymnasiums in Wandsbek 1883–1915

Beruf	Anzahl	%
Kaufmann	216	52,05
Oberrealschule, Realgymnasium	56	13,49
Beamter	48	11,57
Landmann	15	3,61
Maschinenbauer	9	2,17
Ingenieur	8	1,93
Marineingenieur	7	1,69
Lehrer	5	1,21
Bankbeamter	5	1,21
Baufach	4	0,96
Seemann (-schule)	3	0,72
Gärtner	3	0,72
Elektrotechniker	3	0,72
Brauer	3	0,72
Postbeamter	3	0,72
unbestimmt	2	0,48
Bürobeamter	2	0,48
Eisenbahnbeamter	2	0,48
Gerichtssekretär	2	0,48
Musiker	2	0,48
Indendanturbeamter	2	0,48
Tropenpflanzer	2	0,48
Geometer	1	0,24
Tierarzt	1	0,24
Dekorationsmaler	1	0,24
Bautechniker	1	0,24
Maurer	1	0,24
Agent	1	0,24
Fabrikant	1	0,24
Techniker	1	0,24
Gastwirt	1	0,24
Maschinentechniker	1	0,24
Architekt	1	0,24
Garteningenieur	1	0,24
Gerichtsbeamter	1	0,24
	415	

Kaufmann	216	=	52,05 %
Beamte (alle Gruppen)	65	=	15,66 %
technische Berufe	31	=	7,57 %

Tabelle 7: Berufe der Schüler des Matthias-Claudius-Gymnasiums in Wandsbek
1880 – 1915

Beruf	Anzahl	%
Arzt	21	16,41
Kaufmann	16	12,50
Heeresdienst (alle Michaelis 1914)	12	9,38
Pastor, Hauptpastor	11	8,59
Referendar	9	7,03
Offizier	9	7,03
Seeoffizier	5	3,91
Bankfach	5	3,91
Chemiker	3	2,34
Posteleve	3	2,34
Gerichtsassessor	2	1,56
Oberlehrer	2	1,56
Rechtsanwalt	2	1,56
Hilfsprediger	2	1,56
Privatdozent	2	1,56
Beamter	2	1,56
Zoll/Steuerfach	2	1,56
Journalist/Redakteur	2	1,56
Rittergutsbesitzer	1	0,78
Regierungsassessor	1	0,78
Lehrer am Gymnasium	1	0,78
Berginspektor	1	0,78
wissenschaftl. Hilfslehrer	1	0,78
Fabrikant	1	0,78
Musikdirektor	1	0,78
Bibliothekar	1	0,78
Buchhändler	1	0,78
Ingenieur	1	0,78
Regierungsreferendar	1	0,78
Lehrer/Probekandidat	1	0,78
Pharmazeut	1	0,78
Kunstmaler	1	0,78
Steuerfach	1	0,78
Landwirt	1	0,78
Kolonialbeamter	1	0,78
Zollbeamter	1	0,78
	128	

Lehrer (gesamt)	5	=	3,91 %
Geistliche	13	=	10,16 %
Juristische Ausbildung	15	=	11,72 %

Tabelle 8: Studienrichtungen der Schüler des Matthias-Claudius-Gymnasiums in Wandsbek 1880 – 1915

Studienrichtung	Anzahl	%
Cand. jur. / Stud. jur.	75	26,60
Cand. med. / Stud. med.	49	17,38
Cand. theol. / Stud. theol.	39	13,83
Stud. rev. ing.	17	6,03
Klass. Philologie	11	3,90
Philologie	10	3,55
Rechtswiss./Nationalökonomie	7	2,48
Naturwissenschaften	6	2,13
Theologie / Philologie	6	2,13
Stud. chem.	6	2,13
Stud. hist.	4	1,42
Stud. rer. techn.	4	1,42
Stud. math.	4	1,42
Cand. rev. min.	3	1,06
Baufach	3	1,06
Neuere Sprachen	2	0,71
Mathematik / Naturwissenschaften	2	0,71
Maschinenbaufach	2	0,71
Stud. phil./orient.	1	0,35
Höheres Forstfach	1	0,35
mosaische Theologie	1	0,35
Neuere Philologie	1	0,35
Bergfach	1	0,35
Philosophie	1	0,35
Mathematik / Naturwissenschaften	1	0,35
Germanistik / Literaturgeschichte	1	0,35
Theologie / Philologie / Geschichte	1	0,35
Hüttenfach	1	0,35
Schiffsmaschinenbaufach	1	0,35
Mathe / Physik	1	0,35
Marineschiffbaufach	1	0,35
katholische Theologie	1	0,35
Geschichte / Philologie	1	0,35
Ethnographie / Philologie	1	0,35
Tierarzneikunde	1	0,35
Germanistik / Philosophie	1	0,35
Mathematik / Astronomie	1	0,35
Germanistik / Klassische Philologie	1	0,35
Volkswirtschaftslehre	1	0,35
Alte Sprachen / Theologie	1	0,35
Philosophie	1	0,35

Architektur	1	0,35
Klassische Philologie / Germanistik	1	0,35
Zahnmedizin	1	0,35
Germanistik	1	0,35
	277	

Juristische Studiengänge / Berufe	96	= 22,91 %
Medizinische Studiengänge / Berufe	73	= 17,42 %
Theologische Studiengänge / Berufe	57	= 13,60 %
Technische Studiengänge / Berufe	32	= 7,64 %

(Tabellen 7 und 8 zusammengerechnet)

unbestimmt: 9

Tabelle 9: Gegenüberstellung der Berufe der Väter und der Schüler des Realprogymnasiums / Realschule des Matthias-Claudius-Gymnasiums in Wandsbek 1883 – 1915

Kaufmann = 156
Kaufmann: 124, Oberrealschule: 11, Realgymnasium: 2, Seemannsschule: 1, Elektrotechniker: 1, Baufach: 2, Bautechniker: 1, Marineingenieur: 2, Ingenieur: 3, Beamter: 3, Bankbeamter: 1, Landmann: 1, Musiker: 1, Lehrer: 1, Geometer: 1, unbestimmt: 1

Lehrer = 22
Kaufmann: 9, Oberrealschule: 5, *Lehrer: 1,* Maschinenbauer: 2, Ingenieur: 1, Marineingenieur: 1, Beamter: 2, Seemann: 1

Landmann = 21
Landmann: 8, Kaufmann: 6, Oberrealschule: 3, Realprogymnasium: 1, Beamter: 1, Postfach: 1, Maschinenbauer: 1

Rentier = 19
Kaufmann: 12, Realgymnasium: 1, Oberrealschule: 3, Brauer: 1, Beamter: 4

Fabrikant = 15
Kaufmann = 5, Oberrealschule: 4, Lehrer: 1, *Fabrikant: 1,* Beamter: 2, Agent 1, Dekorationsmaler: 1

Gastwirt = 15
Oberrealschule: 2, Ingenieur: 1, *Gastwirt: 1,* Brauer: 1, Eisenbahnbeamter: 1, Beamter: 6, Kaufmann: 1, Maschinenbauer: 2

Gärtner = 13
Gärtner: 3, Kaufmann: 3, Lehrer: 1, Landmann: 2, Beamter: 4

Oberpostassistent = 9
Bankbeamter: 3, Beamter: 3, Kaufmann: 1, Oberrealschule: 2, Maschinentechniker: 1

Schlachter = 6
Kaufmann: 4, Beamter: 1, Oberrealschule: 1

Arzt = 5
Kaufmann: 3, Maschinenbauer: 1, Oberrealschule: 1

Maurer = 5
Kaufmann: 2, Baufach: 1, Marineingenieur: 1, *Maurer: 1*

Privatier = 4
Oberrealschule: 1, Kaufmann: 3

Uhrmacher = 4
Kaufmann: 2, Musiker: 1, Oberrealschule: 1

Bäcker = 4
Beamter: 1, Oberrealschule: 1, Marineingenieur: 1, Kaufmann: 1

Ingenieur = 4
Oberrealschule: 3, Beamter: 1

Gutspächter = 4
Landmann: 1, Oberrealschule: 1, Kaufmann: 1, unbestimmt: 1

Zollbeamter = 3
Gerichtsbeamter: 1, Kaufmann: 1, Architekt: 1

Tischler = 3
Kaufmann: 2, Oberrealschule: 1

Schneider = 3
Oberrealschule: 1, Beamter: 1, Kaufmann: 1

Stallmeister = 2
Tierarzt: 1, Maschineningenieur: 1

Maschinenbauer = 2
Maschinenbauer: 2

Gerichtssekretär = 2
Gerichtssekretär: 2

Pastor = 2
Kaufmann: 1, Oberrealschule: 1

Buchhalter = 2
Kaufmann: 1, Beamter: 1

Makler = 2
Kaufmann: 1, Marineingenieur: 1

Polizeikommissar = 2
Beamter: 1, Intendanturbeamter: 1

Lehrer bapt. Predigerseminar = 2
Seemann: 1, Kaufmann: 1

Fabrikdirektor = 2
Oberrealschule: 1, Kaufmann: 1

Bankbeamter = 2
Kaufmann: 2

Hausmakler = 2
Kaufmann: 1, Beamter: 1

Eisenbahnsekretär = 2
Beamter: 1, Kaufmann: 1

Lokomotivführer = 2
Kaufmann: 2

Musiklehrer = 2
Kaufmann: 1, Techniker: 1

Ziegeleibesitzer = 2
Elektrotechniker: 1 Oberrealschule: 1

Obertelegraphenassistent = 2
Beamter: 1, Oberrealschule: 1

Brauereidirektor = 2
Bierbrauer: 1, Kaufmann: 1

Steuersekretär = 2
Beamter: 2

Mechaniker = 2
Tropenpflanzer: 1, Kaufmann: 1

Bauunternehmer = 1	Ingenieur
Offizier a.D. = 1	Kaufmann
Bahnbeamter = 1	Bürobeamter
Standesbeamter = 1	Bürobeamter
Postsekretär = 1	Realgymnasium
Hauptsteueramtsassistent = 1	Beamter
Schriftsteller = 1	Kaufmann
Zimmermeister = 1	Elektrotechniker
Kirchenrechnungsführer = 1	Beamter
Gutsbesitzer = 1	Landmann
Wasserbauinspektor = 1	Oberrealschule
Baumeister = 1	Oberrealschule
Mühlenbesitzer = 1	Beamter
Zeichenlehrer = 1	Beamter
Hauptzollassistent = 1	Beamter
Agent = 1	Kaufmann
Buchbinder = 1	Kaufmann
Kapitän = 1	Kaufmann
Schriftsetzer = 1	Oberrealschule
Bankier = 1	Kaufmann
Büchsenmacher = 1	Beamter
Barbier = 1	Kaufmann
Beamter a.D. = 1	Beamter
Stadtbaurat = 1	Kaufmann
Lithograph = 1	Kaufmann
Stationsassistent = 1	Beamter
Büroassistent = 1	Beamter
Polizeioffiziant = 1	Oberrealschule
Gütervorsteher = 1	Oberrrealschule
Sekretär Hamburger Rennverein = 1	Oberrealschule
Malermeister = 1	Kaufmann

Milchhändler = 1	Kaufmann
Zollamtsassistent = 1	Beamter
Versicherungsassistent = 1	Beamter
Bleicher = 1	Beamter
Polizeisergeant = 1	Beamter
Stadtkassierer = 1	Bankbeamter
Sparkassenrendant = 1	Landmann
Stadtbauführer = 1	Lehrer(-seminar)
Obermusikmeister = 1	Oberrealschule
Generaldirektor = 1	Kaufmann
Architekt = 1	Tropenpflanzer
Mutter = 1	Kaufmann
Fabrikobermeister = 1	Ingenieur
Gefängnisaufseher = 1	Kaufmann
Baumaterialhändler = 1	Kaufmann
Gerichtsvollzieher = 1	Intendanturbeamter
Postverwalter = 1	Postbeamter
Prediger = 1	Kaufmann
Baumschulbesitzer = 1	Garteningenieur
Bahnhofsvorsteher = 1	Kaufmann
Kaibeamter = 1	Kaufmann
Güterbahnhofsvorsteher = 1	Beamter
Straßenbahnführer = 1	Beamter
Telegraphensekretär = 1	Beamter
Obertelegraphensekretär = 1	Marineingenieur
Hotelbesitzer = 1	Kaufmann
Bürochef = 1	Kaufmann
Wäschereibesitzer = 1	Oberrealschule
Ziegelmeister = 1	Lehrer

Tabelle 10: Gegenüberstellung der Berufe der Väter und der Schüler des Matthias-Claudius-Gymnasiums in Wandsbek 1880–1915

I 1880–1897 (in Klammern: tatsächlich ausgeübter Beruf)

Kaufmann = 41
Medizin: 14 (10 Medizin, 1 Chemiker), Eisenbahnfach: 1 (Posteleve), Verwaltungsfach: 1, Ingenieur: 1, Philologie: 1 (Stud. jur.), Geschichte/neuere Sprachen: 1, (*Kaufmann*), Geschichte/Philosophie: 1 (Stud. jur.), Theologie: 7 (6 theol., 1 Verlagsbuchhändler), Neuere Sprachen: 1 (Lehrer am Gymnasium), Philologie/ Geschichte: 1 (Oberlehrer), Chemie: 1, Jura: 12 (10 Jura, 1 Stud. chem., 1 Cand. theol.)

Lehrer = 10
Theologie: 6, Neuere Sprachen: 1 (Arzt), Jura: 2, Medizin: 1

Pastor = 7
Theologie: 2, Medizin: 2 (1 Cand. rev. min.), Philologie: 1, Bergwissenschaft: 1, Medizin: 1 (*Pastor*)

Arzt = 3
Medizin: 2, Stud. chem.: 1

Sanitätsrat = 2
Stud. med.: 1, Stud. theol.: 1

Fabrikant = 2
Chemie: 2

Rentier = 4
Stud. jur.: 1, Stud. med.: 2, Baufach: 1 (Probekandidat Schule)

Architekt = 2
Medizin: 2

Landmann = 5
Theologie: 2 (1 Cand. rev. min.), Neuere Sprachen: 1 (Pastor), Medizin: 1, Jura: 1

Apotheker = 2
Chemie: 1, Klass. Philologie: 1 (Gerichtsass.)

Gutsbesitzer = 2
Philologie/Theologie: 1, Cand. jur.: 1

Senatssekretär = 3
Jura: 1, Theologie: 1 (Regieassistent), Medizin: 1

Schuhmacher = 2
Stud. med.: 1, Theologie: 1

Tierarzt = 2
Stud. med.: 2

Postdirektor = 2
Theologie: 1, Philologie: 1 (Stud. hist.)

Kommerzienrat = 2
Fabrikant: 2 (1 Maschineningenieur)

Gastwirt = 2
Mathematik/Naturwissenschaft: 1 (Arzt), Rechte: 1 (Referendar)

Advokat = 1	Chemie
Kapitän = 1	Rechte
Hausmakler = 1	Medizin
Hauptsteueramtsrendant = 1	Theologie/Philologie (Arzt)
Bankdirektor = 1	Neuere Sprachen (Regierungsreferendar)
Gärtner = 1	Theologie
Amtsvorsteher = 1	Stud. jur.
Amtsgerichtsrat = 1	Elektrotechnik
Ingenieur = 1	Stud. med.
Baumeister = 1	Jura
Stadtkassierer = 1	Philologie (Journalist)
Auktionator = 1	Jura
Tischler = 1	Medizin
Hotelbesitzer = 1	Jura
Schiffsmakler = 1	Rechte
Gesanglehrer = 1	Musik
Reg.-Schulrat = 1	Philologie (Bibliothekar)
Notar = 1	Stud. jur.
Förster = 1	Stud. jur.
Ökonomierat = 1	Volkswirtschaft
Beigeordneter/Drucker = 1	Buchdruckerei (Redakteur)
Verwaltungsinspektor = 1	Stud. med.
Klempner = 1	Theologie (Cand. rev. min.)
Polizeisekretär = 1	Stud. jur.
Müller = 1	Medizin (Referendar)
Gutsverwalter = 1	Mathematik
Weinhändler = 1	Rechte
Arbeiter = 1	Stud. med.
Fabrikdirektor = 1	Chemie
Bäcker = 1	Ingenieurfach
Schlosser = 1	Ingenieurfach

Kaufmann = 86
Kaufmann: 8, Kolonialbeamter: 1, Ethnographie/Philosophie: 1, Geschichte/alte Sprachen: 1, Heer: 4, Philosophie/neuere Philologie: 1, Klass. Philologie: 2, Ingenieurwissenschaft: 5, Jura/Nationalökonomie: 1, Höheres Forstfach: 1, Hütteningenieur: 1, Zollfach: 1, Chemiker: 1, Seeoffizier: 2, Offizier: 1, Stud. med.: 14, Theologie: 8, Jura: 22, Musik: 1, Bankfach: 2, (Maschinenbaufach: 2, Schiffsmaschinenbaufach: 1, Beamter: 2, Philologie: 1, Mathematik/Naturwiss.: 1

Lehrer = 52
Offizier: 3, Seeoffizier: 2, Ingenieurwissenschaft: 2, Bergfach: 1, Germanistik/Literaturwissenschaft: 1, Jura: 5, Medizin: 3, Geschichte/Klass. Phil.: 1, Klass. Phil./ Geschichte: 1, Bankfach: 3, Heer: 1, Geschichte: 2, Theologie: 5, Philologie: 5, Mathematik/Physik: 1, Theologie/Philosophie: 2, Philosophie: 1, Alte Sprachen: 1, Kaufmann: 1, Naturwissenschaft: 1, Neuere Sprachen: 2, Mathematik: 2, Klass. Philologie: 4, Philosophie/Theologie: 1

Pastor = 21
Theologie: 7, Theologie/Philosophie: 1, Philologie/*Theologie: 1,* Medizin: 4, Mathematik/Astronomie: 1, Ingenieurwissenschaft: 1, Marineschiffbaufach: 1, Philologie: 1, Philologie/Geschichte: 1, Jura: 1, Jura/Nationalökonomie: 1

Arzt = 7
Medizin: 4, Offizier: 1, Jura: 1, Naturwissenschaft: 1

Fabrikant = 6
Jura: 2, Baufach: 1, Kaufmann: 1, Theologie: 1, Geschichte: 1

Rentier = 4
Ingenieurwissenschaft: 2, Heer: 1, Jura: 1

Architekt = 4
Naturwissenschaft: 1, Ingenieurfach: 1, Rechte: 1, Philologie: 1

Direktor = 4
Rechte: 1, Jura: oriental. Sprachen: 1, Jura/Volkswirtschaft: 1, Theologie: 1

Apotheker = 3
Jura/Volkswirtschaft: 2, Heer: 1

Advokat/Rechtsanwalt = 4
Jura: 3, Ingenieurwissenschaft: 1

Oberlandesgerichtsrat = 4
Medizin: 2, *Jura: 1,* Architektur: 1

Zollbeamter = 3
Jura: 1, Klass. Philologie: 1, Theologie: 1

Kapitän = 2
Jura: 1, Chemie: 1

Hausmakler = 2
Rechte: 2

Bürgermeister = 3
Medizin: 1, Offizier: 1, Jura/Nationalökonomie: 1

Hauptsteueramtsrendant = 2
Zoll/Steuerfach: 1, Steuerfach: 1

Bankdirektor = 2
Jura: 1, Ingenieurwissenschaft: 1
Theologie: 1, Ingenieurwissenschaft: 1

Beamter = 2
Theologie: 1, Kaufmann: 1

Landrichter = 2
Rechte: 1, Germanistik/Philosophie: 1

Posthalter = 2
Theologie: 1, Germanistik: 1

Lehrer bapt. Predigerseminar = 2
Heer: 1, Philologie: 1

Zahnarzt = 2
Kaufmann: 1, *Zahnheilkunde: 1*

Justizrat = 2
Heer: 1, Klass. Philologie: 1

Oberzollkontrolleur = 2
Klass. Philologie: 1, Medizin: 1

Syndikus = 2
Medizin: 1, Rechte: 1

Sanitätsrat = 1	Heer
Landmann = 1	Heer
Gutsbesitzer = 1	Landwirtschaft
Gärtner = 1	Jura
Amtsvorsteher = 1	Medizin
Amtsgerichtsrat = 1	*Rechte*
Ingenieur = 1	Philologie
Bäcker = 1	Mathematik
Baumeister = 1	unbestimmt
Stadtkassierer = 1	Rechte
Auktionator = 1	Medizin
Schlosser = 1	Rechte
Offizier a.D. = 1	*Offizier*
Gerichtsschreiber = 1	Tierarzneikunde
Privatier = 1	Geschichte/Klass. Philologie

Schneider = 1	Klass. Philologie
Gutspächter = 1	Bankfach
Bürovorsteher = 1	Naturwissenschaft
Bildhauer = 1	Medizin
Direktor Irrenanstalt = 1	Medizin
Stauer = 1	Naturwissenschaft
Inspektor HAPAG = 1	Rechte
Tonkünstler = 1	Medizin
Stadtrat = 1	Rechte
Graveur = 1	Kath. Theologie
Assistent naturhistorisches Museum = 1	Klass. Philologie
Senatssyndikus = 1	Seeoffizier
Prokurist = 1	Volkswirtschaft
Zahntechniker = 1	Germanistik/Klass. Philologie
Optiker = 1	Klass. Philologie/Germanistik
Geh. Reg.-Rat = 1	Offizier
Oberstabsveterinär = 1	Kaufmann
Oberbriefträger = 1	Mathematik/Naturwissenschaft
Direktor Handelsstatistisches Büro = 1	Medizin
Bankier = 1	Ingenieurwissenschaft
Geistlicher Lehrer (mosaisch) = 1	Mosaische Theologie
Zollamtsassistent = 1	Theologie/Philologie/Geschichte
Admiralitätsrat = 1	Neuere Philologie
Telegraphensekretär = 1	Theologie
Polizeikommissar = 1	Heer
Oberpostassistent = 1	Zollbeamter
Bierbrauereibesitzer = 1	Rechte
Assekuranzmakler = 1	Naturwissenschaft
Oberamtsrichter = 1	Rechte
Baurat = 1	Baufach

Tabelle 11: Herkunft (Wohnort des Vaters) der Schüler des
Matthias-Claudius-Gymnasiums 1880–1915

Herkunft	Realschule	%	Gymnasium	%
Wandsbek	195	46,99	102	25,76
Hamburg	130	31,33	217	54,80
Altona-Ottensen	–	–,–	5	1,26
Umland	64	15,42	37	9,34
(Kreis Stormarn)				
Lübeck	1	0,24	2	0,51
Landesteil Oldenburg	–	–,–	1	0,25
übriges Schleswig-Holstein	6	1,45	11	2,77
übriges Preußen	6	1,45	3	0,76
Harburg/Umland	–	–,–	2	0,51
Berlin	–	–,–	3	0,76
übriges Deutschland	4	0,96	5	1,26
Ausland	9	2,17	8	2,02
	415		396	

Tabelle 12: Herkunft (Geburtsort) der Schüler der Meldorfer Gelehrtenschule
1864–1918

Herkunft	Anzahl	%
Meldorf	37	12,89
Heide	21	7,32
Marne	7	2,44
Wesselburen	6	2,09
Büsum	3	1,05
übriges Dithmarschen	120	41,81
übrige Westküste	24	8,36
Kreis Steinburg ohne	9	3,14
Glückstadt	4	1,39
Uetersen/Pinneberg	3	1,05
Kiel	3	1,05
übriges Schleswig-Holstein	20	6,97
Hamburg	9	3,14
Bremen	3	1,05
Berlin	2	0,70
übriges Preußen	6	2,09
übriges Deutschland	4	1,39
Altona	6	2,09
	287	

Franklin Kopitzsch

Wirtschafts- und Sozialgeschichte im Unterricht.
August Sachs Beitrag aus dem Jahre 1896

Daß Majestät sich einzumischen pflegte, gehört zu den Kennzeichen des wilhelminischen Deutschland[1]. Noch vor der ersten großen Zäsur seiner Amtszeit, der Entlassung Otto von Bismarcks, nahm er sich des Geschichtsunterrichts an. In der „Allerhöchsten Ordre" vom 1. Mai 1889 stellte er der Schule die Aufgabe, „der Ausbreitung sozialistischer und kommunistischer Ideen entgegenzuwirken"[2]. Die rühmliche Fürsorge der Monarchen Preußens zugunsten der arbeitenden Bevölkerung sollte den vermeintlich undurchführbaren „Lehren der Sozialdemokratie" entgegengestellt werden[3]. Ausführungsbestimmungen ergingen noch im Mai 1889. Für die höheren Schulen wurde angeordnet, den „Unterricht in der vaterländischen Geschichte" bis zum Regierungsbeginn des jetzigen Herrschers auszudehnen und die Zeit seit dem Großen Kurfürsten ausführlicher als bisher zu behandeln. Weiterhin sollte „die Entwickelung unserer sozialen und wirthschaftlichen Verhältnisse, insbesondere vom Beginn dieses Jahrhunderts bis zur gegenwärtigen sozial-politischen Gesetzgebung (Alters- und Invalidenversorgung 1889)" dargestellt werden. „Die Belehrung über die Verderblichkeit der Sozialdemokratie hat hierbei, ohne in eine nähere Erörterung der sozialistischen Theorien einzutreten, an Hand des gesunden Menschenverstandes zu erfolgen. Die Unmöglichkeit der sozialdemokratischen Bestrebungen ist an den politischen Zielen der Sozialdemokratie nachzuweisen und für jugendliche Gemüter faßlich zu gestalten"[4]. Wie Wolfgang Kopitzsch am Beispiel der Provinz Schleswig-Holstein gezeigt hat, wurden die Gedanken der „Allerhöchsten Ordre" und der Ausführungsbestimmungen nicht sogleich in die Tat umgesetzt. Zwar wurde der Unterricht in Geschichte bis zum Beginn der Amtszeit Kaiser Wilhelms II. fortgeführt, doch behielt die für humanistische Gymnasien traditionell

---

1 Hans-Ulrich Wehler, Das Deutsche Kaiserreich 1871–1918, Göttingen 1973 (Kleine Vandenhoeck-Reihe, 1380; Deutsche Geschichte, 9), S. 69 f.
2 Wolfgang Kopitzsch, Zur „Politisierung" des Geschichtsunterrichts in Schleswig-Holstein nach dem 1. Mai 1889, in: Erziehungs- und Bildungsgeschichte Schleswig-Holsteins von der Aufklärung bis zum Kaiserreich, hrsg. von Franklin Kopitzsch, Neumünster 1981 (Studien zur Wirtschafts- und Sozialgeschichte Schleswig-Holsteins, 2), S. 149–192, hier: S. 167.
3 Ebd., S. 168.
4 Ebd., S. 170.

grundlegende antike Geschichte noch ihre dominierende Stellung[5]. Neue Lehrpläne wurden 1892 eingeführt; sie verstärkten das Gewicht der neueren brandenburg-preußischen und deutschen Geschichte[6].

1895 erörterte die sechste Direktoren-Versammlung der Provinz Schleswig-Holstein, also die Konferenz der Leiter der Gymnasien, das Thema „In welchem Umfang ist bei der in den neuen Lehrplänen für Untersekunda und Oberprima geforderten Belehrung über wirtschaftliche und gesellschaftliche Fragen in ihrem Verhältnis zur Gegenwart der einschlägige Stoff auszuwählen und wie zu behandeln?"[7]. Elf Leitsätze wurden nach längerer Beratung angenommen. Zweck der verlangten „Belehrung" müsse sein, „die geschichtliche Bildung zu vertiefen und den Sinn für besonnene Mitarbeit an den sozialen Aufgaben unserer Zeit zu wecken"[8]. Begonnen werden sollte mit „der Darstellung der wichtigsten Maßregeln des Großen Kurfürsten, Friedrich Wilhelms I. und Friedrichs des Großen zur Förderung der wirtschaftlichen Lage des Volks und zur gesellschaftlichen Hebung der unteren Stände"[9]. Der Merkantilismus, die sozialen und wirtschaftlichen Veränderungen in der Zeit der Französischen Revolution, die preußischen Reformen, der Weg zum Zollverein und der Ausbau des Straßenwesens sollten folgen[10]. Daran schloß sich als „Belehrungs-stoff" die „Entwickelung der Industrie nach Ursachen und Folgen, die Bildung des vierten Standes, die Entstehung der Sozialdemokratie und das Verhältnis des Staates wie der anderen Stände zu den neuen sozialen Erscheinungen" an. Eingehend sollte die sozialpolitische Gesetzgebung der Gegenwart gewürdigt werden. Neben dem vierten Stand seien auch die „übrigen Stände und Gesellschaftsgruppen", ihr „Verhältnis gegeneinander und gegen den Staat" zu beachten. Bei der „Darstellung der Arbeiterverhältnisse in Deutschland" könne „eine vergleichende Betrachtung der englischen und französischen" einbezogen werden. „Die Geschichte der deutschen sozialistischen Bewegung, insbesondere die Entstehung der deutschen Sozialdemokratie", so Leitsatz 9, sei „dabei zu berücksichtigen, ohne daß auf die Partei-Theorien eingegangen wird oder Zukunftspläne angedeutet werden". Bei der Stoffauswahl und -verteilung sei „dem Lehrer große Freiheit zu lassen, doch ist taktvolles Maßhalten geboten". Um Zeit für die neuen Themen zu gewinnen, müsse besonders die Kriegsgeschichte noch stärker eingeschränkt und in der politischen Geschichte „der nationale Gesichtspunkt" deutlicher zur Geltung gebracht werden[11].

Im Zusammenhang mit dieser Konferenz dürfte August Sachs als Anhang zum Schulprogramm[12] des Königlichen Gymnasiums zu Hadersleben für das Schuljahr

5 Ebd., S. 176.

6 Ebd., S. 176–180.

7 Ebd., S. 183–190, Zitat S. 184.

8 Ebd., S. 191.

9 Ebd.

10 Ebd., S. 191 f.

11 Ebd., S. 192.

12 August Sach: Die Behandlung der wirtschaftlichen und gesellschaftlichen Fragen im Geschichtsunterricht mit besonderer Berücksichtigung der Provinz Schleswig-Holstein. Anhang zum Schulprogramm des Kgl. Gymnasiums zu Hadersleben. Hadersleben 1896. Die Schrift umfaßt 14 Seiten.

1895-96 veröffentlichter Beitrag „Die Behandlung der wirtschaftlichen und gesellschaftlichen Fragen im Geschichtsunterricht mit besonderer Berücksichtigung der Provinz Schleswig-Holstein" entstanden sein. Der Autor wurde am 29. Januar 1837 als Sohn eines Bauern in Kesdorf im holsteinischen Amt Ahrensbök[13] geboren. In Eutin besuchte er die Gelehrtenschule, an der er 1857 die Reifeprüfung bestand. In Kiel, Bonn und wieder Kiel studierte er klassische Philologie, Geschichte und Philosophie, bezog auch Romanistik und Kunstgeschichte ein. 1862 wurde er mit einer Abhandlung über Ovid zum Doktor der Philosophie promoviert und erwarb damit die Lehrbefähigung für Griechisch, Latein, Geschichte und Deutsch. In den Jahren 1862 und 1863 war er Hauslehrer beim russischen Gesandten in Kopenhagen. Diesen Aufenthalt nutzte er, um Dänisch zu lernen. 1864 kam er an die Schleswiger Domschule, an der er ein Vierteljahrhundert unterrichten sollte. In dieser Zeit, während der er vom achten zum ersten Lehrer aufgestiegen war und 1888 den Professorentitel erhalten hatte, lehrte er neben seinen eigentlichen Fächern auch Geographie und Dänisch. Außerdem war er Verwalter der umfangreichen Schulbibliothek. Von 1879 bis 1889 engagierte sich Sach im „Verein für Sammlung und Konservierung vaterländischer Alterthümer". Der Schul- und Stadtgeschichte galt sein besonderes Interesse, 1875 legte er eine Geschichte Schleswigs vor, die bis heute grundlegend geblieben ist[14]. Warum Sach nach fünfundzwanzig Jahren Schleswig verließ und ans Johanneum in Hadersleben ging, ist nicht mehr zu klären; möglicherweise gaben Spannungen mit dem Direktor Dr. Wilhelm Gidionsen den Ausschlag[15]. Offenbar bestand in Hadersleben Bedarf für einen Lehrer, dem nicht „des Landes Art fremd war"[16]. Bis 1906 war Sach am Johanneum tätig, meist als Klassenlehrer der Sekunda. Seine Fächer waren Deutsch, Latein, Dänisch, Geschichte und Geographie. Zweimal leitete der erste Lehrer (Konrektor) interimistisch die Schule[17]. In der neuesten dänischen Geschichte der Haderslebener Lateinschule wird er zu den humanistisch geprägten Pädagogen gerechnet, die sich im Unterschied zu den „Preußen" von politischen Aktivitäten fernhielten und dem dänischen Bevölkerungsteil gegenüber korrekt und verständnisvoll auftraten[18]. Auch an seinem neuen Wirkungsort nahm sich Sach der Stadtgeschichte an[19]. Seinen Ruhestand verbrachte er in Lübeck, wo er am 27. Dezember 1929 starb. Thomas Otto Achelis schrieb in seinem Nachruf in der „Zeitschrift der Gesellschaft für Schleswig-Holsteinische Geschichte":

13 Hierzu und zum folgenden Thomas Otto Achelis: August Sach †. In: ZSHG 60 (1931), S. 641–650, hier: S. 641 f. Eine zweite Würdigung Sachs aus der Feder von Achelis erschien zuvor bereits mit dem gleichen Titel in: Die Heimat 40 (1930), S. 25–29. Eine ausführlichere Studie hat soeben Joachim Skierka vorgelegt: Professor Dr. August Sach – Lehrer und Forscher. Zum 150. Geburtstag 1987. In: Beiträge zur Schleswiger Stadtgeschichte 32 (1987), S. 7–46. Skierka konnte auch die Familienüberlieferung auswerten.

14 Skierka, S. 21 ff.

15 Ebd., S. 23 f.

16 Achelis, Sach (ZSHG), S. 645. Siehe auch Skierka, S. 24.

17 Ebd., S. 24 f.

18 M(agnus) Favrholdt, Haderslev Latinskoles Historie 1567–1967, København 1966 (Skrifter, udgivne af Historisk Samfund for Sønderjylland, 36), S. 228.

19 Achelis, Sach (ZSHG), S. 645 f.

„42 Jahre lang, von 1864 bis 1906 hat August Sach im Dienst des höheren Schulwesens seiner schleswig-holsteinischen Heimat gestanden, verehrt von seinen Schülern, die namentlich sein Geschichtsunterricht mit seiner lebhaften Darstellungsart und der tiefen Liebe zur Heimat immer wieder begeisterte, geschätzt von den Kollegen, für die sein tiefgründiges Wissen und sein lauterer Charakter vorbildlich wirken mußten, und gern gehört von der Bürgerschaft, wenn er aus der Stille seiner Studierstube heraustrat und fesselnde Vorträge über Geschichte oder Kirchengeschichte hielt"[20]. Daß Sach den Schülern eine lebendige Einführung in die Heimatgeschichte gab, hat auch der spätere Tübinger und Kieler Geschichtsprofessor Otto Scheel überliefert und als für die damalige Zeit ungewöhnlich bestätigt[21]. Achelis berichtete ferner: „Die Schultätigkeit konnte seinem Forscherdrang nicht genügen, er ist immer zu gleicher Zeit Forscher und Lehrer gewesen, und im Grunde wohl mehr ersteres als letzteres"[22]. Neben Schulbüchern zur Geographie und Landeskunde verfaßte Sach einen für einen größeren Leserkreis gedachten Band über „Die deutsche Heimat", die bereits erwähnten Arbeiten zur Stadtgeschichte von Schleswig und Hadersleben, mehrere Studien zur Kunst-, Literatur- und Kirchengeschichte Schleswig-Holsteins und sein dreibändiges Hauptwerk „Das Herzogtum Schleswig in seiner ethnographischen und nationalen Entwicklung"[23]. 1864 war Sach für die Rechte des Augustenburgers eingetreten. Nie vergaß er, daß Preußen 1850 die Herzogtümer im Stich gelassen hatte. Achelis hat auch überliefert, daß er „ein warmer Bewunderer Bismarcks" war, für den er 1898 im Johanneum anläßlich einer Gedächtnisfeier eine Rede hielt[24].

Mit Sach nahm also ein erfahrener Schulmann, ein wacher Beobachter des politischen Geschehens, ein vielseitiger Historiker Stellung zu den aktuellen Diskussionen über den Geschichtsunterricht. Offenkundig verfolgte er nicht nur mit Interesse die fachdidaktischen Debatten, sondern kannte auch den „Historikerstreit" der neunziger Jahre um politische und Kulturgeschichte[25]. „Der Geschichtsunterricht auf den höheren Schulen", so erklärte Sach, „hat nicht die gleiche Aufgabe wie die

20 Ebd., S. 643. Zu Sachs Reden s. jetzt Skierka, S. 25 f., 31 ff.
21 Thomas Otto Achelis, Otto Scheel und Nordschleswig, in: Die Heimat 67 (1960), S. 46–56, hier: S. 50; Favrholdt, S. 238. Außerdem Thomas Otto Achelis, Die Lateinschulen in Hadersleben und Ripen. Eine vergleichende Betrachtung zur Geschichte des höheren Schulwesens im deutsch-dänischen Grenzgebiet, Schleswig 1959 (Gottorfer Schriften, 5), S. 49.
22 Achelis, Sach (ZSHG), S. 643.
23 Schriftenverzeichnis ebd., S. 649 f., ergänzt durch Skierka, S. 40 f. Zum Hauptwerk s. Sach, Achelis (ZSHG), S. 646 f., und Skierka, S. 27 f.
24 Achelis, Sach (ZSHG), S. 647. Vgl. auch Anm. 20.
25 Dazu grundlegend Gerhard Oestreich, Die Fachhistorie und die Anfänge der sozialgeschichtlichen Forschung in Deutschland, in: Ders., Strukturprobleme der frühen Neuzeit. Ausgewählte Aufsätze, hrsg. von Brigitta Oestreich, Berlin 1980, S. 57–95. Oestreichs Aufsatz erschien zuerst in: Historische Zeitschrift 208 (1969), S. 320–363. Aus geschichtsdidaktischer Sicht Gerhard Schneider, Der Geschichtsunterricht in der Ära Wilhelms II. (vornehmlich in Preußen), in: Gesellschaft Staat Geschichtsunterricht, Beiträge zu einer Geschichte der Geschichtsdidaktik und des Geschichtsunterrichts von 1500–1980, hrsg. von Klaus Bergmann und Gerhard Schneider, Düsseldorf 1982, S. 132–189.

Geschichtsschreibung. Während der Historiker es für seine Pflicht hält die wechselseitige Durchdringung des Staatslebens und des übrigen Kulturlebens zur Anschauung zu bringen, hat der Geschichtsunterricht einen politischen Beruf. Die politische Gesinnung zu pflegen, das politische Pflichtgefühl zu beleben, das Bewußtsein von der Verantwortung eines jeden dem Staate gegenüber zu wecken und zu stärken, bildet eben den Kern der ethischen Wirkung des Geschichtsunterrichts". Bewegte sich Sach mit dieser Grundposition durchaus im Rahmen des Zeitüblichen, so war die folgende Auffassung keineswegs selbstverständlich: „Diese Aufgabe erscheint um so wichtiger, als es unserem Volke nicht vergönnt ward, durch eine Jahrhunderte lange allmähliche Entwickelung politisch erzogen zu werden, wie dies ähnlich wie bei den Römern, in neuerer Zeit bei den Engländern der Fall gewesen ist. Da unser Volk vielmehr aus einem Zustande der beschränktesten Beteiligung am politischen Leben im Laufe weniger Jahrzehnte zu einer umfassenden Teilnahme berufen ist, so erscheint es als das erste Erfordernis, das aufwachsende Geschlecht für die Ausübung der Rechte und der Pflichten eines Staatsbürgers zu erziehen."

Zwar sei er „ein großer Freund der Kulturgeschichte", wisse auch aus Erfahrung „wie gerne die Schüler dergleichen, wie alles, was aus dem Rahmen des gewöhnlichen Unterrichts herauszufallen scheint, hören", doch bleibe „ein klares Bild zuständlicher Dinge verhältnismäßig nur bei wenigen länger haften"[26]. Sach empfahl daher, „in diesen Dingen Maß zu halten und die Darlegungen auf die bedeutsamsten Punkte zu beschränken"[27]. Die sozialen und politischen Gegensätze seiner Zeit blieben ihm nicht verborgen. Er erkannte „die Weltbörsen und das Großkapital als neue Weltmacht, die auf der einen Seite den geistigen Wert der Arbeit minderte, auf der anderen eine schrankenlose Konkurrenz entfaltete und damit die sozialen Gegensätze geschärft hat". Ihm schien es notwendig, „den Schülern von diesen weltbewegenden Dingen eine Vorstellung zu geben, auf die Gefahren hinzuweisen, die unser Volk in zwei feindliche Heerlager zu zerspalten droht, die sich gegenseitig nicht mehr verstehen" – auch dies eine ganz eigene Nuancierung. Nicht leicht machte es sich Sach auch mit der Frage, ob und wie die Sozialdemokratie im Unterricht behandelt werden sollte. „Eine Erörterung der sozialdemokratischen Lehren und Ziele halte ich für ausgeschlossen; entweder müßte man hier Recht und Unrecht scheiden oder alle Bestrebungen für wirtschaftliche Thorheiten erklären. Beides ist meines Erachtens nicht möglich. Ich halte es für äußerst bedenklich, einem Schüler klar zu machen, daß die Sozialdemokraten in diesem oder jenem Punkte nicht so ganz unrecht hätten; der Lehrer würde in seinen Augen als ein halber Sozialdemokrat erscheinen; noch viel weniger kann es die Aufgabe des Lehrers sein, den Schülern etwa zu zeigen, wie die wirtschaftlichen Lehren der Sozialdemokratie ihren Nährboden in der einseitigen Entwickelung der modernen industriellen Verhältnisse gefunden haben"[28]. Diese Passage ist nicht nur bezeichnend für Sachs eigenständiges politisches Denken, sie zeigt auch, mit welchen Schwierigkeiten ein Lehrer im politischen Klima der neunziger Jahre rechnen mußte. Dennoch hielt Sach an dem wichtigen Ziel fest, den Schülern gesellschaftliche und wirtschaftliche Entwicklungslinien nahezubringen.

---

26 Sach, S. 3.
27 Ebd., S. 4.
28 Ebd., S. 12.

„Im Mittelalter", so erklärte er, „gewährte der Grundbesitz allein politische Rechte; der Feudalherr oder der Feudalstand war aber schon lange vor der französischen Revolution durch das Handwerk, durch Manufaktur und Handel von seiner Höhe herabgestürzt, die Manufaktur dann wieder durch die Maschine zu Fall gebracht, die die Zukunftverfassung sprengte und dafür die freie Konkurrenz, den Weltmarkt, die Arbeitsteilung, die Lohnarbeit, d.h. die Periode der kapitalistischen Produktionsweise erzeugte. Angesichts dieser Entwickelung muß es dem Schüler klar werden, daß es eine vollkommen gleichberechtigte Gesellschaft niemals gegeben hat; im Gegenteil, alle auf einander folgenden geschichtlichen Zustände erscheinen nur als vergängliche Stufen eines endlosen Entwickelungsprozesses der menschlichen Gesellschaft vom Niederen zum Höheren. Jede Stufe ist notwendig, also berechtigt gewesen für die Zeit und die Bedingungen, denen es ihren Ursprung verdankt. So auch die kapitalistische Produktionsweise: Sie hat sich hohe Verdienste erworben um den ökonomischen und politischen Fortschritt; zugleich aber hat die Maschine in der Hand des Kapitals sowohl in gewerblichen als in landwirtschaftlichen Verhältnissen, so zu sagen, den Arbeiter zu einer Art Ware gemacht. Dabei ließe sich die Frage aufwerfen, ob alle Übelstände der heutigen Zeit allein aus dem kapitalistischen System zu erklären seien, und ausführen, daß die sozialen Schäden des ‚Sklaven- und Klassenstaates' sich auch in Zeitaltern gezeigt haben, wo es eine industriell-kapitalistische Produktionsweise nicht oder fast gar nicht gegeben hat. Athen und Rom, insbesondere die gracchische Gesetzgebung, würden Gelegenheit geben, sich darüber zu verbreiten. Die Schäden sind heute verschärft, aber nicht allein durch das Wirtschaftssystem hervorgerufen. Auch ohne Maschine würden in Deutschland die gleichen Schwierigkeiten entstanden sein, da die Zahl der Bewohner in diesem Jahrhundert sich verdoppelt hat und der Grund und Boden längst vergeben ist"[29].

Auch in der „Grund- und Bodenfrage, die für die heutige Volkswirtschaft von so großer Bedeutung ist", war Sach die historische Dimension wichtig. Er wollte den Schülern zeigen, „daß unser heutiger Begriff von Bodeneigentum erst geworden ist", und war überzeugt, daß die Darstellung genossenschaftlicher Besitz- und Nutzungsformen möglich sei, ohne „dem modernen Kollektivismus das Wort" zu reden[30].

Sach war überhaupt ein Mann des differenzierten Vorgehens und Urteilens, ein Historiker und Didaktiker, der auf das Sichtbarmachen des Wandels wie auf den Vergleich besonderen Wert legte. So wies er darauf hin, daß der Dreißigjährige Krieg, der nach den neuen Vorstellungen als Tiefpunkt der deutschen Geschichte betont werden sollte, um dann in um so leuchtenderen Farben den brandenburgisch-preußischen Weg zur Höhe und Weltgeltung ausmalen zu können, in Schleswig-Holstein „nur vorübergehend verderblich gewirkt"[31] habe. Ja, er wies sogar auf die unterschiedlichen Auswirkungen auf das königliche und herzogliche Gebiet hin. Wenn auch Sach den brandenburgischen Kurfürsten und preußischen Königen wie ihren Leistungen für Bürger und Bauern breiten Raum gewährte, so bezog er doch

29 Ebd., S. 13.
30 Ebd.
31 Ebd., S. 4. Zum folgenden ebd. S. 4–7.

immer wieder Schleswig-Holstein ein, nannte Quellen, die sich nutzen ließen, und Aspekte wie den Anbau von Kartoffeln und Klee sowie das Mergeln als Neuerungen des 18. Jahrhunderts, die holsteinische Koppel- und Schlagwirtschaft, die rechtlichen Verhältnisse auf dem Lande im dänischen Gesamtstaat, das Bauernlegen durch den Adel und im gottorpischen Gebiet 1701–1709 durch den Amtmann in Lübbersdorf, Bollbrügge, Kremsdorf und Sievershagen (Ostholstein), schließlich die „ruhmreiche Thätigkeit der Behörden in der zweiten Hälfte des vorigen Jahrhunderts"[32]. Georg Christian Oeders bekannte Schrift von 1769 sah er als Beginn der Bauernbefreiung an[33]. Die Aufhebung der Feldgemeinschaften, die Aufteilung der Gemeinheiten, die Verkoppelung und die Parzellierung der Domänen waren ihm „Maßregeln, um die jedes Land unsere Provinz noch heute beneiden muß"[34]. Um die sozialen Verhältnisse des 18. mit denen des späten 19. Jahrhunderts kontrastieren zu können, behandelte er – auch mit Beispielen aus Schleswig-Holstein – die Armut und die Bettelei, das Räuberwesen, die Lage der unehrlichen Gewerbe und Hantierungen sowie die großen Standesunterschiede[35].

„Mit dieser Darlegung", so erklärte er, „wird man die Bedeutung des ersten Grundsatzes aller Kulturgeschichte würdigen, daß es mit einem Volke oder Staate desto schlimmer bestellt ist, je weiter die einzelnen Stände sich scheiden, desto besser, je näher sie sich stehen. Der Schüler wird zugleich erkennen, daß eine völlige Gleichheit niemals bestanden hat und auch nicht herzustellen ist, und wie alle spätere Entwickelung durch den amerikanischen Freiheitskrieg und die französische Revolution nur darauf hinausläuft, einen allmählichen Ausgleich unter den verschiedenen Ständen und ihren Interessen herbeizuführen"[36]. Deutschland und Frankreich im Zeitalter der Revolution betrachtete Sach vergleichend; eingehend nahm er sich der Revolution selbst an, mit dem Lernziel, daß die Schüler „die ganz verschiedenen Folgen für die Zukunft eines Volkes bei einer Revolution von unten oder bei gründlichen Reformen von oben verstehen" sollten[37]. Die Lehren Adam Smiths und Immanuel Kants wie ihre Resonanz blendete er nicht aus, nannte frühe Vorläufer der Aufhebung der Leibeigenschaft – Rantzau auf Ascheberg, Stolberg in Bramstedt, Holk auf Eckhof und den Herzog Peter Friedrich Ludwig von Oldenburg auf seinen holsteinischen Besitzungen – und schließlich die Aufhebung der Leibeigenschaft in Dänemark und Schleswig-Holstein selbst. Auf diese Weise stellte er auch die preußischen Reformen in einen größeren, vor Glorifizierung bewahrenden Zusammen-

32 Ebd., S. 7 mit Anm. *) und **).
33 Ebd. Zu Oeder s. Carl Haase, Georg Christian von Oeder 1728–1791, in: Niedersächsische Lebensbilder, 7. Bd., hrsg. von Edgar Kalthoff, Hildesheim 1971 (Veröffentlichungen der Historischen Kommission für Niedersachsen, 22), S. 167–183, zu Oeders „Bedenken über die Frage: Wie dem Bauernstande Freiheit und Eigenthum in den Ländern, wo ihm beydes fehlt, verschafft werden könne", ebd., S. 169–172.
34 Sach, S. 7.
35 Ebd., S. 8.
36 Ebd., S. 9.
37 Ebd.

hang[38]. Auch bei der Einführung der Gewerbefreiheit und der Neuordnung des Zoll- und Handelswesens sowie der Durchsetzung der allgemeinen Wehrpflicht wies Sach auf die Verhältnisse in Schleswig-Holstein hin[39]. Ebenso war die Industrialisierung für ihn ein Thema, bei dem sich landesgeschichtliche Bezüge ergaben[40]. Die grundlegenden Veränderungen durch diesen Fundamentalvorgang nahm er deutlich wahr; die „Lebensbedingungen und Lebensgewohnheiten des ganzen Volkes" hätten sich, so schrieb er, „dermaßen geändert, daß selbst diejenigen, die heute auf der Höhe des Lebens stehen, sich nur schwer in die Zustände der früheren Zeit zurückversetzen können, die dem jüngeren Geschlechte kaum besser verständlich sind als das Leben unserer Vorfahren im 17. oder 16. Jahrhundert"[41]. Auch in der ihm wichtigen „Grund- und Bodenfrage" wollte Sach die Landesgeschichte berücksichtigt wissen. Die lange Tradition der Feldgemeinschaft verdiene es, allgemein bekannt zu sein. Er verwies insbesondere auf die Agrarverfassung der Inseln, auf die Weidegemeinschaft insbesondere auf den Halligen, auf Reste von Feld- und Waldgenossenschaft wie in Meldorf, auf die gemeinschaftliche Nutzung der Moore bis ins 19. Jahrhundert und auf ein Beispiel aus seiner engeren Heimat: „Aufgrund der alten Feldgemeinschaft wird z. B. in dem früher holsteinischen Barkau im Amte Ahrensbök bis zur Stunde für die Steuern nicht von dem einzelnen, sondern von der ganzen Dorfschaft gehaftet"[42].

Mit diesen Darlegungen erweist sich Sachs Abhandlung als bemerkenswerter Beitrag zur didaktischen und wissenschaftlichen Diskussion seiner Zeit. Bei aller Befangenheit in Vorstellungen seiner Epoche war der Autor doch kein engstirniger Nationalist, kein einseitig-verklärender „Borusse", kein Verbrämer der Vergangenheit. Mit seinen Ausführungen zur vergleichenden Perspektive, zur Einbeziehung gesellschaftlicher und wirtschaftlicher Aspekte wie der landesgeschichtlichen Bezüge in den Geschichtsunterricht bewies er Eigenständigkeit und Souveränität. Sachs Exempel zeigt, daß der Geschichtsunterricht im Kaiserreich nicht immer und nicht überall „als antirevolutionäres Psychopharmakum zur patriotischen Gesinnungsbil-

---

38 Ebd., S. 9 f. Zu Bramstedt und Ascheberg s. Wolfgang Prange, Die Anfänge der großen Agrarreformen in Schleswig-Holstein bis um 1771, Neumünster 1971 (QuFGSH, 60), S. 167–170, 203–238; zu Eckhof s. Nachricht von der am 15ten Oktober 1786 von des Herrn geheimen Konferenzraths, Grafen von Holck, Excellenz, auf dem adelichen Gute Eckhof veranstalteten Aufhebung der Leibeigenschaft der Bauern, nebst den beigefügten Erbpachtskontrakten. Schreiben an den Herausgeber. In: Schleswig-Holsteinische Provinzialberichte 1 (1787), 1. Bd., S. 30–48 (für den schulischen und akademischen Unterricht geeignete Quelle!); zu den holsteinischen Besitzungen des Herzogs von Oldenburg s. Wolfgang Prange, Der Landesteil Lübeck, in: Geschichte des Landes Oldenburg. Ein Handbuch, hrsg. von Albrecht Eckhardt in Zusammenarbeit mit Heinrich Schmidt, Oldenburg 1987 (Oldenburgische Monographien), S. 549–590, hier: S. 588.
39 Sach, S. 10 f.
40 Ebd., S. 11 f. Wichtige Hinweise zur Verkehrsgeschichte S. 11, Anm.*), und 12, Anm.*).
41 Ebd., S. 12.
42 Ebd., S. 13 mit Anm.*), Zitat in der Anmerkung. Das Amt Ahrensbök war 1866/67 von Preußen an das Großherzogtum Oldenburg gegen dessen Verzicht auf Erbansprüche an Teilen Holsteins abgetreten worden. Dazu Prange, Landesteil, S. 569.

dung eingesetzt wurde"[43]. Diese Instrumentalisierung gab es jedoch durchaus, wie die neuere Erziehungs- und Bildungsgeschichte nachweisen konnte. Wie sie sich in einzelnen Schulen und Schularten, Staaten und Provinzen vollzog, kann künftige Forschung sicher noch genauer klären[44].

Sachs Studie von 1896 gehört in den Zusammenhang grundsätzlicher Überlegungen zum Inhalt und zu den Zielen des Geschichtsunterrichts an höheren Schulen, wie sie offensichtlich häufiger angestellt wurden. So plädierte Rudolf Wustmann sechs Jahre später für eine weitere als die nationale Perspektive und forderte im Blick auf die anderen europäischen Nationen, daß „das eigentümliche ihrer Kulturentwickelungen wenigstens markierend gesagt werden" müsse[45]. Gleichzeitig setzte er sich für „mehr Heimatgeschichte" ein: „Wir müssen es uns zur Pflicht machen, alle gemeindeutsche Kulturgeschichte durch die Zeugen der engeren Landesgeschichte zu illustrieren"[46]. Mit der Werbung für mehr Kulturgeschichte ging Wustmann über Sach hinaus. Dieser Ansatz wurde auch gewählt, um das Fach Geschichte mit dem Deutsch-, Kunst- und Musikunterricht zu verknüpfen[47]. Mit der Kulturgeschichte und ihrem Platz im Unterricht befaßte sich 1911 ein junger badischer Lehramtskandidat, der einer der großen Historiker des 20. Jahrhunderts werden sollte: Franz Schnabel. In seiner erst Ende 1987 veröffentlichten pädagogischen Examensarbeit erklärte er: „Die Schule braucht den Geschichtsunterricht, um die Schüler in das Werden des eigenen Staates einzuführen, sie zu lehren, mit welchen politischen Problemen die Nation in dem Jahrtausend ihres Bestehens gerungen; und nicht nur der Unterricht in der nationalen Geschichte, der Geschichtsunterricht überhaupt hat das politische Verständnis zu wecken; er ist – nicht als einziges Fach, wohl aber als erstes – zur politischen Erziehung berufen"[48]. Er fügte hinzu, „daß der Staat zwar im Mittelpunkte des geschichtlichen Unterrichtes zu stehen hat, daß jedoch der heutige Unterricht sich nicht mehr auf das Gerippe des Geschehens beschränken darf". Daraus folge „als nächste und wichtigste Aufgabe des modernen Geschichtsunter-

---

43 Wehler, S. 125.

44 Vorbildlich Hilke Günther-Arndt, Geschichtsunterricht in Oldenburg 1900–1930, Oldenburg 1980 (Oldenburger Studien, 19). Wichtig für Vergleiche sind Veröffentlichungen und Unterricht von Gustav Rüthning, dazu S. 105 f., 116. Über ihn auch Heinrich Schmidt, Oldenburgische Geschichtsschreibung, in: Eckhardt/Schmidt, S. 67–84, hier: S. 80 f.

45 Rudolf Wustmann, Bemerkungen zum oberen Gymnasialunterricht in älterer deutscher Geschichte, in: Neue Jahrbücher für das klassische Altertum, Geschichte und deutsche Litteratur und für Pädagogik 10 (1902), S. 496–502, hier: S. 498.

46 Ebd., S. 499.

47 Ebd., S. 499–502.

48 Franz Schnabel, Inwieweit ist die Kulturgeschichte im Geschichtsunterricht der Oberklassen zu berücksichtigen? Mit einer Vorbemerkung von Leonhard Müller, in: Geschichte in Wissenschaft und Unterricht 38 (1987), S. 733–743, hier: S. 736. Über Schnabel s. Lothar Gall, Franz Schnabel, in: Die großen Deutschen unserer Epoche, hrsg. von Lothar Gall, Berlin 1985, S. 143–155, bes. S. 148, 153. Kurze Würdigung: Ders., Skeptischer Blick und ideales Menschenbild. Der Historiker des bürgerlichen Zeitalters Franz Schnabel, in: Frankfurter Allgemeine Zeitung, Nr. 294 vom 19. Dezember 1987, Beilage Bilder und Zeiten.

richts, an den staatlichen Ereignissen und Verwandlungen als den höchsten Äußerungsformen des historischen Werdens die geschichtliche Entwicklung zu verfolgen, aber andererseits diese höchsten Äußerungsformen der historischen Entwicklung doch auch zugleich eben als Formen zu werten, d.h. als Erscheinungen tiefer liegender Gründe, außerstaatlicher und überstaatlicher Kräfte, von denen der Staat selbst nur e i n e Äußerung darstellt, die aber ebenso gut auch von anderen Lebensgebieten aus erkennbar und darstellbar sind. Den Inbegriff aber aller dieser Grundtatsachen, Vorstellungen, Kräfte und Gesetze, die ein Zeitalter beherrschen, nennen wir Kultur"[49]. Schnabel kam es auf Entwicklungslinien an. Sie wollte er den Schülern nahebringen. „Wie die Anordnung des Stoffes, so ist auch seine Auswahl abhängig von der Grundanschauung über das Wesen der Kulturgeschichte; faßt man sie in unserem Sinne, so hat man feststehende Prinzipien der Auslese. Wie die Menschen ihre Häuser gebaut, wie sie gegessen und sich gekleidet, was sie im einzelnen geschrieben und gedacht und gedichtet, welche Gesellschaftsbräuche und Wirtschaftsformen sie gepflegt – das alles sind Lebensäußerungen derselben Grundkräfte, die auch das staatliche Leben der betreffenden Epoche bestimmen, sind Symptome, die im Unterricht an sich keine systematische Behandlung erfordern, aus denen aber Grundelemente zu gewinnen sind zur Motivierung des historischen Geschehens, das der Unterricht an der Hand der staatlichen Entwicklung verfolgt"[50]. Auch Schnabel trat für die Zusammenarbeit der Fächer ein, insbesondere von Geschichte, Fremdsprachen, Geographie und Deutsch[51].

Die Stellungnahmen Sachs, Wustmanns und Schnabels zeigen, wie vielfältig und fundiert im Kaiserreich über den Geschichtsunterricht nachgedacht wurde. Eine systematische Bestandsaufnahme solcher Zeugnisse in Schulprogrammen, Zeitschriften, Examensarbeiten und anderen Quellen dürfte sich lohnen. Sachs Überlegungen verdienen auch Beachtung in aktuellen Diskussionen über Ziele und Inhalte, Aspekte und Methoden des Faches Geschichte, wie sie beispielsweise in Schleswig-Holstein über den Kanon der landesgeschichtlichen Themen geführt worden sind[52]. Die

49 Schnabel, S. 737.
50 Ebd., S. 738 f.
51 Ebd., S. 740–743.
52 Landesgeschichte im Unterricht. Runderlaß des Kultusministers vom 20. Mai 1983 – XL 121 – 3243.002 – in: Nachrichtenblatt des Kultusministeriums des Landes Schleswig-Holstein 1983, S. 104–107. Vgl. dazu D. Czeczatka, Landesgeschichte im Unterricht. Eine Arbeitsgemeinschaft wird tätig, in: Mitteilungen der Gesellschaft für Schleswig-Holsteinische Geschichte 14 (1982), S. 18–19; Konkreter Schritt zu mehr Landesgeschichte im Unterricht, in: Ebd. 17 (1983), S. 23–24; Klaus-Peter Reumann, Arbeitsbericht zur AG »Landesgeschichte im Unterricht« beim Kultusminister, in: Ebd. 18 (1984), S. 25–26; Nis R. Nissen, Landesgeschichte in Schule und Museum, in: Ebd. 19 (1984), S. 20–21; Zur schleswig-holsteinischen Landesgeschichte. Forschungsprobleme, allgemeine Bedeutung, Behandlung im Unterricht, hrsg. vom Landesinstitut Schleswig-Holstein für Praxis und Theorie der Schule, Kiel 1984 (IPTS-Arbeitspapiere zur Unterrichtsfachberatung, 2505/82). Zum neuesten Stand jetzt Ulrich March, Neue Lehrpläne in Schleswig-Holstein, in: Geschichte, Politik und ihre Didaktik 15 (1987), S. 122–123; Michael Kiss, Zu den neuen Lehrplänen für Geschichte an Realschulen in Schleswig-Holstein, in: Ebd., S. 124–125.

Gedanken des Haderslebener Gymnasialprofessors führen zur Frage, ob nicht auch der dänische Gesamtstaat mit seinen Reformen und der Prozeß der Industrialisierung in Schleswig-Holstein in einen solchen Kanon gehören. Ganz im Sinne Sachs sind die vom *Flensburger Arbeitskreis für Stadt- und Regionalforschung* erarbeiteten Quellen-hefte zur Landesgeschichte, in denen sozial- und wirtschaftsgeschichtliche Belange berücksichtigt worden sind[53]. Wertvolle Materialien enthalten auch der *Rundbrief,* die *Studien* und die Sonderveröffentlichungen des *Arbeitskreises für Wirtschafts- und Sozialgeschichte Schleswig-Holsteins.* Wer Sachs Text von 1896, die weitere Entwick-lung in Geschichtswissenschaft und Geschichtsdidaktik und die Debatten der Gegen-wart zur Kenntnis nimmt, kann Nis R. Nissen zustimmen, der 1984 schrieb: „Eine Grundfrage scheint mir zu sein, wessen Geschichte wir eigentlich behandeln wollen? Ich meine: Jene Geschichte, von der Lebensbedingungen und Lebenschancen (mög-lichst) aller Bewohner unseres Landes bestimmt werden"[54].

53 Für den von Sach behandelten Zeitraum: Quellen zur Geschichte Schleswig-Holsteins, hrsg. vom Deutschen Grenzverein e.V. (Forschungsinstitut) und dem Landesinstitut Schleswig-Holstein für Praxis und Theorie der Schule, Teil I: Vom 8. Jahrhundert bis 1804, Kiel 1977, jetzt in 2., überarb. Aufl. 1987 (IPTS-Beiträge für Unterricht und Lehrerbil-dung, 2), und Teil II: Vom Beginn des 19. Jahrhunderts bis 1920, Kiel 1980 (IPTS-Beiträge für Unterricht und Lehrerbildung, 14). Neben den Quellenheften ist nun auch ein Atlas zu nennen: Manfred Jessen-Klingenberg und Ulrich March, Kleiner Atlas zur Geschichte Schleswig-Holsteins, Braunschweig 1986.
54 Nissen, S. 21.

Ortwin Pelc

Die Hungerkrise der Jahre 1846/47 in Lübeck

> „Da nun der Magen von jeher eine gar wichtige Rolle in
> der Geschichte der menschlichen Gesellschaft gespielt hat
> und bei keiner anderen Angelegenheit so arge Mißgriffe
> gemacht sind, als bei der Befriedigung seiner Ansprüche in
> außergewöhnlichen Zeiten, so dürfen einige wohlgemeinte
> Beiträge zur Aufklärung dieser Angelegenheit auch in
> diesen Blättern, deren eigentlicher Zweck Aufklärung ist,
> nicht unwillkommen sein."
> Neue Lübeckische Blätter v. 31.1.1847, S. 37

In der Diskussion um die Ursachen der Revolution von 1848 kommt der Einschät-
zung der wirtschaftlichen Entwicklung im Vormärz eine besondere Bedeutung zu.
Infolge von Mißernten in den Jahren 1845 und besonders 1846 verringerte sich in
vielen europäischen Ländern der landwirtschaftliche Ertrag, es kam zu einem starken
Anstieg der Agrarpreise und zu Hungersnöten, die in Irland die schrecklichsten
Ausmaße erreichten. Diese Hunger- und Teuerungskrise bewirkte in fast allen
Regionen Deutschlands eine erhebliche Lebensmittelverknappung und auf ihrem
Höhepunkt im Frühjahr 1847 in zahlreichen Orten Unruhen unter der Bevölkerung.
Regional unterschiedliche Auswirkungen der Krise wurden nicht allein durch den
Ernteausfall, sondern auch durch Spekulationen verursacht; Nahrungsmittelreserven
wurden in kaufkraftstarke Gebiete transportiert und damit anderen Regionen ent-
zogen, in denen daraufhin die Preise weiter stiegen. Trotz der guten Ernte und der
Preissenkungen seit dem Sommer 1847 hielt die Verelendung breiter Bevölkerungs-
schichten zum Teil über das Jahr 1847 hinaus an[1].

Über die Auswirkungen dieser Krise auf Nordwestdeutschland ist bisher wenig
bekannt. Hungerunruhen in den Ausmaßen wie in Baden, Hessen oder Sachsen
kamen hier nicht vor. Teuerungsproteste gab es in Schöningen, Verden, Norden und

---

1 Vgl. Karl Obermann, Wirtschafts- und sozialpolitische Aspekte der Krise von 1845–1847 in
Deutschland, insbesondere in Preußen, in: Jb. f. Geschichte 7 (1972), S. 141–174. – Jürgen
Bergmann, Ökonomische Voraussetzungen der Revolution von 1848: Zur Krise von
1845–1848 in Deutschland, in: Geschichte und Gesellschaft, Sonderh. 2 (1976), S. 254–287.
– Ders., Wirtschaftskrise und Revolution. Handwerker und Arbeiter 1848/49, Stuttgart
1986, hier S. 23–26, 59–65.

Hamburg[2]. In Schleswig-Holstein sind Unruhen 1847 nur aus Altona bekannt; 1848 kam es in Husum und Glückstadt wegen Aufkäuferei durch Spekulanten zu Protesten der Bevölkerung[3].

Im folgenden soll am Beispiel von Lübeck untersucht werden, welche Auswirkungen diese letzte der traditionellen großen Hunger- und Teuerungskrisen auf eine norddeutsche Stadt hatte und wie die dortige Bevölkerung und die staatlichen Institutionen auf sie reagierten. Dieser Untersuchung werden einige Betrachtungen zur Wirtschafts- und Sozialstruktur, den Lebenshaltungskosten und den Nahrungsmittelpreisen in Lübeck in den 1840er Jahren vorangestellt. Die gleichzeitig, jedoch weitgehend unabhängig von der Hungerkrise verlaufende industriewirtschaftliche Krise wird hier nicht behandelt, da Auswirkungen von ihr auf Lübeck bisher nicht bekannt sind. Beim gegenwärtigen Stand der Forschung zur Wirtschaftsgeschichte Lübecks im 19. Jahrhundert können über den Handel und das Gewerbe, den Geld- und Kreditmarkt der Stadt um 1847 keine eingehenden Aussagen gemacht werden[4].

1845 hatte Lübeck einschließlich der Vorstädte 29 234 Einwohner[5]. Die Wirtschaft wurde noch überwiegend vom Handel bestimmt. Das traditionelle Handwerk produzierte für die städtischen Bedürfnisse und das Umland, Fabriken spielten noch eine relativ geringe Rolle[6].

Die in der Volkszählung von 1845 erfaßten Berufsgruppen sind nur schwer nach ihrer sozialen und wirtschaftlichen Stellung einzuordnen. Als größte Gruppen werden genannt: 220 Großhändler, 244 Kaufleute und Krämer, 146 Trödler, Höker und Kleinhändler, 144 See- und Flußschiffer, 1557 Handwerker sowie 1568 Arbeitsleute, Tagelöhner und Verlehnte; es gab 3399 Gehilfen und Lehrlinge sowie 2393 Dienstbo-

---

2 Hans-Gerhard Husung, Kollektiver Gewaltprotest im norddeutschen Vormärz, in: Sozialprotest, Gewalt, Terror, hg. v. Wolfgang J. Mommsen u. Gerhard Hirschfeld, Stuttgart 1982, S. 47–63, hier S. 57, 61. – Ders., Protest und Repression im Vormärz, Göttingen 1983, S. 174–177, 345, Anm. 20. – Manfred Gailus, Soziale Protestbewegungen in Deutschland 1847–1849, in: Sozialer Protest, hg. v. Heinrich Volkmann u. Jürgen Bergmann, Opladen 1984, S. 76–106, hier S. 76–85.

3 Husung, Protest, S. 176. – Silke Göttsch, Hungerunruhen – Veränderungen im traditionellen Protestverhalten, in: Z. f. Volkskunde 80 (1984), S. 170–182, hier S. 179. – Zur Hungerkrise 1846/47 vgl. auch Lars N. Henningsen, Misvækst og kornspekulation i Sønderjylland 1698–1847, in: SøÅ 1981, S. 5–56, hier S. 46–51.

4 Es gibt bisher zwei Arbeiten zu Konjunkturen und Krisen in Lübeck im 19. Jahrhundert: Friedrich Voeltzer, Lübecks Wirtschaftslage unter dem Druck der Kontinentalsperre, Lübeck 1925 (Veröff. z. Geschichte der Freien u. Hansestadt Lübeck 5, H. 2) und Heino Hasloop, Die Wirtschaftskrise von 1857, dargestellt am Beispiel Lübecks, in: ZLGA 60 (1980), S. 66–110. – Zur allgemeinen Wirtschaftsgeschichte vgl. Rudolf Keibel, Wirtschaftliche Entwicklung Lübecks seit Beginn des 19. Jahrhunderts, in: Lübecker Heimatbuch, Lübeck 1926, S. 67–103. – Luise Klinsmann, Die Industrialisierung Lübecks, Lübeck 1984 (Veröff. z. Geschichte der Hansestadt Lübeck, Reihe B, Bd. 10).

5 Uwe Kühl, Materialien zur Statistik der freien und Hansestadt Lübeck vom Beginn des 19. Jahrhunderts bis 1914, in: ZLGA 64 (1984), S. 177–220, hier S. 206. – Im gesamten Staat Lübeck, also der Stadt und ihrem Landgebiet, lebten 42 162 Menschen (ebd.).

6 1855 gab es in der Stadt 45 Fabriken mit insgesamt 485 Arbeitern (Klinsmann, S. 54).

ten in der Stadt[7]. Die Zahlungen für die direkte Steuer im Jahr 1847 verdeutlichen, welche Berufsgruppen zu den finanzkräftigsten in Lübeck zählten: Rund 2300 Höker, Handwerksgesellen und Arbeitsleute zahlten durchschnittlich je 4,3 Mark, 975 Handwerksmeister 13,3 Mark, 71 Brauer 17,8 Mark, 66 Gelehrte (Geistliche, Lehrer, Juristen und Ärzte) 67,2 Mark, 397 Kaufleute und Krämer je 122,5 Mark[8]. Die Kaufleute bildeten also die weitaus wohlhabendste Schicht. Auf öffentliche und private Unterstützung zur Bestreitung ihres Lebensunterhalts waren 1845 rund 1000 Menschen in Armenhäusern und Stiftungen angewiesen, die Armenanstalt betreute weitere 826 Familien und 1333 Kranke[9].

Von einem Preisanstieg bei den Grundnahrungsmitteln waren neben den Armen besonders die Bevölkerungsschichten betroffen, die über eine ungesicherte Existenz und ein geringes Einkommen verfügten, die nicht für schlechte Zeiten vorsorgen und z.B. auf Ersparnisse zurückgreifen konnten. Zu diesen Schichten gehörten die abhängig tätigen Tagelöhner, Arbeitsleute und Handlanger mit ihren Familien, aber auch selbständige Kleinhändler und ärmere Handwerker. Um den Grad der finanziellen Belastung dieser Bevölkerungsschichten während der Teuerungskrise zu ermessen, ist es wichtig zu wissen, wie hoch die Einnahmen und Ausgaben einer Familie waren und wieviel sie für Nahrungsmittel ausgeben mußte. Zu dieser Thematik machte 1846 der Verein für Deutsche Statistik eine Umfrage, der sich der Verein für Lübeckische Statistik anschloß[10]. Die Umfrage bezog sich auf eine fünfköpfige „Familie aus der Classe der Handarbeiter". Bei den Angaben kann es sich nur um Durchschnittswerte handeln, denn im Einzelfall wird die Lage jeder Familie verschieden gewesen sein; die aufgeführten Daten vermitteln jedoch zumindest einen Eindruck der Größenordnungen. Ihnen kommt umso mehr Bedeutung zu, als es für die vorangegangenen und folgenden Jahrzehnte keine vergleichbare Umfrage in Lübeck gab.

Danach betrug das minimale Jahreseinkommen eines Handarbeiters 271 Mark; wenn die Frau und/oder ein Kind ebenfalls verdienten, hatte die Familie 347 Mark zur

7 Björn R. Kommer, Wirtschaft und Gesellschaft im 19. Jahrhundert, in: Kunst und Kultur Lübecks im 19. Jahrhundert, Lübeck 1981 (Hefte zur Kunst u. Kulturgeschichte d. Hansestadt Lübeck 4), S. 141–160, hier S. 147–148. – Vgl. Neue Lübeckische Blätter (künftig: NLBll) v. 5.7.1846, S. 231–236. – Die Verlehnten besaßen für ihren Erwerb verbriefte Rechte.

8 NLBll v. 9.7.1848, S. 252.

9 NLBll v. 5.7.1846, S. 236. – Bericht über die Verwaltung der Armenanstalt in den Jahren 1840 bis 1850, Lübeck 1851, S. 7.

10 Mittheilungen über Preise der Nahrungsmittel, Erwerb, Verbrauch und Abgaben der Handarbeiter, in: NLBll v. 5.9.1847, S. 286–288. – F.W. v. Reden, Vergleichende Zusammenstellung der Preise der nothwendigsten Lebensbedürfnisse sowie der Verhältnisse der handarbeitenden Volksklassen in Hamburg, Bremen, Lübeck und Frankfurt a. M., in: Zeitschr. d. Vereins f. dt. Statistik 1 (1847), S. 1038–1046. – Vgl. Diedrich Saalfeld, Handwerkereinkommen in Deutschland vom ausgehenden 18. bis zur Mitte des 19. Jahrhunderts, in: Handwerksgeschichte in neuer Sicht, hg. v. Wilhelm Abel, Göttingen 1970, S. 64–115, hier S. 79–81.

Verfügung[11]. Für die Hauptnahrungsmittel Brot und Kartoffeln gab die Familie –
nach den niedrigsten und höchsten Preisen zwischen 1836 und 1845 berechnet –
jährlich 81 bis 103 bzw. 23 bis 53 Mark aus. Von den Jahreseinkünften wurden also
104 bis 156 Mark, das sind 30 bis 45 %, allein für Brot und Kartoffeln benötigt[12]. Nach
anderen Berechnungen betrugen die Mindestausgaben für diese Nahrungsmittel
sogar 174 Mark, also 50 %[13]. Dazu kamen die relativ geringeren, weil selteneren
Ausgaben für das kostspieligere Fleisch, Milchprodukte, Gemüse und Obst, über die
allerdings keine Angaben vorliegen. Die Miete für die einfachste Wohnung kostete
24 Mark. An den Staat, die Kirche und Schule waren zwischen 22 und 30 Mark
Steuern und Abgaben zu zahlen. Den Rest ihres Budgets hatte die Familie u. a. für
Brennmaterial und Kleidung. Für unvorhergesehene Ausgaben z. B. im Krankheits-
fall oder bei Teuerungen blieb kaum etwas übrig. Der Speiseplan einer Arbeiterfamilie bestand vornehmlich aus Brot, Kartoffeln, Hülsenfrüchten, Kaffeesurrogat, Mehl-
speisen und Suppen. Fleisch gab es ein- bis zweimal pro Woche[14]. Eine Einschränkung
des Brot- und Kartoffelkonsums war den Unterschichten kaum möglich, da es dafür
keinen erschwinglichen Ersatz gab. Jede Preissteigerung mußte sie deshalb besonders
hart treffen.

Im Sommer 1845 trat auf dem europäischen Kontinent eine Kartoffelkrankheit auf,
die sich rasch über Frankreich, Belgien, Österreich und Deutschland ausbreitete und
einen Großteil der Ernte vernichtete[15]. Im September 1845 war die Kartoffelfäule
auch in der Umgebung Lübecks schon weit verbreitet[16]. Die Wette – die Lübecker
Gewerbebehörde – erließ daraufhin am 16. September eine Verordnung, die den
Verkauf kranker Kartoffeln in der Stadt bei Strafe verbot. Der Marktvogt und
Wettebeamte sollten die angebotenen Kartoffen untersuchen. Am 30. September

11 Damit erreichte der Arbeiter noch nicht einmal die Einkünfte der untersten städtischen
   Angestellten. Zum Vergleich: Ein Ratssyndikus verdiente zwischen 5000 und 6300 Mark
   (Claus-Hinrich Offen, Diensteinkünfte Lübeckischer Beamter und Angestellter um 1825,
   in: Rundbrief des Arbeitskreises f. Wirtschafts- und Sozialgeschichte Schleswig-Holsteins
   27 (1983), S. 11–18, hier S. 12).
12 Nach den Angaben in seinem Haushaltungsbuch gab der Lübecker Oberappellationsge-
   richtsrat Johann Friedrich Hach 1829 zwischen 120 und 1000 Mark monatlich für seinen
   Haushalt aus (Björn R. Kommer, Wie es im Lübeck der Buddenbrooks zuging, in:
   Lübeckische Blätter 142 (1982), S. 77–78, 97–98, hier S. 98).
13 Gustav Heinrich Schmidt, Statistik des Consums in Lübeck von 1836–1868, in: ZLGA 6
   (1892), S. 327–392, hier S. 390. – Schmidt errechnet diese Zahl aufgrund des tatsächlichen
   durchschnittlichen Pro-Kopf-Verbrauchs und der Marktpreise in Lübeck. Er nimmt an, daß
   die Ausgaben für eine Arbeiterfamilie noch größer sein müßten, da diese mehr Brot und
   Kartoffeln als ein vermögender bürgerlicher Haushalt verbrauchte.
14 Vgl. Hans J. Teuteberg, Die Nahrung der sozialen Unterschichten im späten 19. Jahrhundert, in: Ernährung und Ernährungslehre im 19. Jahrhundert, hg. v. Edith Heischkel-
   Artelt, Göttingen 1976, S. 205–287, hier S. 229, 231, 249.
15 Vgl. Wilhelm Abel, Massenarmut und Hungerkrisen im vorindustriellen Europa, Hamburg/
   Berlin 1974, S. 365–366.
16 Auszug aus einem Berichte an den Gartenbauverein über das Erscheinen und die Ausbreitung der Kartoffelseuche in hiesiger Umgegend, in: NLBll v. 21.9.1845, S. 320–321.

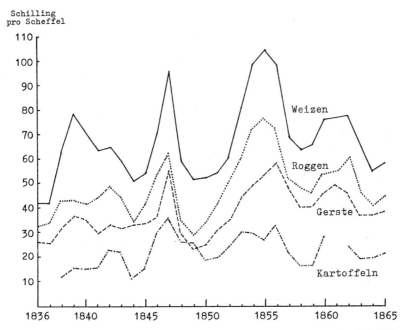

Schilling pro Scheffel

Abb. 1: Die Jahresdurchschnittspreise von Getreide und Kartoffeln in Lübeck 1836–1865
Quelle: Schmidt (wie Anm. 13), S. 380

wurde zur sorgfältigen Aufbewahrung der Winterkartoffeln aufgefordert[17]. Der Kartoffelverbrauch fiel in Lübeck von 117 637 Scheffel im Jahr 1844 auf 85 118 Scheffel 1845 (vgl. Tab. 1); erst 1856 erreichte er wieder die Höhe von 1844[18]. Durch den Ernteausfall verdreifachte sich der Kartoffelpreis von durchschnittlich 12 Schilling pro Scheffel 1844 auf 36 Schilling 1847 (Abb. 1). Die rapide Verteuerung begann im Juli 1845, der Preis kletterte bis Dezember von 12 auf 30 Schilling. Nach einer Senkung im Frühjahr 1846 stieg er bis April 1847 auf 50 Schilling und erholte sich in den folgenden Jahren erst langsam wieder (Abb. 2). Um der anhaltenden Bedrohung durch die Kartoffelkrankheit zu begegnen, wurden in den Lübecker Zeitungen Erkenntnisse aus England über die Krankheit mitgeteilt und Hinweise für einen sachgemäßen Anbau gegeben. Der Lübecker Gartenbauverein verteilte zu diesem Zweck im März 1847 300 Scheffel Saatkartoffeln an Kleinbauern, die er im Herbst 1846 angekauft hatte[19]. Den ärmeren Lübeckern wurde empfohlen, nichts zu riskie-

17 Sammlung der Lübeckischen Verordnungen und Bekanntmachungen 13 (16.9.1845), S. 142. – NLBll v. 6.12.1846, S. 456.
18 Schmidt, S. 332.
19 5. Bericht des Lübeckischen Gartenbau-Vereins für das Jahr 1846, in: NLBll v. 4.4.1847, S. 110–112. – Mittheilungen über die der diesjährigen Kartoffelernte drohende Gefahr, in: NLBll v. 7.2.1847, S. 45–46. – Johannes Nöltingk, Über die Wiederherstellung der

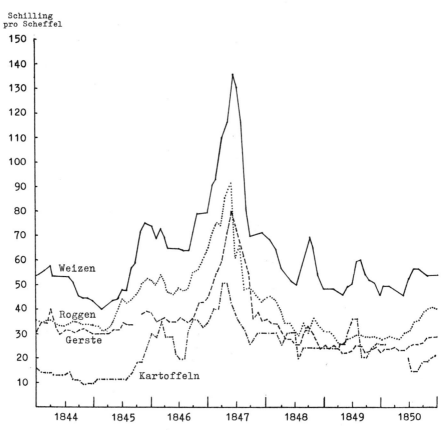

Schilling
pro Scheffel

Weizen

Roggen

Gerste

Kartoffeln

1844   1845   1846   1847   1848   1849   1850

Abb. 2: Die monatlichen Preise von Getreide und Kartoffeln in Lübeck 1844–1850
Quelle: Schmidt (wie Anm. 13), S. 381

ren, nicht an alten Gewohnheiten zu hängen, und besser Getreide, Steckrüben, Wurzeln und Hülsenfrüchte in ihren Gärten anzubauen[20]. Anzeigen in den Lübecker Zeitungen zeigen, daß lübeckische und skandinavische Kaufleute den Kartoffelmangel nutzten, um dänische, schwedische und finnische Kartoffeln zu hohen Preisen in Lübeck anzubieten[21].

Kartoffel, in: NLBll v. 25.4.1847, S. 135–136. – Theodor Häfner, Zur Abwehr der Kartoffelkrankheit, in: NLBll v. 16.5.1847. – Lübeckischer Bürgerfreund (künftig: Bürgerfreund) v. 26.3.1847, S. 114.
20 NLBll v. 7.2.1847, S. 46.
21 Lübeckische Anzeigen (künftig: LA) v. 10., 15. u. 22.5., 2., 11., 12., 16. u. 18.6.1847. – Bürgerfreund v. 8.10.1847, S. 350. – In den Anzeigen wurden zweimal Kartoffeln aus dem Lübecker Umland angeboten, aus Neu Lauerhof und von einem Kieler Schiff.

Die hohen Kartoffelpreise wurden nicht allein durch deren Mangel, sondern auch durch die gleichzeitigen Mißernten bei Getreide bestimmt, denn das geringe Getreideangebot erhöhte die Kartoffelnachfrage. Bereits 1845 wurden in einigen europäischen Ländern geringere Getreideernten als in den vorangegangenen Jahren erzielt, 1846 betrug der Ernteausfall jedoch bis zu 50 %[22]. Weit höher als die durch den Ernteausfall bedingten waren jedoch die durch Spekulationen verursachten Preissteigerungen.

Ein Überblick über die Jahresdurchschnittspreise des Getreides in Lübeck von 1836 bis 1865 zeigt, daß sie starken Schwankungen unterworfen waren (Abb. 1). In den beiden Höchstpreisjahren 1847 und 1855 betrugen die Preise für Weizen, Roggen und Gerste fast das Doppelte der vorangegangenen Jahre. Die rasche Preissteigerung in den Krisenjahren 1846 und 1847 wird noch deutlicher, wenn die Entwicklung in den einzelnen Monaten betrachtet wird (Abb. 2). Von 40 Schilling[23] pro Scheffel im Februar 1845 stieg der Weizenpreis auf 76 Schilling im November, und fiel dann bis April 1846 auf 66 Schilling zurück. Mit dem schlechten Ernteergebnis schnellte der Preis dann zwischen September 1846 und Mai 1847 von 72 auf 137 Schilling pro Scheffel in die Höhe, eine Preissteigerung um 104 % gegenüber dem gleichen Monat des Vorjahres. Innerhalb von vier Monaten fiel der Weizenpreis 1847 aber wieder auf 70 Schilling. Ähnlich hohe Preissteigerungsraten innerhalb eines Jahres wurden bei Roggen (96 %), Gerste (129 %) und Erbsen (116 %) erreicht (vgl. Abb. 2)[24]. Diese in bezug auf das Ernteergebnis ungleich hohen Preise wurden durch die Nachfrage in anderen deutschen und europäischen Regionen und darauf folgende Spekulationen verursacht. Versprachen sich die Kaufleute dort höhere Gewinne als auf dem Lübecker Markt, dann wurde das Getreide von hier abgezogen. Als der Lübecker Rat Anfang Mai 1847 den Bäckern billiges Getreide verkaufte, kam es zu solch einem Abzug von Vorräten[25]. Es war damit zu rechnen, daß die Spekulationen und Preise rasch zurückgehen würden, sobald die Ernte 1847 erfolgversprechend war und das Getreideangebot stieg.

Lübeck war als Getreidehandelszentrum und als Stadt, deren Bewohner versorgt werden mußten, auf Importe aus dem Umland und dem Ostseeraum angewiesen. Schon am 16. Februar 1847 wandte sich das Commerzkollegium an das Novgorodfahrerkollegium mit der Bitte, die an die Petersburger Prahmschreiber zu zahlende Abgabe für Getreide aufzuheben[26]. Im Interesse der Kaufmannschaft sollten die Importkosten für Getreide so gering wie möglich gehalten werden, da wegen des Getreidemangels in Deutschland große Lieferungen aus Rußland erwartet würden. Durch diese Erleichterungen sollte der Handel nach Lübeck gezogen werden. Das Novgorodfahrerkollegium stimmte dem Vorschlag am 13. März zu und setzte die Abgabe für Getreide und Mehl für ein Jahr aus. Auf Speditionsgüter wurde in

---

22 Vgl. Abel, S. 366–367. – Obermann, S. 145. – Bergmann, Wirtschaftskrise, S. 24.
23 Pfennigbeträge wurden auf- bzw. abgerundet.
24 Zu den Erbsenpreisen vgl. Schmidt, S. 376.
25 Bürgerfreund v. 14.5.1847, S. 174.
26 Vgl. zum folgenden Archiv der Hansestadt Lübeck (künftig: AHL), Bürgerschaft II, 119,3
   v. 16.2., 12.3. u. 20.4.1847.

Lübeck zu dieser Zeit kein Zoll erhoben, jedoch auf Waren, die für den Lübecker Markt bestimmt waren. Der Zolltarif betrug für Mehl zwei Schilling pro Tonne (à 200 Pfund) und für die Last Getreide zwischen 12 und 24 Schilling. Getreidelieferungen, die per Fuhre oder offenem Boot aus dem Lübecker Umland in die Stadt kamen, waren vom Zoll befreit[27].

Tab. 1: Der Verbrauch von Getreide, Mehl, Brot und Kartoffeln in Lübeck 1844–1850

| | Weizen | Roggen | Gerste | Kartoffeln | Mehl, Grütze und Graupen | Brot und Backwerk |
	Scheffel	Scheffel	Scheffel	Scheffel	Pfund	Pfund
1844	120 994	50 857	5 641	117 637	182 141	
1845	115 728	51 388	6 580	85 118	226 965	
1846	91 252	63 606	4 170	83 733	324 213	5 391
1847	75 469	61 682	4 270	96 505	935 655	14 070
1848	95 554	54 195	4 495	85 305	415 281	6 519
1849	107 516	56 312	3 712	85 887	287 619	6 965
1850	105 148	52 884	2 880	95 655	373 706	5 703

Die Angaben beruhen auf den Erhebungen der Akziseeinnehmer an den Toren.

Quelle: Schmidt (wie Anm. 13), S. 332

In den Lübecker Zeitungen von April und Mai 1847 wurde wiederholt beruhigend angekündigt, daß Getreideschiffe in Schweden, Finnland und Rußland beladen abfahrbereit lägen und mit dem Beginn der Schiffahrtssaison in Lübeck eintreffen würden[28]. Dementsprechend aufmerksam wurde die Ankunft eines Getreideschiffs aus Västervik in Schweden am 4. Mai und eines Schnellseglers aus Reval am 10. Mai registriert[29]. Die in den folgenden Wochen immer zahlreicher eintreffenden Seeschiffe brachten allein im Mai 1248 Last Getreide und darüber hinaus noch Mehl und Kartoffeln aus den Ostseeländern[30]. Bis Mitte August kamen die weitaus größten Seeimporte aus Rußland und Finnland[31]. Da die Ernte gut war, führten die zunehmenden Importe in den Sommermonaten 1847 zu einer Entspannung auf dem Lübecker Getreidemarkt. Genaue Zahlenangaben über den Gesamtimport von Getreide und anderen Nahrungsmitteln nach Lübeck existieren nicht, da die vom

27 Sammlung der Lübeckischen Verordnungen und Bekanntmachungen 13 (24.5.1845), S. 9–39.
28 Bürgerfreund v. 23.4.1847, S. 146; 30.4.1847, S. 158. – NLBll v. 25.4.1847, S. 137; 2.5.1847, S. 146.
29 Bürgerfreund v. 7.5.1847, S. 165; 14.5.1847, S. 174.
30 Ebd. v. 28.5.1847, S. 189; 4.6.1847, S. 198.
31 Insgesamt kamen 3809 Last Brotgetreide, davon nur 273 Last aus Schweden und Dänemark; dazu 9240 Kuhl Mehl (= 2 772 000 Pfund), 820 Kuhl Buchweizengrütze (= 246 000 Pfund) und 25 150 Scheffel Kartoffeln (NLBll v. 26.9.1847, S. 313).

Eingangszoll befreiten Lieferungen nicht registriert wurden[32]. Indizien für Veränderungen beim Import können die Gesamtverbrauchszahlen für Nahrungsmittel im Jahr 1847 liefern (vgl. Tab. 1). Danach ging der Verbrauch des teureren Weizens in Lübeck stark zurück, der von Roggen nur wenig. Als Ersatznahrungsmittel dienten Mehl und Brot, deren Import begünstigt wurde und deren Verbrauch sich fast verdreifachte. Die hohen Getreidepreise verursachten auch einen Anstieg des allerdings ebenfalls kostspieligen Kartoffelkonsums.

Die enorme Verteuerung des Getreides mußte eine unmittelbare Auswirkung auf den Preis des Brotes haben. Dieser wurde aufgrund einer Ratsverordnung jeden Monat festgelegt. Er wurde aus dem von den Kornmaklern ermittelten monatlichen Durchschnittspreis für eine Last Weizen bzw. Roggen zuzüglich des Mahlgeldes, der Konsumtionsakzise, des Backlohns und der Kosten für das Brennholz errechnet[33]. Aus einer Last (= 96 Scheffel) Getreide mußten die Bäcker bestimmte Mengen Weizenbrot erster und zweiter Qualität – sog. Franzbrot und Milchsemmel bzw. Strumpfbrot und Wassersemmel –, oder Roggenbrot erster bis dritter Qualität herstellen. Von dem reinen Roggenbrot dritter Qualität, dem sog. groben Hausbackenbrot, wurden 6144 Pfund aus einer Last Roggen gebacken. Es war das am meisten verzehrte Brot, seine Verteuerung hatte die größten Auswirkungen. Eine fünfköpfige Lübecker Arbeiterfamilie verbrauchte 1845 durchschnittlich drei Pfund Roggenbrot pro Tag, also 1095 Pfund jährlich. Zuzüglich 34 Mark 4 Schilling für Weizenbrot gab eine Familie rund 103 Mark jährlich für Brot aus[34].

Ende April 1847 wurde in Lübeck das Gerücht verbreitet, daß der Preis des Roggenbrotes außerhalb der Monatsfrist um zwei Schilling heraufgesetzt werden sollte. Durch die rasch steigenden Roggenpreise verteuerte sich gleichzeitig das Brot im Lübecker Umland, wo die Bäcker nicht an festgelegte Preise gebunden waren. Die Bewohner des Umlandes wie auch die Lübecker selbst kauften deshalb in verstärktem Maße Brot in der Stadt ein, ja es kam zu regelrechten Hamsterkäufen. Die Bäcker produzierten das Doppelte des normalen Brotbedarfs, konnten die Nachfrage aber dennoch nicht befriedigen[35]. In der Lübecker Presse wurde kritisiert, daß erst diese Hamsterkäufe eine Not hervorgerufen hätten; das unpatriotische und vollkommen unbegründete Aufkaufen des Brotes hätte besonders ärmere Mitbürger in Schwierigkeiten gebracht, die nun kein Brot für ihre Familien mehr erhalten hätten. Auch der Rat ließ am 24. April durch die Wette verkünden, daß es keinen Grund für die Hamsterkäufe gebe und die Bäcker ausreichende Mehlvorräte hätten. Er appellierte

---

32 Vgl. NLBll v. 30.1.1848, S. 36.
33 Mittheilungen über Preise (wie Anm. 10), S. 286–287. – Joh. Heinr. Fr. Haase, Brodt-Taxe und Gewicht nach den amtlichen Bestimmungen und Berechnungen, in: NLBll v. 12.9.1847, S. 293–294.
34 Mittheilungen über Preise (wie Anm. 10), S. 288. – Bei einer Verteuerung des achtpfündigen Roggenbrotes um fünf Schilling wie im Frühjahr 1847 mußte die Familie mit Mehrausgaben von ca. 43 Mark pro Jahr rechnen.
35 Bürgerfreund v. 24.4.1847, S. 146. – Vgl. NLBll v. 25.4.1847, S. 137; 2.5.1847, S. 146; 11.7.1847, S. 221.

an den patriotischen Sinn der Lübecker, ihre Mitbürger nicht in Unruhe zu versetzen und zu benachteiligen[36].

Da der Rat aufgrund des Brotmangels Unruhen befürchtete, ließ er ständig Informationen über die Roggenvorräte der Bäcker einholen[37]. Eine April 1847 sollen sie noch 40 bis 50 Last Roggen und Roggenmehl auf Lager gehabt haben[38]. In den letzten Apriltagen oder Anfang Mai ließ der Rat 27 Last Roggen in Hamburg aufkaufen und an die Bäcker verbilligt abgeben. Es sollte vermieden werden, daß die ärmeren unter den sowieso schon mit Verlust produzierenden Bäckern ganz mit dem Backen aufhörten. Die Bürgerschaft genehmigte diese Unterstützung nachträglich. Eine weitere Maßnahme war der Beschluß vom 24. April, die Akziseabgabe auf importiertes Roggenbrot von Mai bis August aufzuheben[39]. In den ersten Maitagen setzte der Rat eine Kommission aus zwei Ratsherren ein, in die Ende des Monats auch vier Bürgerschaftsmitglieder, darunter der Bäcker-Ältermann, entsandt wurden. Diese gemeinsame Kommission sollte – gegebenenfalls über die nächste Ernte hinaus – Maßnahmen gegen den Getreidemangel beraten und vorschlagen[40].

Am 7. Mai wandte sich die Firma J. G. F. Gossmann mit dem Ersuchen an den Rat, die Konsumtionsakzise auf importiertes Mehl für zwei bis drei Monate abzuschaffen oder wenigstens zu verringern. Die Firma erwartete 500 Sack Mehl aus Stockholm und könnte noch viel mehr beschaffen. Sie würde es gern in Lübeck verkaufen, wegen der Akzise und des Zolls sei der Verkauf hier aber zu kostspielig. Aus diesem Grund würden auch andere Kaufleute Mehl aus dem Ostseeraum über Lübeck an andere Orte verfrachten[41]. Der Rat gab dieses Gesuch an die Deputation der Konsumtionsakzise weiter, die begutachten sollte, ob eine Akzisesenkung in Frage käme. Die Deputation errechnete, daß 1845 und 1846 jeweils rund 19 000 Mark durch die Akzise eingenommen worden seien. Die Aufhebung der Akzise wäre ein empfindlicher Verlust für den Staatshaushalt; ob so große staatliche Opfer gerechtfertigt seien, könne die Deputation nicht beurteilen. Die Herabsetzung der Mehlakzise läge mehr im Interesse des Handels als der Konsumenten, denn von unvermahlenem Getreide, bei dem die Gewinnspanne geringer sei, sei im Gesuch der Firma keine Rede. In ihrer Empfehlung an den Rat meinte die Deputation, daß eine Herabsetzung der Akzise wohl zu rechtfertigen sei, bei Roggenmehl hielt sie sogar eine Aufhebung für möglich[42]. Die Bürgerschaft stimmte am 29. Mai dem Vorschlag des Rates zu, von Anfang Juni bis Ende August die Akzise auf importiertes Weizenmehl

36 LA v. 24.4.1847.
37 Vgl. zum folgenden AHL, Bürgerschaft II, 119,3 v. 12.5.1847. – Bürgerfreund v. 7.5.1847, S. 165.
38 Bürgerfreund v. 23.4.1847, S. 146. – 1846 wurden in der Stadt insgesamt 500 Last Roggen verbacken (NLBll v. 9.5.1847, S. 147).
39 AHL, Bürgerschaft II, 119,3 v. 24.4.1847.
40 Ebd. v. 26.5.1847. – Bürgerfreund v. 14.5.1847, S. 174. – Vgl. NLBll v. 27.6.1847, S. 204.
41 AHL, Bürgerschaft II, 119,3 v. 7.5.1847.
42 Ebd. v. 18.5.1847. – AHL, Zoll- und Accisedepartement, Protokolle des Departements der Consumtionsaccise 1843–1848, Protokoll v. 18.5.1847, S. 351–352.

von zwei auf eine Mark und für Roggenmehl von 20 auf zehn Schilling pro 200-Pfund-Sack zu senken[43].

Die in Lübeck geübte Praxis, den Brotpreis auf einen Monat im voraus festzulegen, wurde im Frühjahr und Sommer 1847 zunehmend kritisiert. Bei rasch steigenden Getreidepreisen – wie im April 1847 – waren die Bäcker benachteiligt, da sie das Brot zum vorgeschriebenen niedrigen Preis verkaufen mußten, bei fallenden Getreidepreisen blieb der Brotpreis hoch und die Konsumenten hatten das Nachsehen. Der amtliche Preis für ein achtpfündiges Roggenbrot stieg von 11 Schilling im April und 13 Schilling im Mai auf 14½ Schilling im Juni 1847[44]. Nach den hohen Getreidepreisen im Juni hätte der Brotpreis für Juli auf 15 Schilling festgelegt werden müssen. Da Ende Juni eine Erholung des Getreidemarktes absehbar war, wurden für das Roggenbrot aber nur 14 Schilling veranschlagt. Dieser immer noch relativ hohe Brotpreis sollte zugleich ein finanzieller Ausgleich für die Verluste sein, die die Bäcker im April erlitten hatten[45]. Anfang Juli fiel der Getreidepreis so stark, daß das Roggenbrot für 10 Schilling hergestellt werden konnte; die Verbraucher mußten aber den festgelegten Preis von 14 Schilling bezahlen[46]. Der „Lübecker Bürgerfreund" schlug den Lesern vor, mehrere Haushalte sollten gemeinsam Mehl einkaufen und das Brot selbst backen[47].

Der hohe Brotpreis in der Stadt verlockte Bäcker aus dem Umland, ihr Brot in Lübeck für 10 Schilling zu verkaufen, da es als importiertes Brot nicht der Preisbindung unterlag und von der Akzise befreit worden war. Sogar Lübecker Bäcker ließen ihr Brot außerhalb backen und dann als importiertes Brot in der Stadt anbieten[48]. Gleichzeitig protestierte das Lübecker Bäckeramt aber gegen die verstärkten Brotimporte, die eine Existenzbedrohung für die Lübecker Bäcker seien. Es forderte vom Rat die Wiedereinführung der Akzise auf fremdes Brot, eine sofortige Brotpreissenkung auf 10 Schilling und eine Entschädigung für die Verluste im April und Mai[49]. Der Konkurrenzdruck und die Proteste hatten gezeigt, daß das alte System der monatlichen Brotpreisfestlegung nicht mehr funktionierte. Die Wette genehmigte den Bäckern, das achtpfündige Roggenbrot ab 7. Juli bis zum Monatsende für 10 Schilling zu verkaufen. Auch die Akzise für importiertes Brot wurde vorzeitig wieder eingeführt: bis Ende August die Hälfte der ursprünglichen Abgabe, ab 1. September dann wieder die volle Akzise[50].

---

43 AHL, Bürgerschaft II, 119,3 v. 19. u. 29.5.1847. – Sammlung der Lübeckischen Verordnungen und Bekanntmachungen 14 (29.5.1847), S. 87–88. – Der Firma Gossmann wurde ausnahmsweise rückwirkend die Akziseermäßigung auf ihr importiertes Mehl gewährt (AHL, Zoll- und Accisedepartement, wie Anm. 42, Protokoll v. 21.6.1847, S. 361).
44 Bürgerfreund v. 7.5.1847, S. 166; 4.6.1847, S. 197.
45 NLBll v. 11.7.1847, S. 220.
46 Ebd.
47 Bürgerfreund v. 25.6.1847, S. 223.
48 Ebd. v. 9.7.1847, S. 240. – NLBll v. 11.7.1847, S. 221.
49 AHL, Bürgerschaft II, 119,3 v. 6.7.1847.
50 Ebd. v. 20. u. 21.7.1847. – Sammlung der Lübeckischen Verordnungen und Bekanntmachungen 14 (21.7. u. 25.8.1847), S. 94, 103. – LA v. 7.7.1847. – Bürgerfreund v. 21.7.1847, S. 263.

Die Proteste der Bäcker hatten bewirkt, daß die für sie lästige Konkurrenz durch das importierte Brot eingeschränkt wurde. Die günstige Lage auf dem Getreidemarkt wird die Entscheidung des Rates zugunsten der Bäcker gefördert haben. Die Bäcker gingen in der Absicherung ihrer Zunftrechte aber noch weiter. Mit einer Klage gegen zwei Krämer, die eingeführtes Brot verkauft hatten, erwirkten sie, daß die Wette den Verkauf von Brot durch Krämer, Klein- und Markthändler untersagte und dieses Recht ausschließlich den Lübecker Bäckern zugestand. Ein Frachtwagen aus Oldesloe mit 400 Broten mußte daraufhin vor der Stadt umkehren[51]. In den „Neuen Lübeckischen Blättern" wurden diese Entscheidungen der Lübecker Behörden ausführlich diskutiert und heftig kritisiert[52]. Besonders die Festigung der überkommenen Zunftrechte der Bäcker wurde bemängelt und stattdessen freier Handel sowie Konkurrenz gefordert, die schon Anfang Juli eine Senkung des Brotpreises bewirkt hatten. Kritik fand auch die starke staatliche Reglementierung der Brotpreise, insbesondere ihre monatliche Festlegung. Abgesehen von Gewicht und Preis des Brotes sollte auch wieder auf seine Qualität Wert gelegt werden, denn auf diese war unter den erschwerten Produktionsbedingungen im Frühjahr und der ständigen Preisdiskussion wenig geachtet worden. Eine grundsätzliche Veränderung der Produktions- und Vertriebsbedingungen des Brotes erfolgte jedoch erst mit der Einführung der Gewerbefreiheit im Jahr 1866. Als einzige Konsequenz aus den schlechten Erfahrungen mit den monatlichen Brotpreisfestsetzungen verkürzte der Lübecker Rat diese Frist. Schon am 1. Juli 1847 hatte das Bergenfahrerkollegium gefordert, den Brotpreis alle acht Tage festzulegen. Am 28. Juli trat ein entsprechendes Dekret in Kraft. In der ersten Augustwoche kostete ein achtpfündiges Roggenbrot nur noch acht Schilling[53].

Die starken Preissteigerungen des Brotes betrafen als erstes die Bevölkerungsschichten mit geringem Einkommen und ganz besonders die Armen der Stadt. Für sie bedeutete die Verteuerung des Brotes von 11 auf 14½ Schilling, also um 32 %, eine existentielle Bedrohung, da es keine alternativen Nahrungsmittel gab. Die städtischen Maßnahmen beschränkten sich in der Krisenzeit auf die ausreichende Getreideversorgung der Bäcker und auf Importerleichterungen; die Sorge für die von der Teuerungskrise besonders Betroffenen wurde der Initiative engagierter Bürger überlassen. Wie in der Armenversorgung zeigte sich hier das traditionelle Selbstverständnis der Lübecker Bürger, für die Bedürftigen der Stadt aus bürgerlicher Mitverantwortung durch Spenden und andere Hilfeleistungen aufzukommen.

Seit dem 24. April 1847 riefen in den „Lübeckischen Anzeigen" elf Lübecker Bürger – darunter zwei Ratsherren – dazu auf, dem von ihnen gegründeten Brotver-

51 Bürgerfreund v. 13.8.1847, S. 279–280; 20.8.1847, S. 286–287. – NLBll v. 22.8.1847, S. 267–269.
52 Die Brodpreise, in: NLBll v. 31.1.1847, S. 37–39. – Der gegenwärtige Brodmangel, in: NLBll v. 16. u. 23.5.1847, S. 157–159, 166–168. – Der jetzige Preis des Roggenbrodes, in: NLBll v. 11.7.1847, S. 220. – Unsere Brodtaxe, in: Ebd., S. 221–222. – Dürfen die Krämer Brod verkaufen?, in: NLBll v. 22.8.1847, S. 267–269. – Vgl. Bürgerfreund v. 30.7.1847, S. 263.
53 AHL, Bürgerschaft II, 119,3 v. 1.7.1847. – NLBll v. 1.8.1847, S. 250. – Bürgerfreund v. 6.8.1847, S. 272.

ein Geld zu spenden, mit dem bei einem Anstieg des Brotpreises auf über 11 Schilling ärmeren Bewohnern das Roggenbrot zum alten Preis zur Verfügung gestellt werden könnte. Der Verein bildete – wohl in Anlehnung an die Bezirke der Armenpfleger – in der Stadt und den drei Vorstädten 32 Geschäftsbezirke. In ihnen verteilten 32 Bürger Brotkarten an „Unbemittelte", die nicht regelmäßig von der Armenanstalt unterstützt wurden. Gegen Vorlage der Brotkarten gaben die Bäcker das Roggenbrot zum Preis von 11 Schilling ab, die Preisdifferenz zum festgesetzten Normalpreis erstattete ihnen der Verein[54]. Die Spenden flossen schnell und reichlich. Die meisten Einzahler verpflichteten sich, acht Wochen lang regelmäßig zu spenden. Insgesamt wurden dem Verein 21 839 Mark zur Verfügung gestellt[55]. Im Mai erforderten die Zuschüsse für 31 553 Brote 3944 Mark und 2 Schilling, im Juni für 35 674 Brote 7803 Mark und 11 Schilling und vom 1. bis 6. Juli – bevor der Brotpreis wieder auf 11 Schilling gesenkt wurde – für 6728 Brote 1261 Mark und 8 Schilling. Insgesamt konnten 73 955 Brote bezuschußt werden, davon 55 824 in der Stadt, 14 727 in den Vorstädten und 3404 für die Armenanstalt. Einschließlich der Verwaltungskosten mußte der Verein nur rund 13 287 Mark aufbringen, ein Großteil der zugesagten Spenden wurde also gar nicht benötigt. Nach der Preissenkung im Juli 1847 stellte der Brotverein seine Tätigkeit ein[56]. Die Zahl der Personen, die Brotkarten erhielten, kann mit dem vorliegenden Material nicht ermittelt werden. Auch die Kriterien für die Vergabe der Brotkarten sind nicht bekannt. Wer war damals „unbemittelt" und „bedürftig"? Es heißt nur: „Denn nach dem was man erfährt, wird bei Ausgabe der Karten auf das liberalste verfahren, und selbst sollen solche sich der gebotenen Hilfe bedienen, von denen man bisher nicht geglaubt hatte, daß sie deren bedürftig sein könnten. Am 1. Mai und entsprechend auch an folgenden Tagen sollen bei manchen Bäckern nur einige wenige oder kaum ein einziges Roggenbrod anders als gegen Brodkarten verkauft worden sein"[57]. Ein Teil der Lübecker Bevölkerung blieb durch diese Form der Unterstützung von der Preissteigerung verschont. Diese Hilfe war umso wichtiger, als durch die schlechten Kartoffelernten seit 1845 der Konsum des Brotes als des wichtigsten Grundnahrungsmittels stark angestiegen war (vgl. Tab. 1).

Die Gründung des Lübecker Brotvereins war eine durchaus typische Erscheinung in der Zeit der Hunger- und Teuerungskrise. In zahlreichen anderen Städten wurden seit dem Herbst 1846 ähnliche Vereine gegründet[58]. Im Dorf Stockelsdorf nordwestlich von Lübeck unterstützte im Januar 1847 ein Komitee durch Sammlungen

54 Bürgerfreund v. 30.4.1847, S. 158. – LA v. 1.5.1847.
55 Vgl. zum folgenden NLBll v. 14.11.1847, S. 376. – Bürgerfreund v. 19.11.1847, S. 411.
56 NLBll v. 17.10.1847, S. 338.
57 Bürgerfreund v. 7.5.1847, S. 166. – Die Tätigkeit des Brotvereins fand nicht nur Zustimmung. Ein Kritiker schlug vor, den Bäckern mit den Geldern des Vereins preiswertes Getreide zu liefern, den Brotpreis so auf 11 Schilling zu halten und damit allen Einwohnern zu dienen. Diese Idee fand jedoch keine Resonanz (Über die Brodfrage, in: NLBll v. 2.5.1847, S. 139–140. – Die Brodfrage, in: NLBll v. 9.5.1847, S. 147–148).
58 Abel, S. 381–383. – Vgl. für Schleswig-Holstein Emil Waschinski, Währung, Preisentwicklung und Kaufkraft des Geldes in Schleswig-Holstein von 1226–1864, Neumünster 1952 (QuFGSH 26), S. 123. – In der Teuerungskrise 1853/54 wurde in Lübeck ein ähnlicher Verein wie 1847 – allerdings mit weniger Erfolg – gegründet (NLBll v. 1.1.1854, S. 2–3).

hilfsbedürftige Familien, die nichts aus der Armenkasse erhielten, mit Brot und Mehl zu herabgesetzten Preisen. Weitere Brotvereine in Lübecks Umgebung entstanden im Mai in Schlutup, Wesloe, Altlauerhof und Lauerhof am Fuchsberge[59].

Eine besondere Belastung bildete die Krise von 1846/47 auch für die Lübecker Armenversorgung. Durch private und städtische Institutionen und Hilfsleistungen wurden in der Stadt ca. 4–5000 Menschen unterstützt, die nicht allein für ihren Lebensunterhalt aufkommen konnten. Da die Lübecker Armenversorgung zu dieser Zeit umorganisiert wurde und aussagekräftige Quellen fehlen, kann kaum festgestellt werden, welche zusätzliche Belastung die Krise für die Armen und deren Versorgung bedeutete[60]. Nach der Neuorganisation von 1845 wurde die Zahl der täglich versorgten Personen im St.-Annen-Armen- und Werkhaus von durchschnittlich 550 in den vorangegangenen Jahren auf 320 verringert, die Ausgaben für Nahrungsmittel stiegen jedoch pro Person von 1845 bis 1846 um 42 % und bis 1847 um 19 % gegenüber dem Vorjahr. In den folgenden Jahren blieben sie beim Stand von 1846, rund 70 Mark pro Person[61]. In anderen Institutionen der geschlossenen Armenpflege – Hospitälern, Armenhäusern und Stiftungshöfen – wird es eine ähnliche Belastung der Etats gegeben haben, denn die Bewohner mußten ja versorgt werden.

In der offenen Armenversorgung unterstützte die Lübecker Armenanstalt 1847 regulär 728 Familien durch Geldleistungen, Brot, Brennmaterial u. a.[62]. Schon 1846 mußte sie wegen der Verteuerungen der Kartoffeln 2727 Mark mehr an Geld- und Brotunterstützungen aufwenden als im Vorjahr[63]. Ende April 1847 erhielten die registrierten Armen von der Armenanstalt zusätzlich Brotkarten, für die sie das Roggenbrot für 11 Schilling kaufen konnten[64]. Im Bericht der Armenanstalt heißt es zum Jahr 1847: „Bei weitem bedeutender war dagegen die Zahl der nicht eingezeichneten und zeitweilig unterstützten Personen, welche die Noth vorzugsweise im Winter den Armenpflegern zuführte"[65].

Mit der Armenanstalt war die „Wohlfeile Speiseanstalt" verbunden, die an Bedürftige abwechselnd Erbsensuppe, Graupensuppe und Grütze ausgab. Wer ein „Speisezeichen" von der Armenanstalt vorlegte, erhielt das Essen unentgeltlich; alle anderen Personen und die übrigen Institutionen der Armenpflege zahlten pro Portion einen halben Schilling[66]. Infolge der Preissteigerung mußte dieser Portionspreis im Dezem-

59 Bürgerfreund v. 22.1.1847, S. 31; 21.5.1847, S. 182.

60 Vgl. zur Reform Ortwin Pelc, Die Armenversorgung in Lübeck in der ersten Hälfte des 19. Jahrhunderts, in: ZLGA 66 (1986), S. 143–184, hier S. 177–183.

61 Vgl. die Jahresberichte des St.-Annen-Armen- und Werkhauses 1845–1848 in: NLBll v. 19.7.1846, S. 248–251, 17.10.1847, S. 335–336, 19.11.1848, S. 419–420, 2.9.1849, S. 284–285. – Bericht über die Verwaltung der Armenanstalt (wie Anm. 9), S. 70. – Die Gesamtausgaben des St.-Annen-Armen- und Werkhauses stiegen von 1846 bis 1847 nur um 5 %.

62 1845: 826 Familien; 1846: 840; 1848: 880, darunter viele von der Cholera Betroffene (Bericht über die Verwaltung der Armenanstalt, wie Anm. 9, S. 7, 13, 19, 38).

63 Ebd., S. 13.

64 LA v. 30.4.1847.

65 Bericht über die Verwaltung der Armenanstalt (wie Anm. 9), S. 19.

66 Vgl. zum folgenden ebd., S. 38–42.

Tab. 2: Ausgaben der Speiseanstalt in Lübeck 1844–1849

	Verkaufte Portionen	Unentgeltliche Portionen	Zusammen	Ausgaben in Mark
1844	1 829	165 778	167 607	5 953
1845	1 975	160 118	162 093	8 700
1846	keine Angaben			
1847	142 621	215 748	358 369	16 200
1848[a]	21 851	180 861	202 712	6 736
1849	12 500	165 536	178 036	5 809

a Ohne die Sonderausgaben während der Choleraepidemie

Quelle: Bericht über die Verwaltung der Armenanstalt (wie Anm. 9), S. 40–41

ber 1846 auf dreiviertel Schilling angehoben werden und konnte auf dieser Höhe gehalten werden, obwohl die Speiseanstalt die Portionen mit Verlust verkaufte[67]. Gegenüber 1845 – für das ganze Jahr 1846 fehlen Angaben – stieg 1847 die Zahl der an Arme verteilten Portionen um rund ein Drittel, die der verkauften Portionen jedoch um mehr als das Siebzigfache (vgl. Tab. 2). Berechnungen über die tägliche Inanspruchnahme der Speiseanstalt sind nur für Dezember 1846 und Januar 1847 möglich[68]. Damals wurden abgegeben:

	verkaufte Portionen	unentgeltliche Portionen
Dezember 1846 (27 Kochtage)	7 004 (∅ 259 pro Tag)	20 323 (∅ 753 pro Tag)
Januar 1847 (26 Kochtage)	15 768 (∅ 606 pro Tag)	22 075 (∅ 849 pro Tag)

Auch hier zeigt sich, daß die Speiseanstalt im starkem Maße von Personen in Anspruch genommen wurde, die nicht von der Armenversorgung erfaßt, aber durch die enormen Preissteigerungen der Nahrungsmittel auf Hilfe angewiesen waren. In den Krisenmonaten April bis Juni 1847 wird sich diese Tendenz noch verstärkt haben.

Wenn auch die Getreide- und Brotpreise im Sommer 1847 rasch sanken, so wird die Krise bei einigen Bevölkerungsschichten längere Auswirkungen gehabt haben. Es kann zwar nicht belegt, muß aber angenommen werden, daß in Familien mit geringem Einkommen Ersparnisse durch die erhöhten Ausgaben für Nahrungsmittel aufgebraucht wurden oder sie Schulden machen mußten. Das in der Stadt zusätzlich für Nahrungsmittel ausgegebene Geld führte zu einer Abnahme der Kaufkraft in

67 Der Preis wurde über die Krisenzeit hinaus beibehalten und ließ die Speiseanstalt deshalb in Zukunft mit Gewinn arbeiten.
68 Vgl. NLBll v. 14.2.1847, S. 56.

anderen Bereichen der Wirtschaft, besonders dem Handwerk, das auch auf diese Weise von der Krise betroffen wurde. Zu Hungerunruhen oder anderen Protestformen kam es in Lübeck allerdings nicht. Das mag mit Hilfe der relativ guten Versorgung durch den Brotverein und die Armenpflege verhindert worden sein. Rund ein Sechstel der Lübecker Bevölkerung mußte – auch in Jahren ohne Wirtschaftskrise – im Rahmen der Armenversorgung unterstützt werden; es gelang offensichtlich, diese Bevölkerungsschichten vor einer völligen Verelendung zu bewahren. Öffentliche Kritik während der Krise der Jahre 1846/47 gab es in der Presse in erster Linie an der Brotpreisfestlegung, den antiquierten Gewerbeverhältnissen und der fehlenden staatlichen Vorratswirtschaft. Vorschläge, nach dem Vorbild anderer Städte staatliche Kornmagazine für Notzeiten anzulegen, hatten schon 1843 keine Resonanz gefunden[69].

Eine Verbindung zwischen der wirtschaftlichen Not eines Teils der Lübecker Bevölkerung im Jahr 1847 und den Ereignissen des Revolutionsjahres 1848 ist nicht festzustellen. Unabhängig von den revolutionären Unruhen in Deutschland trat in Lübeck zwar im April 1848 eine neue, fortschrittlichere Verfassung in Kraft, die im Laufe des Jahres noch ergänzt wurde, sie war aber bereits seit 1843 erarbeitet und 1846 vom Rat beschlossen worden[70]. Undramatische Volksproteste im März und September 1848 richteten sich gegen die Münzverhältnisse und die Einführung des allgemeinen Wahlrechts[71]. Auch die Verfassungsreform wurde in der Lübecker Presse heftig diskutiert, die Bevölkerung wurde jedoch ungleich stärker durch die in diesem Jahr auftretende Choleraepidemie betroffen[72].

Gab es in den Jahren 1846/47 auf der einen Seite eine nicht exakt zu erfassende Schicht der Lübecker Bevölkerung, die unter der Teuerungskrise litt bzw. sogar in ihrer Existenz gefährdet war, so gab es andererseits sicher auch Personen, die von ihr profitierten. Dazu gehörten Kaufleute und Getreidehändler, vielleicht auch einige Bauern im Landgebiet. Im Getreideimporthafen Lübeck kam den Kaufleuten eine wichtige Rolle bei der Versorgung der Stadt sowie dem gesamten Binnenmarkt und den Krisengebieten zu. Daß es den Lübecker Kaufleuten in diesen Zeiten der Getreidespekulation aber nicht nur um ihren Gewinn ging, zeigt eine Initiative aus dem Januar 1847. Als sich eine rasche Steigerung der Getreidepreise abzeichnete, taten sich mehrere Handelshäuser zusammen, legten Roggenvorräte an und stellten sie den Lübecker Bäckern zum Einkaufspreis zur Verfügung[73]. Es war geplant, auf diese Weise den Roggenbrotpreis bis zum Frühjahr auf 11 Schilling zu halten. Die Hoffnungen vom Januar 1847 bewahrheiteten sich aber nicht, die unerwartet hohen Preissteigerungen machten den Plan wahrscheinlich zunichte.

69 Vgl. Errichtung von Vorrathshäusern, in: NLBll v. 5.11.1843, S. 360–361, 19.11.1843, S. 382, 26.11.1843, S. 388–389. – Vgl. Bürgerfreund v. 29.1.1847, S. 41–42.

70 Ahasver von Brandt, Lübeck und die deutsche Erhebung 1847–1848, in: Ders., Geist und Politik in der lübeckischen Geschichte, Lübeck 1954, S. 165–189, hier S. 170, 183.

71 Martin Samuel Funk, Die Straßen-Tumulte in Lübeck 1843 und 1848, in: ZLGA 8 (1900), S. 270–313. – v. Brandt, S. 186.

72 Von September bis November 1848 gab es in Lübeck 571 Erkrankungen sowie 300 Tote (Emil Cordes, Die Cholera in Lübeck, Lübeck 1861, S. 19).

73 Bürgerfreund v. 22.1.1847, S. 31; 29.1.1847, S. 41; 30.4.1847, S. 158.

Bei der Bewertung der Maßnahmen gegen die Hungerkrise spielt die Politik des Rats eine besondere Rolle. Wie seit Jahrhunderten waren 1846/47 die Kaufleute die einflußreichste Gruppe im Lübecker Rat; ihre Interessen prägten die Ratspolitik[74]. Der Rat hielt sich traditionell in der Getreidehandelspolitik sehr zurück[75]. In Krisenzeiten wurden die Ämter und Bürger aufgefordert, sich mit Getreide zu versorgen. Allenfalls wurde vom Rat bei drohenden Hunger- und Teuerungskrisen – z.B. 1771 und 1830 – Getreide angekauft, verbacken und als Brot verbilligt an Arme abgegeben[76]. Der kurzfristige Getreideankauf zur Versorgung der Bäcker Anfang Mai 1847 scheint durch die Befürchtung von Unruhen bestimmt worden zu sein. Laufend berichtete die Lübecker Presse über Hungerunruhen in verschiedenen Gegenden Europas. Einer vom Handel abhängigen Stadt wie Lübeck konnten innere Unruhen erheblich schaden. Zwei weitere Maßnahmen des Rats waren die Aufhebung der Brot- und Mehlakzise und die Einrichtung einer Kommission zur Bekämpfung des Getreidemangels. Der Rat ließ die Akziseaufhebung für importiertes Brot nicht auch für Travemünde gelten, so daß die dortigen Bewohner – trotz ihrer Proteste – sich nicht mit dem billigeren Brot vor ihren Stadttoren versorgen durften[77]. Die Kommission scheint sich, ganz im Sinne der Ratspolitik, nur für extreme Notfälle bereit gehalten zu haben, denn sie tritt 1847 kaum in Erscheinung. Mitte Mai kaufte sie 30 Last Roggen von einem Rigaer Schiff auf[78]. Nach einer Berechnung der Kommission hatte der Lübecker Staat 1847 durch die verbilligte Abgabe von 28 Last und 20 Scheffeln Roggen an die Bäcker einen Verlust von 3363 Mark[79]. Als einzige längerfristige Reaktionen des Rats auf die Krise von 1847 lassen sich die wöchentliche Festlegung des Brotpreises seit August 1847 und der Fortfall der Roggenakzise seit März 1848, falls der Preis des Brotes einen bestimmten Wert überschreiten würde, feststellen[80]. Exportverbote oder eine Beschränkung des Getreideverbrauchs der rund 40 Branntweinbrenner gab es nicht[81]. Die wesentliche Initiative bei der Bekämpfung der Krise überließ der Rat der traditionell großzügigen Privatwohltätigkeit der Lübecker Bürger, die sich durch die Gründung des Brotvereins und freigebige Spenden auszeichnete.

Die ausführliche Beschreibung der Auswirkungen der Hunger- und Teuerungskrise auf Lübeck darf nicht die Tatsache verdrängen, daß ein großer Teil der Lübecker Bevölkerung von ihr nicht oder nur am Rande betroffen war. Dazu gehörte gewiß das

---

74 13 der 21 Ratsherren waren Kaufleute. Vgl. Emil Ferdinand Fehling, Die Lübeckische Ratslinie von den Anfängen der Stadt bis auf die Gegenwart, Lübeck 1925 (Veröff. z. Geschichte der Freien u. Hansestadt Lübeck 7, H. 1), S. 154–159.

75 Vgl. zum folgenden Johannes Hansen, Beiträge zur Geschichte des Getreidehandels und der Getreidepolitik Lübecks, Lübeck 1912 (Veröff. z. Geschichte der Freien u. Hansestadt Lübeck 1, H. 1), S. 60.

76 AHL, Bürgerschaft II, 119,3 v. 15.11.1771 u. 18.9.1830. – Vgl. AHL, Findbuch Senat Interna 14 d 9.1.

77 NLBll v. 13.6.1847, S. 194; 11.7.1847, S. 226; 18.7.1847, S. 234.

78 Bürgerfreund v. 21.5.1847, S. 182.

79 AHL, Bürgerschaft II, 119,3 v. 30.7., 10. u. 11.9.1847.

80 Hansen, S. 60.

81 Schmidt, S. 351.

wohlhabende Bürgertum der Mittel- und Oberschicht, für das Preissteigerungen bei den Nahrungsmitteln kaum eine Bedeutung hatten. Die Berichterstattung in der Presse und die verschiedenen Initiativen gegen die Hungerkrise deuten darauf hin, daß die Not der ärmeren Stadtbewohner allgemein bekannt war. Ob sie jedoch problematisiert wurde, ob in den maßgeblichen städtischen Kreisen über ihre Ursachen nachgedacht wurde, bleibt weitgehend ungeklärt. Bezeichnend für die damalige Situation mag die Organisation des allgemeinen deutschen Sängerfestes vom 26. bis 29. Juni 1847 in Lübeck sein, das in der Zeit der Krise geplant und durchgeführt wurde. Bei der Planung bereitete nicht nur die Teuerung Probleme. In dem dem Festkomitee gewidmeten Rückblick auf das Sängerfest heißt es: „Es war aber wohl sorglichen Gemüthern nicht ganz zu verargen, wenn ihnen die Unterlassung eines Festes, dessen Kern und Zweck auf den ersten äußern Blick nur das reine Vergnügen zu sein schien, zu einer so trüben und ernsten Zeit gerathener däuchte, als eine nur mit großem Kostenaufwande ins Werk zu setzende Feier desselben. Diese Ansicht verbreitete sich immer weiter, so daß man nur ungern und nur mit Bedenklichkeit, statt wie früher mit freudiger Erwartung, vom Feste sprach."[82] Das Festkomitee entschloß sich aber zur Durchführung des Festes, da schon viel investiert worden war, „in der That kein wahrer Nothstand in Lübeck vorhanden" sowie Unruhe nicht zu befürchten sei und durch den Bau der Festhalle Arbeitsmöglichkeiten geschaffen würden. „Ebenso human wie klug war es, daß das Festcomitée eine allgemeine Armenspeisung anordnete, eine Maaßregel, welche auch die untersten Classen mit dem Feste vollends aussöhnte, wenn überhaupt eine Aussöhnung Noth that"[83]. Mit den zur Verfügung gestellten 600 Mark konnte die Speiseanstalt 1700 Fleischspeisen austeilen[84].

Da über die wirtschaftliche Lage Lübecks im hier behandelten Zeitraum kaum Informationen vorliegen, ist es schwierig, einzuschätzen, welche konkreten Auswirkungen die Krise von 1846/47 auf die Stadt und ihre einzelnen Bevölkerungsschichten hatte. Wie hoch war z.B. die Arbeitslosigkeit und wurde sie durch die Krise gefördert? Lübecks Lage als Getreideimporthafen und die umfangreiche Armenversorgung scheinen die Notlage der ärmeren Bewohner verglichen mit anderen Städten in Grenzen gehalten zu haben. Auswirkungen der Krise auf die Lohnentwicklung sind nur in zwei Fällen bekannt: Seit Mitte Februar 1847 erhielten die Lübecker Soldaten für die Zeit der Teuerung eine Zulage von monatlich drei Mark, da ihre Speisewirte sie sonst nicht länger in Kost nehmen wollten; der Fuhrlohn bei der Reihefuhrbeförderung wurde wegen der gestiegenen Haferpreise von 18 auf 20 Schilling pro Pferd

82 Benedikt Friedrich Christian Avé-Lallement, Rückblicke auf das allgemeine Deutsche Sängerfest zu Lübeck, Lübeck 1847, S. 24–25.
83 Ebd., S. 25. – Vgl. Ein Blick in die nächste Zukunft, in: NLBll v. 2.5.1847, S. 146. – Zum Sängerfest v. Brandt, S. 179–181.
84 Bericht über die Verwaltung der Armenanstalt (wie Anm. 9), S. 40. – Die Menükarte für die ca. 1500 Teilnehmer des Sängerfestes umfaßte sechs Gänge, u. a. Roastbeef, Lachs, Schinken und Kalbsbraten, sowie 19 Sorten Wein zu 2–6 Mark pro Flasche (AHL, Das allgemeine deutsche Sängerfest).

und Meile erhöht[85]. Sicher kann für die Zeit um 1847 nur bedingt von einer gesamtwirtschaftlichen Entwicklung ausgegangen werden. Hier wurde nur ein Teil der Agrar- und Handelsentwicklung betrachtet, im Gewerbe und Geldverkehr gab es eventuell andere Konjunkturzyklen. Auch hatten z.B. Zollgesetzgebung und politische Ereignisse im Ausland einen Einfluß auf die Wirtschaft der Handelsstadt Lübeck. Alle diese Themenbereiche werden erst in einer umfassenden, die zyklischen Schwankungen der Lübecker Wirtschaft langfristig betrachtenden, die lokalen und überregionalen Verhältnisse verbindenden Studie untersucht werden können.

---

85 Bürgerfreund v. 28.5.1847, S. 189. – LA v. 30.4.1847. – Bei der Reihefuhr nahmen die Fuhrleute in einer festgelegten Reihenfolge Fuhren an, damit ihre möglichst gleichmäßige Auslastung gewährleistet war.

299

Ingaburgh Klatt

„Sozialdemokratische Bestrebungen" in Büdelsdorf, Fockbek, Gettorf und Schönberg vor dem „Sozialistengesetz"

1. EINLEITUNG

Von autobiographischen Berichten[1] abgesehen, ist die Quellenbasis zur frühen Sozialdemokratie in Schleswig-Holstein äußerst dürftig, sofern man nicht auf Quellen zurückgreift, die von der reagierenden Gegenseite, vom Staatsapparat erstellt wurden. Bewußt ist für diesen Beitrag zur frühen Arbeiterbewegung der Untersuchungszeitraum von den Anfängen des Allgemeinen Deutschen Arbeitervereins (ADAV) 1863 bis zum Erlaß des Gesetzes „Ueber die gemeingefährlichen Bestrebungen der Sozialdemokratie"[2] vom 20. Oktober 1878 gewählt worden. Er unterscheidet sich von der Verfolgungszeit der Sozialdemokratie während der Geltung des „Sozialistengesetzes" 1878 bis 1890 und der Zeit des sprunghaften Anwachsens der Organisation 1890 bis 1914 vor allem durch die differierende Haltung des Staates: 1878–1890 greift der Staat sehr direkt ein durch des Verbot der Organisation – mit den Auswirkungen der Verfolgung, Verhaftung und Ausweisung aktiver Sozialdemokraten. Nachdem das Verbot der Partei 1890 nicht mehr zu halten war, erfolgt die Einflußnahme der staatlichen Organe zur Verhinderung der weiteren Ausbreitung mehr indirekt – indem z.B. Veranstaltungen aus fadenscheinigen Gründen verboten werden[3] oder auf

---

1 Autobiographisch: Julius Bruhns, „Es klingt im Sturm ein altes Lied! –" Aus der Jugendzeit der Sozialdemokratie, Stuttgart/Berlin 1921. Karl Frohme, Erinnerungen, Hamburg 1926. Franz Rehbein, Das Leben eines Landarbeiters, Berlin 1911, neu herausgegeben von U. J. Diederichs und H. Rüdel, Hamburg 1985. – Von Sozialdemokraten geschrieben: Wilhelm Brecour, Die Sozialdemokratische Partei in Kiel. Ihre geschichtliche Entwicklung, Kiel 1932. Heinrich Laufenberg, Geschichte der Arbeiterbewegung in Hamburg, Altona und Umgebung, Bd. I, Hamburg 1911, Band II, ebenda 1931. – Auf den umstrittenen Quellenwert von Autobiographen bzw. „vereinsinternen" Aufzeichnungen soll hier nur hingewiesen werden.

2 Auch genannt „Sozialistengesetz".

3 „Durch eine Verfügung des Herrn Amtsvorstehers zu Oppendorf vom 25. Juli 1908 . . . ist dem Gastwirt Puck in Landgraben verboten worden, das von der Schönkirchener Schützengilde zum 30. August angemeldete Sommervergnügen in seinem Lokale abhalten zu lassen." Als Grund wurde dem Vorsitzenden des Vereins mitgeteilt, daß die „räumliche Beschränktheit . . . der Lokalitäten" erwarten ließe, daß die „anfangs geschlossene Festlichkeit sehr bald den Charakter einer öffentlichen annehmen wird und . . . unter solchen

Gastwirte massiver Druck ausgeübt wird, ihre Lokale nicht zur Verfügung[4] zu stellen.

Die Frühzeit der Bewegung hingegen ist dadurch gekennzeichnet, daß die Regierenden vergleichsweise noch in der Rolle der Beobachter, jedenfalls in der Rolle der *Reagierenden* verharren. Entsprechend widersprüchlich und inkonsequent sind die Reaktionen der Bürokratie: In der Zeit des Krieges gegen Frankreich wird am 24. September 1870 vom General-Gouverneur die „Abhaltung von Volksversammlungen der Socialisten"[5] verboten, dieses Verbot jedoch zwei Wochen später, am 5. Oktober 1870, wieder aufgehoben[6]. Auch das „vorläufige" Verbot des ADAV im Juni 1874 und dann das „endgültige" im März 1875, das letztlich die beiden rivalisierenden Brüder, den ADAV und die 1869 gegründete „Sozialdemokratische Deutsche Arbeiterpartei" (SDAP), im Mai 1875 zur Vereinigung der „Sozialistischen Arbeiterbewegung Deutschlands" (SAP)[7] nötigt und dadurch die Arbeiterbewegung erstarken läßt, dann wiederum die „vorläufige" Schließung der SAP 1876[8] zeigen nur die Hilflosigkeit der staatlichen Seite gegenüber der sich formierenden Arbeiterbewegung, so daß sie schließlich 1878 meint, ihre Macht nicht anders sichern zu können als durch das „endgültige" Verbot der Sozialdemokratie durch das „Sozialistengesetz".

Dieser Untersuchung werden drei Quellen zugrunde gelegt: Ein Bericht des Hardesvogtes in Hohn über zwei „socialdemokratische" Versammlungen in Büdelsdorf und Fockbek im Januar/Februar 1873[9], ein Protokoll des Gendarmen in Gettorf über eine „Volksversammlung" im März 1873[10] und die Antwort des Klostervogtes in Schönberg an den Landrat in Plön über eine Versammlung in Schönberg im September 1875[11].

Umständen eine polizeiliche Kontrolle schwer durchführbar sei. Intern teilte das Landratsamt Bordesholm (wozu Schönkirchen damals gehörte) dem Regierungspräsidenten am 15. 10. 1908 mit: „Die Zurückweisung der Beschwerde der Schützengilde erfolgte s. Zt. besonders auch aus dem Grunde, weil der Verein sozialdemokratischen Anschauungen huldigt und verhütet werden sollte, daß er diese seine Gesinnung auch auf die im Hinterlande gelegenen Güter ausdehnt." Vorgang in LAS 309/12539.

4 Für Hohenwestedt berichtet der Landrat des Kreises Rendsburg dem Regierungspräsidenten am 26.2.1897, daß die Hohenwestedter Sozialdemokraten in Hohenwestedt selbst kein Lokal mehr erlangt und deshalb versucht hätten, auf die umliegenden Dörfer auszuweichen. Das sei ihnen auch in Grauel gelungen, weil der „dortige Gastwirth Abraham . . . in schlechten finanziellen Verhältnissen" lebe. „Er ist jetzt eines Besseren belehrt und wird sein Lokal nicht wieder den Sozialdemokraten hergeben." Schreiben in LAS 309/12538.

5 Verordnung 1098, Amtsblatt der Königlichen Regierung zu Schleswig vom 1.10.1870 (Ferner zitiert als „Amtsblatt").

6 Verordnung 1116, Amtsblatt vom 15.10.1870.

7 Vgl. Joseph Rovan, Geschichte der deutschen Sozialdemokratie, Frankfurt 1980, S. 34 ff.

8 Verordnung 525, Amtsblatt vom 15.4.1876.

9 In Akte des Landesarchivs Schleswig (LAS) 309/12563.

10 LAS 309/12563.

11 LAS 309/441.

2. DER STAAT „OBSERVIERT"

Auch im ländlich strukturierten Schleswig-Holstein wurde die aufkommende Bewegung der Arbeiter mißtrauisch beobachtet. Schon 1869 wird von der Königlichen Regierung in Schleswig die erste Verfügung zur Unterbindung „socialistischer Umtriebe" erlassen[12].

2.1. Rechtliche Grundlagen

Seit der Einverleibung Schleswig-Holsteins in das Königreich Preußen 1867 galt auch hier das schon 1850 erlassene preußische Versammlungs- und Vereinigungsrecht[13], das in seinem § 9 vorsah: „Oeffentliche Versammlungen unter freiem Himmel bedürfen der vorgängigen schriftlichen Genehmigung der Ortspolizeibehörde. Die Genehmigung ist von dem Unternehmer, Vorsteher, Ordner oder Leiter derselben mindestens achtundvierzig Stunden vor der Zusammenkunft nachzusuchen und darf nur versagt werden, wenn aus Abhaltung der Versammlung Gefahr für die öffentliche Sicherheit oder Ordnung zu befürchten ist." Danach lag die Befugnis zur Genehmigung in den Händen der Ortspolizeibehörde (Abb. 1).

Bei politischen Volksversammlungen mußten jedoch die zuständigen Landratsämter informiert und anschließend Berichte über den Verlauf der Versammlungen erstellt werden. Der Landrat wiederum sandte die Protokolle oder Abschriften derselben an den Regierungspräsidenten in Schleswig[14]. Offenbar mußten die Landräte auch in dieser frühen Phase regelmäßig Bericht erstatten über die Aktivitäten der Sozialdemokratie – später mindestens einmal jährlich[15] – oder sie wurden von der Regierung in Schleswig befragt: Vom 11. Juli 1869 liegt eine „Anzeige" des Landrats in Eckernförde vor, daß „im hiesigen Kreise meines Wissens regelmäßige oder außerordentliche Versammlungen des allgemeinen deutschen Arbeitervereins nicht stattgefunden haben[16]."

Die Versammlungen in Büdelsdorf und Fockbek im Januar und Februar 1873 lösten einen lebhaften Briefwechsel zwischen der Königlichen Regierung und dem Eckernförder Landrat[17] aus: Der Landrat zeigt am 7. Februar der Regierung die „Volksversammlung zur Erörterung der Principien der Socialdemokratie für Sonntag den 9. Februar Nachmittags 4 1/2 Uhr im Hause des Gastwirths Sähn in Fockbek" an. Am 22. Februar ersucht die Regierung den Landrat, sie „über die Versammlung, die Zahl der Erschienenen, die aufgetretenen Redner etc. recht bald mit Bericht zu versehen". Offensichtlich etwas ungeduldig folgt sehr bald eine Mahnung an den

---

12 Heinz Volkmar Regling, Die Anfänge des Sozialismus in Schleswig-Holstein. Neumünster 1965, S. 112.
13 „Verordnung über die Verhütung eines die gesetzliche Freiheit und Ordnung gefährdenden Mißbrauchs des Versammlungs- und Vereinigungsrechts" vom 11.3.1850.
14 Diesem Informationsbedürfnis der Regierung verdanken wir heute diese Quellen.
15 Vgl. Akten LAS 309/12538 und 309/12539 (1895-1906).
16 LAS 309/12563.
17 LAS 309/12563.

§ 3. Wenn für die Versammlung eines Vereines, welcher eine Einwirkung auf öffentliche Angelegenheiten bezweckt, Zeit und Ort statutenmäßig oder durch einen besonderen Beschluß im Voraus fest= steht, und dieses wenigstens vierundzwanzig Stunden vor der ersten Versammlung zur Kenntniß der Ortspolizeibehörde gebracht worden ist, so bedarf es einer besonderen Anzeige, wie sie der § 1 erfordert, für die einzelnen Versammlungen nicht.

§ 4. Die Ortspolizeibehörde ist befugt, in jede Versammlung, in welcher öffentliche Angelegenheiten erörtert oder berathen werden sollen, einen oder zwei Polizeibeamte oder eine oder zwei andere Per= sonen als Abgeordnete zu senden.

Die Abgeordneten dürfen, wenn sie Polizeibeamte sind, nur in ihrer Dienstkleidung oder unter ausdrücklicher Kundgebung ihrer dienst= lichen Eigenschaft erscheinen. Sind sie nicht Polizeibeamte, so müssen sie durch besondere Abzeichen erkennbar sein.

Den Abgeordneten muß ein angemessener Platz eingeräumt, ihnen auch auf Erfordern durch den Vorsitzenden Auskunft über die Person der Redner gegeben werden.

§ 5. Die Abgeordneten der Polizeibehörde sind, vorbehaltlich des gegen die Betheiligten gesetzlich einzuleitenden Strafverfahrens, be= fugt, sofort jede Versammlung aufzulösen, bezüglich deren die Be= scheinigung der erfolgten Anzeige (§§ 1 und 3) nicht vorgelegt werden kann. Ein Gleiches gilt, wenn in der Versammlung Anträge oder Vorschläge erörtert werden, die eine Aufforderung oder Anreizung zu strafbaren Handlungen enthalten; oder wenn in der Versammlung Be= waffnete erscheinen, die der Aufforderung des Abgeordneten der Obrig= keit entgegen, nicht entfernt werden.

§ 6. Sobald ein Abgeordneter der Polizeibehörde die Ver= sammlung für aufgelöst erklärt hat, sind alle Anwesenden verpflichtet, sich sofort zu entfernen. Diese Erklärung kann nöthigenfalls durch die bewaffnete Macht zur Ausführung gebracht werden.

§ 7. Niemand darf in einer Versammlung bewaffnet erscheinen, mit Ausnahme der im Dienste befindlichen Polizeibeamten.

§ 8. Für Vereine, welche bezwecken, politische Gegenstände in Versammlungen zu erörtern, gelten außer vorstehenden Bestimmungen nachstehende Beschränkungen:

a. sie dürfen keine Frauenspersonen, Schüler und Lehrlinge als Mit= glieder aufnehmen;

b. sie dürfen nicht mit anderen Vereinen gleicher Art zu gemeinsamen Zwecken in Verbindung treten, insbesondere nicht durch Komités, Ausschüsse, Central=Organe oder ähnliche Einrichtungen oder durch gegenseitigen Schriftwechsel.

Werden diese Beschränkungen überschritten, so ist die Ortspolizei= behörde berechtigt, vorbehaltlich des gegen die Betheiligten gesetzlich einzuleitenden Strafverfahrens, den Verein bis zur ergehenden richter= lichen Entscheidung (§ 16) zu schließen.

Frauensperſonen, Schüler und Lehrlinge dürfen den Verſamm=
lungen und Sitzungen ſolcher politiſchen Vereine nicht beiwohnen.
Werden dieſelben auf die Aufforderung des anweſenden Abgeordneten
der Obrigkeit nicht entfernt, ſo iſt Grund zur Aufföſung der Ver=
ſammlung oder der Sitzung (§§ 5 und 6) vorhanden.

§ 9. Oeffentliche Verſammlungen unter freiem Himmel bedürfen
der vorgängigen ſchriftlichen Genehmigung der Ortspolizeibehörde.

Die Genehmigung iſt von dem Unternehmer, Vorſteher, Ordner
oder Leiter derſelben mindeſtens achtundvierzig Stunden vor der Zu=
ſammenkunft nachzuſuchen, und darf nur verſagt werden, wenn aus
Abhaltung der Verſammlung Gefahr für die öffentliche Sicherheit oder
Ordnung zu befürchten iſt.

Soll die Verſammlung auf öffentlichen Plätzen, in Städten und
Ortſchaften, oder auf öffentlichen Straßen ſtattfinden, ſo hat die Orts=
polizeibehörde bei Ertheilung der Erlaubniß auch alle dem Verkehr
ſchuldige Rückſichten zu beachten. Im Uebrigen finden auf ſolche Ver=
ſammlungen die Beſtimmungen der §§ 1, 4, 5, 6 und 7 Anwendung.

Abb. 1: Auszug aus der Verordnung über die Verhütung eines die gesetzliche Freiheit
und Ordnung gefährdenden Mißbrauchs des Versammlungs- und Vereinigungsrechtes.
Aus: Der Amtsvorsteher, II, Sammlung der in der Provinz Schleswig-Holstein geltenden
Polizei-Verordnungen, Schleswig 1889.

Landrat, der dann am 8. März den „ausführlichen Bericht des Hardesvogtes Sieverts
in Hohn . . ., welcher auf meinen Wunsch beiden Versammlungen persönlich beige-
wohnt hat", beifügt. Nachdem der Landrat das so ausdrücklich betont, scheint das
nicht zu den grundsätzlichen Aufgaben des Hardesvogtes gehört zu haben.

Für Gettorf genügte im März des gleichen Jahres das Protokoll des anwesenden
Gendarmen[18]. Laut § 4 des preußischen Versammlungs- und Vereinigungsgesetzes
war die Ortsbehörde „befugt, in jede Versammlung, in welcher öffentliche Angelegenheiten erörtert oder beraten werden sollen, einen oder zwei Polizeibeamte oder
eine oder zwei Personen als Abgeordnete zu senden".

Die Kann-Bestimmung des § 4, die die Anwesenheit von zwei Polizeibeamten bei
Versammlungen erlaubte, in „welchen öffentliche Angelegenheiten erörtert oder
beraten werden sollen", wurde mit dem Anwachsen der Arbeiterbewegung für den
sich bedroht und in Frage gestellt fühlenden Staatsapparat zur Regel – nicht nur in
Kriegszeiten[19].

Die Sorge vor dem Einfluß sozialdemokratischer „Agitatoren" ließ auch nach dem
Krieg 1870/71, in der Euphorie der Reichsgründungsphase nicht nach, wie die

18 LAS 309/12563.
19 Mit der Verordnung 1116, Amtsblatt vom 15.10.1870 (vgl. Anm.6), war zwar das Verbot
sozialdemokratischer Versammlungen wieder aufgehoben, aber die polizeiliche Überwa-
chung derselben bestimmt worden.

„Warnung" deutlich zeigt, die der Regierungspräsident zu Schleswig, Bitter, 1872 ergehen ließ[20] (Abb. 2). Diese „Warnung" wurde nicht nur im Amtsblatt der Königlichen Regierung, sondern auch in den großen bürgerlichen Zeitungen der Provinz als Inserat veröffentlicht. „Das Dokument zeugt von einer geradezu strafwürdigen Unwissenheit von den Bestrebungen der Sozialdemokratie, der politischen und wirtschaftlichen Verhältnisse und ist erfüllt von einem unbändigen Haß gegen die Sozialdemokratie", so urteilt Wilhelm Brecour[21].

2.2. Die Vertreter der Staatsmacht – ihre Funktion

In öffentlichen Versammlungen waren Polizeibeamte anwesend zur Sicherung von Ruhe und Ordnung, gleichzeitig mußten sie verhindern, daß „Anträge oder Vorschläge erörtert werden, die eine Aufforderung oder Anreizung zu strafbaren Handlungen enthalten"[22], womit bei großzügiger Auslegung mißliebige Äußerungen unterbunden werden konnten, wie das Gettorfer Protokoll zeigt: Als gegen Ende der Versammlung heftige Anklagen gegen den Pastor des Ortes erhoben werden, bricht der anwesende „Polizei-Inspector" die Versammlung ab[23]. Eine weitere Funktion der Staatsdiener war es, das verlängerte Ohr und Auge der Regierung zu sein: In Gettorf unterzeichnet der „berittene Gendarm" Voigt I das Protokoll. Möglicherweise war er zusätzlich und ausschließlich zur Beobachtung eingesetzt, denn es waren noch zwei weitere Beamte anwesend: Als Zeugen für die Richtigkeit nennt er den „Fuß-Gendarm" Sonneck; die Anwesenheit des „Polizei-Inspectors" wird im Zusammenhang mit dem Abbruch der Versammlung erwähnt.

Den Bericht über die beiden „Volksversammlungen", am 26. Januar 1873 in Büdelsdorf und am 9. Februar in Fockbek, verfaßte der Leiter des regional zuständigen Amtes, der Hardesvogt Sieverts, selbst. Aus der Mitteilung des Landrats an die Regierung vom 8. März[24] geht hervor, daß der Landrat ihn dazu ausdrücklich aufgefordert hatte. Das Protokoll dieser beiden Sitzungen beschränkt sich nicht auf die chronologische Schilderung des Ablaufes wie das des Gettorfer Gendarmen. In drei Punkten werden erstens die Redner, deren Beruf und Wohnort angeführt, zweitens die Reden, nach Inhalten strukturiert, wiedergegeben, drittens die rhetorischen Fähigkeiten und damit auch die Erfolgsaussichten der Redner und der sozialdemokratischen Bewegung eingeschätzt, wobei er die ökonomische Situation der Arbeiter der „Carlshütte"[25] und die – von ihm kritisierte – Konfliktvermeidungsstrategie des

---

20 Verordnung 734 im Amtsblatt vom 19.7.1872.
21 Wilhelm Brecour, a.a.O., S. 17.
22 § 5 des Versammlungs- und Vereinigungsgesetzes.
23 Im Bericht vom März 1873, LAS 309/12563.
24 Vgl. Anm. 16.
25 Eisenhütte, 1827 in Büdelsdorf gegründet, leitet die Industrialisierung im agrarisch strukturierten Schleswig-Holstein ein. Vgl. Jürgen Brockstedt, Frühindustrialisierung in den Herzogtümern Schleswig und Holstein. Ein Überblick, S. 20, und Peter Wulf, Marcus Hartwig Holler und die Anfänge der Carlshütte, S. 227 ff, beide in: Frühindustrialisierung in Schleswig-Holstein, anderen norddeutschen Ländern und Dänemark, hrsg. v. Jürgen Brockstedt, Neumünster 1983 (SWSG, 5).

734.   **Warnung.**

Seit einiger Zeit wird der Regierungsbezirk von Agitatoren heimgesucht, welche an zahlreichen Orten Versammlungen ausschreiben, um die arbeitende Klasse der Bevölkerung den Ideen und Plänen der sozial-demokratischen Parthei geneigt zu machen.

Zugleich werden, wo irgend der Boden hiefür geeignet befunden wird, Strikes organisirt und die Arbeiter zum Niederlegen der Arbeit veranlaßt.

Der Erfolg, dessen diese Agitatoren sich bis jetzt rühmen können, ist ein äußerst geringer. Der gesunde Sinn der Bevölkerung hat ihm seine Schranken enge genug gezogen.

Dennoch ist es nothwendig, daß für diejenigen, denen die letzten Zwecke der sozialen Demokratie nicht hinreichend bekannt sein sollten, diese klar gelegt werden. Es muß jedermann wissen, was er von jenen Sendlingen einer Parthei zu halten habe, die sich nicht scheut, die blutigen Verbrechen, welche die Kommune von Paris in den März-Tagen von 1871 verübt hat, Raub, Plünderung, Erpressung, Mord, Völlerei, Brandstiftung zu verherrlichen. Diese Zwecke gehen darauf hinaus, Alles, was uns ehrwürdig, heilig, lieb ist, das Vaterland, den Thron, den Altar, Sitte und Gesetz umzustürzen, an die Stelle des häuslichen Heerdes die Bierbank zu setzen, Besitz und Eigenthum aufzulösen und die Arbeit, die Erhalterin und Ernährerin der Völker, zum Spielball ehrgeiziger Partheiführer zu erniedrigen. Es ist die rothe Republik, deren Einführung die Sozialdemokratie erstrebt, die rothe Republik, deren ausgesprochener Zweck es ist, die Auslieferung des Eigenthums, des mühsamen Erwerbs langer und schwerer Arbeit zur Vertheilung auch an diejenigen in Anspruch zu nehmen, die nicht gearbeitet, nicht erworben haben. In ihr soll das Volk die Gesetzgebung durch sich selbst ausüben unter Leitung von Partheiführern, die schon jetzt in bitterstem Haß sich befehden. In ihr wird die Arbeit beschränkt, der Erwerb ein gemeinschaftlicher sein für fleißige und träge Arbeiter. Es ist diese rothe Republik die Staatsform, die kein Vaterland kennt, aus der die Religion, die Trägerin der Sitte, die Ehrbarkeit und Zucht verschwinden würde, wie sie unter ihrer Herrschaft zu Paris verschwunden ist.

Weil die Führer wissen, daß sie den bestehenden Verhältnissen gegenüber nichts erreichen würden, daß in Zeit ihren Bestrebungen die Intelligenz der Bevölkerung, der starke Arm der Staatsgewalt hinderlich im Wege steht, suchen sie vorbereitend allmählich die Bande zu lösen, welche die Bevölkerung mit einander verbinden. Darum wird der Haß gegen die bestehende Klasse

gepredigt, darum die öffentliche Ordnung untergraben, die sittlichen Anschauungen gelockert, die christliche Religion dem Hohn und Spott preisgegeben. Vor Allem aber wird die Arbeit gelähmt, der Erwerb in Frage gestellt, das Vertrauen zwischen den Arbeitgebern und den Arbeitern vernichtet, durch die Strikes Unzufriedenheit erregt und geschürt, der Hang zum arbeitslosen Umherschlendern, zum Leben in den öffentlichen Lokalen, zu aufregenden resultatlosen Vereinigungen gefördert.

Der Ruf: **Her mit dem Kapital!** soll den einfachen Arbeiter glauben machen, daß es möglich sei, Arbeit und Erwerb ohne das Kapital sicher zu stellen, soll der thörichten Behauptung, daß das Kapital der Feind der Arbeit sei, Glauben verschaffen.

So organisirt die sozial-demokratische Parthei den Krieg Aller gegen Alle.

Dies sind die Zwecke und Ziele der Agitatoren und ihrer Helfershelfer, die dies schöne Land durchziehen, dessen reiche Blüthen unter ihren Händen bald genug verdorren würden. Möchten Alle, die es angeht, Arbeiter und Arbeitgeber, sich der Gefahr bewußt werden, der die Gesellschaft und der Einzelne entgegen gehen würden, wenn solche Ideen jemals ihrer Verwirklichung näher gerückt werden könnten.

Schleswig, im Juli 1872.

Königliche Preußische Regierung für Schleswig-Holstein

Biller.

735. Den mittelst Ihres Berichts vom 10. d. M. Mir vorgelegten Tarif, nach welchem die Abgaben für die Benutzung der Hafenanlage bei Kellinghusen, im Kreise Steinburg, Regierungsbezirk Schleswig, vom 1. Juli d. J. ab bis auf Weiteres zu entrichten sind, lasse ich Ihnen — von Mir vollzogen — hierbei zur weiteren Veranlassung wieder zugehen. Dieser Erlaß ist mit dem Tarif durch die Gesetz-Sammlung zu veröffentlichen. Schloß Babelsberg, den 15. Juni 1872.

(gez.) **Wilhelm.**

ggez. Gr. v. Itzenplitz. Camphausen.

An den Minister für Handel, Gewerbe und öffentliche Arbeiten und den Finanzminister.

Tarif,

nach welchem die Abgaben für die Benutzung der Hafenanlagen bei Kellinghusen im Kreise Steinburg, Regierungs-Bezirk Schleswig, vom 1. Juli 1872 ab bis auf Weiteres zu entrichten sind.

Es sind zu entrichten:

A. An Hafengeld

für die Benutzung des Lade- und Löschplatzes von jedem Fahrzeuge, — ohne Unterschied, ob dasselbe ladet und löscht

---

Abb. 2: Öffentliche Warnung des Regierungspräsidenten vor sozialdemokratischen Agitatoren

Aus: Amtsblatt der Königlichen Regierung zu Schleswig, 1872, Nr. 33

Direktoriums und des Verwaltungsrats der Carlshütte in seine Überlegungen einbezieht.

In Schönberg führten ein Gendarm und ein Polizeidiener die Aufsicht über die Versammlung am 3. September 1875[26]. Der den „Bericht an das Landrathsamt in Ploen" abfassende Klostervogt[27], dem die „Beaufsichtigung vorschriftsmäßig obliegt" – wie er selbst schreibt –, faßte offensichtlich lediglich die Aussage der Polizeibeamten zusammen, denn er bedauert, daß seine „mit meinen vorgerückten Jahren verbundenen körperlichen Gebrechen mir zu Zeiten die Beiwohnung der Versammlungen gar nicht und jedenfalls nur mit Unterbrechungen gestatten". Daß die Anwesenheit des Klostervogtes bei sozialdemokratischen Versammlungen zu seinen „Obliegenheiten" gehört, kann entweder an einer restriktiven Haltung des Plöner Landrats oder daran liegen, daß in den zwei Jahren zwischen 1873 und 1875 die „sozialdemokratischen Bestrebungen" für die Behörden bedrohlicher geworden sind und deshalb schärfer kontrolliert werden müssen.

Um ein Protokoll abfassen zu können, bedarf es eines gewissen Bildungsstandes. Ob ein einfacher Polizeibeamter dazu in der Lage war, läßt sich bezweifeln. So liegt die Vermutung nahe, daß der in Gettorf protokollierende „berittene" Gendarm einen höheren Dienst- und Bildungsgrad hatte als der „Fuß-Gendarm"[28]. Dennoch zeigen die gelegentlichen Rechtschreib- und sogar grammatischen Fehler, daß das Abfassen eines solchen Protokolls in Schriftdeutsch nicht unbedingt zu den täglichen Aufgaben des Gettorfer Beamten gehörte; wahrscheinlich hat er sogar normalerweise „Plattdeutsch" gesprochen – die grammatischen Fehler legen das nahe.

Die „sozialdemokratischen Volksversammlungen" in Büdelsdorf und Fockbek waren dem Landrat so wichtig, daß er ausdrücklich den Hardesvogt selbst schickte. Seinem Bericht ist anzusehen, daß der Hardesvogt gewöhnt ist, Vorgänge zu analysieren, zu abstrahieren und in größere Zusammenhänge einzuordnen. Das gleiche gilt für den Klostervogt in Schönberg.

3. DIE OBJEKTE DER „OBSERVATION"

Die Berichte des Hardesvogtes in Hohn und des Klostervogtes in Schönberg lassen erkennen, welche Faktoren für die Obrigkeit bei der Beobachtung „socialdemokratischer Volksversammlungen" von Interesse waren:

---

26 Bericht in LAS 309/441.
27 Daß es der Klostervogt selbst ist, der das Schreiben verfaßt hat, ließ sich anhand des Namens (Henninger) aus dem „Provinzial-Handbuch für Schleswig-Holstein und das Herzogtum Lauenburg", Kiel 1871, ermitteln – die Gestaltung des Berichtes legte diese Vermutung nahe.
28 Nach Aufhebung des Sozialistengesetzes wurden in Kiel „socialdemokratische Versammlungen" vom „Criminal-Commissair" überwacht. Bericht d. Polizei-Präsidenten Kiel an Regierung in Schleswig v. 25.6.1892 in: LAS 309/441.

1. Die Akteure
   - Welchen sozialen bzw. beruflichen Stand hatten die Redner und Versammlungs-
     leiter? Welche agitatorischen Fähigkeiten besaßen sie? Aus welchen Orten
     stammten sie? Hatten sich schon Kristallisationspunkte dieser Bewegung ge-
     bildet?
   - Welcher sozialen Schicht waren die Zuhörer zuzuordnen? Waren die Zuhörer
     identisch mit der Anhängerschaft der Sozialdemokratie?
   - Welche Motive hatten die Wirte, die ihre Gasthäuser zur Verfügung stellten?
2. Die vorgetragenen Inhalte
   - Welcher Art waren die „Declamationen" der Redner? Wurden gegebene Ana-
     lysen dazu genutzt, zur Systemveränderung aufzurufen? Welche Forderungen,
     welche Polemiken wurden geäußert?
3. Wie wurde die Resonanz des Vorgetragenen bei den Zuhörern eingeschätzt?
   - Zeigte diese Resonanz – wenn vorhanden – längerfristige Wirkungen?
   - Welche Kreise der Bevölkerung unterstützten die aufkommende Bewegung?

Vielleicht hat 1873 noch kein derartiger, detaillierter Fragenkatalog des Regierungspräsidenten oder des Landrats vorgelegen, obwohl der Hardesvogt in Hohn sein
Schreiben nach eben diesen Kriterien abfaßt. Der Klostervogt in Schönberg beantwortet offensichtlich eine konkrete Anfrage des Plöner Landratsamtes, da er Punkt
für Punkt, „ad 1" bis „ad 7" vorgeht. Das Gettorfer Protokoll, das nur chronologisch
den Ablauf der Versammlung schildert, dürfte das vermutete Erkenntnisinteresse der
Schleswiger Regierung nicht völlig befriedigt haben.

3.1. Die Akteure

3.1.1. Die „Agitatoren"

Die beiden Volksversammlungen in Büdelsdorf und Fockbek im Januar/Februar
1873 wurden von dem „Arbeiter August Clemens Loßmann" in Rendsburg einberufen. Über seine weitere Funktion innerhalb der Zusammenkunft wird nichts gesagt;
in der Liste der Redner taucht er nicht auf.
   Vier Redner führt der Hardesvogt an: „Bliesman, Korbmachergeselle, in Arbeit
bei Kittler, Nienstadtstraße in Rendsburg; Wegener, Arbeitsmann (Packträger) beim
Getreidehändler Kühl in Rendsburg; Wieland, Arbeiter aus Rendsburg; Steinig,
Maurer, für den Winter Korbmacher, wohnhaft Gilde (Grüne) Straße in Rendsburg"[29].
   Es fällt auf, daß zwei der Redner Korbmacher waren. Ein Handwerk, das im
wesentlichen die manuellen Fähigkeiten beanspruchte und das auch akustisch eine
Diskussion der Arbeitenden zuließ, war offenbar ein guter Nährboden für sozialistische Agitatoren. Nicht zufällig waren solche Berufe in der Frühzeit der Arbeiterbewegung bei den Agitatoren überproportional vertreten: Die Zigarrenarbeiter in

---

29 Alle Zitate im Teil 3 sind den behandelten Berichten entnommen; vgl. Anm. 9–11.

Altona trugen die sozialdemokratischen Ideen in das ländliche Schleswig-Holstein[30], Sattler[31], Schneider[32] etc. hatten herausragende Positionen in der frühen sozialdemokratischen Bewegung inne. Für Loßmann und Wieland gibt der Hardesvogt nur „Arbeiter" an, es ist denkbar, daß sie Arbeiter der Carlshütte in Büdelsdorf[33] waren. Alle Sozialdemokraten wohnten in Rendsburg.

Zu den rhetorischen Fähigkeiten der Redner äußert sich der Hardesvogt sehr kritisch, sieht jedoch gleichzeitig, daß diese Fähigkeiten nicht den Ausschlag geben bei den betreffenden Zuhörern.

„Der Stand der Redner läßt es überflüssig erscheinen zu bemerken, daß die Vorträge nicht jenen Anforderungen betreffs der Wahl des Ausdrucks und der (auch nur grammaticalischen) Correctheit der Sprache gerecht werden, welche man so sehr gewohnt ist, an Redner vor großen Versammlungen zu stellen. Es erscheint dies aber ziemlich gleichgültig, da das Publicum bei den hier in Rede stehenden Verhandlungen Ansprüche solcher Art nicht erhebt. Mehr sollte freilich in Betracht kommen, daß den Vorträgen der logische Zusammenhang und den Behauptungen der Beweis ganz über die Gebühr mangelt; daß selbst durchweg die Widersprüche in den eigenen Behauptungen stark und unvermittelt zu Tage treten. Aber auch diese Mängel dürfen nicht all zu sehr veranschlagt werden. Weit mehr als durch ihren logischen Inhalt haben die Vorträge durch die bloße Macht des ausgesprochenen Wortes, und durch die Stärke der Declamation zu wirken. Es wird klar sein, daß der Eindruck auf ein Publicum, welches weder gewohnt noch befähigt ist über die logische Begründung von Aussprüchen während einer Rede sich Klarheit zu geben, vorzugsweise geleitet werden muß durch den Ton des Hasses und des Lobes, der Verachtung und der Bewunderung, welche nach dem wechselnden Gegenstand den laut und kräftig gesprochenen Behauptungen geliehen werden."

In der Volksversammlung in Gettorf im März 1873 war der „Vorsitzende" Mathai aus Kiel, der „Stellvertreter" Arbeiter Krei aus Gettorf. Die Redner – neben Mathai, der auch selbst sprach, noch Plitum und Schulz – waren ebenfalls aus Kiel. Offenbar war dem Gendarmen nur der Arbeiter aus Gettorf bekannt, nur bei ihm weiß er den Beruf anzugeben. In der Versammlung hatte Krei offenbar lediglich die Funktion, die

---

30 Vgl. Bruhns, a.a.O., S. 12 ff. Hans-Kai Möller, Zigarrenheimarbeiter in Altona-Ottensen 1865–1914. Zu den Auswirkungen der Arbeits-, Wohn- und Lebensverhältnisse auf ihre politische Orientierung, in: Arbeiter und Arbeiterbewegung in Schleswig-Holstein im 19. und 20. Jahrhundert, hrsg. von R. Paetau und H. Rüdel, Neumünster 1987 (SWSG, Bd 13), S. 51–96. Holger Rüdel, Landarbeiter und Sozialdemokratie in Ostholstein 1872 bis 1878. Erfolg und Niederlage der sozialistischen Arbeiterbewegung in einem großagrarischen Wahlkreis zwischen Reichsgründung und Sozialistengesetz, Neumünster 1986, (SWSG, Bd. 9), S. 130 f.
31 Friedrich Ebert (1871–1925).
32 Der führende Kieler Sozialdemokrat Stephan Heinzel (siehe unten). Die erste Berufsgruppe, die sich in Rendsburg 1889, noch vor dem Ende des Sozialistengesetzes, organisiert, sind die Schneider. Bericht des Landrats in Rendsburg an den Regierungspräsidenten, in LAS 309/12538.
33 Vgl. Anm. 25.

Präsenz der Sozialdemokratie in Gettorf zu demonstrieren; die Agitation lag voll in den Händen der Kieler Genossen.

Während der Hardesvogt die Redner und die Inhalte summarisch aufführt und nicht differenziert, läßt das chronologische Protokoll des Gettorfer Gendarmen die Kieler Sozialdemokraten Schulz und Mathai – richtig: Matthay[34] – als geübte Redner erkennen: Nicht nur, daß beide längere Redebeiträge hielten, Matthay war offenbar auch ein bewußter Rhetoriker, an manchen Stellen ließ er eine kleine Pause eintreten – vom Gendarmen als „kleine Stockung" protokolliert, also auch ihm als berichtenswert erscheinend –, die Anlaß gab, weiterzudenken, was nicht gesagt werden durfte:

„Er für seine Person ginge gar nicht zur Kirche, er hätte sich mit dem Prediger erzürnt und dürfte er sich nur nicht weiter darüber aussprechen es wäre aber gut, (: kleine Stockung :) ein jeder könne sich ja denken wie er wolle, (bravo)".

Und auch Schulz schien bereits einschlägige Erfahrungen mit den Überwachungsorganen zu haben, denn nachdem er die Versammlung bereits aufgehoben hatte, setzte er erneut an zu einer harten Anklage gegen den Gettorfer Pastor Heinsen, eine Anklage, die dann vom Polizei-Inspektor abgebrochen wurde – was von Schulz offenbar vorausgesehen worden war.

In Schönberg 1875 war der Hauptredner „Hasenclever, außer welchem noch eine zweite Persönlichkeit namens Heinzel, welcher aber jedenfalls zu den mehr Untergeordneten gehört, sich kurz hören ließ".

Über Hasenclever mußte der Klostervogt dem Landrat nichts mitteilen (Abb. 3). Hasenclever war bis 1875 Präsident des ADAV und in dieser Funktion schon mehrmals in der Provinz Schleswig-Holstein gewesen. Im September 1875 in Schönberg repräsentierte er, nach der Vereinigung von ADAV und SDAP zur SAP, die deutsche Arbeiterbewegung als deren Vorsitzender[35].

Daß Heinzel dem Klostervogt nicht bekannt war, erstaunt den heutigen Leser des Berichts, da Heinzel seit 1870 bereits eine bedeutende Rolle in Kiel spielte[36] (Abb. 4). Aber man muß sich vor Augen führen, wie die damaligen Kommunikationsverhält-

---

34 Otto Matthay war bis April 1869 Ortsbevollmächtigter des Lasalleaneschen Allgemeinen Deutschen Arbeitervereins (LADAV), einer Oppositionsgruppe des ADAV in Kiel, spielte aber auch nach der Vereinigung mit dem ADAV im Juni 1869 eine wichtige Rolle in Kiel. Vgl. Karl Rudolf Fischer, Stephan Heinzel und die Anfänge der Kieler Sozialdemokratie, in: Mitteilungen der Gesellschaft für Kieler Stadtgeschichte, Bd. 73, H. 3/4 (1987), S. 45–96.

35 Wilhelm Hasenclever, 1837–1889. – Alle Angaben zu Hasenclevers Werdegang aus: Franz Mehring, Geschichte der deutschen Sozialdemokratie. Zweiter Teil. Von Lassalles „Offenem Antwortschreiben" bis zum Erfurter Programm, 1863 bis 1891. 3. Aufl., Berlin 1980. – Zu Hasenclevers Besuchen in Kiel: 1871: Brecour, a.a.O., S. 16; 1872, 1875: Fischer a.a.O; vermutlich auch 1873 in Schleswig-Holstein zur Vorbereitung des Reichstagswahlkampfes (Wahl am 10.1.1874), da er im 8. Wahlkreis (Altona-Stormarn) kandidierte und auch gewählt wurde.

36 Stephan Heinzel. 1841–1899, vertrat die organisierte Kieler Arbeiterschaft seit 1872 auf allen wichtigen Generalversammlungen (z.B. beim Vereinigungskongreß Mai 1875 in Gotha); vgl. Fischer, a.a.O.

Abb. 3: Wilhelm Hasenclever
Photographische Vorlage aus: Archiv der sozialen Demokratie, Friedrich-Ebert-Stiftung,
Bonn-Bad Godesberg, Copyright by 240/87

nisse waren und daß Schönberg – abseits wichtiger Verkehrsverbindungen – 30 km
von Kiel entfernt lag. Der Landrat in Plön, zumindest jedoch der Regierungspräsident in Schleswig müssen Heinzel sehr genau einzuordnen gewußt haben, da Heinzel
in den Berichten der Kieler Polizei an die Regierung eine gewichtige Rolle spielte[37].
   Erstaunlich auch ist die Tatsache, daß der Vorsitzende der deutschen Arbeiterbewegung nach Schönberg kam, um dort zu agitieren. Heinzel, der vermutlich Hasenclevers Kundgebung organisiert hatte, konnte wohl mit einem sicheren Auditorium in
Schönberg rechnen. Offenbar war die Zuhörerschar grundsätzlich dort recht groß, da
der Klostervogt „ad 1" berichtet, daß „die Versammlung eine Fortsetzung oder
Wiederholung der im vorigen Jahre in socialdemokratischer Richtung abgehaltenen

---

37 Vgl. Fischer, a.a.O. und Berichte des Kieler Polizeipräsidenten in: LAS 309/441.

Abb. 4: Stephan Heinzel
Photo zur Verfügung gestellt von Karl-Rudolf Fischer, Privatbesitz

Versammlungen" war. So waren denn auch 90 bis 100 Personen zugegen, die Hasenclever hören wollten. In diesem Falle war allerdings die Resonanz offenbar weniger gut, zumindest aus der Sicht des Klostervogtes:

„Im Ganzen gewährte die Rede wenig Befriedigung und mehrere der Anwesenden, sonst ganz vernünftige Leute, erklärten mir, nicht verstanden zu haben, was Hasenclever gemeint und was er eigentlich durch seine Rede habe bezwecken wollen."

3.1.2. Die Zuhörer

„Zu Büdelsdorf war der Eindruck der Vorträge augenscheinlich matt. Die Versammlung war schwach besucht. Zu Fockbeck war auch der Eindruck der Vorträge kein stürmischer; doch erfolgten stellenweise Beifallsäusserungen. Ob diese von Kameraden, oder von noch nicht beigetretenen Zuhörern ausgingen, ließ sich nicht

313

Arbeitermarseillaise II

Text: Jakob Audorf
Musik: Rouget de Lisle: „Marseillaise"

1. Wohl-an, wer Recht und Wahr-heit ach - tet, zu uns-rer Fah-ne steh'zuhauf! Wenn auch die Lüg'uns noch um- nach-tet, bald steigt der Morgen hell herauf, bald steigt der Mor-gen hell her- auf! Ein schwerer Kampf ist's, den wir
wa-gen, zahl-los ist uns-rer Fein-de Schar! Doch ob wie Flammen die Ge-fahr mög'
ü -ber uns zusammen schla-gen, nicht zäh-len wir den Feind, nicht die _ Ge-fah-ren
all! Marsch,marsch,marsch, marsch,und sei's zum Tod, denn uns - re Fahn'ist rot!

1. Wohlan, wer Recht und Wahrheit achtet, / zu unsrer Fahne steh' zuhauf! /
Wenn auch die Lüg' uns noch umnachtet, / bald steigt der Morgen hell herauf! /
Ein schwerer Kampf ist's, den wir wagen, / zahllos ist unsrer Feinde Schar! /
Doch ob wie Flammen die Gefahr / mög' über uns zusammenschlagen, / nicht
zählen wir den Feind, / nicht die Gefahren all! / Marsch, marsch, marsch,
marsch, / und sei's zum Tod, / denn unsre Fahn' ist rot!

2. Von uns wird einst die Nachwelt zeugen, / schon blickt auf uns die Gegenwart. / Frisch auf, beginnen wir den Reigen, / ist auch der Boden rauh und
hart, / Schließt die Phalanx in dichten Reihen! / Je höher uns umrauscht die
Flut, / je mehr mit der Begeist'rung Glut / dem heil'gen Kampfe uns zu
weihen. / Nicht zählen wir den Feind ...

3. Auf denn, Gesinnungskameraden, / bekräftigt heut auf's neu den Bund, /
daß nicht die grünen Hoffnungssaaten / gehn vor dem Erntefest zugrund. / Ist
auch der Säemann gefallen, / in guten Boden fiel die Saat, / uns aber bleibt die
kühne Tat, / heil'ges Vermächtnis sei sie allen. / Nicht zählen wir den Feind ...

Abb. 5: Text und Noten der „Arbeitermarseillaise"
Aus: Karl Adamek, Lieder der Arbeiterbewegung, Frankfurt/Main 1981

314

bestimmen. Zu Fockbek war die Versammlung gut besucht, jedoch war ein großer Theil der Zuhörer angesessene Bauern, die aus Neugierde sich eingefunden hatten. Vor Beginn und nach Schluß der Versammlung wird ein Lied nach der Melodie der Marseillaise abgesungen." (Abb. 5)

Da der Hardesvogt für Fockbek die Bauern ausdrücklich erwähnt, die aus Neugierde gekommen waren, scheint ansonsten die Anwesenheit von Arbeitern das Normale in derartigen Versammlungen gewesen zu sein. In Büdelsdorf[38], Fockbek und Rendsburg wohnte der größte Teil der „c.a. 600 Arbeiter der Carlshütte", die der Hardesvogt erwähnt[39].

Über die Zusammensetzung der Zuhörerschaft in Gettorf wird leider nichts ausgesagt.

Der Klostervogt in Schönberg differenziert sehr genau:

„ad 5, die Versammlung, in welcher 90 bis 100 Personen zugegen waren, bestand hauptsächlich aus Gewerbetreibenden und Arbeitern, außerdem einer Anzahl Hufner und Lehrer, von welchen Letzteren mehrere vor der Versammlung die Absicht zu erkennen gaben, opponierend aufzutreten, dies aber aufgaben, als nichts vorgebracht wurde, welches von ihnen der Widerlegung werth gehalten wurde."

Aus den weiteren Ausführungen des Klostervogts, in der er den Einfluß sozialdemokratischer Agitatoren einschätzt, wird deutlich, daß die Arbeiter Landarbeiter sind und die Hufner deren bäuerliche Arbeitgeber. Unter „Gewerbetreibende" dürften sowohl Handwerker als auch Händler zu verstehen sein.

Der Klostervogt in Schönberg befriedigt auch ausführlich das Informationsbedürfnis des Landrats zu einem möglichen Sympathisantenkreis der Sozialdemokratie – zu den Wirten, die ihre Lokale zur Verfügung stellten:

„ad 2, die Versammlung fand bei dem Wirth Heinrich Heuer statt. Der Wirth ist zwar vor vielen Jahren und zwar vor dem Jahre 1853, in welchem ich meinen Dienst antrat, mit einer Anzahl anderer Personen in einer Strandungsangelegenheit bestraft, hat sich aber während meiner Dienstzeit keines Vergehens schuldig gemacht und ist namentlich in politischer Hinsicht vollkommen indifferent. Ihm ist es lediglich um den Verdienst zu thun und eine jede Versammlung in irgend welcher politischer Richtung wird ihm gleich willkommen sein. Im Besitze seines Grundstückes, mit welchem das Realrecht zur Betreibung der Wirtschaft seit unerdenklichen Zeiten verbunden gewesen, ist Heuer seit vielen Jahren, eine Concession hat er bei Einführung der Preußischen Gesetzgebung im Jahre 1867 erhalten."

Die Absicht des Klostervogts, den Wirt auf keinen Fall als Sympathisanten erscheinen zu lassen und auch deutlich zu machen, daß keine rechtliche Handhabe gegeben ist, dem Wirt sein Gewerbe zu verbieten, läßt auf eine entsprechende Anfrage des Landrats schließen. Vielleicht hatte der Landrat sondiert, auf welche Weise Druck auf den Wirt ausgeübt werden könne, um zukünftige Versammlungen

---

38 Das Bauerndorf Büdelsdorf entwickelte sich seit 1827 um die Carlshütte herum zu einem industriell geprägten Flecken. Vgl. 125 Jahre Carlshütte, Rendsburg 1952, S. 5–25.
39 Vgl. 3.3. „Resonanz".

zu unterbinden, wie es später, insbesondere nach Aufhebung des Sozialistengesetzes gang und gäbe war[40].

3.2. Die vorgetragenen Inhalte: Analysen – Forderungen – Polemik

„Folgende Hauptthesen bildeten den Gegenstand der gehaltenen Vorträge:

—— Der Arbeiterstand macht an der gesamten Bevölkerung den weitaus überwiegenden Theil aus (ungefähr 96 Prozent). Daher die gute Aussicht, bei Einmüthigkeit über entgegenstehende Interessen zu siegen.
—— Der Arbeiter ist dem sog. ehernen ökonomischen Lohngesetz verfallen; sein Erwerb kann nicht ergiebiger werden (Folge: behäbigeres Leben, mehr Ehen, größere Vermehrung; Angebot der Arbeit die Nachfrage übersteigend) noch sich verschlechtern (Folge: Elend, Hunger, Siechtum, Verminderung der Ehen; Verminderung der Population; Nachfrage größer als Angebot)
—— Das eherne ökonomische Lohngesetz befriedigt nicht, dem Capital fließt zu großer Part der geschaffenen Werthe zu. Eine bessere Lage würde die Emancipierung der Arbeit vom Capital geben.
(Staatshülfe, Arbeitsassociation; Ertragsvertheilung; Vermeidung der Ueberproduction, welche den Ertrag ungewiß macht und zum großen Theil vereitelt.
—— Reform der Presse. Die gegenwärtige Presse ist nicht mehr unpartheiisch; sie ist ihrer Aufgabe, erhabene Lehrerin des Volkes zu sein, entfremdet. (Annoncengeschäft ist Lebensbedingung geworden, – Annoncen, Geschäfte, Begüterte; – Gravitation der Zeitungsproduction nach Zeilen, welche das Interesse der Capitalisten anzeigt. Einziges lesenswerthes, noch nicht demoralisiertes Blatt: Socialdemokrat.)
—— Reform der Schule. (Die Schule soll, soweit ich die Vorträge verstanden habe, mehr als bisher leisten können, wenn die Lehrmethode freier gestellt, und die Disciplinen, nach Bedürfnissen des Arbeiterstandes praktischer bemessen werden, wenn die Verwendung des Schulkindes zu Fabrikarbeiten, bez. zu jeder Arbeit unbedingt aufhört etc.)
—— Reform der Steuern. (Sog. indirecte Steuern; deren großer Umfang; Salzsteuer; der geringe Arbeiter brauche mehr Salz als der Wohlhabende; Tabaksteuer; was es würde, wenn ein Pfund „Stinktabak" . . . [und] . . . ein Pfund feinerer Tabak . . . mit je 4 x Steuer belegt werden.) Nöthig sei progressive Vermögens-(Einkommens-)-steuer als einzige Besteuerung.
—— Reform der Wahlgesetzgebung. (Besser 20tes Lebensjahr als Grundlage des Wahlrechts denn 24tes Jahr. Wünschenswerth: Vermehrung der Wahlen von Selbstarbeitern, Socialdemokraten, Arbeiterfreunden.)"[41]

Der Hardesvogt in Hohn, der bei den Versammlungen in Büdelsdorf und Fockbek selbst anwesend war, dürfte der verläßlichste Zeuge für die Wiedergabe der Inhalte sein, er differenziert bereits Analysen und Forderungen in den vorgetragenen Reden.

---

40 Vgl. Anm. 3 und 4.
41 Die Forderungen entsprachen dem Wahlkampfprogramm des ADAV zur Reichstagswahl am 3. März 1871 (Regling, a.a.O., S. 141).

Ob die Redner sie gleichermaßen strukturiert ausgedrückt haben, steht sehr zu bezweifeln. Das Gettorfer fast „Wort"-Protokoll zeigt, daß die Redner Persönliches, Forderungen, Analysen und Polemiken kräftig mischten – so der Redebeitrag des zweiten Redners:

„Redner Schulz giebt sich als Arbeiter kund, er sei von Jugend auf Arbeiter gewesen, er wisse am besten wie den Arbeitern der Schuh drückt, einer wer nicht Arbeiter ist und gehungert und gedürstet hat kann solches auch nicht wissen daher lege er jeden Arbeiter ans Herz sich an der bevorstehenden Reichstagswahl sich besser zu betheiligen wie bisher, da der Arbeiterstand der größte im Staate ist, so würden sich leicht einen Abgeordneten wenn auch noch nicht diesmal aber doch später wenn sie alle vereint dahin strebten, sie sollen sich nicht von ihren Arbeitgebern überreden lassen, den und den zu wählen, ein jeder solle sich genau überzeugen, daß ihre Namen in der ausgefertigten Wahlliste stehen, es sei vorgekommen wie ein Bauer in Flintbek seinen Knecht das eine Auge ausgeschlagen weil er nicht den gewählt habe welchen er ihm vorgeschlagen."

Rhetorisch geschickt ist diese Mischung zusammengesetzt: Zuerst stellt Schulz eine Vertrauensbasis zwischen den Zuhörern und sich her, anschließend konfrontiert er sie mit einer Forderung, die er als leicht umsetzbar nahelegt, da er ihnen ihre (zahlenmäßige) Stärke vor Augen hält. Aber die Kenntnis allein mobilisiert noch nicht, deshalb soll das Beispiel des Bauern aus Flintbek das Quantum Emotion hinzufügen, das zum Solidarisierungsprozeß nötig ist.

Ähnlich macht es auch Redner Matthay.

In Gettorf fehlen Thesen zum „ehernen ökonomischen Lohngesetz" – vielleicht unterschlägt aber der Protokollant sie auch, weil er sie nicht verstanden hat – und zur Presse. Auch werden zwar die Mißstände im Schul- und Steuerwesen angeprangert, aber keine konkreten Forderungen an den Staat formuliert.

Dagegen findet man in den vom Hardesvogt zusammengefaßten Reden in Büdelsdorf und Fockbek nicht die Angriffe gegen die Kirche, die in Gettorf einen großen Raum einnehmen, begünstigt dadurch, daß sich dort gerade ein Fall ereignet hat, bei dem die Redner davon ausgehen können, das er allgemeine Empörung erregt: ein Pastor hatte die „Leichenrede" für einen Arbeiter verweigert; er hatte vorgegeben, krank zu sein, aber auch nicht zugelassen, daß ein Kollege statt seiner die Grabrede hielt. Dieses Beispiel, das jeder Gettorfer Arbeiter nachvollziehen kann und das auch ihn selbst bedroht, wird sicher deshalb besondere Betroffenheit hevorgerufen haben, weil es in seinem direkten Umfeld und nicht in unbekannter Ferne stattgefunden hat wie etwa die betrügerischen finanziellen Manipulationen eines Geheimrats Wagner, von denen Schulz berichtet. Dabei zeigt sich ein scheinbarer Widerspruch in den Äußerungen der Redner: Einerseits polemisieren sie gegen die Kirche, andererseits nutzen sie das *religiöse Empfinden* der Zuhörer, das den Gedanken an ein Begräbnis ohne kirchlichen Segen fast unvorstellbar erscheinen läßt, zur Mobilisierung gegen die Institution Kirche – aber nicht zur Polemik gegen die Religion an sich.

Deutlich wird, daß es vor allem darum geht, ein emotional bedingtes Gefühl der gemeinsamen Betroffenheit und des Ausgeliefertseins gegenüber der Willkür der Herrschenden in Staat und Kirche zu schaffffen und damit einen Solidarisierungsprozeß in Gang zu setzen, wie es auch die folgenden Beispiele des Redners Matthay zeigen:

„ferner hebt Mathai noch hervor, daß größtenteils der Arbeiterstand Soldat würde. von den Reichen wenige wie daß so zu ginge (kleine Stockung:) die Arbeiter wären es auch die im Jahre 1866 und 1870 gesiegt nicht die Generäle sondern die Soldaten, mit den Beamten geht es auch so, die niedrigen die am meisten zu thun haben werden am schlechtesten besoldet, mit Ausnahme Bismark der soll ja viel zu thun haben (: kleine Stockung :) weiß es aber nicht."

Über den Inhalt der Hasencleverschen Rede weiß der Klostervogt in Schönberg nicht viel zu berichten – vermutlich, weil er nicht selbst anwesend war und sein Gendarm und sein Polizeidiener wohl auch zu den „Anwesenden, sonst ganz vernünftige Leute" gehörten, die nicht verstanden hatten, was Hasenclever gemeint hatte.

„Gegenstand der Hasencleverschen Rede war das Mißverhältnis zwischen Capital und Arbeitslohn, wobei er den gegenwärtigen Zustand der Arbeiter als Lohnsclaverei bezeichnete und denselben mit der Leibeigenschaft verglich. Mittel zur Abänderung dieses Zustandes gab der Redner nicht an, betonte aber, daß ein besserer Zustand nur auf gesetzlichem Wege erreicht werden dürfe."

Daß Hasenclever in diesem ländlichen Teil Schleswig-Holsteins vor Landarbeitern zur Veranschaulichung den Vergleich mit der Leibeigenschaft brachte, ist nicht verwunderlich, da er Söhne und Enkel von Leibeigenen vor sich hatte und manche seiner Zuhörer „Eingewanderte aus den benachbarten Gütern", Verhältnissen entflohen waren, die der Leibeigenschaft nicht so unähnlich waren. Einer Veränderung dieses Zustandes „nur auf gesetzlichem Wege" dürfte die Forderung nach Wahlrechtsreform bzw. die Aufforderung zur Wahlbeteiligung entsprochen haben, die in den Versammlungen in Büdelsdorf, Fockbek und Gettorf geäußert worden waren. Sehr deutlich bewegte sich die Sozialdemokratie in den beschriebenen Versammlungen auf dem Boden der Lassalleschen Forderung der Veränderung der Gesellschaft über Wahlen – von einer revolutionären Systemveränderung konnte jedenfalls keine Rede sein.

3.3. Die Einschätzung der Resonanz der sozialdemokratischen Volksversammlungen

Während der Hardesvogt in Hohn den Vorträgen in Büdelsdorf und Fockbek wenig Wirkung zumißt, konstatiert er jedoch:

„Wie ich von dem Director Meyn auf der Carlshütte erfahren habe, sind von den ca. 600 Arbeitern des Eisenwerks gegen 300 Mitglieder des allgemeinen Arbeiterunterstützungsvereins geworden. Die Vorträge enthielten keine Aufforderung zum Beitritt des allgemeinen Arbeiterunterstützungsvereins. Es steht auch sonst nicht fest, daß die Vorträge in Büdelsdorf und Fockbeck zu jenem Resultat geführt haben; die Einwirkung auf die Arbeiter der Carlshütte durch deren Verkehr in Rendsburg, wo ein beträchtlicher Theil gerade der ledigen und fremden Arbeiter wohnt, ist sehr in Betracht zu ziehen."

Interessant ist, daß das Unruhepotential von dem Hardesvogt in Rendsburg gesehen wird. Offenbar bot die Stadt Rendsburg solchen Arbeitern Unterbringungsmöglichkeiten, die in den Dörfern kaum vorhanden waren. Die Häuser des „Marienstiftes", zwischen 1841 und 1848 bzw. 1856 bis 1859 von der Carlshütte in Büdelsdorf errichtet[42], waren für Schlaf- und Kostgänger zu klein[43]. Da billige Wohnmöglichkeiten wie in Rendsburg zumeist nur ein Vegetieren ermöglichten[44] – anders läßt sich auch die Attraktivität der kleinen Werkswohnungen nicht erklären[45], da diese ja auch soziale Abhängigkeiten zum Werk schafften – waren die dort lebenden Arbeiter sicher anfälliger für die sozialdemokratische Agitation als die Arbeiter in den Dörfern, die vielfach bäuerlicher Herkunft und nicht in gleicher Weise aus der Kontinuität der Lebensumstände herausgerissen waren wie die fremden, aus dem ganzen Reich angeworbenen Arbeiter.

Den allgemeinen Arbeiter-Unterstützungsverein setzt der Hardesvogt offensichtlich in Beziehung zur Sozialdemokratie. Wenn tatsächlich 50 % der Belegschaft der Carlshütte der Sozialdemokratie zuzurechnen wären, so wäre das für 1873 auch für Schleswig-Holstein ein sehr hoher Organisationsgrad.

Für den Hardesvogt ist dies ein Grund zur Beunruhigung, verbunden mit der Sorge, daß die Direktion der Carlshütte den Einfluß auf ihre sozialen Einrichtungen kampflos der Arbeiterbewegung überlassen könne.

„Auf der Carlshütte bestehen seit 1838 eine Unterstützungs- und eine Pensionskasse in guten Umständen. Der Direction des Eisenwerks steht statutmäßig eine hervortretende Einwirkung auf die Mittel der Unterstützungskasse zu, der bisher jeder Arbeiter des Werks anzugehören hat. Diese Kasse hat zur Zeit ein Vermögen von ca 6700 M. Nach den Aeusserungen des Directors Meyn läßt sich annehmen, daß die Direction ihren Anteil an der Gewalt über jene Kasse freiwillig preisgeben wird, ehe ein lautes Verlangen darnach von Seiten der Arbeiter erfolgt.

Ich habe dem Herrn Director Meyn nicht verhehlt, daß ich dies Verhalten für wenig wünschenswerth halte und die Notwendigkeit desselben nicht erkenne. Es wird aber von der Direction und, wie es scheint, noch mehr vom Verwaltungsrath, dessen Hauptglieder den Wohnsitz in Hamburg haben, für sehr wichtig gehalten. Conflictsursachen schon aus der Ferne zu begegnen, und selber keinen Anstoß zur Erörterung von Strikefragen zu geben. Die Wahrung des Einflusses auf die Unterstützungskasse der Fabrik erscheint denselben zu untergeordnet, um daran Geschicklichkeit und Kräfte mit der Agitation zu messen und das bis jetzt freilich noch völlig friedliche Verhältnis zwischen der Actiengesellschaft und den Arbeitern auf die Probe zu stellen.

42 Vgl. Antje Kraus, Wohnverhältnisse und Lebensbedingungen von Hütten- und Bergarbeiterfamilien in der zweiten Hälfte des 19. Jahrhunderts. Die Arbeitersiedlungen der Carlshütte in Büdelsdorf (Rendsburg) und die Zeche Rheinelbe/Alma in Ückendorf (Gelsenkirchen), in: Arbeiter im Industrialisierungsprozeß, Herkunft, Lage und Verhalten, hrsg. von W. Conze und U. Engelhardt, Stuttgart 1979, S. 166 ff.

43 „In den 44 Wohnungen des Marienstiftes lebten . . . 1860 200 Personen: 43 Ehepaare, ein Witwer, 99 Kinder, sowie „11 Angehörige und 3 Kostgänger". Antje Kraus, a.a.O., S. 168, Das dürfte 1873 nicht anders gewesen sein.

44 Auch zu Beginn dieses Jahrhunderts, noch in den 20er Jahren, war die Wohnsituation für Arbeiter in Rendsburg katastrophal, so daß Werkswohnungen heiß begehrt waren. Interviews der Verfasserin mit dem Ehepaar Brücker, Büdelsdorf 1985.

45 So auch Antje Kraus, a.a.O., S. 170.

Den socialdemokratischen Volksversammlungen hält sich die Leitung der Carlshütte anscheinend sehr fern."

Insbesondere im letzten Satz werden die Sorgen der Obrigkeit sehr deutlich. Wenn
schon der wachsende Einfluß der sozialdemokratischen Bewegung und die passive
Haltung der Leitung der Carlshütte mit Argwohn betrachtet werden, eine Zusammenarbeit der Hütte mit den Sozialdemokraten würde den Grad der Beunruhigung
stark erhöht und vermutlich Sanktionen der staatlichen Organe nach sich gezogen
haben[46].

Der Gettorfer Gendarm gibt keine Einschätzung der Wirkung, die die Reden der
Kieler Sozialdemokraten 1873 in Gettorf hinterlassen haben. Er protokolliert lediglich zweimal „Bravo"-Rufe der Zuhörer.

So gering der Klostervogt die Resonanz der „Volksversammlung" im September
1875 mit Hasenclever einschätzt, so gering sieht er auch die Einwirkungsmöglichkei-
ten der Sozialdemokratie in der Probstei:

„ad 7, Agitatoren der socialdemokratischen Partei sind hier seit längerer Zeit nicht
wahrnehmbar gewesen. Es stehn aber jetzt mehrere ähnliche Versammlungen wie die
hier abgehaltene, bevor. Im Ganzen ist hier in der Tat kein Feld für derartige
Agitationen, vermutlich unter dem eigentlichen Arbeiterstande, und würde es noch
weniger sein, wenn der Hufner, welcher hier als Capitalist gilt, einsehen lernte, daß es
nicht allein hinreicht, den Arbeiter gut zu bezahlen, sondern daß dieser auch das
Bedürfnis fühlt, wenn er seine Arbeit gut verrichtet hat, dies gewürdigt zu sehen. Daß
dies nicht geschehe und daß der Arbeiter nach Verrichtung schwerer Arbeit nur
ausnahmsweise ein Wort der Zufriedenheit von seinem Arbeitgeber hört, ist eine
Klage, welche ich häufig höre. Der hier geborene Arbeiter ist aber im Allgemeinen zu
ruhig und zu sehr auf den Erwerb angewiesen, als daß er sich mit Dingen abgeben
sollte, welche nur mit Verlust der ihm kostbaren Zeit verbunden sind, die er nicht
versteht und die kennen zu lernen, er nicht der Muße werth hält. Wenn sich
dessenungeachtet hiesige, den unteren Classen angehörige Personen vor den Wahlen,
namentlich den Reichstagswahlen im socialdemokratischen Sinne betheiligen, so
mögen darunter zwar Probsteier sein, es sind dies aber hauptsächlich solche, welche
den Hufnern zeigen wollen, daß es Verhältnisse giebt, in welchen sie von ihnen nicht
abhängig sind und gewißermaßen den Hufnern zum Trotz ihre Stimme abgeben.
Hauptsächlich sind es aber Eingewanderte aus den benachbarten Gütern, welche in
der Probstei eine größere Freiheit zu genießen glauben als in ihrer eigenen Heimath
und nun die Gelegenheit ergreifen, um diese durch die That zu beurkunden. Es giebt
hier, seitdem ein größerer Theil der Bevölkerung, namentlich von dem Arbeiter-

---

46 Die Haltung der Hütte zur Sozialdemokratie bleibt in den späteren Jahren keineswegs so
passiv. 1912 war die „Aktien Gesellschaft der Hollerschen Carlshütte/Rendsburg" Mitglied
im „Reichsverband gegen die Sozialdemokratie" – Mitgliedsbeitrag 100 Mark; aus: LAS
406.10 (Archiv d. Carlshütte), Nr. 1082. – Im übrigen war die Sorge des Hardesvogtes
bezüglich des Rendsburger Einflusses auf die Arbeiter der Carlshütte nicht unberechtigt;
am 18. Oktober 1875 meldet der Landrat, daß „in der Stadt Rendsburg ein socialdemokratischer Verein besteht, welcher 270 Mitglieder (!) zählt"; aus: LAS 309/441.

stande, nach den Vereinigten Staaten von Nordamerika ausgewandert ist, eine bedeutende Zahl solcher Eingewanderten, welche thätige und tüchtige Arbeiter sind, hinsichtlich ihrer Bildung und Urtheilsfähigkeit aber hinter den hiesigen Arbeitern ziemlich zurückstehen."

Bemerkenswert ist die psychologische Betrachtungsweise des Klostervogts zur Mentalität der Landarbeiter. Auch er sieht im übrigen das Bevölkerungspotential, auf das die Sozialdemokratie Einfluß ausüben kann, in den „Eingewanderten", also in den nicht seit Generationen Seßhaften. „Einwandern" bedeutet in diesem Falle zwar nur das Wandern einiger Kilometer – das Verlassen der engeren Heimat zugunsten größerer Freiheit und wohl auch ökonomischer Vorteile zeugt jedoch von einer stärkeren geistigen Mobilität, so daß das Urteil des Klostervogtes, daß sie „hinsichtlich ihrer Bildung und Urtheilsfähigkeit aber hinter den hiesigen Arbeitern ziemlich zurückstehen", doch stark in Zweifel gezogen werden muß.

4. RESUMEE

Nicht anders als im übrigen Reich ließ das Wachsen einer Bewegung, die letzlich eine Veränderung der Gesellschaftsordnung erstrebte, auch die Obrigkeit in Schleswig-Holstein ein wachsames Auge auf diese Bewegung haben – auch wenn die lassalleanisch geprägten Sozialdemokraten in dieser Provinz eine Veränderung nur über den nicht-revolutionären Weg, über die Erringung der Macht durch Wahlen erstrebten.

Eine besondere Aufmerksamkeit zogen wohl die ersten industriellen Zentren auf sich, da dort die Sozialdemokratie den günstigsten Boden für ihre Agitationen fand – unter den drei vorgestellten Beispielen der Raum um die Carlshütte in Büdelsdorf. Nicht zufällig legte der Landrat Wert darauf, daß der Hardesvogt selbst die Observation ausführte.

Dennoch können diese drei Beispiel aus der Zeit vor dem „Sozialistengesetz" nur einen Streiflicht-Charakter haben – eine systematischere Erforschung dieser Zeit sollte sich anschließen.

Die Reichstagswahlen 1871 bis 1878 – für die Sozialdemokratische Partei abgegebene Stimmen in Schleswig-Holstein und im Wahlkreis 7 (Kiel-Rendsburg-Plön)

	3.3.1871	10.1.1874	10.1.1877	30.7.1878
Wahlberechtigte	214 693	224 754	232 761	236 645
gültige Stimmen	91 825	141 354	150 763	149 320
SPD-Stimmen in:				
Schleswig-Holstein	11 182	44 953	43 720	29 306
Wahlkreis 7	2 891	7 303	8 610	7 106

Quelle: Statistik des Deutschen Reiches, Bde 14 und 37

Gerd Krämer

Frühe Arbeiterbewegung und Arbeiterbildung in Altona

1. EINLEITUNG

Arbeiterbewegung und Arbeiterbildung stellen einen engen Zusammenhang dar[1]. Dies hat Eckhard Dittrich mit seinem Begriffspaar funktionale und intentionale Bildung aufgezeigt. Die Arbeiterbewegung hat funktionale Bildungsqualität, d. h. kollektiv angeeignetes Erfahrungswissen wird in politische Handlungen und organisatorische Strukturen umgesetzt. Hierin vermitteln sich kollektive Lernprozesse. Intentionale Bildung, also „planmäßige erzieherische Maßnahmen und Einrichtungen, die explizit für diese Aufgaben geschaffen wurden", ist ein zweiter Strang von Lernen in der Arbeiterbewegung[2]. Dittrichs Konzept bildet den theoretischen Rahmen für diese Darstellung.

Institutionen zur Verbesserung der formalen Bildung von Handwerkern entstanden in Altona schon zu Beginn des 19. Jahrhunderts. Politisch wurde diese Bewegung nach 1848. Neu entstandene Vereine stellten den organisatorischen Zusammenhang zur sich konstituierenden Arbeiterbewegung her, der auch die Zeit der informellen Fortexistenz der Arbeiterbewegung in der Reaktionsphase der 1850er Jahre überdauerte. Sozialistische Theorie tradierten in dieser Zeit in Altona hauptsächlich Zigarrenmacher, die als Anhänger Wilhelm Weitlings galten. An diese Tradition knüpfte 1863 auch in Altona der Allgemeine Deutsche Arbeiterverein (ADAV) Ferdinand Lassalles an. Den in dieser Partei engagierten Arbeitern boten sich neue Lernfelder, die in gewerkschaftlicher Tätigkeit und in Aktivitäten in den Wahlkämpfen der 70er Jahre lagen. Die Traditionslinie soll im folgenden aufgezeigt und den veränderten Bedingungen durch den ADAV nachgegangen werden.

Die wirtschaftliche Entwicklung Altonas wird nur kurz skizziert. Gefördert durch die Regierung des dänisch-schleswig-holsteinischen Gesamtstaats, erlebte die Stadt bis zu den Napoleonischen Kriegen eine wirtschaftliche Blüte. Von der durch die Kontinentalsperre einsetzenden Krise hat sie sich auch während der Industrialisierung nicht erholt. Nachdem Altona 1853 bei der Schaffung der Zolleinheit des

---

1 Karl Birker, Die deutschen Arbeiterbildungsvereine 1840–1870, Berlin 1973. Zu Schleswig-Holstein s. S. 96 ff. Peter Krug, Gewerkschaften und Arbeiterbildung von ihren Anfängen bis zur Weimarer Republik, Köln 1980, S. 93 ff. Hildegard Feidel-Mertz, Zur Ideologie der Arbeiterbildung, Frankfurt 1972.
2 Eckhard Dittrich, Arbeiterbildung und Arbeiterbewegung im 19. Jahrhundert, Bensheim 1980, S. 3. Vgl. auch die Besprechung von Arno Herzig in IWK 3 (1983), S. 464 ff.

323

dänischen Gesamtstaates zum Zollausland erklärt worden war, wechselten die meisten größeren Betriebe in das benachbarte Ottensen. Hier siedelten sich die innovativen Betriebe der Metallindustrie, Glashütten und die Zigarrenfertigung an. Ottensen wurde zu einem industriellen Zentrum in Schleswig-Holstein. Die Altonaer Wirtschaft dagegen blieb bis zur Eingemeindung Ottensens 1889 kleingewerblich strukturiert[3]. Für die Geschichte der Arbeiterbewegung allerdings läßt sich der Stadtkreis Altona – Ottensen als eine Einheit begreifen, in der gemeinsam gehandelt wurde, obwohl die Gemeinden zu unterschiedlichen Wahlkreisen gehörten.

2. FRÜHE ARBEITERBILDUNG

Erste systematische Bildungsbestrebungen für Handwerker entstanden in Altona schon zu Beginn des 19. Jahrhunderts. Seit 1801 existierte in der Stadt eine Sonntagsschule für Handwerker, die auf Bestreben von Pastor Nicolaus Funk gegründet worden war[4]. Gedacht war diese Sonntagsschule nicht als Ersatz für die Volksschule, sondern die Teilnehmer sollten in Fähigkeiten unterrichtet werden, die ihnen im späteren Arbeitsleben nützlich sein würden. Personen, die die Sonntagsschule als Fortbildungsschule nutzen wollten, weil sie fühlten, „daß sie in ihren Schuljahren mehr hätten lernen müssen", waren ebenfalls im Unterricht zugelassen[5]. Gezahlt werden mußte ein durch die Schulstatuten bestimmtes Eintrittsgeld. Bei der Eröffnung im Jahre 1801 betrug die Zahl der Schüler nur zehn, stieg aber bis in die 1850er Jahre auf durchschnittlich 300 Teilnehmer im Jahr an[6]. Unterrichtet wurde in dieser Zeit von Handwerksmeistern freies Handzeichnen, Rissemachen und Modellieren. Allgemeinbildender Unterricht war in den 1830er Jahren zunächst eingestellt worden. Allerdings nahm man dieses Angebot wieder in den Fächerkanon auf. Auf Einfluß des Altonaer Gewerbevereins, eines Zusammenschlusses von Handwerksmeistern,

3 Zur Wirtschaft von Altona und Ottensen vgl.: Ausstellungsgruppe Ottensen (Hrsg.), Ottensen – Zur Geschichte eines Stadtteils, Hamburg 1982. Hans-Kai Möller, Altona-Ottensen. Rauchende Schlote, blauer Dunst und rote Fahnen, in: Urs Diederichs (Hrsg.), Schleswig-Holsteins Weg ins Industriezeitalter, Hamburg 1986. Elisabeth von Dücker, Ein fast vergessenes Kapitel Altonaer Industrie- und Arbeitergeschichte – Anmerkungen zur Geschichte der Glasmacher und der Glasindustrie in Ottensen (1850–1930), in: Rainer Paetau und Holger Rüdel (Hrsg.), Arbeiter und Arbeiterbewegung in Schleswig-Holstein im 19. und 20. Jahrhundert, Neumünster 1987 (SWSG 13), S. 51 ff.
4 J. G. Chr. Schaar, Die Altonaer Sonntagsschule nach ihrer Entstehung und Entwicklung, in: Jbb. f. Landeskunde 1858, S. 33–77. Zum Altonaer Schulwesen s. Bericht über die Gemeinde-Verwaltung der Stadt Altona in den Jahren 1863 bis 1900, 3. Teil, Altona 1906, S. 1–94. Ingrid Vesper, Sittsam und Bescheiden. Lebensperspektiven von Frauen in Altona in der ersten Hälfte des 19. Jahrhunderts, Hamburg 1986, S. 13–23.
5 Nicolaus Funk, Geschichte und Beschreibung des Waisen-, Schul- und Arbeitshauses in Altona, Altona 1803, S. 226.
6 Schaar, S. 51.

entwickelte sich die Sonntagsschule nach 1850 zu einer Institution der beruflichen Bildung in der Stadt[7].

Als eigentlicher Arbeiterbildungsverein in Altona kann der 1846 entstandene „Feierabendverein" bezeichnet werden. In den ersten zwei Jahren seines Bestehens war Zweck des Vereins, „zünftigen und unzünftigen Gewerbsgehülfen . . . Gelegenheit und Mittel zu bieten, ihre freie Zeit auf eine nützliche Weise, namentlich zur Aneignung und Vermehrung der nothwendigen Kenntnisse für das bürgerliche Leben, sowie zur Bildung und Veredlung von Geist und Herz zu verwenden"[8]. Im September 1848 wurden die Statuten des Feierabendvereins rediviert. Er hatte nun zum Ziel, die „sittliche, wissenschaftliche und politische Bildung unter den Arbeitern zu befördern"[9]. Der Verein besaß 1854 eine eigene Bibliothek, die für Bildungsaufgaben genutzt wurde[10]. Seine Mitglieder mußten einen monatlichen Beitrag von acht Schillingen entrichten und konnten dafür an Kursen in Schreiben, Rechnen, Zeichnen, Geometrie usw. teilnehmen. Zum regelmäßigen Veranstaltungsprogramm gehörten Diskussionen und Redeübungen der Mitglieder. Anders als die Sonntagsschule, die ein handwerkliches Fortbildungsinstitut geworden war, war der Feierabendverein eine Institution, die notwendige elementare und politische Bildung miteinander verknüpfte. Dies zeigt seine enge Verbindung zur 1848 gegründeten „Allgemeinen deutschen Arbeiterverbrüderung". Dieser erste nationale Zusammenschluß von Handwerker-, Arbeiterbildungsvereinen und entstandenen Gewerkschaften trat programmatisch für gesellschaftliche Reformen ein, die den Arbeitern Gleichberechtigung auf politischem Gebiet bringen sollten[11]. Neben sozialpolitischen Forderungen war der Gedanke einer allgemeinen Verbesserung der Bildung eine zentrale Position der Arbeiterverbrüderung:

„Zur wissenschaftlichen Ausbildung resp. Fortbildung der Arbeiter im Allgemeinen tragen Arbeitervereine und zu errichtende Volksbibliotheken bei. Um jedoch neben der wissenschaftlichen auch die industrielle Ausbildung zu fördern, hat das Statut für die Errichtung von technischen Bildungsanstalten zu sorgen".[12]

Für die Mitglieder der Arbeiterverbrüderung war Bildung eine Garantie für die Umgestaltung der politischen und sozialen Verhältnisse der Gesellschaft. Gleichzeitig vermittelte sie durch den Zusammenhang in Vereinen ein geselliges Moment, das die Solidarität der Mitglieder untereinander hervorrief.

Die örtlichen Mitglieder der Arbeiterverbrüderung waren in Komitees organisiert. Präsident des Altonaer Lokalkomitees wurde der Möbeltischlergeselle G. A. Hir-

---

7 Schaar, S. 67. Das Maleramt war das erste Amt, das den Unterricht in der Sonntagsschule für seine Lehrlinge als verbindlich erklärte.

8 Altonaisches Adress-Buch für 1848, S. 199.

9 Altonaisches privilegiertes Adreßbuch für 1850, S. 173.

10 Altonaisches Adreßbuch für 1854, S. 150.

11 Frolinde Balser, Sozial-Demokratie 1848/49–1863. Die erste deutsche Arbeiterorganisation „Allgemeine deutsche Arbeiterverbrüderung" nach der Revolution, Stuttgart 1962, S. 203. Dittrich, S. 157 ff.

12 Beschlüsse des Berliner Arbeiterkongresses. Abdruck bei Max Quarck, Die erste deutsche Arbeiterbewegung. Geschichte der Arbeiterverbrüderung 1848/49, Leipzig 1924, S. 361.

schoff. Während seiner Wanderzeit war er 1840 in Paris Mitglied des Bundes der Gerechten geworden. Seine Zugehörigkeit zum Bund der Kommunisten zu Beginn der 1850er Jahre ist umstritten. Mit zur Leitung des Komitees gehörte der Tischlergeselle und Zigarrenmacher J. H. Gümpel aus Glückstadt, der schon 1845 Mitglied im Hamburger Arbeiterbildungsverein geworden war[13]. Schriftführer des Lokalkomitees wurde der Vizepräsident des Feierabendvereins Degelow. Die Agitation von Hirschoff, Gümpel und Degelow für die politischen Ziele der Arbeiterverbrüderung war nicht sonderlich erfolgreich, wie Hirschoff selbst schreibt. Ende September 1849 wurden die wöchentlichen Arbeiterversammlungen des Lokalkomitees zunächst eingestellt, weil die Arbeiter „nicht mehr monatlich einen Schilling für ihre eigene Bildung ausgaben, da sie nicht gleich einen materiellen Vortheil sahen"[14]. Ähnlich hatte sich schon Gümpel in einem Schreiben an das Leipziger Zentralkomitee der Arbeiterverbrüderung geäußert[15].

Erst zur Gründung des Schleswig-Holsteinischen Gesamtarbeitervereins wurde das Lokalkomitee wieder aktiv. Auf einer Vorstandssitzung im Dezember 1849 beschloß man den Beitritt zum Gesamtverein[16]. Die Gründung eine Reiseunterstützungskasse wurde ebenfalls ins Auge gefaßt, da die Arbeiter damit leichter zu überzeugen seien[17]. Auch der Feierabendverein nahm an der Gründungsversammlung des Gesamtvereins am 4. Mai 1850 in Neumünster teil. Vertreten wurde er durch den Zigarrenmacher Schröder[18]. Ziel dieses regionalen Zusammenschlusses der schleswig-holsteinischen Arbeitervereine sollte „die Förderung der geistigen und sittlichen Bildung seiner Mitglieder, sowie die Verbesserung der äußeren Lage und staatsbürgerlichen Verhältnisse des Arbeiterstandes" sein[19]. Auf den späteren Hauptversammlungen des Gesamtvereins wurde als Zweck des Altonaer Arbeitervereins immer eine Unterstützungskasse für Reise, Krankheit und Tod angegeben[20].

Das eigentliche organisatorische Zentrum und der Ort vieler proletarischer Lernprozesse Altonaer Arbeiter und Handwerker lag während der Frühphase der Arbeiterbewegung allerdings außerhalb der Stadt in Hamburg. Hier war schon 1844 ein

---

13 Vgl. Der Bund der Kommunisten. Materialien und Dokumente. Hrsg.: IfML beim ZK der SED und Institut für Marxismus-Leninismus beim ZK der KPdSU, Bd. 2, S. 709 f.

14 LAS 80.55 II, Hirschoff an das Centralcomite der schleswig-holsteinischen Arbeitervereine vom 16.2.1850. Über Behinderungen seiner Arbeit durch „Bürokratengesindel und Spießbürgertum" beschwerte sich Hirschoff schon im Sommer 1849 in einem Schreiben an das Leipziger ZK der Arbeiterverbrüderung; s. Hermann von Berg, Entstehung und Tätigkeit der Norddeutschen Arbeitervereinigung als Regionalorganisation der Deutschen Arbeiterverbrüderung nach der Niederschlagung der Revolution von 1848/49, Bonn 1981, S. 59.

15 LAS 80.55 I, Gümpel an Gangloff vom 30.9.1849.

16 Vgl.: Hans Pelger, Zur demokratischen und sozialen Bewegung in Norddeutschland im Anschluß an die Revolution von 1848, in: AfS 8/1968, S. 161 ff.

17 Heinrich Laufenberg, Geschichte der Arbeiterbewegung in Hamburg, Altona und Umgegend, Hamburg 1911, S. 130. Heinz Volkmar Regling, Die Anfänge des Sozialismus in Schleswig-Holstein, Neumünster 1965, S. 85.

18 LAS 80.55 II, Protokollbuch des Arbeitergesamtvereins, Neumünster 4.5.1850.

19 Zitiert nach Birker, S. 97.

20 LAS 80.55 II, Protokollbuch vom 28.5.1851 und 11.9.1852.

Arbeiterbildungsverein gegründet worden, der lange Zeit die Basis der organisierten Arbeiterbewegung im Stadtgebiet Hamburg-Altona darstellte. Die Führungsgruppe dieses Vereins war während der Revolution 1848/49 eng mit der Arbeiterverbrüderung verbunden[21].

Zu den Arbeitergruppen, die sich besonders früh der Arbeiterbewegung anschlossen, gehörten die Zigarrenmacher. 1848 gründeten sie eine eigene Reiseunterstützungskasse für den Hamburg-Altonaer Raum und schlossen sich zu einer überregionalen Gewerkschaft, der „Assoziation der Tabakarbeiter" zusammen. In Altona existierte ein Zweigverein mindestens bis 1852[22]. Um die Bildung der Tabakarbeiter zu heben, bot der Verein Unterricht in allgemeinbildenden Fächern an. Der Fächerkanon bestand aus Deutsch, Schreiben, Rechnen, Geographie und einer Fremdsprache. Wegen schwacher Beteiligung mußte dieses Angebot jedoch bald gestrichen werden. Die gegründete Unterstützungskasse setzte ihre Arbeit fort und wurde zur Keimzelle der Zentral-Kranken- und Sterbekasse der Tabakarbeiter in den 1880er Jahren[23].

Zwei Elemente früher Arbeiterbildung traten in Altona hervor: Die Sonntagsschule verkörperte das Bemühen, über Institutionen und formelle Bildungsnachweise die soziale Situation einzelner zu verändern. Kassen dagegen knüpften explizit an den materiellen Interessen ihrer Mitglieder an. Die Orientierung auf den solidarischen Zusammenhalt der in ihnen verbundenen Arbeiter stellt im Gegensatz zum individuellen Bildungsgedanken der Fortbildungsschulen einen wichtigen Fortschritt in der politischen Konstituierung der Arbeiterbewegung dar. Dittrich weist darauf hin, daß „tendenzielle materielle Interessenorientierung und Selbsthilfe . . . den politischen und ökonomischen Kampf der sich formierenden Arbeiterklasse zu einer untrennbaren Einheit" verknüpfte[24].

3. DIE TRADIERUNG SOZIALISTISCHEN BEWUSSTSEINS

Nach dem Scheitern der Revolution 48/49 änderten sich die politischen Rahmenbedingungen für die Arbeiterbewegung in Altona. Im Sommer 1850 wird dem Lokalkomitee der Arbeiterverbrüderung eine „gefährliche Tendenz" bescheinigt, weil sich der als „roter Republikaner" geltende Gümpel für eine Vereinigung des deutschen mit dem dänischen Proletariat eingesetzt habe[25]. Die nationalen und lokalen Zusam-

21 Vgl.: Arno Herzig, Jakob Audorf der Ältere (1807–1891). Zur Interdependenz von Erfahrung und Theorie in der frühen deutschen Arbeiterbewegung, in: Hans-Peter Harstick, Arno Herzig, Hans Pelger (Hrsg.), Arbeiterbewegung und Geschichte. Festschrift für Shlomo Na'aman zum 70. Geburtstag, Trier 1983, S. 23 ff.
22 LAS 80.52, Polizeiamt Altona vom 7.4.1852.
23 Heinrich Bürger, Die Hamburger Gewerkschaften und deren Kämpfe von 1865 bis 1890, Hamburg 1899, S. 13.
24 Dittrich, S. 205.
25 LAS 80.55 I, Polizeiamt Altona vom 13.4.1850.

menschlüsse der Arbeiter wurden polizeilich verfolgt und aufgelöst[26]. Im Zuge der beginnenden Unterdrückung wurden in Altona Gümpel und Hirschoff im August 1850 für kurze Zeit verhaftet. Ebenso Carl Bruhn, das einzig nachgewiesene Mitglied des Bundes der Kommunisten in der Stadt[27]. Aber nur Hirschoff erhielt in einem im Februar 1851 stattgefundenen Prozeß eine Gefängnisstrafe von 10 Tagen wegen seiner politischen Betätigung.

Die politische Verfolgung der Arbeitervereine bewirkte, daß sich die wenigen nicht verbotenen Vereine, wie z. B. der Hamburger Bildungsverein, dem konservativen Zeitgeist der 1850er Jahre anpaßten. Die Vereine befleißigten sich nun einer „mittelständischen" Propaganda[28]. Die Gruppe der sozialistisch orientierten Vereinsmitglieder geriet in die Minderheit oder schied wie Hirschoff aus dem politischen Leben aus. Andere flohen ins Ausland, um der Verfolgung zu entgehen. Gümpel z. B. beteiligte sich in London an der Gründung des dortigen Neuen Londoner Arbeitervereins[29].

Der 1848 zum Zentrum der politischen Diskussion in der Stadt gewordene Altonaer „Feierabendverein" entwickelte sich in den 50er Jahren zu einer reinen Bildungsinstitution, in der Freihandzeichnen, Rechnen, Schönschreiben, Gesang, Turnen und Englisch unterrichtet wurden. Seine Sozialstruktur blieb in den 60er Jahren rein handwerklich. Von 142 erfaßten Mitgliedern waren 107 als Handwerker geführt. Nur vier Mitglieder bezeichneten sich als Arbeiter[30]. Als Verein gehörte er dem liberalen Verband deutscher Arbeitervereine an.

Soweit es möglich war, versuchten die in den verschiedenen Vereinen aktiven sozialistischen Mitglieder die Kontinuität des politischen Bewußtseins aufrechtzuerhalten. Am deutlichsten wird dies in Altona an der Bekanntheit der Schriften des Schneidergesellen Wilhelm Weitling. Weitling hat die Theoriebildungsprozesse der Arbeiterbewegung mit seinem in den 40er Jahren entwickelten utopischen Arbeiterkommunismus programmatisch stark beeinflußt[31]. Mit seinem Ansatz bot er den proletarisierten Handwerkern eine konkrete gesellschaftliche Utopie an, die sie anstreben konnten. Das Weitlingsche Bildungskonzept sollte den Arbeitern verdeutlichen, daß sie Unrecht erlitten, und ihnen die Möglichkeit aufzeigen, dieses zu beseitigen. Über diesen aufklärerischen Weg der Wissensaneignung und der geistigen Befreiung wollte Weitling die Grundlage für gesellschaftliches und politisches „Frei-Sein" erreichen[32].

Infolge seiner Anwesenheit während der Revolution in Hamburg und Altona, wo Weitling nach seiner Ausweisung aus der Hansestadt 1849 einige Zeit wohnte, war er

26 Vgl. Toni Offermann, Arbeiterbewegung und liberales Bürgertum in Deutschland 1850–1863, Bonn 1979, S. 49 ff.

27 Zu Bruhn vgl. Bund der Kommunisten, S. 563 ff.

28 Günter Trautmann, Liberalismus, Arbeiterbewegung und Staat in Hamburg und Schleswig-Holstein 1862–1869, in: AfS 15 (1975), S. 59.

29 Siehe Bund der Kommunisten, S. 710.

30 Birker, S. 98. Gesang und Turnen waren die am häufigsten belegten Fächer.

31 Zu Weitling vgl. Lothar Knatz, Wilhelm Weitling. Ein Paradigma arbeiterkommunistischer Theoriebildung, in: IWK 4 (1982), S. 437–451. Hans-Arthur Marsiske, „Wider die Umsonstfresser". Der Handwerkerkommunist Wilhelm Weitling, Hamburg 1986.

32 Birker, S. 157.

politisch aktiven Arbeitern in den 50er Jahren noch persönlich bekannt[33]. Während seiner Hamburger Zeit vertrat Weitling nicht nur eine Theorie, die die Beseitigung als ungerecht empfundener gesellschaftlicher Verhältnisse rechtfertigte, sondern bot seinen Anhänger auch konspirativ revolutionäre Praxis an. Er gründete 1849 eine Hamburg und Altona umfassende Sektion seines Befreiungsbundes. Mit einer Ideologie, die nach einer bewaffneten sozialen Revolution den Arbeitern Beschäftigung und Fürsorge durch den Staat verhieß, gewann er 400 bis 500 Personen zur Mitgliedschaft[34].

Von seiner Schrift „Garantien der Harmonie und Freiheit" setzte Weitling zu Beginn der 1850er Jahre in Hamburg und Umgebung ca. 1000 Exemplare ab[35]. Diese Bücher kursierten lange Zeit unter den Arbeitern und Handwerkern im Stadtgebiet. Ihre Lektüre vermittelte somit vielen Personen erste Sozialismuserfahrungen. Als Beispiel hierfür kann Hermann Molkenbuhr herangezogen werden. Der spätere Reichstagsabgeordnete für den Ottenser Wahlkreis arbeitete als jugendlicher Zurichter 1867/68 in einer Altonaer Zigarrenmacherwerkstatt mit Heinrich Möller zusammen, einem Weitlingianer der Revolutionszeit. Möller, auch genannt Kommunismus-Möller, war zwar Mitglied des Allgemeinen Deutschen Arbeitervereins (ADAV), nach Molkenbuhrs Einschätzung aber kein Lassalleaner. Trotzdem wurde er erster sozialdemokratischer Reichstagskandidat in Altona[36].

Alte Weitlingianer stellten den Kern der 1863 gegründeten ADAV-Gemeinde in Hamburg und wirkten auch in Altona[37]. Molkenbuhr bezeichnet sie als die konsequentesten Vertreter proletarischer Interessen[38].

1869 erhielt Molkenbuhr von einem anderen Zigarrenmacher und ADAV-Mitglied Weitlings Schrift „Garantien". Da er sich jedoch als 17jähriger gerade in einer Phase schwärmerischer Kunstverehrung befand, war ihm Weitlings Idealstaat viel zu spartanisch. Für junge Menschen scheint die Anziehungskraft des utopischen Arbeiterkommunismus zu dieser Zeit nicht mehr groß gewesen zu sein, denn Molkenbuhr schreibt weiter: „Gewiß kannte ich die Leiden der Armut, aber ich bewahrte immer die Hoffnung, daß es mir auch innerhalb der kapitalistischen Gesellschaft besser gehen könne."[39] Trotzdem wirkten diese Kenntnisse auf ihn politisierend. Kritisch mischte er sich in Diskussionen am Arbeitsplatz ein.

33 John Breuilly u. Wieland Sachse, Joachim Friedrich Martens (1806–1877) und die deutsche Arbeiterbewegung, Göttingen 1984, S. 98 ff. Herzig, Audorf, S. 30 ff.
34 Marsiske, S. 93 ff. Hier S. 120.
35 Ebd., S. 114.
36 AsD, Nachlaß Hermann Molkenbuhr, Kassette III, H. II, S. 125. Hermann Molkenbuhr, Aus den Kinderjahren der Bewegung, in: Vorwärts 204 vom 31.8.1904. Möller erhielt bei der Wahl zum konstituierenden Reichstag am 12.2.1867 im Altonaer Wahlkreis 386 Stimmen.
37 Offermann, S. 483.
38 Molkenbuhr, H. II, S. 125.
39 Ebd., S. 146 f.

4. NEUE LERNFELDER

Mit der Gründung des ADAV 1863 in Leipzig veränderten sich die gesellschaftlichen Lernfelder der Arbeiter. Bestanden diese zuvor in der Tätigkeit in Unterstützungskassen und teilweise in Geheimgesellschaften, kam nun die Öffentlichkeit des Wahlkampfes hinzu. Der ADAV gilt als „die erste eigentliche Parteibildung in Deutschland im modernen Sinn des Wortes" und dessen Gründer Lassalle als theoretischer Vertreter „des modernen Organisationsprinzips"[40].

Altonaer ADAV-Mitglieder gründeten 1864 eine eigene lokale Mitgliedschaft. Diese Gemeinde umfaßte zunächst auch die Nachbarstadt Ottensen. In dieser aufstrebenden Industriegemeinde schlossen sich die dort ansässigen Vereinsmitglieder erst 1869 zusammen. Hamburg, Altona und Ottensen bildeten während der gesamten Zeit des Bestehens des ADAV bis 1875 ein Zentrum dieser Partei[41].

Erstes und wichtigstes Lernfeld für den auch als Agitationsverein gegründeten ADAV war der Wahlkampf. Die Wahlagitation bot dem Verein die Möglichkeit, sein Programm bekannt zu machen und neue Mitglieder zu gewinnen. Programmatisch vertraten die Lassalleaner ein einfaches Sozialismuskonzept, das in der Durchsetzung des allgemeinen Wahlrechts, der Forderung nach Produktivassoziationen mit Staatshilfe und der ökonomischen Theorie des „ehernen Lohngesetzes" bestand. Daraus resultierte für den ADAV ein Bildungskonzept, das nicht mit den Ansätzen der meisten Arbeiterbildungsvereine übereinstimmte. Hier wurde Bildung als allgemeine und formale Verbesserung der Qualifikation, als Erweiterung bzw. Ersatz des Schulsystems begriffen, um individuelle Verhältnisse zu verändern. Die Lassalleaner dagegen gingen von Bildung als politischer Bildung aus, die sich in der „Diktatur der Einsicht" vermittelte[42].

Ein zweites Lernfeld eröffnete sich der neu konstituierenden Arbeiterbewegung seit Mitte der 1860er Jahre in den gegründeten Gewerkschaften. Die Gewerkschaftsbewegung entwickelte sich in der Zeit guter wirtschaftlicher Konjunktur aus den Alltagserfahrungen der Arbeiter „von unten". Auslöser waren Streikerfahrungen der Arbeiter und das damit verbundene Streben nach Institutionalisierung einer ökonomischen Gegenmacht[43].

40 Shlomo Na'aman, Lassalle – Demokratie und Sozialdemokratie, in: AfS 3 (1963), S. 54 ff.
41 Zur Geschichte der Altonaer ADAV-Gemeinde vgl. Gerd Krämer, Mann der Arbeit aufgewacht – Die Altonaer und Ottenser Gemeinden des Allgemeinen Deutschen Arbeitervereins, in: DG 2 (1987), S. 13–53.
42 Shlomo Na'aman, Lassalle, Hannover 1970, S. 730 ff.
43 Vgl. Ulrich Engelhardt, Gewerkschaftliche Interessenvertretung als Menschenrecht. Anstöße und Entwicklungen der Koalitionsrechtsforderungen in der preußisch-deutschen Arbeiterbewegung, in: Soziale Bewegung und politische Verfassung, Hrsg. von U. Engelhardt, V. Sellin, H. Stuke, Stuttgart 1976, S. 538–598.

4.1. Die Gewerkschaften

Das Problem der Gewerkschaftspolitik des ADAV kann hier nicht in aller Ausführlichkeit dargestellt werden. Es soll im folgenden auf die Positionen Altona/Ottenser ADAV-Funktionäre in den Auseinandersetzungen um diese Frage in den 70er Jahren eingegangen werden[44].

Aufgrund der lassalleanischen Theorie des „ehernen Lohngesetzes" schienen sich gewerkschaftliche Zusammenschlüsse und Lohnkämpfe a priori auszuschließen. Wegen der verschiedenen Streikwellen in den 1860er Jahren war der ADAV gezwungen, auf die Frage des ökonomischen Kampfes und der entstehenden Gewerkschaftsbewegung einzugehen. So betrieb der ADAV-Präsident Schweitzer 1868 auf einem nach der Hamburger Generalversammlung einberufenen Arbeiterkongreß in Berlin die Gründung von parteinahen Gewerkschaften. Diese wurden im vom ADAV dominierten Allgemeinen Deutschen Arbeiterschaftsverband zusammengeschlossen. Gewerkschaften und Streiks dienten Schweitzer als taktisches Mittel, die Politik des ADAV durchzusetzen, indem die Arbeiter aufgerüttelt werden und Klassenbewußtsein entwickeln[45]. Nach dem Staatsstreich Schweitzers, mit dem er eine Demokratisierung des zentralistisch vom Präsidenten her geführten ADAV verhindern wollte, wurde auf einer Generalversammlung des Arbeiterschaftsverbandes in Berlin beschlossen, die Einzelgewerkschaften aufzulösen und in den Allgemeinen Deutschen Arbeiterunterstützungsverband zu überführen[46]. Dieser neue Verband sollte angelehnt an das ADAV-Statut diktatorisch geführt werden.

Der Altona-Ottenser Bevollmächtigte des ADAV Georg Winter begrüßte die beschlossene Verschmelzung, weil darin eine große Einsparung an Verwaltungskosten liege[47]. Winter war kurz zuvor Präsident der „Allgemeinen Tabak- und Zigarrenarbeiter-Gewerkschaft" geworden, die als orthodoxe lassalleanische Abspaltung aus dem von Wilhelm Fritzsche geführten „Allgemeinen Deutschen Zigarrenarbeiterverband" in Hamburg wegen der Auseinandersetzungen um den Unterstützungsverband gegründet worden war[48]. Hamburg, Altona und Ottensen blieben Schwerpunkt dieses neuen, dem Unterstützungsverband angeschlossenen Verbandes. Winter war in der

---

44 Zur Gewerkschaftsfrage im ADAV vgl. Arno Herzig, Der Allgemeine Deutsche Arbeiter-Verein in der deutschen Sozialdemokratie. Dargestellt an der Biographie des Funktionärs Carl Wilhelm Tölcke (1817–1893), Berlin 1979, S. 259 ff. Willy Albrecht, Fachverein – Berufsgenossenschaft – Zentralverband. Organisationsprobleme der deutschen Gewerkschaften 1870–1890, Bonn 1982, S. 80 ff. Aus marxistischer Sicht s. Hans-Dieter Krause, Der Kampf um eine marxistische Gewerkschaftspolitik in der deutschen Arbeiterbewegung 1868 bis 1878, Berlin (DDR) 1975, S. 467 ff.

45 Schon Lassalle hatte in seiner Ronsdorfer Rede die Bedeutung von Streiks für die Entstehung von politischem Bewußtsein bei den Arbeitern eingeräumt. Vgl. Herzig, ADAV, S. 260. Ders., Die Hamburger Arbeiterbewegung in ihrer Entwicklung bis 1890, in: Paetau und Rüdel, S. 41.

46 Albrecht, S. 81 ff.

47 SD Nr. 9 vom 21.1.1870.

48 Ferdinand Dahms, Geschichte der Tabakarbeiterbewegung, Hamburg o.J. (1966), S. 47 ff. Albrecht, S. 45 ff.

ersten Hälfte der 70er Jahre einer der bekanntesten ADAV-Agitatoren in Schleswig-Holstein. Der 1842 in Ottensen geborene Zigarrenarbeiter gehörte zu der Gruppe jüngerer Personen, die in den 60er Jahren politisiert worden waren.

Die Gründung des Unterstützungsverbandes wurde von den „Altonaer Nachrichten" skeptisch kommentiert, da die Arbeiter bei einem Streik künftig auf das Wohlwollen des Verbandes und seines Präsidenten angewiesen seien[49]. Als die Zahl der Arbeitsniederlegungen wegen der Gründerkonjunktur nach 1871 anstieg, versuchte der ADAV Streik und „ehernes Lohngesetz" zusammenzubringen. Es wurde nun argumentiert, daß mit einem Streik die Arbeiter den Stand des Arbeitsmarktes ausnützen könnten, indem sie wegen der starken Nachfrage nach Arbeitskräften eine kommende Lohnerhöhung früher durchsetzten[50].

Im Verlauf des Sommers 1872 streikten in Altona fast alle Handwerkergruppen, Teile der Industriearbeiterschaft und die Hafenarbeiter[51]. Die erfolgreich geführten Auseinandersetzungen um höhere Löhne und kürzere Arbeitszeiten führten zu einer Stärkung der lassalleanisch geführten Einzelgewerkschaften. Das Übergreifen der Streiks von Altona auf das übrige Schleswig-Holstein wurde allerdings von den Behörden als ungefährlich eingestuft[52]. Die Zahl der in Altona im Unterstützungsverband eingeschriebenen Mitglieder stagnierte bei 1000[53]. Für die Streikbewegungen blieben die einzelnen Fachvereine der Berufsgruppen wichtiger als der Unterstützungsverband. Auf einer allgemeinen Formerversammlung für Hamburg, Altona und Ottensen sprach im Januar 1872 C. Bräuer vor ca. 200 Anwesenden. Er bestärkte die Former in der Absicht, einen Allgemeinen Deutschen Formerbund zu gründen, dessen erster Kongreß Pfingsten des Jahres stattfinden sollte[54]. Im Frühjahr 1872 kam es zu einem harten Arbeitskampf in den Gießereibetrieben in Hamburg und Umgebung. Mit einer allgemeinen Aussperrung versuchten die Fabrikanten, eine Lohnerhöhung zu verhindern und die Gründung des Formerbundes abzuwenden[55]. Noch während der Aussperrung wurde im Mai 1872 der Allgemeine Deutsche Formerbund in Hamburg gegründet. Auf dem Kongreß waren Vertreter von 1 321 Formern anwesend[56]. Auch die Unternehmer hatten sich schon im Frühjahr, um der Arbeiterbewegung entgegenzutreten, zu einem Verein der Eisengießereien Hamburgs, Harburgs, Altonas und Ottensens zusammengeschlossen. Im August mußten sie aber die Aussperrung aufheben und den Arbeitern eine Arbeitszeitverkürzung und eine Lohnerhöhung zugestehen.

Auf der Generalversammlung des ADAV 1872 wurde die Gewerkschaftsfrage ausgiebig diskutiert. Vorbereitet worden war das Thema auf einer zuvor abgehalte-

---

49 Altonaer Nachrichten vom 16.7.1870.
50 NSD Nr. 61 vom 19.11.1871.
51 Bürger, S. 70 ff.
52 LAS 309.6922, Verwaltungsbericht vom 9.7.1872.
53 NSD Nr. 4 vom 10.1.1872.
54 NSD Nr. 13 vom 31.1.1872.
55 Bürger, S. 72 ff.
56 Wolfgang Renzsch, Handwerker und Lohnarbeiter in der frühen Arbeiterbewegung. Zur sozialen Basis von Gewerkschaften und Sozialdemokratie im Reichsgründungsjahrzehnt, Göttingen 1980, S. 175.

nen Vorstandssitzung. Winter hatte auf der Sitzung ausgeführt, daß Lassalle keine Gewerkschaften gewollt habe. Er fuhr fort, „daß da, wo der Verband stark sei, der Verein schwach ist. Altona kann man nicht in Betracht ziehen, da hier eigentümliche Verhältnisse vorliegen"[57]. Winter wandte sich besonders gegen die seiner Ansicht nach durch die Gewerkschaften herbeigeführte Dezentralisierung der Bewegung. Lokale Dachorganisationen der Berufsverbände, wie den Berliner Arbeiterbund, lehnte er kategorisch ab. Winter räumte allerdings ein, daß durch die Gewerkschaften Klassenbewußtsein geweckt würde.

Der nach der Vorstandssitzung auf der Generalversammlung in Berlin gefaßte Beschluß, alle lassalleanischen Gewerkschaften aufzulösen, erwies sich in der Praxis als undurchführbar und wurde nicht beachtet[58]. Der langjährige Bevollmächtigte in Ottensen Heerhold vertrat auf derselben Generalversammlung den im ADAV üblichen Standpunkt des Primates der Partei über die Gewerkschaften. Zu diesem Problem sagte er,

„daß er prinzipiell gegen die Kooperativbewegung wäre, daß dieselbe nicht sofort aufgelöst werden könne, sie müsse deshalb so lange bestehen, bis sie sich von selbst todt liefe, es kömmt hauptsächlich darauf an, daß bei den Vorträgen in den Kooperativvereinen die Lassalle'schen Ideen mit hineingeflochten würden; die Agitatoren müssen darauf hinwirken, daß die Gewerkschaften uns nicht über den Kopf wachsen"[59].

Der Versuch, die Gewerkschaften auf dieser Generalversammlung erneut in Frage zu stellen, schlug fehl.

Obwohl streng lassalleanisch orientierte Funktionäre die Arbeiterbewegung in Altona dominierten, waren die Anhänger des ADAV hier nicht bereit, auf ihre in der elementaren Arbeiterbewegung gemachten Erfahrungen zu verzichten und sich den taktischen Wendungen und zentralistischen Bestrebungen der ADAV-Führung in der Gewerkschaftsfrage anzupassen. Sie beharrten, wie das Beispiel der Former zeigt, auf dem Prinzip des gewerkschaftlichen Berufsverbandes und traten gerade nicht einzeln in den Unterstützungsverband ein. Ein weiteres Indiz dafür ist die von Altona initiierte Gründung eines Allgemeinen Töpfervereins, die 1873 in Dresden erfolgte[60]. Winter konnte das von ihm betonte Primat der Politik nicht durchsetzen und paßte sich letztendlich den Lernprozessen der Basis an.

4.2. Bildung für die Wahlkämpfe

Eine systematische Arbeit im Bereich der kompensatorischen Bildung hat der ADAV nicht betrieben. Die Kenntnis der als grundlegend angesehenen Schriften Lassalles schien selbst für die politische Bildungsarbeit völlig ausreichend. Als

57 Protokoll der Generalversammlung des ADAV zu Berlin vom 22. bis 25. Mai 1872, S. 13.
58 Herzig, ADAV, S. 285.
59 Protokoll der Generalversammlung des ADAV zu Hannover vom 26. Mai bis 5. Juni 1874, S. 37.
60 Albrecht, S. 175.

bewußtseinsbildend sah man die direkte politische Agitation und die Organisierung der Anhänger im ADAV an. Hier war der Ort, sich für politische Interessen einzusetzen. Von unpolitischen oder liberalen Bildungsvereinen in der Arbeiterbewegung grenzte sich der ADAV ab, weil in ihnen eine „Scheinbildung" vermittelt würde. Die spezifische Zielsetzung des ADAV bestand u. a. in der Erlangung von Reichstagsmandaten, um die sogenannte Arbeiterfrage dort auf gesetzgeberischem Wege zu lösen[61]. Die Zeit der Wahlkämpfe war für die Altonaer Gemeinde des Vereins deshalb immer von besonderer Aktivität geprägt, weil von hier aus die gesamte Landagitation in Schleswig-Holstein beschickt wurde. Aufgrund der Ergebnisse der Reichstagswahlen im Jahr 1871 war deutlich geworden, daß Mandate in dieser Provinz nur zu erringen waren, wenn die überwiegend ländliche Bevölkerung für den jeweiligen Kandidaten des ADAV stimmte[62]. Im 8. Wahlkreis Altona, Wandsbek und Stormarn hatte sich in den städtischen Teilen schon eine Majorität an Stimmen für den ADAV herausgebildet. Um aber eine systematische Agitation auch in den ländlichen Gebieten dieses Wahlkreises zu gewährleisten, fehlte es dem Verein an geschulten Rednern. Insgesamt gab es „kaum ein halbes Dutzend Genossen, die es in dieser Kunst soweit gebracht hatten, daß sie eine Versammlung befriedigen konnten"[63]. Im Frühjahr 1872 kam deshalb in der Altonaer ADAV-Gemeinde der Gedanke auf, eine eigene Agitatorenschule zu gründen[64].

Das Altonaer Institut sollte dazu beitragen, eine größere Zahl an Agitatoren auszubilden. Zu den ersten Treffen des Zirkels kamen jeweils 25 bis 30 Personen, von denen die Mehrzahl orthodoxe Lassalleaner waren. Daraus ergab sich allerdings die Schwierigkeit, die tagespolitische Anwendbarkeit der Lassalleschen Theorie zu fördern. Diesem Vorgehen widersprach die formelhafte Wiederholung von Kernaussagen Lassalles durch die künftigen Agitatoren. Sie wurden besonders durch die Fragen nach historischen Zusammenhängen „nicht klüger, sonder verwirrter", urteilt Hermann Molkenbuhr, der bald nach dem Eintritt in den ADAV die Agitatorenschule besuchte[65]. Diese Haltung entspricht genau der von Na'aman beschriebenen „Diktatur der Einsicht" in den ADAV-Gemeinden.

> „Man lernte eine Einheitssprache und agitierte. Auf jeden Einwand hatte man die richtige Antwort bereit. Auf dem Wege der Aneignung der richtigen Ansicht konnten Fragen gestellt werden. Fragen, die einer gebildeten Ansicht Ausdruck gaben, waren verpönt. Nichts durfte an die Gewohnheiten eines liberalen Vereins erinnern."[66]

---

61 Krug, S. 110.
62 Der ADAV-Kandidat Bräuer erhielt bei der Reichstagswahl 1871 im 8. Wahlkreis (Altona/ Stormarn) in der notwendig gewordenen Stichwahl 6 062 Stimmen. Davon entfielen auf das Stadtgebiet 4 207 Stimmen.
63 Hermann Molkenbuhr, Die Agitatorenschule, zitiert nach: Regling, S. 162.
64 Holger Rüdel, Zu den Anfängen sozialistischer Arbeiterbildung in Schleswig-Holstein, in: Franklin Kopitzsch (Hrsg.), Erziehungs- und Bildungsgeschichte Schleswig-Holsteins von der Aufklärung bis zum Kaiserreich, Neumünster 1981 (SWSG, 2) S. 193–206.
65 Molkenbuhr, H. III, S. 168.
66 Na'aman, Lassalle – Demokratie, S. 67.

Gerade bei den jüngeren ADAV-Mitgliedern in Altona war man aber bestrebt, eine zeitgemäße und auch differenzierte Interpretation der Theorie des ADAV-Gründers zu erarbeiten, um die Agitation von den Stereotypen zu befreien. Mit diesem Vorsatz wurde auf dem ersten Sitzungsabend Lassalles „Arbeiterprogramm" besprochen. „Aber es zeigte sich bald, daß der Geist des Arbeiterprogramms sich sehr versteckt hatte. Die Glücklichsten hatten sich einige Zeilen auswendig gelernt."[67] Da sich die Minderheit mit ihrem Vorgehen nicht durchsetzen konnte, war der Versuch, das theoretische Defizit der Schüler zu beheben und ihre Agitationsmethoden dadurch zu verändern, erfolglos[68].

Eine gemeinsame Lektüre des „Kapitals" scheiterte am Widerstand der Schüler. Nur Molkenbuhr und zwei weitere Teilnehmer versuchten, sich im Selbststudium die Schrift zu erarbeiten, gaben aber dieses Vorhaben wegen des hohen Abstraktionsniveaus nach kurzer Zeit auf[69]. Außerdem sah Molkenbuhr für die Agitation in Schleswig-Holstein Lassalles „Bastiat-Schulze" in ökonomischen Fragen als völlig ausreichend an. Die von Marx im „Kapital" geschilderten sozialen Verhältnisse waren in diesem Gebiet noch nicht eingetreten, weil hier erst die Anfänge einer Industrialisierung vorhanden waren.

„Wenn wir auch annahmen, daß Marx darin recht hatte, daß die geschilderte Vergangenheit Englands die Zukunft Deutschlands sei, so glaubten wir doch, daß diese Zukunft noch in sehr weiter Ferne liegen."[70]

Erst nach 1874 wurde im Zusammenhang mit den Erfahrungen aus dem Gründerkrach das „Kapital" „mehr als sonst . . . und wohl auch besser verstanden . . . Besonders viel wurde die Krisentheorie erörtert"[71].

Das „Kapital" war schon 1870 auf populäre Weise in Altona bekanntgemacht worden. Der damalige ADAV-Präsident Schweitzer hatte ein in Form eines Streitgespräches abgefaßtes Theaterstück geschrieben, in dem die Marxsche Mehrwerttheorie erläutert wird. Aufgeführt wurde dieses Agitationsstück während eines Arbeiterfestes im Februar 1870[72]. Berührungsängste mit der Marxschen Theorie scheinen die Altonaer Lassalleaner nicht gehabt zu haben, politisch verfolgten Parteimitgliedern wurde 1874 auf einem ihnen zu Ehren veranstalteten Fest im Englischen Garten zur Erinnerung das „Kapital" überreicht. Außerdem erhielten sie eine Ausgabe der Werke Schillers[73].

67 Molkenbuhr, H. III, S. 168.
68 Rüdel, Arbeiterbildung, S. 201.
69 Molkenbuhr, H. III, S. 169. Molkenbuhr ließ sich das Buch von seinem Bruder aus der Buchdruckerbibliothek ausleihen.
70 Ebd., S. 169 f.
71 Ebd., S. 234. Zur Rezeption von Marx in der deutschen Arbeiterbewegung vgl. Cora Stephan, Kampf der Klassiker, in: IWK 14 (1978), S. 156 ff. und Hannes Skambraks, „Das Kapital" von Marx – Waffe im Klassenkampf, Berlin (DDR) 1977.
72 SD Nr. 21 vom 18.2.1870.
73 NSD Nr. 98 vom 26.8.1874.

Die Einrichtung von Agitatorenschulen war im Vereinsleben des ADAV eine Ausnahme. In der Regel eigneten sich die Agitatoren die notwendigen theoretischen Kenntnisse autodidaktisch an. Dies schuf den Typus eines „Gebildeten", der nicht selten Parteikarriere machte[74].

Obwohl die Altonaer Agitatorenschule als Institution der gezielten politischen Bildung nur kurze Zeit existierte, waren einige ihrer Teilnehmer doch in die Lage versetzt worden, 1874 den Wahlkampf des ADAV zu unterstützen. Zu dessen Erfolg in der Provinz Schleswig-Holstein trugen nicht unwesentlich die Zigarrenarbeiter Molkenbuhr, Weigel und Heyer bei, die die Agitatorenschule besucht hatten. Für diese Berufsgruppe muß allerdings erwähnt werden, daß ihre Arbeitsverhältnisse in den Altonaer und Ottenser Zigarrenmacherstuben und Fabriken einen besonderen Zusammenhang von Kommunikation, Bildung und Organisation darstellten.

Da der Produktionsablauf bei der Zigarrenherstellung äußerst monoton war und weder physische Belastung noch starke Konzentration verlangte, setzte bei erfahrenen Zigarrenmachern eine „umfassende und dauerhafte Habitualisierung des gesamten Arbeitsvollzuges" ein[75]. Dieser Umstand ermöglichte es den Tabakarbeitern, während ihrer Arbeitszeit in eine intensive Kommunikation einzutreten. Aus anfänglichen Unterhaltungen über politische Themen am Arbeitsplatz entwickelte sich „das zur Institution gewordene Vorlesen von überwiegend sozialistischer Literatur mit anschließenden Diskussionen"[76]. Diese kollektive Arbeiterbildung trug dazu bei, daß sich bei den Zigarrenarbeitern ein ausgeprägtes Klassenbewußtsein entwickelte und sie sich gewerkschaftlichen Organisationen anschlossen oder in den ADAV eintraten. In Altona bildeten sie neben Schneidern, Tischlern und Schuhmachern die stärkste Gruppe der ADAV-Gemeinde. Als Agitatoren traten die Zigarrenarbeiter in der

---

74 Vgl. Brigitte Emig, Die Veredelung des Arbeiters. Sozialdemokratie als Kulturbewegung, Frankfurt 1980, S. 110 ff. Zu diesem Typus gehörte auch der spätere Altonaer Reichstagsabgeordnete Karl Eugen Frohme. Bernstein charakterisiert den vom Maschinenbauer zum Redakteur und Reichstagsabgeordneten aufgestiegenen Frohme in einem Brief an Engels, zitiert nach Emig, S. 111 f.: „Frohme ist der widerlichste unserer Abgeordneten – ein aufgeblasener Hohlkopf, der einige Phrasen mit der Würde eines großen Gelehrten in die Welt zu schleudern versteht und damit das erste Mal selbst Leuten von reellem Wissen imponieren kann, hinter dem aber absolut nichts steht. Der Kerl ist so verbildet, daß er sich fast schämt, Arbeiter gewesen zu sein; er wirft mit lateinischen Brocken nur so um sich, ohne je Latein gelernt zu haben . . . Wäre er nicht so ein armer Teufel, der sich wirklich quält, sein bißchen Brot ehrlich zusammenzuschreiben, da er nicht mehr schlossern kann, sowie ein Opfer der Lassallischen und lassalleanischen Bewegung, so hätte ich schon im Blatt auf sein Buch losgehauen, so habe ich es vorgezogen zu schweigen."

75 Wilhelm Heinz Schröder, Arbeitergeschichte und Arbeiterbewegung, Industriearbeit und Organisationsverhalten im 19. und frühen 20. Jahrhundert, Frankfurt 1978, S. 133.

76 Rüdel, Arbeiterbildung, S. 197. Vgl. auch Renzsch, S. 105 f. Renzsch bemerkt diesen Vorgang auch bei der Berufsgruppe der Schneider. Zu den Arbeitsverhältnissen in der Heimindustrie Altona-Ottensens siehe Hans-Kai Möller, Zigarrenheimarbeiter in Altona-Ottensen 1865–1914. Zu den Auswirkungen der Arbeits-, Wohn- und Lebensverhältnisse auf ihre politische Orientierung, in: Paetau und Rüdel, S. 51–96.

schleswig-holsteinischen Politik des ADAV und später der Sozialdemokratie hervor[77]. Die vollständige Orientierung intentionaler Bildung auf die Wahlkämpfe zeigte in Altona starke Erfolge. 1874 wird der ADAV-Präsident Hasenclever im 8. Wahlkreis zum Abgeordneten gewählt. Ebenfalls die überraschende Wahl des Altonaer Zigarrenarbeiters Otto Reimer im ostholsteinischen 9. Wahlkreis erklärt sich u. a. mit der erfolgreichen Altonaer Bildungsarbeit. Von der Stadt aus wurde die gesamte Landagitation in Schleswig-Holstein betreut[78].

77 Molkenbuhr, H. II, S. 157.
78 Zur Landagitation siehe Holger Rüdel, Landarbeiter und Sozialdemokratie in Ostholstein 1872 bis 1878. Erfolg und Niederlage der sozialistischen Arbeiterbewegung in einem großagrarischen Wahlkreis zwischen Reichsgründung und Sozialistengesetz, Neumünster 1986 (SWSG, 9), S. 127 ff.

Dietrich Wiebe

Türken in Kiel

Zur kultur- und wirtschaftsgeographischen Struktur einer jungen Minderheit in Schleswig-Holstein

Die Mitglieder einer spezifischen Bevölkerungsgruppe, die nur einen geringen quantitativen Anteil an der Gesamtpopulation eines Staates haben, werden als Minderheiten bezeichnet. Ihre Angehörigen können sich durch sprachliche, ethnische, religiöse und kulturelle Besonderheiten von den übrigen Einwohnern abheben. Die Vereinten Nationen nehmen noch zwei weitere Kriterien zur Definition hinzu. Eine Minderheit muß zahlenmäßig stark genug sein, um die eigenen Besonderheiten fortentwickeln zu können, und sie muß dem Gesamtstaat gegenüber eine loyale Haltung einnehmen (nach Junckerstorff, S. 346). Minderheiten entstehen vielfach durch Mobilitätsprozesse wie z.b. Wanderungen, aber auch durch freiwillige oder erzwungene Absonderung von der übrigen Bevölkerung. Ihre soziale Gliederung weicht häufig von der Majorität ab, weil sie auf einige Berufe spezialisiert sind, bzw. man hat ihnen andere Tätigkeiten verwehrt oder sie davon ausgeschlossen. So müssen Minoritäten in verschiedenen Kulturkreisen ökonomische Aufgaben wahrnehmen, die von der Mehrheit tabuisiert sind, wie z.B. das christliche und muslimische Zinsverbot, das in Europa und Asien die Juden zwang, als Geldverleiher zu arbeiten. Solche religiös bedingten Wirtschaftsfunktionen mit ihren unterschiedlichen sozialen Wertigkeiten eröffnen Minderheiten nur sehr beschränkte Existenzgrundlagen. Minoritäten sind oft innovationsfreudiger als die Mehrheit. Integration und Segregation sind die beiden Extreme, zwischen denen diese Gruppen stehen. Segregation, oft räumlich als Ghettobildung wahrnehmbar, bedeutet Schutz vor dem Druck der Majorität und die Chance, in den überlieferten Formen weiterbestehen zu können. Integration dagegen bedeutet die Aufgabe historisch gewachsener Strukturen und Bindungen.

Nach diesen kurzen, einführenden Bemerkungen über Minoritätenprobleme wird, ausgehend von der historischen Bedeutung ausgewählter Minderheiten für die schleswig-holsteinische Landesentwicklung, am Beispiel der Kieler Türken* den folgenden Fragenkreisen nachgegangen:

* Den Teilnehmern an der Lehrveranstaltung „Einführung in die empirische Forschungsmethodik" im SS 1987 am Geographischen Institut der Christian-Albrechts-Universität Kiel danke ich für ihre aktive Geländearbeit. Ohne ihre Mithilfe hätte diese Untersuchung nicht durchgeführt werden können.

339

- Welche Bedeutung hat die türkische Migration in die Bundesrepublik Deutschland?
- Welche Migrationsformen gibt es bei den Kieler Türken?
- Welche kulturgeographischen Formen haben sich herausgebildet?
- Welche wirtschaftsgeographische Bedeutung haben die Kieler Türken?
- Welche zukünftigen Entwicklungen sind zu erwarten?

1. ZUR ÖKONOMISCHEN BEDEUTUNG VON MINDERHEITEN IN SCHLESWIG-HOLSTEIN

Die historischen und geographischen Lageverhältnisse Schleswig-Holsteins haben dieses Land schon immer zu einem bevorzugten Migrationsgebiet in Norddeutschland werden lassen. Die Einwanderer bildeten in der Regel in der Anfangsphase ihrer Ansiedlung eine Minderheit, mit oft spezifischen ökonomischen Aufgaben, um die altansässige Bevölkerung zu versorgen. Für die Landesentwicklung waren, besonders im 16. und 17. Jahrhundert einsetzend, vielfach religiöse Gruppen von herausragender Bedeutung. Sie erfuhren hier eine gewisse Duldung, verbunden mit besonderen Rechten gegenüber den anderen Einwohnern. Erinnert sei an die Juden und an die Anhänger verschiedener christlicher Richtungen, wie z.B. der Remonstranten (Friedrichstadt), der Mennoniten oder der Herrnhuter (Christiansfeld).

Aus der Vielzahl dieser religiösen Minoritäten ragten im 16. und 17. Jahrhundert die holländischen Mennoniten besonders hervor. Sie waren in einigen Landesteilen sehr aktiv und galten sowohl im städtischen als auch im ländlichen Bereich als geschickte Innovatoren (s. Tab. 1).

Einige skizzenartige Anmerkungen mögen die raumwirksamen Aktivitäten dieser Gruppe näher verdeutlichen (nach Dollinger). In den Städten Friedrichstadt, Glückstadt und Altona arbeiteten sie erfolgreich als Handwerker und als Groß- und Kleinhändler. Sie gelangten besonders in Altona schnell in wirtschaftlich führende Stellungen, wie es die vielen mennonitischen Reeder, Walfänger, Im- und Exporteure mit ihren weitreichenden Beziehungen zeigten. In diesen Städten waren sie geschickte Betreiber von Manufakturen, in denen die neuesten technischen und modischen Produkte erzeugt wurden (z. B. Posamenten- und Bortenwirkerei, Strumpfherstellung). Nach meist ein- bis zwei Generationen wurden aus ihnen geachtete und vermögende Grundeigentümer; in Altona erbauten sie ganze Straßenzüge neu. Auf dem Finanzsektor konkurrierten die mennonitischen Bankiers mit den Juden. Im ländlichen Raum Schleswig-Holsteins lagen die Schwerpunkte in Eiderstedt, wo sie geschickte Deichbauer und Landwirte waren. Die Einführung neuer Deichbautechniken, die Anlage des Haubargs und die Intensivierung der Milchviehwirtschaft machten sie schnell zu großen Grundbesitzern, die die internationalen Kontakte zu den Glaubensangehörigen in Holland und an der gesamten Ostseeküste bis nach Danzig und Riga pflegten. Sie benutzten erstmals Graupen- und Grützmühlen und erfanden technische Verbesserungen im Mühlenbau. Die erste Brandgilde wurde von ihnen gegründet, die ersten Vogelkojen gehen auf Eiderstedter Mennoniten zurück. Diese zahlenmäßig kleine Gruppe war im gesamten ökonomischen

Spektrum des 17. Jahrhunderts führend in Schleswig-Holstein und sie schuf ein enges, meist auf verwandtschaftlich-konfessioneller Basis beruhendes internationales Beziehungsgeflecht, das in der Westküstenregion ein Wirtschaftswachstum initiierte, wie man es bis dato dort nicht kannte.

Im Gefolge technischer und politischer Entwicklungen entstanden in der zweiten Hälfte des 19. Jahrhunderts neue Migrantenströme nach Schleswig-Holstein. Hier lösten Eisenbahn- und Festungsbau, die Kriegsmarine und die Intensivierung der landwirtschaftlichen Produktion einen erhöhten Bedarf an Arbeitskräften aus, der nicht mehr aus dem Lande selbst befriedigt werden konnte. Gefragt waren nicht so sehr Gewerbetreibende und Neuerer wie im 17. Jahrhundert, sondern belastbare, ungelernte Arbeitskräfte für Industrie und Landwirtschaft. Am Beispiel der Polen und der Schweden werden die ökonomischen Funktionen dieser Minderheiten kurz behandelt. Die Polen stellten schon immer ein erhebliches Kontingent unter den Saisonarbeitern aus dem Osten des damaligen Deutschen Reiches dar, die auf den Gütern Ostholsteins in der Erntezeit arbeiteten. Nur sehr wenige wurden zu Immigranten, die sich auf dem Lande niederließen. Das änderte sich erst, als Kiel zum Reichskriegshafen ausgebaut wurde und man den Arbeitskräftebedarf der Werften nicht mehr aus der einheimischen Bevölkerung decken konnte. Nun wurden planmäßig polnische und schwedische Arbeiter angeheuert, die in den neuen Vierteln am Ostufer der Kieler Förde, zunächst in Gemeinschaftsunterkünften, später dann in Wohnungen lebten und auf eine Rückkehr in ihre alte Heimat verzichteten. Bei den Festungs- und Kanalbauten waren Polen und Schweden beteiligt. Auf Fehmarn und in Ostholstein verdingten sich viele Schweden als Landarbeiter und weibliche Dienstboten. In Kiel gab es sogar zeitweilig eine schwedische Volksschule und eine schwedische Kirchengemeinde. In den Familiennamen mancher Bewohner des Kieler Ostufers spiegeln sich diese beiden Minderheitengruppen noch wider. Sie waren, im Gegensatz zu den Migranten des 17. Jahrhunderts, keine Innovatoren, Handwerker oder Händler, sondern einfache, von Konjunkturen und Krisen abhängige Arbeiter.

Nur bedingt als Minderheiten lassen sich die Flüchtlinge und Heimatvertriebenen bezeichnen, die nach 1945 zwangsweise aus den ehemaligen Deutschen Ostgebieten nach Schleswig-Holstein strömten. Sie umfaßten alle Berufs- und Altersgruppen und mußten sich den neuen Rahmenbedingungen anpassen. Ihr technisches und kulturelles Können und der Zwang der wirtschaftlichen Verhältnisse machten aus ihnen in vielen Bereichen recht erfolgreiche Gewerbetreibende. Neben dem Aufbau neuer Flüchtlingssiedlungen wie z. B. Wahlstedt und Trappenkamp im Kreis Segeberg, aus denen heute Industriestandorte geworden sind, haben sie auch im öffentlichen Bereich zur Landesentwicklung beigetragen. Sie sind, unter Aufgabe der eigenen sprachlichen und kulturellen Identität, von der Kulturpflege der Landsmannschaften einmal abgesehen, sehr schnell integriert worden.

Minderheiten im engeren Sinne dagegen bilden die sogenannten „Gastarbeiter" aus den verschiedenen Anwerbeländern, die als unqualifizierte Arbeitskräfte nach Schleswig-Holstein, meist in relativ kleinen Gruppen, gekommen sind. Sie werden in allen Wirtschaftszweigen beschäftigt und haben einen unterschiedlichen landsmannschaftlichen Organisationsgrad mit sehr differenzierten Integrationschancen. Die zahlenmäßig stärkste Minoriät bilden die Türken, auf die näher einzugehen sein wird.

Tab. 1: Ausgewählte Minderheiten in Schleswig-Holstein

Minderheit	Zeitraum der Zuwanderung	Herkunftsraum	Aktionsraum	Ökonomische Bedeutung
Mennoniten	16. bis 17. Jh.	Niederlande	Friedrichstadt	Handwerker, Kaufleute (Im- und Export), Fabrikanten, Mühlenbetrieb
			Eiderstedt	Deichbauer, Landwirte, Milchwirtschaft, Mühlenbauer, Großhändler, Haubarg, Vogelkojen, Brandgilde, Graupen- und Grützmühlen
			Altona	Handwerker, Groß- und Kleinhandel, Bankiers, Fabrikanten, Im- und Exporteure, Reeder, Walfänger, Bauherrn
			Glückstadt	Reeder, Walfänger
Polen	Zweite Hälfte des 19. Jhs.	Preußen und Kongreßpolen	Kiel, Ostholstein, Brunsbüttel-koog, Rendsburg	Landarbeiter, Werftarbeiter, Bau Nord-Ostsee-Kanal
Schweden	Zweite Hälfte des 19. Jhs.	Schweden	Kiel, Flensburg, Neumünster, Lübeck	Werftarbeiter, Bauarbeiter im Eisenbahn-, Festungs-, Haus- und Kanalbau, Traveausbau
			Fehmarn und Ostholstein	Landarbeiter, Dienstboten

Heimat- vertriebene, Flüchtlinge	1945–1949	Ehemalige Deutsche Ostgebiete	Schleswig- Holstein	Weitgestreute ökonomische Bedeutung, Anlage neuer Siedlungen, Bauernstelllen, Handwerks- und Industriebetriebe, Fischfanggebiete in der Ostsee (z. B. Lachsfang bei Bornholm)
Gastarbeiter	1955*, 1965*	Italien	Schleswig- Holstein	Arbeitskräfte für alle Bereiche
	1960*	Griechenland	Schleswig- Holstein	Arbeitskräfte für alle Bereiche
	1960*	Spanien	Schleswig- Holstein	Arbeitskräfte für alle Bereiche
	1963*, 1966*, 1971*	Marokko	Schleswig- Holstein	Arbeitskräfte für alle Bereiche
	1964*	Portugal	Schleswig- Holstein	Arbeitskräfte für alle Bereiche
	1964*	Tunesien	Schleswig- Holstein	Arbeitskräfte für alle Bereiche
	1968*	Jugoslawien	Schleswig- Holstein	Arbeitskräfte für alle Bereiche
Türken	1961*, 1964*	Türkei	Schleswig- Holstein	Arbeitskräfte für alle Bereiche

Quellen: Dollinger, Franz, Grönhoff, Riegler, Wiepert

* Jahr des Abschlusses von Anwerbeverträgen mit den jeweiligen Ländern

2. DIE TÜRKISCHE MIGRATION IN DIE BUNDESREPUBLIK DEUTSCHLAND

Die Migration türkischer Arbeitnehmer in die Bundesrepublik läßt sich in vier Phasen gliedern. Zwischen 1956 und 1962 spricht man von einer Experimentier- und Initialphase; so waren 1960 erst 2 495 türkische Arbeitsnehmer in deutschen Betrieben beschäftigt. In einer zweiten Wachstumsphase (1963–1967) nahm die Zahl der türkischen Gastarbeiter von 27 144 (= 5,3 % der Ausländer aus den Anwerbeländern) auf 131 309 (= 15,4 %) zu. Für das gleiche Jahr wird erstmals die türkische Wohnbevölkerung mit 172 400 angegeben. In der dritten Wachstumsphase (1968 –

Tab. 2: Entwicklung der türkischen Bevölkerung in der Bundesrepublik Deutschland 1970–1982 (Anzahl in Tausend)

Türken	1970	1971	1972	1973	1974	1975	1976	1977	1978	1979	1980	1981	1982
Wohnbevölkerung	469	653	712	911	1 028	1 077	1 079	1 118	1 165	1 268	1 462	1 546	1 581
Beschäftigte	354	453	511	605	607	543	521	509	511	542	588	584	555
Arbeitslose	1	2	3	4	20	40	20	23	25	23	37	70	97
Zuzüge Türkei	177	187	185	250	161	99	106	115	131	172	212	84	43
Fortzüge Türkei	42	61	75	87	111	148	130	114	88	66	71	71	87
Wanderungssaldo	+ 135	+ 126	+ 110	+ 163	+ 50	− 50	− 25	+ 1	+ 43	+ 106	+ 142	+ 13	− 44

Quelle: Gans und Kortum, S. 124

Anwerbestop 1973) stieg die der türkischen Beschäftigten auf 605 000 (= 28,6 % der Ausländer aus den Anwerbeländern) an. Als vierte Phase wird die Zeit nach dem Anwerbestop und dem Beginn der Rezession in den westeuropäischen Industriestaaten bezeichnet.

Die Wanderungssalden (s. Tab. 2) zeigen, daß bis zum Anwerbestop die Zuwanderungsraten stark überwogen und daß nach einer Phase der Rückwanderung (1975–1977) der Familiennachzug wieder zu positiven Werten führte. Die Zahl der türkischen Arbeitslosen nahm in den 80er Jahren sprunghaft zu, von 37 000 (1980) auf 97 000 (1982). Nach Gans und Kortum zeigt die Herkunftsgliederung der Türken in der Bundesrepublik folgende Verteilung:

23,0 % aus der Region Istanbul/Thrazien/Marmara
26,0 % aus der Region Ankara/Mittelanatolien
12,5 % aus den nordanatolischen Schwarzmeerprovinzen
15,5 % aus der westanatolischen Ägäisregion
7,2 % aus der südanatolischen Mittelmeerregion und
10,8 % aus Ost- und Nordanatolien (ohne die Schwarzmeerküste).

Nach den bisherigen Untersuchungen geht die Rückwanderung weitgehend in die Herkunftsräume, abgesehen von Istanbul, das für Remigranten zunehmend unattraktiver wird. Man überspringt die überlasteten Oberzentren und wandert in die Provinz- bzw. Kreishauptstädte, da man dort die eigenen wirtschaftlichen Chancen besser beurteilt als im heimischen Dorf, das mehr für spekulative Investitionen in Grund und Boden genutzt wird.

Zusammenfassend weist die türkische Migration folgende Besonderheiten auf:

1. Die räumliche Verbreitung der Türken in der Bundesrepublik ist durch einen von Süden nach Norden voranschreitenden Diffusionsprozeß gekennzeichnet, der durch das Siedlungssystem noch gesteuert wird, d. h. die dichter besiedelten Großstadtregionen des Südens nehmen in der Anfangsphase verstärkt Ausländer auf, während der dünnbesiedelte Norden erst zeitlich verzögert als Wanderungsziel entdeckt wird.

2. Während der Diffusionsphase ändert sich die nationale Zusammensetzung der zuziehenden Ausländer, d. h. unter dem von Süden nach Norden abnehmenden Ausländeranteil gewinnt die türkische Bevölkerung eine ansteigende Bedeutung (Gans/Kortum), so daß unter den Ausländern in Norddeutschland die Türken quantitativ eine größere Rolle spielen als die anderen Nationalitäten. Einige Zahlen mögen diesen Trend verdeutlichen. In Kiel lag 1982 der Anteil der Türken unter den Ausländern bei 55,5 %, in Bremen bei 54,6 %, in Frankfurt bei 19,0 %, in Stuttgart bei 17,2 % und in München bei 18,9 % (Gans/Kortum, S. 150).

3. Aus Tab. 2 ist ersichtlich, daß der relative Anteil türkischer Arbeitnehmer an der türkischen Wohnbevölkerung immer mehr abnimmt. Betrug er 1970 noch 75,5 % so sank er bis 1982 auf 35,1 % ab. Aus den ursprünglich nur auf einen zeitlich begrenzten Aufenthalt eingerichteten Arbeitsmigranten sind Einwanderer geworden, die ihren Lebensmittelpunkt nach Deutschland verlegt haben. Am Beispiel der türkischen Einrichtungen und Betriebe in Kiel wird dieser jüngsten Entwicklung nachgegangen werden.

3. ZUR MIGRATION DER KIELER TÜRKEN

Diese vier verschiedenen Migrationsphasen lassen sich für Kiel, wenn auch zeitlich verschoben – hier setzte die Arbeitskräftenachfrage später ein – ebenfalls feststellen. Ende 1982 lag der Ausländeranteil in der Bundesrepublik Deutschland bei 7,6 % der Gesamtbevölkerung und damit deutlich höher als die 3,6 % für Schleswig-Holstein bzw. die 6,2 % in Kiel. Dieser unterdurchschnittliche Wert gewinnt noch an Bedeutung, wenn man berücksichtigt, daß die Migranten bevorzugt in die Großstädte gingen und 11,4 % erreichten. Extremwerte gibt es in Frankfurt mit 23,5 %, Stuttgart mit 18,3 % und München mit 17,3 %. Rund 51,3 % aller Türken in Schleswig-Holstein lebten 1985 (s. Tab. 3) in den vier kreisfreien Städten, allein 21,3 % in Kiel und 18,3 % in Lübeck. Auch hier zeigt sich, daß die großen Städte mit ihrem differenzierten Arbeitsplatzangebot zu bevorzugten Zielen der Migranten geworden sind, während Klein- und Mittelstädte unterdurchschnittliche Werte erreichen und der ländliche Raum nahezu bedeutungslos ist.

Die Zahl der ausländischen Einwohner Kiels stieg von 7 742 (1971) bis auf 15 313 (1982) an, um, durch verschiedene politische Entscheidungen bedingt, auf 13 032 (1985) abzusinken. Ähnlich war der Verlauf bei den Türken, hier veränderten sich die Werte von 8 179 (1980) über 8 522 (1982) und 8 295 (1983) auf 6 652 (1985). Nach dem Anwerbestop von 1973 vollzieht sich auch bei den Kieler Türken der Übergang von der „Wanderarbeiter- zur Wohnbevölkerung". Überwogen vor 1973 noch arbeitsplatzorientierte Gründe bei den Zuzügen nach Kiel, so stand in den folgenden Jahren die Familienzusammenführung im Vordergrund. Die deutschen Einwohnerdefizite in Kiel, beruhend auf den Fortzügen in attraktivere Wohnstandorte im städtischen Umland, werden durch die ausländische Zuwanderung und durch das höhere natürliche Bevölkerungswachstum etwas gemildert.

Die innerstädtische Verteilung der Ausländer und damit auch der Türken ist in Kiel sehr unterschiedlich mit Anteilen zwischen 2 % (Schilksee) und 19,2 % (Gaarden-Süd). Die höchsten Werte sind in den traditionellen Arbeitervierteln des Ostufers mit Gaarden-Ost, Gaarden-Süd und Neumühlen-Dietrichsdorf. Weitere Schwerpunkte finden wir im Bezirk Südfriedhof und in Friedrichsort mit seiner Nähe zum Industriegebiet der MaK. Abgesehen von Friedrichsort, weist die räumliche Verteilung der Türken in Kiel ein Gefälle von den zentral gelegenen Wohnvierteln um die Förde zum Stadtrand hin auf. So sind hohe Ausländerdichten in enger Nachbarschaft von Industrieflächen ein typisches Kieler Muster. In den sozial hochrangigen Westufergebieten ist der Ausländeranteil sehr gering. Türkische Wohnquartiere sind die wilhelminischen Mietskasernen mit 4 bis 5 geschossiger Frontbebauung, die weder in Ausstattung noch in Größe den heutigen Wohnansprüchen genügen (Gans/Kortum). Die gewerblich genutzten Hinterhöfe verstärken noch die negativen Auswirkungen dieser hohen Bebauungsdichten auf das Wohnumfeld. Es fehlen Freiflächen für Spiel- und Bolzplätze, für Grünanlagen und für Parkplätze. Diese enge Verzahnung von sich z. T. wechselseitig behindernden Nutzungen läßt die aktive deutsche Bevölkerung in das Stadt-Umland abwandern. In die freiwerdenden Wohnungen ziehen Türken ein; die deutsche „Restbevölkerung" setzt sich dann aus jungen Menschen in der Ausbildung und alten Leuten zusammen. Die Abwanderung der Deutschen an den Stadtrand führt zu einer hohen Zunahme der Ausländer in den Kernbereichen.

Tab. 3: Ausländer nach Geschlecht und Staatsangehörigkeit 1985 in den kreisfreien Städten

Stadt	Ge-schlecht	Anzahl insges.	Däne-mark	Frank-reich	Griechen-land	Groß-britan.	Staatsangehörigkeit Italien	Übrige EG[1]	Türkei	Jugo-slawien	Ost-block[2]	Sonstige
Flensburg	männl.	2 184	398	13	231	59	53	20	724	94	110	482
	weibl.	2 061	696	19	209	43	20	22	581	64	88	319
	insges.	4 245	1 094	32	440	102	73	42	1 305	158	198	801
Kiel	männl.	7 242	100	47	59	167	150	87	3 690	374	483	2 085
	weibl.	5 790	140	151	51	143	70	106	2 962	245	426	1 496
	insges.	13 032	240	198	110	310	220	193	6 652	619	909	3 581
Lübeck	männl.	6 948	39	49	310	131	352	85	3 225	276	646	1 835
	weibl.	5 312	82	71	274	92	195	80	2 459	182	476	1 401
	insges.	12 260	121	120	584	223	547	165	5 684	458	1 122	3 236
Neumünster	männl.	1 953	18	6	20	42	49	28	1 262	147	48	333
	weibl.	1 603	31	11	17	30	26	21	1 060	102	53	252
	insges.	3 556	49	17	37	72	75	49	2 322	249	101	585
Schleswig-Holstein	männl.	46 435	1 848	423	1 553	1 692	2 428	1 136	17 665	2 833	2 783	14 074
	weibl.	38 697	3 267	774	1 349	1 440	1 216	1 142	13 494	2 245	2 213	11 557
	insges.	85 132	5 115	1 197	2 902	3 132	3 644	2 278	31 159	5 078	4 996	25 631

Quelle: Stat. Landesamt, Stat. Bericht A I 4
1 Benelux, Irland
2 Albanien, Bulgarien, Polen, Rumänien, Sowjetunion, Tschechoslowakei, Ungarn

Obwohl sich das generative Verhalten der Ausländer in Kiel immer mehr dem der Deutschen angleicht, so ging z. B. die natürliche Zuwachsrate von 2,35 % (1978) auf 1,56 % (1982) zurück, bleibt sie jedoch im Vergleich zu den deutschen Werten (1978: −0,68 %, 1982: −0,56 %) positiv. Eine der Ursachen liegt in der wesentlich günstigeren Altersstruktur der Migranten.

Tab. 4: Altersgliederung der Türken in Kiel 1983

| | Anzahl | | |
Altersgruppe	1981	1982	1983
Männer			
0 – 5	652	625	556
6 – 14	1 079	1 091	1 012
15 – 20	590	596	611
21 – 44	2 118	2 005	1 906
45 – 64	357	417	516
65 u. älter	4	3	3
Frauen			
0 – 5	616	555	525
6 –14	899	953	917
15 – 20	420	441	434
21 – 44	1 654	1 644	1 597
45 – 64	148	175	201
65 u. älter	16	17	17
Insgesamt	8 553	8 522	8 295

Quelle: Stat. Berichte Nr. 117: Ausländer in Kiel, Kiel 1984, S. 4

Die Altersgliederung der türkischen Bevölkerung in Kiel (s. Tab. 4) zeigt, daß der Anteil der über 65jährigen (0,2 %) verschwindend gering ist. Am stärksten vertreten sind die Gruppen der 21 bis 44jährigen mit 42,2 % (1983) gefolgt von den 6- bis 14jährigen mit 23,3 %. Für den künftigen Arbeitsmarkt und die künftigen Relationen zwischen Beschäftigten und Rentnern werden diese Altersstrukturen noch mehr an Bedeutung gewinnen, wenn auch heute noch erhebliche Investitionen in die jungen Jahrgänge erforderlich sind. Einer überalterten deutschen Stadtbevölkerung steht eine recht junge türkische Einwohnerschaft gegenüber, die viele entstehende Lücken im Bildungs- und Ausbildungssystem füllen wird.

4. ZUR KULTURGEOGRAPHIE DER TÜRKISCHEN BEVÖLKERUNG IN KIEL

Mit zunehmender Verweildauer verfestigen sich nicht nur die familiären und räumlichen Verbindungen der Türken, wie z. B. beginnende Ghettobildung in den Großstädten mit spezifischen Ausländervierteln, sondern es wachsen auch die Ansprüche an die Pflege eigenständiger kultureller Freizeitformen und religiöser Gebräuche, die man schon in den Herkunftsregionen ausübte. Ein Indikator für diesen Wandel von einem temporären zu einem ständigen Aufenthalt wird in der Etablierung von türkischen Lokalen, Teehäusern, von kulturellen, politischen, religiösen Vereinigungen und von Moscheen sichtbar. Sie dienen der Erhaltung der eigenen kulturellen Identität, verstärken die innertürkischen Bande und bieten einen gewissen Schutz vor den Problemen mit der meistens fremden Umwelt. Besonders in den letzten fünf Jahren sind in Kiel und in anderen Großstädten diese neuen Einrichtungen entstanden, die zeigen, daß aus Gastarbeitern Einwanderer geworden sind. Die Gründung religiös-kultureller Vereine, verbunden mit dem Erwerb bzw. der Anmietung entsprechender Gebäude, erfolgt in der Regel dann, wenn die Aufbauphase türkischer Handels- und Dienstleistungsbetriebe zu einem gewissen Abschluß gekommen ist. Dieses kulturraumspezifische Angebot bildet quasi den zeitlichen Endpunkt der türkischen Migration in der Bundesrepublik Deutschland.

Zu den wichtigsten kulturgeographischen Einrichtungen gehören die Moscheen, deren Standorte ausschließlich in den türkischen Wohngebieten liegen, obwohl die Mitglieder aus allen Stadtteilen und aus dem Umland zum Moscheebesuch kommen. Die sechs Kieler Moscheen wurden zwischen 1973 und 1986 gegründet (s. Tab. 5).

Tab. 5: Türkische Moscheen in Kiel 1987

Standort	Türkische Bezeichnung	Gründungs- jahr	Hinterhof- lage	Größe m²
An der Schanze 40	–	1983	nein	100
Fr.-Reuter-Str. 89	Yeni Kami	1983	ja	120
Jägerstr. 9a	Mevlana Camii	1977	ja	*
Johannesstr. 22	Yesil Cami	1986	ja	50
Königsweg 15	Diyanet Cami	1973	ja	150
Königsweg 23	Merkez Camii	1980	ja	170

Von einer Ausnahme abgesehen, haben sie alle die typische Hinterhoflage, wo man ehemals gewerblich genutzte Räume zu Kultzwecken umgebaut hat. Vier Gemeinden gehören verschiedenen, teilweise stark konkurrierenden, religiös-politischen Gruppierungen an und nehmen auch wichtige kulturelle Aufgaben für ihre Anhänger wahr. Die räumliche Bindung von Wohn- und Kultstandort dürfte für die Einwanderergeneration von großer Bedeutung sein. Die nachwachsende, in Deutschland geborene Generation dagegen beginnt sich teilweise aus diesem engen Beziehungsgefüge zu lösen und in andere Stadtteile zu ziehen.

Weitere, zunächst auf die eigene Gruppe ausgerichtete Aktivitäten sind die verschiedenen religiös bedingten Feste und Gebräuche, die auch wirtschaftliche Auswirkungen haben, wie z. B. einen erhöhten Konsum heimischer Erzeugnisse, denn viele Feste werden in einem großen Rahmen begangen, wie das Beschneidungsfest, die Hochzeiten oder die Feiern zum Ende des Ramadan. Die Beschneidung (türk. Sünnet) wird bei den Knaben meist im Alter von 7 Jahren an aufwärts im Herbst vollzogen, da man traditionell glaubt, daß bei kühlem Wetter die Wunden besser heilen als im Sommer. Es ist eine Veranstaltung, zu der man viele Gäste, oft über 100 Personen, einlädt. In einem Zeitungsartikel (Kieler Nachtrichten, 29.12.1986, S. 6) heißt es u.a.:

„Inzwischen ist es 20 Uhr geworden, fast alle Tische sind besetzt, rund 200 Gäste feiern ausgelassen mit. Unmengen Kaffee und verschiedene Säfte fließen. Dann wird die Hauptperson des Abends, Bülent Oran, in einem prächtigen weißen, mit Payetten besetzten Kostüm hereingeführt. Der zwölfjährige Junge sieht aus wie ein Prinz aus dem Morgenland und beginnt gleich mit dem Tanz. Bülent ist in Deutschland geboren (die Familie lebt schon seit 1971 in Kiel), und nun geht das für ihn bisher wichtigste Fest, das man mit der Taufe vergleichen könnte, seinem Höhepunkt entgegen. Onkel Tasbasi gibt eine Probe seiner musikalischen Kunst, er spielt auf einer türkischen Gitarre. Verschiedene Gäste unterhalten die Gesellschaft mit kleinen Gags, die Hausgemeinschaft bedankt sich öffentlich und bekennt, daß das Fest zwar ganz anders liefe, als man es gewöhnt sei, aber es sei sehr schön. Nach dem nächsten langen Tanz wird es in der Ecke des Himmelbettes dann geschäftig. Ein türkischer Arzt aus Hamburg packt seine Bestecktasche aus. Die Männer spannen ein weißes Tuch auf. Bülent – gefaßt und blaß – wird im Beisein der Festgesellschaft hinter dem Tuch beschnitten und gleich in das Himmelbett gebettet. Dann gibt es die Geschenke."

Hochzeitsfeiern werden überwiegend im türkischen Verwandtschafts- und Freundschaftskreis gefeiert und bilden deshalb für die Presse noch ein Ereignis, über das z. B. die Kieler Nachrichten vom 3.2.1987 auf S. 19 wie folgt auszugsweise berichten:

„Der große Augenblick ist da, Serpil Ergen betritt an der Seite ihres Bräutigams Senol Ergen die Schwentinehalle in Klausdorf. Durch ein Spalier von Kerzenträgern, gebildet aus jungen Mädchen und jungen Männern, ziehen die beiden jungen Türken in die Halle ein, in der fast 300 Verwandte und Freunde warten, um mit ihnen gemeinsam Hochzeit zu feiern. Eine fröhliche Gesellschaft empfängt das Paar in der mit Luftballons und Girlanden bunt geschmückten Schwentinehalle. Zur Begrüßung werden Braut und Bräutigam mit einem wahren Konfettiregen empfangen. Dann nehmen sie am Ehrentisch Platz, der reich mit Blumen geschmückt ist. Zum Knabbern stehen, wie auf allen anderen Tischen auch, Kichererbsen und Rosinen bereit, zu trinken gibt es nur Cola und Fanta, Alkohol ist verpönt. Trotzdem kommt schnell Stimmung auf. Die türkische Band „Grup 80" aus Bremen spielt türkische Tanzmusik, schnell ist die Tanzfläche gefüllt. Der Tanz erinnert an Sirtaki. Man faßt sich an den Händen, bildet lange Schlangen, tanzt im Kreis. Oder allein, die Hände erhoben, mit den Fingern schnippend. Währenddessen haben die Kinder ihren Spaß am gemeinsamen Spiel. Denn zur Hochzeit von Serpil und Senol sind alle gekommen, vom Baby, das auf dem Tisch schläft, bis zu den alten Leuten, die dem lustigen Treiben der jungen zuschauen. Und alle wünschen sie dem Brautpaar viel Glück, das durch die langen Tischreihen geht, jeden begrüßt, Geschenke und gute Wünsche entgegennimmt. Um Mitternacht ist das Fest zu Ende, man geht nach Hause. Auch das Brautpaar, in dessen Wohnung der moslemische Geistliche kommt, um die beiden vor Allah als Mann und Frau zusammenzugeben. Erst jetzt sind Serpil und Senol wirklich verheiratet, jetzt beginnt für sie ein gemeinsames Leben in Deutschland, einem für Senol bekannten Land, er lebt seit über zehn Jahren hier."

Die rituellen Schlachtungen für das türkische Opferfest waren lange Zeit sehr umstritten und erst in den letzten Jahren hat man Regelungen gefunden, die beiden Seiten gerecht werden (Kieler Nachrichten, 18.8.1986, S. 9):

„Wenn es derzeit bei Ihren türkischen Nachbarn etwas lauter zugeht als sonst, dann liegt das daran, daß sie „Kurban Bayrami" feiern, ihr Opferfest, das 70 Tage nach Ramadan, dem Fastenmonat, beginnt und vier Tage dauert. Zu diesem Fest wird ein Schaf geschlachtet, werden Freunde und Verwandte eingeladen, wird gut gegessen und getrunken. Problematisch ist in mitteleuropäischen Augen die Schlachtung; sie geschieht nach moslemischen Ritus und heißt bei uns „schächten". Das Schächten, das auf die biblische Geschichte von Abraham und der Opferung seines Sohnes Isaak (1. Mose 22) zurückgeht, hat seit Jahren hierzulande die Gemüter bewegt, Polizei und Staatsanwalt auf den Plan gerufen. Es scheint als hätten Schleswig-Holsteiner und Türken gelernt voneinander. Nichts von Heimlichkeit diesmal: Als ich in Flintbek auf den Hof der Schlachterei Oschelewski komme, ist das Opferfest bereits in vollem Gang. Ich werde freundlich begrüßt, meine Fragen werden bereitwillig beantwortet. Die rituelle Schlachtung ist immer noch dieselbe: Kehlschnitt und ausbluten lassen. Aber wichtigstes Handwerkszeug des türkischen Schlachters, der sein Handwerk gelernt und wie sein Kollege in Nettelsee seine Meisterprüfung abgelegt hat, ist die „Zange". Das ist ein Elektro-Gerät, mit dem die Schafe betäubt werden, bevor der Schlachter das Messer ansetzt.
Das widerspricht dem Ritus nicht, wird mir erklärt – nur vom Bolzen-Schußgerät wollen die türkischen Schlachter nichts wissen. Denn die Tiere, die zum Opferfest geschlachtet werden, müssen unversehrt sein. In der Türkei, wird mir erzählt, werden die Schafe oder Rinder, die zum Opferfest geschlachtet werden sollen, mit besonders gutem Futter verwöhnt und mit Blumen und Kränzen geschmückt. Pro Familie wird in der Regel ein Schaf geschlachtet; für ein Rind tun sich sieben Familien zusammen. Von dem geschlachteten Tier soll ein Drittel mit Gästen verzehrt, ein Drittel als Vorrat gehortet und ein Drittel unter die Bedürftigen aufgeteilt werden.
Größer als die Sorge, auch den Anschein von Tierquälerei durch das Schächten zu vermeiden (1981 gab es Ermittlungen gegen einen Bauern in Nütschau, Kreis Stormarn), ist in diesem Jahr die Sorge, daß die Schafe nach Tschernobyl „verstrahlt" sein könnten."

Neben den kulturellen und religiösen Vereinen spielen politische Parteien, wenn auch von relativ geringer Bedeutung, im Leben der Kieler Türken eine Rolle. Nur wenige sind Mitglieder deutscher Parteien. In der Öffentlichkeit werden meist nur extreme Gruppierungen bekannt, wenn es zwischen den Türken zu Zusammenstößen kommt. Auf einige Besonderheiten der Extremisten geht der Verfassungsschutzbericht Schleswig-Holstein 1983 (S. 47–48) näher ein:

„Bei der Einschätzung des extremistischen Potentials ist zu beachten, daß viele Türken mit ihrer Mitgliedschaft in extremistischen Organisationen sich nicht mit den Zielen oder Aktivitäten der Funktionäre identifizieren, sondern nur gesellschaftlichen Anschluß an Landsleute und Möglichkeiten zur Ausübung heimatlicher Bräuche und Unterstützung bei der Lösung sozialer Probleme suchen.
Die Zunahme im rechtsextremistischen Bereich beruht auf dem Mitgliederzuwachs der islamisch orientierten nationalistischen Organisationen, insbesondere einer Zweigstelle des „Islamischen Zentrums Köln e. V." in Kiel.
Auch im vergangenen Jahr beschränkten sich die Aktivitäten extremistischer Türken in Schleswig-Holstein weitgehend auf die Durchführung interner Veranstaltungen und die Verteilung von Flugblättern und Informationsschriften zu aktuellen Ereignissen und Problemen.
Als rechtsextremistische türkische Organisationen sind in Schleswig-Holstein bekannt.:
– drei „Türkische Gemeinschaften" in Kiel, Lübeck und Neumünster, die der extrem-natio-

nalistischen „Föderation der türkisch-demokratischen Idealistenvereine in Europa e.V."
(ADÜTDF) angehören,

– drei Zweigstellen der orthodox-islamischen »Islamischen Union Europa e. V." in Kiel,
Lübeck und Neumünster und

– eine Zweigstelle des „Islamischen Zentrums Köln e. V." in Kiel

Während die ADÜTDF die Ideologie der in der Türkei verbotenen türkischen „Partei der
Nationalen Bewegung" (MHP) verbreitet, sind die „Islamische Union Europa e. V." und das
„Islamische Zentrum Köln e. V." von den politischen Vorstellungen der in der Türkei ebenfalls
verbotenen „Nationalen Heilspartei" (MSP) geprägt.

Im Bereich des Linksextremismus sind in Schleswig-Holstein außer dem „Solidaritätsverein
der türkischen Arbeiter in Lübeck", Mitgliedsverein der orthodox-kommunistisch beeinflußten
„Föderation der Arbeitervereine der Türkei in der Bundesrepublik Deutschland e.V."
(FIDEF), und dem der pro-albanisch orientierten „Studentenföderation der Türkei in Deutsch-
land e. V." (ATÖF) zuzuordnenden „Verein der Studenten aus der Türkei in Kiel und
Umgebung" keine Organisationen bekannt."

Von den ca. 32 000 Türken in Schleswig-Holstein rechnet man ca. 600 den rechts-
und ca. 200 den linksextremen Gruppen zu. Das Gros der Migranten hält sich soweit
wie möglich aus der Politik zurück.

Um eine partielle Integration der Türken bemühen sich verschiedene Einrichtungen und Vereinigungen. Einige von ihnen seien kurz skizziert. In der »Ali-Baba-
Projektgruppe ausländischer Arbeitnehmer e. V." geht es um den schulischen und
den Freizeitbereich von Kindern und Jugendlichen. Das Deutsch-Türkische Volks-
haus in Gaarden ist eine Begegnungsstätte für Türken und Deutsche. Verschiedene
Hobbygruppen z.B. Folklore, Theater, Gitarren, Photographie, aber auch Alphabe-
tisierungskurse für Männer sind hier vorhanden. Im Bürgerzentrum „Räucherei" gibt
es eine Hausaufgabenhilfe, Volkstanzgruppen und eine türkische Diskogruppe. In
der Deutsch-Türkischen Frauengruppe versucht man besonders den türkischen
Frauen Hilfen anzubieten. Fast alle Einrichtungen halten Sprachkurse sowohl für
Deutsche als auch für Türken in der jeweiligen Fremdsprache ab. Aber auch von
türkischer Seite wird versucht, die deutsche Umwelt über die eigene Kultur zu
informieren, indem man z.B. die Moscheen am Königsweg im Rahmen eines „Tages
der offenen Tür" der Allgemeinheit zugänglich macht und über das Leben in der
Türkei und über den Islam berichtet. In der „Anadolu Folklör Grubu" in Kiel pflegen
deutsche und türkische Jugendliche gemeinsam türkische Folklore.

Über den Aufbau eines türkischen Kulturzentrums am Königsweg, in dem Religion
und Kultur nicht gleichgesetzt werden, berichten die Kieler Nachrichten vom
5.1.1987, S. 6 folgendes:

„Yasam", das heißt auf türkisch „Leben", steht auf der großen Fensterscheibe. Diesen
Namen hat der Progressive Türkische Arbeitnehmerverein dem kleinen Treffpunkt gegeben,
den er sich mit Unterstützung der Stadt in einem Altbau im Königsweg eingerichtet hat. „Wir
haben eine Zeitlang eine Zeitung gemacht, die hieß „Kiel de Yasam" – „Leben in Kiel", erklärt
Vorstandsmitglied Ahmet Akkaya. „Davon ist ‚Yasam' übriggeblieben." Die Zeitung gibt es
vorläufig nicht mehr, es fehlte an Mitarbeitern und die Druckkosten waren zu hoch.
Der Verein, 1972 in Kiel gegründet, bejaht Integration, „aber daraus soll nicht völlige
Assimilation werden", wie Vorsitzender Sahabettin Atli betont. „Jeder türkische Mitbürger in
der Bundesrepublik muß frei entscheiden können, wie weit er sich integriert. Wer will, soll auch
seine eigene Kultur bewahren dürfen." Dazu, so fügt er hinzu, müßten in der Bundesrepublik

die Rahmenbedingungen geändert werden. Der Verein fordert beispielsweise, daß Türkisch und Religion für türkische Schüler in der Bundesrepublik Pflichtfach werden.

Die beiden kleinen ehemaligen Ladenräume im Königsweg dienen gleichzeitig als Begegnungsstätte, Büro, Lesezimmer, Spielzimmer und Arbeitsraum für Kinder, die dort ihre Hausaufgaben machen. Seit November verfügt der Verein auch über eine kleine Bücherei. Neben Unterhaltungsliteratur, Lexika und Kinderbüchern stehen auch Bücher in den Regalen, die sich kritisch mit den politischen Verhältnissen in der Türkei oder der Situation türkischer Arbeitnehmer in der Bundesrepublik beschäftigen. Einige Titel sind in zweisprachigen Ausgaben vorhanden. Dieses Angebot möchte der Verein noch erweitern."

Eine beginnende Öffnung gegenüber der deutschen Umwelt spiegelt sich auch in den türkischen Anzeigen in den Kieler Nachrichten wider (s. Abb. 1), wo man in der Gastronomie um deutsche Kunden z.B. mit Bauchtanz wirbt, im Angebot türkischer Lebensmittel, in einer von Deutschen aufgegebenen Traueranzeige oder in der Hochzeitsanzeige eines türkischen Brautpaares. Der Verkauf deutscher und türkischer Tageszeitungen an türkischen Kiosken zeigt das Nebeneinander beider Kulturformen. Es gibt bisher noch keine Untersuchungen darüber, wie das Zeitungs- und Informationsangebot die Lebensgewohnheiten der Kieler Türken beeinflussen.

5. WIRTSCHAFTSGEOGRAPHISCHE STRUKTUREN UND IHR WANDEL

Da bereits 1979 eine Untersuchung über türkische Gewerbetreibende (Wiebe 1982) in Kiel durchgeführt wurde, ist es möglich, die Veränderungen auch quantitativ zu erfassen, die in den letzten sieben Jahren stattgefunden haben. 1979 gab es 10 türkische Lebensmittelgeschäfte, 3 Gaststätten, einen Flickschneider und einen Autohändler. Typisch für alle damaligen Lebensmittelläden war ein extrem breites Sortiment, das neben Lebensmitteln auch Videofilme, türkische Haushaltswaren, mediterrane Weine und Spirituosen, Textilien, Devotionalien, Musikkassetten, Teppiche und Reisen umfaßte. Bei dem Reiseangebot handelte es sich um die Vermittlung von Heimatflügen mit einer türkischen Luftlinie von Hamburg nach Istanbul. Die Waren des nichttäglichen Bedarfs waren überwiegend typische Basarartikel anatolischer Herkunft. Die Firmen verwendeten gerne Bezeichnungen wie „Pazar", „Basar" oder „Export" als ergänzende Attribute. Die Kieler Türken neigten damals dazu, so weit wie möglich vom deutschen Lebensmittelangebot unabhängig zu werden, es waren reine Selbstversorgerläden einer ethnischen Minderheit mit spezifischen Ernährungsgewohnheiten. Die türkischen Lebensmittelgeschäfte waren wichtige Kommunikationsstätten für die eigenen Landsleute. Ladenbetreiber und Kunden stammten meistens aus derselben Provinz. Die Geschäfte waren nur wenige Stunden täglich geöffnet, überwiegend zwischen 16.00 Uhr (Schichtwechsel bei den Howaldtswerken und bei MaK) und 18.00 Uhr. Die türkischen Gewerbetreibenden waren fast ausschließlich ohne Fachkenntnisse und konnten nur aufgrund des engen Gruppenzusammenhaltes existieren. Alle Firmen waren mehr oder weniger zufällig gegründet worden. Analysen über Käuferpotential und Kundeneinzugsbereiche wurden nie angestellt. Der Mangel an Markterfahrungen führte zu relativ schneller Fluktuation. Keiner der Betriebe war älter als 10 Jahre. Die meisten wurden zwischen 1973 und

Gewerbliche und private Anzeigen Kieler Türken 1987

1979 gegründet. Es war leider nicht zu erfahren, wie schnell in Kiel Betriebsgründung und -schließung einander abwechseln. Fast alle Geschäfte lagen in türkischen Wohngebieten – ein Zeichen dafür, daß man primär auf die eigenen Landsleute orientiert war.

Nach sieben Jahren ist ein erheblicher Wandel unter den türkischen Gewerbetreibenden eingetreten. An Stelle der Selbstversorgerläden mit atypischen Öffnungszeiten und Geschäftspraktiken haben sich Unternehmen etabliert, die auch an deutsche Kunden verkaufen wollen. Bei der Standortwahl ist man nicht allein auf die türkischen Wohnquartiere beschränkt geblieben, sondern zunehmend in die deutschen Geschäftsviertel gegangen (s. Abb. 2), in denen man türkische Waren für einen breiteren Kundenkreis anbietet. Von den 10 Lebensmittelhändlern 1979 sind nur zwei übriggeblieben, die ihr Sortiment auf Textilien umgestellt haben. Der einzige Flickschneider ist ebenso nicht mehr vorhanden wie der Autohändler. Die drei Gaststätten, ausschließlich auf Landsleute spezialisiert, bestehen dagegen heute noch.

Die 87 Betriebe (s. Tab. 6) gehören zu neun verschiedenen Branchen. An der Spitze liegt mit 32,2 % der Lebensmittelhandel unterschiedlichster Sortimentbreite; sie reicht vom überwiegenden Obst- und Gemüseangebot bis zum Handel mit sogenannten non-food-Artikeln. An zweiter Stelle folgen die Flickschneider mit 27,6 % und dann die Gaststätten mit 26,4 %; d. h. zu diesen drei Gruppen gehören 86 % aller türkischen Gewerbetreibenden. Die Türken haben sich also nur auf wenige Branchen spezialisiert. Die Gründungsdaten belegen, wie kurzfristig viele Betriebe am Markt bleiben, eine Situation, die bereits in den 70er Jahren anzutreffen war. Hier ist kein Wandel eingetreten. So stammen von den 1987 vorhandenen Firmen nur 5,7 % aus der Zeit vor 1980. Die meisten (26,4 %) sind in den ersten sechs Monaten dieses Jahres eröffnet worden; d. h. jeder vierte Laden besteht erst seit einigen Monaten. Im Jahre 1986 wurden 20,7 % und 1985 16,1 % gegründet. Es sind 63,2 % aller Geschäfte in den letzten zweieinhalb Jahren entstanden.

Lebensmittelhändler und Flickschneider haben sich in der Regel in aufgegebenen sogenannten „Tante-Emma-Läden" niedergelassen und nehmen Funktionen für die Viertelsbevölkerung wahr, von der die deutschen und die türkischen Bewohner profitieren. Die hohe Zahl der Flickschneider dürfte wohl kaum eine langfristige Perspektive haben, da diese Betriebe fast ausschließlich türkische Kunden versorgen. Bei den Gaststätten ist es etwas anders. Seit ca. drei Jahren haben sich diese neuen Kneipen auf deutsche Gäste eingestellt, teilweise mit der üblichen Speisekarte, teilweise aber auch als türkisches Spezialitätenrestaurant. In ihnen trifft man fast nie türkische Besucher an. In fast allen Lokalen waren die Vorgänger deutsche Wirte, die aus verschiedenen Gründen die Restauration aufgegeben hatten. Die Gaststätten gleichen bestehende Versorgungsdefizite aus bzw. sie nehmen ergänzende Aufgaben im Bereich der Spezialitätengastronomie wahr. Die Entwicklung der letzten Jahre zeigt eine steigende Zahl von Spezialgeschäften wie An- und Verkaufsläden, Videotheken, Reisebüros, Textilhandlungen, in denen ausschließlich die eigenen Landsleute ihren Bedarf decken. Selbst im Handel mit Waren des täglichen Bedarfs gibt es schon Firmen, die z. B. überwiegend Obst und Gemüse anbieten. Angst vor Arbeitslosigkeit und möglicher Ausweisung sind unterschwellige Motive für den Sprung in die Selbständigkeit. Der erst jüngst (8. Mai 1987) eingerichtete Wochenmarkt in Altenholz hat bereits einen türkischen Obst- und Gemüsehändler. Traditionelle

Tab. 6: Türkische Betriebe in Kiel 1987

Gründungsjahr	Art des Betriebes	Anzahl der Betriebe
1980	Lebensmittel	1
1981	Lebensmittel	1
1982	Lebensmittel	2
1983	Lebensmittel	3
1984	Lebensmittel	2
1985	Lebensmittel	5
1986	Lebensmittel	4
1987	Lebensmittel	10
1986	Schlachterei	1
1980	Flickschneider	1
1981	Flickschneider	2
1982	Flickschneider	1
1983	Flickschneider	4
1984	Flickschneider	2
1985	Flickschneider	4
1986	Flickschneider	3
1987	Flickschneider	7
1987	Friseur	1
1986	Reisebüro	2
1986	Videothek	2
1983	An- und Verkauf	1
1987	An- und Verkauf	1
1972	Textilien u.ä.	1
1976	Textilien u.ä.	1
1983	Textilien u.ä.	1
1986	Textilien u.ä.	1
1967	Gaststätte u.ä.	1
1970	Gaststätte u.ä.	1
1979	Gaststätte u.ä.	1
1982	Gaststätte u.ä.	1
1983	Gaststätte u.ä.	2
1984	Gaststätte u.ä.	3
1985	Gaststätte u.ä.	5
1986	Gaststätte u.ä.	5
1987	Gaststätte u.ä.	4
Insgesamt	9 verschiedene Branchen	87

(Quelle: Eigene Erhebungen Juli 1987)

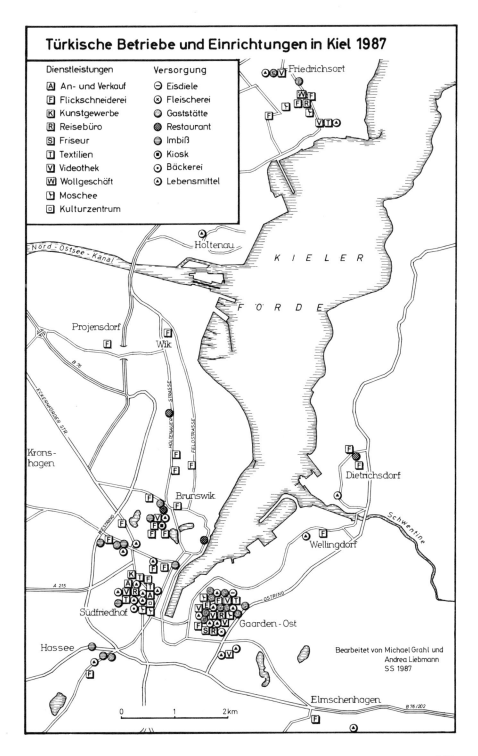

Türkische Betriebe und Einrichtungen in Kiel 1987

Dienstleistungen

- Ⓐ An- und Verkauf
- Ⓕ Flickschneiderei
- Ⓚ Kunstgewerbe
- Ⓡ Reisebüro
- Ⓢ Friseur
- Ⓣ Textilien
- Ⓥ Videothek
- Ⓦ Wollgeschäft
- Ⓗ Moschee
- Ⓒ Kulturzentrum

Versorgung

- ⊖ Eisdiele
- ⊙ Fleischerei
- ◉ Gaststätte
- ◉ Restaurant
- ⊜ Imbiß
- ◉ Kiosk
- ⊙ Bäckerei
- ⊙ Lebensmittel

Nord-Ostsee-Kanal

Holtenau

KIELER

FÖRDE

Projensdorf

Wik

Krons-hagen

B 76

ECKERNFÖRDER STR.

HOLTENAUER STRASSE

FELDSTRASSE

WESTRING

Brunswik

Dietrichsdorf

Schwentine

Wellingdorf

A 215

OSTRING

Südfriedhof

Gaarden-Ost

Hassee

Bearbeitet von Michael Grahl und
Andrea Liebmann
SS 1987

Elmschenhagen

B 76 /202

0   1   2 km

Friedrichsort

357

Zuerwerbsformen zeigen sich im Sommer, wenn einige türkische Kinder Blumen, Gemüse und frische Kräuter aus eigenen Kleingärten ambulant auf dem Universitätsgelände bzw. am Rande des Wochenmarktes auf dem Exerzierplatz anbieten. Es bleibt abzuwarten, ob nicht noch weitere ambulante Dienste, wie z. B. Autoreinigen auf Parkplätzen, angeboten werden.

Tab. 7: Struktur der türkischen Betriebe in Kiel 1987

Branche	Zahl der Betriebe	Zahl der Beschäftigten	Fläche des Betriebes	Jahr der Einreise (Inhaber)			
				1965–69	70–75	76–80	81–85
Lebensmittel	28	46	1 488 m^2	2	18	6	2
Flickschneider	25	35	659 m^2	5	14	5	1
Gaststätten	23	48	722 Plätze	4	13	6	0
Sonstige: Schlachter, Friseur, Textil, Reisebüro, An- und Verkauf, Videothek	11	19	480 m^2	4	6	1	0
Insgesamt	87	148	2 627	15	51	18	3

Die Struktur der türkischen Betriebe ist durch einige Besonderheiten (s. Tab. 7) gekennzeichnet. Die 148 Beschäftigten (1,7 Personen pro Betrieb) sind fast ausschließlich mithelfende Familienangehörige. Die größte Zahl pro Betrieb arbeitet in der Gastronomie mit 2,0 Personen, gefolgt vom Lebensmittelhandel (1,6) und den Flickschneidern (1,4). Die durchschnittliche Flächengröße liegt bei 41 m^2. Im Lebensmittelhandel gibt es fünf Geschäfte, die jeweils über 100 m^2 (insgesamt 630 m^2) verfügen; die meisten Läden liegen zwischen 15 m^2 und 35 m^2. Noch geringer sind die Flächen bei den Flickschneidereien mit 26 m^2 in der Regel. Gaststätten und Imbißhallen haben durchschnittlich 31 Sitzplätze. Aus diesen Daten lassen sich Aussagen über den typischen türkischen Betrieb machen: Er weist nur eine geringe Flächengröße auf, er beschäftigt zum größten Teil nur Familienangehörige, er hat überwiegend einen Standort in türkischen Vierteln, er bietet türkische Waren an, als Geschäftsräume dienen aufgegebene deutsche Kneipen und Kleinläden, der Inhaber ist meistens zwischen 1970 und 1975 in die Bundesrepublik Deutschland (59 % aller Inhaber) eingereist – d. h. nach mehr als 12 Jahren erfolgt eine Betriebsgründung – und fast 95 % aller Firmen sind in den letzten 7 Jahren entstanden; jeder vierte wurde im ersten Halbjahr 1987 eröffnet.

Bei der Namensgebung überwiegen die türkischen Angaben, denn man richtet sich ja im Handel primär an die eigenen Landsleute. Die Lebensmittelläden verwenden Bezeichnungen wie: Türk Bakkali, Bayrak Bazar, Gida Pazari, Basar Baskent, Birlik Export, Üsküda Export, Coscun Export oder Alkan Market. Spezialläden heißen z. B. Video Anadolu, Denez Video Club oder Türk Hava Yollari Acentasi (Reisebüro). Anders ist es bei den Gaststätten, hier hat man vielfach die alten Angaben beibehalten, z. B. Bauernstube, Zum Postillion, Zum goldenen Anker, Die Zwei, Kleinkes Bierstube oder Jever-Deel. Spezialitätenrestaurants weisen auf die Türkei hin, wie Bosporus, Adana Kebap Salonu (s. Abb. 1), Istanbul Grill oder Restaurant Orient. Sprachliche Mischungen gibt es aber auch, wie z. B. Pamukkale Reisen, Ankara Feinkost, Flickschneiderei Firat oder Karadeniz Imbiss.

Eine Ausnahme in diesem gewerblichen Spektrum bildet die türkische Bäckerei Dogan Memis (s. Abb. 1) in der Samwerstraße, die den Weg einer GmbH mit 50 000,– DM Stammkapital beschritten hat. Der Gesellschaftsvertrag (HRB 2352 – 24.7.1986) hat den Betrieb einer Bäckerei mit türkischen und deutschen Backwaren sowie deren Verkauf zum Gegenstand. Der Geschäftsführer ist der Dipl.-Maschinenbau-Ing. Hüseyin Dogan Memis in Kiel.

Die augenblickliche Lage einiger türkischer Kaufleute schildern die Kieler Nachrichten vom 3.9.1986 (S. 17) wie folgt:

„Gewürzduft empfängt den Kunden, wenn er den Laden am Karlstal, in der hinteren Häuserzeile des neuen KWG-Komplexes betritt. Auf der Theke stehen große offene Tüten mit Pfefferminze, Thymian, Cumin und noch einigen anderen aus Blättern und Früchten gewonnenen natürlichen Würzmitteln. Kleine, handgeschriebene Pappschilder geben in Deutsch und Türkisch Auskunft über den Inhalt. Ein Hinweis darauf, daß im „Basar Baskent" durchaus nicht nur Landsleute des aus Bursa stammenden Ladeninhabers einkaufen. 30 bis 40 Prozent der Kunden, so schätzt Kuzi, sind Einheimische.

Neben Obst und Gemüse sind es besonders Gewürze und Schafskäse, die auch Deutsche gern bei ihm kaufen, ist von Adem Kuzi zu erfahren. „Den türkischen Schafskäse mögen viele lieber als bulgarischen, weil er milder ist." Vor fünf Jahren hat Kuzi sich als Lebensmittelkaufmann in Gaarden selbständig gemacht; zuvor hatte er drei Jahre als Angestellter bei einem Landsmann gearbeitet. Die Gewürze holt er selbst mit dem Auto aus der Türkei, sein Onkel hat dort einen Großhandel, erzählt er. Ein deutscher Schlachtermeister aus Tönning liefert das Frischfleisch – von Rind und Schaf. Rote Linsen, viel kleiner als bei uns, Sonnenblumenkerne und Kichererbsen stehen in Säcken vor dem Verkaufstresen. Ein Reklameaufkleber über der Kühltheke weist darauf hin, daß hier auch Flugtickets für Besuche zu Hause verkauft werden. Ein Service, den auch andere Händler – gewissermaßen zwischen Hammelkeule und türkischem Kuchen – anbieten.

Am Vinetaplatz hat Anfang des Jahres eine türkische Fleischerei einen Laden eröffnet. Früher war an derselben Stelle eine italienische Eisdiele. Der Name Öner ET Pazari läßt zwei Inhaber vermuten. „Nein, nein", sagt ein Mitarbeiter, „das bedeutet, Öner Fleischgeschäft."

Mehmet Demirbas' Laden in der Augustenstraße, innen viel größer, als es die Schaufensterfront erwarten läßt, kommt von der Warenvielfalt her gesehen der Vorstellung von einem Basar am nächsten. Demirbas führt nicht nur Obst, Fleisch und andere Lebensmittel, sondern auch Haushaltswaren, Geschenkartikel, Einrichtungszubehör – vom Teppich bis zum Nähgarn, von der Puppe im Tüllrock bis zum Porzellanservice. Gleich links von der Eingangstür geht's in die Videoabteilung. Von Filmplakaten leuchten Porträts und Namen türkischer Stars. Der junge Chef, seit fünf Jahren in der Bundesrepublik – auch seine Eltern leben hier –, spricht nicht vom Basar, sondern vom Supermarkt."

6. ZUR KÜNFTIGEN ENTWICKLUNG TÜRKISCHER BETRIEBE IN KIEL

Eine Abwägung der wirtschaftlichen Zukunftsaussichten der türkischen Unternehmen scheint recht schwierig zu sein, da ihre Aktivitäten relativ jung sind und sie unter den Gewerbetreibenden aus den sogenannten Gastarbeiterländern eine besondere Stellung einnehmen. Sie stammen aus einem anderen soziokulturellen Milieu als das Gros der übrigen Migranten aus dem mediterranen Raum. Der überwiegende Teil der türkischen Gewerbetreibenden hat einen auf die eigenen Wohnviertel konzipierten Standort, und die Geschäfte sind für eine Dauerexistenz in der Bundesrepublik Deutschland gegründet worden, unter Beibehaltung der Fiktion einer baldigen Rückkehr in die Heimat. Die wirtschaftliche Lage der einzelnen Firmen wird durch die Anzahl und von der Verweildauer der Landsleute bestimmt. Auf der anderen Seite kann festgestellt werden, daß soziale Aufsteiger unter den Türken ihr Quartier verlassen und in bessere Stadtteile, meistens Neubaugebiete, ziehen und im Verlauf dieser räumlichen Verlagerung auch als Konsumenten für die Türkenläden ausfallen. Dieser durch höhere Mobilität bedingte Kaufkraftabfluß dürfte für manchen Geschäftsinhaber nachteilig sein. Die meisten Betriebe werden im Rahmen der Familie geführt und können demzufolge auf Absatzschwankungen flexibel reagieren, besonders dann, wenn man das Geschäft im Nebenerwerb betreibt. Bessere Chancen bestehen in den Stadtteilen, in denen z. B. ausländische Lebensmittelhändler aufgegebene deutsche Läden übernehmen und sich auf ein Angebot umstellen, das ebenfalls die altansässige Wohnbevölkerung berücksichtigt. Gute deutsche Sprachkenntnisse sind eine Voraussetzung zum Erfolg. Einige türkische Gemüsehändler in sozialen Vierteln der Mittelklasse werden von Deutschen bereits als Lieferanten bevorzugt, da Frische und Präsentation der Waren ansprechend sind.

Die ca. 6 700 türkischen Einwohner Kiels verfügen über 87 eigene Firmen mit 148 Beschäftigten, d. h. auf 77 Türken entfällt ein Unternehmen. Ein Wert, der weit über vergleichbaren deutschen Verhältnissen liegt. Alle Branchen sind, wenn sie Bestand haben sollen, auf deutsche Nachfrager angewiesen. Die hohe Fluktuation der Geschäfte zeigt aber, daß dieser Überbesatz auch heute noch weiterbesteht. Erschwerend kommt hinzu, daß die meisten Standorte in den Stadtteilen liegen, in denen neben Ausländern überwiegend alte Menschen mit niedrigem Einkommen leben und die nur relativ geringe Mengen an Konsumwaren verzehren. Eine verstärkte Wochenmarktbeschickung türkischer Händler könnte die ökonomische Basis der stationären Betriebe erweitern.

Es wird weiteren Untersuchungen vorbehalten bleiben, sich gezielt mit den Absatzbeziehungen türkischer Unternehmen zu befassen, bei denen es dann um die Strukturen des Versorgungsbereiches und der Abnehmer gehen wird. Ebenso wird man den Verflechtungsformen zwischen Großhandel und türkischem Einzelhandel mehr Aufmerksamkeit schenken müssen. Hier sind detailliertere Befragungen, z. B. im Rahmen von Praktika, eine unabdingbare Voraussetzung.

Literatur:

Brandt, H.-J., u. C.-P. Haase (Hrsg.): Begegnung mit Türken. Begegnung mit dem Islam, Bd. IV, Rissen 1984

Deutsch-Türkischer Arbeitskreis am Übersee-Museum Bremen (Hrsg.): Türkei. Heimat von Menschen in unserer Stadt, Bremen 1974

Dollinger, R.: Geschichte der Mennoniten in Schleswig-Holstein, Hamburg und Lübeck, Neumünster 1930

Franz, W.: Die fremdstämmige, insbesondere polnische Zuwanderung nach Kiel seit 1864 und die damit verbundenen Veränderungen in der Kieler Bevölkerungsstruktur, in: Die Heimat, 66 (1959), S. 3–6

Franz, W.: Die slawischen Familiennamen in den Kieler Ostuferstadtteilen, in: Die Heimat, 66 (1959), S. 132–133

Gans, P., u. G. Kortum: Von Karaköy nach Almanya – Untersuchungen zur regionalen Mobilität der türkischen Bevölkerung im Heimatland und in der Bundesrepublik, in: Brandt, H.-J., und C.-P. Haase (Hrsg.): Begegnung mit Türken. Begegnung mit dem Islam, Bd. IV, Rissen 1984, S. 116–171

Grönhoff, J.: Eine Schule für Gastarbeiterkinder in Kiel vor 100 Jahren, in: Die Heimat, 82 (1975), S. 302–303

Heller, H.: Nicht nur Pizzabäcker und Eisverkäufer! Selbständige Gewerbetreibende aus den sog. Gastarbeiterländern in der Großstadt Nürnberg, in: Lernen in Deutschland. Zeitschrift für die pädagogische Arbeit mit ausländischen Kindern und Jugendlichen, H. 4, 1979, 149–158

Junckerstorff, K.: Minderheitenrecht, in: Handwörterbuch der Sozialwissenschaften, 7. Bd., Göttingen 1961, S. 346–349

Riegler, C.H.: Emigration und Arbeitswanderung aus Schweden nach Norddeutschland 1868–1914, Neumünster 1985 (Studien zur Wirtschafts- und Sozialgeschichte Schleswig-Holsteins, Bd. 8)

Savelsberg, J.J.: Ausländische Jugendliche. Assimilative Integration, Kriminalität und Kriminalisierung und die Rolle der Jugendhilfe, München 1982 (Beiträge zur Kommunalwissenschaft, Bd. 6)

Sen, F.: Ansätze der wirtschaftlichen und politischen Integration bei der türkischen Wohnbevölkerung in Deutschland, in: Brandt, H.-J., und C.-P. Haase (Hrsg.): Begegnung mit Türken. Begegnung mit dem Islam, Bd. IV, Rissen 1984, S. 313–317

Wiebe, D.: Sozialgeographische Aspekte ausländischer Gewerbetätigkeiten in Kiel, in: Zeitschrift für Wirtschaftsgeographie, 26. Jg., 1982, S. 69–78

Wiebe, D.: Zur sozioökonomischen Bedeutung der türkischen Gewerbetreibenden in der Bundesrepublik Deutschland, in: Brandt, H.-J., und C.-P. Haase (Hrsg.): Begegnung mit Türken. Begegnung mit dem Islam, Bd. IV, Rissen 1984, S. 319–326

Wiebe, D.: Ausländische Gewerbebetriebe in Kiel. Fallstudien in den Jahren 1979 und 1987, Flensburg 1988 (Flensburger Arbeitspapiere zur Landeskunde und Raumordnung, H. 9)

Wiepert, P.: Schwedische Arbeiter auf Fehmarn, in: Die Heimat, 66 (1959), S. 18–19

Klaus Greve

Volkszählungen und Landgewerbelisten in Schleswig-Holstein in dänischer Zeit – Quellenmaterial zur Berufsstatistik?

1. DIE ERSTEN VOLKSZÄHLUNGEN: STATISTISCHE DATEN AUS FRÜHSTATISTISCHER ZEIT

Seit etwa 220 Jahren werden in Schleswig-Holstein Volkszählungen abgehalten. Mit der Planung, Durchführung und Auswertung der ersten Zählungn entstanden die modernen Statistikbehörden. Organisation und Auswertung von Volkszählungen gehören seither zu den zentralen Aufgaben der amtlichen Statistik. Censuserhebungen bilden eine der wichtigsten Informationsquellen für bevölkerungs-, wirtschafts- und sozialwissenschaftliche Analysen[1]. Das gilt nicht nur für die jeweilige Gegenwart, sondern auch für die rückblickende historische Forschung. Viele Untersuchungen zur Wirtschafts- und Sozialgeschichte und Historischen Geographie Schleswig-Holsteins greifen für verschiedene sozial- und wirtschaftsstatistische Analysen auf diese Quelle zurück[2].

---

1 Hildegard Bartels, Art. Amtliche Statistik in der Bundesrepublik Deutschland, in: Handwörterbuch der Wirtschaftswissenschaft, Bd. 7, Stuttgart 1977, S. 224–233. – Manfred Bretz, Ludwig Meyer, Art. Volkszählungen, in: ebd., Bd. 8, 1980, S. 405–412. – Einar Cohn, Samfundet og statistiken. Et historisk rids 1769–1950, København 1949 (Statistiske Meddelelser 4. R., Bd. 139:1).

2 Z. B.: Ingwer Ernst Momsen, Die Bevölkerung der Stadt Husum von 1769–1860. Versuch einer historischen Sozialgeographie, Kiel 1969 (Schriften des Geographischen Instituts der Universität Kiel, 31). – Walter Asmus, Wirtschafts- und verkehrsstrukturelle Wandlungen ländlicher Gebiete Schleswig-Holsteins zur Zeit der Frühindustrialisierung (1830–1870), dargestellt am Beispiel der mittelholsteinischen Geest, in: Frühindustrialisierung in Schleswig-Holstein, anderen norddeutschen Ländern und Dänemark, hrsg. v. Jürgen Brockstedt, Neumünster 1983 (SWSG, 5), S. 87–102. – G. Löffler, Zentralörtliche Strukturen im ehemaligen Amt Eutin. Zur Untersuchung von Stadt-Umlandbeziehungen in vorindustrieller Zeit, in: Berichte zur deutschen Landeskunde, 57 (1983), S. 39–55. – Rolf Gehrmann, Leezen 1720–1870. Ein historisch-demographischer Beitrag zur Sozialgeschichte des ländlichen Schleswig-Holsteins, Neumünster 1984 (SWSG, 7). – Klaus Greve, Zentrale Orte im Herzogtum Schleswig 1860. Ein Beitrag zur Analyse der räumlichen Ordnung der Wirtschaft im Übergang von der Agrargesellschaft zur Industriegesellschaft, Neumünster 1987 (SWSG, 12).

Besondere Bedeutung kommt dieser Quellengruppe für die Zeit vor 1864 zu, als die Statistikbehörden des dänischen Gesamtstaats in den Herzogtümern Schleswig, Holstein und (seit 1815) Lauenburg gezählt haben. Denn für die frühe Periode der amtlichen Statistik gibt es kaum andere Quellen, die so
- vollständige (alle Einwohner wurden erfaßt),
- differenzierte (die Angaben liegen für jeden einzelnen Einwohner vor),
- einheitliche (systematische Erfassung mittels eines festgelegten Zählschemas),
- übersichtliche (eingetragen in Listen und Tabellen),
- umfassende (es finden sich Angaben zur individuellen, familiären und beruflich-sozialen Situation der Gezählten)
Informationen bereithalten. Vor allem: Dieses Quellenmaterial ist umfangreich dokumentiert, leicht zugänglich, wohlgeordnet und weitgehend vollständig. Im Gegensatz zu ihren preußischen Nachfolgern, die nur hochaggregierte Summenstatistiken für die Nachwelt verwahrt haben, archivierten die frühen Statistiker des dänischen Gesamtstaates nahezu das gesamte Primärmaterial der Zählungen – die personenbezogenen Zähllisten – sowie eine Vielzahl darauf aufbauender Summenstatistiken[3].

Von diesem – auch im internationalen Vergleich – hervorragenden statistischen Material profitieren vor allem die historisch-demographischen Disziplinen (Bevölkerungsgeschichte, Bevölkerungsgeographie, Historische Demographie)[4]. Volkszählungen wurden und werden in der Regel aber nicht nur durchgeführt, um Angaben über Umfang, Verteilung und (demographische) Struktur der Bevölkerung zu erhalten. Meist sollen auch weitergehende wirtschaftliche Zustände und Probleme beleuchtet werden.

So auch bei der ersten allgemeinen Volkszählung im dänischen Gesamtstaat 1769. Zur Vorbereitung der Agrarreformen wurden präzise Angaben über die Landbevölkerung benötigt. Vor allem galt es einen Überblick über die Anzahl der landmilizfähigen Männer zu erhalten, da im Königreich Dänemark die Schollenbindung an die Landmilizverfassung angebunden war. Außerdem wollte man neben einem allgemeinen Überblick über die Stärke und Struktur der Bevölkerung auch Basisinformatio-

---

3 Hier seien nur die wichtigsten quellenkundlichen Darstellungen zu den Volkszählungen genannt; dort finden sich auch ausführliche Angaben über die Liegeorte der Archivalien: Ingwer Ernst Momsen, Die allgemeinen Volkszählungen in Schleswig-Holstein in dänischer Zeit (1769–1860), Neumünster 1974 (QuFGSH, 66). – Jørgen Elklit, Folketællingen 1845. Metodiske problemer ved data-behandlingen af et folketællingsmateriale, Århus 1969 (Forskningsrapport fra sociologisk afdeling, Institut for Statskundskap, Århus Universitet). – Per Boje, Det industrielle miljø 1840–1940. Kilder og litteratur, København 1976, S. 97–103. – Klaus Greve, Die Auszähltabellen der Volkszählungen in dänischer Zeit, in: Rundbrief 10 (1980), S. 27–34. – Die schleswig-holsteinischen Volkszählungen in dänischer Zeit unterscheiden sich nur in minimalen Details von denen im Königreich Dänemark. Mit wenigen Ausnahmen (1787, 1850) wurden in beiden Gebieten die Zählungen parallel oder in kurzem Abstand zueinander (1801/03, 1834/35) durchgeführt. Alle quellenkundlichen und quellenkritischen Aussagen gelten daher grundsätzlich gleichermaßen für die schleswig-holsteinischen und die dänischen Zählungen.
4 Gehrmann, Leezen. – Momsen, Husum. – Oskar Stollt, Die Verteilung und Entwicklung der Bevölkerung in Schleswig-Holstein, Gütersloh 1938.

nen für Kopfsteuerberechnungen, Sozialversicherungspläne und Maßnahmen zur Förderung des Fabrikwesens bereitstellen[5].

Zur Bearbeitung der wirtschafts- und sozialpolitischen Probleme des 18. Jahrhunderts genügte es, die Merkmale der beruflichen und sozialen Situation der Gezählten nach einem recht groben Schema zu erfassen. Neben der „Stellung im Haushalt" wurde nach „Titel, Amt, Beruf oder sonstigem Nahrungszweig" gefragt. Später verwendete man zunehmend mehr Mühe bei der Erfassung von Wirtschafts- und Sozialdaten. Die Fragebögen wurden immer umfangreicher und differenzierter. Daneben veranstaltete man spezielle Erhebungen zur Gewerbe- und Berufsstruktur. Seit 1925 werden in Deutschland Volks- und Berufszählungen in gemeinsamen Erhebungen durchgeführt. Heute haben wir es mit kombinierten Volks-, Berufs-, Gebäude-, Wohnungs- und Arbeitsstättenzählungen zu tun[6].

Es liegt daher nahe, die Volkszählungen nicht nur als Quelle für demographische Untersuchungen anzuwenden, sondern auch in Wirtschafts- und Sozialstrukturanalysen zu verwenden. Da für die dänische Zeit keine umfassenden berufs- oder branchendifferenzierenden Erhebungen vorliegen, bietet sich insbesondere die Auswertung der Berufsangaben in den Volkszählungsakten als Ersatz für eine Berufsstatistik an.

Bereits die zeitgenössischen Statistiker und Wirtschaftswissenschaftler des 19. Jahrhunderts haben die Berufsangaben im Sinne einer Berufsstatistik interpretiert[7]. Auch eine Reihe neuerer Studien zur Wirtschafts- und Sozialgeschichte Schleswig-Holsteins verfährt ähnlich mit diesen Quelleninformationen[8]. Darüberhinaus fußen viele Tabellen und Überblicksdarstellungen zur Entwicklung der Wirtschafts-(Sektoren-)Struktur auf diesen Angaben[9].

2. METHODISCH-QUELLENKUNDLICHE UNTERSUCHUNGEN

Auf schwerwiegende Probleme bei der Interpretation der Berufsangaben in den Volkszählungen wies bereits 1952 Richard Willerslev hin[10]. Allerdings zeigt sich bei kritischer Nachprüfung seiner Untersuchungen, daß große Teile seiner Negativbeur-

5 Momsen, Volkszählungen, S. 53–59.
6 Bretz, Meyer, Art. Volkszählungen, S. 406. – Boje, S. 97–103.
7 Siehe beispielsweise Anhangstabellen in: A. C. Gudme, Die Bevölkerung der beiden Herzogtümer Schleswig und Holstein in früheren und späteren Zeiten, Altona 1819. – V. Rothe, Danmarks industrielle forhold betragted nærmest med hensyn til spørgsmålet om afslutning af told- og handelsforeninger med nabostaterne. Første del. Danmark og de sydlige lande, København 1843.
8 Asmus, S. 87–102. – Greve, Zentrale Orte, bes. S. 52–63.
9 Z. B.: Anton Mariegård, Danmarks økonomiske geografi, København 1976, S. 15. – Beiträge zur historischen Statistik Schleswig-Holsteins, hrsg. v. Statistischen Landesamt Schleswig-Holstein, Kiel 1967.
10 Richard Willerslev, Studier i dansk industrihistorie 1850–1880, København 1952, S. 13–28.

teilung auf einer Mißinterpretation der Erhebungsmethodik der Volkszählungen beruhen[11].

Doch auch andere Überlegungen lassen Probleme erwarten: Bei allgemeinen Volkszählungen handelt es sich – heute wie vor 200 Jahren – um sehr aufwendige Totalerhebungen der gesamten Bevölkerung eines Landes. Der hohe Aufwand einer Totalerhebung und die daraus resultierende Merkmals- und Datenfülle führen dazu, daß ein stark vorstrukturiertes Erhebungsinstrument (Fragebogen oder Zählschema) zu verwenden ist. Dieses Instrument wird in der Regel nicht für einen definierten Erkenntniszweck entwickelt. Es dient dazu, Basisdaten für eine Vielzahl unterschiedlicher, zum Zeitpunkt der Zählung häufig noch gar nicht formulierter Erkenntnisziele zu produzieren. Dabei ist die Mühewaltung für die Erfassung der Merkmale des einzelnen Probanden („Gezählten") auf ein Minimum zu reduzieren. Es steht somit in Frage, ob die gewonnenen Daten überhaupt als valide Indikatoren für die komplexe berufliche, wirtschaftliche und gesellschaftliche Lebenssituation der Einwohner angesehen werden können.

In einigen Staaten haben methodische Überlegungen in den letzten Jahren zu Veränderungen in der aktuellen Volkszählungsmethodik geführt. In Dänemark finden seit 1976 Volkszählungen nicht mehr als Primärerhebungen statt. Es werden nur noch Sekundärerhebungen in vorhandenen Registern durchgeführt. In den USA ermittelt man seit 1960 nur noch einen Teil der Volkszählungsdaten in einer Totalerhebung. Der andere Teil wird mittels Stichprobenerhebungen erfaßt[12].

Überlegungen zur Qualität von Volkszählungsdaten für die Wirtschafts- und Sozialstrukturanalyse, die im übrigen den in der quantitativen Methodik üblichen Reliabilitäts- und Validitätsprüfungen entsprechen, sollten nicht nur für gegenwartsorientierte Volkszählungsanalysen gelten. Wendet man moderne – und das heißt aus dem Kontext unserer Zeit geborene – Fragestellungen auf ein historisches Volkszählungsmaterial an, so ist auch dieses Datenmaterial entsprechenden Überprüfungen zu unterziehen.

Ein solcher Versuch soll hier unternommen werden. Zuvor bedarf es aber noch einiger methodischer Überlegungen. Bei vielen Informationen in historischen Quellen handelt es sich um Aufzeichnungen von unmittelbaren Beobachtungs-, Mess- oder Zählvorgängen oder um Situations-, Tätigkeits- oder Statusbeschreibungen, die durch die direkte und subjektive Auffassung des zeitgenössischen Beobachters gefiltert worden sind. Dies gilt nicht für die Berufsangaben in den Volkszählungen. Vielmehr erfolgte die Erfassung des Zählmerkmals „Titel, Amt, Geschäft, Handwerk oder Nahrung" auf eine Weise, die in allen Einzelheiten der Indikatorenbildung im Sinne der Methodik der (modernen) empirischen Sozialforschung entspricht[13]. Die komplexe Realität der beruflichen Tätigkeit und Situation des Gezählten wurde zum

---

11 Momsen, Volkszählungen, S. 185 f. – Elklit, S. 73–79.

12 Christian Wichmann Matthiesen, Danske byers folketal 1801–1981, København 1985 (Danmarks Statistik. Statistiske Undersøgelser nr. 42), S. 33 f. – Bretz, Meyer, Art. Volkszählungen, S. 406.

13 Jürgen Friedrichs, Methoden der empirischen Sozialforschung, Reinbek 1973, S. 85–103.

Zwecke der Vergleichbarkeit und statistischen Auswertung zu einem Begriff verdichtet. Hierfür entwickelte man normierte Instrumente und Verfahrensvorschriften[14]. Die Erhebungen wurden von lokalen Erhebungsbehörden durchgeführt. In einem ersten Arbeitsschritt trug man die personenbezogenen Merkmale der Einwohner nach festgelegten Zählvorschriften in handschriftlichen Zähllisten ein. Seit 1835 sahen die Bestimmungen vor, daß nur ein Beruf anzugeben war, grundsätzlich der Beruf oder Unterhalt, der für den Lebensunterhalt die größte Bedeutung hatte. In einem zweiten Arbeitsschritt übertrug man die in den Zähllisten gesammelten Individualdaten in vorgedruckte Summentabellen, die Auszähllisten. Diese Tabellen enthielten Rubriken für einzelne Berufe, also eine Art von amtlicher Berufssystematik. 1840 unterschieden die Tabellen für die Landgebiete 57 Berufe. In den Stadttabellen waren es 125. Bis 1860 stieg die Zahl der ausgewiesenen Einzelberufe in den Auszähltabellen auf 155, für Städte und Landgebiete wurden nun die gleichen Formulare verwandt[15].

Die Auszähltabellen bildeten die Grundlage für weitere Aufsummierungen oberhalb der lokalen Ebene und für die in den *Statistischen Tabellwerken* gedruckten Überblickstabellen.

Zusammen mit der Vorschrift, nach der nur der Haupterwerb der Gezählten festzuhalten war, ergab sich aus der vorgeschriebenen Berufsgliederung eine strenge Strukturierung und Klassifikation der zu erfassenden Merkmalsvielfalt. Wie bei jeder Indikatorenbildung handelt es sich hier um eine beabsichtigte, durch Erhebungsvorschriften standardisierte und kontrollierte Form der Informationsverdichtung und Generalisierung. Sie wirkte sich nicht nur auf die Summenstatistiken und die gedruckten Ergebnistabellen aus. Durch den Zwang zur späteren Eingliederung und Aufsummierung der Angaben wurden – zumindest indirekt – auch die Eintragungen in den Zähllisten von diesen Vorschriften betroffen[16].

Im Gegensatz zum „Gegenwarts-Sozialwissenschaftler" kann die historische Forschung keine eigenen Nacherhebungen oder direkten Beobachtungen und Untersuchungen durchführen, um die Qualität und Aussagekraft ihres Datenmaterials zu analysieren. Sie muß andere Methoden anwenden, um die Validität vorliegender Indikatoren zu prüfen. Viele wichtige Möglichkeiten eröffnet hier die klassische Quellenkritik. Dabei werden vor allem Entstehungsbedingungen und Bearbeitungsschritte beim Zustandekommen des Quellenmaterials untersucht. Im Falle der Volks-

14 Momsen, Volkszählungen, S. 25–33, 144–168. – Greve, Auszähltabellen, S. 27–34. – Elklit, S. 55–91.
15 Greve, Auszähltabellen.
16 Momsen, Volkszählungen, S. 180–186. – Elklit, S. 164. – Interessante zeitgenössische Reflektion bei Gottlieb Niemann, Die Volkszählung in Altona am 1. Februar 1835. Nach ihren interessantesten Beziehungen, Altona 1835. – Ders., Die Volkszählung in Altona und in den Dorfschaften Ottensen und Neumühlen am 1. Februar 1840. Auf Veranlassung eines höheren Auftrages nach ihren interessantesten Beziehungen tabellarisch zergliedert und bearbeitet, Altona 1840. – Ders., Volkszählung in Altona und in den Dorfschaften Ottensen und Neumühlen am 1. Februar 1845. Auf Veranlassung eines höheren Auftrages nach ihren interessantesten Beziehungen tabellarisch zergliedert und bearbeitet, Altona 1845.

zählungen steht besonders die kritische Analyse der Erhebungsmethodik im Vordergrund. Viele Informationen und Hinweise sind aber auch dem Aktenmaterial selbst zu entnehmen. Fehler und Inkonsistenzen treten häufig schon bei der kritischen Durchsicht des Materials zutage. Quervergleiche und praktisches Nachvollziehen (und Nachrechnen) der Verarbeitungsschritte, durch die das Quellenmaterial produziert wurde, legen auch verdeckte Unzulänglichkeiten und Probleme offen. Besonders bedeutsame Informationen enthalten darüberhinaus Schriftwechsel und Arbeitsunterlagen der Erhebungs- und Auswertungsorgane. Denn es ist zu erwarten, daß viele Probleme, die eine nachträgliche (Sekundär-) Analyse des Materials erschweren, auch schon bei der Erstellung und ersten Auswertung der Daten erkannt wurden. Zumindest aber sollten die Probleme, die den zeitgenössischen Bearbeitern des Materials bereits aufgefallen waren, bei späteren Sekundäranalysen Beachtung finden.

Vorbildliche quellenkritische Untersuchungen zu den Volkszählungen haben Jørgen Elklit und Ingwer Momsen ausgeführt[17]. Die sehr ausführlichen Darstellungen enthalten eine Vielzahl wichtiger Hinweise und Informationen zu den Problemen, die sich bei der Interpretation der Berufsangaben in den Volkszählungen ergeben. Hier seien nur die wichtigsten Ergebnisse wiedergegeben:

– Die Zählvorschrift, nach der nur der Hauptberuf zu zählen war, hat zur Konsequenz, daß Berufe, die vorrangig saisonal oder im Nebenerwerb ausgeübt wurden, in den Volkszählungsergebnissen systematisch unterrepräsentiert sind. Dieses Problem stellt sich besonders in den Landgebieten. Hier war ein großer, wenn nicht sogar der überwiegende Teil der Gewerbetreibenden zusätzlich als Neben- oder Zuerwerbslandwirt tätig (in der Regel als Kätner oder Inste, dän. husmand). Verschärfend wirkte sich die Gefahr der Verwechselung von (agrar-) sozialem Status und tatsächlicher Berufstätigkeit aus[18].
– Hinter der Berufsgliederung der Auszähltabellen und der gedruckten Tabellenwerke kann man einen Ausdruck für die damalige Auffassung von Sozialstruktur sehen[19]. Bei genauer Betrachtung zeigt sich jedoch, daß diese Klassifikation nicht für alle Regionen, Ortsgrößenklassen und Branchen gleichermaßen anwendbar war. Vielmehr orientierte sie sich vorrangig an haupt- und großstädtischen Verhältnissen. Die beginnende Industrialisierung fand keine Berücksichtigung. Manche Berufsbezeichnungen waren schon für die Zeitgenossen mißverständlich oder uneindeutig[20].

17 Vgl. Anm. 3
18 Elklit, S. 73–86 u. 163–184.
19 Elklit, S. 164. Vgl. auch Helga Schultz, Probleme sozialökonomischer Klassifikation, in: Datenbanken und Datenverwaltungssysteme als Werkzeuge historischer Forschung, hrsg. v. Manfred Thaller, St. Katharinen 1986 (Historisch-Sozialwissenschaftliche Forschungen, 20), S. 179–185.
20 Momsen, Volkszählungen, S. 178–196. – Berufs- und Branchenklassifikation ist bis heute ein schwer lösbares Problem. Vgl. auch (nur für den Bereich des Handels) Per Boje, Danske provinskøbmænds vareomsætning og kapitalforhold 1815–1847, Århus 1977, S. 146. – (Allgemein:) Hans Sperling, Art. Wirtschaftssystematik, in: Handwörterbuch der Raumforschung und Raumordnung, Bd. 3, Hannover 1970, Sp. 3779–3791.

– Bei Wirtschaftsbereichen, in denen die Beschäftigten häufig nicht nur einer Berufstätigkeit (genauer: einem Zählberuf) nachgingen, sondern gleichzeitig in mehreren
Sparten tätig waren, geben die Volkszählungen ein weitgehend verzerrtes Bild der
Situation wieder. Dies gilt insbesondere für den Handel, wo die vorgeschriebene
Berufsgliederung weitgehend ungeeignet war, die tatsächliche Branchendifferen-
zierung und Sortimentvielfalt zu erfassen. Ähnliches gilt auch für das Baugewerbe,
wo häufig verschiedene Bauberufe von einer Person gleichzeitig ausgeübt wurden[21].

Eine andere Möglichkeit zur Überprüfung der Aussagekraft und des Zuverlässig-
keitsgrades der Berufsangaben in den Volkszählungen ist der Vergleich mit Parallelquellen. Dabei wird nicht nur der Quellenwert der Volkszählungen überprüft. Es sind
auch Hinweise auf Aussagekraft und Zuverlässigkeitsgrad der Parallelquellen zu
erwarten.

Allerdings enthalten nur die Volkszählungsakten Berufsangaben für alle Einwohner des Landes (soweit sie nicht als Familienmitglieder ohne Erwerbstätigkeit gezählt
wurden). Andere Quellen befassen sich nur mit Ausschnitten aus der Gesamtpopulation. Sie betreffen nur ausgewählte Berufe oder Branchen, einzelne soziale Gruppen
oder bestimmte Bezirke des Landes. Zweck, Art und Zuverlässigkeitsgrad der Berufsangaben wechseln von Quelle zu Quelle.

Idealerweise müßte eine Vergleichsuntersuchung zur Überprüfung der Berufsangaben in den Volkszählungen daher auf eine ganze Reihe von unterschiedlichen
Quellen zurückgreifen (Beispiele: Zunftlisten, Adreßbücher, Erdbücher und andere
Steuerunterlagen)[22]. Für eine große Zahl von Personen könnten dann die Informationen zur Erwerbstätigkeit durch namensbezogene Datenverknüpfung (nominal record
linkage) zusammengeführt und verglichen werden. Eine solche Analyse erfordert
einen sehr großen Aufwand. Die namensbezogene Datenverknüpfung ist methodisch
schwierig, zumal die Namensorthographie im 19. Jahrhundert in Schleswig-Holstein
nicht hinreichend eindeutig und standardisiert war[23]. Eine derart umfassende Analyse
ist in dem hier vorgegebenen Rahmen nicht möglich. Doch auch mit weniger
aufwendigen Methoden lassen sich erste aussagekräftige Ergebnisse erzielen. Im
folgenden sollen die Berufsangaben der Volkszählungsakten mit Informationen aus
einer Parallelquelle verglichen werden, die alle Eigenschaften einer alljährlich wie-
derholten amtlichen Gewerbestatistik für die Landgebiete der Herzogtümer trägt.
Die Untersuchungen zielen dabei nicht auf exakt quantifizierende Aussagen. Vielmehr sollen grundlegende Hinweise auf Interpretationsprobleme und vertiefte
Kenntnisse über Art und Struktur der oben aufgeworfenen Probleme erarbeitet
werden.

---

21 Momsen, Volkszählungen, S. 179–182.
22 Einen ähnlichen Versuch, allerdings mit anderer Zielrichtung hat Ingwer Momsen unter-
    nommen: Husum, S. 202–209.
23 Siehe zu diesen methodischen Problemen den sehr anregenden Aufsatz von Gerald
    Sprengnagel, „Wiener Neustadt im Industriezeitalter". Eine Datenbank zur Sozialge-
    schichte einer österreichischen Industrieregion im 19. Jahrhundert, in: Historical Social
    Research, 41, January 1987, S. 3–27.

3. EINE PARALLELQUELLE: DIE LANDGEWERBELISTEN

Als Parallelquelle zu den Volkszählungen werden die Landgewerbelisten herangezogen. In einer „erneuten Verordnung wider das im Schwange gehende bürgerliche Gewerbe auf dem Lande" vom 20.10.1773 wurden die Lokalbehörden angewiesen, alljährlich zum Jahreswechsel alle Personen aufzulisten, die „bürgerliches Gewerbe" (Handwerk und Handel mit Ausnahme des Handels mit Agrarprodukten) außerhalb der privilegierten Flecken und Städte ausübten. Diese Listen dienten der Kontrolle der Bannmeilenverordnung und des Konzessionszwanges, zweier raumordnungspolitischer Instrumente der merkantilistischen Wirtschaftspolitik, durch die die Sonderstellung der Städte und Flecken gegenüber dem platten Lande gesichert werden sollte[24].

Die Verordnung sah vor, daß neben dem Namen und Beruf des Gewerbetreibenden auch der Wohnort und das Datum der Konzession (der obrigkeitlichen Genehmigung für die Gewerbeausübung) in die Listen einzutragen war. Wurde das Gewerbe ohne Konzession ausgeübt, so war dies besonders zu vermerken. Ebenfalls einzutragen war die Höhe der Rekognition, einer jährlichen Abgabe für Gewerbetreibende[25]. Für besondere Anmerkungen war eine Spalte „Bemerkungen" vorzusehen.

Die Lokalbehörden verfuhren nicht einheitlich bei der Erstellung der Listen. Regelmäßig vorhanden sind die von der Verordnung geforderten Informationen. Die Akribie, mit der die Spalte „Bemerkungen" ausgefüllt wurde, schwankt sehr stark. In vielen Fällen ist die Zahl der Gehilfen vermerkt, in manchen sogar der Beruf der Gehilfen. In einigen Listen finden sich zudem Angaben zur Entfernung der einzelnen Wohnorte von den nächstgelegenen Städten und Flecken, manchmal auch Angaben zu dem Gebiet, für das die Konzession galt[26].

---

24 Ausführlich beschäftigt sich mit der Gewerbepolitik der Beitrag von Ulrich Lange, Ordnung und Freiheit – Zur Diskussion über die Einführung der Gewerbefreiheit in Schleswig-Holstein in den 1830er und 1840er Jahren, in diesem Band.

25 Diese Abgabe war allerdings kein Indikator für Umfang oder Ertrag der Gewerbeausübung. Ihre Höhe wurde für einzelne Gewerbe pauschal festgelegt. J. C. Ravit, Die Steuern in Schleswig-Holstein und das preußische Steuersystem, Hamburg 1867, S. 26. – Lange, S. 32.

26 Ich habe mich vorrangig mit den Listen für das Herzogtum Schleswig 1851–62 beschäftigt. Dieses Material liegt geschlossen und weitgehend vollständig im RAK, Ministeriet for Hertugdømmet Slesvig, I. Departement B, nr. 130, Lister over fabrikker og næringsdrivende i Hertugdømmet Slesvig 1848–51 (nur Listen von 1851). – I. Departement A + B, XXXI, Næringsvæsenet i byerne og på landet, handværk og laug, samt fabrikkerne, C. Fortegnelse over næringsdrivende, nr. 62 (1853) – 72 (1859). – I. Departement B, Handværk og næringsdrivende, nr. 108 (1860), 107 (1861), 106 (1862). – Die Liegeorte der entsprechenden Akten für Holstein ließen sich trotz intensiver Recherchen in RAK und LAS nicht ermitteln. Da die Listen auch für die Abrechnung der Rekognition verwendet wurden, finden sie sich, zusammen mit umfangreichen anderen Gewerbesachen, auch in den Amtsrechnungen. (Beispiel: LAS, Abt. 167, Amtsrechnungen 1848, Amt Flensburg). Für die Zeit bis 1848 sind die Listen außerdem im RAK, Kommercekollegium, Tyske journalsager zu suchen.

Ebenso wie der Inhalt ist auch die Ordnung der Listen nicht einheitlich. Manche Listen sind nach topographischen Gesichtspunkten sortiert: Alle Gewerbetreibenden einer Ortschaft stehen untereinander, die einzelnen Ortschaften sind nach Kirchspielen geordnet. Andere Lokalbehörden bevorzugten die Branchengliederung als Ordnungsprinzip und schrieben alle Angehörigen eines Berufes untereinander. Übte eine Person gleichzeitig mehrere Berufe aus, so ist sie auch mehrfach verzeichnet.

Betrachten wir die Maßgaben und Intentionen der Verordnung und die äußere Form der Landgewerbelisten, so liegt der Schluß nahe, daß es sich hier um ein außerordentlich gehaltvolles statistisches Material für Untersuchungen zu Struktur, Umfang und Entwicklung des ländlichen Gewerbes in vor- und frühindustrieller Zeit handelt. Durch die Tabellenform lassen sich die Informationen schnell und übersichtlich erschließen. Die jährliche Wiederholung der Erhebung über einen langen Zeitraum sollte feindifferenzierende Untersuchungen zur Gewerbeentwicklung ermöglichen. Mehrfachberufstätigkeiten können erkannt werden. Die Gewerbetreibenden sind hier nicht nur mit dem Haupterwerb, sondern mit allen gewerblichen Erwerbszweigen einzutragen. Es gibt allerdings keine Hinweise auf die relative Bedeutung der einzelnen Teilberufe. Alle Einzelberufe stehen gleichberechtigt nebeneinander.

Der Grad der Zuverlässigkeit und Vollständigkeit der Angaben in dieser Quelle ist allerdings nur schwer einzuschätzen. Gewerbetreibende, die ihren Beruf mit obrigkeitlicher Konzession und damit gegen Rekognitionszahlung ausübten, wurden sicherlich vollständig und mit hoher Präzision der Angaben erfaßt. Hierfür mußten die Lokalbeamten keine primär-empirischen Erhebungen durchführen. Sie konnten die notwendigen Angaben direkt den ihnen vorliegenden Konzessionsbewilligungsakten entnehmen und waren auch bei der Rekognitionserhebung und -abrechnung mit diesen Informationen befaßt[27]. Gerade von den zur Abgabenabrechnung verwendeten Akten ist zu erwarten, daß sie vollständig und präzise waren.

Probleme wirft die Frage nach Grad und Zuverlässigkeit der Landgewerbelisten bei der Erfassung des nichtkonzessionierten, also vorschriftswidrig ausgeübten Gewerbes auf. Es muß davon ausgegangen werden, daß es Gewerbetreibende auf dem Lande gegeben hat, die ihren Beruf ohne obrigkeitliche Zulassung ausgeübt haben. Wie groß diese Gruppe war, ist bislang nicht bekannt. Unsere Kenntnisse entstammen vor allem der zeitgenössischen Diskussion, die immer wieder auf dieses Problem verweist. Probleme der Behörden bei der Kontrolle der Vorschriften sind ebenfalls bekannt. Der komplizierte Dienstweg der Konzessionsbeantragung und -bewilligung und die wenig effektive Organisation der lokalen Ordnungsbehörden machten eine Kontrolle schwierig. Eine Vielzahl von Ausnahmegenehmigungen erschwerten zudem die Übersicht. Die merkantilistischen Grundsätze der Gewerbeverordnungen wurden in der Praxis der Konzessionserteilung längst nicht mehr mit voller Strenge

---

27 Lange, S. 33. – Handbuchartige Informationen zu den Aufgaben der einzelnen (Finanz-) Behörden und der Dienstwege: F. H. Albers, Allgemeine Darstellung des Hebungswesens in den Ämtern und Landschaften der Herzogthümer Schleswig und Holstein mit besonderer Rücksicht auf die herrschaftlichen Gefälle und Abgaben, Kiel 1840. – C. Horst, Das Hebungs- und Steuerwesen für die Herzogthümer Holstein und Schleswig, Kiel 1857.

durchgesetzt. Hähnsen geht sogar davon aus, daß in den Herzogtümern die Gewerbe-freiheit bereits 20 Jahre vor ihrer gesetzlichen Einführung (1867/69) de facto prakti-ziert wurde[28].

Insbesondere für die Endphase der dänischen Zeit stellt sich daher die Frage, ob die Lokalbehörden in der Lage oder bereit waren, die Regelverstöße aufzuspüren, zu verfolgen und durch Eintragung in die Landgewerbelisten aktenkundig zu machen.

Bei der intensiven Beschäftigung mit einer größeren Stichprobe (1 Harde, 1 Amt und 24 über das ganze Herzogtum Schleswig verteilte Kirchspiele), einer Reihe kleinerer Stichproben für die Jahre 1848, 1855 und 1859 (jeweils 1–3 Kirchspiele) und der kursorischen Durchsicht mehrerer Listenjahrgänge aus den 1850er und 1860er Jahren für das ganze Herzogtum fand sich nicht eine Eintragung eines nicht konzes-sionierten Landgewerbetreibenden. Das Fehlen solcher Eintragungen deutet darauf hin, daß die Lokalbehörden nur die konzessionierten Gewerbetreibenden bei Erstel-lung der Listen beachtet haben. Es kann allerdings auch bedeuten, daß es nicht konzessioniertes Gewerbe nur in sehr geringem, von den Zeitgenossen weit über-schätztem Umfang gegeben hat – oder, daß die Ausübung erfolgreich vor der Obrigkeit verborgen werden konnte.

Ein Vergleich der Berufsangaben in den Volkszählungsakten und den Landgewer-belisten wird auch Hinweise zur Beantwortung dieser Fragen erbringen.

4. EMPIRISCHE VERGLEICHSUNTERSUCHUNGEN

Für den Vergleich der Berufsangaben in den Volkszählungsakten und den Landge-werbelisten wurde eine Stichprobe von 24 schleswigschen Kirchspielen[29] gezogen. Der Vergleich erfolgt für das Jahr 1860. Die Daten der Volkszählung vom 1. Februar 1860 können mit den zum Jahreswechsel 1859/60 angefertigten Landgewerbelisten vergli-chen werden. In den 24 ausgewählten Kirchspielen lebten zu diesem Zeitpunkt 24 344 Menschen, das entspricht 7,5 % der Einwohner aller Landdistrikte in Schleswig[30]. Um allgemeine Aussagen treffen zu können, bedarf es infolge der großen regionalen Unterschiede in den wirtschaftlichen Verhältnissen und der Organisation der Lokal-behörden[31] einer relativ großen Stichprobe, an der alle Teilgebiete des Herzogtums

28 Lange. – Fritz Hähnsen, Die Entwicklung des ländlichen Handwerkes in Schleswig-Holstein, Kiel 1923 (QuFGSH, 9), S. 99. Gunner Lind, Byerhvervenes udvikling i hertug-dømmerne Slesvig og Holsten i tiden mellem de slesvigske krige, København 1980, S. 39–42.

29 Agerskov, Aller, Bargum, Bjert, Branderup, Brøns, Drelsdorf, Grarup, Halk, Joldelund, Kværs, Langenhorn, Nordhackstedt, Ockholm, Oeversee, Rise, Roager, Spandet, Starup, Stenderup, Tislund, Toftlund, Vilstrup, Viöl.

30 Auszähltabellen der Volkszählung 1860: RAK, Finansministeriet, Statistisk Bureau, Folke-tællingen 1860 Slesvig, Tabeller I–IV. – Jens Peter Trap, Statistisk-topographisk beskrivelse af Hertugdømmet Slesvig, København 1864 (Neudruck København 1975).

31 Einen Überblick gibt Trap, S. 57–85.

Anteil haben. Eine reine Zufallsstichprobe konnte nicht gezogen werden. Für einige Gebiete mit komplizierten Jurisdiktionsverhältnissen[32] war es nicht möglich, Unvollständigkeiten in der Überlieferung der verwendeten Archivalien auszuschließen. Um sicherzustellen, daß Überlieferungs- und Verarbeitungsfehler die Ergebnisse nicht verfälschen, wurde eine systematische Auswahl getroffen. Nur Kirchspiele mit möglichst einheitlich angefertigtem und überliefertem Aktenmaterial gingen in die Stichprobe ein. Die Kirchspiele wurden so ausgesucht, daß möglichst viele verschiedene Teilregionen in der Auswahl vertreten sind.

Die Stichprobe kann allerdings nur eine begrenzte Repräsentativität beanspruchen. Es gelang, eine relativ breite Streuung zu erreichen. Allerdings sind kleine Kirchspiele, Geestgebiete und die nördlichen Ämter in der Stichprobe überrepräsentiert, Kirchspiele mit ausgeprägtem Gutsbesitz unterrepräsentiert. Daher lassen sich die Ergebnisse der Stichprobenanalyse nicht unmittelbar auf die Gesamtheit aller schleswigschen Kirchspiele hochrechnen. Die für Stichprobenuntersuchungen wichtige Berechnung der statistischen Wahrscheinlichkeit, mit der die in der Stichprobe gefundenen Verhältnisse auch andernorts zutreffen, kann hier nicht erfolgen. Diese Unsicherheiten betreffen allerdings nur die Schwankungsbreite der Unterschiedlichkeit zwischen Stichprobe und Grundgesamtheit. Die grundsätzliche Übertragbarkeit der Ergebnisse wird damit nicht in Frage gestellt.

Eine derart große Stichprobenuntersuchung kann nicht auf namentlicher Auswertung beruhen. Sie muß auf Summendaten zurückgreifen. Die Eintragungen in den Landgewerbelisten werden daher mit den Eintragungen in den Auszähltabellen der Volkszählung 1860[33] verglichen.

Der erste Analyseschritt beschäftigt sich mit dem Problem der gewerblichen Mehrfachberufe. Im Gegensatz zu den Volkszählungsakten sollen die Landgewerbelisten regelmäßig alle gewerblichen Erwerbstätigkeiten enthalten. Hier sind daher nur die Landgewerbelisten zu betrachten.

Schon bei einer ersten Durchsicht der Listen zeigte sich, daß die Handwerker regelmäßig nur einen gewerblichen Beruf ausübten. Eine Ausnahme bildeten die Bauhandwerker. Die in den Volkszählungen getrennt aufgenommenen Berufe Zimmermann, Tischler und Maurer wurden in der Regel von einer Person gleichzeitig ausgeübt. Nur in Ausnahmefällen beschränkte sich die Eintragung auf zwei dieser Berufe. In den 24 Kirchspielen fand sich kein Bauhandwerksmeister, der nur ein Bauhandwerk ausübte. Die Funktionskopplungen blieben aber ausschließlich auf den Bereich des Bauhandwerkes beschränkt.

Beim Handel zeigen sich kompliziertere Muster der Funktionskopplung. Von den insgesamt 67 Händlern in der Stichprobe übten nur 16 (23,8 %) ausschließlich den Beruf des Hökers aus. Weitere 3 (4,5 %) waren ausschließlich als Kolonialwarenhändler tätig. Die übrigen 48 (71,2 %) übten gleichzeitig mehrere Tätigkeiten aus,

---

32 Das Prinzip der Gebietskörperschaften hatte sich zu dieser Zeit erst teilweise durchgesetzt. Die Einwohner eines Kirchspiels unterstanden vielfach verschiedenen Obrigkeiten (Jurisdiktionen). In diesen Fällen waren verschiedene Lokalbehörden für ein Kirchspiel zuständig. – Vgl. Greve, Auszähltabellen.

33 Siehe oben Anm. 30

Tabelle 1: Funktionskopplungen des Hökergewerbes mit anderen Gewerben in den 24 ausgewählten Kirchspielen (nur Selbständige)

Hökerei + Handel	23 (38,3 %)
nur Hökerei	16 (26,7 %)
Hökerei + Krug	7 (11,7 %)
Hökerei + Handel + Krug	7 (11,7 %)
Hökerei + Kolonialwarenhandel + Krug	3 (5,0 %)
Hökerei + Kolonialwaren + Krug + Ziegelbrennerei + (Schnaps-) Brennerei	2 (5,0 %)
Hökerei + Holzhandel + Krug	1 (1,7 %)
Hökerei + Kolonialwarenhandel	1 (1,7 %)
Summe	60

Tabelle 2: Funktionskopplungen des Kolonialwarenhandels mit anderen Gewerben in den 24 ausgewählten Kirchspielen (nur Selbständige)

nur Kolonialwarenhandel	3 (30 %)
Kolonialwarenhandel + Hökerei + Krug	3 (30 %)
Kolonialwarenhandel + Hökerei + Krug + Ziegelbrennerei + (Schnaps-) Brennerei	2 (20 %)
Kolonialwarenhandel + Krug	1 (10 %)
Kolonialwarenhandel + Hökerei	1 (10 %)
Summe	10

Tabelle 3: Funktionskopplungen des Krügergewerbes mit anderen Gewerben in den 24 ausgewählten Kirchspielen (nur Selbständige)

nur Krug	53 (67,1 %)
Krug + Hökerei	7 (8,9 %)
Krug + Hökerei + Handel	7 (8,9 %)
Krug + Hökerei + Kolonialwarenhandel	3 (3,8 %)
Krug + Handel	2 (2,5 %)
Krug + Handel + Kolonialwarenhandel + Ziegelbrennerei + (Schnaps-) Brennerei	2 (2,5 %)
Krug + Brennerei	1 (1,3 %)
Krug + Brauerei	1 (1,3 %)
Krug + Holzhandel	1 (1,3 %)
Krug + Kolonialwarenhandel	1 (1,3 %)
Krug + Hökerei + Holzhandel	1 (1,3 %)
Summe	79

Quellen für Tab. 1–3: RAK, Ministeriet for Hertugdømmet Slesvig, I. Departement B, Handværk og Næringsdrivende, Nr. 108, 1860.

die in der Berufssystematik als verschiedene Berufe aufgeführt wurden. Ähnliche Muster zeigen sich auch bei den Gastwirten. Etwa ein Drittel von ihnen übte neben der Krügerei einen oder mehrere weitere „Volkszählungsberufe" aus. Die Verflechtungsmuster waren derart komplex, daß sie sich nicht in einer einfachen Tabelle wiedergeben lassen. Die Tabellen 1 bis 3 zeigen Teilausschnitte der Verflechtungsmuster.

Beim Bauhandwerk und dem Handel ist ein Vergleich von Volkszählungsdaten und Landgewerbelisten nicht sinnvoll. Die hier von der Volkszählungssystematik als Einzelberufe ausgeworfenen Tätigkeiten wurden überwiegend in Funktionskopplung mit anderen Gewerben durchgeführt. Gewerbestruktur und Gewerbebesatz in diesen Branchen werden damit von den Volkszählungsergebnissen nur äußerst bruchstückhaft wiedergegeben. Die Branchengliederung der Volkszählungen ist zur Wiedergabe der tatsächlichen Verhältnisse nicht geeignet. Für diese Branchen sind die Berufsangaben in den Volkszählungsakten nicht als Ersatz für eine Berufsstatistik zu verwenden.

Im zweiten Analyseschritt erfolgt der Abgleich der Berufsangaben aus den Volkszählungsakten und den Landgewerbelisten. Nach den Ergebnissen des ersten Analyseschrittes macht es wenig Sinn, die Bauhandwerker und die Handelsberufe in diesen Vergleich mit aufzunehmen.

Eine Ausnahme bildet das Krügergewerbe. Immerhin übten etwa zwei Drittel aller Gastwirte in der Stichprobe nur dieses Gewerbe aus. Außerdem liegt die Hypothese nahe, daß auch bei den anderen Krügern die Gastwirtschaft in der Mehrzahl der Fälle den Haupterwerb ausmachte und nur nebenbei noch gehandelt oder Branntwein und Bier hergestellt wurde. Damit wäre zu erwarten, daß die Volkszählungsakten die Zahl der Gastwirtschaften korrekt wiedergeben. Die Gastwirte gehen daher als einzige Branche des Dienstleistungssektors in den Vergleich ein.

Bei der Auswertung der Daten zeigte sich, daß nur für 6 besonders häufig auftretende Berufe eine quantitative Vergleichsbetrachtung zwischen den Eintragungen in den Landgewerbelisten und den Auszähltabellen der Volkszählungen sinnvoll ist. Für weitere Berufe ergab der Vergleich infolge sehr geringer Besetzungszahlen keine über die Einzelfallbetrachtung hinausreichenden Ergebnisse. Sinnvoll interpretierbare Ergebnisse erfordern für seltenere Berufe eine erheblich größere Stichprobe, in manchen Fällen wird man nur mit einer Totalerhebung zu brauchbaren Resultaten kommen.

Tabelle 4 faßt die Ergebnisse des Vergleiches zusammen. Der Vergleich erfolgt kirchspielsweise und bezieht sich nur auf selbständige Gewerbetreibende, da die Angaben zu den Gesellen nicht einheitlich in allen Landgewerbelisten auftreten. Ausgezählt werden übereinstimmende und abweichende Angaben für ganze Kirchspiele. Spalte 1 verzeichnet die 6 Berufsbezeichnungen. In Spalte 2 ist die Anzahl der Kirchspiele eingetragen, für die die Angaben der Landgewerbelisten und der Auszähltabellen übereinstimmen. Spalte 3 enthält die Zahl der Kirchspiele, in denen die Volkszählung mehr Gewerbetreibende verzeichnet als die Landgewerbelisten, Spalte 4 die Zahl der Kirchspiele, in denen die Landgewerbelisten mehr Gewerbetreibende enthalten.

In einer knappen Mehrzahl der Fälle (84 von 141 Eintragungen = 59,6 %) stimmen die Eintragungen in den Volkszählungstabellen und den Landgewerbelisten überein.

Tabelle 4: Vergleich der Eintragungen in den Auszähltabellen der Volkszählung 1860 mit den Eintragungen in den Landgewerbelisten 1859/60 für 6 ausgewählte Berufe und 24 ausgewählte Kirchspiele.

| Beruf | Übereinstimmung | mehr Gewerbetreibende in den | |
| | | Volkszählungs-tabellen | Landgewerbe-listen |
Sp. 1	Sp. 2	ᐧSp. 3	Sp. 4
Bäcker	19 (9)	1 (1)	4 (3)
Schlachter	20 (18)	3 (1)	2 (2)
Schmied	14 (0)	4 (0)	6 (0)
Schneider	5 (0)	5 (0)	14 (2)
Schuster	13 (2)	4 (0)	6 (1)
Gastwirt	13 (2)	2 (0)	6 (3)
Summe	84 (31)	19 (2)	38 (11)

Erläuterungen:
Sp. 1: Berufsbezeichnung entsprechend der Systematik der Auszähltabellen der Volkszählung 1860.
Sp. 2: Anzahl Kirchspiele, in denen die Anzahl der verzeichneten selbständigen Gewerbetreibenden in den Auszähltabellen der Volkszählung und den Landgewerbelisten übereinstimmt. In Klammern: Anzahl Kirchspiele, in denen der Beruf in beiden Quellen übereinstimmend nicht verzeichnet ist.
Sp. 3: Anzahl Kirchspiele, in denen die Auszähltabellen eine höhere Zahl an Gewerbetreibenden verzeichnen als die Landgewerbelisten. In Klammern: Anzahl Kirchspiele, in denen dieser Beruf nur in den Auszähltabellen verzeichnet ist.
Sp. 4: Anzahl Kirchspiele, in denen die Landgewerbelisten eine höhere Zahl an Gewerbetreibenden verzeichnen als die Auszähltabellen. In Klammern: Anzahl Kirchspiele, in denen dieser Beruf nur in den Landgewerbelisten verzeichnet ist.

Quellen:
RAK, Ministeriet for Hertugdømmet Slesvig, I. Departement B, Handværk og Næringsdrivende, Nr. 108, 1860. – RAK, Finansministeriet, Statistisk Bureau, Folketællingen 1860 Slesvig, Tabeller I–IV.

Dies ist ein recht hoher Grad der Übereinstimmung, denn die Erhebungsbasis der Volkszählungen waren Einzelpersonen, die der Landgewerbelisten Einzelkonzessionen. Besaß ein Gewerbetreibender Konzessionen für verschiedene Berufe, so ist er hier auch mehrfach verzeichnet. Es verwundert daher auch nicht, daß die Landgewerbelisten deutlich mehr Eintragungen enthalten als die Volkszählungstabellen.

In einer nicht unbeträchtlichen Zahl von Fällen (19 = 13,5 %) geben die Volkszählungstabellen einen höheren Gewerbebesatz an als die Landgewerbelisten. Nach den Vorschriften für die Erstellung der Landgewerbelisten sollte eine solche Abweichung gar nicht möglich sein. Die Ursachen für die Abweichungen lassen sich nicht mit eindeutiger Sicherheit ermitteln. Betrachten wir die Abweichungen zusammen mit der Beobachtung, daß in den Listen überhaupt keine Eintragungen von nichtkonzessionierten Gewerbetreibenden auftreten, so erscheint es sehr wahrscheinlich, daß es sich bei den Landgewerbelisten nicht um die Ergebnisse eingehender empirischer Untersuchungen gehandelt hat, sondern um Abschriften aus den Konzessionsakten der Lokalbehörden.

Diese Eintragungen deuten darauf hin, daß der Konzessionszwang nicht mehr oder zumindest nicht mit voller Schärfe durchgesetzt wurde. Daneben ist auch zu erkennen, daß die nicht konzessionierte Gewerbeausübung keinesfalls im Verborgenen geschah.

5. ERGEBNISSE

Die Berufsangaben in den Landgewerbelisten können zweifellos als Berufsstatistik gewertet werden. Allerdings handelt es sich um eine Berufsstatistik mit eingeschränktem Gültigkeitsbereich. die Listen umfassen nur einen Ausschnitt des Wirtschaftssystems, das konzessionierte „bürgerliche" Gewerbe auf dem Lande. Solange die Dunkelziffer des nicht konzessionierten Gewerbes nicht bekannt ist, ergeben sich Probleme beim Einsatz dieses Materials für quantifizierende flächendeckende Untersuchungen. Denn es ist durchaus sehr wahrscheinlich, daß die verschiedenen Lokalbehörden den Konzessionszwang unterschiedlich durchgesetzt haben. Aufgrund der regionalen Unterschiede in der Wirtschaftsstruktur Schleswigs ist zu erwarten, daß in verschiedenen Landesteilen ein unterschiedliches Verhältnis zwischen konzessionierten und nicht konzessionierten Gewerbetreibenden bestand. In diesen Fällen ist von regional unterschiedlichem Erfassungsgrad der Landgewerbelisten auszugehen. Die Landgewerbelisten geben somit ein verzerrtes Bild der tatsächlichen Gewerbestruktur und des tatsächlichen Gewerbebesatzes wieder.

Für das konzessionierte Gewerbe enthalten die Listen aber außerordentlich präzise, übersichtliche und vollständige Informationen. Die „legale" Gewerbestruktur und die sich in der Praxis der Konzessionsvergabe widerspiegelnde Gewerbestrukturpolitik lassen sich anhand dieses Materials hervorragend beleuchten.

Die Berufsangaben in den Volkszählungsakten können dagegen kaum als Ersatz für eine Berufsstatistik gewertet werden. Sie bilden nur in wenigen Fällen einen brauchbaren Indikator für eine quantitative Analyse der Gewerbestruktur oder des Gewerbebesatzes. Gleichzeitige Tätigkeit in verschiedenen Berufen und Funktionskopplungen zwischen verschiedenen Branchen der Volkszählungssystematik waren ein häufiges Phänomen. Die Reduktion der beruflichen Tätigkeiten der Gezählten auf eine einzelne Berufsbezeichnung macht eine angemessene Erfassung dieser Zustände unmöglich. Zudem war die Berufssystematik der Volkszählungen den tatsächlichen Verhältnissen auf dem Lande[34] in vielen Branchen – insbesondere im

---

34 Die Ergebnisse dieser Studie beziehen sich nur auf die Landdistrikte. Für die Städte und Flecken liegen keine Landgewerbelisten vor. Die Aussagen lassen sich aber grundsätzlich

Handel und im Bauhandwerk – nicht angemessen. Nur in einigen Gewerbezweigen, bei denen Funktionskopplungen keine große Rolle spielten oder eine bestimmte Teilfunktion regelmäßig als Haupterwerb ausgeübt wurde, läßt das Material Aussagen zu Gewerbestruktur und Gewerbebesatz zu. Aber auch in diesen Fällen sind quantitative Analysen problematisch. Eine Beschränkung auf qualitative Aussagen zum Vorhandensein oder Fehlen einzelner Gewerbezweige in größeren regionalen Einheiten wie Kirchspiel oder Harde erscheint hier angemessen.

Diese Untersuchung beschäftigt sich ausschließlich mit dem sekundären und tertiären Sektor auf dem Lande. Nicht eingegangen werden konnte auf den Agrarsektor, der im 19. Jahrhundert noch den größten Teil aller Arbeitsplätze umfaßte. Die Händler und Gewerbetreibenden waren zu dieser Zeit häufig als Neben- oder Zuerwerbslandwirte tätig. Diese Funktionskopplungen, die sicherlich häufiger auftreten als Funktionskopplungen innerhalb des Gewerbes[35], lassen sich weder mit den Berufsangaben in den Volkszählungen noch mit den Angaben der Landgewerbelisten adäquat erfassen.

Quantitative Untersuchungen zu Intensität oder Umfang der Gewerbeausübung können sich auf keine der beiden Quellen stützen. Die Akten enthalten lediglich Informationen darüber, ob eine Person ein (Volkszählungen) oder mehrere (Landgewerbelisten) bestimmte Gewerbe ausgeübt hat. Indikatoren über die Intensität der Gewerbeausübung oder die Verteilung der Aktivitäten auf Haupt- und Nebenerwerbszweige lassen sich diesen Quellen nicht entnehmen.

Einigermaßen umfassende, vollständige und präzise Angaben zur Erwerbsstruktur in berufs- oder branchenspezifischer Differenzierung wird man für diese Zeit nur ermitteln können, wenn man die Angaben verschiedener Quellen miteinander kombiniert. Die Archive und viele gedruckte Verzeichnisse bewahren noch eine Vielzahl an aufschlußreichen Quellen, die Angaben zur beruflichen, gesellschaftlichen oder wirtschaftlichen Situation der Menschen enthalten. Den Volkszählungen kommt dabei vor allem Bedeutung als umfassendes Register zu, das einfach zu operationalisierende Merkmale für alle Einwohner enthält. Zur Analyse komplexer wirtschaftlicher und gesellschaftlicher Strukturen ist diese Quelle wenig geeignet.

auch auf die Verhältnisse in den Städten und Flecken übertragen. Ein Blick in die sehr präzisen und differenzierten Adreßbücher dieser Zeit zeigt, daß auch hier – insbesondere beim Handel, für den die Adreßbücher besonders ausführliche Angaben machen – Funktionskopplungen zwischen verschiedenen Branchen eher die Regel als die Ausnahme bildeten. – Gunner Lind, Adreßbücher, in: Quellenkundliche Beiträge zur Wirtschafts- und Sozialgeschichte Schleswig-Holsteins, hrsg. v. Klaus Greve, Kiel 1985, S. 19–34.

35 Sven Henningsen, Studier over den økonomiske liberalismens gennembrud i Danmark, Göteborg 1944.

Lars N. Henningsen

Die preußischen Landgemeindearchive in Nordschleswig als Quellen zur Wirtschafts- und Sozialgeschichte

Die heutige Gemeindeverwaltung im Bereich der ehemaligen Herzogtümer Schleswig und Holstein geht auf die preußische Gesetzgebung von 1867 und später zurück. Gewöhnlich bildete jedes Dorf eine selbständige Gemeinde mit eigener Archivbildung. Leider sind große Teile dieser Archive verloren gegangen, denn eine systematische, zentrale Einsammlung ist in Schleswig-Holstein nicht erfolgt. In Nordschleswig hingegen gibt es eine große Sammlung von Archivalien der preußischen Gemeinden aus dem Zeitraum 1867–1920, die im Landesarchiv in Apenrade aufbewahrt wird. In diesem Aufsatz soll über die wesentlichsten Inhalte der Gemeindearchive berichtet werden.

EINLEITUNG

Im Königreich Dänemark kann die heutige Gemeindeverwaltung ihre Spuren bis 1841 zurückverfolgen, nämlich bis zur Anordnung über die Ordnung der landgemeindlichen Verhältnisse vom 13. August 1841. Im jetzigen Nordschleswig wurde diese Anordnung nur in den zum Königreich gehörenden sogenannten Enklaven in Westschleswig eingeführt. Das eigentliche Herzogtum Schleswig mußte bis zur preußischen Zeit warten, bevor die kommunale Verwaltung einen festen Rahmen erhielt. Die Landgemeindeordnung vom 22. September 1867 teilte Nordschleswig in eine beträchtliche Anzahl Gemeinden ein, insgesamt zirka 430. Von Kirchspielgemeinden konnte nicht die Rede sein, denn eine Gemeinde umfaßte gewöhnlich nur ein Dorf und selten mehr. Zur Wahrnehmung besonderer Aufgaben wie der des Schul-, Armen-, Straßen- und Deichbauwesens konnten sich mehrere Gemeinden zu einem Zweckverband zusammenschließen. Eine neue Landgemeindeordnung vom 4. Juli 1892 lieferte detailliertere Regelungen für die Verwaltung der Landgemeinden.

Ein großer Teil des Quellenmaterials aus diesen Landgemeinden wurde im Laufe der Jahre im Landesarchiv in Apenrade gesammelt und 1977 in einem vorläufigen Verzeichnis veröffentlicht[1]. Neue Abgaben sind später hinzugekommen und sind auch weiterhin zu erwarten. Auf diese Weise waren 1987 mindestens 215 Gemeinden

---

1 „De preussiske landkommunale arkiver i Nordslesvig. Foreløbig fortegnelse til internt brug. 1977". – Neue Ablieferungen sind in das Lesesaalexemplar des Verzeichnisses im Landesarchiv eingearbeitet.

aus 88 Kirchspielen vertreten. Und selbst wenn die einzelnen Gemeindearchive nur fragmentarisch erhalten sind, geben sie in ihrer Gesamtheit ein vollständiges Bild über das landgemeindliche Archivmaterial aus der Zeit von 1867 bis 1920 ab.

Die preußischen Gemeindearchive und ihr Inhalt sind schon einmal Gegenstand einer zusammenfassenden Darstellung gewesen, nämlich durch Hans H. Worsøe 1964[2]. Das umfassende und sehr nützliche verwaltungsgeschichtliche Gutachten dieser Abhandlung soll hier nicht wiederholt werden. Stattdessen ist hier beabsichtigt, die Aufmerksamkeit auf einige ausgewählte Typen der landkommunalen Archivalien zu lenken, nämlich 1) Sitzungsprotokolle, 2) Steuerakten, 3) Melderegister. Ebenso werden einzelne andere Quellengruppen besprochen. Es soll versucht werden, den Wert jeder Gruppe und ihre Möglichkeiten für die Forschung zu würdigen sowie abschließend eine zusammenfassende Beurteilung der Bedeutung der preußischen Gemeindearchive zu geben.

1. SITZUNGSPROTOKOLLE

Die Regelungen für die preußische Gemeindeverwaltung wurden wie gesagt mit der Landgemeindeordnung vom 22. September 1867 eingeführt. Als Organe der kommunalen Verwaltung fungierte in jeder Gemeinde neben dem Gemeindevorsteher eine Gemeindeversammlung oder eine Gemeindevertretung. Die Gemeindeversammlung setzte sich aus allen stimmberechtigten Mitgliedern der Gemeinde zusammen. Die Versammlung war beschlußfähig, wenn mindestens die Hälfte der Stimmberechtigten anwesend war. Wenn die Versammlung jedoch ein zweites Mal in derselben Angelegenheit einberufen wurde, konnte ein Beschluß ohne Rücksicht auf die Teilnehmerzahl gefaßt werden. Beschlüsse wurden mit einfacher Mehrheit getroffen. Der Gemeindevorsteher führte den Vorsitz und setzte die Beschlüsse der Versammlung in die Tat um. Eine Gemeinde konnte an Stelle der Gemeindeversammlung eine Gemeindevertretung mit einer genauer festgelegten Mitgliederzahl wählen. Die Gemeindeversammlung faßte in allen Gemeindeangelegenheiten, die nicht ausdrücklich dem Gemeindevorsteher überlassen waren, Beschlüsse. Der Gemeindevorsteher wurde von der Versammlung gewählt[3].

Mit der Landgemeindeordnung vom 4. Juli 1892 wurden diese recht summarischen Regelungen durch detailliertere Vorschriften abgelöst. Nun *mußten* Gemeinden mit über 40 stimmberechtigten Wählern eine Gemeindevertretung mit 6 bis 24 Mitgliedern wählen. Die kleineren Gemeinden konnten, wenn sie wollten, weiterhin eine Gemeindeversammlung beibehalten. Sie war beschlußfähig, wenn mindestens ein Drittel der Stimmberechtigten anwesend war[4].

---

2 Hans H. Worsøe: Kommuneforstanderarkiver fra Nordslesvig 1867–1920, in: Afhandlinger om arkiver ved Rigsarkivets 75-års jubilæum 1964, København 1964, S. 222–235, mit Hinweisen.

3 Landgemeindeordnung 22. September 1867 (Gesetz Sammlung 1867, S. 1603), §§ 12, 13, 18, 19.

4 Landgemeindeordnung 4. Juli 1892 (hrsg. 1906 von Dr. Scheiff), §§ 49 und 106.

In den Gemeindearchiven ist eine große Anzahl von Sitzungsprotokollen als Ausdruck der Verwirklichung dieser Bestimmungen aufbewahrt. Insgesamt befinden sich 240 Sitzungsprotokolle aus 156 Gemeinden im Landesarchiv, und zwar 98 aus dem Zeitraum 1867–92 und 142 aus dem Zeitraum 1893–1920.

Bis 1893 begnügten sich viele Gemeinden mit einer Gemeindeversammlung. Die Sitzungsprotokolle aus der ältesten Zeit waren immer handgeschrieben, aber im Laufe der Jahre wurden diese doch ziemlich gleichartig. Sie geben immer die Zahl der Anwesenden, unter Umständen mit Namensnennung, und die Tagesordnung an und ob die Versammlung beschlußfähig ist. Danach erfolgt eine Protokollierung der gefaßten Beschlüsse. Im Falle einer zu geringen Teilnehmerzahl wurde die Versammlung erneut einberufen und die Beschlüsse wurden nun ohne Rücksicht auf die Teilnehmerzahl gefaßt.

Die Landgemeindeordnung von 1892 setzte einen Markstein. 1893 legten zahlreiche Gemeinden neue Sitzungsprotokolle an. Viele wählten nun Gemeindevertretungen und nur wenige behielten eine Gemeindeversammlung bei. In beiden Fällen waren nun Vordrucke für die Sitzungsprotokolle verbreitet. Diese Vordrucke ließen Platz für Angaben über die Anwesenden, die Tagesordnung, die Beschlußfähigkeit der Versammlung und die gefaßten Beschlüsse. Sowohl vor als auch nach 1893 beleuchten die Protokolle die Arbeitsaufgaben der genannten Versammlungen: Wahl, Genehmigung des Budgets und des Rechenschaftsberichts, Festlegung der kommunalen Steuerausschreibung, Beschlußfassung über Vergütung, kommunales Eigentum und kommunale Bautätigkeit usw.. In vielen Bereichen war die Bedeutung der Versammlungen jedoch nur formaler Natur – den wirklichen Einfluß hatte der Gemeindevorsteher, der die gesamte Macht ausübte.

Größtes Interesse knüpft sich an die Aussagekraft der Protokolle in bezug auf die Beteiligung der Bevölkerung am kommunalen Leben. Die Protokolle der Gemeindeversammlungen zeigen, in welchem Umfang die stimmberechtigte Bevölkerung an den Sitzungen teilgenommen hat. Es scheint, daß eine sehr geringe Beteiligung üblich war, so daß neue Treffen einberufen werden mußten, bei denen der Gemeindevorsteher i.d.R. stark dominierte. Eine Analyse dieser Verhältnisse würde Aufschluß geben über die Beziehung zwischen der vom preußischen Staat eingerichteten Gemeindeverwaltung und der Bevölkerung. Gleichzeitig wäre es möglich, Merkmale, die das nationale Klima in den Gemeinden charakterisieren, herauszustellen. Außerdem könnte untersucht werden, wie die Gemeindeversammlungen aus den vor 1867 bestehenden Kommuneversammlungen hervorgewachsen sind.

Was die Protokolle der Gemeindevertretungen angeht, wäre es möglich, die Zusammensetzung der Vertretungen und die Beteiligung daran zu beleuchten. Hier könnte vor allem untersucht werden, wie sich das repräsentative System im Unterschied zur eher »direkten« Demokratie der Gemeindeversammlungen auf die Machtstellung des Gemeindevorstehers und die Einflußmöglichkeit der Bevölkerung auswirkte. Die Haltung der Bevölkerung zur preußischen Gemeindeverwaltung würde im allgemeinen aus einer strengen Beschreibung der Funktion der kommunalen Organe, soweit diese aus den Sitzungsprotokollen ersichtlich ist, hervorgehen.

2. STEUERAKTEN

Einen sehr wesentlichen Teil der Gemeindearchive machen die Steuerakten aus. Um zu einer Beurteilung des Wertes dieser Archivalien für die Forschung zu gelangen, ist es notwendig, eine einleitende Übersicht über das preußische Steuersystem in seinen Hauptzügen zu geben.

Nach 1864 wurde das Steuerwesen radikal umgeordnet, eine Reihe neuer Staatssteuern wurde eingeführt. Mit der Verordnung vom 28. April 1867 wurde die preußische Gebäudesteuer von 1861 eingeführt[5]) und auf der Grundlage des Gesetzes vom 11. Februar 1870 wurde eine neue Grundsteuer von 1878 an erhoben[6]. In beiden Fällen nahm das Katasteramt die Schätzung von Grund und Gebäuden vor, und die Steuerveranlagung geschah auf der Grundlage dieser Bewertungen.

Mit der Verordnung vom 28. April 1867 wurde auch die preußische Einkommensteuer vom 1. Mai 1851 eingeführt. Sie bestand aus einer Klassensteuer und einer klassifizierten Einkommensteuer. Die Klassensteuer betraf Einkommen unter 3000 Mark. Die Steuerpflichtigen waren (nach 1873) in drei Hauptklassen unterteilt, welche Steuersätze von 1,50 Mark bis 72 Mark zahlten. Alle Steuerpflichtigen in der jeweiligen Klasse wurden unabhängig von der unterschiedlichen Einkommenshöhe mit demselben Satz besteuert. Einkommen über 3000 Mark waren von der klassifizierten Einkommensteuer mit maximal 3 Prozent betroffen[7]. Es bestand keine Selbsteinschätzungspflicht. Die Klassensteuer wurde von den Gemeinden aufgrund von Steuerrollen erhoben.

1867–73 umfaßten die Klassensteuerrollen sowohl eine Mannzahlsliste mit Informationen über die Besitz- und Einkommensverhältnisse des Steuerzahlers als auch die eigentliche Steuerrolle. Die Mannzahlsliste wurde vom Gemeindevorsteher aufgestellt, und eine lokale Klassensteuer-Einschätzungs-Kommission verteilte die Steuerpflichtigen auf die verschiedenen Steuerstufen. Der Veranlagungsvorschlag der Klassensteuer-Einschätzungs-Kommission wurde zur Kreisveranlagungskommission geschickt, die eine kritische Einschätzung vornahm. Danach wurde die Steuerrolle zur Regierung nach Schleswig gesandt, die schließlich die Steuerstufen und den Ausschreibungsprozentsatz festlegte. Wenn die Steuerrolle auf diese Weise endlich gebilligt war, wurde sie zurückgeschickt und in den Gemeinden öffentlich ausgelegt. Hiernach konnte die Erhebung beginnen. Die kombinierte Mannzahlsliste und Steuerrolle existierten in zwei Exemplaren; eins befand sich bei der Kreisveranlagungskommission und eine Kopie davon in der Gemeinde[8].

Nach 1873 verzichtete man auf die öffentliche Vorlegung der Einkommensangaben aus der Mannzahlsliste. Die Mannzahlsliste mit den Angaben über die Besitz- und Einkommensverhältnisse war nun der Kreisveranlagungskommission vorbehalten

---

5 Gesetz Sammlung 1861, S. 317. – Verordnungsblatt 1867, S. 325 ff.
6 Gesetz Sammlung 1870, S. 85.
7 Sønderjyllands Historie, V, København 1932–1933, S. 468 f. – Dank an meinen Kollegen Jørgen Witte für nützliche Kommentare zum folgenden steuertechnischen Abschnitt.
8 Gesetz betr. die Einführung der Klassen- und klassifizierten Einkommensteuer vom 1. Mai 1851 (Paul Stoepel: Gesetz-Codex, 3. Ausg., Bd. II, 1881, S. 175 ff.)

und nur die Steuerrollen, die Auskunft über Namen und Stellung des Haushaltsvorstandes und über die Personenzahl sowie die Aufteilung in Steuerklassen gaben, wurden den Gemeinden zugesandt[9].

Schließlich mußte eine Gewerbesteuer von Handwerk, Industrie, Handel und Verkehr bezahlt werden[10].

1890 bekam Preußen einen neuen Finanzminister, Johannes Miquel (1828–1901), der in den Jahren 1891–93 eine Reihe einschneidender Steuergesetze durchsetzte. Diese sogenannte Miquel'sche Steuerreform hat deutliche Spuren in den Steuerarchivalien der Gemeindearchive hinterlassen. Die Reformen hoben mit Wirkung vom 1. April 1892 die klassifizierte Einkommensteuer und die Klassensteuer auf; an deren Stelle trat eine neue *Einkommensteuer,* die nach wie vor dem Staat zuviel[11]. Das Steuerminimum wurde auf 900 Mark festgelegt, die Steuerprogression reichte von ⅔ % bis 4 % für Einkommen über 100 000 Mark. Für Personen und Institutionen mit einem Einkommen über 3000 Mark gab es eine Selbsteinschätzungspflicht (jährliche Abgabe der Steuererklärung). Der Gemeindevorsteher stellte als Vorbereitung zur Steuerveranlagung ein Personenverzeichnis mit Angaben über Namen und Stellung des Haushaltsvorstandes und Anzahl der Haushaltmitglieder über und unter 14 Jahre auf. Es konnte allen Grundbesitzern auferlegt werden, eine Hausliste mit Auskünften über die Bewohner als Grundlage für die Eintragung in das Personenverzeichnis zu erstellen. Die vom Gemeindevorsteher gesammelten Informationen über die Einkommensverhältnisse wurden von einer lokalen Veranlagungskommission überarbeitet. Die endgültige Veranlagung geschah schließlich in der Kreisveranlagungskommission, wo alle Steuererklärungen nachgeprüft wurden. Sie mußten laut Vorschrift streng geheim gehalten werden. Die Staatssteuerliste mit Auskünften über die Besitz- und Einkommensverhältnisse war folglich nur in der Kreisveranlagungskommission zu finden. Mit anderen Worten konnte von einer öffentlichen Vorlegung der Informationen über Besitz- und Einkommensverhältnisse nicht die Rede sein. Auf der Grundlage der Staatssteuerliste wurde die staatliche Steuerrolle angefertigt, die den Gemeinden zugeschickt wurde. Es handelte sich hierbei um eine reine Hebeliste ohne Auskünfte über Besitz- und Einkommensverhältnisse. Sie sollte als Grundlage für die Erhebung der Staatseinkommensteuer von seiten der Kommune dienen[12].

Nach 1890 wurden noch andere Steuerreformen durchgeführt. Die Gewerbesteuer wurde geändert und eine Betriebssteuer für das Gastgewerbe und den Handel mit

9 Vgl. Gesetz vom 25. Mai 1873 wegen Abänderung des Gesetzes vom 1. Mai 1851 (Gesetz Sammlung 1873, S. 417).

10 v. Bitter: Handwörterbuch der Preußischen Verwaltung, Bd. 1, 1906, S. 728 ff. – Gesetz Sammlung 1861, S. 697, und 1872, S. 285.

11 Einkommensteuergesetz 24. Juni 1891, Gesetz Sammlung 1891, S. 175, und 19. Juni 1906, Gesetz Sammlung 1906, S. 260 ff. samt Sonderbeilage zum Amtsblatt 1906. – Frantz v. Jessen: Haandbog i det nordslesvigske Spørgsmaals Historie, 1901, S. 328.

12 Gesetz 24. Juni 1891, §§ 21–39.

Spirituosen wurde eingeführt[13]. Mit dem Gesetz vom 14. Juli 1893 wurde bestimmt, daß die Grundsteuer, die Gebäudesteuer, die Gewerbesteuer und die Betriebssteuer *(Realsteuern)* nicht mehr dem Staat zufallen sollten. Diese Steuern wurden ab 1895 den Gemeinden überlassen, aber der Staat nahm weiterhin die Veranlagung und die Verwaltung in Hinblick auf die kommunale Besteuerung vor. Um den Einkommensverlust auszugleichen, wurde mit dem Gesetz vom 14. Juli 1893 eine staatliche Ergänzungssteuer als Zusatzsteuer zur Einkommensteuer eingeführt. Sie betraf Vermögen über 6000 Mark. Der Staat führte die Veranlagung durch[14], die Erhebung wurde von den Gemeinden zusammen mit der Einkommensteuer vorgenommen.

Die *Gemeindesteuer* war in dem gesamten Zeitraum insbesondere eine Zusatzsteuer und wurde aufgrund der Norm, die für die Staatseinkommensteuer festgelegt war, erhoben. Hier kamen wie gesagt ab 1893 die Einkünfte von den vom Staat veranlagten Grund-, Gebäude-, Gewerbe- und Betriebssteuern (Realsteuern) hinzu[15].

Zusammenfassend läßt sich über die Steuerverhältnisse nach den Reformen zu Anfang der 1890er Jahre folgendes sagen: Einkommen- und Ergänzungssteuer wurden vom Staat für den Staat veranlagt. Die Realsteuern (Grund-, Gebäude-, Gewerbe- und Betriebssteuer) wurden vom Staat veranlagt, aber den Gemeinden überlassen. Außerdem erhoben die Gemeinden eine Gemeindesteuer als Zusatz zur staatlichen Einkommensteuer und zu den vom Staat veranlagten Realsteuern. Mit anderen Worten bildete die staatliche Veranlagung die Grundlage für das gesamte Steuerwesen, aber es waren die Gemeinden, die auch die direkten Steuern für den Staat erhoben.

Welches Steuermaterial kann man nun in den Gemeindearchiven finden? Da die eigentliche Veranlagung auf Kreisebene vor sich ging, ist das Material in bezug auf Einkommens- und Vermögensangaben in den Gemeindearchiven sehr rar gesät. In dem Zeitraum von 1867–1873 erhielten die Gemeinden, wie bereits erwähnt, ein Exemplar der Klassensteuerrollen mit den vollen Angaben über die Einkommens- und Vermögensverhältnisse. Einige davon sind erhalten, und dieses Quellenmaterial ermöglicht breit angelegte sozialhistorische Untersuchungen. Die Steuerlisten enthalten Angaben über Namen, Anzahl der Personen im Haushalt und Verteilung auf die Steuerklassen. Die Besitz- und Einkommensverhältnisse des Einzelnen wurden detailliert mit Auskünften über Wohnhäuser, Areal, Vieh, Kapital, Einnahmen an Pacht, Gehalt usw. registriert. Hinzu kommen die Steuerbeträge mit oft ergänzenden Angaben bezüglich der ökonomischen Verhältnisse des Einzelnen. Die Listen beinhalten kurzum sehr detaillierte Daten über die Einkommens- und Vermögensverhält-

---

13 Gewerbesteuergesetz 24. Juni 1891, Gesetz Sammlung 1891, S. 205 ff. Die Veranlagung geschah auf Kreisebene. Hier wurden für jede Gemeinde Gewerbesteuerrollen ausgearbeitet, die den Gemeinden zugeschickt wurden. Auf dieser Grundlage wurde die Gewerbesteuer von den Gemeinden erhoben. S. v. Bitter: Handwörterbuch der Preußischen Verwaltung, Bd. 1, 1906, S. 730–773.

14 Gesetz Wegen Aufhebung direkter Staatssteuern, Ergänzungssteuergesetz und Kommunalabgabengesetz, alle 14. Juli 1893, Gesetz Sammlung 1893, S. 119 ff.

15 Kommunalabgabengesetz 14. Juli 1893, Gesetz Sammlung 1893, S. 152 ff.

nisse des einzelnen Steuerzahlers. Dies sind Informationen, die man sonst selten findet und die es möglich machen, eine genaue Untersuchung der Sozialstruktur der ländlichen Bevölkerung vorzunehmen. Neben dem genannten Quellenmaterial sind einzelne Listen über „Zu- und Abgänge" zur Klassensteuer erhalten, das heißt eine Art Melderegister zum Zwecke der Instandhaltung der Steuerlisten. All das genannte Material ist wie gesagt sehr informativ und wertvoll, aber nur spärlich in den Gemeindearchiven erhalten.

Nach 1873 und bis 1891 war die Klassensteuerliste mit den vollständigen Vermögens- und Einkommensangaben der Kreisveranlagungskommission vorbehalten und nur die Steuerrolle mit Angaben über Namen, Stellung, Haushaltsgröße und Verteilung auf die Steuerklassen befindet sich im Gemeindearchiv. Dieses Material ist natürlich nicht im gleichen Maße wertvoll für sozialgeschichtliche Untersuchungen wie die detaillierteren Steuerlisten der vorhergehenden Jahre.

Nach den Steuerreformen in den 1890er Jahren besteht das Steuermaterial in den Gemeindearchiven aus folgenden Typen: „Personenverzeichnisse" mit ähnlichen Angaben wie die der Klassensteuerrollen nach 1873, Staatssteuerrollen mit Auskunft über den Steuerbetrag, aber ohne Einkommensangaben, Betriebssteuerlisten, die ebenfalls nur den Namen des Unternehmers, die Art des Betriebs und den Steuerbetrag nennen. Staatssteuerlisten mit Angaben über die Besitz- und Einkommensverhältnisse finden sich nur ganz vereinzelt in den Gemeindearchiven. Hinzu kommen einzelne Rollen bezüglich der Gebäude- und Grundsteuer, aber sie bleiben nur sekundär im Vergleich zum zugrundeliegenden Material im Katasteramt.

Hieraus kann geschlossen werden, daß die zahlreichen Steuerlisten in den Gemeindearchiven von nur begrenztem Wert sind. Normalerweise ist von Erhebungs- und nicht von Veranlagungslisten die Rede. Die Listen dokumentieren das Vorkommen der Steuerzahler in der Gemeinde sowie die Personenzahl im Haushalt, aber die Einkommensgrundlage fehlt, allerdings mit Ausnahme der einzelnen Klassensteuerrollen aus den Jahren 1867–1873. Es muß jedoch hinzugefügt werden, daß ein kleiner Teil des Materials, das als Vorbereitung für die Steuerveranlagung ausgearbeitet wurde, in den Gemeindearchiven erhalten ist. Genannt werden können die Haushaltslisten, in denen jeder Grundeigentümer Auskunft über die Bewohner gab, zuweilen auch mit Einkommensangaben. Hinzu kommt die Korrespondenz bezüglich der Zu- und Abgänge zu den Gewerbe- und Betriebssteuerrollen.

Die Frage ist nun, wo diese sozialgeschichtlich wichtigen Steuerlisten mit Einkommens- und Vermögensangaben erhalten sind. Sie befinden sich in den Archiven der Kreisveranlagungskommissionen, die ebenfalls im Landesarchiv in Apenrade aufbewahrt werden. Diese Archive sind recht umfassend, insgesamt zirka 2 600 große Pakete. Aus der Zeit vor den Miquel'schen Steuerreformen 1891–1893 gibt es nur versprengte Reste, nämlich die Klassensteuerrollen und die Erwerbssteuerakten aus dem Kreis Sonderburg 1868–1891. Andererseits sind diese von großem Wert für sozialgeschichtliche Untersuchungen, da sie sämtliche Angaben über die Einkommens- und Vermögensverhältnisse der Steuerzahler enthalten. Aus der Zeit nach 1891 und bis 1920 sind sehr viele Unterlagen aus allen Kreisen bewahrt. Hier können die Staatssteuerlisten mit Einkommens- und Vermögensangaben (Kapitalvermögen, Grundbesitz, Viehbestand, Einkommen), Steuererklärungen und umfassende Veranlagungsunterlagen, die nach Steuerzahlern geordnet sind, genannt werden. Das

Material ist bis jetzt völlig unbearbeitet, aber es ermöglicht vielseitige Studien, die die Einkommens- und Vermögensverteilung, die Entwicklung des Viehbestands u.v.a.m. betreffen[16].

3. MELDEREGISTER

Im Königreich Dänemark wurde eine umfassende Registrierung von Umzügen erst mit den Einwohnermeldeämtern 1924 eingeführt. Im vorigen Jahrhundert haben verschiedene Beamte die entsprechenden Aufgaben wahrgenommen. Von 1812/14 an mußten die Pfarrer auf dem Land und in den Kleinstädten Zu- und Abgangslisten bezüglich der Zu- und Fortzüge der Bevölkerung führen. Nach 1822 mußten nur Dienstboten, Insten und Landstreicher registriert werden. 1854 wurde die Pflicht, die Ortswechsel des Gesindes in den Kleinstädten anzuzeigen, der Polizeibehörde überlassen. Und ab 1875 lag die Kontrolle über die Zu- und Abgänge ganz bei der Polizei und den Kirchspielvögten. Daher lassen sich Protokolle über Umsiedler, Dienstboten, Pässe u.v.m. in den Rechtsarchiven finden[17].

Im Herzogtum Schleswig setzte die Gesindeordnung vom 25. Februar 1840 fest, daß alle Dienstboten ein Dienstbuch haben mußten, das der neuen Herrschaft und der lokalen Polizeibehörde vorgelegt werden mußte. Die Polizeibehörde mußte über die vorgelegten Dienstbücher Protokoll führen (Gesindeprotokoll).

Nach 1864 intensivierte man die Registrierung von Umzüglern. 1868/69 wurde festgelegt, daß die Gesindeprotokolle für jede Gemeinde geführt werden mußten, und mit der Polizeiverordnung vom 20. November 1867 wurde ein generelles Meldewesen eingeführt. Alle, die ihren Wohnsitz in Schleswig-Holstein veränderten oder aufgaben, mußten innerhalb von acht Tagen ihren Zu- oder Wegzug der Polizeibehörde sowohl in der Zuzugs- als auch Wegzugsgemeinde melden. In den Städten mußte man sich bei der Polizeibehörde melden, auf dem Lande bei dem, der die Klassensteuerrollen führte, also beim Gemeindevorsteher. Die neuen Regelungen dienten damit u.a. der Instandhaltung der Klassensteuerrollen[18]. Mit der Polizeiverordnung vom 20. Dezember 1904 über das Meldewesen und der dazugehörigen Ausführungsanweisung wurden die Bestimmungen ausgeweitet. Jeder, der dauerhaft aus einer Gemeinde in eine andere zog, mußte sich und seine Familie abmelden.

16 Eine umfassende Untersuchung über die Gesindeordnung auf Alsen ist von Jørgen Witte auf der Grundlage der Steuerlisten 1867–1891 ausgearbeitet und wird nach der EDV-Bearbeitung veröffentlicht werden. Vgl. auch Klaus-J. Lorenzen-Schmidt: Einkommensnachweisungen aus preußischer Zeit als Quelle zur Erforschung der ländlichen Sozialstruktur, in: Rundbrief des Arbeitskreises für Wirtschafts- und Sozialgeschichte Schleswig-Holsteins, Nr. 38, 1987, S. 30–34.

17 Anna Thestrup: Kirkebøgernes til- og afgangslister, in: Fortid og Nutid, Bd. XXIV, 1969–1971, S. 529–532.

18 S. Einleitung zum Archivverzeichnis „Melderegistre i landsarkivet for de sønderjyske landsdele, foreløbig registrant, udarb. af Jørgen Witte, Åbenrå 1974" (dupl.).

Umzüge innerhalb einer Gemeinde mußten nicht gemeldet werden. Dem Umsiedelnden wurde ein Abmeldeschein ausgestellt, der dem Gemeindevorsteher in der neuen Gemeinde beim Zuzug vorgelegt werden mußte. Danach wurde ein Anmeldeschein ausgestellt. Zu- und Wegzug mußten innerhalb von sechs Tagen gemeldet werden. Unter dauerhaftem Umzug verstand man einen mindestens dreimonatigen Aufenthalt, aber auch Saison- und Wanderarbeiter waren der Meldepflicht unterworfen. Ausländer mußten sich bei einem mehr als einwöchigen Aufenthalt melden. Badegäste waren diesen Bestimmungen jedoch nicht unterworfen, und auch Hotelgäste u.ä. fielen heraus. Die Meldung geschah auf dem Land beim Gemeindevorsteher und in der Stadt bei der Polizeibehörde. Diese Behörden nahmen die Führung der Zu- und Abgangslisten wahr.

Die Meldebücher und Gesindeprotokolle gehören in die Gemeindearchive, wurden aber aus praktischen Gründen im Landesarchiv in Apenrade zu einer gesonderten Sammlung „Melderegister" zusammengefaßt, die in einem internen, vervielfältigten Verzeichnis festgehalten ist, und zwar seit 1974. Seither wird die Sammlung ständig durch neue Ablieferungen erweitert, so daß heute 80 Kirchspiele und 200 Gemeinden in ihr vertreten sind. Einzelne Meldeprotokolle lassen sich noch in den Gemeinden finden; so sind die Melderegister von Hadersleben und Tondern in den lokalen Einwohnermeldeämtern aufbewahrt.

Die Gesindeprotokolle tauchten vereinzelt ab 1841 auf, also unmittelbar nach der Einführung der Gesindeordnung vom 25. Februar 1840, ansonsten 1868/69 und später. Spätestens 1921/22 kamen sie wieder außer Gebrauch als Folge der Abschaffung der Dienstbücher mit dem Gesetz vom 6. Mai 1921. Die Protokolle sind fast ohne Ausnahme gemeindeweise geführt worden und ihre Bestimmungen sind für den gesamten Zeitraum recht einheitlich. Sie machen in chronologischer Reihenfolge folgende Angaben: Name des Dienstboten sowie Geburtstag und -jahr, Nr. des Dienstbuchs und Datum, Name des Dienstherrn, das Datum der Anmeldung, woher der Dienstbote kam und Abreisedatum samt Reiseziel. Die Erläuterungen darüber, woher der Dienstbote kam und über das Reiseziel können eventuell fehlen. Es gibt keine Register zu den Protokollen. Die recht umfassenden Daten machen wertvolle Studien über Ortswechsel des Gesindes, Verteilung auf Geschlecht, Alter und Arbeitgeber möglich.

Was die Melderegister betrifft, so sind diese aus dem Zeitraum vor 1900 ziemlich schlecht bewahrt. Das älteste Beispiel stammt aus dem Jahre 1871, aber ⅔ des gesammelten Materials entstanden nach 1900. Die meisten sind chronologisch geordnet und haben kein Register, aber es gibt aus größeren Gemeinden auch Beispiele für alphabetisch geführte Melderegister und Bücher mit Registern. An- und Abmeldungen können im selben Protokoll zuammengefaßt, aber auch in zwei getrennten Protokollen geführt sein. Oft sind die Dienstleute im allgemeinen Melderegister mit aufgeführt, das somit zugleich die Funktion als Gesinderegister übernimmt. Es werden Angaben über die Namen der Umziehenden gemacht, Stellung, Geburtstag und -jahr, eventuell Geburtsort, Staatsbürgerschaft, Wohnort, wo die Umziehenden herkommen und wo sie hinziehen. Betrifft der Umzug eine komplette Familie, wird nur der Name des Haushaltsvorstandes angegeben sowie die Anzahl der Personen im Haushalt, aber nicht die Namen und Daten der Letztgenannten. Bei Dienstboten wird ebenfalls das Dienstbuch registriert. In einzelnen Fällen gibt es besondere

Meldebücher für Ausländer (hierunter Dänen), und nicht selten sind die Umziehenden bei den einzelnen Arbeitgebern gesondert registriert. Auf diese Weise ist es möglich, die Rekrutierung auf dem Arbeitsmarkt, zum Beispiel einer Ziegelei oder eines größeren Hofes über einen längeren Zeitraum zu verfolgen. Alles in allem ist das gesammelte Material von großem Wert für Mobilitätsstudien, insbesondere für den Zeitraum um die Jahrhundertwende und später.

Wie gesagt, sind die Melderegister nur fragmentarisch erhalten. Aber es wird bei einem Teil der Fälle möglich sein, die Angaben durch die Steuerlisten in den Gemeindearchiven und Kreisveranlagungskommissionen zu ergänzen. Die Zu- und Abgangslisten zu den Steuerlisten werden mitunter über die Umziehenden, die nicht in den Melderegistern registriert sind, Auskunft geben können. Solche Zu- und Abgangslisten gibt es teilweise zu den Klassensteuerlisten von 1868–1892 und später zu den Staatssteuerrollen. Ein Teil der Zu- und Abgangslisten zur Klassensteuer befindet sich in den Archiven der Kreissteuerämter.

SCHLUSSBEMERKUNGEN

Die oben genannten Beispiele aus den Gemeindearchiven stellen natürlich keine erschöpfende Übersicht über den Inhalt dieser Archive dar. Unter dem restlichen Material muß den reichhaltigen Unterlagen zum *Armenwesen* ein besonderer Wert beigemessen werden.

Die Armenfürsorge wurde normalerweise von den Fürsorgezweckverbänden (Gesamtarmenverbände) wahrgenommen, indem sich alle Gemeinden in einem Kirchspiel, was diese Aufgabe anging, zusammenschlossen. Die Archivalien der Fürsorgezweckverbände befinden sich in der Regel in den Gemeindearchiven, wo sie in vielen Fällen das „Rückgrat" der Archive des entsprechenden Kirchspiels bilden. Die Fürsorgezweckverbände führten meistens die Arbeit der vor 1867 bestehenden Verwaltung des Armenwesens der einzelnen Kirchspiele fort, und darum berühren diese Archive auch Archivalien, die aus der Zeit vor 1867 stammen. Das Material umfaßt Sitzungsprotokolle, Korrespondenz, Rechnungen, Armenhausarchivalien (Rechnungen, Arbeitsbücher, Listen über Insassen) und vieles mehr und ist zusammen mit dem ergänzenden Material aus den Pfarrarchiven und übergeordneten Archiven (insbesondere Landratsarchive) von großem Wert für sozialgeschichtliche und verwaltungsgeschichtliche Studien.

Außerdem kann noch eine kleine Gruppe von *statistischem* Material genannt werden. Sie umfaßt einige der kaum erhaltenen Reste der Volkszählungen in der preußischen Zeit. Sie haben inzwischen nur noch einen geringen Wert und können kaum mehr Informationen liefern als die wesentlich besser erhaltenen Personenverzeichnisse, die oben genannt wurden[19]. Hinzu kommen die Viehzählungen (mit Angaben über die Anzahl an Pferden, Kühen, Schafen, Schweinen, Ziegen, Kanin-

19 S. weiter Hans H. Worsøe: Folketællinger i Nordslesvig 1864–1919, in: Sønderjyske Årbøger 1964, S. 400.

chen, Bienenstöcken, aufgeschlüsselt nach einzelnen Haushalten und für alle Ortschaften gesammelt), separate Schweinezählungen, Pferdemusterungslisten (mit Angaben über Farbe, Geschlecht, Alter, Höhe des Pferdes für jeden Haushalt), Ernteertragszählungen (mit Angaben über Aussaat und Ertrag pro ha), Zählungen bezüglich der Nutzung des Bodens durch verschiedene Feldfrüchte, Zählungen der Obstbäume und schließlich Gewerbezählungen. Letztgenannte geben jedoch nur den Namen des Gewerbetreibenden, die Art des Gewerbes und die Personenzahl im Haushalt an.

Es zeigt sich, daß diese Zählungen vielfältige Informationen zur Beleuchtung der ökonomisch-sozialen Struktur der Gemeinden liefern, aber leider ist das Material nur äußerst bruchstückhaft bewahrt.

Wesentlich vielseitiger gestaltet sich das Material dieser Art in den Landratsarchiven. Hier sind alle Zählungen repräsentiert, teilweise als Detaillisten, im übrigen als gemeindeweise zusammengefaßte Zählungen. Ergänzende Angaben, zum Beispiel den Viehbestand betreffend, können schließlich den Steuerlisten der Kreisveranlagungskommission entnommen werden.

Wenn das Material der Gemeindearchive auf diese Weise in einigen Bereichen als sekundär im Verhältnis zu den staatlichen Archiven anzusehen ist, liegt das daran, daß der Gemeindevorsteher – der eigentliche Archivar in der Gemeinde – in vielen Fällen als verlängerter Arm des Staates auftrat. Das bedeutete, daß das wesentliche Archivmaterial in den staatlichen Archiven höheren Niveaus aufbewahrt wurde und nicht in den Gemeindearchiven. Hier mußte das Material bruchstückhaft bleiben.

Mit anderen Worten drängt sich die Schlußfolgerung auf, daß das Material der Gemeindearchive in Bereichen, in denen der Gemeindevorsteher und damit die Gemeinde nur ausführendes Organ für den Staat waren – zum Beispiel bei der Erhebung von Einkommensteuern und der Sammlung von statistischen Informationen –, sowohl lückenhaft als auch sekundär ist, und daß weit besseres Material in den staatlichen Archiven höheren Niveaus zu finden ist, nämlich in den Landratsarchiven und in den Kreisveranlagungskommissionen. Wo dagegen den Gemeinden, das heißt den Gemeindevorstehern, wichtige und selbständige Aufgaben auferlegt waren, zum Beispiel im Bereich des Armenwesens und des Meldewesens, sind sehr wertvolle und unersetzliche Akten in den Gemeindearchiven zu finden. Alle, die sich mit Themen innerhalb der Wirtschafts- und Sozialgeschichte beschäftigen, sollten deshalb aufmerksam die Forschungsmöglichkeiten, die in den Gemeindearchiven aus der preußischen Zeit liegen, im Auge behalten.

Kai Detlev Sievers

Die schleswig-holsteinischen Medizinalberichte
der Kaiserzeit als sozialhistorische Quelle

Einen sehr ergiebigen, aber bislang kaum herangezogenen sozialhistorischen Quellenbestand, der zudem gedruckt und daher leicht zugänglich ist, stellen die amtlichen Berichte über das öffentliche Gesundheitswesen der Provinz Schleswig-Holstein dar. Da sie eine Fülle von statistischem Material enthalten, kann man davon ausgehen, daß diese Angaben mit in die Veröffentlichungen des Königlichen Preußischen Statistischen Bureaus und dadurch auch seit 1875 in die des Kaiserlichen Statistischen Amtes eingegangen sind.

In Schleswig-Holstein war schon 1731 von Herzog Karl Friedrich eine „Verfügung betreffend die Errichtung eines Collegii medici zu Kiel, nebst Instruction für selbiges" erlassen worden. Offensichtlich stellte diese Institution so etwas wie die oberste Gesundheitsbehörde dar. Seit dem Pestjahr 1711 gab es aber auch bereits einen Landesphysikus, der mit dem Collegium medici zusammenarbeitete. Nikolaus Falck berichtet 1827 im Staatsbürgerlichen Magazin, daß es 1734 je einen Physicus für Schleswig und Holstein gegeben habe und daß nach einem Rescript von 1746 bereits jeder Ort einen Physicus gehabt habe, der seinen Medizinalbericht als Amtsarzt entweder an das Obergericht auf Schloß Gottorf oder in Glückstadt als höchster Verwaltungsinstanz im Lande sowie der Medizinischen Fakultät der Christian-Albrechts-Universität zu Kiel einzureichen hatte[1]. 1804 wurde ein Sanitätskollegium als oberste Medizinalbehörde gegründet. Seine Aufgabe bestand in der Beaufsichtigung von Ärzten, Wundärzten, Apothekern, Hebammen usw. Die Ärzte hatten vor allem beim Ausbruch ansteckender Krankheiten an das Sanitätskollegium Bericht zu erstatten. Das Kollegium hat auch eine Reihe gesundheitspolizeilicher Verfügungen erlassen. 1852 wurde seine Wirksamkeit auf Holstein beschränkt, nachdem für Schleswig in Flensburg ein eigenes Sanitätskollegium ins Leben gerufen worden war. 1864 unterstanden beide Herzogtümer erneut einer gemeinsamen Medizinalpolizei, die nach der Eingliederung in Preußen durch das Inkorporationspatent vom 12. Januar 1867 die Bezeichnung Medicinal-Kollegium erhielt[2]. Sein Wirkungskreis

---

1 Willy Maaßen und Ingrid Sittenfeld, Die Geschichte der Hygiene in Schleswig-Holstein und die Geschichte der Hygiene an der Christian-Albrechts-Universität Kiel (Schriftenreihe des Hygiene-Instituts der Christian-Albrechts-Universität Kiel, Nr. 3), Kiel 1955, S. 12. Staatsbürgerliches Magazin, mit besonderer Rücksicht auf die Herzogthümer Schleswig, Holstein und Lauenburg, hrsg. von N. Falck, Bd. 7 (1827), S. 806.
2 Staack, Das Medicinal- und Gesundheitswesen mit besonderer Berücksichtigung der Provinz Schleswig-Holstein, Kiel 1891, S. 2 f.

war beschränkt und folgte der preußischen „Instruction für die Medicinal-Kollegien vom 23. Oktober 1817". Darin war festgelegt, daß diese keine Verwaltungskompetenzen besaßen, sondern als rein „wissenschaftliche und technisch rathgebende Behörden für die Regierungen und Gerichte im Fache der gerichtlichen Medicin" verstanden wurden[3]. Die Aufgaben bestanden im einzelnen in:

1. „Angabe und Begutachtung allgemeiner Maßregeln zur Beförderung der medicinischen Wissenschaften und Kunst",
2. „der Entwerfung und Begutachtung allgemeiner Pläne zur Vervollkommnung des Medicinal-Polizeiwesens der Provinz, und insbesondere der Revision der Medicinalordnungen, Reglements, Taxen etc., auch der Abgabe gutachterlicher Vorschläge zu deren Berichtigung",
3. „Beurtheilung gerichtlich medicinischer Fälle; die Prüfung der Obductionsbehandlungen",
4. „Angabe und Prüfung allgemeiner Heilungs-, Verhaltungs- und Sicherungs-Maßregeln bei ausbrechenden Seuchen unter Menschen und Thieren",
5. „Erstattung von Sanitätsberichten"[4].

Seit 1870 war ein der Regierung in Schleswig zugewiesener Medizinalrat Leiter des Medizinal- und Gesundheitswesens der Provinz. Er hatte alle die Gesundheits- und Medizinalpolizei betreffenden Angelegenheiten zu bearbeiten und besaß die gleichen Rechte, Pflichten und Verantwortlichkeiten wie die übrigen Regierungsräte im Schleswiger Regierungspräsidium[5]. Als wichtiger Überblick über die Gesundheitsverhältnisse im Land galten die Sanitätsberichte, die vom Regierungsmedizinalrat jährlich dem Oberpräsidenten vorzulegen waren. Das Material für diese Synopse trugen die 31 Physici zusammen, die sozusagen vor Ort amtsärztlich tätig waren. Die Distrikte, in denen sie arbeiteten, entsprachen in etwa den Stadt- und Landkreisen. In größeren Kreisen arbeiteten zwei Amtsärzte[6]. Ihr Wirkungskreis bezog sich auf:

1. „Die Aufsicht über die Ausübung der Heilkunde",
2. „Die Mitwirkung bei sonstigen Gegenständen der Medicinalpolizei, sowie die Beaufsichtigung und Ausführung der hierauf abzweckenden besonderen Einrichtungen und Vorschriften",
3. „Die Function eines Gerichts- und Staatsarztes"[7].

Im einzelnen hatten die Physici eine ganze Reihe von Terminaufgaben zu erfüllen. So mußten sie wöchentlich Meldungen über ansteckende Krankheiten registrieren und die betroffenen Altersklassen angeben. Monatlich waren die von den Standesbeamten gelieferten Geburts-Zählblätter zu überprüfen und Personaländerungen bei Ärzten, Zahnärzten, Apothekern und Hebammen dem Regierungspräsidium mitzuteilen. Vierteljährlich mußten Erkundigungen bei den Standesbeamten über Todes-

3 Ebd. S. 3.
4 Ebd.
5 Ebd. S. 9.
6 Ebd. S. 92 f.
7 Ebd. S. 97.

fälle sowie Lebend- und Totgeborene eingeholt und diese Daten an das Königliche Statistische Büro weitergeleitet werden. Diese Regelung galt bis 1878. Danach genügte es, wenn die Daten in die jährlichen Medizinalberichte eingingen. Alljährlich hatten die Amtsärzte ferner die Privat-Irrenanstalten – sofern es sie in ihren Bezirken gab – zu revidieren und die Tätigkeit der Hebammen und Lehrapotheken zu überprüfen. Auf diese Weise kam bereits eine Menge Material zusammen. Weiteres mußte jedoch hinzugesammelt werden, um den Anforderungen des jährlich zu erstattenden Sanitätsberichtes zu genügen. Denn dieser enthielt eine Menge Fakten, die erst durch zusätzliche Beobachtungen und Erkundigungen erbracht werden konnten.

Für die Sanitätsberichte, die jeder einzelne Kreisphysikus jährlich dem Regierungsmedizinalrat einzureichen hatte, war ein bestimmtes S c h e m a vorgeschrieben. Es findet sich in einem zeitgenössischen Handbuch über das Medizinal- und Gesundheitswesen in Schleswig-Holstein. Um einen vollständigen Überblick über die danach zusammengetragene Materialfülle zu geben, zugleich auch die Variationsbreite zu verdeutlichen, wird das Schema hier vollständig wiedergegeben. Es war folgendermaßen aufgebaut:

„Vorbemerkung

Die Berichte sind, soweit dies ohne Beeinträchtigung der erforderlichen Gründlichkeit geschehen kann, in ihrer Fassung möglichst knapp zu halten.

Wo Tabellenform eine übersichtliche und kurze Zusammenfassung der Mittheilungen ermöglicht, ist dieselbe thunlichst in Anwendung zu bringen. Graphische Darstellungen sind wegen der Kostspieligkeit des Drucks mit Maß zu verwenden.

Einleitung. Geographische Beschreibung des Bezirks (Kreises) – Hydrographisches, Orographisches, Geognostisches –. Bevölkerung. Städte. Ortschaften.

Erläuterung. Hierunter sind nur etwa vorgekommene neuere Feststellungen oder Veränderungen der früheren Zustände zu verzeichnen, soweit dieselben eine sanitäre Bedeutung haben.

1. Kapitel. Meteorologische Beobachtungen. Hierzu auch Wasserstands- und Grundwasser-Beobachtungen, wo solche gemacht werden. Überschwemmungen.

Erläuterung. Selbständige fortlaufende meteorologische Beobachtungen können von den Physikern nicht verlangt werden; wo solche jedoch von ihnen trotzdem angestellt werden, sind die Ergebnisse in die Sanitäts-Berichte aufzunehmen; desgl. die den Physikern etwa zugänglichen anderweiten Beobachtungen, welche im Kreis an zuverlässiger Stelle ausgeführt werden (Meteorologische Stationen u. ähnl.). Wenn genauere Beobachtungen überhaupt nicht zur Verfügung stehen, genügt die allgemeine Charakterisierung der Witterungs-Verhältnisse im Verlauf der Berichtszeit.

2. Kapitel. Bewegung der Bevölkerung.

1. Zahl der Einwohner (männlich, weiblich).

2. Geburten (männlich, weiblich; ehelich, unehelich; lebend, todtgeboren) – nach Monaten.
3. Zahl der Gestorbenen (männlich, weiblich) nach dem Alter (für Kinder bis zu 1 Jahr ehelich, unehelich), nach den Monaten, nach den Todes-Ursachen.

Erläuterung. Ueber die Bewegung der Bevölkerung des Kreises statistische Mittheilung zu machen, werden die Physiker nur da in der Lage sein, wo ihnen durch die Vermittelung der Kreisbehörden das Material von den Standesbeamten geliefert wird. Wo eine Leichenschau eingeführt ist, und wo die Beerdigung der Verstorbenen von der Beibringung eines Todtenscheines abhängig gemacht ist, auf welchem die Todesursache angegeben, geht dem Physikus ein werthvolles ziffermäßiges Material betreffs der Sterblichkeit zu, aus welchem zugleich Wichtiges über die Verbreitung von Krankheiten im Kreise ersichtlich wird.

3. Kapitel. Gesundheitsverhältnisse.

a. Allgemeine Schilderung der Vorgänge der Berichtszeit.

b. Specielle Darstellung.
1. Infektions-Krankheiten
a Cholera, b Pocken, c Typhus (Unterleibs-Typhus, Flecktyphus, Rückfallfieber), d Ruhr, e Diphteritis, f Scharlach, g Masern, h Keuchhusten, i Croupöse Pneumonie, k Tuberkulose, l Kindbettfieber, m Contagiöse Augenentzündung, n Syphilis, o Zoonosen, p Genickstarre. (Eventuell andere bemerkenswerthe Infektions-Krankenheiten).
Betreffs sämmtlicher dieser Krankheiten Verbreitung etwaiger Epidemien nach Ort und Zeit, Zahl der Erkrankungs- und Todesfälle; Art der Entstehung (Einschleppung, sanitäre lokale Mißstände), Wege der Verbreitung. – Regelung und Wirksamkeit des Anmeldewesens, Art der Konstatirung. Sanitätspolizeiliche Anordnungen, welche zur Abwehr drohender Epidemien und zur Tilgung der zum Ausbruch gelangten getroffen worden sind. – Impfgeschäft; Ueberwachung der Prostitution.
2. Kindersterblichkeit.
Zustände (womöglich mit genauerer Statistik), besondere Ursachen, Ernährungsverhältnisse der Kinder im 1. Lebensjahre. Haltekinder und deren Beaufsichtigung.
3. Andere Krankheiten.
Erläuterungen zum 3. Kapitel. Ausreichendes und zuverlässiges Material für die Berichterstattung über die Gesundheitsverhältnisse im Kreise zu gelangen, wird an manchen Orten mit mehr oder weniger großen Schwierigkeiten verbunden sein, deren Ueberwindung besondere Umsicht und Thätigkeit des Physikus erfordert. Zum Theil wird ihm dasselbe durch dienstliche Vorgänge zufließen, zum Theil durch die eigene ärztliche Praxis. Außerdem ist aber zu empfehlen, daß der Physikus eine derartige Verbindung mit den Aerzten des Kreises und mit den dort etwa vorhandenen Aerzte-Vereinen zu unterhalten sucht, daß es ihm möglich wird, mit Erfolg dahin zu wirken, daß die Aerzte (auch über die gesetzliche Verpflichtung hinaus) über die von ihnen in Behandlung genommenen Fälle ansteckender Krankheiten dem Physikus persönlich oder den Ortspo-

lizeibehörden regelmäßig Meldung machen. Von allen bei den Polizeibehörden eingehenden Meldungen über das Auftreten und die Verbreitung ansteckender Krankheiten wird dem Physikus durch die Kreis-Verwaltungsbehörde Mittheilung gemacht werden.

Die in dem Physikatbezirke etwa vorhandenen eigenen Armen- und Kommunal-Aerzte sind verpflichtet, über die in den betreffenden Anstalten vorkommenden besonderen Krankheitsfälle dem Physikus sofort eingehend Bericht zu erstatten.

In diesem Kapitel wird besonders auch zu berichten sein, welche Maßnahmen zur Konstatirung und Beschränkung etwa aufgetretener Epidemien Seitens der Kreis-Verwaltungsbehörde getroffen, wie dieselben zur Ausführung gelangt sind und wie weit bei letzteren die Mitwirkung des Physikus stattgefunden hat.

Bei dem Bericht über die öffentlichen Impfungen wird unbeschadet der Befolgung der dieserhalb erlassenen besonderen Bestimmungen zu melden sein, ob dieselben ordnungsgemäß erledigt sind und namentlich auch, ob etwa Gesundheitsbeschädigungen der Impflinge in Folge der Impfungen eingetreten sind.

Allgemein ist für dieses Kapitel festzuhalten, daß, wenn ziffermäßige Angaben gemacht werden, zugleich mitgetheilt wird, wie dieselben gewonnen worden sind.

4. Kapitel. Wohnstätten

1. Allgemeiner Charakter der menschlichen Wohnungen in Städten und auf dem flachen Lande. Baupolizeiliche Vorschriften und Anordnungen von sanitärer Bedeutung. Vorgänge mit Bezug auf gesundheitswidrige Wohnungen.
2. Massenwohnungen von Fabrikarbeitern – Schlafstellen und Kostgänger-Wesen – Asyle für Obdachlose.
3. Art der Behandlung der unreinen Abgänge auf den Grundstücken und in den Ortschaften (menschliche und thierische Exkremente, Haushaltungsabfälle und Abwässer), vorhandene Schmutzwasser-Leitungen (Rinnsteine, geschlossene Kanäle), Verbleib der Schmutzwässer. – Zustände – besondere Vorgänge – Straßenreinigung, Pflasterung der Ortschaften.

5. Kapitel. Wasser

1. Wasserversorgung der Ortschaften – Brunnen, Wasserleitungen – Kontrolle derselben.
2. Oeffentliche Wasserläufe. Zustand derselben, eventuell Mißstände, die sich aus der Verunreinigung ergeben haben; Maßnahmen.

6. Kapitel. Nahrungs- und Genußmittel. Gebrauchsgegenstände.

Art und Umfang der Kontrole des Verkehrs mit Nahrungs- und Genußmitteln – Untersuchungs-Anstalten, Schlachthäuser (öffentliche und private), sanitätspolizeiliche Beaufsichtigung des Betriebs. – Ergebniß der Kontrole, Bestrafungen. – Dasselbe betreffs der Gebrauchsgegenstände im Sinne des Gesetzes vom 14. Mai 1879. Vorkommenden Falles Mittheilung bemerkenswerther Gesundheitsschädigungen durch verfälschte oder verdorbene Nahrungs- und Genußmittel oder in Folge der Benutzung von gesundheitsschädlichen Gebrauchs-Gegenständen.

7. Kapitel. Gewerbliche Anlagen.

Art und Häufigkeit derselben. Neue Anlagen, namentlich mit Berücksichtigung der koncessionspflichtigen. Verhältnisse der jugendlichen Arbeiter. Unfälle (statistisch) und sonstige Gesundheits-Beschädigungen, welche in Bezug auf die Arbeiter und die Anwohnenden als Folge von Gewerbe-Betrieben bezw. gewerblichen Anlagen hervorgetreten sind. Maßnahmen zur Verhütung solcher Unfälle und Gesundheitsbeschädigungen – sonstige Vorgänge.

8. Kapitel. Schulen.

Bauliche Einrichtung derselben vom sanitären Standpunkt (auch Turnplätze), innere Einrichtung. Gesundheitszustand der Schüler. Vorgänge. Schließung von Schulen aus sanitätspolizeilichen Gründen.
Ferienkolonien, Kindergärten, Spielschulen.

9. Kapitel. Gefängnisse.

Sanitäre Einrichtungen in denselben, sanitäre Zustände, Sterblichkeit, Geisteskrankheit bei Gefangenen.

Erläuterungen zu den Kapiteln 4–9.

In dem ersten der auf Grund des Erl. v. 8. Juli 1884 zu erstattenden Berichte ist eine umfassendere Darstellung der Zustände des Kreises in Bezug auf die einzelnen in diesen Abschnitten abzuhandelnden Verhältnisse vom sanitätspolizeilichen Standpunkt aus zu geben; in den folgenden Berichten genügt, die fernerweit eingetretenen bemerkenswerthen Veränderungen und Vorgänge zur Sprache zu bringen. Betreffs jedes einzelnen Gegenstandes wird zu berichten sein, welche auf denselben bezüglichen Aufträge der Physikus erhalten, wie er sie erledigt hat und was ihm anderweit Bemerkenswerthes wahrzunehmen Gelegenheit geworden ist.

Handelt es sich um sanitäre Mißstände, so wird stets anzugeben sein, was zur Beseitigung derselben angeordnet oder vom Physikus in Anregung gebracht worden ist.

– Berichte, welche an den Regierungspräsidenten erstattet worden sind, sind nicht nochmals zu wiederholen, sondern es ist auf dieselben lediglich (unter Angabe des Datums der Erstattung und der Geschäftsnummer) Bezug zu nehmen.

10. Kapitel. Fürsorge für die Kranken und Gebrechlichen.

1. Art und Zustand der Armenkrankenpflege in Stadt und Land. Armenärzte, kommunale Krankenhäuser (Kreis-Lazarethe). Krankenhäuser anderer Art (öffentliche und private), heilgymnastische und orthopädische Anstalten. Sanitäts-

Wachen und ähnliche Voranstalten zur Hülfeleistung bei Unglücksfällen. (Zustände der Anstalten, Einrichtung, Art und Umfang der Wirksamkeit, Koncessionirungen, Revisionen und sonstige besondere Vorgänge).
2. Irrenhäuser. Oeffentliche und private Zustände, Koncessionirungen, Beaufsichtigung, besondere Vorgänge.
3. Sonstige zur Heilung und Pflege von Siechen und Gebrechlichen dienende Anstalten.
4. Zustand der Krankenpflege. Geistliche Genossenschaften und weltliche Krankenpflege-Vereine. Krankenwärter- und Krankenwärterinnen-Schulen.

11. Kapitel. Bäder.

1. Oeffentliche Bade-Anstalten für warme und kalte Bäder. Schwimm-Anstalten. Sicherheits-Einrichtungen bei denselben.
2. Heilquellen. Art und Einrichtung derselben. Verkehr. Sanitäre Zustände in den Badeörtern.

12. Kapitel. Leichenschau und Begräbnißwesen.

Leichenschau. Fälle von Scheintod; Prämien für Wiederbelebung Scheintodter. Veranstaltung zur Wiederbelebung Scheintodter. Veranstaltungen zur Wiederbelebung Scheintodter. Begräbnißplätze (Einrichtung, Leichenhäuser, Begräbniß-Ordnung). Neu-Anlagen, Verlegung und Erweiterung von Begräbnißplätzen. Etwaige gesundheitsschädliche Einflüsse der Begräbnißplätze auf die Umgebung.

13. Kapitel. Medicinal-Personal.

1. Beamtete Aerzte. Personenwechsel und sonstige Vorgänge. Umfang der Thätigkeit in summarischer Zusammenstellung, a) in sanitätspolizeilicher, b) in gerichtsärztlicher Beziehung.
2. Nicht beamtete Aerzte. Zahnärzte. Zahl und Vertheilung. Besondere Vorgänge. – Aerzte-Vereine und deren Thätigkeit. – Gewerbsmäßiger Betrieb der Heilkunst durch nicht approbirte Personen.
3. Apotheker. Vertheilung der Apotheken; Dispensir-Anstalten der Krankenhäuser, Hausapotheken der Aerzte, selbstdispensirende Homöopathen. – Neu-Anlage von Apotheken und Besitzwechsel. Revisionen und deren allgemeine Egebnisse. Droguenhandlungen und Beaufsichtigung derselben. Gesetzwidriger Arzneimittel- und Giftverkauf. Geheimmittel-Verkauf. – Apotheker-Vereine.
4. Hebammen. Zahl und Vertheilung (Distrikts-Hebammen und freiprakticirende). Zustand des Hebammenwesens. Beaufsichtigung, Nachprüfungen, besondere Vorgänge. Hebammen-Lehranstalten und deren Thätigkeit. – Gewerbsmäßige Ausübung der Hebammenkunst durch nicht approbirte Personen; Bestrafungen deswegen.
5. Heilgehülfen. Unterricht, Prüfung[8]."

8 Ebd. S. 107–111.

Anhand dieses sehr umfangreichen Fragebogenmaterials faßte dann der Regierungsmedizinalrat seinen Generalbericht zusammen. Dies geschah bis 1885 jährlich, danach bis 1894 in dreijährigem Turnus. Die Berichte trugen bis 1882 die Bezeichnung „Generalbericht", danach „Gesammt-Bericht". Sie waren stets an den Oberpräsidenten als Präsidenten des Medicinal-Kollegiums gerichtet und offenbaren bis 1894, solange sie erschienen und Dr. Johannes Bockendahl als Regierungsmedizinalrat ihr Verfasser war, dessen persönliche, individuelle Handschrift[9]. Den Sozialhistoriker fasziniert die Fülle des in diesen gedruckten und veröffentlichten Berichten zusammengetragenen Materials ebenso wie der Stellenwert, der dem Gesundheitswesen in der preußischen Provinz Schleswig-Holstein während der Kaiserzeit zuerkannt wurde.

Hier seien nur einige Themenbereiche angerissen. Da wird z.B. nach den Witterungsbeobachtungen im zweiten Abschnitt die Bevölkerungsbewegung sehr ausführlich behandelt. Wichtig ist dabei, daß nicht nur statistische Angaben über Einwohnerzahlen, Geburten und Todesfälle mitgeteilt werden, sondern der Sachverhalt auch kommentiert wird. So heißt es z.B. 1889 im „Gesammt-Bericht" zur Frage der Verursachung von Totgeburten, man habe den Verdacht, „daß die unser Leben beherrschende Hast auch für den Verlauf der Geburten nachtheilig einwirken dürfte. Ob sich nicht manche Hebamme zur Zeitbeschleunigung erlaube, bei Beckenendelagen durch Ziehen nachzuhelfen steht dahin, ebenso ob nicht manche ärztliche Operation ebenfalls wesentlich dieser Ueberstürzung unserer Zeit zuzuschreiben ist"[10]. Was die Todesursachen betrifft, so sind diese z.B. für die ländliche Bevölkerung gesondert für jeden Kreis nach 32 Krankheiten und anderen Gründen, wie Selbstmord, Mord und Totschlag, Unfälle und Trunksucht aufgeschlüsselt. Dabei ergibt sich, daß 1886 im Kreis Tondern Tuberkulose und Altersschwäche, im Kreis Husum Scharlach und Diphterie, Tuberkulose und Lungenerkrankungen, im Kreis Pinneberg Säuglingssterben und Organerkrankungen, im Kreis Steinburg Diphterie und Keuchhusten, in den Kreisen Stormarn und Plön Diphterie, Scharlach und Kindersterben, in Oldenburg Kindersterben und im Kreis Herzogtum Lauenburg Kindersterben und Organerkrankungen die mittlere Sterblichkeit übertrafen[11].

Daß in einem Bericht über das Gesundheitswesen Infektionskrankheiten eine große Rolle spielen, liegt auf der Hand. Ausführlich behandelt werden: Blattern, Typhus, Ruhr, Diphterie, Scharlach, Masern, Keuchhusten, Krupöse Pneumonie, Tuberkulose, Epidemische Genickstarre, Wochenbettfieber, Kontagiöse Augenentzündung, Syphilis, Zoonosen (Krätze, Milzbrand usw.). Für die Berichtszeit von 1892–1894 wird eine ausführliche Darstellung der Cholera in Schleswig-Holstein seit 1831/32 gegeben[12], als diese Seuche die Herzogtümer erstmals besonders heftig

9 Vgl. dazu Edith Feiner, Johannes Bockendahl, in: Schleswig-Holsteinisches Biographisches Lexikon, Bd. 2, Neumünster 1971, S. 62–64.

10 Gesammt-Bericht über das öffentliche Gesundheitswesen der Provinz Schleswig-Holstein umfassend die Jahre 1886, 1887 und 1888, Kiel 1889, S. 12. Von 1867–1883 erschienen die Berichte unter dem Titel „Generalbericht", danach bis 1894 als „Gesammt-Bericht".

11 Ebd. S. 51.

12 Gesammt-Bericht über das öffentliche Gesundheitswesen der Provinz Schleswig-Holstein umfassend die Jahre 1892, 1893 und 1894, Kiel 1895, S. 55.

heimsuchte. Anlaß für diese interessante medizinhistorische Beschreibung war die Hamburger Choleraepidemie von 1892, die – wenn auch in geringerem Maße – auf Schleswig-Holstein übergriff. Hier führte sie z.T. zu panikartigen Reaktionen. Im Medizinalbericht heißt es: „Fehlt unsrer Sprache auch ein Wort für panique, so war die Sache doch sehr vertreten bei der Gesammtheit derer, die von dem Cholerabacillus nichts andres wußten, als dass er die Ursache aller Krankheit sei. Man wies also folgerichtig auf Wegen und Stegen durch Wachen und mit Forken Bewehrte jeden Fremden, der ihnen diesen Gast etwa bringen könnte, zurück. Flüchtende Hamburger, die allerdings, bereits bevor sich die Kunde von der ganzen Schwere ihres Geschickes genügend verbreitet hatte, in Massen aller Sommerfrischen und Nichtfrischen, aller Nordseeinseln und sonstigen Bäder sich bemächtigt hatten, hiess man umkehren, oder man sperrte sie, je nach dem Hochstand der Furcht, 4 bis 7 Tage zur Beobachtung ein, oder verbot gar polizeilich solchen Unterkommen zu gewähren. Dienstboten, welche Hamburg verlassen mussten, weil der Hausstand durch die Furcht aufgegeben oder vernichtet war durch die Seuche, hatten Schwierigkeiten in ihrer preuss. Heimath Aufnahme zu finden. Aber auch alle Postsendungen waren verdächtig, und Waaren, gleichviel ob geeignet oder nicht, um einen etwa an ihnen haftenden Bacillus am Leben zu erhalten, wurden nach ein und demselben Muster behandelt."[13] Sieht man den Bericht auf die soziale Herkunft der Choleraerkrankten durch, so ergibt sich, daß vor allem Angehörige der Unterschicht, wie Landbriefträger, Schiffer, Schleusenknechte, Arbeiter und Kanalarbeiter davon befallen waren, deren Wasserversorgung meist den auch damals schon bestehenden hygienischen Minimalanforderungen nicht entsprach.[14]

Eine sehr aufschlußreiche Quelle stellen die Medizinalberichte für die Wohnsituation dar. Nach Stadt und Land werden alle Mißstände aufgezählt. Ferner kommen baupolizeiliche Anordnungen zur Sprache, wie z.B. in folgenden Fällen: „In Oldesloe giebt es eine Reihe von Wohnräumen, welche über Ställen liegen und trotz eifrigst durchgeführter Durchlüftung stets mit Stalldunst erfüllt sind. Ende der siebziger Jahre wurde sogar ein Haus neuerbaut, welches im Erdgeschoss nach der Strasse Wohnräume, nach dem Hofe Kuh- und Pferdestall enthält, im Stockwerk darüber aber ausschliesslich Wohnungszwecken dient und an verschiedene Haushalte vermiethet ist. Ueber dem Kuhstall finden sich zwei Bretterlagen mit Zwischendecke, über dem Pferdestall aber nur die einfache Bretterlage des Fussbodens. Und doch werden diese immerfort riechenden Räume trotz anderweitig reichlicher Miethgelegenheit bewohnt. Dasselbe kommt nun freilich nicht in Oldesloe, sondern fast überall vor, wo Ackerbürger einen Theil der Einwohnerschaft ausmachen, auch bei Neubauten. In Bredstedt ist ein im übrigen ansprechendes Wohnhaus über einem Kuhstall neu aufgeführt und mit der einen Längsseite bis zur Höhe des unteren Geschosses an einen Erddamm ohne Luftschächte angelehnt. In einer vormals adeligen Besitzung in

---

13 Ebd. S. 57.
14 Ebd. S. 58–61. Auf die Medizinalberichte stützt sich vielfach der Katalog zur Ausstellung „Frisches Wasser, kulturgeschichtliche Aspekte der häuslichen Wasserversorgung in Schleswig-Holstein seit dem Mittelalter", Schleswig 1987, im Schleswig-Holsteinischen Landesmuseum.

Kiel hatte man, weil man es für heilsam gegen Schwindsucht hielt, die Wohnräume absichtlich über dem Kuhstall erbauen lassen."[15]

Auf dem Land sah es vielfach noch schlimmer aus als in den Städten: „Wo nicht die bessernde Hand an die Ersetzung der alten Kathen gelegt ist, giebt es überall auf dem Lande schlimme Wohnungen, in welche neuerdings, wenn der bisherige ländliche Arbeiter nach der Stadt gezogen ist, die zur Beschaffung der nothwendigen Arbeit hergezogene wandernde Arbeiterschaft aus dem Osten und Norden hineinzieht, und, genügsamer als unsere Bevölkerung unter Selbstbeköstigung, sich in die kleinen niedrigen Räume hineinzwängt und in ihnen zufrieden den Sommer verbringt. Solche Wohnungen mit ihren Lehmdielen, den zwei niedrigen Räumen, schiefen und durchlassenden Wänden und zugenagelten Fenstern sind nach Seuchen garnicht zu reinigen und zu entlüften. Die Krankheit ergreift daher . . . fast regelmässig alle Kinder der Familie, die empfänglichsten, wenigst widerstandsfähigen sterben, die später befallenen pflegen zu genesen, aber die Seuche verbreitet sich aus solchen Wohnungen weiter über das Dorf, von der Arbeiterkathe in das Bauerngehöft, und zeigt in trauriger Weise die Zusammengehörigkeit aller, so dass der Besitzer leicht einsehen sollte, dass er sich und die Seinen erster Gefährdung aussetzt, wenn er so schlechte Arbeiterkathen nicht durch bessere ersetzt."[16]

Im Zusammenhang mit der Wohnsituation werden auch die Massenquartiere von Fabrikarbeitern beschrieben. Es finden sich ferner Hinweise auf das in der Kaiserzeit in den größeren Städten, wie vor allem Altona und Kiel, vorhandene Schlafstellenwesen. Aber auch als vorbildlich geltende Arbeiterwohnungen, wie z.B. die von der Norddeutschen Jutespinnerei und Weberei in Schiffbek, werden mit allen dazugehörigen Einrichtungen, wie Speiseräume, Badeanstalt, Kindergarten, Fabrikschule und Fortbildungseinrichtungen, wie Koch- und Haushaltungsunterricht für Arbeiterinnen genannt.[17]

Weitere wichtige Aufgabenbereiche des öffentlichen Gesundheitswesens betreffen die Entsorgung von menschlichen und tierischen Exkrementen, Haushaltsabfällen und Abwässern, die Wasserversorgung durch Brunnen und zunehmend durch Wasserwerke, die Nahrungs- und Genußmittelkontrolle. Immerhin werden neben Getränken wie Wein, Bier, Branntwein, Milch, Essig, Brausemischungen, Kaffee und Surrogaten, Tee, Kakao und Schokolade sowie Zichorie, eine Menge Lebensmittel, wie Zucker und Sirup, Gewürze, Eingemachtes, Speiseöl, Honig, Zuckerwaren, Butter, Margarine und andere Fette, Käse, Fleisch und Wurst, Mehl, Getreide und Brot untersucht und dabei manche Mängel festgestellt. Schließlich oblag den Amtsärzten die gesundheitspolizeiliche Kontrolle von Gewerbebetrieben, Schulen und Gefängnissen sowie Krankenhäusern und Bädern.

Dieses vielfältige Material allein freilich bliebe ohne Aussagekraft, sofern es nicht umfassenden sozialhistorischen Fragestellungen subsumiert wird. Sie könnten im Sinne einer alle Bereiche geschichtlicher Wirklichkeit umgreifenden Strukturgeschichte gegeben sein oder als Geschichte eines Teilbereiches, der sich mit Problemen

15 Ebd. S. 102.
16 Ebd. S. 103.
17 Ebd. S. 105.

wie Arbeitsverhältnisse, Berufsstruktur, Bevölkerungsbewegungen, Mobilität usw. befaßt.[18] Ebenso aber wäre es denkbar, daß das Material zur Erforschung des Alltagslebens herangezogen wird, wie sie von Fernand Braudel und anderen französischen Historikern seit nunmehr zwei Jahrzehnten intensiv betrieben wird.h1[9] Jürgen Kuczynski, der diesen Problemansatz aufgenommen hat und ihn mit marxistischer Zielsetzung verfolgt, umschreibt die Fragestellung in seiner »Geschichte des Alltags des deutschen Volkes« folgendermaßen: „Was die Menschen gegessen haben, wie sie sich gekleidet haben, was sie am Alltag gedacht, wie sie gearbeitet, wann sie geruht und geschlafen haben, wie es war, wenn sie krank waren, in welche Kreise sie heirateten, ob sie von Ort zu Ort wanderten oder permanent ansässig blieben, wie das Verhältnis der Kinder zu den Eltern war, was mit den alten Menschen geschah usw.“[20] Die Medizinalberichte liefern eine Menge Fakten zur Alltagsgeschichte von Geburt, Krankheit und Tod, Nahrung, Wohnung und Kleidung und stellen damit die Quelle dar, die kein Historiker, der sich mit der Sozialgeschichte unseres Landes im Kaiserreich beschäftigt, außer acht lassen kann.

18 Vgl. dazu Jürgen Kocka, Sozialgeschichte, Göttingen 1977, S. 70 ff. und S. 82 ff.
19 Fernand Braudel, Civilisation et capitalisme, 1967.
20 Jürgen Kuczynski, Geschichte des Alltags des Deutschen Volkes, Studien 1600–1650, Berlin 1983, S. 14. Vgl. dazu auch neuerdings als hervorragende Ergänzung: Sigrid und Wolfgang Jacobeit, Illustrierte Alltagsgeschichte des deutschen Volkes 1550–1810, Berlin 1985; Sigrid und Wolfgang Jacobeit, Illustrierte Alltagsgeschichte des deutschen Volkes 1810–1900, Leipzig 1987.

Abkürzungen

ADB	Allgemeine Deutsche Biographie
AfS	Archiv für Sozialgeschichte
AHL	Archiv der Hansestadt Lübeck
AsD	Archiv der sozialen Demokratie, Bonn-Bad Godesberg
DG	Demokratische Geschichte. Jahrbuch zur Arbeiterbewegung und Demokratie in Schleswig-Holstein
IWK	Internationale wissenschaftliche Korrespondenz zur Geschichte der deutschen Arbeiterbewegung
KL	Kommerzlast
LAS	Landesarchiv Schleswig-Holstein, Schleswig
NLBll	Neue Lübeckische Blätter
QuFGSH	Quellen und Forschungen zur Geschichte Schleswig-Holstein
RAK	Rigsarkivet, København
Rundbrief	Rundbrief des Arbeitskreises für Wirtschafts- und Sozialgeschichte Schleswig-Holsteins
SAH	Staatsarchiv Hamburg
SøÅ	Sønderjyske Årbøger
StA	Stadtarchiv
StAL	Stadtarchiv Lübeck, bis 1987 Archivdepot Barby (DDR)
SWSG	Studien zur Wirtschafts- und Sozialgeschichte Schleswig-Holsteins
VSWG	Vierteljahrsschrift für Sozial- und Wirtschaftsgeschichte
ZLGA	Zeitschrift des Vereins für Lübeckische Geschichte und Altertumskunde
ZSHG	Zeitschrift der Gesellschaft für Schleswig-Holsteinische Geschichte

Autoren

Walter Asmus, Altes Schulhaus, 2251 Uelvesbüll

Peter Danker-Carstensen, Schumacherstr. 18, 2200 Elmshorn

Henrik Fangel, Dambjerg 15, 6200 Aabenraa, Dänemark

Dr. Rolf Gehrmann, Merseburger Str. 6, 1000 Berlin 62

Dr. Klaus Greve, Schmidtstr. 17, 4500 Osnabrück

Dr. Lars N. Henningsen, Jørgensgaard 43 B, 6200 Aabenraa, Dänemark

Ingaburgh Klatt, Damaschkeweg 76, 2300 Kiel

Dr. Franklin Kopitzsch, Orchideenstieg 4 c, 2000 Hamburg 60

Wolfgang Kopitzsch, Sengelmannstr. 71, 2000 Hamburg 60

Gerd Krämer, Prahlstr. 10, 2000 Hamburg 50

Prof. Dr. Ulrich Lange, Posener Str. 7, 2300 Altenholz

Dr. Klaus-Joachim Lorenzen-Schmidt, Am Einweg 4, 3572 Roßdorf

Hans-Kai Möller, Olendörp 26, 2000 Hamburg 63

Dr. Ingwer E. Momsen, An den Eichen 30 a, 2312 Mönkeberg

Claus-Hinrich Offen, Gotlandstr. 11, 2400 Lübeck

Ortwin Pelc, Kletterrosenweg 22, 2000 Hamburg 71

Bärbel Pusback, Erich-Ziegel-Ring 35, 2000 Hamburg 60

Prof. Dr. Kai Detlev Sievers, Niemannsweg 77, 2300 Kiel

Klaus Tidow, Zur Ziegelei 18, 2351 Boostedt

Prof. Dr. Dietrich Wiebe, Alte Schule, 2323 Stocksee

Prof. Dr. Peter Wulf, Nierott 46, 2303 Gettorf

Studien zur
Wirtschafts- und Sozialgeschichte Schleswig-Holsteins

Band 12   Klaus Greve
Zentrale Orte im Herzogtum Schleswig 1860.
205 Seiten, 1987, broschiert 38,– DM   ISBN 3 529 02912 2

Band 13   *Arbeiter und Arbeiterbewegung in Schleswig-Holstein im 19. und 20. Jahrhundert.*
Herausgeber: Rainer Paetau, Holger Rüdel.
463 Seiten, 1987, broschiert 54,– DM   ISBN 3 529 02913 0

Band 14   Rainer Paetau
Konfrontation oder Kooperation – Arbeiterbewegung und bürgerliche Gesellschaft im ländlichen Schleswig-Holstein und in der Industriestadt Kiel 1900–1925.
592 Seiten, 1988, broschiert 40,– DM   ISBN 3 529 02914 9